CB122623

O Brasil Colonial 1580-1720

Organizadores:
João Fragoso e
Maria de Fátima Gouvêa

O Brasil Colonial 1580-1720

Volume 2

9ª edição

CIVILIZAÇÃO BRASILEIRA
Rio de Janeiro
2025

Copyright © dos organizadores: João Fragoso e
Maria de Fátima Gouvêa, 2014

CIP-BRASIL. CATALOGAÇÃO NA PUBLICAÇÃO
SINDICATO NACIONAL DOS EDITORES DE LIVROS, RJ

F874b 9ª ed.
O Brasil Colonial, volume 2 (ca. 1580 – ca. 1720)/organização João Luis Ribeiro Fragoso; Maria de Fátima Gouvêa. – 9ª ed. – Rio de Janeiro: Civilização Brasileira, 2025.
il. ; 23 cm.

Inclui bibliografia e índice
ISBN 978-85-200-1078-5
1. Brasil – História – Período colonial, 1500-1822. I. Fragoso, João Luís Ribeiro. II. Gouvêa, Maria de Fátima.

13-01135
CDD: 981.03
CDU: 94(81)'1500/1822'

EDITORA AFILIADA

Todos os direitos reservados. Proibida a reprodução, armazenamento ou transmissão de partes deste livro, através de quaisquer meios, sem prévia autorização por escrito.

Texto revisado segundo o novo Acordo Ortográfico da Língua Portuguesa.

Direitos desta edição adquiridos pela
EDITORA CIVILIZAÇÃO BRASILEIRA
um selo EDITORA JOSÉ OLYMPIO LTDA.
Rua Argentina, 171 – 20921-380 – Rio de Janeiro, RJ – Tel.: (21) 2585-2000

Seja um leitor preferencial Record.
Cadastre-se em www.record.com.br
e receba informações sobre nossos
lançamentos e nossas promoções.

Atendimento e venda direta ao leitor:
sac@record.com.br

Impresso no Brasil
2025

Sumário

PARTE III Economia e sociedade

PARTE IV Cultura e organização político-administrativa

Apresentação

Sistemas atlânticos e monarquias na época moderna: anotações preliminares

*João Fragoso**
*Thiago Krause***

Com esta apresentação abrimos o segundo volume de *O Brasil Colonial*. Nos textos a seguir analisamos traços da formação do sistema atlântico luso nos séculos XVI e XVII e de dois outros Impérios atlânticos a ele contemporâneos: o espanhol e o inglês.[1] A intenção é contribuir para a elaboração de uma explicação que dê conta da América lusa inserida em seu respectivo sistema atlântico e também em meio à dinâmica dos impérios ultramarinos modernos. Em outras palavras, acreditamos que sem a compreensão do sistema atlântico do qual fazia parte a América é impossível entender a sociedade nela presente. Afinal, tal sociedade terá por base escravos vindos da Senegâmbia e de Angola, povoadores provenientes dos Açores e da Madeira, e mais um modelo social inspirado na escolástica ibérica e nas práticas sociais reinóis. Ou sendo ainda mais preciso, trata-se não só de reconhecer a importância econômica do Atlântico luso para a composição da sociedade brasileira de então, mas de sublinhar que o sistema atlântico tratado está intrinsecamente ligado à monarquia lusa católica. Portanto, parte-se do pressuposto de que é difícil estudar aqueles sistemas sem considerar os traços da sociedade europeia da qual eles surgiram. Basta apenas lembrar alguns fenômenos: O Império ultramarino luso teve como um dos seus pontos de partida

*Professor do Instituto de História da UFRJ.
**Professor de História da FGV.

o Antigo Regime católico e uma sociedade aristocrática baseada numa agricultura camponesa precária e cada vez mais dependente dos recursos do comércio ultramarino, como, aliás, vimos no prefácio do primeiro volume da coleção. Algo bem diferente ocorreu com a Espanha dos Áustria. Apesar de ela também compartilhar um Antigo Regime católico, tinha em Castela uma de suas principais bases econômicas e, além disso, olhos voltados para a Europa. Quanto à monarquia e à sociedade inglesa do século XVII, estas foram remodeladas pelas transformações do século XVI que progressivamente mercantilizaram as atividades rurais, base da velha sociedade aristocrática, e as revoluções de 1640 e 1688, respectivamente conhecidas como Puritana e Gloriosa, como veremos a seguir.

As conjunturas do Império luso e do Atlântico na virada do século XVI para o XVII

O início da montagem da sociedade colonial na América lusa ocorreu em um ambiente de viragem estrutural do Império ultramarino português, como o caracterizou Vitorino Magalhães Godinho. A partir de meados do século XVI, o Império luso vivia, com intensidade cada vez maior, ataques em suas diversas fronteiras: desde o Marrocos, passando por Ormuz, até a Insulíndia.[2] Para o Estado da Índia, em fins do século XVI, o futuro também não seria nada promissor. Além da queda das receitas da rota do Cabo, da expansão dos otomanos, dos mongóis e dos safávidas do Irã, teríamos, após a União Ibérica, o crescimento da presença dos holandeses na Ásia portuguesa.[3]

Diante de tal quadro, já em 1548, a Coroa decidira fechar sua feitoria em Antuérpia, marcando com isso o recuo do Estado na economia e o avanço de poderosos banqueiros-mercadores transnacionais, aliados à nobreza portuguesa.[4]

Os efeitos dessa viragem sobre a sociedade portuguesa são facilmente entendidos quando lembramos que desde o último quartel do século XV o Estado tinha suas bases no tráfico ultramarino. Em 1506, cerca de 65% de suas receitas eram dele originárias. Na verdade, toda a sociedade do Antigo Regime português dependia, direta ou indiretamente, do Império comercial. Cabe ainda recordar que a Coroa, através de diversas rubricas, transferia às principais casas senhoriais parte dos rendimentos ultramarinos; portanto, nesta conjuntura estava em jogo também a vida da primeira nobreza do reino.[5]

Por estes motivos, não é de estranhar certa coincidência entre as desventuras do ultramar e do centro administrativo do Império. Entre 1557 e 1607, a dívida interna do Estado cresceria 250%.[6] Ao longo do século XVI, o preço do trigo vendido em Lisboa aumentaria em mais de 800%, o que se traduziria em fomes frequentes.[7] Nas últimas décadas do século, as terras lusas eram visitadas pelas crises de mortalidade recorrentes.[8]

A essas mortes pela pobreza e fome agrega-se o flagelo da batalha de Alcácer-Quibir em 1578, no norte da África. Nela morreram D. Sebastião, rei de Portugal, e parte da elite lusa. Como resultado, o reino de Portugal transformou-se em mais um dos reinos que formavam a monarquia compósita dos Áustria (ver capítulo 2 deste volume).

Contrabalançando tais infortúnios, como já insinuado, sopravam bons ventos do Atlântico Sul: a alta do preço do açúcar, o crescimento da população da América lusa, a multiplicação de engenhos de açúcar, de currais e da agricultura de alimentos (ver capítulos 3, 6 e 7 deste volume, e capítulo 3 do volume 3). Apesar do predomínio do gentio da terra nas plantações de Pernambuco e da Bahia, desde as últimas décadas do Quinhentos o tráfico atlântico de escravos já está em franco funcionamento (ver capítulo 5 do 1º vol. desta coleção). Só no porto de Luanda, estima-se que as exportações de cativos (em grande parte vindos para o Brasil) tenham passado de uma média anual de 2.600 pessoas, em 1575-1587, para 5.032, entre 1588 e 1591.

A formação de um sistema atlântico católico e escravista nas conquistas lusas.*

Ao longo dos séculos XV e XVI, o sistema atlântico luso começou a dar seus primeiros passos. Refiro-me a um sistema formado pelas sociedades das Ilhas do Atlântico (Madeira e Açores) e das conquistas americanas e africanas. Na perspectiva clássica da história econômica, este sistema é definido como a articulação entre *plantation* escravista na América lusa e o tráfico atlântico de escravos, especialmente o angolano, sendo a riqueza ali produzida enviada para os mercados europeus.[9] Mais recentemente, em 1997, Manolo Florentino, e sob a ótica do comércio de escravos africanos, lembra uma diferença básica entre o sistema atlântico luso e o inglês; este último mais tardio, porém também baseado em *plantations* americanas trabalhadas por cativos africanos. Segundo o autor, as guerras angolanas empreendidas por Lisboa no século XVII criaram uma situação econômica e política nova, qual seja, o resultado de tais operações foi a transformação de parte de Angola em conquista lusa, a única fonte de braços de escravos para a América controlada diretamente por um país europeu, mesmo que com limites.[10] Portanto, os demais sistemas atlânticos, como o inglês, não tinham o domínio direto sobre as áreas fornecedoras de escravos africanos. As *plantations* de Barbados eram supridas de cativos por meio de traficantes europeus em portos africanos onde Londres não tinha a jurisdição política. Em meados do século XVII, por exemplo, traficantes ingleses e holandeses adquiriam seus escravos na Senegâmbia através de negociantes muçulmanos ligados a governos islamizados da região (ver capítulo 5 do vol. 1). Este não foi o caso de Luanda, em Angola.

Luanda, no século XVII, além de um porto escravista, consistia em um dos municípios/*repúblicas* da monarquia lusa presentes na monarquia pluricontinental lusa. Nestas condições, a cidade tinha autonomia diante da Coroa, ou seja, o autogoverno traduzido numa câmara eleita pelos

*João Fragoso.

homens bons da população.[11] Entretanto, segundo a mesma tratadística de tal monarquia, o poder local era concorrente ao poder da Coroa, na figura do governador e demais oficiais (administração periférica da Coroa); estes últimos nomeados por mercês concedidas por sua majestade e recomendadas por conselhos palacianos (administração central).[12]

A partir de tais pressupostos podemos tentar entender o *grosso* do tráfico de africanos desembarcados na América lusa dos séculos XVII e XVIII e, portanto, alguns dos aspectos da dinâmica do sistema atlântico luso do período.

De imediato, o comércio negreiro de Luanda, além de corresponder a um contrato régio, dependia da permissão do governador de Angola para alçar velas. Na segunda metade do Seiscentos, tal prerrogativa irá se expressar em um mercado negreiro regulado, não só pela oferta e procura, mas também pelos interesses de governadores locais.[13] Por seu turno, o comércio de escravos consistia também em uma das bases materiais do *bem comum* de Luanda e deste modo estava sujeito ao controle de sua câmara. Assim, em razão das normas do Antigo Regime luso, o mercado de cativos estava longe de ser autorregulado, pois os preços dos cativos eram também influenciados pela ação política dos governadores e da câmara. Ao mesmo tempo, a interferência das regras do Antigo Regime luso nesse mercado era ainda percebida em outros aspectos de seu funcionamento:

— A Coroa portuguesa, baseada na tratadística escolástica, via os empreendimentos econômicos em geral como atividades domésticas e, portanto, desenvolvidas e reguladas pelas famílias. Consequentemente, estavam fora da alçada de sua majestade as relações sociais que produziam o comércio negreiro, os engenhos de açúcar e os currais americanos. Suas relações sociais pertenciam ao domínio dos chefes das *casas*, compreendidas como famílias.[14] Daí a possibilidade institucional de moradores comerciantes adquirirem escravos nos mercados do interior angolano por meio de laços de aliança, às vezes parentais, com as chefias tradicionais africanas, que não raro obtinham os cativos por meio de razias.[15]

Porém, escravos, uma vez incorporados ao espaço da mesma monarquia católica, adquiriam a condição de servo civil, o que implicava no reconhecimento de terem alma, serem cristianizados pelo batismo e por ele ingressarem no mundo das relações pessoais, leia-se, compadrio, sendo isto reconhecido pela Igreja e pelo rei. Em outras palavras, se cativos na condição de pessoas já eram agentes, no espaço da monarquia lusa elas transformam-se em escravos cristãos com seus devidos direitos.[16]

Pelos diversos motivos expostos, dentre outros, o tráfico atlântico de escravos luso era diferente do inglês ou holandês. Isto é, apesar de os sistemas atlânticos luso e inglês, como veremos a seguir, terem por base a *plantation* e o tráfico de escravos, eles possuíam diferenças estruturais entre si.

Não é de nosso interesse repetir aqui o que já foi tratado nesta coleção acerca da monarquia polissinodal e corporativa lusa. Neste momento, interessa-nos apenas sublinhar que o atlântico sul luso era gerido por tal monarquia. Deste modo, o sistema atlântico luso, com suas *plantations* e outras produções para exportação, alimentadas pelo comércio de cana-de-açúcar, era atividade movimentada pela arquitetura institucional da monarquia pluricontinental lusa, por meio de diversos agentes e poderes locais que dela faziam parte: nobres da terra, fidalgos-mercadores, sobas vassalos e/ou aliados a camaristas luandenses.

O sistema atlântico luso teve seu primeiro ensaio no senhorio marítimo do infante D. Henrique, depois herdado pelo duque de Viseu e, finalmente, incorporado à Coroa com a elevação de D. Manuel à condição de rei, em 1495. Esse senhorio era formado pela Ilha da Madeira, os Açores e Cabo Verde, este último um arquipélago situado diante da Senegâmbia na África Norte-Ocidental. Em princípios do século XVI, tal senhorio apresentava certa complementaridade econômica entre si e ligações estreitas com os mercados europeus.[17] Na Madeira prevaleciam as plantações de açúcar, cujos senhores não raro pertenciam à fidalguia, trabalhadas por escravos dos fidalgos *e* por colonos livres; estes cultivavam a terra por meio do trabalho familiar e/ou de seus cativos.[18] Segundo Abreu de Souza, apesar de os fidalgos das *plantations* desenvolverem atividades mercantis, recorrentemente serviam à monarquia nas lutas contra os muçulmanos no norte da África. Assim, ao que parece, parte dos lucros das *plantations* era investida nas guerras contra o Islã, ou seja, o trabalho escravo transformado em açúcar custeava casas de fidalgos a serviço da monarquia. Em razão do crescimento demográfico no Quinhentos, e do sistema de morgadio que concentrava a propriedade da terra, parte dos madeirenses migrariam para os Açores e depois para o Brasil. Este foi o caso do capitão-mor Jorge de Lemos Bettencourt e de sua parentela, conquistadores do Maranhão, e dos Atouguia no Rio de Janeiro do século XVII.[19]

Nos Açores prevaleceu no Quinhentos a produção de trigo, atividade desenvolvida por casas de fidalgos, entre outros grupos sociais. Fidalgos açorianos que, como os da Madeira, frequentavam as câmaras de seus municípios e também serviram nas guerras no norte da África. Entre 1550-1650, conforme José Damião, vigorou o auge da constituição de morgadios/vínculos em São Miguel nos Açores, fenômeno combinado a dificuldades na agricultura e ao crescimento demográfico[20] que acarretariam a migração para outras paragens do ultramar, especialmente o Brasil, onde era comum a presença de agregados familiares açorianos (ver capítulos 3 do 1º vol. e 3 do 3º vol. desta coleção).

No arquipélago de Cabo Verde, se processou uma experiência diferente das demais ilhas do senhorio, pois suas terras eram menos férteis. Porém o arquipélago tinha a vantagem estratégica de estar próximo de cidades e reinos africanos ligados ao vigoroso tráfico de escravos da África ocidental; especialmente o transaariano das rotas muçulmanas que alcançava a península da Arábia (ver capítulo 5 do 1º volume desta coleção). Por ato régio de 1466 e 1472, D. Afonso concedia aos moradores da Ilha de Santiago, especialmente os municípios de Ribeira Grande e Alcatrazes, a mercê do resgate de escravos na Costa da Guiné, cabendo à Coroa o *quarto* de tal empreitada. Esta renda régia, por seu turno, fora concedida a mercadores que mesmo residentes no reino passaram à condição de vizinhos de Santiago.[21] Os cativos assim adquiridos, pelas práticas econômicas do Antigo Regime, eram destinados a mercados europeus e depois americanos. A mercê do resgate, e com ela a venda de escravos, permitiu a constituição de um grupo de moradores-armadores, formada em parte por descendentes dos fidalgos vindos da casa de Viseu e também por mulatos; portanto, resultados da miscigenação entre europeus e africanos. Este grupo consistiu em um dos segmentos da elite local de municípios como o da Ribeira Grande. Em outras palavras, a experiência cabo-verdiana demonstra a possibilidade, no âmbito da monarquia pluricontinental, da alforria, da miscigenação e da mobilidade social numa sociedade estamental. Aqui não custa voltar a lembrar que nas normas da monarquia lusa as relações escravistas, inclusas as alforrias, eram decisões domésticas, tomadas no âmbito das famílias senhorial-escravistas. A mobilidade social e a alforria não eram movimentos contraditórios com o comércio de escravos.[22] Em Cabo Verde, como depois em São Tomé e Príncipe, ilhas frontais a Angola, os fenômenos da miscigenação, da alforria e do tráfico atlântico de cativos ocorreram no mesmo processo.

O arquipélago de São Tomé e Príncipe, apesar de fora do antigo senhorio marítimo, teve também papel essencial na montagem do sistema atlântico luso, entendido como produto da monarquia pluricontinental. Estas ilhas foram descobertas em 1471, transformadas em capitania em 1485 e, em 1522, "abolida e integrada ao patrimônio da Coroa".[23] A montagem da economia destas ilhas foi semelhante à de Cabo Verde. Ambas tiveram como ponto de partida o comércio negreiro desencadeado a partir de uma *dádiva* da Coroa aos seus moradores — o resgate de cativos na costa africana. No caso de São Tomé e Príncipe, tal resgate foi dado em 1485 e abrangia cinco rios a oriente do Castelo de São Jorge,[24] e, depois, em 1500, estendido até o Manicongo (*grosso modo*, atual Zaire).[25] Ao longo do século XVI, o arquipélago esteve ligado ao tráfico de cativos e depois, simultaneamente, à produção de açúcar; no biênio 1552-53 as suas entradas de açúcar no porto de Antuérpia ultrapassavam as de Madeira. No Quinhentos, a elite social combinava o tráfico de cativos com o domínio de engenhos de açúcar e, ainda, segundo as poucas pesquisas existentes, também era composta de mulatos.[26]

A exemplo da Madeira e depois de Cabo Verde, em São Tomé não era raro alforriar os escravos. O número de forros ganhou impulso com as medidas de D. Manuel, em 1515 e 1517, libertando os escravos dados pela fazenda real aos povoadores das Ilhas.[27] Em 1527, o rei autorizou a confraria do Rosário, com os mesmos privilégios da de Lisboa, e um ano depois permitiu o ingresso de mulatos na câmara.[28] Conforme as poucas pesquisas sobre a sociedade do Antigo Regime em São Tomé do século XVI, combinavam-se a escravidão das *plantations* açucareiras, com morgadios, e uma elite de mulatos protegidos por seus escravos armados.[29] Segundo Cunha Pinheiro, a miscigenação foi implementada diante da dificuldade de povoamento por europeus.

Em síntese, no final do século XVI algumas das bases do sistema atlântico luso já existiam, assim como os valores que orientariam os conquistadores na montagem da sociedade e economia baseada na escravidão africana na América lusa — sem que se trate de um processo linear, progressivo, teleológico que reduza a importância histórica das "ilhas atlânticas" portuguesas ao que veio depois, mas antes um processo (re)atualizado em cada república do atlântico luso". Referimo-nos não só à experiência das *plantations* açucareiras e ao tráfico atlântico de escravos, mas também às suas bases institucionais. Em outras palavras, em Salvador, Olinda, São Vicente e Rio de Janeiro, como antes Ribeira Grande em Cabo Verde, Funchal na Madeira e São Sebastião nos Açores, prevalecia o autogoverno dos municípios com suas hierarquias sociais costumeiras encabeçadas por elites locais, porém disciplinadas pelo catolicismo e sua obediência amorosa.[30] Estas repúblicas estavam sujeitas e, ao mesmo tempo, eram poderes concorrentes, primeiro de senhorios donatários e, posteriormente, da administração periférica da Coroa. Sob todos pairava a Coroa auxiliada por conselhos palacianos, espécie de máquina administrativa da monarquia no amplo ultramar na qual as capitanias americanas eram postas em movimento pelo sistema de mercês da Coroa. Sistema de mercês pelo qual eram nomeados os governadores, provedores da fazenda real e capitães de fortaleza, ou seja, eram dádivas concedidas a um dado vassalo pelo seu serviço à monarquia. Estas relações pessoais não se limitavam a postos do oficialato régio, chegavam aos oficiais das ordenanças dos municípios/repúblicas.[31] Foi também através das mercês que na América distribuíram-se terras e índios apresados em guerras justas entre os conquistadores da América. Assim se iniciou a produção social de riqueza e sua apropriação.

Da mesma forma, os conquistadores da América eram portadores de uma obediência amorosa dada pela disciplina social do catolicismo e sabiam que as atividades econômicas eram do âmbito de suas famílias; sabiam que os escravos eram servos civis ou ao menos servos que deviam ser cristianizados. Estes conquistadores vieram de um mundo cristão onde a vida era entendida como um fado/destino, com uma tênue fronteira com a morte. Na verdade, fosse no reino, na Madeira e depois na América, os mortos, por meio dos seus sistemas de herança na forma de morgadios e obrigações testamentárias que engoliam parte da riqueza social, condicionavam parte da dinâmica social dos vivos.[32]

Além desta cultura política, os agregados parentais reinóis, madeirenses e açorianos que desembarcaram na América contavam com outras orientações valorativas, leia-se: a prática da alforria, da miscigenação, dos escravos armados e da montagem de *plantations* por meio de lavradores de cana, tudo combinado com a escravidão. Práticas estas que tinham sido vividas em diferentes cantos do Atlântico luso ao longo do século XVI.

Os Impérios Atlânticos espanhol e inglês: comparações e perspectivas*

Em fins do século XVI, Filipe II reinava sobre imensas áreas na Europa, América, África e Ásia. Em termos territoriais, suas possessões mais dilatadas estavam no Novo Mundo sob a égide da Coroa de Castela: os vice-reinados do México e do Peru. Os espanhóis haviam se deparado com uma imensa população indígena, estimada em cerca de 32 milhões de pessoas, e duas imensas construções políticas: os Impérios asteca e

*Thiago Krause (UFRJ).

inca. Através da aliança com grupos nativos, os invasores conseguiram efetuar uma lenta reorganização das estruturas políticas e econômicas ameríndias a seu favor.[33]

A mão de obra indígena constituiu-se em um dos principais recursos da América espanhola, apesar de seu veloz declínio populacional, estimado em 90% em fins do século XVI e inícios do seguinte, principalmente em razão do impacto epidemiológico das doenças do Velho Mundo. Mesmo assim, restaram mais de 3 milhões de nativos, em contraposição a um reduzido número de colonos, apesar da intensa migração ibérica — provavelmente em torno de 500 mil pessoas nos dois primeiros séculos de ocupação.[34]

Através de uma "delicada combinação de força, negociação, incentivos materiais e engenharia institucional" foi possível tirar proveito da abundante mão de obra nativa através da colaboração dos chefes locais. A escravidão foi utilizada inicialmente, mas depois predominaram, até meados do século XVII, formas de trabalho compulsório garantidas pela Coroa (especialmente no caso da *mita* peruana) e adaptadas a mecanismos pré-colombianos. Crescentemente, o assalariamento também passou a ser utilizado para atrair mão de obra, combinado com acesso à terra e ao crédito e estratégias coercitivas diretas e indiretas.[35]

O principal interesse econômico da monarquia hispânica no Novo Mundo estava na mineração: mais de 16 mil toneladas de prata foram enviadas para a Europa até 1650. Na segunda metade do século XVI, os recursos advindos da América representaram em média 20% da arrecadação da Fazenda castelhana (com um máximo de 33% em 1594-98), porcentagem que tendeu a diminuir ao longo da centúria seguinte. A liquidez oferecida pelos metais preciosos representou uma vantagem fundamental, pois eram utilizados como colateral para garantir muitos dos empréstimos tomados pela Coroa. Mesmo assim, o grosso dos recursos advinha das contribuições realizadas pelos vassalos europeus, e especialmente castelhanos, fortemente taxados. Tantos impostos eram necessários em razão dos muitos engajamentos militares da monarquia hispânica por toda a Europa, especialmente as guerras contra os Países Baixos, França e Inglaterra, em grande medida heranças da política do imperador

Carlos V. No embate pela supremacia europeia, "os mais lucrativos ativos [dos Filipe] acabaram por ser as pequenas cidades e vilas de Castela",[36] e não a prata americana. O Novo Mundo era para os Habsburgo uma fonte adicional de recursos para fomentar suas guerras europeias, sendo um apêndice — muito importante sem dúvida, mas acessório — de uma monarquia financiada principalmente por seu centro castelhano e cuja política estava focada em interesses dinásticos europeus.[37]

Por outro lado, a atividade mineradora também implicou o desenvolvimento de um vigoroso mercado interno na América espanhola, impulsionando uma crescente produção agrícola e manufatureira, necessárias para alimentar e vestir a população colonial.[38] A riqueza gerada pela prata se somou à crise demográfica nativa e ao pequeno número de espanhóis para estimular a importação de africanos, ampliada em fins do século XVI, quando a União Ibérica aumentou a oferta de cativos. Foram comprados quase 400 mil africanos até o ano de 1700, 85% dos quais até 1640, e as possessões castelhanas só deixaram de ser o principal mercado de cativos em 1610, quando foram ultrapassadas pelo Estado do Brasil. A escravidão negra hispano-americana constituiu-se, assim, em conexão com as ilhas atlânticas na África ocidental, mas a predominância da mão de obra nativa permite caracterizá-la como um fenômeno auxiliar, importante como mão de obra especializada (inclusive na supervisão dos nativos) e doméstica, comum nas cidades, em áreas de baixa densidade demográfica indígena e em atividades como a mineração de ouro e a produção de açúcar. Assim como na Madeira, Cabo Verde e São Tomé, porém, os escravos eram batizados como católicos e a alforria era uma prática cotidiana, dando origem a uma crescente população livre afrodescendente.[39] Cabe ainda sublinhar que os cativos enviados à América espanhola no século XVI o foram por intermediação de Cabo Verde e São Tomé. Deste modo tais arquipélagos lusos, depois essenciais no sistema atlântico luso, tiveram na sua formação um papel decisivo no atlântico negro espanhol.[40]

Assim, em resultado da conquista, da mineração e da exploração da força de trabalho indígena e africana, formaram-se nas possessões hispânicas na América sociedades profundamente estratificadas a partir de critérios étnicos, estamentais e econômicos. Embora tenha sido instituída uma divisão jurídica entre a "República dos Índios" e a "República dos Espanhóis", a prática viu uma crescente interação, especialmente através das relações econômicas, tendo como local de contato privilegiado as cidades. Mesmo assim, o vigor das comunidades indígenas foi significativo, mantendo formas políticas e econômicas próprias até o século XVIII.

A miscigenação constituiu-se um dos elementos fundamentais dessa sociedade, dando origem a uma complexa hierarquia étnico-social, ao mesmo tempo intensamente discriminatória e relativamente fluida. O *sistema de castas* foi uma adaptação dos preconceitos étnicos religiosos implícitos na noção ibérica de limpeza de sangue. Se na Europa a discriminação voltava-se contra as minorias de conversos, em razão dos seus ancestrais judeus e muçulmanos, na América a intenção principal era sistematizar a subalternização de índios, mestiços, e, principalmente, africanos e mulatos. Na prática, porém, fatores culturais, fenotípicos e econômicos eram levados em conta na hora de classificar os indivíduos, muito além da simples ascendência, de modo que essas categorias podiam ser manipuladas pelos agentes sociais.

Em sociedades com uma imensa população subalterna etnicamente distinta e onde todos os espanhóis gozavam de isenção tributária, ser espanhol tornava-se um fator de distinção.[41] Mesmo assim, ocorreram diferenciações dentro deste grupo, baseadas em um princípio hierárquico fundamental no Velho Mundo: a nobreza. Embora a Coroa não tenha promovido a formação de uma aristocracia americana, as elites coloniais se espelharam na nobreza ibérica, constituindo-se como grupo dominante através da conquista, posse de terras, controle de mão de obra (indígena, africana ou mestiça), ocupação de cargos públicos, e estratégias matrimoniais, sendo periodicamente renovada por imigrantes europeus.[42]

Quando os ingleses se lançaram ao Atlântico no final do século XVI, era o modelo hispânico de expansão que tinham em mente. A Inglaterra, como Castela em fins do Quatrocentos, passava por um processo de crescimento demográfico e econômico, mas numa escala maior que o restante da Europa, com um mercado nacional mais integrado, maior especialização produtiva regional e avanço da desigualdade econômica.[43]

A partir da década de 1580, em razão do crescente interesse no comércio atlântico e dos conflitos contra a monarquia hispânica, intensificaram-se as atividades dos corsários no Atlântico Norte, acumulando conhecimento sobre áreas negligenciadas pelos Impérios ibéricos. Lançavam-se as bases para o estabelecimento das primeiras colônias inglesas na América, a começar pela Virgínia, em 1607, através de investimentos privados. As expectativas, porém, de obter riquezas rapidamente foram frustradas devido à ausência de metais preciosos ou de mecanismos de extração de trabalho da população indígena, já reduzida pelas doenças europeias. A relação com os nativos conteve elementos de cooperação e de conflito, mas caracterizou-se por um nível de integração muito menor do que na América espanhola, havendo antes um processo de segregação e expulsão dessas populações, pois o interesse dos colonizadores estava voltado para a terra, não para seus habitantes.[44]

Para que houvesse a sobrevivência das colônias era preciso encontrar atividades econômicas que as sustentassem. As primeiras experiências enfrentaram dificuldades, até que, por volta de 1616, o tabaco começou a ser produzido em quantidades consideráveis em Bermuda e Virgínia. Suas vantagens eram o elevado preço e um baixo custo inicial de produção, pois não eram necessárias grandes quantidades de trabalhadores ou um processamento elaborado. Somados à disponibilidade de terras adequadas, esses fatores permitiram uma significativa mobilidade social nos anos formativos dessas sociedades. Para a expansão da produção era preciso obter mão de obra, e, aproveitando a concepção vigente de que a Inglaterra estava superpovoada em inícios do século XVII — sua população ultrapassara quatro milhões em 1601, num crescimento de 40% em quarenta anos —, e a depressão nos salários ingleses, a elite local em gestação trouxe servos por contratos financiados por mercadores ingleses, acumulando trabalhadores e terras de modo a se diferenciar do restante da população.[45]

Apesar da contínua expansão do fumo na Virgínia, outra região atraiu mais atenção, investimentos e trabalhadores: Barbados. Na década de 1650, essa pequena ilha caribenha passou a ser dominada por ricos latifundiários, uma produção açucareira cada vez mais monocultora e uma mão de obra crescentemente baseada na escravidão africana para atender à imensa demanda de mão de obra, chegando, na segunda metade do século, a um marcante desequilíbrio demográfico, a ponto de mais de 80% de sua população ser cativa em fins do Seiscentos. A explicação clássica enfatiza a crise da produção tabaqueira em meados da década de 1640 e a influência dos Países Baixos, responsável pela introdução do açúcar, de africanos, e de técnicas de cultivo, assim como pela venda da produção na Europa, em razão da crise do domínio neerlandês em Pernambuco. Esta foi a "Revolução do Açúcar", cujo modelo posteriormente se espalhou para outras ilhas do Caribe, como Jamaica e Saint-Domingue.[46]

A historiografia recente tem enfatizado, porém, como desde a década de 1630 uma pujante produção de tabaco, algodão e anil atraiu servos por contrato e possibilitou os primeiros passos na formação de latifúndios e importação de escravos africanos. A transição para a monocultura açucareira teria sido gradual e resultado dos investimentos dos próprios colonos e de mercadores ingleses. Embora os holandeses tenham comerciado com os colonos, seu papel no fornecimento de cativos foi muito reduzido. Desde o início do século XVII o interesse inglês no comércio com a África cresceu, inicialmente voltado principalmente para o ouro. A Companhia da Guiné recebeu o monopólio legal desse comércio em 1618, mas mercadores independentes ignoravam as pretensões da Companhia e foram os principais responsáveis por abastecer Barbados, utilizando principalmente os portos de Allada e Calabar através da venda de produtos manufaturados e tecidos asiáticos para as elites africanas em troca de cativos. Por conseguinte, o tráfico inglês se valia de práticas diferentes à dos lusos, como já visto: Allada e Calabar não eram conquistas inglesas e nelas não existia prática de resgates, como ocorreu em São Tomé, e muito menos estavam sob a ingerência da oikonomia católica como em Luanda.[47]

O açúcar, portanto, não criou os latifúndios e a escravidão, mas acelerou e intensificou um processo já em andamento. Mesmo assim, ainda demoraria décadas até a consolidação do modelo de produção integrada, com imensos latifúndios e centenas de escravos produzindo toda a cana necessária para os engenhos: no fim do século, continuariam a existir muitos pequenos e médios lavradores de açúcar e outros produtos subsidiariamente aos grandes engenhos, ainda que em número cada vez menor.[48]

A influência barbadiana ultrapassou o Caribe, sendo fundamental na constituição da escravidão nas possessões continentais inglesas. Aproveitando a existência de um mercado de cativos na ilha caribenha, a elite virginiana começou a adquirir escravos africanos já na década de 1640 para ampliar sua produção de tabaco. Através da utilização de suas conexões pessoais, poder político e maiores recursos econômicos, essa elite em constituição comprou tantos cativos quanto pôde, em razão da possibilidade de explorar mais intensamente os escravos que os servos por contrato, aumentando sua produção. Assim, em meados da década de 1650 os mais poderosos homens da colônia já possuíam mais escravos que servos por contrato nas suas propriedades, e a gradual expansão do tráfico negreiro foi acompanhada por uma crescente disseminação e aumento da importância da população escrava entre a elite. Ainda que em menor escala que no Caribe, a escravidão intensificou a concentração de poder e propriedade nas mãos de uma *gentry* escravista no Chesapeake.[49] Entretanto, essas sociedades em formação no continente nunca foram tão polarizadas quanto as "ilhas do açúcar", existindo sempre uma numerosa população branca pobre.

Em ambas as regiões estabeleceram-se divisões sociais influenciadas pela cor da pele e juridicamente definidas pelas elites locais, de maneira muito mais polarizada que na América ibérica. Para tal, contribuíram as reduzidíssimas possibilidades de alforria (um pouco maiores apenas nos primeiros anos), as leis draconianas de controle dos escravos e a não conversão da maioria dos cativos ao cristianismo, em razão da ausência de proselitismo da Igreja anglicana e da resistência dos senhores.[50]

Foi o avanço da produção para exportação, e especialmente da monocultura caribenha, que possibilitou a integração do Atlântico inglês. A quantidade de tabaco e açúcar exportados aumentou exponencialmente ao longo do século XVII e os preços caíram graças ao aumento da produtividade (em grande medida através da intensificação da exploração sobre os cativos), o que, somado à expansão econômica inglesa e à crescente integração de sua população ao mercado, aumentou o número de potenciais compradores.[51] Mesmo as colônias do norte e centro da América inglesa foram beneficiadas, especialmente suas elites mercantis, pois ganharam importantes mercados para escoar os alimentos que produziam em excesso e utilizarem seus navios para carregar produtos de interesse destas colônias.[52]

Esse cenário de expansão no Atlântico anglófono pouco se assemelha à "crise geral da economia europeia no século XVII" identificada por Eric Hobsbawm — o que é compreensível, já que a Inglaterra e os Países Baixos aparecem como pontos fora da curva em sua análise.[53] A Inglaterra continuou a crescer, e mesmo que na segunda metade do século tenha havido uma leve queda populacional, a consequência foi o aumento dos salários e da capacidade de consumo.[54] Nas colônias inglesas, houve no século XVII um contínuo e intenso crescimento econômico e demográfico das colônias inglesas, cuja população passou de cerca de 38 mil em 1640 para mais de 400 mil em 1700 (sendo 137 mil negros), um crescimento de quase 1.000%, principalmente graças a uma intensa migração (majoritariamente forçada) europeia e africana.[55]

No tocante à Espanha, porém, a existência de uma crise econômica no Seiscentos permanece consensual na historiografia. Ocorreu um declínio no comércio com suas possessões americanas, embora não em razão de uma depressão no Novo Mundo. Embora a economia hispano-americana tenha continuado a se desenvolver, a monarquia hispânica viu diminuída sua capacidade de extrair excedentes de suas possessões americanas — as remessas do Novo Mundo passaram a responder por cerca de 13% da arrecadação da Fazenda Real no fim do século, numa redução ainda mais significativa em termos absolutos —, em razão do aumento da penetração da França, Inglaterra e Holanda no comércio com as colônias, legal e ilegalmente, do comércio com a Ásia através das Filipinas, dos gastos militares nas colônias e do vigor do mercado interno do Novo Mundo, cada vez mais autônomo frente à Espanha. Somando-se ao quadro a depressão demográfica pela qual passava (um declínio de ao menos 20% na primeira metade do século); ao aumento da competição internacional; à rigidez da economia castelhana, tanto por razões institucionais quanto pela concentração no atendimento das demandas de Madri e Sevilha; e aos problemas pelos quais passava sua produção manufatureira e agrícola, gerou certamente uma crise no século XVII, mesmo que suas possessões americanas tenham continuado a crescer no período.[56]

Se a Inglaterra não esteve em crise econômica, o mesmo não pode ser dito em relação à política, nas relações entre Estado e sociedade, de acordo com a análise de Trevor-Roper, construída a partir do exame das ilhas britânicas e do declínio espanhol.[57] Através das crises políticas pelas quais passaram estas monarquias compósitas, é possível examinar as relações entre as elites coloniais e as Coroas europeias.

Considerando o Estado Moderno inglês "uma rede de ofícios exercendo poder político sob a coordenação da Coroa", capaz de agir através dos interesses dos indivíduos e grupos ligados a ele, Michael Braddick demonstrou recentemente a inexistência de um plano na formação do Estado e seu desenvolvimento diferenciado em suas várias áreas de atuação. O Estado Moderno constituiu-se através de respostas às mudanças sociais e políticas, e as inovações adotadas podem ser tanto resultado de iniciativas locais quanto centrais, pois um elemento fundamental nesse processo foi a participação ativa das elites provinciais, especialmente no tocante à ordenação da sociedade. A formação do Estado Moderno não pode ser dissociada, portanto, da formação dessas elites, tanto no Velho Mundo quanto no Novo.[58]

Assim, o domínio colonial dependeu da formação de grupos dominantes locais interessados na colaboração com a Coroa. A dependência de investimentos privados e a ausência de um plano geral deram um caráter heterogêneo às possessões inglesas no Ultramar. Algumas colônias, como Virgínia e Massachusetts, foram estabelecidas por companhias de comércio: em 1625, porém, a primeira passou para a administração real, enquanto a segunda tinha a especificidade de ser controlada por uma companhia sediada na América. No reinado de Carlos I, passaram a predominar as colônias de propriedade de aristocratas ingleses, como de lorde Carlisle no Caribe e lorde Baltimore em Maryland. Mesmo assim, é de notar que os pares ingleses estavam muito pouco envolvidos com o ultramar, derivando suas rendas principalmente de suas propriedades agrícolas, em expansão e crescentemente capitalistas; e, em grau cada vez menor, de benefícios concedidos pela Coroa por serviços na corte ou na Europa.[59]

Apesar da diversidade, as aspirações dos colonos eram semelhantes, e quase todos adotaram uma estrutura política tripartida como resultado de iniciativas locais: Assembleia e Conselho, com funções legislativas, num modelo bicameral;[60] e Governador, um membro menor da *gentry* inglesa nomeado pela Coroa, proprietário ou Companhia, muitas vezes tornando-se residente na colônia e um grande proprietário, de modo a comandar o respeito necessário para governar.[61] Já a manutenção da ordem local baseou-se na importação e adaptação das leis inglesas e do ofício de juiz de paz, ocupados pela nascente *gentry* americana, de acordo com o modelo inglês. O caráter recente dessas sociedades facilitava a ampliação dos poderes da *gentry* americana para além do exercido por suas contrapartes metropolitanas, a apropriação de recursos da comunidade e a aprovação de leis favorecendo seu controle da terra e mão de obra.[62]

O desenvolvimento do Estado moderno inglês não foi, porém, um processo linear, e dois momentos fundamentais nesse *continuum* podem ser encontrados nas "Revoluções Inglesas" de 1640 e 1688-89. A "Revolução Puritana" foi objeto de acaloradas polêmicas, mas pode-se dizer que as mudanças socioeconômicas (incluindo o comércio ultramarino), os conflitos religiosos nas ilhas britânicas e os embates sobre a "prerrogativa real" entre a Coroa e as "classes parlamentares" (terratenentes pouco dependentes dos recursos régios), especialmente sobre guerra, taxação e as companhias monopolistas de comércio, foram os principais antecedentes da crise de 1640.[63]

A Guerra Civil inglesa, resultado da divisão entre as "classes parlamentares" sobre questões religiosas e de ordem social, afetou também os colonos no ultramar, mas a maioria das elites e governantes adotou uma política de neutralidade, protegendo os interesses locais. Entretanto, o regicídio de Carlos I em 1649 fez com que seis colônias, dentre elas Virgínia e Barbados, rejeitassem a autoridade da República Puritana. Esta, porém, havia sido capaz de construir a marinha e o exército mais fortes que a Inglaterra já havia visto, graças ao aumento em sua capacidade de extração fiscal nas ilhas britânicas nas mãos do Parlamento. Começou a ser posta em prática, assim, uma política de maior controle da governança e comércio das colônias, aumentando também a influência dos "novos mercadores" voltados para a América e a Ásia. A República foi capaz de submeter as localidades rebeldes aproveitando divisões internas, e estabelecer as bases da autoridade do Parlamento para legislar sobre as colônias, dando origem aos Atos de Navegação, que procuraram restringir o trato com as colônias aos ingleses e excluir os competidores, especialmente neerlandeses. Começava a ser traçado o caminho para políticas imperiais que estabeleciam restrições no comércio colonial e exigiam contribuições militares involuntárias. A reação viu-se na consolidação de políticas das elites coloniais, de maneira a negociar estas novas demandas e defender seus direitos de "ingleses nascidos livres". A Restauração de Carlos II reforçou os Atos de Navegação e a integração imperial, mas também reconheceu as prerrogativas das assembleias coloniais, então disseminadas por toda a América inglesa.[64]

Assim, o Estado inglês havia ampliado seu interesse em intervir no crescimento do comércio ultramarino e obtido poder para fazê-lo. Entretanto, os quinze anos após a Restauração foram de relativa autonomia das elites americanas. Por volta de 1675, porém, iniciou-se um esforço mais consistente de aumentar a intervenção régia, inclusive nomeando governadores de antecedentes militares e mais diretamente ligados ao monarca, na tentativa de diminuir o poder das assembleias americanas. Se grande parte da elite colonial estava interessada em estabelecer relacionamentos mais intensos com a Inglaterra, o autoritarismo régio, especialmente acentuado no governo de James II, as alienou.

O último rei Stuart implantou uma política de "modernização católica" na América e na Europa de modo a fortalecer o poder monárquico e adquirir um papel de destaque para a Inglaterra no cenário europeu. A oposição a essas medidas e o contexto internacional possibilitaram a ascensão de William de Orange e o sucesso de um projeto modernizador distinto na Revolução Gloriosa de 1688-89, baseado no reconhecimento do caráter de "nação comerciante" da Inglaterra e do poder do Parlamento.

Na América, o novo regime gozou de amplo apoio e respeitou o direito das elites coloniais a um autogoverno representativo capaz de legislar, ainda que sob a supervisão da Coroa e balanceado por governadores nomeados pela Inglaterra. Se as elites americanas podiam desejar mais autonomia, também os conselheiros régios não conseguiram impor a autoridade régia de maneira decisiva — embora tenha ocorrido um gradual desaparecimento das colônias de proprietários, que passaram a ser administradas pela Coroa.[65]

Ampliou-se, assim, o poder do Estado, e sua força se voltou para a expansão econômica e imperial no século seguinte. Entretanto, o governo inglês dependeu principalmente das contribuições decididas no Parlamento e cobradas sobre o território britânico e, em menor escala, das taxas alfandegárias, principalmente no comércio com o continente europeu (na qual a reexportação de produtos coloniais era minoritária, ainda que crescente), em constante expansão. Seu dinamismo econômico e a entrada retardatária na expansão marítima fizeram, assim, com que o Estado inglês tenha se constituído de maneira relativamente independente de seu Império ao longo do século XVII.[66]

Na América espanhola, por outro lado, desde meados do século XVI a Coroa estabeleceu uma uniformidade institucional muito maior que na América inglesa, através, primeiro, da instalação de audiências (tribunais superiores, dotados também de funções administrativas) e *cabildos* (conselhos municipais) espalhados por todo o território, adaptados a partir do modelo ibérico. As ordens regulares e o clero secular da Igreja católica, dotados de significativo poder econômico e político, graças a seu prestígio e doações dos fiéis, também podiam ser encontrados por todo o território.

Posteriormente, foram nomeados vice-reis para governar a Nova Espanha (México) e o Peru, aristocratas que serviam como *alterego* do distante monarca; para tal, contavam com uma corte e podiam distribuir algumas mercês e nomear cargos, além de supervisionarem os diversos braços da administração régia. Apesar de vários condes e marqueses terem ocupado o cargo, geralmente não pertenciam às principais famílias dos Grandes de Espanha. Embora o serviço ao rei fosse fundamental na reprodução da aristocracia, o caráter essencialmente europeu da monarquia hispânica fazia com que as áreas privilegiadas para o serviço fossem europeias, como nos vice-reinados italianos.[67]

Na Europa, já em 1523, o Conselho das Índias foi formalizado como um dos conselhos territoriais da estrutura polissinodal hispânica, principal órgão responsável pela administração do Novo Mundo. Similarmente às possessões inglesas, desenvolveu-se nos domínios americanos da monarquia hispânica uma legislação própria, mas esta emanava antes da Coroa e dos vice-reis que de assembleias locais. Na já clássica formulação do hispanista inglês John Elliott,

> se a "modernidade" do Estado Moderno é definida em termos da posse de estruturas institucionais capazes de transmitir os comandos da autoridade central para localidades distantes, o governo da América espanhola colonial era mais "moderno" que o governo da Espanha, e mesmo de praticamente todos os Estados Modernos europeus.[68]

Entretanto, o sistema só podia funcionar através da negociação entre as elites e o monarca, assim como do estabelecimento de alianças entre funcionários régios e colonos.[69] As realidades práticas se somavam à matriz ideológica neotomista da segunda escolástica, cuja concepção corporativa de sociedade reconhecia o poder do rei como cabeça do corpo social, mas este era, por sua vez, obrigado a respeitar os poderes locais e a importância da família como célula básica da sociedade.[70]

No século XVI, a principal instituição acessível aos colonos era o *cabildo*, importante na arrecadação de donativos pedidos pelo monarca, concessão de terras e como local de representação das demandas coloniais para monarcas e seus representantes na América. Ao longo do século XVII, porém, as intervenções régias através da venda de cargos e manipulação das eleições para garantir a posse de aliados acabaram deixando esta instituição menos atraente para as elites locais, num processo similar à gradual diminuição do poder dos *encomenderos* na segunda metade do Quinhentos.[71]

Entretanto, as dificuldades financeiras da monarquia em razão da crise econômica e das guerras europeias aumentaram a venalidade dos cargos no Seiscentos, possibilitando a participação maciça da elite colonial na administração periférica americana, inclusive na Fazenda Real e nas Audiências.[72] No geral, "rei e grupos de poder locais americanos se necessitavam reciprocamente e se retroalimentavam", pois as elites coloniais tinham sua autoridade legitimada pela chancela monárquica e beneficiavam-se da concessão de mercês, enquanto a Coroa dependia da cooperação local para manter seu domínio e a extração de recursos. No século XVII, a balança de poder pendeu crescentemente no sentido da América, pois o poder de patronagem do monarca foi reduzido com a venda de cargos e a capacidade das elites coloniais de mantê-los sob seu poder, em troca de pagamentos à Coroa.[73]

Conclusões

Conforme foi visto, alguns autores de história econômica e social consideram o século XVII como de crise para a Europa. Porém, sabe-se que esta crise teve ritmos e consequências diferentes consoante as sociedades do Velho Mundo. Para a Inglaterra e a Holanda, ela representou a possibilidade de ultrapassar definitivamente o mediterrâneo no comando do comércio internacional. Em especial nas terras inglesas, o século XVII coincide com o prelúdio das transformações para o capitalismo: expropriação dos camponeses, mercado de terras, avanço da agricultura baseada no trabalho assalariado. Pouco tempo depois, Londres surgiria como *city* de um vasto Império atlântico e logo transcontinental.[74]

Por seu turno, para os Áustria espanhóis o Seiscentos implicou numa série de dificuldades. Para começar, como foi visto, entre 1600 e 1700, estima-se que a população espanhola passou de 7,68 milhões (1587-92) para 7 milhões (1712-17).[75] Acompanhando este declínio, houve o definhamento agrícola e manufatureiro de Castela, até então a base do poderio europeu da monarquia compósita hispânica, e a consequente bancarrota de tal monarquia.[76] Entretanto, as mesmas dificuldades não foram sentidas pelos vice-reinados americanos. Assim, vigorou um descompasso entre a referida monarquia e suas conquistas americanas.

Portugal e suas conquistas viveram uma história diferente. Como afirmamos no início do texto, o século XVII assistiu à decadência do Estado da Índia, porém também presenciou a montagem do sistema atlântico luso, que foi capaz de sustentar a monarquia pluricontinental lusa e de impedi-la de viver as amarguras de seus vizinhos Áustria. Em outras palavras, o Seiscentos demonstra que a monarquia compósita espanhola definitivamente tinha uma lógica diferente da pluricontinental lusa, apesar de ambas terem uma base institucional semelhante.[77] Completando este cenário, ocorreu a Restauração Portuguesa de 1640 e a subida ao poder dos Bragança. A monarquia lusa torna-se mais pluricontinental, ou seja, um sistema cuja centralidade era a sua periferia.

O descompasso entre os Habsburgo espanhóis e os Bragança no século XVII nos leva a reafirmar a natureza pluricontinental da monarquia lusa, apesar de terem por base uma cultura política e institucional semelhante.[78] A monarquia compósita dos Áustria de Espanha, como vimos, não tinha os seus alicerces materiais na América. O sustento da nobreza espanhola e de sua monarquia, conforme visto em Elliott, vinha de Castela. Em realidade, a monarquia lusa talvez fosse a única da Europa Moderna cujo sustento coincidia com o ultramar. Esta natureza sistêmica da monarquia pluricontinental, entretanto, não se traduzia em uma política consciente da Coroa ou em um *ethos* da primeira nobreza. Apesar de os Bragança impelirem a nobreza da corte para o ultramar, até ao menos a época pombalina (1750-77), o serviço no Estado da Índia acarretava mais prestígio e ganhos materiais para as casas nobres que nele serviam do que o governo do Brasil. Isto ocorria mesmo na época em que a Índia representava prejuízos materiais e humanos, e o Brasil, ancorado no sistema do Atlântico sul, sustentava a Coroa e sua fidalguia sola. O fato de a Coroa remunerar mais os serviços da nobreza na Índia do que no Atlântico só confirma a natureza do Antigo Regime da monarquia pluricontinental. A última estava longe de se pautar em práticas mercantilistas da época moderna ou colonialistas do século XIX. Por seu turno, a primeira nobreza aceitava ir para o além-mar tendo por objetivo comendas e terras no reino e não tanto a maximização de ganhos.[79]

Visto que a monarquia pluricontinental e a sua primeira nobreza não se moviam pelos princípios da maximização dos lucros, cabe perguntar o que levou a migração de reinóis e ilhéus para a América lusa. A resposta a esta pergunta precisa esperar ainda muitas investigações, mas podemos sugerir algumas hipóteses. De imediato, sabemos que Portugal não presenciou um crescimento demográfico compatível ao inglês na virada do século XVI para o seguinte. Apesar disso, outros fatores influíam para a emigração lusa, como a pobreza de seus solos e o sistema de morgadio. Achamos pouco provável que qualquer capitania americana tenha presenciado um crescimento demográfico à altura de Cheasepeake, na América britânica, ao longo do século XVII; como foi aqui sublinhado e conforme os censos consultados por Lorena Walsh, a população branca passou de 8 mil habitantes, em 1640, para 55.600 em 1680, e alcançou 85 mil em 1700.[80] Para a América lusa não possuímos notícias de censos e, provavelmente, só o estudo dos registros eclesiásticos e das listas nominativas de habitantes esclarecerá essa lacuna. Algo que para o século XVII, salvo engano, ainda não foi feito de forma sistemática. Sabemos ao menos que o Bispado do Rio de Janeiro (que ia de Porto Seguro até Curitiba), no ano de 1687, contava com uma população de 35.800 que confessavam.[81] Talvez, somente no século XVIII, com a descoberta do ouro das Minas, a América lusa tenha presenciado uma crescente emigração.

Na falta de "certezas" demográficas, temos fragmentos de trajetórias da pequena nobreza e de oficiais régios na América da segunda metade do século XVI e durante o século XVII, pelas quais inferimos valores dos que emigravam para estas conquistas. Mem de Sá, terceiro governador geral do Brasil (1558-72), provavelmente chegou à Bahia acompanhado por componentes de sua casa: Diogo de Sande Correia, Diogo de Sá da Rocha, Estácio de Sá e Salvador Correia de Sá. Todos atuaram como conquistadores, ou seja, aliaram-se a segmentos de populações indígenas na luta contra outros gentios, receberam sesmarias, construíram engenhos de açúcar com pequenas igrejas, ajudaram na montagem de municípios e da administração periférica da Coroa. Sande Correia e Sá da Rocha atuaram na Bahia, Estácio de Sá e Salvador Correia de Sá no Rio de Janeiro (ver capítulo 3 do 3º volume). O capitão-mor Jorge de Lemos Bettencourt, natural das Ilhas de Açores e fidalgo da Casa Real, foi um dos conquistadores do Maranhão em 1619, empreitada da qual participaram também elementos de sua casa.[82] Um de seus parentes, Francisco de Lemos de Faria, depois migraria para o Rio de Janeiro, onde tornou-se dono de engenho.

Outro exemplo é a trajetória do capitão Pedro Gago da Câmara, também açoriano e capitão da fortaleza de Santa Cruz, na entrada da Baía de Guanabara, na década de 1630. Por volta de 1645, uma das filhas de Pedro tornou-se esposa do capitão Martim Albuquerque Maranhão, filho de Jerônimo de Albuquerque Maranhão, e, entre 1657 e 1663 governador da Paraíba, instalou-se no Rio de Janeiro depois da invasão holandesa no Nordeste.[83] Os demais filhos e descendentes de Gago da Câmara moravam próximos da fortaleza de Santa Cruz, provavelmente, no engenho do Mato, na remota freguesia de Piratininga, capitania do

Rio de Janeiro.[84] Entre os descendentes netos inclui-se Isabel da Câmara, esposa do desembargador da Relação da Bahia, Francisco da Silveira Vilasboas. Em 1687, a freguesia de Piratininga contava 170 pessoas que comungavam. Poucos anos depois, em 1700, o reconhecimento de sua majestade aos serviços dos Gago da Câmara traduzia-se pelo agraciamento dos netos do velho capitão Pedro com a carta de moço fidalgo da casa real.[85] Um desses agraciados, André Gago da Câmara, em testamento, datado de 12 de junho de 1705, determinou a instituição de uma capela de missas para sua alma no valor de 800$000 réis, o equivalente a 1/3 de um engenho com toda sua fábrica em Irajá (Rio de Janeiro). No mesmo testamento, André afirmava que era administrador de várias capelas de seus irmãos e irmãs falecidos, na forma de terras e casas na cidade. A mãe de André, D. Úrsula da Silveira, falecida em 10 de julho de 1700, libertou 11 cativos e também instituiu capelas de missas por sua alma.[86] André e a mãe não esqueceram dos vivos e desvalidos. Em ambos os testamentos eles deixavam expressivas quantias para que suas várias irmandades cuidassem de órfãos e pobres. Portanto, não se tratava apenas de uma cultura aos mortos, mas de práticas com o intuito de reiterar uma sociedade hierarquizada a partir das relações de patronagem/clientela e de interiorização da obediência amorosa. Ignácio da Silveira Vilasboas, parente de Úrsula da Silveira e falecido em 9 de março de 1703, determinou que 2:800$000 réis fossem colocados a juros pela Santa Casa de Misericórdia, para que eles rezassem missas por sua alma e também se cuidasse das viúvas honradas e órfãos da cidade. Portanto, a cada geração parte da riqueza social virava esmolas e como tal distribuída pelas pias irmandades para a sociedade. Essas práticas reforçavam as relações de patronagem e de clientela existentes entre a elite social e a sociedade. Em realidade, as esmolas contribuíam para reforçar as relações pessoais de desigualdade; porém, no fim de cada geração, não no âmbito das relações senhor-escravo ou páter-família, mas no âmbito do conjunto da sociedade, pois aquelas esmolas saíam das famílias da elite e iam para o conjunto da sociedade, via irmandades.[87] Ainda não há como esquecer que parte das quantias destinadas pelos testadores a missas e ordens religiosas não sumiam totalmente no além-túmulo, pois voltava ao mercado e à riqueza social como empréstimos concedidos por aquelas instituições ao comércio e à produção.[88]

Estas práticas também podem ser vistas em famílias de negociantes ligados ao comércio atlântico do Rio de Janeiro no século XVII. Izabel Ribeiro da Costa, esposa do negociante e traficante de escravos Jerônimo de Azevedo, ao falecer, em 25 de maio de 1674, deixou por sua alma uma capela de missas no valor de 300$000 réis para ser retirada de casas de pedra na cidade. Catarina Siqueira, falecida em 7 de agosto de 1688, determinou a transformação de 1:200$000 réis de sua terça, correspondente a metade de um engenho de açúcar na ocasião, em missas para sua alma. Catarina era filha e esposa de arrematantes de dízimos e traficantes de escravos na cidade.[89]

As trajetórias apresentadas são bastante instigantes, mas devemos esperar mais pesquisas antes de formular conclusões. Aqueles fragmentos de vida falam de conquistadores, descendentes da pequena fidalguia e/ou de famílias próximas dela, que migraram do reino e das Ilhas do Atlântico luso, fugindo da pobreza ou em busca de honra. Provavelmente, elas viram no serviço a sua majestade, na distante América, a possibilidade de acrescentarem grandeza às suas casas. Porém isso implicava, muitas vezes, ficar na conquista e ali estabelecer suas casas. Trata-se assim de um *ethos* diferente dos primeiros da nobreza do reino. Por seu turno, a natureza dos engenhos, enquanto empresa voltada para o mercado e preocupada com a maximização dos ganhos, é em parte esclarecida pelo testamento de seus donos. Neles se vê que parte do trabalho subtraído dos escravos foi para o além-mundo, outra parte foi distribuída como esmola para os desvalidos; porém, dessas frações do sobretrabalho escravo, parcela, em nome da caridade, voltou do mundo dos mortos para custear a produção social. Portanto, em cada geração, uma parcela da riqueza social *transformava-se* em obras que possibilitavam a produção da hierarquia social. Esses parâmetros da sociedade católica — onde a produção social resultava de relações de patronagem, obediência amorosa e desperdício, via além-morte, de parte da riqueza social — provavelmente eram base da gestão econômica dos engenhos de açúcar lusos.

Acreditamos que dificilmente esses mesmos parâmetros apareciam nas *plantations* açucareiras da revolução açucareira do Caribe inglês do século XVII. Com certeza tanto a *plantation* lusa como a inglesa visavam à produção de ganhos, pois sem eles não existiriam tais economias e suas hierarquias sociais. Porém não sei se a *plantation* inglesa visava manter uma sociedade cristã controlada também pelos mortos. E com isto não pretendemos dizer que a inglesa fosse menos ou mais racional que a lusa. Pretendemos sim reafirmar que eram diferentes, pois elas se baseavam em lógicas sociais distintas. Mais do que isto, considerando que parte do excedente dos engenhos lusos não raro se transformava em capelas de missas e que apesar deste *desperdício* tal sociedade católica e suas *plantations* sobreviveram séculos, esta última constatação implica afirmar o seguinte: a gestão dos engenhos de açúcar lusos tinha de ser suficientemente rentável e mercantil de modo a permitir a contínua esterilização de parte da sua riqueza produzida, ou melhor, sem que isto colocasse em risco a existência da dita *plantation*.

Em outras palavras, o sobretrabalho produzido nos engenhos de açúcar fora destinado à monarquia pluricontinental, à república e às casas as quais pertenciam tais *plantations*, entretanto uma parte expressiva dele virou missas, esmolas e também viabilizou a alforria de cativos. Com isto, tal sociedade do Antigo Regime católico, baseada na escravidão, contribuiu para a reiteração do sistema atlântico português da época moderna.

Notas

1. Sobre sistemas atlânticos na época moderna ver, entre outros, os trabalhos recentes de John H. Elliott, *Empires of the Atlantic World: Britain and Spain in America, 1492-1830*. New Haven: Yale University Press, 2007, GREENE, Jack & MORGAN, Philip D. (ed.) *Atlantic History, a critical appraisal*. Oxford University press, 2009 (especialmente a introdução dos editores); e Alison Games,

The Web of Empire, English cosmopolitans in an age of expansion, 1560-1660, Oxford University Press, 2008.

2. Vitorino Magalhães Godinho, 1978, p. 262-64.
3. Sanjai Subrahmanyam, 1995; F. Bethencourt & K. Chaudhuri (dirs.), 1998, p. 205-256.
4. Vitorino Magalhães Godinho, 1978, p. 25-27.
5. Idem, p. 65-72.
6. Joaquim Romero Magalhães, 1993.
7. Vitorino Magalhães Godinho, s/d, p. 171.
8. Teresa, T. F. Rodrigues, 1993, p. 218-222.
9. Esta característica marcante, com ou sem a rubrica de sistema atlântico, está presente numa longa tradição historiográfica. Veja a discussão na apresentação do primeiro volume e o capítulo 1 do 1° vol. desta coleção. Entre outros autores, cf. Caio Prado Jr., 1979; Ciro Cardoso, 1973; Jacob Gorender, 1978; Luiz Filipe Alencastro, 2000; João Fragoso, 1998; Manolo Florentino, 1997.
10. Manolo Florentino, 1997, p. 94. Ver ainda Luiz Filipe Alencastro, 2000.
11. Sobre o conceito de monarquia pluricontinental e sua arquitetura política, ver apresentação do 1° volume desta coleção.
12. Administração Central da Coroa lusa era composta pelos conselhos palacianos, como as Casas de Suplicação, o Conselho da Fazenda, o Conselho Ultramarino, o Desembargo do Paço etc. A administração periférica estava disseminada pelos espaços da monarquia e era composta, entre outros oficiais, pelos governadores de capitanias, corregedores, juízes de fora, provedores da fazenda e oficiais militares pagos pela fazenda real. Ver A. M. Hespanha, 1994, p. 195-224, 227-295. Incluímos entre a administração periférica os oficiais régios do ultramar.
13. Essa fase do tráfico de cativos de Angola era dominada pela "política dos governadores". Para o autor, tais autoridades se valiam do cargo para intervir em interesse próprio no comércio negreiro do Porto de Luanda. Ver Roquinaldo Ferreira, 2003.
14. Para essa tratadística da segunda escolástica, a família era uma sociedade naturalmente organizada e como tal possuía a prerrogativa de governar suas relações internas, que abrangiam consanguíneos, parentes rituais, afins, criados e escravos. Ver A. M. Hespanha, 2010, p. 119-129.
15. Sobre as práticas de captura e de produção de escravos angolanos no século XVII, ver Manolo Florentino, 1997; Joseph Miller, 2008, p. 60-61.
16. Ver Sebastião Monteiro Vide, 2010, p. 146-149; ver também A. M. Hespanha, 2010, capítulo 7.
17. André Teixeira, 2005, t. 2, p. 31.
18. João José Abreu Souza, 2005, t. I, p. 138-175; VIEIRA, 2004, p. 42-84.

19. Pelo sistema de Morgadio apenas o filho mais velho herdava o patrimônio e o nome da casa. Sobre este tema, ver, para Portugal, Nuno G. Gonçalo Monteiro, 1998; [Para similares em outras partes da Europa, cf. Bartolomé Clavero, 1974; João José Abreu Souza, 2005, t. I, p. 138-174, especialmente p. 152; Miguel Rodrigues, p. 228-229. Em relação aos Bethencourt e Autouguia como integrantes da fidalguia da Madeira, ver João José Abreu Souza, 2005, t. I, p. 124-127. Sobre a presença dos Bethencourt no Maranhão e dos Autoguia no Rio de Janeiro, ver, respectivamente, Helidacy M. M. Correia, 2011, p. 158, e João Fragoso, 2009. Acerca da trajetória de conquistadores, cf. ainda Biblioteca Nacional, Rio de Janeiro. Seção de Obras Raras, Ms 5, 3,13-15, e o capítulo 3 do 3° volume.
20. Entre 1550 e 1650 foram instituídos 556 vínculos em São Miguel ou 45% de todos os 1.241 vínculos entre 1451 e 1850. José Damião Rodrigues, 2003, vol. 2, p. 658-659. Pôr vínculo era uma prática do Antigo Regime no qual um dado bem imóvel ficava associado a uma determinada família, não podendo ser vendido, ver nota 18; sobre os diferentes tipos de vínculos na monarquia lusa, Capela e Morgadio, ver idem, p. 653. Sobre distribuição de terras nos Açores na época moderna, ver ainda Rute Dias Gregório, 2007.
21. André Teixeira, 2005, t. 2.
22. Sobre os moradores-armadores, ver os estudos de Iva Maria Cabral em Maria E. Madeira Santos, 2° vol.; Francisco, A. C. Ribeiro, 2011, p. 48-63.
23. Cristina M. S. Serafim, 2000, p. 46.
24. Feitoria e forte português erguido em 1481-82 a mando de D. João II e corresponde à atual cidade de Elmina em Gana.
25. Cristina M. S. Serafim, 2000, p. 215.
26. Francisco A. C. Ribeiro & Marta Bandeira (no prelo); Cristina M. S. Serafim, 2000, p. 282; Luís C. Cunha, 2005, t. I, p. 271. Conforme Arlindo Manuel Cadeira, os mulatos aumentam a sua importância econômica e social na segunda metade do século XVI, p. 390. Cristina M. S. Serafim, mesmo reconhecendo a presença de mulatos na elite local, lembra que, em 1620, a Coroa procurou limitar o poder da dita *casta*. Idem, p. 268.
27. A. Caldeira, 2005, t. I, p. 401-402
28. Luís C. Cunha, 2005, t. I, p. 256.
29. Cristina M. S. Serafim, 2000.
30. Segundo Hespanha, a ordem no Antigo Regime era sustentada por uma disciplina social na qual a obediência era amorosa, portanto, consentida e voluntária. Este último fenômeno estava presente em todos os municípios, apesar de diferenças dos costumes locais, dando-lhes, na falta de uma melhor palavra, uma uniformidade social. Esta disciplina social difundida pelo clero secular e ordens religiosas, curas das almas, criava uma linguagem comum à monarquia pluricontinental.

Aqui não custa insistir na ideia de obediência, pois ela era capaz de exercer o papel dos mecanismos de controle visíveis de um Estado Absolutista. Ver Manuel Hespanha, 2011, p. 12, 13 e 18.

31. Ver prefácio do 1º vol. e João Fragoso, 2012; idem & Antônio J. Sampaio (orgs.) (no prelo).
32. Ver Manuel Hespanha, 2011, p. 12 a 19.
33. Matthew Restall, 2006.
34. Linda A. Newson, 2006, p. 143-184.
35. John Monteiro, p. 185-233, citação à p. 189.
36. Helen Nader, 1990, p. 209; cf. também p. 192-206.
37. Stanley Stein & Barbara Silver Stein, 2000, p. 40-56; Juan Gelabert, 2004, p. 95-120; e, principalmente, Bartolomé Casalilla, 2004, p. 312-395.
38. Para uma síntese, cf. Juan Carlos Caravaglia & Juan Marchena, 2005, vol. I, p. 249-63.
39. Herbert S. Klein & Ben Vinson III, 2007, p. 17-42 e 193-225; Toby Green, 2012, p. 260-86. Para as estimativas do tráfico, cf. www.slavevoyages.org.
40. Ver notas, 20, 21 e 22.
41. Na época moderna, a cidadania espanhola não era um status rigidamente definido, mas um processo cotidiano de integração dos indivíduos na comunidade local, ligando-se por esta via à nação mais ampla. O requisito mínimo (mas não suficiente) na monarquia hispânica era o catolicismo, e certos grupos eram excluídos, como cristãos-novos e afrodescendentes. Cf. Tamar Herzog, 2003.
42. Douglas Cope, 1994; Bernard Schröter & Christian Buschges (eds.), 1999; Maria Elena Martínez, 2008.
43. Keith Wrightson, 2000, p. 115-226.
44. John H. Elliott, 2007, p. 3-87.
45. Lorena S. Walsh, 2010, p. 25-121.
46. B. W. Higman, 2000, p. 213-36.
47. P. H. E. Hair & Robin Law, 1998, p. 241-63; Larry Gragg, 1999, p. 65-84.
48. Russell Menard, 2006.
49. John C. Coombs, 2011, p. 332-60.
50. Michael Craton, 1997, p. 51-103 e 149-60; Robin Blackburn, 2003, p. 265-335 e 373-447.
51. Russell Menard, 2007, p. 309-32.
52. Daniel Vickers, 1996, p. 229-38.
53. Eric Hobsbawm, 1992, 4ª ed. revista, p. 78-124.
54. Keith Wrightson, 2000, p. 227-48.
55. David W. Galenson, 1995, p. 169-91.

56. Juan Carlos Garavaglia & Juan Marchena, 2005, p. 485-99; Bartolomé Yun Casalilla 2004, p. 556-73; Christopher Storrs, 2006, p. 106-50; Stanley Stein & Barbara Stein, 2000, p. 57-104; James Casey, 1999, p. 19-86.
57. Hugh Trevor-Roper, ob. cit., p. 125-57.
58. J. Braddick, 2000, p. 428.
59. Lawrence Stone, 1967, p. 273-88.
60. Idem, pp. 397-410; Jack P. Greene, 2009, p. 95-114.
61. Carla Gardina Pestana, 2005, p. 515-46.
62. James Horn, 1994, p. 334-80; Anthony S. Parent Jr. , 2003, p. 9-54 e 105-34.
63. Robert Brenner, 1993, p. 638-716.
64. Idem, p. 577-632; Carla Gardina Pestana, 2004.
65. Richard S. Dunn, 2009, p. 445-66; Steve Pincus, 2009.
66. Michael J. Braddick, 2000, p. 177-285.
67. Cf. principalmente Bartolomé Yun Casalilla, 2002.
68. J. H. Elliott, 2007, p. 127.
69. John Lynch, 1992, p. 69-81.
70. Pedro Pérez Herrero, 2002, p. 107-61.
71. Ronald Raminelli, 2011, p. 29-54.
72. Mark Burkholder, 1986, p. 77-103.
73. Pedro Pérez Herrero, 2002, p. 135.
74. Ver Eric Hobsbawm, 1992; P. Kriedte, 1985, capítulo II; C. Cipolla *et. al.*, 1981.
75. P. Kriedte, 1985, p. 85.
76. J. H. Elliott, 1981, p. 129-55. P. Vilar, 1981, p. 113-28.
77. Em ambas a tratadisca da escolástica da segunda escolástica prevalecia, ou seja, o rei era a cabeça da sociedade, porém não se confundia com ela; a Coroa tendia a respeitar e a defender os costumes locais, os municípios e os cabildos tinham a prerrogativa do autogoverno. Da mesma forma, prevalecia a disciplina social dada pela obediência amorosa e as famílias eram vistas como sociedades naturalmente organizadas, sendo de sua alçada a produção da riqueza social.
78. Mafalda S. da Cunha & Nuno Monteiro, 2005; Nuno Monteiro, 2001.
79. Nuno Monteiro, 2005. Devemos lembrar que ao longo do século XVII ocorreram as guerras angolanas e por elas o efetivo controle desta conquista. Nuno Monteiro no primeiro texto demonstra que a nobreza inglesa, entre outras europeias, e diferentemente da lusa, vivia das rendas auferidas na sociedade inglesa e não do seu ultramar.
80. Lorena S. Walsh, 2010, p. 18.
81. Título: Notícias do Bispado do Rio de Janeiro, Visitador: (não localizado) Data: 1687, Notação: ACMRJ, Série de Visita Pastoral, VP38 Arquivo Geral da Cúria do Rio de Janeiro. Agradeço a Victor Luiz Alvares Oliveira a localização e a digitação do documento.

82. Helidacy M. M. Correia, 2011, p. 158; João Fragoso, 2009.
83. João Fragoso, 2003, p. 11-35.
84. Livro de registro de Batismo da Freguesia de Piratininga. Rio de Janeiro — RJ. http://www.familysearch.org/s/image/show#uri=http%3A//pilot.familysearch.org/records; João Fragoso, op. cit.
85. http://ttonline.dgarq.gov.pt/dserve.exe?)='pedro')AND((text)='gago') AND((text)='da')AND((text)='câmara'). Acesso em 19/08/2011.
86. A realização de missas anuais pela alma do testado pressupunha condições para tanto, estas podiam ser na forma de uma quantia de dinheiro posta a juros, de rendimento de imóveis etc. A expressão coeva de acima de capela de missas foi utilizada neste sentido. Testamento de André Gago da Câmara, anexo ao assento de óbito, datado de 12/6/1705. *Livro de Óbitos 1701-1710, Freguesia de Sacramento* — Rio de Janeiro — RJ — Brasil imagem 58. Úrsula Silveira. Livro de Óbito 10/7/1700, Freguesia da Candelária — Rio de Janeiro — RJ — Brasil http://www.familysearch.org/s/image/show#uri=http%3A//pilot.familysearch.org/records>Arquivo Nacional — Rio de Janeiro 1° Ofício de Notas. Livro de Notas: 25/6/1703 a 28/11/1703. Caixa 12851, N° 68 30/9/1703 — Escritura de venda de um engenho com toda a sua fábrica que faz Joana de Soveral, viúva do alferes Lucas do Couto em 30/9/1703. Agradeço ao falecido Maurício de Abreu e a Antonio Carlos Jucá de Sampaio a indicação da última fonte.
87. B. Clavero chama a atenção que as relações de graça e de patronagem organizavam a sociedade católica. Através destas relações estabelecia-se a argamassa da sociedade e não via o Estado. B. Clavero, 1991. p. 194-197. Nos testamentos da sociedade analisada estas relações de clientela eram criadas junto com a produção de eternidade da elite social, via obras destinadas a lembrar do falecido no além-túmulo. Sobre a influência do catolicismo na escravidão lusa do Novo Mundo, ver também Gilberto Freyre, 2006; Frank Tannenbaum, 1968.
88. Não custa insistir que estamos numa sociedade pré-industrial, nesta altura, sem uma sólida comunidade mercantil que pudesse fornecer créditos. Na falta deste crédito dado por mercadores, as instituições religiosas, as irmandades e o juízo dos órfãos assumiam tal papel. Esta era a forma encontrada por tais instituições para garantir um rendimento e as esmolas, as heranças dos órfãos enquanto não fossem destinadas a seu fim último. Assim, o que era destinado para o além-túmulo nos testamentos, a sociedade recuperava na forma de créditos a juros. São necessárias ainda pesquisas mais específicas sobre tais mecanismos de crédito em sociedades católicas do Antigo Regime, sem um forte capital mercantil. Para a Bahia, ver Flory, 1978; Alexandre V. Ribeiro, 2005; João Fragoso, 2001; João Fragoso, 2000.

89. Ignácio da Silveira Vilasboas, 9/3/1703, Livro de Óbito, Freguesia da Candelária — Rio de Janeiro — RJ — Brasil. Izabel Ribeiro da Costa, 21/5/1674, Livro de Óbito, Freguesia da Candelária — Rio de Janeiro — RJ — Brasil. Catarina Siqueira, Livro de Óbito 7/8/1688, Freguesia da Candelária — Rio de Janeiro — RJ — Brasil. Ver João Fragoso, 2001, p. 247-288

Bibliografia

ALENCASTRO, Luiz Filipe. *O trato de viventes*. São Paulo: Cia. das Letras, 2000.

ARQUIVO DA CÚRIA DO RIO DE JANEIRO, notícias do Bispado do Rio de Janeiro, 1687.

ARQUIVO NACIONAL. Rio de Janeiro 1° Ofício de Notas. *Livro de Notas: 25/6/1703 a 28/11/1703*. Caixa 12851, N° 68 30/9/1703 — Escritura de venda de um engenho com toda a sua fábrica que faz Joana de Soveral, viúva do alferes Lucas do Couto em 30/9/1703.

BETHENCOURT, F. & CHAUDHURI, K. (dirs.). *História da expansão portuguesa*. vol. 2, Lisboa: Círculo do Livro, 1998.

BIBLIOTECA NACIONAL. Rio de Janeiro. Seção de Obras Raras, Ms 5, 3,13-15.

BLACKBURN, Robin. *A construção do escravismo no Novo Mundo, 1492-1800*. Rio de Janeiro: Record, 2003.

BRADDICK, Michael J. *State Formation in Early Modern England, c. 1550-1700*. Cambridge: Cambridge University Press, 2000.

BRENNER, Robert. *Merchants and Revolution*. Londres: Verso, 1993, p. 638-716.

BURKHOLDER, Mark. "Bureaucrats". In: HOBERMAN, Louisa & SOCOLOW, Susan (eds.). *Cities and Society in Colonial Latin America*. Albuquerque: University of New Mexico Press, 1986.

CALDEIRA, A. "A sociedade". In: MATOS, Arthur Teodoro de (org.). *Nova história da expansão portuguesa — a colonização atlântica*. Lisboa: Estampa, 2005, t. I.

CARDOSO, Ciro. "Observações sobre o dossier preparatório da discussão sobre o modo de produção colonial". In: PARAIN, C. *et al. Sobre o feudalismo*. Lisboa: Estampa, 1973.

CASEY, James. *Early Modern Spain: a social history*. Nova York: Routledge, 1999.

CIPOLLA, C. *et al. La Decadencia Económia de los Imperios*. Madri: Alianza Editorial, 1981.

CLAVERO, Bartolomé. *Andidora: Antropologia católica de La economia*. Milão: Giuffrè, 1991.

______. *Mayorazgo, Propriedad Feudal em Castilla (1369-1836)*. Madri: Siglo XXI, 1974.

COOMBS, John C. "The Phases of Conversion: A New Chronology for the Rise of Slavery in Early Virginia". *William & Mary Quarterly*, vol. 68, n. 3, 2011.

COPE, Douglas. *The Limits of Racial Domination: Plebeian Society in Colonial Mexico City, 1660-1720*. Madison: University of Wisconsin Press, 1994.

CORREIA, Helidacy M. M. *Para aumento da conquista e bom governo dos moradores: o papel da câmara de São Luís na conquista, defesa e organização do território do Maranhão (1615-1668)*. Niterói: UFF, 2011.

CRATON, Michael. *Empire, Enslavement and Freedom in the Caribbean*. Kingston: Ian Randle, 1997.

CUNHA, Luís C. "As estruturas político-administrativas e seus órgãos". In: MATOS, Arthur Teodoro de (org.). *Nova história da expansão portuguesa — a colonização atlântica*. Lisboa: Estampa, 2005, t. I.

______. "Povoamento". In: MATOS, Arthur Teodoro de (org.). *Nova história da expansão portuguesa — a colonização atlântica*. Lisboa: Estampa, 2005, t. I.

CUNHA, Mafalda S. da & MONTEIRO, Nuno. "Governadores e capitães-mores do império atlântico português nos séculos XVII e XVIII". In: CUNHA, Mafalda S. da & MONTEIRO, Nuno & CARDIM, Pedro (orgs.). *Optima Pars. Elites Ibero-Americanas do Antigo Regime*. Lisboa: ICS, 2005.

DUNN, Richard S. "The Glorious Revolution and America". In: CANNY (ed.), ob. cit., PINCUS, Steve. 1688: the first modern revolution. New Haven: Yale University Press, 2009.

ELLIOTT, J. H. "La Decadencia de España". In: CIPOLLA, C. *et. al. La Decadencia Económica de los Imperios*. Madri: Alianza Editorial, 1981.

______. *Empires of the Atlantic World: Britain and Spain in America, 1492-1830*. New Haven: Yale University Press, 2007.

FERREIRA, Roquinaldo. *Transforming Atlantic Slaving: trade, warfare and territorial control in Angola, 1650-1800*. Los Angeles: University of Califórnia, 2003 (Tese de doutorado inédita).

FLORENTINO, Manolo. *Em Costas Negras*. São Paulo: Cia. das Letras, 1997.

FLORY, Rae. *Bahian Society in the mid-colonial period: the sugar platers, tobacco growers, merchants, and artisans of Salvador and the Recôncavo, 1680-1725*. Tese de doutorado. Austin: The University of Texas, 1978.

FRAGOSO, João, "Um mercado dominado por 'bandos': ensaio sobre a lógica econômica da nobreza da terra do Rio de Janeiro Seiscentista". In: SILVA, Francisco C. T. da & MATTOS, Hebe M. & FRAGOSO, João Fragoso (orgs.). *Escritos sobre História e Educação: Homenagem à Maria Yedda Linhares*. Rio de Janeiro: Mauad e Faperj, 2001.

______. "A nobreza da República; notas sobre a formação da primeira elite senhorial do Rio de Janeiro". *Topoi,* Rio de Janeiro: UFRJ / 7 letras, número 1, 2000.

______. "A nobreza vive em bandos: a economia política das melhores famílias da terra do Rio de Janeiro, século XVII". *Tempo*. Niterói: UFF, v. 8, nº. 15, 2003.

______. "Introdução: Monarquia Pluricontinental, repúblicas e dimensões do poder no Antigo Regime nos trópicos: séculos XVI — XVIII". In:: Fragoso, João; Sampaio, Antônio J. (orgs.). *Monarquia Pluricontinental e a governança da terra no ultramar atlântico luso.* Rio de Janeiro: Instituto de História, UFRJ, 2012.

______; SAMPAIO, Antônio J. (org.). *Monarquia Pluricontinental e repúblicas no Atlântico Sul luso, séculos XVI e XVIII.* Rio de Janeiro: Mauad e Faperj (no prelo).

______. "O capitão João Pereira Lemos e a parda Maria Sampaio: notas sobre hierarquias rurais costumeiras no Rio de Janeiro, século XVIII". In: RIBEIRO, Mônica & ALMEIDA, Carla. *Exercícios de Micro-História.* Rio de Janeiro: Fundação Getulio Vargas, 2009.

______. *Homens de grossa aventura: 1790-1830.* Rio de Janeiro: Civilização Brasileira, 1992.

______. *Um mercado dominado por bandos: ensaio sobre a lógica econômica da nobreza da terra do Rio de Janeiro Seiscentista.* In: TEIXEIRA, Francisco Carlos & MATTOS, H. M. & FRAGOSO, J. *Escritos sobre História e Educação: Homenagem à Maria Yedda Leite Linhares.* Rio de Janeiro: Mauad e Faperj, 2001.

FREYRE, Gilberto. *Casa-grande & senzala: formação da família brasileira sob o regime da economia patriarcal.* São Paulo: Global, 2006.

GALENSON, David W. "The Settlement and Growth of the Colonies: population, labor, and economic development". In: ENGERMAN & GALLMAN (eds.), 1996

GAMES, Alison. *The Web of Empire, English cosmopolitans in an age of expansion, 1560-1660.* Oxford: Oxford University Press, 2008.

GARAVAGLIA, Juan Carlos & MARCHENA, Juan. *América Latina: de las orígenes a la independencia.* Barcelona: Crítica, 2005, vol. I.

GELABERT, Juan. "Las finanzas de la monarquia hispana en tiempo de Cervantes". *C. I. M. Economía*, n. 5, 2004.

GODINHO, Vitorino Magalhães. *Ensaios II.* Lisboa: Sá da Costa, 1978.

______. *Introdução à História Econômica.* Lisboa: Horizonte, s/d.

GONÇALO MONTEIRO, Nuno G. *O crepúsculo dos grandes (1750-1832).* Lisboa: Imprensa Nacional da Casa da Moeda, 1998.

GORENDER, Jacob. *O escravismo colonial.* São Paulo: Ática, 1978.

GRAGG, Larry. "'To procure Negroes': The English slave trade to Barbados, 1627-1660". *Slavery & Abolition*, vol. 16, n. 1, 1999.

GREEN, Toby. *The Rise of Trans-Atlantic Slave Trade in Western Africa, 1300-1589.* Cambridge: Cambridge University Press, 2012.

GREENE, Jack & MORGAN, Philip D. (eds.). *Atlantic History, a critical appraisal.* Oxford: Oxford University Press, 2009.

GREGÓRIO, Rute Dias. *Terra e Fortuna: os primórdios da humanização da ilha Terceira (1450-1550)*. Ponta Delgada/Lisboa: Centro de História do Além-Mar/ Universidade de Lisboa, 2007.

HAIR, P. H. E. & LAW, Robin. "The English in Western Africa to 1700". In: CANNY, Nicholas (ed.). *The Origins of Empire: British Overseas Enterprise to the Close of the Seventeenth Century* 2001.

HERZOG, Tamar. *Defining Nations: immigrants and citizens in early modern Spain and Spanish America*. New Haven: Yale University Press, 2003.

HESPANHA, A. M. "Arqueologia do poder". In: Hespanha, A. M. *As vésperas do Leviathan. Instituições e poder político. Portugal século XVII*. Coimbra: Livraria Almedina, 1994.

______. *Imbecillitas*. Belo Horizonte/São Paulo: UFMG/Annablume, 2010.

______. "Os poderes, os modelos e os instrumentos de controle". In: MONTEIRO, Nuno, G. *História da vida privada*. Lisboa: Círculo de Leitores, 2011.

HIGMAN, B. W. "The Sugar Revolution". *The Economic History Review*, vol. 53, Cidade, 2000.

HOBSBAWM, Eric. "A crise geral da economia europeia no século XVII". In: SANTIAGO, Théo (org.). *Do feudalismo ao capitalismo*. São Paulo: Contexto, 4ª ed. revista, 1992.

HORN, James. *Adapting to a New World*. Chapel Hill: University of North Carolina Press, 1994.

Ignácio da Silveira Vilasboas, *Livro de Óbito, 9/3/1703, Freguesia da Candelária* — Rio de Janeiro — RJ — Brasil. Izabel Ribeiro da Costa, 21/5/1674, *Livro de Óbito, Freguesia da Candelária* — Rio de Janeiro — RJ — Brasil. Catarina Siqueira, *Livro de Óbito 7/8/1688, Freguesia da Candelária* — Rio de Janeiro — RJ — Brasil.

KLEIN, Herbert S. & VINSON III, Ben. *African Slavery in Latin America and the Caribbean*. Oxford: Oxford University Press, 2ª ed. revista, 2007.

KRIEDTE, P. *Feudalismo Tardio y Capital Mercantil*. Barcelona: Ed. Crítica, 1985.

Livro de Óbitos 1701-1710, Freguesia de Sacramento. Rio de Janeiro — RJ — Brasil imagem 58. Ursula Silveira. *Livro de Óbito 10/07/1700, Freguesia da Candelária* — Rio de Janeiro — RJ — Brasil http://www.familysearch.org/s/image/show#uri=http%3A//pilot.familysearch.org/records. Acesso em: 19/8/2011.

Livro de registro de Batismo da Freguesia de Piratininga. Rio de Janeiro — RJ. http://www.familysearch.org/s/image/show#uri=http%3A//pilot.familysearch.org/records. Acesso em: 19/8/2011.

LYNCH, John. "The Institutional Framework of Colonial Latin America". *Journal of Latin American Studies*, vol. 24, 1992.

Madri/Frankfurt: Iberoamericana/Vervuert, 1999.

MAGALHÃES, Joaquim Romero. "A Fazenda". In: ______. (coord.). *História de Portugal — no alvorecer da modernidade*. Lisboa: Estampa, 1993.

MARTÍNEZ, Maria Elena. *Genealogical Fictions*. Stanford: Stanford University Press, 2008.

MENARD, Russell. "Plantation Empire: how sugar and tobacco planters built their industries and raised an empire". *Agricultural History*, vol. 81, n. 3, 2007.

______. *Sweet Negotiations*. Charlottesville: University of Virginia Press, 2006.

MILLER, Joseph. "África Central durante a era do comércio dos escravizados, de 1490 a 1850". In: HEYWOOD, Linda Marinda; FAUSTINO, Oswaldo. *Diáspora negra no Brasil*. São Paulo: Contexto, 2008.

MONTEIRO, John. "Labor Systems". In: id., ibid., p. 185-233, citação à p. 189.

MONTEIRO, Nuno. *Trajetórias sociais e governo das conquistas: notas preliminares sobre vice-reis e governadores-gerais do Brasil e da Índia nos séculos XVII e XVIII*. In: FRAGOSO, João & GOUVÊA, Maria de F. & BICALHO, M. F. (orgs.). *O Antigo Regime nos trópicos: a dinâmica imperial portuguesa, séculos XVI-XVIII*. Rio de Janeiro: Civilização Brasileira, 2001.

NADER, Helen. *Liberty in Absolutist Spain: the Habsburg sale of towns, 1516-1700*. Baltimore: Johns Hopkins University Press, 1990.

NEWSON, Linda A. "The demographic impact of colonization". In: BULMER-THOMAS, Victor & COATSWORTH, John & CORTÉS CONDE, Roberto (eds.). *The Cambridge Economic History of Latin America*, vol. I. Cambridge: Cambridge University Press, 2006.

NOVAIS, Fernando. *Portugal e Brasil na crise do antigo sistema colonial. 1777-1808*. São Paulo: Hucitec, 1979.

PARENT JR., Anthony S. *Foul Means: The Formation of a Slave Society in Virginia, 1660-1740*. Chapel Hill: University of North Carolina Press, 2003.

PÉREZ HERRERO, Pedro. *La América Colonial*. Madri: Síntesis, 2002.

PESTANA, Carla Gardina. "The Problem of Land, Status, and Authority: how early English governors negotiated the Atlantic world". *The New England Quarterly*, vol. 78, n. 4, 2005.

______. *The English Atlantic in the Age of Revolution, 1640-1661*. Cambridge: Harvard University Press, 2004.

PRADO Jr., Caio. *Formação do Brasil contemporâneo*. São Paulo: Brasiliense, 1977

RAMINELLI, Ronald. "A Monarquia Católica e os Poderes Locais do Novo Mundo". In: RAMINELLI, Ronald & AZEVEDO, Cecília (orgs.). *História das Américas*. Rio de Janeiro: FGV, 2011.

RESTALL, Matthew. *Sete mitos da conquista espanhola*. Rio de Janeiro: Civilização Brasileira, 2006.

RIBEIRO, Alexandre V. *A cidade de Salvador: estrutura econômica, comércio de escravos e grupo mercantil (c. 1750-c. 1800)*. Rio de Janeiro: UFRJ, PPGHIS, 2005.

RIBEIRO, Francisco A. C. & BANDEIRA, Marta. "Cabo Verde e São Tomé na construção do Atlântico português, séculos XVI e XVII". In: FRAGOSO, João; SAMPAIO, Antônio J. (orgs.). *Monarquia pluricontinental e repúblicas no Atlântico Sul luso, séculos XVI e XVIII*. Rio de Janeiro: Maud & Faperj, 2012.

______. *Terratenentes-Mercadores: tráfico e sociedade em Cabo Verde, 1460-1613*. Rio de Janeiro: PPGHIS-UFRJ (dissertação de mestrado inédita), 2011.

RODRIGUES, José Damião. *São Miguel no século XVIII: casas, elites e poder*. Ponta Delgada — Açores: Instituto de Cultura de Ponta Delgada, 2003, vol. 2.

RODRIGUES, Miguel. "O concelho de Funchal na perspectivas de organização dos poderes". In: *Centro de História do Atlântico — Região Autônoma da Madeira. O Município no Mundo Português*, 1998.

RODRIGUES, Teresa, T. F. "As estruturas populacionais". In: MAGALHÃES, J. R. (coord.). *História de Portugal — no alvorecer da modernidade*. Lisboa: Estampa, 1993.

SANTOS, Maria E. Madeira. *História geral de Cabo Verde*, 2° vol. Lisboa: IICT, 1995.

SCHRÖTER, Bernard & BUSCHGES, Christian (eds.). *Beneméritos, aristócratas y empresarios*, Frankfurt: Iberoamericana, Vervuert, 2000.

SERAFIM, Cristina. M. S. *As ilhas de São Tomé no século XVII*. Lisboa: Centro de História de Além-Mar, 2000.

SOUSA, João José Abreu. "A economia: agricultura e o comércio. A Propriedade. O Regime fiscal e as finanças". In: MATOS, Arthur Teodoro de (org.). *Nova história da expansão portuguesa — a colonização atlântica*. Lisboa: Estampa, 2005, t. I.

______. "A sociedade: tentativa de caracterização". In: MATOS, Arthur Teodoro de (org.). *Nova história da expansão portuguesa — a colonização atlântica*. Lisboa: Estampa, 2005, t. I.

STEIN, Stanley & STEIN, Barbara. *Silver, Trade & War*. Baltimore: Johns Hopkins University Press, 2000.

STONE, Lawrence. *The Crisis of the Aristocracy, 1558-1641*. Oxford: Oxford University Press, 1967.

SUBRAHMANYAM, Sanjai. *O império asiático português, 1500-1700*. Lisboa: Difel, 1995.

TANNENBAUM, Frank. *El negro em las Americas, esclavo y ciudadano*. Buenos Aires: Paidos (edição americana 1947).

TEIXEIRA, André. "A administração das Ilhas". In: MATOS, Arthur Teodoro de (org.). *Nova história da expansão portuguesa — a colonização atlântica*. Lisboa: Estampa, 2005, t. II.

______. "A economia — o comércio do resgate no litoral africano ao comércio transatlântico...". In: *Nova história da expansão portuguesa — a colonização atlântica.* Lisboa: Estampa, 2005, t. 2.

TREVOR-ROPER, Hugh. "A crise geral do século XVII". In: SANTIAGO (org.). ob. cit.

VICKERS, Daniel. "The Northern Colonies: economy and society, 1600-1775". In: ENGERMAN, Stanley L. & GALLMAN, Robert E. (eds.) *The Cambridge Economic History of the United States*, vol. I. Cambridge: Cambridge University Press, 1996.

VIDE, Sebastião Monteiro da. *Constituições primeiras do arcebispado da Bahia* (edição e estudo de Bruno Feitler e Evergton Sales Souza). São Paulo: Edusp, 2010.

VIEIRA, Alberto. "Sugar Island". In: SCHWARTZ, Stuartz (ed.). *Tropical Babylons.* CIDADE: University of North Carolina Press, 2004.

VILAR, P. "El tiempo del Quixote". In: CIPOLLA, *et. al.*, p. 113-128.

LOUIS, Roger (ed.). *The origins of empire.* In: *The Oxford History of the British Empire.* Oxford: Oxford University Press, 1998, vol. 1, p. 241-263

WALSH, Lorena S. *Motives of Honor, Pleasure, and Profit: plantation management in the colonial Chesapeake, 1607-1763.* Chapel Hill: University of North Carolina Press, 2010.

WRIGHTSON, Keith. *Earthly Necessities.* New Haven: Yale University Press, 2000.

YUN CASALILLA, Bartolomé. *La Gestión del Poder.* Madri: Akal, 2002.

______. *Marte contra Minerva: el precio del imperio español, c. 1450-1600.* Barcelona: Crítica, 2004.

______. ob. cit., p. 556-73; STORRS, Christopher. *The Resilience of the Spanish Monarchy*, 1665-1700. Cambridge: Cambridge University Press, 2006.

PARTE I Impérios conectados: o Império português da União Ibérica à restauração

CAPÍTULO 1 A expansão da Coroa portuguesa e o estatuto político dos territórios*

*Pedro Cardim e Susana Münch Miranda***

O presente capítulo tem como finalidade apresentar uma visão panorâmica da expansão da Coroa portuguesa no começo da época moderna, concedendo uma especial atenção ao processo de incorporação de novas possessões e às suas implicações político-administrativas. Assim, e olhando conjuntamente para a dinâmica de alargamento que se verificou na Europa e no mundo extraeuropeu entre os séculos XV e XVII, as páginas que se vão seguir colocam em evidência o modo como cada um dos novos domínios foi sendo incorporado à Coroa lusitana, frisando os efeitos jurídico-políticos decorrentes de cada uma dessas situações de incorporação.

A fim de concretizar esse plano de trabalho foram efetuadas algumas opções analíticas que importa desde já explicitar. Antes de mais nada, e como começou por ser dito, decidiu-se encarar em paralelo a dinâmica

*Uma primeira versão deste capítulo foi lida por Maria de Fátima Gouvêa, Fernando Bouza Álvarez, João Fragoso, Tamar Herzog, Mafalda Soares da Cunha e Ângela Barreto Xavier. Os seus comentários e as suas críticas em muito contribuíram para o melhorar.

**Professores da Universidade Nova de Lisboa.

de ampliação territorial que se verificou tanto na Europa como fora do Velho Mundo, por se considerar que tais processos de incorporação manusearam uma mesma "linguagem de união" de territórios (Pablo Fernández Albaladejo[1]), fazendo, por isso mesmo, sentido captar o modo como uns e outros se interinfluenciaram.

Outra das opções de trabalho inerentes a este capítulo prende-se ao fato de, no olhar que é lançado sobre o caso português, se procurar evidenciar a sua inserção no âmbito mais geral da Península Ibérica, das Coroas de Castela e de Aragão, Coroas essas com as quais Portugal partilhava, como se sabe, muitos atributos político-jurídicos. Tendo em conta que essas outras duas Coroas ibéricas também conheceram o seu próprio processo de expansão, é natural que se tenham verificado fenômenos de interinfluência, de emulação e de mimetismo, sobretudo ao nível das soluções encontradas para dar forma aos conjuntos territoriais cada vez mais vastos e complexos que foram surgindo. Ficam assim explicadas as várias alusões que, nas páginas que seguem, serão efetuadas ao caso castelhano e ao contexto aragonês.

Por outro lado, e ainda no âmbito da explicitação das opções de análise, refira-se que este capítulo efetua um recorte de questões que decorre, claramente, da temática que começou por ser enunciada. Não se ambiciona, pois, caracterizar exaustivamente todas as dimensões do crescimento territorial verificado entre os séculos XV e XVII, mas sim, e tão somente, aquilo que corresponde à arquitetura político-jurídica resultante dessa expansão, encarando-a como algo que decorre, em boa medida — embora não na totalidade — das circunstâncias em que se deu a incorporação de cada novo domínio territorial.

As opções de trabalho que acabaram de ser enunciadas envolvem, já se vê, algumas exclusões. Antes de mais nada, cumpre notar que quase não serão contemplados os mecanismos integradores que foram postos em prática pelas instâncias eclesiásticas, aspecto sem dúvida indispensável para uma cabal compreensão da expansão portuguesa e da sua perenidade. Quanto à influência dos ordenamentos não europeus na configuração do domínio pluricontinental da Coroa portuguesa, esse é um tema que apenas tangencialmente é abordado nas páginas que se vão seguir. E tal acontece porque o ponto de observação adotado foi, assumidamente, o das entidades políticas situadas na Península Ibérica, ou seja, aquelas que tomaram a iniciativa do alargamento territorial. Por isso, as reflexões desenvolvidas ao longo deste capítulo terão de ser complementadas por uma análise sistemática das dinâmicas locais de integração — ou de secessão —, também elas determinantes na trajetória dessas unidades políticas que combinam elementos europeus e não europeus. Além disso, também será importante levar em conta o papel integrador de outras instâncias, como, por exemplo, as redes tecidas pela atividade mercantil ou os laços gerados pela própria organização social que foi amadurecendo no terreno, ou, ainda, pelas câmaras municipais, instituições vitais na estruturação da presença portuguesa em paragens tão distantes.

Na impossibilidade de contemplar essas e outras dimensões da dinâmica expansiva da Coroa lusitana, optou-se, como se disse, por privilegiar um tema — os processos de junção territorial — e por colocar em evidência o vocabulário político-jurídico que foi manuseado no momento em que, por exemplo, foi preciso unir esferas jurisdicionais muito contrastantes, dotar de identidade jurídica territórios desabitados, outorgar direitos a uns e a outros de forma correlativa ou, ainda, impor a jurisdição portuguesa a espaços e gentes que, até então, jamais tinham contatado com as formas de governo típicas da Europa moderna. A principal preocupação foi, por conseguinte, caracterizar os processos de união de territórios e seus efeitos, tanto no estatuto político de cada um deles quanto nos direitos outorgados aos seus habitantes e às suas instituições. Tal preocupação materializou-se num inventário dos processos de união de territórios no âmbito da expansão da Coroa lusitana, mas envolveu, também, a análise de outras questões até hoje pouco estudadas para a expansão portuguesa, como, por exemplo, a relação entre o estatuto político dos novos domínios e a sua classificação coetânea — designadamente o uso de termos como "império", "monarquia", "reino" etc., para denominar o conjunto e as suas partes

— ou a articulação entre o estatuto atribuído a um novo domínio e a dignidade do representante régio aí colocado (vice-reis, governadores, capitães-generais etc.).

*

Um dos fenômenos que, sem dúvida, caracterizam a história da Europa ocidental do início da época moderna é o aparecimento de unidades políticas muito mais extensas do que a generalidade daquelas que marcaram presença nos tempos medievais. A Península Ibérica participou desse ambiente generalizado de ampliação territorial e, como é sobejamente conhecido, no espaço de poucas décadas tanto a Coroa portuguesa quanto a castelhano-aragonesa alargaram, de forma exponencial, os seus horizontes políticos, a ponto de, em meados do século XVI, surgirem como potentados com uma escala incomparavelmente maior do que aquela que apresentavam um século antes.

É bem conhecido que o crescimento territorial dessas duas coroas resultou de uma política de incorporação de novos domínios, alguns situados no continente europeu e outros localizados fora dele. Tratou-se de um crescimento efetuado através de diversas modalidades de agregação de novos espaços, espaços esses que, na maior parte dos casos, não eram meras extensões de terreno, mas sim realidades dotadas de comunidades organizadas.[2] Como consequência dessa dinâmica expansiva, surgiram unidades políticas plurais e compostas por parcelas frequentemente muito diversificadas entre si.[3]

Sabemos que na Península Ibérica existiam antecedentes medievais, castelhanos e portugueses, mas também aragoneses, de alargamento do espaço político. Com efeito, os ibéricos desfrutavam de uma rica experiência medieval de incorporação territorial e de união de diversas entidades sob um mesmo rei — pense-se, acima de tudo, na Reconquista e no que esse processo representou em termos de ampliação da esfera de cada um dos reinos cristãos da Península Ibérica. Com efeito, essa prática incorporadora produziu verdadeiros mosaicos políticos, nos quais cada uma das partes, não obstante ter à cabeça o mesmo rei, manteve grande parte da sua individualidade jurídico-política.[4]

Uma coisa é certa: a Península Ibérica medieval foi palco de um prolongado processo de alargamento do espaço político e a memória de tal processo continuava muito presente na época moderna, até porque a sua derradeira etapa — a conquista de Granada — ocorreu, como se sabe, no final do século XV, ou seja, pela mesma altura em que Colombo descobria a América e os portugueses se preparavam para empreender a primeira viagem marítima à Índia.[5]

Um dos aspectos nos quais é mais visível esse legado tardo-medieval é o fato de a comunidade reinícola continuar a ser concebida, nos séculos XVI e XVII, como o somatório de parcelas, cada uma delas ingressada nesse conjunto político num momento determinado, segundo circunstâncias particulares e, em virtude disso, possuindo uma relação mais ou menos específica com a entidade com a qual se uniu (ou, no caso de uma conquista, foi forçada a unir-se). É por isso que sempre que se verificava a incorporação de um novo território, se assistia a um duplo movimento: por um lado, o aparecimento de órgãos de governo de tipo unificador que visavam integrar essa nova parcela na preexistente orgânica do governo; por outro, a criação de instituições que representavam a individualidade de cada parcela, individualidade essa que, não obstante a sua integração num conjunto político maior, em princípio se procurava preservar. Ambos os movimentos eram condicionados, como se disse, pelas circunstâncias que envolviam o instante da união.

Da mesma forma, e tal como já sucedia na Idade Média, para aqueles que se encontravam no centro governativo, cada nova incorporação implicava, necessariamente, uma adaptação, pois tornava necessário contemplar esse novo membro do corpo político como uma realidade que, a partir desse momento, se impunha governar. Implicava olhar para um conjunto que, aos poucos, se ia tornando mais plural, obrigando ao desenvolvimento de meios para fazer frente à simultaneidade de acontecimentos inerente a essas unidades cada vez mais complexas.

*

Convém lembrar que, no período tardo-medieval e moderno, as unidades políticas dilataram o seu âmbito político essencialmente através de três principais processos: em primeiro lugar, pela via dinástica, ou seja, pelo casamento de membros das famílias reais ou pela herança de um determinado patrimônio territorial; depois, através da cedência voluntária de soberania, cedência essa em regra regida por um pacto; em terceiro e último lugar, mediante a conquista de um determinado espaço e a submissão, pela força, das populações que aí habitavam.

Ter em conta o mecanismo mediante o qual dois territórios se associaram é, como veremos em seguida, importante, pois o modo como cada território era incorporado tinha muitas consequências na maneira como ele, posteriormente, acabava por ser governado, assim como na definição de aspectos tão importantes como o seu dispositivo institucional, o seu grau de autonomia, a eventual manutenção do seu particularismo jurisdicional, a sua relação com a engrenagem do governo central, a posição por ele ocupada no conjunto etc.

Assim, pode dizer-se que a primeira das três modalidades de incorporação anteriormente enunciadas, a união dinástica, era um processo tendencialmente agregativo, ou seja, costumava materializar-se numa ligação que preservava, *grosso modo*, a individualidade de cada um dos territórios que encetavam essa nova ligação. Quanto à segunda das vias apontadas, a ampliação territorial regida por um pacto voluntário, tratava-se de uma união alicerçada num pacto que, em regra, também apontava para soluções de tipo agregativo.[6] Já a conquista — a última das três formas de incorporação atrás enunciadas — era uma modalidade de alargamento tendencialmente integrativa, já que o território conquistado estava em condições de ser despojado de parte ou da totalidade do seu dispositivo jurídico-institucional, enveredando pelo caminho da assimilação. E isso sucedia porque, à luz do *ius belli*, tal era visto como um direito que assistia ao senhor legítimo e vitorioso, o qual ficava desse modo em posição de fazer *tabula rasa* dos direitos prévios, quer por ter saído vencedor de uma guerra qualificada como "justa", quer como punição a aplicar a vassalos que se rebelaram contra um senhor a quem tinham jurado fidelidade.

No caso da expansão ultramarina portuguesa, o conceito de "conquista" tendeu, ainda no século XVI, a adquirir um sentido bastante amplo e a remeter para os territórios ultramarinos submetidos à força do rei de Portugal, independentemente da natureza do seu título aquisitivo. De acordo com Vasconcelos de Saldanha, essa perda de rigor do conceito deve ser entendida à luz das doações pontifícias que legitimaram o processo expansionista português pela concessão de um *ius ad rem* a terras ultramarinas ocupadas ou não por populações muçulmanas.[7] Nesse sentido, "conquistas" seriam todos os territórios assim adquiridos com base no direito concedido pela Santa Sé, quer a sua via de aquisição tivesse ocorrido de modo violento ou pacífico. E, na verdade, no léxico português dos séculos XVI e XVII, tornou-se muito frequente o uso da expressão "conquista ultramarina" para qualificar, em geral, os domínios da Coroa portuguesa situados fora da Europa. Do mesmo modo, o termo "conquistador" afirmou-se como o vocábulo que designava aqueles que tinham assegurado os primeiros momentos do governo e da administração dos novos espaços, mesmo naqueles casos em que, a rigor, não tinham sido objeto de uma "conquista" propriamente dita, mas sim de uma ocupação mais ou menos gradual.[8]

*

Convém lembrar que, em paralelo a essas práticas de incorporação territorial, a doutrina jurídica tardo-medieval e moderna distinguia, quanto à sua natureza, dois tipos de união: por um lado, a *aeque et principaliter*, ou "união principal", e, por outro, a "união desigualitária". Enquanto a primeira consistia numa união de territórios em condições de paridade e sem que daí resultasse uma relação de submissão (situação normalmente relacionada a uma herança ou a uma solução pactuada), já a "união desigualitária" envolvia uma ligação hierarquizada, sendo mais típica de um cenário de conquista.[9]

Num estudo recente, Jon Arrieta Alberdi[10] assinalou que o tema da união *aeque et principaliter*, ou "união principal", foi inicialmente debatido por jurisconsultos que refletiram sobre a resolução de conflitos ligados à união de benefícios eclesiásticos. Arrieta lembrou que, originariamente, essa era uma doutrina do foro canônico-eclesiástico, mas que, com o tempo, começou a ser utilizada no âmbito do relacionamento político mais geral, acabando por se recorrer a ela para descrever a forma igualitária de união, no quadro da qual cada um dos territórios associados preservava a sua estrutura institucional.

Porém a verdade é que, mesmo nos casos em que a "união principal" foi a solução adotada, os plurais conjuntos resultantes de tais processos de ampliação evoluíram, quase sempre, para uma situação desigualitária, ou seja, uma das parcelas acabou por assumir uma maior dignidade e uma maior centralidade política.[11] Acresce que se verificaram, também, situações de expansão que combinaram duas das modalidades anteriormente indicadas: a conquista, por exemplo, foi frequentemente complementada por soluções pactuadas de integração territorial. A trajetória dos reinos de Navarra e de Nápoles ilustra bem o que acabamos de dizer: em ambos os casos, após a conquista por parte da Coroa castelhano-aragonesa — efetuada em momentos diferentes da primeira metade dos Quinhentos — procedeu-se à integração pactuada, através da qual os dois reinos mantiveram o essencial do seu ordenamento e as suas elites nobiliárquicas e urbanas viram os seus direitos reconhecidos ou até reforçados.[12]

A respeito de Portugal, Fernando Bouza demonstrou que o processo de entrada dessa Coroa na monarquia espanhola, em 1581, também obedeceu ao mesmo procedimento e muito embora tenha havido uma situação de vitória militar dos Áustrias, o direito de conquista acabou por não ser aplicado de forma automática.[13] Consciente de que havia setores da sociedade portuguesa pouco satisfeitos com o que se passava, Filipe II atuou com prudência e, como assinalou Emília Salvador, embora estivesse em posição de o fazer, "jamás esgrimió el derecho de conquista para proceder a remodelar la organización político-administrativa lusitana, como en algunos aspectos aconsejaba el cardenal Granvela...".[14]

Além disso, é importante frisar que a modalidade de associação entre territórios, embora determinante, era algo dinâmica, pois as vicissitudes do tempo podiam levar a uma reconfiguração do estatuto definido no momento da incorporação. Como tal, e apesar de o instante em que se dá a incorporação ser fundamental para configurar a vinculação política, cumpre ter em conta que esse vínculo originário não era imutável, pois ao longo da "vida" da união podia acontecer que uma das partes conseguisse introduzir alterações no laço que as unia ao "todo". Essa mudança tanto podia ser o resultado da iniciativa de uma das partes quanto algo inerente à trajetória dessa unidade política.

Assim, são conhecidos casos de territórios que, tendo-se unido por acordo, acabaram por modificar os termos em que se fundava essa união, em virtude de acontecimentos subsequentes. Tal sucedeu, por exemplo, quando um deles foi palco de um movimento de insurreição que colocou em causa a união. Nos casos que culminavam com uma derrota dos insurretos, esses ficavam extremamente vulneráveis e em posição de perder os direitos inicialmente garantidos. Foi isso o que aconteceu em Aragão na década de 1590, após a rebelião que aí se verificou, e algo de semelhante ocorreu, também, depois dos motins portugueses de 1637-38. Na verdade, após essas "alterações", o círculo de Olivares ponderou tirar partido desse acontecimento para subtrair direitos políticos a Portugal e alguns dos membros do seu círculo chegaram mesmo a propor medidas punitivas que, caso fossem aplicadas, significariam retirar de Portugal a dignidade "reinícola" e proceder à sua "despromoção" para o estatuto de "província".[15]

Em sentido inverso, casos houve de territórios que procuraram promover o seu estatuto dentro do corpo político da monarquia, usando como argumento o fato de terem desempenhado um papel preponderante na luta contra a ocupação de um senhor estrangeiro. Um bom exemplo do que acaba de ser dito é proporcionado pelo comportamento dos moradores da capitania de Itamaracá, no nordeste da América portuguesa. Na sequência da rendição holandesa (1654), a recomposição política que teve lugar começou por determinar a incorporação dessa capitania ao patrimônio régio.[16] Contudo, depois de uma longa batalha judicial acionada pelos donatários (os marqueses de Cascais) nos tribunais da corte, os moradores foram confrontados com a restituição do poder jurisdicional desses últimos, por decorrência da sentença que lhes fora favorável.[17] Em 1692, após mais de uma trintena de anos de domínio da Coroa, os vereadores obstaram que o procurador do donatário tomasse posse da capitania, alegando em sua defesa que a libertação de Itamaracá do jugo holandês se devera inteiramente ao esforço dos seus moradores.[18] E, nessa perspectiva, regressar à jurisdição do donatário equivalia a serem relegados a uma situação de "menoridade" política. No mesmo sentido, também os pernambucanos utilizaram recorrentemente os seus feitos contra os neerlandeses para reivindicar direitos e privilégios fiscais e, assim, redefinir o âmbito do seu relacionamento com a Coroa.[19] E para além de considerar a dinâmica de ampliação dessas unidades políticas e avaliar como o processo de integração de territórios fez com que as próprias monarquias mudassem, a historiografia deve também levar em conta as implicações da perda de um território e os ajustamentos que tal fato implicou no conjunto da monarquia.[20]

*

O estatuto político dos territórios que integravam as duas monarquias ibéricas era, por conseguinte, algo dinâmico e estava longe de ser uma questão encerrada no instante da incorporação. Na verdade, em muitos casos esse estatuto continuou a ser objeto de debate, não só pelas várias partes envolvidas,[21] mas também porque a entrada ou a saída de um membro gerava uma adaptação dos demais elementos que já integravam esse corpo político. De fato, uma vez que esses conjuntos eram plurais e portadores, no seu seio, de partes com uma forte individualidade, cada nova entrada costumava ser escrutinada pelos espaços já integrantes. Além disso, a outorga de direitos costumava levar em conta os direitos que tinham sido conferidos em anteriores situações de incorporação.

A respeito desse mesmo tema, cumpre lembrar que as duas monarquias ibéricas experimentaram esse processo de alargamento de fronteiras não só nos momentos iniciais da expansão, tanto europeia como ultramarina, mas também ao longo de boa parte da época moderna, período durante a qual os espaços sob a sua administração quase não pararam de crescer, o que, consequentemente, obrigou a um permanente reajustamento do quadro político-administrativo. Por vezes tal dinâmica ditou mesmo que parcelas que até um determinado momento tinham sido centrais fossem relegadas a uma condição mais periférica.

O mesmo tipo de ajustamento ocorria tanto ao nível mais amplo, dos territórios, quanto dos núcleos urbanos das duas monarquias ibéricas. No seio da Coroa lusitana, por exemplo, algumas das cidades — tanto europeias como ultramarinas — que eram mais preeminentes durante o século XVI não conseguiram manter essa dignidade em períodos subsequentes. A propósito desse tema, a ordem de precedências adotada na sessão de abertura de cada assembleia das cortes de Portugal ilustra, de forma eloquente, o que acabamos de dizer. Na verdade, quando se compara o lugar que cada cidade e vila representada nas cortes ocupou nas diversas assembleias realizadas na época moderna, verifica-se que, para muitas delas, a sua preeminência oscilou, havendo casos de localidades que se viram "promovidas", alcançando um lugar mais próximo do rei, enquanto outras foram relegadas a uma posição menos digna.[22] Importa ter em conta que esse processo nem sempre era pacífico e certas localidades, para além de protestar quando se sentiam "despromovidas", muito fizeram para recuperar a dignidade perdida, invocando, por exemplo, as glórias do seu passado "particular", a excelência dos seus "naturais" ou o seu contributo para o "bem comum do reino".

E nem sequer os membros mais nobres do corpo político estavam imunes a essa oscilação. Foi isso o que sucedeu, por exemplo, com Portugal em 1581-83, altura em que passou a fazer parte da monarquia espanhola. Pouco antes de dar por finda a sua visita "inaugural" a Portugal, Filipe II reuniu as cortes e terá sido esse o momento em que explicou aos portugueses que, a partir dali, o seu rei iria deixar de residir no solo lusitano e que, a par da governação de Portugal, o monarca iria ser obrigado a atender ao governo dos seus numerosos domínios. Como não podia deixar de ser, para uma parte da elite política lusitana tal fato foi sentido como uma "despromoção", não tardando a surgir tomadas de posição que frisavam a dignidade da Coroa de Portugal.[23]

Os exemplos que foram apresentados demonstram que essa dinâmica incorporadora gerava, nos membros que já pertenciam a um conjunto político, mas também naqueles que acabavam de entrar, uma postura defensiva e uma atitude de "autoafirmação" dos seus direitos políticos. Contudo, e na linha do que sugere Jon Arrieta Alberdi,[24] é importante ter em conta que a defesa dos direitos próprios não comportava necessariamente a recusa da união ou o desejo de separação. Muitos dos "esclarecimentos" que os diversos membros sentiam que era oportuno efetuar à realeza, ou que ela mesma propiciava, não apontavam necessariamente para a secessão, ao contrário, eram tensões inerentes à própria lógica que governava esses conjuntos políticos tão plurais e hierarquizados e, para além disso, envolvidos numa quase permanente dinâmica expansiva.

Uma vez mais o exemplo de Portugal e da sua incorporação aos domínios de Filipe II é especialmente instrutivo, pois a entrada da Coroa lusitana na monarquia espanhola deu origem a um sugestivo debate entre os vários territórios que já faziam parte desse conglomerado. Fernando Bouza lembrou que uma das primeiras expressões dessa polêmica foi o esforço para definir a precedência dos reinos no escudo dos Áustrias e na titulação régia.[25] As elites portuguesas muito fizeram para que as armas lusitanas surgissem no lugar mais destacado possível. Porém, e a despeito dos protestos lusitanos, a titulação real continuou a apresentar o reino de Aragão logo após o de Castela,[26] enquanto Portugal surgia intercalado entre o de Jerusalém e o da Hungria, mas, ainda assim, à frente do reino de Valência e dos condados de Barcelona, Rossilhão e Sardenha. Ou seja, Portugal surgia atrás de Castela e de Aragão, mas num lugar mais preeminente do que o dos demais integrantes da Coroa aragonesa.

No entanto, a questão era politicamente sensível e, precisamente por causa disso, nos anos subsequentes a troca de argumentos prosseguiu, circulando vários textos em defesa ora da preeminência de Aragão, ora da excelência de Portugal.[27] Um deles, pró-aragonês,[28] datado do começo da década de 1620, enumera as razões pelas quais o Conselho de Aragão deveria ter precedência sobre o de Portugal: a antiguidade dos reinos (Aragão: 724; Portugal: 1140); o fato de a Coroa aragonesa abarcar oito reinos (Aragão, Valência, Catalunha, Maiorca, Sardenha, Nápoles, Sicília e Jerusalém), mais do que aqueles que existiam no seio da Coroa lusa; a antiguidade da união com Castela (Aragão: 1479; Portugal: 1580); o lugar ocupado pelos respectivos embaixadores nos concílios da Igreja; a ordem de Filipe II de 8 de junho de 1594, "'que llaman la planta', en la que dio al Consejo de Aragon la mano hizquierda de su Magestad y la mano derecha al Consejo de Castilla y al Consejo de Portugal le dio el quinto lugar que fue despues destos dos Consejos de Castilla y Aragon y del de Inquisicion y Italia"; o fato de, na enumeração de reinos e senhorios na titulação régia, Portugal ocupar o sexto lugar, atrás de Castela, de Leão, de Aragão, das duas Sicílias e de Jerusalém; e, por fim, a antiguidade dos respectivos conselhos palatinos.

Importa referir que a argumentação que acabou de ser apresentada não é de todo inédita nem original. Com efeito, ela surge, com algumas adaptações, em textos do mesmo período que procuram defender a preeminência dos demais territórios ibéricos da Coroa lusitana ou das suas possessões ultramarinas.[29] Além disso, convém frisar, uma vez mais, que o móbil do debate não era necessariamente a secessão ou a ruptura do laço de união, mas sim o desejo de ocupar o lugar mais preeminente possível dentro desse conglomerado político.

Seja como for, terá sido por essa via que se foi construindo, em cada caso, uma ideia mais clara da posse de um conjunto de "privilégios e liberdades", conjunto esse que acabava por acentuar a personalidade de cada parcela de um conjunto político.[30] Tal como explica Jon Arrieta Alberdi, esses "esclarecimentos" costumavam ser acompanhados de exposições e de justificações históricas, nas quais não era rara a presença de reconstruções do passado apoiadas em relatos lendários do "momento originário" da comunidade política.[31] Essas memórias faziam parte das referências simbólicas partilhadas sobre o início da trajetória, da "vida" de um território — fosse ele um reino, um principado, um ducado, um marquesado, um condado ou uma cidade extraeuropeia recém-incorporada a uma das Coroas ibéricas — dando origem a uma narrativa que servia de fundamento à sua personalidade como sujeito político. Além disso, e como sugerimos, mais do que uma intenção separatista ou secessionista, essa construção identitária refletia, muitas vezes, o desejo de ter um lugar tão elevado quanto possível no seio do corpo político, mas também evitar uma eventual assimilação ou perda de direitos.[32]

*

Os exemplos que acabaram de ser apresentados mostram que a dignidade de cada território no momento anterior a um processo de união era uma condição essencial para definir os termos da incorporação. E para "calcular" essa dignidade costumava-se levar em conta vários critérios. Extremamente relevante como fator de prestígio era, como vimos, a "idade" de cada território, ou seja, a data em que se constituiu como unidade política. Assim, quanto mais recuada fosse a data da sua formação como entidade soberana, em princípio mais preeminente era a sua posição.

Como não podia deixar de ser, o estatuto de cada território também pesava: quando, por exemplo, um reino e um marquesado se uniam, em princípio a relação de forças costumava pender para o lado do território que possuía uma maior dignidade. É por isso que, nesse caso, o território reinícola prevalecia politicamente sobre o marquesado. Importantes eram também indicadores como o número e a dignidade dos reis que estavam sob a sua alçada, assim como o lugar que os seus representantes ocupavam nos concílios eclesiásticos.

A par do que se referiu, procurava-se identificar qual das partes tinha tomado a iniciativa de incorporar e qual fora a incorporada. À parte "incorporadora" era atribuída, em regra, uma situação de superioridade, por ter sido ela a manifestar a vontade e a capacidade de gerar um novo laço político. Ou seja, o fato de ser sujeito constituinte da nova unidade política proporcionava à entidade "incorporadora", em princípio, uma posição de predomínio nessa nova vida em conjunto. Mas não menos importante, no âmbito dos critérios para aferir qual seria o membro com mais peso político, era a data em que se verificou a entrada de um novo elemento para o conjunto da monarquia. De fato, e em regra, no seio de uma monarquia composta por muitos territórios, os membros mais antigos costumavam ter preeminência sobre aqueles que entravam posteriormente.

Pesavam, ainda, outros fatores, como os serviços que cada território tinha desempenhado, no passado distante ou recente, para o conjunto da monarquia; a nobreza das famílias residentes numa determinada parcela da monarquia; a sua importância política e econômica; o fato de os vassalos de uma determinada região se libertarem da ocupação estrangeira etc.

De uma forma geral foi a esses critérios que se recorreu para definir o estatuto político dos territórios extraeuropeus das duas monarquias ibéricas. Os domínios ultramarinos começaram por ser relegados a uma posição secundária em face dos seus congêneres europeus, antes de mais nada porque a sua entrada nas Coroas ibéricas era muito mais recente do que a incorporação de outros territórios situados na península. Além disso, apesar de, com o passar do tempo, se ter atribuído a alguns desses domínios ultramarinos a dignidade reinícola ou privilégios equivalentes a cidades localizadas na península, a verdade é que foi preciso esperar muito tempo até que eles fossem equiparados aos reinos europeus que integravam as duas monarquias ibéricas.

Contudo, para essa secundarização do espaço extraeuropeu concorreram também outros fatores. A situação geográfica foi um deles. Na verdade, o fato de serem terras extraeuropeias constituía, por si só, um fator em desfavor, pois, como se sabe, a Europa era tida como a parcela mais digna e "civilizada" do globo.[33] Depois, pesava também a circunstância de serem espaços quase totalmente "virgens" no que respeita a formas de ordenamento político, social e religioso de tipo europeu, o que os colocava num plano inferior perante os antigos reinos ibéricos e suas ancestrais instituições. Acresce ainda que, como vimos, esses territórios eram considerados "conquistas", o que comportava uma relação de submissão e a imposição do ordenamento político português ou castelhano — conforme o caso — aos povos que habitavam esses novos territórios, bem como a supressão de boa parte dos seus direitos. Finalmente, tinha igualmente influência o fato de o sujeito incorporador desses novos territórios ser a parcela europeia da monarquia, e não a parte extraeuropeia. Como assinalamos antes, tal circunstância conferia direitos acrescidos ao "autor" da entidade política que resultava da união.

Tendo em conta o que foi exposto, percebe-se melhor o que levou Carlos V e os monarcas espanhóis seus sucessores a recusarem os pedidos dirigidos por algumas cidades da América para estarem representadas nas cortes de Castela.[34] A criação recente dos reinos americanos era um fator que lhes retirava dignidade e na América, no momento em que os europeus iniciaram a sua colonização, não existiam nem assembleias representativas (como os parlamentos da Sicília ou de Nápoles) nem elites autóctones solidamente implantadas a ponto de serem capazes de defender os seus interesses face à Coroa. No entanto, cumpre assinalar que, a respeito dessa matéria, a monarquia portuguesa se distingue da espanhola, pois representantes de cidades ultramarinas, tanto asiáticas como americanas, marcaram presença nas cortes de Portugal dos séculos XVI e XVII.

Aos vários critérios que acabaram de ser apresentados há que juntar um outro, também ele determinante: a decisão sobre o local onde fixar a corte régia. De fato, o rei, ao decidir estabelecer a sua residência num determinado território, fazia-o tendo em conta uma série de fatores, entre os quais avultava, claro, a dignidade política do local escolhido. No caso ibérico, para a fixação da corte régia foram sempre escolhidas as parcelas territoriais consideradas mais dignas, não sendo por acaso que jamais se contemplou seriamente a hipótese de fixar a corte régia numa zona periférica da península. Durante o período da união ibérica, por exemplo, as visitas esporádicas de Filipe II e de Filipe III à Coroa lusitana apenas confirmaram a ausência da corte e a consequente subalternização do universo lusitano.[35] Quanto à criação do Conselho de

Portugal junto da corte régia,[36] esse fato tornou ainda mais evidente a ausência da pessoa régia do território português, o que, sem dúvida, acarretou uma certa periferização, política, econômica e estratégica.

Em face do que acabou de ser dito, percebe-se facilmente por que motivo nunca se encarou seriamente a hipótese de fixar a corte régia num âmbito extraeuropeu. No caso de Portugal, é certo que chegaram a circular propostas de transferência da corte para o Brasil, bem como planos para converter esse território no centro da monarquia portuguesa.[37] Nos momentos mais críticos da guerra contra a monarquia espanhola, em meados do século XVII, pensou-se em deslocar D. João IV para a América portuguesa e em lhe atribuir parte desse território. Também se contemplou a hipótese de converter os Bragança em vice-reis perpétuos de Portugal, mas nenhum desses planos foi posto em prática. Mais tarde, no final da década de 1660 e em plena convulsão cortesã, falou-se em transferir Afonso VI para a América ou na possibilidade de D. Pedro II ir viver na América do Sul.[38] Todavia, essas hipóteses jamais foram concretizadas, pois foram sempre vistas como lesivas para a reputação da monarquia portuguesa.

Claro que a circunstância de o rei fixar a sua residência numa determinada parcela da sua monarquia, para além de ser uma confirmação da dignidade desse território, ainda mais incrementava a sua preeminência, pois a proximidade da corte régia constituía, evidentemente, um fator que conferia peso político — pense-se na afirmação de Castela no âmbito ibérico[39] ou, no caso português, na ascensão política da cidade de Lisboa a partir do momento em que a corte régia permaneceu cada vez mais tempo nessa urbe.[40] De fato, e à semelhança do que se passou em outros lugares, também no contexto lusitano o território onde o rei se encontrava fisicamente acabou por ser politicamente potenciado, pois o soberano sediou aí a sua estrutura judicial e a sua chancelaria, tendo em vista organizar o governo e a administração dos seus domínios em constante crescimento. Foi também aí que teve lugar o desenvolvimento de uma experiência de governo e de administração desses conjuntos plurais, aparecendo um oficialato cada vez mais habituado a olhar para a complexidade própria de tais conglomerados territoriais. É sem dúvida interessante verificar que a "capitalidade", tanto a de Madri, quanto a de Lisboa, foi criada ao mesmo tempo que as Coroas ibéricas geraram essas vastas estruturas territoriais marcadas por uma complexidade política sem precedentes.

*

Como começamos por assinalar, a ampliação do espaço político representou, antes de mais nada, um desafio de governabilidade para as duas Coroas ibéricas, a portuguesa e a castelhano-aragonesa. E se na incorporação de territórios situados na Europa os problemas inerentes à governação dos novos espaços já eram complexos, para as terras localizadas em zonas extraeuropeias a liderança tornava-se ainda mais difícil, devido à distância física, ao caráter frequentemente fragmentário dessas novas possessões e, ainda, à radical alteridade cultural que as caracterizava.

Boa parte dos lugares extraeuropeus incorporados aos domínios da Coroa castelhano-aragonesa ou da Coroa portuguesa, ao longo do século XVI, apresentava uma paisagem política completamente estranha às categorias da cultura política europeia. No que toca às terras americanas situadas na área de influência de Portugal, elas eram, literalmente, *mundus novus*, razão pela qual, como é óbvio, não foi nem pela via dinástica nem pela herança que esses espaços ultramarinos entraram para a Coroa lusitana. A incorporação territorial processou-se através da conquista, legitimada por meio de doações pontifícias e de tratados diplomáticos negociados com Castela, fornecendo, assim, as bases para que na organização do novo espaço prevalecessem as instituições e o ordenamento jurídico português. Mesmo o estabelecimento de alguns pactos com as autoridades extraeuropeias, envolvendo a confirmação-doação de alguns direitos ou o reconhecimento de situações prévias à chegada dos europeus, como sucedeu na Nova Espanha, ou até, em menor grau, na América portuguesa,[41] deve ser visto como gesto de compromisso com as elites indígenas e não iludem o fato de ter prevalecido a matriz da cultura política europeia.[42] Foi, na verdade, o ordenamento português e castelhano, bem como a cultura política trazida da península, aquilo que conferiu às novas terras americanas um lugar e um estatuto no seio do ordenamento europeu, tornando-as entidades anexas às Coroas ibéricas.

Nesse sentido, a projeção das monarquias ibéricas no ultramar implicou a extensão da malha institucional portuguesa e castelhana até áreas muito distantes da península. E implicou, também, articular esse processo com o dispositivo institucional que, pela mesma altura, estava a ser desenvolvido tendo em vista o governo dos seus territórios do Velho Mundo.

Vejamos, com mais detalhe, o modo como Portugal levou a cabo a incorporação de novas possessões entre o início do século XV e o final do período quinhentista. No âmbito da Coroa lusitana, a primeira incorporação territorial extraeuropeia concretiza-se em 1415, com a tomada de Ceuta, integrada num antigo projeto cristão de reconquista do norte de África, ao amparo de várias bulas de cruzada que, desde o século XIV, exortavam os reis portugueses à luta contra os muçulmanos e à recuperação de territórios que já haviam sido cristãos. Nas décadas subsequentes, o espírito de cruzada continuou a sustentar o projeto português de intervenção em Marrocos, consubstanciada na integração pela força militar de outras praças (como Tânger em 1471 ou Azamor em 1513).

Nos arquipélagos do Atlântico, as incorporações territoriais revestiram-se de características distintas. Por se encontrarem desabitadas, as novas terras foram consideradas passíveis de tomada de posse por parte da Coroa, pelo que a incorporação se fez com base no direito pacífico da descoberta e da ocupação efetiva, posteriormente reconhecido por Castela no Tratado de Alcáçovas (1479). No caso da Madeira e dos Açores, na ausência de constrangimentos derivados de uma população autóctone e mediante as condições edafo-climáticas, as estruturas socioeconômicas que se implementaram nesses arquipélagos reproduziram, em todos os níveis, a fisionomia da sociedade portuguesa do século XV. Enquanto extensões sociais, econômicas e também humanas do reino, esses arquipélagos ocuparam sempre um lugar especial no conjunto dos novos territórios ligados à Coroa portuguesa — os Açores e a Madeira jamais estiveram sob a alçada do Conselho Ultramarino, tal como as últimas praças que os portugueses ainda dominavam no norte de África. O mesmo já não sucedeu com Cabo Verde e São Tomé. Nesses casos, embora se tivesse também repetido o cenário de terras desabitadas, a distância em relação ao reino e as condições de clima e de solo não permitiram reproduzir a configuração social do reino.

Na dilatação para zonas mais distantes e habitadas, as soluções de integração foram encontradas caso a caso, variando em função das realidades civilizacionais, econômicas e políticas com que os portugueses se deparavam e com as intenções e os objetivos que os norteavam. No Novo Mundo, a inexistência de estruturas políticas assimiláveis pelos cânones europeus apontou para a assimilação ou para a absorção simples desses novos espaços — e das suas populações — no corpo político da Coroa.

Em contrapartida, na Ásia os títulos aquisitivos de posições em terra foram muito variados, refletindo tanto a disparidade cultural aí encontrada quanto a capacidade de adaptação portuguesa às circunstâncias locais. No Índico, as conquistas ou "senhorios", isto é, parcelas de território submetidas politicamente ao rei de Portugal pela força das armas (Goa, Malaca) ou por meio de atos voluntários de doação realizados pelos potentados locais (Salsete, Bardez, Baçaim e Damão), convivem com as fortalezas-feitorias cujo estabelecimento era moldado por acordos negociados com as entidades políticas extraeuropeias (fortalezas da costa do Canará, Malabar e da costa oriental africana). Nesse último caso estamos perante situações de extraterritorialidade, já que as relações de aliança e de vassalagem estabelecidas não envolviam a cedência de soberania.

A respeito dos títulos de integração, cumpre lembrar que na Ásia, pelo menos nos primeiros tempos, a ocupação territorial efetiva e a submissão de populações não eram procuradas de forma sistemática. Mesmo as conquistas de Afonso de Albuquerque (Goa, Malaca e Ormuz) visavam acima de tudo viabilizar a rede de comércio dominada pelos portugueses, pelo que a aquisição territorial se efetuou por conveniência estratégica. Aliás, a intenção de Albuquerque de oferecer a soberania de Malaca ao rei do Sião após a conquista (1511), mediante a reserva para a Coroa portuguesa de uma fortaleza e feitoria, é bem reveladora dessa indiferença.[43] Também a integração de Ormuz se revestiu de características específicas. Submetida pela força das armas em 1511, a cidade acabou por obter um estatuto peculiar em virtude da celebração de um tratado com o monarca vencido. Mediante o reconhecimento da relação de submissão estabelecida com a Coroa portuguesa, expressa por intermédio do pagamento de páreas, Torun Xá (Tûrân Shâh IV) foi reinvestido no governo, enquanto rei vassalo de D. Manuel I. E o certo é que, de 1515 a 1622, a cidade e as possessões territoriais que conformavam o reino de Ormuz mantiveram as suas instituições de governo, sob o domínio eminente da Coroa de Portugal.[44] Na mesma linha, e não obstante a aquisição de soberania plena no caso já referido das "conquistas" ou "senhorios", o pragmatismo e a economia de meios que caracterizam a presença política dos portugueses no Oriente ditaram uma conformação com as instituições políticas preexistentes e até mesmo a incorporação de normativa extraeuropeia no ordenamento trazido da Europa.[45] Entre os exemplos que se poderiam citar, refira-se a manutenção do regime de autogoverno das comunidades goesas rurais, centrado nas gancarias, e a compilação do direito consuetudinário prevalecente nessas aldeias, levado a cabo em 1526 e promulgado sob a forma de um foral.[46]

Ainda no âmbito da dilatação da presença portuguesa na Ásia, e na linha do que se disse anteriormente, importa ter presente que o estatuto político dos espaços integrados estava longe de ser algo de estático. Pelo contrário, na sequência de alterações ocorridas nos fundamentos da incorporação podia transitar-se de uma situação de domínio partilhado para uma ocupação territorial em soberania plena. Assim sucedeu com a fortaleza e ilha de Diu e com a ilha de Ceilão. No primeiro caso, a fundamentação jurídica em torno da incorporação assentou primordialmente num ato voluntário do sultão do Guzerate, que autorizou a construção de uma fortaleza portuguesa na ilha de Diu (1535), tendo-se concluído quase vinte anos volvidos, com a incorporação à Coroa de Portugal de um pequeno território (37 km^2), escorada nas vitórias militares alcançadas sobre o anterior soberano. Também no Ceilão, a interferência portuguesa na ilha começou por assentar numa fortaleza construída no porto de Colombo, mediante autorização formal do soberano local, evoluindo em finais do século XVI para a incorporação territorial mediante a força das armas.[47]

Por seu turno, no litoral da África ocidental as soluções de integração dependeram, mais uma vez, das estratégias de exploração econômica e da reação das populações nativas à interferência portuguesa. As feitorias fixadas no golfo de Arguim (Arguim, meados do século XV) e no golfo da Guiné (S. Jorge da Mina, 1482; S. João Baptista de Ajudá, 1680), inseridas em ambientes políticos estranhos e, não raras vezes, hostis, configuram soluções pactuadas. Que a manutenção desses postos dependia do consentimento e da benevolência dos poderes locais é atestada pela entrega regular de presentes feita pelos responsáveis das feitorias às chefias extraeuropeias, como se comprovou para as fortalezas de S. Jorge da Mina e S. Baptista de Ajudá.[48] Em todo caso, ficava cumprido o objetivo de ligação comercial com as respectivas regiões onde se encontravam inseridas. Em Angola, depois da fixação em Luanda em 1575, a penetração e a ocupação do interior, necessárias para dar solidez ao trato de escravos e estimuladas pela perspectiva de existência de minas de prata em Cambambe, exigiram o recurso à guerra, dada a forte resistência dos poderes africanos constituídos, em particular do reino do Ndongo. Nesse caso, o lento alargamento territorial fez-se por meio de sucessivas campanhas militares, seguidas da construção de uma rede de presídios no interior, mas cuja capacidade de controle territorial era muito diminuta.[49]

A par dessas soluções de integração, outras ainda se podem referir. Uma delas é a aceitação voluntária, por parte dos povos, da soberania portuguesa, que tem o seu exemplo paradigmático em Timor. Por meio da conversão ao cristianismo, alguns régulos agregaram-se voluntariamente ao corpo político da monarquia, justificando, assim, que se possa falar de um estatuto de protetorado para Timor.[50]

Noutros casos ainda, a iniciativa de ampliar o espaço de influência lusa pertenceu aos próprios vassalos. Sirva de exemplo o alargamento do território da América portuguesa alcançado durante a União Ibérica e que, no sul, se deveu às expedições de bandeirantes paulistas em busca de índios e de metais preciosos. Feita à revelia dos interesses da monarquia dual e à custa das missões do Paraguai dos jesuítas espanhóis, essa apropriação acabaria por ser sancionada nas negociações diplomáticas que, já no século XVIII, definiriam as novas fronteiras com a América espanhola. Numa outra fronteira, a do interior, os sertanistas voltariam a desempenhar um papel fundamental, tendo a Coroa vindo posteriormente a reconhecer o significado dos avanços territoriais efetuados, por exemplo, na exploração do rio Madeira.[51] Na Ásia, Macau, Negapatão e S. Tomé de Meliapor configuram exemplos da constituição espontânea de comunidades de mercadores portugueses, interessados em tirar partido do potencial comercial das regiões onde se encontravam inseridos. O enquadramento institucional de Negapatão e S. Tomé de Meliapor na ordem institucional do Estado da Índia fez-se *a posteriori* por meio de capitães nomeados pela Coroa que apenas exerciam jurisdição sobre os portugueses e demais cristãos. Em Macau, para além da presença intermitente do capitão-mor da viagem da China e do Japão (até 1623), a agregação ao corpo político da monarquia passou também pela constituição do município, na sequência de uma solicitação feita na década de 1580 à monarquia dual pelos próprios moradores.[52]

Se nesses casos a iniciativa dos vassalos antecede a intervenção da Coroa, vale a pena assinalar um caso em que a integração política de um território se operou por meio de uma aliança de interesses. A conquista do Maranhão, na segunda década do século XVII, estudada por Guida Marques, ilustra essa realidade.[53] Por um lado, no quadro do dinamismo açucareiro nordestino, as elites pernambucanas ambicionavam novas terras e novas fontes de mão de obra indígena, enquanto a fixação dos franceses em S. Luís do Maranhão forçou a Coroa a tomar providências e a apoiar militarmente a expansão portuguesa para o Maranhão. Em todo caso, o fato de a elite pernambucana ter estado fortemente envolvida na conquista fez com que aquela área se convertesse, durante algum tempo, numa zona tutelada por Pernambuco.

Em princípio, o leque de opções que acabou de ser apresentado era o mesmo a que se recorria para incorporar territórios situados na Europa. Seja como for, é importante frisar que o processo de expansão que acabamos de retratar nas suas linhas gerais só teve êxito porque se caracterizou quase sempre por uma grande flexibilidade. A pluralidade de soluções, aliada a formas de regulação de matriz europeia — como as bulas papais e os acordos diplomáticos negociados entre as duas monarquias ibéricas —, proporcionou os instrumentos que definiram o estatuto da nova dimensão extraeuropeia da Coroa portuguesa, mas também da monarquia castelhano-aragonesa. No que toca à legitimação da conquista, temas como a terra inabitada, a evangelização, a guerra justa, o poder temporal do papa (numa perspectiva de restauração de direitos) etc. foram manipulados até a exaustão.

> Uma coisa é certa: embora obedecendo à mesma lógica, na Europa o processo incorporador produziu efeitos substancialmente diversos daqueles que se verificaram no espaço extraeuropeu. Assim, e como dissemos, no Velho Mundo a opção seguida foi, em geral, manter o estatuto prévio dos territórios. Já fora da Europa, e em especial no Atlântico, o caminho quase sempre seguido acabou por ser o da "conquista". Os domínios ibéricos na América e na África (Angola) eram terras cujos habitantes foram vencidos ou foram sendo gradualmente derrotados pelas armas e, em virtude disso, colocados sob a submissão da autoridade portuguesa ou castelhana. Por outras palavras, eram terras e pessoas que podiam ser despojadas do seu ordenamento prévio em virtude do *ius belli*.

Convém insistir, que, no léxico português dos séculos XVI e XVII "conquistas ultramarinas" correspondiam aos domínios da Coroa lusa fora da Europa. E a qualificação de tais terras como "conquistas" teve implicações não só no lugar que elas ocuparam no corpo político português, mas também no modo como a Coroa com elas se relacionou. Significou, como referimos atrás, que o ordenamento prévio à chegada dos europeus praticamente não foi levado em conta, assistindo-se, em vez disso, à imposição da normativa e das instituições trazidas pelos ibéricos. Significou, também, que o espaço qualificado como "conquista" gozou, pelo menos durante algum tempo, de uma dignidade inferior à dos territórios cuja incorporação tinha obedecido a outros critérios, como a herança ou o pacto.

*

A espetacular expansão territorial das duas Coroas ibéricas gerou um clima de triunfo e, até, de alguma euforia, no âmbito do qual se verificou, como se sabe, uma certa apropriação do imaginário imperial. Fator de mobilização e de identificação, essa ideologia foi beber na mesma fonte de outros ideários universalistas daquele tempo, adquirindo, por essa via, ingredientes messiânicos e milenaristas, ao ponto de se voltar a falar, durante os séculos XVI e XVII, em guerra santa e numa nova cruzada.[54]

No caso espanhol chegou mesmo a surgir o que Xavier Gil Pujol[55] apelidou de "universalismo castelhano", bem visível no momento em que a Santa Sé concedeu, oficial e exclusivamente, aos reis de Castela o domínio sobre as "Índias Ocidentais" e a missão de as evangelizar. Algo de semelhante se poderia dizer a respeito das concessões pontifícias à Coroa portuguesa, importantes para legitimar a apropriação dos novos espaços, sobretudo quando eram habitados por muçulmanos, mas também para estimular o fervor universalista dos lusos.

A vertiginosa dimensão da expansão ibérica fez com que a palavra "império" tenha chegado a ser utilizada, em obras literárias, para classificar o conjunto dos domínios (europeu e extraeuropeu) sob a alçada castelhano-aragonesa ou portuguesa, significando, nesse contexto, não propriamente a titularidade da dignidade de "imperador", mas sim a situação de hegemonia de um potentado mediante a sua própria capacidade expansiva.

Tal como sucedeu no âmbito espanhol, também em Portugal a expansão ultramarina deu origem a uma crescente reflexão doutrinal sobre o novo sentido de Império, nalguns casos com evidentes conotações religiosas — recordem-se os planos de Afonso de Albuquerque para conquistar Jerusalém — e noutros com um entendimento mais secularizado desse conceito, significando meramente realidade hegemônica de poder, ligada à capacidade expansiva da Coroa portuguesa. No âmbito lusitano também se chegou a utilizar a palavra "império" para designar o conjunto de domínios sob a jurisdição do rei de Portugal, o qual foi recorrentemente representado como "rei de reis".

Convém, no entanto, frisar que tanto em Castela como em Portugal essa linguagem de domínio universal surgia, sobretudo, em textos literários e propagandísticos das duas Coroas ibéricas, empenhadas que estavam numa política de reputação e de prestígio à escala europeia — recordem-se, a título de exemplo, as embaixadas enviadas a Roma ou as descrições das conquistas realizadas no ultramar. No plano da política internacional europeia era muito importante frisar essa dimensão, não só para efeitos de reputação da casa real lusa, mas também para legitimar a titularidade sobre um território e evitar que rivais europeus o cobiçassem. Além disso, a insistência nesse imaginário "imperial" tinha também a vantagem de conferir a essa dinâmica expansiva uma dimensão "espiritual", de "conquista espiritual", cujo potencial integrador não era despiciendo.

Ainda assim, há que reconhecer que essa ambição imperial de cada uma das monarquias ibéricas se tornou algo mais do que mero argumento propagandístico, convertendo-se na autorrepresentação de cada uma dessas entidades políticas. Como já assinalamos, naquele tempo a dignidade de um potentado media-se, entre outros critérios, a partir do número de reinos que lhe estavam subordinados. Por esse motivo, vários foram os soberanos da Europa ocidental que se esforçaram por sublinhar o grande número de territórios que tinham sob a sua autoridade. Tendo isso em conta percebe-se, também, por que motivo se generalizou o hábito de usar o termo "império", e de classificar como "conquista" todos os domínios ultramarinos, mesmo aqueles que, a rigor, não tinham sido conquistados.

Terá sido assim, portanto, que se foram tornando mais frequentes as imagens — literárias e visuais — que frisavam a extensão e a variedade dos domínios ultramarinos das duas monarquias ibéricas, vendo-se nisso o fator que conferia preeminência e qualidade equiparável ao Sacro Império ou à monarquia pontifícia. Muitos foram os escritores que, referindo-se ora a Portugal ora à monarquia de Espanha, sublinharam a dimensão universal do seu domínio por causa da variedade de reinos que integravam cada uma dessas monarquias e a sua extensão, que superava qualquer potentado anterior.[56]

E tudo isso sem prejuízo de continuarem a existir vozes que criticavam a expansão, considerando que uma comunidade política demasiado extensa não tinha condições de desempenhar as funções de uma autêntica sociedade civil nem de proporcionar o bem-estar físico ou moral aos seus súditos, por esses serem demasiadamente heterogêneos, em excessivo número e viverem em territórios muito distantes. Houve, ainda, figuras que se distanciaram explicitamente da ideologia universalista[57] e, também, momentos de forte crítica à expansão — pense-se na polêmica, em Castela, em torno da conquista da América ao longo de toda a primeira metade dos Quinhentos ou nos momentos em que, na corte portuguesa, se escutaram vozes pessimistas acerca da expansão ultramarina.[58]

Seja como for, as imagens triunfalistas, baseadas na enumeração dos domínios ultramarinos, foram o registro mais frequente. No que respeita a Portugal, o uso propagandístico das suas novas possessões extraeuropeias ocorre logo a partir do início do século XVI, sob D. Manuel I, enquanto em Espanha esse processo se verifica mais tarde. Segundo Carlos Hernando,[59] no caso da monarquia espanhola é no tempo de Filipe II que se começa a recorrer, de forma mais sistemática, a imagens do domínio americano para legitimar a hegemonia que a monarquia hispânica tinha assumido, de certa forma para compensar a relativa quebra de prestígio inerente à perda do título imperial. A partir daí as "Índias" serão sempre um elemento fundamental das exigências de domínio universal.[60] E em 1581, com a incorporação de Portugal e das suas possessões ultramarinas aos domínios de Filipe II, o entusiasmo em torno das "Índias" — ocidentais, mas também orientais — recrudesceu ainda mais.

No âmbito castelhano, a trajetória do Conselho das Índias é reveladora do lugar que o mundo ultramarino foi ocupando no imaginário político ibérico. Criado na década de 1520, esse órgão, especializado na gestão de territórios ultramarinos ainda com um estatuto incerto, era um mero apêndice do Conselho de Castela, possuindo, por isso mesmo, uma diminuta projeção. Porém, com o passar do tempo foi ganhando dignidade, processo evidentemente relacionado com a crescente importância dos reinos americanos para a monarquia espanhola, mas também com a consolidação do estatuto jurídico-político dessas mesmas terras.[61] A verdade é que, no início do século XVII, uma relação italiana sobre a organização da corte espanhola considerava que o Conselho das Índias era já o segundo em importância entre os demais conselhos da monarquia.[62]

No que respeita a Portugal, o aparecimento de um órgão especializado em assuntos ultramarinos foi bem mais tardio: depois da tentativa fracassada do Conselho da Índia (1604-14),[63] o Conselho Ultramarino só foi criado em 1642-43 e também ele teve dificuldade de se impor na orgânica governativa portuguesa, pois, entre outros motivos, reportava-se a territórios tidos como de inferior dignidade, porque situados fora da Europa.[64]

Uma coisa é certa: a despeito da crescente importância política do mundo ultramarino e do ambiente de triunfalismo gerado pela vertiginosa expansão, o termo "império" jamais foi usado oficialmente por qualquer das monarquias ibéricas, nem para classificar o conjunto dos territórios ultramarinos nem para designar os dois conselhos palatinos especializados em matérias extraeuropeias.

*

O crescimento do espaço político das Coroas ibéricas foi tão rápido que suscitou, como seria de prever, uma intensa reflexão acerca da melhor forma de governar esses conjuntos tão plurais. Muito embora essa reflexão remonte à Idade Média, foi sem dúvida a partir de finais dos Quatrocentos que se intensificou o debate acerca de como projetar, a distância, a autoridade régia, um vínculo que, convém lembrar, radicava na fidelidade pessoal ao soberano. E foi nessa altura, também, que foi relançada a discussão sobre até que ponto era viável uma comunidade mais ou menos integrada e contendo no seu seio parcelas culturalmente tão díspares entre si.

Muitas foram as tentativas de responder a essas perguntas e, na verdade, o debate prolongou-se nos séculos XVI e XVII. Durante todo esse tempo discutiu-se a governabilidade de unidades políticas extensas e "complexas" e muitos foram os que discorreram, por exemplo, sobre como vencer a distância em que se encontravam do centro governativo, como enfrentar a enorme extensão e a fragmentação espacial característica dessas unidades políticas, qual era a dimensão "natural" que cada entidade política deveria ter e, finalmente, como lidar com a radical alteridade cultural que as caracterizava.

O alargamento das monarquias ibéricas para zonas exteriores ao Velho Mundo implicou a difusão a longuíssima distância de formas de organização social e de instituições político-administrativas. Como assinalaram José Javier Ruiz Ibáñez e G. Sabatini,[65] em termos institucionais o processo de incorporação de terras extraeuropeias envolveu a mobilização de elementos próprios da paisagem política ibérica e com finalidade uniformizadora: o reconhecimento de um mesmo príncipe e a dependência de instituições mais ou menos comuns das monarquias ibéricas (vice-reinos; governações; capitanias etc.). Trata-se de expedientes que visavam resolver os principais problemas enfrentados no processo de expansão, tanto na Europa como fora dela: a distância física entre o local onde se encontravam o rei e os órgãos centrais de governo, por um lado, e, por outro, as possessões e as gentes a governar; a ausência física do rei da maior parte das terras que estavam sob a sua alçada; e, finalmente, a alteridade cultural de cada território, fosse ela jurídica, social ou cultural.

Entre os vários expedientes desenvolvidos para governar esses territórios simultaneamente tão vastos e tão complexos, a instituição vice-reinal, pela sua importância, é merecedora de um olhar detalhado. Apesar de as origens desse cargo não estarem totalmente esclarecidas, tudo indica que proveio da "lugar-tenência" medieval, figura presente na malha administrativa castelhana pelo menos desde o século XIII. A partir desse período, e ao longo da época moderna, tal instituição foi sendo utilizada nos territórios tanto da Coroa castelhana como da de Aragão como forma de tornar presente o soberano ausente em cada uma das entidades políticas de que ele era rei.[66] Na instituição vice-reinal, há também ecos das soluções governativas adotadas durante as regências, ou seja, períodos também eles caracterizados pela ausência do rei, devido à sua menoridade ou à sua temporária incapacidade.

Como é bem sabido, o vice-rei atuava, essencialmente, como o representante do monarca ante populações submetidas. Ainda assim, no contexto da plurinacional monarquia espanhola, o título de vice-rei revestiu-se de certas ambiguidades, algumas das quais geraram um debate prolongado. A esse respeito, Xavier Gil evoca a discussão que teve lugar na Catalunha e na qual tomaram parte, de um lado, aqueles que sustentavam que o vice-rei era um *alter ego* do rei e que, enquanto tal, participava da ficção das várias *personae* reais; e, por outro, aqueles que defendiam que o vice-rei era um mero oficial régio, estando, por isso, submetido às regras do princípio do indigenato.[67] No caso português, esse mesmo problema colocou-se no tempo em que a Coroa lusitana integrou a monarquia de Espanha, entre 1581 e 1640.

Em termos políticos, e tomando como exemplo a magistratura criada pela Coroa de Portugal para a Índia, em 1505, ao vice-rei foram concedidos diversos *regalia*, por meio do expediente da delegação de poderes. Neles se incluíam o exercício da justiça suprema, consubstanciado na prerrogativa de conhecer as apelações e os agravos provenientes das justiças ordinárias; o poder de tomar decisões sobre a guerra e de estabelecer tréguas (*ius belli*, *tregae ac pacis*), do qual decorria, também, o comando supremo das forças militares; a capacidade de legislar; o poder de administrar livremente a Fazenda Real, dentro dos limites estabelecidos pela Coroa; a capacidade de fixar o montante das páreas a pagar pelos reinos tributários; o poder de superintender toda a administração; o uso de alguns dos símbolos do poder real e a cunhagem de moeda.[68] Note-se, ainda, que, pela natureza das funções que lhes eram confiadas, em que predominava a resolução de matérias militares e marítimas, aos vice-reis e governadores da Índia foi concedida a prerrogativa de dispensar a lei que encerrava a possibilidade de tomar decisões contrárias às instruções régias. A única restrição nesse domínio radicava na necessidade de audição prévia do seu conselho de capitães, embora depois o governador pudesse decidir de acordo com a avaliação pessoal que fizesse na matéria.[69] Também a graça, enquanto atributo real, acabaria por ser exercida, concretizando-se na concessão de mercês, dada de ofícios e no perdão de crimes, embora nesse âmbito a Coroa tivesse estabelecido fortes limites à margem de manobra dos governadores, impondo tetos ao montante total de dádivas que poderiam atribuir.[70] Em suma, essa é uma magistratura comissarial, dotada de um poder extraordinário, exercida dentro dos limites temporais fixados pelo poder delegante — geralmente três anos — e que permitia ainda a possibilidade de o vice-rei subdelegar a sua jurisdição.

Os vice-reis costumavam ser nomeados pelo rei a partir de proposta do seu conselho e, no caso espanhol, recebiam simultaneamente os cargos de governador, capitão-general e presidente da audiência vice-reinal. Os três ofícios referidos eram diferenciados, pois correspondiam, respectivamente, às esferas do governo, da defesa e da justiça. Todavia, os seus âmbitos nem sempre coincidiam: o ofício de governador correspondia à tradição castelhana dos antigos *merinos*, delegados régios de nível inferior ao *lugarteniente* ou ao vice-rei, mas responsáveis diretos pelo controle governativo num determinado âmbito territorial; já o capitão-general era uma figura com atribuições essencialmente militares.[71]

A Coroa portuguesa contou com a presença de vice-reis a partir de 1505, embora essa solução à data tivesse um caráter atípico, porque a expressão territorial do poder era, nessa altura, quase inexistente. Até o final do seu governo (1505-1509) a presença portuguesa no Índico traduz-se na posse dum conjunto de feitorias/fortalezas, encravadas em potentados locais e constituídas com base em acordos e tratados de amizade, mas sem que tal autorização pressupusesse qualquer concessão de soberania ao rei de Portugal. Do ponto de vista jurisdicional, esses pontos de apoio em terra configuram uma situação de extraterritorialidade: os poderes jurisdicionais do vice-rei exercem-se sobre pessoas, ou seja, os oficiais régios, soldados ou gente de mar adscrita às feitorias/fortalezas já constituídas, e também sobre os "súditos das partes da Índia" que, não sendo naturais de Portugal, se submetiam à jurisdição do vice-rei por meio da conversão ao cristianismo. Nesse sentido, 1505 é considerado o momento fundador do "Estado da Índia", embora a expressão só se generalize na segunda metade do século XVI para designar o conjunto de estabelecimentos, parcelas de território e pessoas que se encontravam sob a jurisdição do rei de Portugal num vasto espaço geográfico estendido da costa oriental africana até o Japão.[72]

Já no Brasil, a instituição vice-reinal surgiu em condições bem diferentes, sendo também mais tardia, já que as nomeações para a magistratura só se tornam sistemáticas a partir de 1720. Essa tardia introdução da instituição vice-reinal na América portuguesa — tardia por comparação com a Índia, mas também com a sua congênere espanhola, que conta com vice-reis desde a década de 1530[73] — explica-se por várias razões. Em primeiro lugar, era um território geograficamente mais próximo de Portugal. Acresce que na comunicação entre o reino e o Brasil não existiam os constrangimentos naturais que marcavam presença na rota do Cabo. Nesse âmbito, uma viagem de ida e volta que ligasse Lisboa a Salvador podia completar-se entre 150 e 210 dias,[74] longe, portanto, dos 15 a 16 meses que separavam Lisboa de Goa.[75] Mas outros fatores desempenharam também um papel de relevo, como a menor dignidade e o menor prestígio da América em relação ao Oriente. Aliás, é sintomático que tenham sido muito menos numerosos os membros da primeira nobreza atraídos para servir nessas paragens, onde, de resto, o tipo de serviço militar mais frequente era a "guerra de pegar índio", menos prestigiante do que a "guerra religiosa" travada na Índia contra os muçulmanos.[76] Por outro lado, no Brasil, a ausência de poderes organizados e de ordenamentos jurídicos preexistentes não exigia a criação de uma magistratura dotada de dignidade real e com capacidade para, por exemplo, celebrar tratados internacionais. Também pesou o fato de o contexto de guerra endêmica contra os muçulmanos não marcar presença no Novo Mundo.

Enquanto modalidade de resposta à ausência do rei, a decisão de submeter um território ao governo de um vice-rei, apesar de dignificante, implicava, em todo caso, uma relação de sujeição, pois comportava um determinado grau de subordinação. Isso ficou bem claro no momento em que Portugal passou de entidade "incorporadora" para incorporada, a partir de 1581, com a entrada na órbita da monarquia espanhola. Não há dúvida de que as condições pactuadas para a entrada de Portugal nos domínios dos Áustrias estipularam que Portugal seria sempre governado por um vice-rei de sangue real. Essa seria a forma de respeitar a sua dignidade reinícola e de atenuar a despromoção que necessariamente se sentiu em terras lusitanas, reconhecendo-se à Coroa portuguesa a condição de entidade política autônoma cuja personalidade deveria ser, pelo menos, respeitada. Era, no fundo, a forma de sancionar a continuidade histórica, opção que, para Filipe II e seus descendentes, tinha evidentes efeitos legitimadores. Todavia, a verdade é que, apesar disso, para todos se tornou claro que aquela transição representava uma despromoção, uma submissão. Tanto mais que, ao longo dos sessenta anos em que Portugal fez parte da monarquia espanhola, por diversas vezes foi governado por vice-reis que não eram de sangue real, por dignitários que não ostentavam o título vice-reinal e até mesmo por colégios de governadores, prática por muitos vista como atentatória aos foros portugueses e equivalente a uma despromoção do estatuto de Portugal. Várias foram as vozes que, perante essa situação, alegaram que, dessa forma, a Coroa lusitana deixava de ser "reino" e convertia-se numa "província de Castela".[77]

Importa assinalar, no entanto, que também o Estado da Índia, o Estado do Brasil e o vice-reino do Peru nem sempre foram liderados por vice-reis, contando por vezes com dignitários apenas com o título de "governador" a assegurar a liderança política. Tal situação ocorreu em conjunturas de maior pressão militar, mas também em momentos em que a Coroa sentiu dificuldade de encontrar figuras da primeira linha da aristocracia dispostas a servir nesse cargo. Na Índia, por exemplo, nos primeiros 50 anos da presença portuguesa, a atribuição da dignidade real não foi efetuada de forma sistemática, tendo vice-reis alternados com governadores, investidos de idênticas competências jurisdicionais e apenas desprovidos da carga simbólica e de prestígio associado à dignidade real.[78]

Tanto no caso da presença portuguesa na Índia como no dos castelhanos na América, a definitiva institucionalização da função vice-reinal ocorreu na década de 1530, mais ou menos na mesma altura em que, como lembra Carlos Hernando,[79] essa mesma instituição se solidificava nos domínios espanhóis na Itália, através de uma cada vez mais rica normativa legal, uma densa malha institucional e uma ação de governo que já demonstrava a utilidade do cargo para superar as tensões e as vacilações que o tinham afetado nas primeiras décadas do século XVI.

No contexto da monarquia espanhola, o poder político e econômico associado aos vice-reinos americanos tornou esses cargos bastante apetecidos, juntamente com o vice-reino de Nápoles, o mais extenso e lucrativo dos domínios extrapeninsulares da Espanha na Europa. Já no âmbito português, o cargo de vice-rei da Índia foi sempre mais prestigiante do que o do Brasil, o qual, como se disse, teve uma aparição muito mais tardia. Sintomaticamente, a atribuição sistemática desse último título a partir de 1720 foi acompanhada de uma elevação da qualidade social dos providos, escolhidos entre os titulares com grandeza do reino.[80]

*

Vale a pena atentar para a decisão de nomear o primeiro vice-rei na Índia por parte da Coroa portuguesa, tanto mais que essa solução, não sendo desconhecida da tradição política europeia, representa uma novidade no panorama institucional português. Os motivos que estão na origem da criação do ofício, numa data tão precoce, são indissociáveis do projeto comercial português de ligação marítima entre a Índia produtora de especiarias e o mercado consumidor europeu. Nos anos que se seguiram à viagem inaugural de Vasco da Gama, em que se tratava de viabilizar essa ligação marítima, a Coroa permaneceu representada de forma intermitente por meio de capitães-mores, a quem foram concedidos poderes majestáticos restritos, como a capacidade de fazer a guerra e a paz, donde decorria notadamente o poder para estabelecer relações de amizade com potentados africanos e indianos. Volvidos sete anos sobre a chegada a Calicute, tornou-se claro que o envolvimento na geografia econômica do Índico só poderia ser feito à custa de uma guerra permanente contra os muçulmanos. A atribuição de poderes majestáticos mais alargados, juntamente com a concessão do título de vice-rei, reflete, sem dúvida, o desejo de aprofundar a presença portuguesa naquela parte do globo. Ao mesmo tempo, atendendo ao cenário civilizacional e político, era necessário assegurar que o representante do rei de Portugal estivesse investido de dignidade equivalente para poder negociar com os poderes não europeus e para poder assumir compromissos como se do próprio monarca se tratasse. Nessa opção pesaram também, como já referido, a distância e os constrangimentos na comunicação com o reino, que obrigava a conferir aos seus dignitários uma maior autonomia decisória.

Uma vez definida essa solução institucional, a médio prazo assistiu-se a um processo de complexificação burocrática, por meio do qual se foram constituindo conselhos palatinos, estruturados em torno do vice-rei e ligados à administração da justiça e da fazenda. Na verdade, no espaço de três a quatro décadas, de um modelo de gestão muito centrado na figura do vice-rei e baseado em oficiais individuais investidos de determinadas funções administrativas transitou-se para um sistema de administração sustentado em instituições formalmente organizadas e autonomizadas em relação ao governador.[81] Assim, a breve trecho, o vice-reino da Índia passou a contar com uma corte, uma capital — Goa — e com um dispositivo político-administrativo central aí sedentarizado e que em muito se assemelhava ao de Lisboa. Dele faziam parte a Vedoria da Fazenda, a Casa dos Contos, a Casa da Matrícula e a Relação, que se constituem e consolidam entre as décadas de 1530 e 1550, bem como o Tribunal da Mesa da Consciência e Ordens, criado em 1570. Com a União Ibérica, aprofundou-se a complexificação desse sistema organizativo, por meio da criação de novos tribunais, entre os quais se destacam o Conselho da Fazenda, institucionalizado na década de 1590, e o Conselho de Estado, que surge formalizado em 1604.

Boa parte do que acabou de ser apresentado esteve ausente na América portuguesa, onde os desafios colocados à presença portuguesa engendraram respostas institucionais distintas. Tratando-se de assegurar o povoamento e a colonização do espaço, estendeu-se à nova terra a implementação de capitanias-donatarias, modelo já utilizado com sucesso nos arquipélagos atlânticos e que acabaria, em boa medida, por condicionar o exercício de jurisdições e a evolução administrativa subsequente. Nos primeiros anos, feitores e almoxarifes constituem os únicos representantes permanentes do rei no território,[82] mercê da reserva que a Coroa fizera para si de alguns direitos fiscais nas cartas de foral. Mas os seus poderes estavam limitados à área da Fazenda Real, já que em matéria de justiça e de governo civil os donatários possuíam a jurisdição necessária para conduzir o povoamento e exploração econômica do território, tal como lhes fora delegada pela Coroa.

Em 1549, com a implementação do governo geral, sobrepunha-se às capitanias uma estrutura de governo intermédio, dotada de poderes alargados no domínio da coordenação superior da defesa, do exercício da justiça e da administração da Fazenda. Note-se que a carta régia de nomeação de Tomé de Sousa não é absolutamente clara quanto à extensão das jurisdições concedidas, em particular em matéria do *governo econômico*, mas a análise do campo de atuação dos oficiais que o assessoravam — ouvidor-geral e provedor-mor — não deixa dúvidas quanto ao fato de estarem delegados os poderes necessários para que a nova estrutura de governo assegurasse o exercício de direitos reais nas três áreas de ação da Coroa, submetendo, para esse efeito, os restantes níveis do sistema administrativo. E, para além da justiça, a prerrogativa do exercício da graça real também foi cedida ao primeiro governador do Brasil, por meio da autorização para conceder tenças, desde que o seu valor não ultrapassasse os cem cruzados por ano.[83] Em regimentos de governadores posteriores, esse teto seria elevado para os mil cruzados anuais, permitindo-se também a dada de ofícios, em propriedade ou em serventia.[84]

Relativamente à solução encontrada para a Ásia portuguesa, parece evidente que, não obstante os paralelismos que se podem encontrar, a latitude dos poderes concedidos não é comparável. Nesse sentido, o governador-geral do Brasil surge, assim, como uma magistratura menos carregada de distinção simbólica e também menos onerosa para a Coroa do ponto de vista financeiro e político.[85]

Sem pôr completamente em causa o espaço jurisdicional dos donatários, esse novo sistema de governo pressupunha, no entanto, a supressão de alguns poderes que lhe haviam sido concedidos nas doações originais.[86] Mormente a isenção de correição por parte das justiças régias, implicitamente derrogada pelos poderes jurisdicionais atribuídos ao ouvidor-geral, enquanto magistratura equiparada à figura do corregedor-geral da justiça, e como tal, investida de poderes para fiscalizar a atuação de juízes ordinários e dos ouvidores.[87] Contudo, na prática, os donatários levantaram forte resistência ao cerceio das suas jurisdições primitivas, limitando, com maior ou menor grau de sucesso, a ação inspectiva do governador-geral e dos demais magistrados que o assessoravam. Nesse sentido, nas primeiras décadas que se seguiram à sua criação, o governo-geral da Bahia teve uma atuação limitada e precária, por se inserir num espaço político de poderes já constituídos, pouco dispostos a aceitar ingerências de um poder considerado concorrencial. Vale a pena citar aqui o caso da capitania de Pernambuco, cujos sucessivos donatários conseguiram, até final do século XVI, eximir-se do controle fiscalizador que competia, teoricamente, ao governo-geral.[88]

Mesmo na centúria seguinte, a vida política do Estado do Brasil permaneceu marcada por dificuldades e problemas levantados no exercício do poder por parte do governador-geral, a que também não será alheia a vastidão do litoral e a descontinuidade territorial que caracterizam a colonização portuguesa. Durante muito tempo, a América portuguesa foi um arquipélago de assentamentos, um conjunto de "ilhas de povoamento" muito desarticuladas entre si, situação que favorecia a autonomia jurisdicional dos vários polos que a compunham. E, na verdade, a erupção de outros centros políticos concorrentes acentuou essa realidade. Assim sucedeu com o Maranhão, cujo governo foi autonomizado em 1621, por motivos que se prendem a condicionalismos físicos de articulação marítima com a Bahia e também com o Rio de Janeiro. Nesse último caso, o seu estatuto diferenciado no espaço político da América portuguesa deve-se à herança política dos seus governadores e remonta ainda à segunda metade do século XVI, tendo-se concluído cerca de cem anos volvidos pela mão de Salvador Correia de Sá. Na verdade, depois de várias tentativas goradas de divisão do Estado do Brasil em duas grandes circunscrições administrativas, em 1658 a Repartição do Sul acabaria por ser formalmente constituída.[89] Para todos os efeitos, da esfera de atuação do governador-geral desanexava-se a jurisdição das *capitanias de baixo*, doravante concedida ao governador e capitão-geral do Rio de Janeiro.

Nesse sentido, ao contrário do que sucedia com o governo de Goa, a atuação do governo da Bahia permanecia limitada, quer pelas prerrogativas jurisdicionais atribuídas às capitanias hereditárias quer pela concorrência de outros centros políticos, em grande medida isentos da sua tutela. Um outro limite provinha de uma subordinação político-administrativa pouco clara que ligava ao governador-geral os capitães-mores ou governadores das capitanias administradas diretamente pela Coroa. Se em assuntos relativos à política geral e à defesa do Estado do Brasil a relação hierárquica entre as duas instâncias não suscitava margens para dúvidas, o mesmo não se podia afirmar de matérias que envolvessem o governo local (como a dada de sesmarias), o que acabava por criar um espaço de poder autônomo efetivo de que se beneficiavam os governadores locais.[90]

As dificuldades de afirmação daquela que foi concebida como a primeira magistratura da América portuguesa repercutiram na formação de uma capital, cabeça do corpo político, capaz de dominar as relações institucionais com o território sob jurisdição do rei de Portugal. Como é sabido, nos primeiros tempos a cidade de Salvador revelou várias debilidades que obstaram uma rápida consolidação como capital, assim identificada pelos restantes poderes já constituídos. Sem uma residência de governador digna desse nome e sem uma vida de corte, não surpreende que os quatro governadores das duas primeiras décadas do século XVII tenham preferido residir em Olinda, mercê da capacidade de polarização econômica exercida pela capitania de Pernambuco.[91]

Não obstante, as condições jurídicas para a constituição de uma sede política da América portuguesa e para a ampliação do seu aparelho burocrático estavam criadas por meio da delegação de poderes na área da Fazenda e da justiça na figura do governador. Desse ponto de vista, parece fora de dúvida que foi intenção da Coroa elevar Salvador à condição de capital. Vale a pena referir o exemplo proporcionado pela Fazenda. Salvaguardadas algumas diferenças e especificidades de funções, a figura do provedor-mor aproxima-se, em muitos aspectos, à do vedor da Fazenda da Índia, magistratura instituída em 1517. É certo que esse último detinha uma alçada mais lata no que respeita à gestão ativa dos rendimentos da Coroa no Oriente,[92] mas, tal como o seu congênere do Brasil, para além de submeter hierarquicamente os oficiais de recebimento, competia-lhe fiscalizar a sua atuação e, bem assim, conhecer, quer por ação nova quer por apelação, os feitos que envolvessem a Fazenda Real. Nesse sentido, a criação de uma magistratura com capacidade para interferir nas extensões da administração periférica da Coroa abria caminho para a complexificação da vida burocrática, com a constituição de tribunais de corte, à imagem e semelhança dos existentes em Lisboa. E, tal como sucedera na Índia, também na América portuguesa se lançaram, ainda em 1548, as bases para a criação de uma casa dos contos, vocacionada para a fiscalização de provedores, feitores e almoxarifes.[93] Por outro lado, o modelo de gestão da Fazenda delineado em 1548 contém ainda um outro elemento revelador da atribuição dos instrumentos necessários, no plano teórico, para que Salvador funcionasse como cabeça da América portuguesa. Trata-se da constituição em Salvador de uma caixa central, cujo resguardo se confiava a um tesoureiro e que se destinava a concentrar os saldos superavitários provenientes das provedorias das capitanias, depois de deduzidas as despesas ordinárias consignadas nas receitas locais.[94] Essa medida de concentração financeira é em tudo semelhante àquela que viria a ser formalizada no Estado da Índia, em 1576,[95] e visava, sem dúvida, fornecer à nova capital os meios financeiros para enfrentar as despesas decorrentes do exercício de funções de coordenação, mormente no plano militar.

Contudo, a concretização desses princípios foi um processo lento e, em última instância, o elevado grau de complexificação burocrática que encontramos em Goa não chega a encontrar paralelo na Bahia dos séculos XVI e XVII, realidade perceptível quer no domínio da Fazenda quer na administração da justiça. O Tribunal da Relação da Bahia, por exemplo, só começou a funcionar em 1609, para depois ser suprimido em 1624, só voltando a vigorar em 1654,[96] ou seja, mais de cem anos após a criação da Relação de Goa (1544). O Conselho de Estado também não é reproduzido no Brasil, muito embora os regimentos atribuídos aos governadores apontem para um modelo de governo segundo o qual matérias de relevo, omissas nas instruções régias, fossem previamente debatidas com o chanceler da Relação da Bahia, com o provedor-mor da Fazenda e com o bispo.[97] Por seu turno, no domínio da Fazenda, o reduzido número de oficiais de recebimento espalhados pelas capitanias não forçou o desenvolvimento de uma estrutura organizativa muito complexa. Em 1588, a administração central da Fazenda na Bahia ocupava dez oficiais (entre provedor-mor, tesoureiro, contador-geral, provedor da alfândega e respectivos escrivães), contra os quase cinquenta que em idêntico período estavam ligados ao vedor da Fazenda Geral e à Casa dos Contos em Goa.[98] Por outro lado, embora essa seja uma questão a exigir uma análise mais detalhada, também parece certo que, do ponto de vista financeiro, Salvador esteve longe de desempenhar um papel equivalente ao de Goa na organização da defesa do conjunto do território e na redistribuição e reafetação das receitas fiscais. Mas, nos primeiros tempos, o nível dos encaixes percepcionados pela Coroa na América portuguesa não era comparável ao da Ásia, nem o Brasil esteve sujeito a pressões equivalentes sobre o domínio da gestão dos recursos, como sucedeu no Estado da Índia devido ao cenário de guerra endêmica.

Entretanto, o crescente desenvolvimento da América portuguesa, medido pelo aumento da população, pelo florescimento da indústria do açúcar e pela sua importância para a monarquia, foi-se traduzindo na ampliação dos instrumentos simbólicos associados ao poder do governador. Tome-se como exemplo a prerrogativa concedida a Diogo Botelho, que assumiu o posto em 1602, de trazer consigo uma guarda de honra composta por vinte homens.[99] Também o seu campo de competências foi sendo alvo de uma definição mais minuciosa, por meio dos sucessivos regimentos atribuídos durante a União Ibérica.[100] Mas o maior grau de institucionalização dos poderes dos governadores pode ser aferido pela concessão do título de vice-rei ao governador-geral, em 1640. É certo que a concessão necessita de ser lida à luz do esforço que a monarquia dual colocou na tentativa de expulsão dos holandeses do Nordeste, concretizada no envio de duas armadas (portuguesa e espanhola), sob o comando unificado do conde da Torre em 1638. Uma vez conhecidos o atraso na libertação de Pernambuco e perante a gravidade das circunstâncias, D. Jorge Mascarenhas foi nomeado pela corte de Madri vice-rei e capitão-geral de mar e terra do Estado do Brasil com a missão de destituir o governador, caído em desgraça, e de o substituir no supremo comando das forças militares. Os poderes reforçados que lhe foram atribuídos na carta patente extravasam, aliás, o âmbito militar e estendem-se ao domínio da justiça e da Fazenda, justificando a concessão da dignidade vice-real.[101] Nas décadas seguintes, o título voltaria a ser concedido mais duas vezes, por circunstâncias relacionadas com o percurso prévio dos providos. D. Vasco Mascarenhas (1663-1667) e D. Pedro de Noronha (1714-1718) foram vice-reis do Brasil pelo fato de terem sido vice-reis da Índia. Só depois de 1720 é que o título passa a ser atribuído de forma sistemática até 1808, enquanto o do Estado da Índia foi suspenso, só sendo retomado no início do século XIX (1806).

Uma última palavra para o papel desempenhado pelas figuras que ocuparam os vários cargos que foram sendo criados pela Coroa portuguesa no decurso do seu processo de alargamento espacial. Por vezes, mais importante do que o trabalho efetivamente desempenhado por esses servidores régios — os quais, em muitos casos, pouco contato mantinham com as populações[102] — era a dinâmica de circulação gerada por essa rede de postos criada pela Coroa. De fato, circulando por esses vários postos, tais dignitários — muitos deles unidos por laços de parentesco e/ou de negócio — acabaram por desenvolver aquilo que Maria de Fátima Gouvêa denominou de "redes governativas", ou seja, redes informais e pessoais que, muitas vezes à escala local ou regional, conseguiram preencher o vazio administrativo que caracterizava muitas das parcelas ultramarinas portuguesas.

*

Antes de darmos por encerrado este capítulo, cumpre assinalar que o que acabou de ser exposto revela que eram vários os fatores que influenciavam a forma do governo implementada nos novos territórios. Em primeiro lugar, as condições da junção territorial; depois, a data da união; em terceiro lugar, a localização dos espaços integrados; em quarto, o estatuto político do território. Como assinalamos, esses fatores eram suscetíveis de muitas combinações, havendo até casos em que apenas alguns deles eram levados em conta. Seja como for, ficou bem patente a perenidade desses critérios para a definição do estatuto político dos vários domínios da Coroa portuguesa. Também ficou demonstrado que, muito embora cada processo de união, na Europa ou fora dela, se revestisse de uma grande especificidade, a "linguagem de união" daquele que teve a iniciativa de alargamento acabou por ser determinante na configuração do novo conjunto surgido da junção de territórios, bem como na definição dos direitos outorgados às populações e às instituições de cada nova parcela espacial. No seu conjunto, ficou também claramente demonstrado que essa é uma questão que hoje classificaríamos de "constitucional", pois o que estava em causa era, como se viu, o estatuto a atribuir a uns e a outros; os direitos a outorgar aos moradores de cada uma das partes da monarquia; a denominação a atribuir ao conjunto; a normativa em vigor numa e noutra parcela territorial etc.

Os casos que foram apontados mostram que a distinção entre territórios conquistados, pactuados ou herdados era muito complexa, antes de mais nada porque podia não existir unanimidade quanto à forma de incorporação e num mesmo caso um território considerar-se tanto conquistado como herdado — tal sucedeu com Portugal em 1581. Podiam também acontecer "conflitos de interpretação", por exemplo, em situações em que, a respeito de um mesmo domínio, alguns o classificavam como "conquista" enquanto outros como "herança". Acresce que as elites locais de um determinado território, a partir do momento em que atingiam um certo grau de desenvolvimento, habitualmente procuravam "apagar" a dimensão de "conquista" e redefinir a incorporação como tendo sido fruto de um "acordo", de um "pacto". Como facilmente se percebe, essas manobras argumentativas tinham muitas implicações no momento de se reclamarem direitos e de os outorgar.

Quanto à relação entre a forma de incorporação e a forma de governo, vimos que, de um modo geral, quando um potentado incorporava um novo domínio, procurava colocar no comando dessa nova dependência uma figura adequada a sua dignidade. Assim, quando se incorporava um território com uma dignidade reinícola, era costume posicionar à sua frente um vice-rei ou, pelo menos, um governador. Embora nem sempre cumprida, essa foi a situação mais corrente nos territórios situados na Europa e que, a dada altura, foram incorporados à monarquia espanhola.[103] E tal sucedeu porque, no fundo, havia a preocupação de equiparar a dignidade do representante régio ao estatuto do território onde ele iria exercer funções. Tenha-se em conta, no entanto, que esse procedimento não era rígido, desde logo na Europa, onde são vários os casos de possessões com o estatuto reinícola que nem sempre foram governadas por vice-reis. Portugal, como se viu, começou por receber de Filipe II a promessa de que seria governado por um vice-rei de sangue real, promessa essa expressamente ligada ao estatuto reinícola dessa Coroa. Contudo, depois de 1593 o reino português teve à sua frente figuras com um estatuto variado: para além de vice-reis, contou com governadores e, até, com colégios de governadores, cargos ocupados por dignitários que, ainda por cima, não tinham qualquer laço de parentesco com a família real.

Se na Europa essa oscilação era possível, no mundo ultramarino a margem de discricionariedade costumava ser ainda maior. Também nesse âmbito as soluções de enquadramento institucional variaram em função dos objetivos prosseguidos e dos problemas concretos a que era necessário dar resposta. Assim, no norte da África, embora o título de incorporação de praças como Ceuta, Tânger e Arzila fosse a "conquista militar", nunca se constituiu uma estrutura de governo que as unificasse. Cada uma delas possuía um governo autônomo, diretamente submetido à Coroa e às estruturas administrativas centrais. O mesmo sucedeu no caso das ilhas atlânticas.

Na Ásia, pelo contrário, o envolvimento progressivo da Coroa portuguesa no universo comercial do Índico, feito à custa de uma forte intervenção militar, ditou a opção precoce pela nomeação de um vice-rei, representante permanente da autoridade do rei de Portugal. Pela atribuição de poderes que a cultura política da época reconhecia como sendo próprios de reis, procurava-se ultrapassar os constrangimentos que a distância e a morosidade das comunicações levantavam para a tomada de decisões mais urgentes. Por outro lado, o desejo de afirmação do rei de Portugal como "rei de reis" no Oriente exigiu também que o relacionamento diplomático com os monarcas orientais fosse conduzido por uma entidade investida de idêntica dignidade, de forma a que os tratados de paz celebrados não necessitassem de posterior ratificação real.[104] Ainda assim, convirá frisar que nos cinquenta anos iniciais, a atribuição da dignidade real não foi efetuada de forma sistemática, tendo vice-reis alternado com governadores, investidos de idênticas competências jurisdicionais e apenas desprovidos da carga simbólica e de prestígio associado à dignidade real.[105] Para todos os efeitos, com vice-reis ou governadores, depois de 1505, a rede ainda incipiente de feitorias-fortalezas e de interesses portugueses no Índico passou a ser unificada, na cúpula, por uma magistratura dotada de uma grande autonomia.

Na América portuguesa, o panorama volta a ser distinto, sendo que, nesse caso, o crescente dinamismo socioeconômico do território e o seu peso crescente para a Coroa portuguesa se traduziram numa sequência ascensional dos seus representantes. Tendo-se optado inicialmente pela transferência das responsabilidades da colonização e exploração a particulares, por meio da concessão de donatarias, a breve trecho a necessidade de coordenação militar e de povoamento levou à introdução do cargo de governador.[106] O culminar dessa trajetória foi, já no século XVIII, em pleno ciclo mineiro, a instituição vice-real.

Cumpre lembrar, em todo caso, que os espanhóis, à medida que aprofundaram a sua presença nos espaços ultramarinos, foram atribuindo a designação de "reino" a alguns dos territórios anteriormente incorporados. Como já referimos, por essa via se conferia a essas terras uma certa identidade jurídica. Contudo, e como notou Jean-Michel Sallmann,[107] essa situação não deixava de ser algo paradoxal, pois apesar de lhes ser atribuído o estatuto de "reino", tais espaços continuaram a ser administrados pelo Conselho das Índias, e não por um conselho reinícola, como aconteceu com boa parte dos "reinos" situados na Europa e que foram integrados à monarquia espanhola.[108] Por outras palavras, as unidades políticas classificadas como "reino" nem sempre contaram com um conselho territorial exclusivo e tampouco com um vice-rei na posição cimeira do seu governo. É bem sabido que vários desses "reinos" tiveram à sua frente "governadores", e nunca vice-reis.

Pela mesma ordem de razões, a nomeação de um vice-rei não implicava classificar o território de "reino": no caso da Coroa portuguesa, o vice-rei da Índia encabeçava o "Estado da Índia", e não o "Reino da Índia". O mesmo se poderia dizer do Brasil, cuja designação oficial era, como se sabe, "Estado do Brasil" e "Estado do Maranhão e Grão-Pará". E muito embora D. João IV tenha reintroduzido o título de "príncipe do Brasil"

(1645), dignidade sem dúvida sonante e que remontava ao tempo de D. João III, a verdade é que tal título teve diminutos efeitos institucionais.

Em suma, a materialização institucional da presença ibérica em terras ultramarinas dependeu de fatores muito variados. Dependeu, antes de mais nada, do panorama civilizacional preexistente; dependeu, também, dos objetivos perseguidos pela Coroa, condicionados, claro, pela falta de homens e de meios; dependeu, igualmente, da reação dos povos extraeuropeus à intrusão e subsequente resposta dos ibéricos (resistência que podia ser seguida de integração por conquista) ou, nalguns casos, convergência de interesses, permitindo formas de domínio partilhado. Assim, e tomando como derradeiro exemplo, uma vez mais, a experiência portuguesa, recorde-se que as capitanias-donatarias foram em regra adotadas por essa Coroa em territórios desertos ou fracamente povoados, apontando para uma política de fixação duradoura e ocupação do espaço. Já as fortalezas e o governo militar surgiram, sobretudo, em zonas caracterizadas pela guerra endêmica, como o norte da África e alguns pontos do Índico. Quanto às feitorias, em geral foram criadas em zonas onde a ocupação territorial não foi perseguida e onde os portugueses procuraram, acima de tudo, inserir-se nos circuitos comerciais preexistentes. Por último, verificou-se também a ocupação de parcelas mais ou menos vastas de território, mas apenas quando tal opção ia ao encontro daqueles que protagonizavam a expansão.

Notas

1. Pablo Fernández Albaladejo, 2008, p. 111-119.
2. António M. Hespanha, 1993, p. 85-121.
3. John H. Elliott, 1992, p. 48-71.
4. Jesús Lalinde Abadía, 1960, p. 98-172.
5. Carlos Hernando, 1996, p. 30.
6. José Javier Ruiz Ibáñez, 1999.
7. António Vasconcelos de Saldanha, 1997, p. 291-292; Ver, também, o recente estudo de Ângela Barreto Xavier, 2008, p. 66 segs.

8. Maria Fernanda Bicalho, 2003, p. 367 segs.
9. Dois exemplos coetâneos, entre muitos outros, de debate sobre a forma de união *aeque et principaliter*, ou "união principal", e a "união desigualitária": Pedro Barbosa de Luna, 1627; Juan de Solórzano Pereira, s.d. [1676], p. 363-395.
10. Jon Arrieta Alberdi, 2004, p. 303-326.
11. Tal sucedia quer essas parcelas fossem reinos quer fossem capitanias ultramarinas ou, até, cidades, como assinalou Maria de Fátima Gouvêa (2001, p. 285-315) a propósito da América portuguesa e da distinção entre capitanias "principais" e "subalternas".
12. Carlos Hernando, 1994.
13. Ver, *maxime*, BOUZA ÁLVAREZ, 1987.
14. Emilia Salvador Estebán, 1998, p. 159-180.
15. Jean-Frédéric Schaub, 2001.
16. Recorde-se que a capitania de Itamaracá fora doada em 1534 a Pêro Lopes de Sousa. Depois de uma longa disputa judicial a sucessão na capitania foi entregue, já no século XVII, aos condes de Monsanto, que viriam a ser marqueses de Cascais (1643). Na sequência da libertação dos holandeses, a Coroa entendeu chamar a si a administração da capitania, fundada no descumprimento do donatário relativamente à obrigação de assegurar a defesa militar da capitania.
17. A sentença data de 1685. A. Vasconcelos Saldanha, 1997, p. 405.
18. Sobre essa questão, cf. A. Vasconcelos Saldanha, 1997, p. 404-409.
19. Evaldo Cabral de Mello, 1997, p. 106-107.
20. Veja-se, por exemplo, o estudo de Antonio Álvarez-Ossorio, 2004, p. 775-842; ver, também, de Alicia Esteban Estríngana, 2004, p. 215-246.
21. Ver, *in genere*, Jean-Frédéric Schaub, 2001.
22. Pedro Cardim, 1998, capítulo 2.
23. Entre os muitos exemplos que poderiam ser apontados, ver António de Sousa de Macedo, 1631, p. 41.
24. Jon Arrieta Alberdi, 2004, p. 312.
25. Acerca do debate em torno das armas reais de Portugal e do local onde as colocar no escudo dos Áustrias, ver Fernando Bouza Álvarez, 1990, p. 19-58.
26. Emilia Salvador Estebán, 1998, p. 159-180.
27. Diogo Ramada Curto, 1994, p. 346 segs.
28. Cf. Emília Salvador Estebán, 1998, p. 174 segs.
29. Um dos melhores exemplos é, sem dúvida, o livro de Pedro Barbosa de Luna, 1627; importa ver, também, o livro de Lourenço de Mendonça, 1630.
30. Jon Arrieta Alberdi, 2004, p. 313.
31. Cf. Jon Arrieta Alberdi, 2002, p. 133-148; ver, também, de Pablo Fernández Albaladejo, 2007, p. 123-154.
32. Jon Arrieta Alberdi, 2004, p. 315; Pedro Cardim, 1998, capítulo 5.

33. Jorge Cañizares Esguerra, 1999, p. 33-68.
34. Jesús Evaristo Casariego Fernández, 1946; Guillermo Lohmann Villena, 1947, p. 655-662; Woodrow Borah, 1956, p. 246-257; J. Martínez Cardos, 1956; Demetrio Ramos Pérez, 1967; Fred Bronner, 1967, p. 1.133-1.176.
35. Fernando Bouza Álvarez, 1994, p. 71-93; Pedro Cardim, no prelo.
36. Santiago de Luxán Meléndez, 1988.
37. Evaldo Cabral de Mello, 2002, p. 30 e 63.
38. Ângela Barreto Xavier e Pedro Cardim, 2006, p. 363.
39. I.A.A. Thompson, 1995, p. 156-157.
40. Nuno Senos, 2002; Catarina Madeira Santos, 2006, p. 81-106.
41. Maria Regina Celestino de Almeida, 2001, p. 51-71.
42. Carlos Hernando Sánchez, 1996.
43. Luís Filipe Thomaz, 1994, p. 214-215.
44. Ibidem, pp. 224-225.
45. António Manuel Hespanha, 2001, p. 163-188.
46. Sobre a organização da população goesa em comunidades de aldeias, ver Teotónio de Sousa, 1994, p. 60 segs.
47. A. Vasconcelos Saldanha, 1991, p. 240 segs.; Jorge Flores, 2001, p. 52 segs.
48. Francisco Bethencourt, 2007, p. 234-235.
49. Joaquim Romero Magalhães, 1997, p. 70-71.
50. Artur Teodoro de Matos, 1974.
51. André Ferrand de Almeida, 2001.
52. Luís Filipe Thomaz, 1994, p. 230-231; A. M. Hespanha, 1995, p. 17.
53. Guida Marques, 2002, p. 22-24.
54. Luís Filipe Reis Thomaz, 1990, p. 39 segs.
55. Xavier Gil Pujol, 1996, p. 3-23.
56. Pedro Cardim, no prelo.
57. Xavier Gil Pujol apresenta como texto paradigmático dessa viragem o de José Arnolfini de Illescas, monge e diplomata: "Despertador de los príncipes de Europa" (c. 1662, permaneceu manuscrito). Aí já não se concebe a paz como antes de 1648, como a restauração de uma ordem hierárquica e confessional, mas sim como algo que consistia em controlar, sem extinguir, a ambição dos diversos estados. "Imperio, monarquía universal, equilíbrio...", 1996, p. 19-20.
58. Ana Isabel Buescu, 2005, p. 230 segs.; Maria Augusta Lima Cruz, 2006, p. 46-47.
59. Carlos Hernando Sánchez, 1996, p. 108 segs. Acerca do mesmo tema, cf. Antonio Miguel Bernal, 2005.
60. John H. Elliott, 2006, p. 189 segs.
61. Juan de Solórzano Pereira, 1629.

62. Carlos Hernando Sánchez, 1996, p. 134.
63. Guida Marques, 2009, p. 257 segs.
64. Edval de Souza Barros, 2008.
65. J. J. Ruiz Ibáñez e G. Sabatini, no prelo.
66. Carlos Hernando Sánchez, 2004.
67. Xavier Gil Pujol, 2004, p. 56.
68. R. A. Bulhão Pato e H. Lopes de Mendonça, 1884, p. 269-272. Note-se, contudo, que nem todos esses direitos foram expressamente concedidos na carta de poder atribuída ao primeiro vice-rei. Catarina Madeira Santos, 1999, p. 51 segs.
69. António Manuel Hespanha, 2001, p. 174-175.
70. Catarina Madeira Santos, 1999, p. 56-57.
71. Carlos Hernando Sánchez, 1996, p. 145.
72. Luís Filipe Thomaz, 1994, p. 207.
73. Para alguns dos recentes estudos dedicados à instituição vice-reinal, para além dos já citados de Carlos Hernando Sánchez, ver Alejandro Cañeque, 2003; Manfredi Merluzzi, 2003; Feliciano Barrios (org.), 2004.
74. Leonor Freire Costa, 2002, p. 346.
75. Paulo Guinote, Eduardo Frutuoso e António Lopes, 2002.
76. Nuno G. Monteiro e Mafalda Soares da Cunha, 2005, p. 191-252.
77. Pedro Cardim, no prelo.
78. Só na segunda metade do século XVI é que o título de vice-rei passou a ser concedido sistematicamente, reservando-se a designação de governador para aqueles que ascendiam ao governo do Estado da Índia nas vias de sucessão. Mafalda Soares da Cunha e Nuno Gonçalo Monteiro, 1995, p. 91-120.
79. Carlos Hernando Sánchez, 2004, p. 43-73; também de Carlos Hernando, ver Sánchez, 2008, p. 337-423.
80. Nuno G. Monteiro e Mafalda Soares da Cunha, 2005, p. 191-252.
81. Catarina Madeira Santos, 1999.
82. Graça Salgado (coord.), 1985, p. 84.
83. Joaquim Romero Magalhães e Susana Münch Miranda, 1999, p. 25.
84. António Manuel Hespanha, 2001, p. 176-177.
85. Cf. Francisco Carlos Cosentino, 2005 (no prelo).
86. Joaquim Romero Magalhães e Susana Münch Miranda, 1999, p. 7-38.
87. António Vasconcelos Saldanha, p. 261 segs.
88. Francis Dutra, 1973, p. 19-60; Pedro Puntoni, 2002 (mimeo.).
89. C. R. Boxer, 1952, p. 293 segs.
90. Pedro Puntoni, 2002; António Manuel Hespanha, 2001, p. 177-178.
91. Francis Dutra, 1973, p. 19-60.
92. Susana Münch Miranda, 2007 (policopiada).

93. Em 1549, um contador dos Contos do Reino e Casa foi nomeado contador da Bahia, com a missão de tomar as contas aos recebimentos de todos os oficiais e pessoas envolvidas na percepção de direitos reais (IAN/TT, Chancelaria de D. João III, liv. 70, fl. 103vº, 5 de janeiro de 1549).
94. "Regimento dado a António Cardoso de Barros, provedor-mor da fazenda", 17 de dezembro de 1548. In: Marcos Carneiro de Mendonça, 1972, p. 95. Ver, também, Graça Salgado, 1985, p. 157.
95. Susana Münch Miranda, 2007.
96. Stuart B. Schwartz, 1973.
97. António Manuel Hespanha, 2001, p. 176.
98. "Despesa do Estado do Brasil a que a Fazenda de Sua Magestade tem obrigação" [1588]. In: J. Veríssimo Serrão, p. 143-145.
99. Cf. Pedro Puntoni, 2002.
100. Graça Salgado, 1985, p. 170-178.
101. A carta patente atribuída a D. Jorge Mascarenhas data de 29 de agosto de 1639. João Paulo Salvado, 2002.
102. Tamar Herzog, 1997, p. 819-826.
103. Ver, *in genere,* Bernardo García, 2000.
104. Catarina Madeira Santos, 1999.
105. Só na segunda metade do século XVI é que o título de vice-rei passou a ser concedido sistematicamente, reservando-se a designação de governador para aqueles que ascendiam ao governo do Estado da Índia nas vias de sucessão. Mafalda Soares da Cunha e Nuno Gonçalo Monteiro, 1995, p. 91-120.
106. Pedro Puntoni, 2002.
107. Jean-Michel Sallmann, 2004.
108. Ainda assim, na Europa essa regra também não foi cumprida de uma forma rígida: recorde-se que os reinos de Nápoles e da Sicília, por serem patrimônio pessoal do rei, jamais contaram com um conselho específico a cada um deles, sendo em vez disso governados por um mais unitário Conselho de Itália, por onde também passavam, aliás, as matérias de Milão. Cf. Manuel Rivero Rodríguez, 1989, p. 197-212.

Bibliografia

ABADÍA, Jesús Lalinde. "Vireyes y lugartenientes medievales en la Corona de Aragón", *Cuadernos de Historia de España*, XXXI-XXXII (1960), p. 98-172.

ALBALADEJO, Pablo Fernández. "Entre 'godos' y 'montañeses'. Avatares de una primera identidad española". In: TALLON, A. (dir.). *Le sentiment national dans l'Europe méridionale aux XVIe et XVIIe siècles*. Madri: Casa de Velázquez, 2007.

______. "Unión de almas, autonomía de cuerpos: sobre los lenguajes de unión en la Monarquía Católica, 1590-1630". In: HURTADO, Manuel-Reyes García (org.). *Modernitas. Estudios en homenaje al profesor Baudilio Barreiro Mallón*. Corunha: Universidade da Coruña, 2008, p. 111-119.

ALBERDI, Jon Arrieta. "Los fundamentos jurídico-políticos del 'Escudo' de Pedro de Fontecha y Salazar (m. 1753)", *Notitia Vasconiae*, 1 (2002).

______. "Las formas de vinculación a la Monarquía y de relación entre sus reinos y coronas en la España de los Austrias". In:Bernardo García & Antonio Álvarez-Ossorio (orgs.). *La Monarquía de las Naciones. Patria, nación y naturaleza en la Monarquía de España*. Madrid: Fundación Carlos de Amberes e Universidad Autónoma de Madrid, 2004, p. 303-326.

ALMEIDA, André Ferrand. *A formação do espaço brasileiro e o projecto do Novo Atlas da América portuguesa (1713-1748)*. Lisboa: Comissão Nacional para as Comemorações dos Descobrimentos Portugueses, 2001.

ALMEIDA, Maria Regina Celestino de. "Os Índios Aldeados: histórias e identidades em construção", *Tempo*, Rio de Janeiro, nº 12, 2001.

ÁLVAREZ, Fernando Bouza. "Lisboa sozinha e quase viúva. A cidade e a mudança da corte no Portugal dos Filipes", *Penélope. Fazer e Desfazer a História*, 13, 1994.

______. "Retórica da imagem real. Portugal e a memória figurada de Filipe II", *Penélope. Fazer e Desfazer a história*, nº 4 (abril de 1990), p. 19-58.

______. *Portugal en la Monarquía Hispánica (1580-1640). Filipe II, las Cortes de Tomar y la génesis del Portugal Católico*. Madri: Universidad Complutense, 1987.

BARRIOS, Feliciano (org.). *El gobierno de un mundo. Virreinatos y audiencias en la América Hispánica*. Albacete: Universidad de Castilla/La Mancha, 2004.

BARROS, Edval de Souza. *Negócios de tanta importância. O Conselho Ultramarino e a disputa pela condução da guerra no Atlântico e no Índico (1643-1661)*. Lisboa: Centro de História de Além-Mar/Faculdade de Ciências Sociais e Humanas/ Universidade Nova de Lisboa, 2008.

BETHENCOURT, Francisco. "Political Configurations and Local Powers". In: BETHENCOURT, Francisco e CURTO, Diogo Ramada (eds.). *The Portuguese Oceanic Expansion, 1400-1800*. Cambridge: Cambridge University Press, 2007.

BICALHO, Maria Fernanda. *A cidade e o império. O Rio de Janeiro no século XVIII*. Rio de Janeiro: Civilização Brasileira, 2003.

BORAH, Woodrow. "Representative institutions in the Spanish Empire in the New World", *The Americas*, 13, 1956.

BOXER, C. R. *Salvador de Sá and the Struggle for Brazil and Angola*, University of London/The Athlone Press, 1952, p. 293 segs.

BRONNER, Fred. "La Unión de las Armas en el Perú. Aspectos político-legales", *Anuario de Estudios Americanos*, 24, 1967.

CAÑEQUE, Alejandro. *The King's Living Image. The Culture and Politics of Viceregal Power in Colonial Mexico*. Londres: Routledge, 2003.

CARDIM, Pedro. "Filipe III, la jornada de Portugal y las Cortes de 1619". In: MILLÁN, José Martínez e VISCEGLIA, María Antonietta (orgs.). *La corte de Filipe II y el gobierno de la Monarquía Católica (1598-1621)* (no prelo).

______. "La aspiración imperial de la monarquía portuguesa (siglos XVII y XVIII). Recursos materiales y representación". In: SABATINI, Gaetano (org.). *Comprendere le Monarchie Iberiche: risorse materiali e rappresentazione del potere*. Roma: Viella/Università degli Studi/Roma Tre (no prelo).

______. *Cortes e cultura política no Portugal do Antigo Regime*. Lisboa: Cosmos, 1998.

CARDOS, J. Martínez, "Las Indias y las Cortes de Castilla durante los siglos XVI y XVII", *Revista de Indias*, 64, p. 207-256, 65, p. 357-411, Madri, 1956.

COSENTINO, Francisco Carlos. *Governadores-gerais do Estado do Brasil (séculos XVI e XVII): ofício, regimentos, governação e trajetórias*. São Paulo: Annablume, 2009.

COSTA, Leonor Freire. *O transporte no Atlântico e a Companhia Geral do Comércio do Brasil (1580-1663)*. 2 vs. Lisboa: Comissão Nacional para as Comemorações dos Descobrimentos Portugueses, 2002.

CUNHA, Mafalda Soares da e MONTEIRO, Nuno G. Monteiro. "Vice-reis, governadores e conselheiros de governo do Estado da Índia (1505-1834). Recrutamento e caracterização social", *Penélope*, n.º 15, 1995.

CURTO, Diogo Ramada. *A cultura política em Portugal (1578-1642). Comportamentos, ritos e negócios*. Lisboa: Universidade Nova de Lisboa, tese de doutorado, 1994.

DUTRA, Francis. "Centralization vs. donatarial priviledge: Pernambuco, 1602-1630". In: ALDEN, Dauril (org.). *Colonial Roots of Modern Brazil*. Los Angeles, 1973, p. 19-60.

ELLIOTT, John H. "A Europe of composite monarchies", *Past and Present*, 137 (nov. 1992), p. 48-71.

______. *Imperios del Mundo Atlántico. España y Gran Bretaña en América, 1492-1830*. Madri: Taurus Historia, 2006.

ESGUERRA, Jorge Cañizares. "New World, New Stars: Patriotic Astrology and the Invention of Indian and Creole Bodies in Colonial Spanish America, 1600-1650" *The American Historical Review*, v. 104, nº. 1 (fev., 1999), p. 33-68.

ESTEBÁN, Emília Salvador. "Integración y periferización de las Coronas de Aragón y de Portugal en la Monarquía Hispánica. El caso Valenciano (1580-1598)". In: RIBOT, L. e BELENGUER, E. (orgs.). *Las sociedades ibéricas y el mar a finales del siglo XVI*. v. III — El área del Mediterráneo. Madri: Sociedad Estatal Lisboa'98, 1998.

ESTRÍNGANA, Alicia Esteban. "Las provincias de Flandes y la Monarquía de España. Instrumentos y fines de la política regia en el contexto de la restitución de soberanía de 1621". In: GARCÍA, Bernardo e ALVARIÑO, Antonio Alvarez-Ossorio (orgs.). *La monarquía de las naciones: patria, nación y naturaleza en la monarquía de España*. Madri: Fundación Carlos de Amberes, 2004.

FERNÁNDEZ, Jesús Evaristo Casariego. *El municipio y las Cortes en el imperio español de Indias*. Madri, 1946.

FLORES, Jorge. *Hum curto historia de Ceylan. Quinhentos anos de relações entre Portugal e o Sri Lanka*. Lisboa: Fundação Oriente, 2001.

GARCIA, Bernardo (org.). *El Imperio de Carlos V. Procesos de agregación y conflictos*. Madri Fundación Carlos de Amberes, 2000.

GUINOTE, Paulo; FRUTUOSO, Eduardo e LOPES, António. *As Armadas da Índia (1497-1835)*. Lisboa: Comissão Nacional para as Comemorações dos Descobrimentos Portugueses, 2002.

HERNANDO, Carlos. *Castilla y Nápoles en el siglo XVI. El virrey Pedro de Toledo*. Salamanca: Junta de Castilla y León, 1994.

______. *Las Indias en la Monarquía Católica. Imágenes e ideas políticas*, Valladolid, Universidad de Valladolid, 1996, p. 30.

HERZOG, Tamar. "La presencia ausente: el virrey desde la perspectiva de las elites locales (Audiencia de Quito, 1670-1747)". In: ALBALADEJO, Pablo Fernández (org.) *Monarquía, imperio y pueblos en la España moderna. IV Reunión Científica de la Asociación Española de Historia Moderna (Alicante, 27-30 de Mayo de 1998)*. Alicante: Caja de Ahorros del Mediterráneo, 1997, p. 819-826.

HESPANHA, A. M., *Panorama da história institucional e jurídica de Macau*. Macau: Fundação Macau, 1995.

HESPANHA, A. M., "El espacio político". In: *La Gracia del Derecho. Economía de la cultura en la Edad Moderna*, Madri, CEC, 1993, p. 85-121.

______. "A constituição do Império português. Revisão de alguns enviesamentos correntes". In: FRAGOSO, João; Maria BICALHO, Fernanda e GOUVÊA, Maria de Fátima (orgs.). *O Antigo Regime nos Trópicos. A dinâmica imperial portuguesa (séculos XVI-XVIII)*. Rio de Janeiro: Civilização Brasileira, 2001.

IBÁÑEZ, J.J. Ruiz e SABATINI, G. "Monarchy as Conquest. The Role of Violence and Social Negotiations in the Formation the Spanish Monarchy". *The Journal of Modern History* (no prelo).

IBÁÑEZ, J.J. Ruiz, *Filipe II y Cambrai: el consenso del pueblo. La soberanía entre la práctica y la teoría política (1595-1677)*. Madri: SECCFC, 1999.

LOURENÇO DE MENDONÇA. *Suplicacion a su Magestad Catolica del Rey nuestro señor, que Dios guarde. Ante sus Reales Consejos de Portugal y de las Indias, en defensa de los Portugueses*. Madri: s.e., 1630.

LUNA, Pedro Barbosa de. *Memorial de la Preferencia, que haze el Reyno de Portugal, y su Consejo, al de Aragon, y de las dos Sicilias*. Lisboa: Geraldo de Vinha, 1627.

MACEDO, António de Sousa de. "De las grandes prerrogativas de la Monarchia de Portugal", capítulo V de *Flores de España Excelencias de Portugal.* Lisboa: Jorge Rodrigues, 1631, p. 41.

MAGALHÃES, Joaquim Romero Magalhães e MIRANDA, Susana Münch. "Tomé de Sousa e a instituição do Governo Geral (1549). Documentos", *Mare Liberum*, n.º 17, junho, 1999.

MAGALHÃES, Joaquim Romero. "As incursões no espaço africano". In: BETHENCOURT, Francisco e CHAUDHURI, Kirti (dir.). *História da expansão portuguesa.* v. II. Lisboa: Círculo de Leitores, 1997.

MARQUES, Guida. "O Estado do Brasil na União Ibérica: dinâmicas políticas no Brasil no tempo de Filipe II de Portugal". *Penélope,* nº 27, 2002.

______. *L'Invention du Brésil entre deux mondes. Gouvernement et pratiques politiques de l'Amérique portugaise dans l'union ibérique (1580-1640)*, tese de doutorado, EHESS, Paris, 2009.

MATOS, Artur Teodoro de. *Timor português. Contribuição para a sua história (1515-1769).* Lisboa: Faculdade de Letras, 1974.

MELÉNDEZ, Santiago de Luxán. *La Revolución de 1640 en Portugal, sus fundamentos sociales y sus caracteres racionales. El Consejo de Portugal. 1580-1640.* Madri Editorial de la Universidad Complutense, 1988.

MELLO, Evaldo Cabral de. *Rubro veio. O imaginário da Restauração Pernambucana.* Rio de Janeiro: Topbooks, 1997.

______. *Um imenso Portugal. História e historiografia.* Rio de Janeiro: Editora 34, 2002.

MENDONÇA, Marcos Carneiro de. *Raízes da formação administrativa do Brasil.* v. I. Rio de Janeiro: Instituto Histórico e Geográfico Brasileiro, 1972, p. 95.

MERLUZI, Manfredi. *Politica e governo nel Nuevo Mondo: Francisco Toledo, viceré del Peru (1569-1581).* Roma: Carocci, 2003.

MIRANDA, Susana Münch. *A administração da Fazenda Real no Estado da Índia (1517-1640)*, tese de doutorado, Faculdade de Ciências Sociais e Humanas da Universidade Nova de Lisboa, 2007 (policopiada).

MONTEIRO, Nuno G. Monteiro e CUNHA, Mafalda Soares da. "Governadores e capitães-mores do império Atlântico português nos séculos XVII e XVIII". In: MONTEIRO, Nuno G. F.; CUNHA, Mafalda Soares da e CARDIM, Pedro (orgs.). *Optima Pars. As elites do Antigo Regime no espaço ibero-americano.* Lisboa: Imprensa de Ciências Sociais, 2005.

______. "Vice-reis, governadores e conselheiros de governo do Estado da Índia (1505-1834). Recrutamento e caracterização social", *Penélope*, n.º 15, 1995.

OSSORIO, Antonio Álvarez. "Filipe V en Itália. El Estado de Milán bajo la Casa de Borbón". In: SERRANO, Eliseo (org.). *Filipe V y su tiempo. Congreso Internacional.* Saragoça: Institución Fernando el Católico, 2004.

PATO, R. A. Bulhão e MENDONÇA, H. Lopes de (eds.). *Cartas de Afonso de Albuquerque seguidas de documentos que as elucidam.* v. II. Lisboa: Academia Real das Sciencias de Lisboa, 1884.

PÉREZ, Demetrio Ramos. "Las ciudades de Indias y su asiento en Cortes de Castilla", *Revista del Instituto de Historia del Derecho Ricardo Levene*, Buenos Aires, 18 (1967).

PUJOL, Xavier Gil. "Imperio, monarquía universal, equilibrio: Europa y la política exterior en el pensamiento político español de los siglos XVI y XVII" *Lezione XII del Seminario de la Università di Perugia. Dipartimento di Scienze Storiche*, 1996.

______. "Un rey, una fe, muchas naciones. Patria y nación en la España de los siglos XVI y XVII". In: Bernardo García e Antonio Álvarez-Ossorio (orgs.). *La Monarquía de las Naciones. Patria, nación y naturaleza en la Monarquía de España.* Madri: Fundação Carlos de Amberes e Universidad Autónoma de Madrid, 2004.

PUNTONI, Pedro. "O governo-geral e o Estado do Brasil: poderes intermédios e administração (1549-1720)", comunicação apresentada na Universidade de Yale, New Haven, 2002 (mimeo.).

RODRÍGUEZ, Manuel Rivero. "Doctrina y práctica política en la monarquía hispana: las instrucciones dadas a los virreyes y gobernadores de Italia en los siglos XVI y XVII". *Investigaciones históricas*, 9 (1989), p. 197-212.

SALDANHA, A. Vasconcelos de. "O problema jurídico-político da incorporação de Ceilão na Coroa de Portugal. As doações dos reinos de Kotte, Kandy e Jaffna (1580-1633)". *Revista de Cultura*, Instituto Cultural de Macau, n.os 13-14, 1991.

______. *Iustum Imperium. Dos tratados como fundamento do império dos portugueses no Oriente.* Lisboa: Fundação Oriente/Instituto Português do Oriente, 1997, p. 291-292.

______. *As capitanias do Brasil: antecedentes, desenvolvimento e extinção de um fenômeno atlântico.* Lisboa: Comissão Nacional para os Descobrimentos Portugueses, 2001.

SALGADO, Graça (coord.). *Fiscais e meirinhos. A administração no Brasil colonial.* Rio de Janeiro: Nova Fronteira, 1985.

SALMMANN, Jean-Michel. "Les royaumes américains dans la Monarchie Catholique", *Nuevo Mundo, Mundos Nuevos*, nº. 4 (2004), artigo colocado na internet em 8 de fevereiro de 2005 (nuevomundo.revues.org/document431.html).

SALVADO, João Paulo. "D. Fernando Mascarenhas, primeiro conde da Torre, governador e general da restauração do Brasil", comunicação apresentada ao encontro *A Nobreza na Administração Colonial do Brasil*, Fundação das Casas de Fronteira e Alorna/Palácio de Fronteira, junho, 2002.

SÁNCHEZ, Carlos Hernando. "Los virreyes de la Monarquía Española en Italia. Evolución y práctica de un oficio de gobierno", *Studia Historica. Historia Moderna*, v. 26, 2004.

______. "Corte y ciudad durante el siglo XVI: la construcción de una capital virreinal". In: CANTÙ, Francesca (org.). *Las cortes virreinales de la Monarquía Española. América e Italia*. Roma: Viella, 2008.

______. *Las Indias en la Monarquía Católica. Imágenes e ideas políticas*. Valladolid: Universidad de Valladolid, 1996.

SANTOS, Catarina Madeira. "Os reflexos do Império, numa época de crise. A câmara de Lisboa, as armadas da Índia e as armadas do Brasil: quatro tempos e uma interrogação (1600-1640)". *Anais de História de Além-Mar*, 7, 2006.

SCHAUB, Jean-Frédéric. *Le Portugal au temps du comte-duc d'Olivares (1621-1640). Le conflit de juridictions comme exercice de la politique*. Madri: Casa de Velázquez, 2001.

______. *Portugal na Monarquia Hispânica (1580-1640)*. Lisboa: Livros Horizonte, 2001.

SCHWARTZ, Stuart B. *Sovereignty and Society in Colonial Brazil. The High Court of Bahia and its Judges 1609-1751*. Berkeley/Los Angeles/Londres: UCP, 1973.

SERRÃO, Joaquim Veríssimo. *O Rio de Janeiro no século XVI*. Lisboa: Comissão Nacional das Comemorações do IV Centenário do Rio de Janeiro, 1965, 2v.

SENOS, Nuno. *O Paço da Ribeira, 1501-1581*. Lisboa: Editorial Notícias, 2002.

SOUZA, Teotónio de. *Goa Medieval. A cidade e o interior no século XVII*. Lisboa: Editorial Estampa, 1994.

THOMAZ, Luís Filipe Reis. "L'idée impériale manueline". In: AUBIN, J. (org.). *La découverte, le Portugal et l'Europe. Actes du colloque*. Paris: F. C. Gulbenkian/ Centre Culturel Portugais, 1990, p. 35-103.

______. "Estrutura política e administrativa". In: *De Ceuta a Timor*. Lisboa: Difel, 1994.

THOMPSON, I.A.A. "Castile, Spain and the monarchy: the political community from 'patria natural' to 'patria nacional'". In: R. Kagan e G. Parker (orgs.). *Spain, Europe and the Atlantic world. Essays in honour of John H. Elliott*. Cambridge: Cambridge University Press, 1995.

VILLENA, Guillermo Lohmann. "Las Cortes en Indias", *Anuario de historia del derecho español*, 18, 1947.

XAVIER, Ângela Barreto e CARDIM, Pedro. *D. Afonso VI*. Lisboa: Círculo de Leitores, 2006.

XAVIER, Ângela Barreto. *A invenção de Goa. Poder imperial e conversões culturais nos séculos XVI e XVII*. Lisboa: Imprensa de Ciências Sociais, 2008.

CAPÍTULO 2 Mundo português e mundo ibérico

*Francisco Carlos Cosentino**

A União Ibérica por muito tempo não recebeu tratamento adequado da historiografia, particularmente a portuguesa e brasileira, sendo o seu estudo "seriamente obscurecido por uma 'pré-compreensão' nacionalista"[1] que priorizava o seu desfecho, a Restauração, mais do que os sessenta anos nos quais Portugal e seu Império ultramarino estiveram agregados à monarquia compósita espanhola, recebendo as poderosas influências de um modo de governar castelhano.

O estudo que agora se inicia pretende, incorporando as investigações desenvolvidas nas duas últimas décadas a respeito da União Ibérica, particularmente no Brasil, em Portugal e na Espanha, analisar os conflitos e as negociações que cercaram a composição da União Ibérica e, principalmente, as influências decorrentes "da força expansiva do modelo castelhano",[2] que atuaram como "um fator de 'modernização' do sistema político português"[3] e do seu Império ultramarino, destacadamente na governação do Estado do Brasil.

---

*Professor da Universidade Federal de Viçosa.

1. D. Sebastião, Alcácer-Quibir e a Conquista de Lisboa: invasão e vitória de Filipe II

Em 4 de agosto de 1578, na batalha de Alcácer-Quibir,[4] morreu D. Sebastião, rei de Portugal. Monarca nascido em 1554, conhecido como "o Desejado", por ter tido um nascimento reputado como miraculoso "sinal revelador de que D. Sebastião estaria predestinado a alçar Portugal às glórias passadas, como guerreiro defensor da Cristandade",[5] morria jovem, numa batalha para a qual as crônicas de época e a historiografia produziram versões diversas, nas quais "o trajeto pessoal de D. Sebastião e os sucessos do seu reinado são apresentados e utilizados de modo a justificar o já conhecido desenlace. E, em quase todas elas, é na figura do rei que se concentra toda a responsabilidade da derrota".[6]

O reinado de D. Sebastião começou em 1568, após as regências de D. Catarina (1557-62) e do cardeal D. Henrique (1562-68), e seus auxiliares diretos, indicados pelo cardeal, permitiram que o rei se dedicasse aos assuntos militares, com destaque para o norte da África. "A partir de 1572 a política régia encaminha-se para a guerra em Marrocos",[7] onde as circunstâncias pareciam propícias, pois "problemas de sucessão ao trono de Marrocos provocavam conflitos armados e guerras civis".[8] Os autores indicam o despreparo da empresa e do comando e, nessas circunstâncias, o resultado foi o esperado.

A morte do monarca e a ausência de outros herdeiros levam ao trono o seu tio, o velho cardeal D. Henrique,[9] único parente direto e legalmente sucessor da monarquia. Coroado o novo rei, simultaneamente a questão sucessória se impôs na cena política, medida necessária decorrente da possibilidade do desaparecimento de um monarca que, com 66 anos, apresentava saúde frágil. Três foram os caminhos acionados para cercar as possibilidades:

> (...) equacionar-se a possibilidade de a sucessão vir a ocorrer através de descendência direta de D. Henrique, impondo-se o casamento do monarca; são judicialmente requeridos os pretendentes ao trono, em

> ordem a formalizarem, e justificarem as suas candidaturas; são convocadas cortes para se debater o problema sucessório e garantir o governo provisório do reino, em caso de morte de D. Henrique sem herdeiro natural ou nomeado.[10]

Como monarca que pautou sua vida "por dois tópicos: a busca da exemplaridade e a consciência do dever",[11] o velho cardeal submeteu-se aos encaminhamentos dados, conforme o funcionamento sinodal e corporativo da monarquia portuguesa, inclusive a possibilidade de se casar e fazer herdeiro ao trono. Dá continuidade, dessa maneira, à mesma atitude que, segundo sua biografia, adotou quando regente entre 1562 e 1568, quando teve "uma postura política correta, legalista e alicerçada na mais estrita legitimidade".[12] Entretanto, contra as expectativas de continuidade da dinastia e de seu governo, além da sua idade avançada, agiam diversos fatores. A monarquia contraiu dívidas com a campanha na África, muitos nobres morreram na batalha e outros tantos ficaram cativos; tratava-se, pois, "de um período excepcional de crise, tanto ao nível econômico e financeiro como ao nível político e moral, que é geralmente 'avaliado' como uma espécie de interregno que precede a perda da independência".[13]

A alternativa de casamento do rei foi atropelada pelo debate sucessório. As cortes, convocadas para indicar nomes para governar na falta do monarca ou de sucessor legítimo e juízes da causa sucessória, realizaram o seu trabalho e foram dissolvidas, deixando "o desfecho de uma questão central da vida política portuguesa submetido à (ir)resolução de D. Henrique".[14] Por outro lado, é preciso levar em conta que:

> a indefinição do corpo normativo estabelecido e a evidente conflituosidade dos interesses em jogo justificam porventura a incapacidade de uma tomada de posição clara na matéria por parte de D. Henrique e o fato de a sua solução ter sido expressamente remetida para o campo do direito.[15]

Com apoios diversos, D. António, prior do Crato,[16] D. Catarina de Bragança[17] e Filipe II de Espanha se tornam os principais candidatos ao trono de Portugal[18] e vão demonstrando suas possibilidades, exibindo suas forças e aglutinando os seus partidários. A tentativa de resolver a questão sucessória no plano do direito[19] e de maneira pacífica sucumbe diante dos argumentos dos candidatos e da radicalização que toma conta do processo. Para o prior do Crato, a solução jurídica era desfavorável. Era princípio aceito que os bastardos, mesmo que legitimados, estavam excluídos da sucessão régia[20] e o cardeal D. Henrique não só afasta D. António do pleito, mas também retira dele privilégios e liberdades.

Em janeiro de 1580, com a morte do cardeal D. Henrique, três centros de autoridade se constituem: "Badajoz, onde Filipe II se encontra para vir tomar conta do que herdara, Lisboa, onde se instala D. António, e Setúbal, onde os governadores ainda se mantêm, tentando continuar a desesperada política de acordo e concórdia"[21] preconizada pelo cardeal. A entrada das tropas espanholas em Portugal e, posteriormente, o reconhecimento, por três governadores, de Filipe II, em julho de 1580 em Castro Marin, deram ao monarca espanhol a legitimidade de que precisava, transformando o prior do Crato em rebelde, reforçando o caminho de solução do problema sucessório no campo militar e político.

Quando da sua entrada em Portugal, em junho de 1580, Filipe II, de Badajoz, conclama os seus "bõs e leaes vassalos" em proclama exposto "nas portas de tais cidades, villas, ou lugares, e as das camaras, igrejas e mosteiros, e em quaesquer outros lugares pubricos"[22] a prestarem juramento de fidelidade ao seu governo. Pois, segundo ele, que tomava o governo dos "meus Reynos e señorios de Portugal, como pertencendo-me iusta e legitimamente a successam delles per fallecimento do señor Rey dom Herrique, meu tio",[23] ainda não havia recebido o juramento de seus "bõs e leaes vassalos"; apesar de eles desejarem "dar a deuida obediência, receber, e jurar por vosso Rey e señor natural como Deus foy servido q' o seia";[24] estavam "atemorizados, e opprimidos dalguãs pessoas, que cõ grande cargo de suas consciências e offensa de nosso señor Deus, e contra meu serviço, volo impidem, perturbando a paz e quietaçam pubrica desses ditos reynos e de toda a Christandade".[25] Assim sendo, com a intenção de "aleuantar e tirar a oppressam em que estam postos os meus bõs e leaes vassalos pera que possam liuremente comprir p q tam justamente deseiam e sam obrigados fazer",[26] Filipe II afirma que estava "entrando nesses ditos meus Reynos com exercito assy a tomar a posse delles como aleuãtar, e tirar à força e oppressam que os sediciosos e pertubadores da paz e quietaçam pubrica".[27] Dessa forma, pretendia o novo monarca amenizar as consequências da invasão e conquista de Portugal que nesse momento tinha início.

Nesse contexto, os Bragança se afastam da disputa e deixam o campo aberto para Filipe II. Afastamento negociado que, conforme Mafalda Soares da Cunha, "revelava algum desinteresse pela tomada de poder ou, pelo menos, o reconhecimento implícito da incapacidade de confrontar com êxito o outro candidato; o resultado prático foi a renúncia voluntária dos direitos de sucessão na Coroa portuguesa".[28] E, apesar da exigência da duquesa D. Catarina de solução "do impasse sobre a sucessão ao trono de Portugal por via de 'concerto e transacção'",[29] não ter sido efetivamente executada, como veremos a seguir, o entendimento com Filipe II deu aos Bragança não só a manutenção de seus privilégios, suas liberdades e seus direitos senhoriais, mas também permitiu a sua ampliação.

A oposição à solução castelhana com Filipe II e os apoios obtidos por D. António colocaram diante do rei Habsburgo o emprego de soluções militares que garantissem a incorporação do reino de Portugal. A atuação de Cristóvão de Moura[30] desde a morte de D. Sebastião, durante o reinado do cardeal, e o apoio construído junto à fidalguia e ao alto clero português não anularam a posição de outros grupos sociais, destacadamente as camadas urbanas, que se expressaram meses antes da crise sucessória, "cuando los representantes de las ciudades hicieron saber en las Cortes del 9 de enero que apoyaban al Prior de Crato".[31] Nesse sentido, a frase atribuída a Filipe II — "Yo lo heredé, yo lo compré, yo lo conquiste" — ganha outro sentido:

> en que, tal vez, el orden por el que Portugal se incorporo a la Monarquía española resulto ser el inverso del que se puso en boca del Prudente — primero la conquista, luego el negocio de Tomar y, solo entonces, la herencia por todos aceptada —. Tampoco es descabellado suponer que no hubo orden alguno, sino que todas las vias se exploraron simultáneamente en medio de incertidumbres (...).[32]

O que fica claro, ao contrário do que a historiografia mais recente vinha indicando, é que o processo de inclusão da monarquia portuguesa no Império Habsburgo hispânico não se deu apenas sob a chancela da negociação, mas também graças às condições criadas pela guerra ocorrida em terras portuguesas e resolvida no Portugal continental, às portas de Lisboa e com a vitória militar espanhola. Nesse sentido, o incontornável trabalho de Fernando Bouza, apesar de sua importância, ao minimizar o aspecto militar — segundo ele "a Sucessão foi, por fim, um grande processo de negociação para conseguir o reconhecimento das pretensões do rei católico"[33] —, desconsidera tanto a importância da atuação das tropas espanholas comandadas pelo duque de Alba como a extensão da resistência das camadas populares e do baixo clero, sob o comando de D. António.

A invasão[34] espanhola seguiu uma estratégia que tinha por objetivo a conquista de Lisboa e o caminho seguido foi a entrada em Portugal pelo Alentejo, subordinando, uma a uma, as cidades que levavam a Setúbal e, de lá, a Lisboa. A invasão terrestre foi acompanhada pelo envio da esquadra comandada pelo marquês de Santa Cruz, que faria o cerco naval à cidade. As cidades alentejanas, a começar por Elvas, recebem mensageiros do exército invasor que lhes apresentavam "el requerimiento"[35] exigindo e conseguindo obediência ao monarca Habsburgo. Entretanto, se o primeiro capítulo "estrictamente bélico de la guerra de Portugal sucedió justamente en Setúbal",[36] na margem do Tejo oposta a Lisboa, "el primer saqueo propiamente dicho le cupo en suerte a Villaviciosa, lugar de residencia de los duques de Braganza".[37]

Depois de Setúbal foi a vez de Cascais sofrer ocupação e saque das tropas espanholas. Os objetivos políticos de Filipe II começavam a ficar "arduamente comprometidos si el ejército empezaba a comportarse en Portugal como si hollara una tierra de conquista en vez de un reino de vasallos". A resistência encontrada, apesar de débil, e o saque que se seguiu aos combates, em Setúbal e Cascais, deixavam Filipe II temeroso das consequências políticas da conquista de Lisboa e do saque, inevitável e incontrolável, que se seguiria. Em parte, D. António jogava com isso e a correspondência trocada pelo monarca espanhol com o seu comandante militar, o duque de Alba, refletia essa preocupação. Conforme Valladares, Filipe II, em carta para Alba datada de 5 de agosto de 1580, dizia:

> que no haya saco en Lisboa porque para muchas cosas sería de inconveniente, y principalmente para no poderse entrar en muchos días allí, lo que no conviene, sino que con brevedad podamos entrar y estar allí, que hasta que esto sea no se puede tener por asentado lo de ese reino (...).[38]

Apesar das medidas punitivas a oficiais e soldados aplicadas pelo duque de Alba, a conquista de Portugal começava a se tornar um processo mais complexo e desgastante do que inicialmente imaginado e "expuesto claramente el verdadero problema que representaba Lisboa: La estrecha relación que existía — o parecía existir — entre la ciudad y la resistencia antoniana".[39]

A conquista de Portugal se resolveu às portas da cidade, em Alcântara, onde as tropas espanholas encontraram e derrotaram as tropas do prior do Crato. A preservação da cidade de Lisboa, condição política vista como necessária por Filipe II, teve como preço a autorização de saque entre três a cinco léguas ao redor de Lisboa, por três dias, que se estenderam a sete, conforme testemunhas, "de suerte que todos los suburbios fueron saqueados, esto es, desde Cuerpo Santo, puertas de Santa Catalina, de la Morería, de la Cruz, de San Antonio y del Mar; todo fue devastado".[40] É importante destacar que a fuga de D. António, atravessando o reino em direção ao norte, seguiu as mesmas leis de guerra adotadas pelo exército espanhol invasor, saque e extorsão. A fuga do prior se estendeu até maio de 1581, quando foi para a França. A resistência à união com a Espanha continuou nos Açores até 1583 e no plano internacional, com bem menor intensidade, até a morte de D. António, em 1595.

2. A integração de Portugal à monarquia castelhana: negociação e concessão

A importância da guerra e da conquista militar de Portugal pelas tropas castelhanas, tão bem analisada por Rafael Valladares, não anula o papel desempenhado pela ação política e a negociação dela decorrente na união dos países ibéricos, também estudada com qualidades por Fernando Bouza. Assim, desde a morte de D. Sebastião e da ascensão ao trono de D. Henrique, ao lado da preparação e execução de uma estratégia política e militar, Filipe II da Espanha procurou fundamentar juridicamente as suas pretensões ao trono português e, depois de uma intensa busca nos arquivos espanhóis e na Torre do Tombo, em Portugal, o monarca obteve e utilizou documentação do final do século XV, do reinado de D. Manuel. Foram utilizados pelos partidários e representantes do pretendente castelhano os

> Artículos de Lisboa de 1499 o Capítulos del rey Don Manuel, una serie de garantias que el Afortunado había concedido al reino como paso previo al juramento que las Cortes de Lisboa de 1499 prestaron a su hijo el Príncipe Miguel, por entonces heredero jurado de las coronas de Aragón y de Castilla.[41]

Os compromissos de 1499 de D. Manuel se tornaram um argumento importante para o trabalho de convencimento desenvolvido pelos agentes de Filipe II, entre eles Cristóvão de Moura: o “rasgo más definitorio era el de garantizar que aunque se produjese una herencia común de tres coronas ibéricas, todos los mecanismos con los que se contaba para el gobierno del reino y del Imperio quedarían en manos portuguesas".[42]

Portugal se integrou à União Ibérica "como reino herdado, em regime de agregação";[43] por isso manteve "todos os traços que o tornavam uma entidade política reconhecível, um reino que o era por si mesmo, através do exercício do exclusivismo reinícola baseado no princípio de natureza".[44] J.H. Elliott, em importante estudo sobre as monarquias europeias, particularmente a espanhola, indicou e caracterizou a existência e constituição de "monarquias compostas" no século XVI. As conclusões do seu estudo esclarecem o processo de incorporação da monarquia portuguesa ao Império dos Áustria espanhóis. Segundo Elliott, baseado em Juan Solorzano, existiam duas maneiras pelas quais os territórios recém-adquiridos podiam unir-se a outros domínios reais e aquela que atendeu à situação vivida pelo reino de Portugal na monarquia dos Habsburgo era de "unión denominada *aeque principaliter*, bajo la cual los reinos constituyentes continuaban después de la unión siendo tratados como entidades distintas, manteniendo sus próprias leyes, fueros y privilégios".[45] Em seguida, citando Solorzano, Elliott aponta para o fato de que esses reinos "se han de regir y gobernar como si el Rey que los tiene juntos lo fuera solamente de cada uno de ellos".[46] Para J.H. Elliott, a vantagem desse tipo de união consistia no fato de que a "promesa de conservar sus leyes, costumbres y prácticas tradicionales ayudaba a mitigar las molestias de las transacciones dinásticas y favorecía la reconciliación de las elites con el cambio de amos".[47] Essa foi a situação vivenciada por Portugal e pelos portugueses, primeiro conquistados e depois agregados à monarquia compósita espanhola. As dificuldades dos monarcas espanhóis na manutenção do reino de Portugal[48] foram percebidas, na segunda década do século XVII, por um pensador espanhol que afirma,

> Filipe II era legítimo heredero al reino de Portugal y por tal declarado de los letrados portugueses y llamado al reino por el testamento, y los príncipes portugueses no contradecían; y con todo eso fue necesario

> conquistar el reino por armas. Y nunca el gobierno justo del bonísimo rey castellano y las grandes mercedes que siempre les hizo, les han satisfecho y contentado: que siempre los portugueses se resienten y duelen, como si estuviesen violentados (...). [49]

A estratégia seguida por Filipe II da Espanha de procurar uma composição com os diferentes interesses existentes e atuantes na sociedade portuguesa ganhou uma forma visível nos compromissos assumidos nas cortes celebradas em Tomar, em 1581. Por isso, "durante todo o período da união das coroas, a referência explícita ou implícita ao pacto inaugural constitui um dos elementos fundamentais da formação do juízo sobre a ação da nova família reinante".[50] Nesse órgão representativo dos interesses estamentais portugueses, Filipe de Habsburgo legitimou-se como monarca e se tornou Filipe I de Portugal. As cortes de 1581, pois, serviram, principalmente, para celebrar os acordos do novo monarca com a sociedade portuguesa, garantindo a Portugal, no interior do Império espanhol, um tratamento de reino — com a preservação das suas leis, instituições e tradições[51] — e que possibilitou às elites portuguesas, a partir de compromissos assumidos entre ela e o novo rei, uma situação vantajosa. Como indica Bouza Álvarez,

> Desde su origen, el Portugal de los Austria había sido posible merced a la colaboración de sus élites nobiliarias. (...) En gran medida, al lado de la agresiva imposición militar, el resultado alcanzado sólo puede ser explicado como la conclusión de lo que podría denominarse un pacto informal entre la Monarquía Hispánica y las élites de Portugal, similar al que la misma Monarquía había llevado adelante en otros territorios periféricos.[52]

Na conclusão desse raciocínio, o mesmo Bouza Álvarez se perguntou e ele próprio respondeu: "Qué se ofrecía a las elites portuguesas en ese pacto informal con la Corona? Podría decirse que el botín de todo un reino."[53]

É importante ressaltar que existia anteriormente à união peninsular um relacionamento entre a fidalguia castelhana e portuguesa. Essas relações tiveram início quando a princesa Joana, mãe de D. Sebastião, se tornou viúva, retornou à Espanha e "estableció un fuerte y permanente vínculo entre la corte castellana y la lusitana, que posibilitó el ascenso de un grupo de servidores portugueses que venían sirviendo en la casa del emperador";[54] assim, as relações que D. Joana manteve com a corte portuguesa de seu filho D. Sebastião, rei de Portugal, apesar de fluidas, "se llevaron a través de personajes portugueses que, aunque al servicio de Castilla, mantenían estrechas vinculaciones de amistad o de parentesco con la elite dirigente del reino vencino".[55]

Por outro lado, esse tratamento de reino era possível, já que, durante a negociação sucessória, os portugueses exigiram que a sua integração aos domínios castelhanos acontecesse desde que fosse garantida a sua condição "de reino não sujeito e de domínio herdado fazendo desta a primeira condição prévia para aceitar as negociações que desembocaram no articulado de Tomar".[56] Com isso, garantiram para o reino de Portugal "o estatuto de reino agregado por herança"[57] que lhe permitiu desfrutar das mesmas condições das outras Coroas de Filipe II.

Nessa monarquia composta, "el Rey tiene un doble papel: garantiza tanto la unidad del conjunto como la diversidad de sus componentes".[58] O desempenho desses papéis não é fácil, pois o rei reside em um dos seus reinos e só eventualmente visita os outros. Assim sendo, devido às condições negociadas em Tomar e à própria natureza das monarquias compostas, particularmente a espanhola, Portugal passou a viver uma situação peculiar, porém não exclusiva, de "ser um reino de monarca ausente",[59] já que "el absentismo real era un rasgo ineludible de las monarquias compuestas".[60] Nesse contexto, a lembrança da plenitude monárquica exigia expedientes que remediassem a inexistência da presença régia, condição primeira da conservação das monarquias. As cerimônias e festas que foram celebradas durante a estada de Filipe II e Filipe III da Espanha em Lisboa cumpriram diversas funções, entre elas tornar presente e construir, para os portugueses, a imagem que desencadeou a representação do imaginário régio, elemento fundamental num reino de monarca ausente.[61]

É importante perceber, conforme indica J.H. Elliott, que "el carácter elaborado y ceremonioso de la vida cortesana española era proverbial entre los europeus de finales del siglo XVI y del XVII".[62] Pois, como indica mais à frente o mesmo autor, estamos diante de uma corte que "tenía poco que aprender y mucho que enseñar a este respecto. El Rey era presentado como una figura remota y al mismo tiempo centro de atención universal".[63] A ordenação do cerimonial da corte[64] espanhola foi instituída por Carlos V[65] e ganhou consistência com Filipe II, que "descubrió las possibilidades de uma corte estable y de uma red de comunicaciones regulares"[66] organizando procedimentos e etiquetas apropriadas a uma monarquia composta na qual o monarca estava ausente, na maior parte do tempo, dos reinos que a constituíam. Assim sendo, um dos aspectos que devem ser ressaltados quanto à corte e aos monarcas Habsburgo, destacadamente Filipe II, é que o que parece mais característico da majestade

> de este Rey Católico es que sobrecogiera más con su falta que propriamente con su presencia, puesto que jugó a ocultarse y a buscar que su 'terribleza e magestad e impero que estremeze' se hicieran efectivos en su ausencia. Aquí es donde entra en escena el *Roi Casanier*.[67]

A figura do rei caseiro, rei ausente de uma monarquia composta de dimensões imperiais e mundiais, "une dos de los tópicos que mayor fortuna han alcanzado entre los muchos que se forjaron alrededor de la figura de Filipe II: el de rey papelero y el de rey oculto. (...) ambos tienen que ver directamente con la particular forma de presentarse que siguió el rey".[68] Essa dupla imagem complementar — oculto e papeleiro —, que não só caracterizou o primeiro Filipe Áustria, mas também marcou os dois seguintes monarcas da união peninsular, construía uma mística na qual

> Filipe II hurtaba su visión y hacía más difícil que se llegase ante él, pero, al mismo tiempo y de forma abrumadora, se hacía presente a través de esa multitud de puntillosas anotaciones de propia mano con las que su impronta salía a relucir en todos los pasos de la negociación, proceso que, aunque diferido en su resultado último y a riesgo de resultar estéril, dependía cada vez más de él. Un gobierno basado en el papel y la tinta, asentado entre los fuertes muros de su fundación escurialense (...).[69]

A ausência régia numa monarquia com sólido cerimonial fortalecedor da figura e representação dos seus reis exigiu no Império espanhol em geral práticas políticas adequadas ao fortalecimento da majestade dos monarcas castelhanos. A indicação de vice-reis, prática utilizada pelos Habsburgo em seu Império, e, no caso português, vice-reis que fossem "persona real, hijo, sobrino o hermano"[70] dos monarcas espanhóis, foi um dos expedientes utilizados para preservar a imagem e a representação dos poderes do rei. Entretanto, essa situação nem sempre foi respeitada e quando era praticada nem sempre era bem-sucedida, já que a Restauração ocorreu quando reinava a neta do rei espanhol, Margarida de Saboia. Talvez isso explique os festejos realizados em Lisboa quando da chegada do vice-rei Cristóvão de Moura em 1600. Nesse caso, dois aspectos são relevantes para entender por que, segundo José Pedro Paiva, a "sua recepção em Lisboa, onde chegou de bergatim pelo Tejo, sentado em cadeira de espaldar sobre alcatifa, a coberto de um toldo de damasco carmesim, tal como sucedera com a entrada de Filipe II em 1581, foi grandiosa".[71] De um lado, a necessidade de os vice-reis preservarem o conjunto simbólico que cercava a figura dos reis, de outro, reforçá-la. Isso porque Cristóvão de Moura, apesar de estar integrado às determinações do Compromisso de Tomar, era um português e não possuía o mesmo peso simbólico que os parentes dos monarcas castelhanos.

Outro expediente importante adotado pelos monarcas castelhanos no seu Império de monarca ausente foi a criação de órgãos colegiados que funcionavam como "un foro en el que las opiniones y agravios locales pudiesen manifestarse en la corte y el conocimiento local fuese tenido en cuenta a la hora de determinar una política".[72] A criação do Conselho de Portugal em 1581 durante a negociação do Estatuto de Tomar, porém já negociado antes da união peninsular, constituía o outro recurso político adotado pelos Filipe como resultado "da dificuldade de integrar um reino como o português, com uma concepção muito desenvolvida da sua própria existência".[73] Esse órgão colegiado constituído por portugueses e sediado em Madri, próximo aos monarcas, geria um conjunto variado, importante e decisivo de temas vinculados a governação, tais como,

> distribui as mercês, provê bispados, arcebispados, presidências, ministros de tribunais, governos ultramarinos das conquistas, vice-reis da Índia, capitães-mores das fortalezas e distritos dela, Capitão general e capitães da armada da guarda costa de este Reino, mestre de campo do terço que se manda levantar, alcaides-mores, corregedores e pessoas a quem se encarregar o governo das Comarcas e defesa da Costa, tesoureiros, presidentes da Câmara de Lisboa e regimento da dita cidade.[74]

Dissolvido por três vezes, entre 1614-1615, por conflitos internos, em 1619, quando da estada de Filipe III em Lisboa e dividido em duas juntas em 1638, sua relevância decorre do fato de que "é no seu seio que são negociadas as decisões relativas a Portugal e, por conseguinte, as modalidades de exercício da autoridade real ausente".[75]

A ausência da figura régia, própria das monarquias compostas, deu origem a uma situação na qual, sem "rei, sob o governo de príncipes secundários ou algum grande português, a vida cortesã amenizou-se e praticamente desapareceu".[76] Lisboa, que ambicionava ser a capital do Império Habsburgo — "Solo Madrid es corte" — acabou reduzida a simples capital de província, apesar de mantidos o Conselho de Estado, os ofícios da Casa Real e a corte vice-reinal. Como conclui Oliveira França, ficar "em Lisboa era um gastar sem fim e sem possibilidades de recuperação através de mercês da Coroa".[77] Nessa Lisboa sozinha, quase viúva, na expressão usada por Bouza Alvarez,[78] restou à nobreza que não foi para a Espanha abandonar Lisboa "e emigrar para o campo, refugiando-se em suas herdades e castelos".[79] Esse movimento em direção às províncias, como demonstra Eduardo d'Oliveira França, foi feito por vontade da nobreza, entediada e desesperançada pela perda da independência e por Alcácer-Quibir. Por isso, a semelhança como "quem está curtindo na solidão um dolorido luto. E ensaiava, na sua vaidade ofendida, arremedar cortes, pequeninas cortes de província. As 'cortes de aldeia' na expressão de Rodrigues Lobo".[80] Entre essas cortes de aldeia estava a dos duques de Bragança, "uma corte de aldeia. Mas quase régia quando, sob algum pretexto, se abria para suas memoráveis festas. (...) Corte sem rei, mas os duques de Bragança, no seu altivo isolamento, ostentavam atitudes de majestades no exílio".[81]

3. Os Filipe e o modo castelhano de governar

Apesar de acordado no Pacto de Tomar que os monarcas castelhanos conservariam as instituições portuguesas, as necessidades diversas criadas pela ação governativa ocasionaram, de forma crescente, alterações na organização e no funcionamento dos órgãos de governo da monarquia portuguesa, sendo algumas delas mudanças políticas de caráter estrutural. As diferenças existentes entre as duas monarquias ibéricas quanto às suas formas de organização política foram sendo alteradas e começaram a ceder lugar a práticas de governação tendencialmente castelhanas.

Diversas medidas e ações foram adotadas e realizadas dando à monarquia portuguesa uma face filipina. Face essa que, como bem indica Albaladejo, tinha como um dos seus fundamentos a compreensão de que na monarquia espanhola "el estado real, como gobierno de la *persona pública* del monarca, se organizó sobre la base de secretarios y consejos, siendo estos últimos quienes a la postre llegarían a conferir identidad a la monarquía".[82] Em traços mais gerais, os monarcas castelhanos "desenvolveram o esboço de sistema polissinodal que encontraram em Portugal e injetaram na administração uma dinâmica cada vez mais consultiva",[83] constituindo o que Albaladejo considera "um verdadero *régimen* de organismos colegiados".[84] Entretanto, nesse modo de governar, era cada vez menos direta a relação dos súditos com o centro de poder.

Por outro lado, algumas das novidades e mudanças trazidas e realizadas pelo governo dos Filipe para Portugal já vinham se manifestando como tendência ou necessidades da organização e funcionamento da monarquia lusitana desde meados do século XVI e ganharam mais força por causa da capacidade "expansiva do modelo castelhano".[85] Nesse ponto, é necessário perceber que quando falamos da época dos Filipe, estamos criando uma ideia de unidade, uniformidade e continuidade que no cotidiano do desenvolvimento das relações e da inserção de Portugal na monarquia castelhana não existiu. O chamado modelo castelhano foi procurando se impor. Em alguns espaços, práticas e estruturas ele teve êxito e, inclusive, permaneceu após 1640. Como exemplos, temos a publicação do regimento do Desembargo do Paço em 1582, o da Casa de Suplicação (1605), a criação da Relação do Porto (1582) e a criação do Conselho da Fazenda (1591),[86] além das Ordenações, aprovadas em 1603. Em outros, esse modelo ocasionou conflitos e resistências, como as medidas relativas à imposição de uma moderna estrutura financeira e ao fisco,[87] origem de muitas manifestações de descontentamento e revolta.[88]

Em linhas gerais, a modernização da constituição política da monarquia portuguesa trazida pelos Áustria significou "o advento de novas formas de institucionalizar a comunicação entre a Coroa e os poderes periféricos do reino"[89] e a configuração de um novo equilíbrio entre as instituições formadoras do governo, "entre o governo por conselhos e o governo por estruturas comissariais".[90] Esse novo modo de ordenação da comunicação política, particularmente nos reinados de Filipe III e Filipe IV, estabeleceu um "novo modelo de representação e trato com o reino"[91] e as cortes portuguesas foram perdendo seu espaço como representação em favor de alguns concelhos,[92] cabeças de cidades e regiões importantes de Portugal. Esse modelo facilitava o controle político do reino e dava operacionalidade à comunicação da monarquia filipina com os poderes intermediários.[93] Paralelamente a isso, se por um lado os Filipe espanhóis mantiveram o sistema polissinodal português que receberam como herança,[94] por outro começou a prosperar uma nova forma de institucionalização da ação política da monarquia luso-espanhola por meio da constituição de juntas eventuais, além de uma execução mais rápida e autoritária de processos decisórios diversos.[95] Um exemplo dessa mudança pode ser encontrado na Lei sobre os Estilhos, de agosto de 1597, por meio da qual Filipe II pretendia acabar com as

> (...) grandes desordens, e abusos, q se tem introduzido no modo de falar, escrever, e q. vão continuam^te^ em crescim^to^, etem chegado am^to^ excesso, de q tem resultado em^tos^ inconvenientes e q conviria m^to^ a meu serv^o^, e ao bem e socego de meus vassalos reformar (...).[96]

A intenção era ordenar e padronizar a comunicação no interior da monarquia portuguesa. O procedimento seguido foi o de "praticando-o, e tratando-o com pessoas do meu con^o^, e outras de letras, e experiensia".[97] O objetivo foi o de "ao bem e socego de meus vassalos reformar os estilhos de fallar, e escrever, e reduzilhos a ordem e termo certos".[98] Podemos perceber aqui a expansão do "modelo castelhano", que pretende, "através do protocolo (...) englobando as maneiras de estar, de presenciar, as precedências e as formas de tratamento, colocar o rei no centro das atenções, o que queria dizer no centro do poder".[99]

4. O Império ultramarino português e a governação no tempo dos Filipe

A união das monarquias ibéricas agregou a monarquia lusitana e seus domínios ultramarinos à política internacional espanhola, herdando suas qualidades, fraquezas e disputas, com consequências marcantes e fundamentais para as conquistas portuguesas, particularmente na Ásia e na América portuguesa. A união peninsular conservou a autonomia política do reino de Portugal. Entretanto, como no século XVI não havia uma clara distinção entre uma monarquia e o seu soberano, a União Ibérica implicou uma

> alteração profunda para Portugal, na ordem internacional. Portugal deixou de contar. E mais atrativas se tornaram as terras sob seu domínio, administração ou controle. A defesa, sobretudo marítima, cresce em exigências à medida que a fragilidade política do gigante hispânico se evidencia, não por intrinsecamente fraco, mas porque não havia meios para atender a tamanha extensão.[100]

Portugal foi inserido num complexo jogo político internacional que tinha a Espanha como grande protagonista da Europa, herdando adversários e concorrentes da monarquia espanhola, que, mesmo após a Restauração de 1640, permaneceram como oponentes da monarquia bragantina.

Por outro lado, a união das monarquias ibéricas propiciou vantagens múltiplas para Portugal e Espanha. Pelo lado português, os primeiros anos do domínio dos Filipe permitiram "vencer a crise financeira em que Alcácer-Quibir e a conjuntura de então lançara a nobreza portuguesa, pois os estados se reforçaram mutuamente quanto à segurança e às finanças públicas".[101] Além disso, "Madrid se comprometía a defender el amenazado Imperio portugués en Asia, en África, en América, lo que abría nuevos horizontes a un tráfico luso que aspiraba a acceder a la plata de las Indias castellanas",[102] produto com o qual os portugueses pretendiam dinamizar o comércio asiático.[103] Pelo lado espanhol,

> Son tales las ventajas que ofrece la corona portuguesa que su posesión se convierte en un tarea inexcusable para el futuro de la Monarquía Hispánica. Por ello, los testimonios que hacen pasar por Portugal la clave de la política mundial son tan numerosos como elocuentes.[104]

Ou seja, a monarquia espanhola se reforçou com a incorporação de Portugal e de suas conquistas ultramarinas, possibilitando aos Áustria um alargamento do seu poderio territorial, bélico (terrestre e naval) e humano. A união peninsular deu à monarquia dos Filipe

> 1.000.000 de nuevos súbditos y un valioso territorio nuevo con un extenso litoral Atlántico, cuyos puertos y astilleros albergaban diestros marinos y una flota oceánica de cerca de 100.000 toneladas. Consiguió también, y sin lucha, un segundo Imperio ultramarino: la India y Africa portuguesas, las Molucas y Brasil (...).[105]

Portugal e o seu extenso e bem-situado ultramar desempenharam, no interior do Império espanhol, utilidade marcadamente defensiva.[106] Por um lado, a incorporação do território da monarquia lusitana a oeste da Península Ibérica possibilitava, além de um bom porto Atlântico, a formação de uma unidade defensiva para toda a região e redundava em maior segurança para o centro político da monarquia hispânica. Por outro, a presença na África e na Ásia, além de franquear aos espanhóis o rentável tráfico de ouro e especiarias, possibilitava assumir posições estratégicas na retaguarda do Império Otomano, em torno da Península Arábica. Além disso, com a união peninsular, os espanhóis poderiam fustigar os rebeldes holandeses dos Países Baixos, bloqueando seu acesso ao sal, às especiarias e ao açúcar, até então, negociado com os portugueses.

A união peninsular levou para Portugal os inimigos da Espanha, comprometendo os centros de tráfico e as rotas comerciais portuguesas. As costas de Portugal, as ilhas atlânticas e as armadas da Índia e do Brasil passaram a sofrer os efeitos dos conflitos espanhóis com a França, Inglaterra e Holanda. Entre 1580 e 1640 a monarquia espanhola manteve relações com as monarquias da França e da Inglaterra e com os holandeses que se caracterizaram pelo conflito, seguido de breve e formal período de trégua e a retomada da guerra, no segundo quartel do século XVII[107] com a ascensão de Filipe IV ao trono e a atuação do conde-duque de Olivares como seu valido.[108] A retomada das disputas com a França e, particularmente, com a Inglaterra e a Holanda nas duas últimas décadas da União Ibérica ocasionou perdas significativas nos domínios lusitanos e gerou descontentamento e desconfianças com o governo filipino.

No final do século XVI, o Brasil sofreu com a ameaça dos corsários, particularmente franceses e ingleses, que aproveitaram as fraquezas do grande Império filipino para atacar as frotas com destino a Lisboa ou às costas brasileiras. Ao longo da União Ibérica, com um breve e limitado período de trégua, o Brasil foi alvo da ação de franceses, ingleses e holandeses. Corsários ou invasores frequentaram o Brasil de norte a sul. Em 1581, navios ingleses saquearam Salvador e o Recôncavo baiano. Thomas Cavendish, em 1591, assaltou o Espírito Santo e São Vicente. Quatro anos depois, Recife foi pilhado por James Lancaster. Em 1597, uma grande armada francesa, depois de passar por Ilhéus e pela Paraíba, ficou por um ano em terras do Rio Grande do Norte. Os holandeses tentaram invadir o Rio de Janeiro em 1599 e em 1604 saquearam a cidade de Salvador. Os franceses, já no século XVII, ocuparam o Maranhão e o Pará, sendo expulsos em 1614-15. Por essa mesma época foram desativadas fortalezas e feitorias holandesas e inglesas no Pará e na Amazônia.[109]

Durante o período da união peninsular, Portugal teve perdas territoriais temporárias e permanentes. Entre elas estão os ataques dos holandeses em 1624-25 e 1630, que atingiram profundamente o Brasil, seja com a fracassada tentativa de conquista holandesa da Bahia seja com a ocupação de Pernambuco e outras regiões do Nordeste e do Norte. Também nas conquistas asiáticas, ingleses e holandeses atuaram com resultados desastrosos para o domínio português da região, que, por sinal, havia muito claudicava. Jaime Cortesão afirma que um processo de decadência vinha se desenvolvendo na Ásia portuguesa desde o reinado de D. João III. Segundo ele, "as causas e o início da ruína do Império oriental são anteriores a 1580 e durante os sessenta anos seguintes os monarcas castelhanos procuraram opor-se-lhes por vezes com medidas acertadas".[110] Essa análise foi relativizada por Sanjay Subrahmanyam. Ele interpreta esse período afirmando: "Em vez de uma fase de declínio generalizado, o que propomos (...) é a ideia de que os anos de 1570 a 1610 constituem uma fase de reorientação na história dos portugueses na Ásia."[111] Ele destaca ainda o fato de

> as maiores perdas que os portugueses sofreram no meio século posterior a 1610 nada terem a ver com os Holandeses: é o que aconteceu primeiro no Sirião (1612), depois Ormuz (1622), seguido por Ugulim (Hughli — 1632) e pelo comércio do Japão (1638), e finalmente os portos do Canará (1654).[112]

É importante notar que, dessas perdas, apenas Ormuz foi conquistada pelos persas, com participação inglesa. Ou seja, as conquistas portuguesas da Ásia viviam dificuldades antes da união peninsular, agravando-se após ela ter ocorrido, devido às rivalidades europeias mantidas pelos espanhóis. Os anos que se seguem indicam o crescimento de poderes asiáticos e a expansão da presença holandesa e inglesa na Ásia. Os últimos vinte anos da União Ibérica foram "anos bem duros para os portugueses no Oriente, e em que o seu domínio e atividades econômicas sofrem amputações gravíssimas: Ormuz, o comércio com o Japão, Malaca (...), a sua navegação entravada".[113]

Destaque merece, por estar diretamente relacionada com as conquistas portuguesas, a formação do Conselho da Índia. Esse conselho teve existência muito breve (1604-1614) e foi uma tentativa de implantar, em Portugal, uma instituição colegiada, procedimento decisório tradicional da organização polissinodal espanhola,[114] agregando, assim, a experiência obtida na administração das Índias espanholas à organização política lusitana. A superposição de jurisdição e o consequente conflito resultante dessa fluidez de espaços de atuação, particularmente com o Conselho da Fazenda,[115] inviabilizaram o funcionamento desse colegiado, ocasionando sua extinção em 1614. Acreditamos que, ao lado da fluidez jurisdicional existente entre o Conselho da Índia e outros órgãos colegiados criados pela monarquia espanhola, pesou também, para a inviabilidade do Conselho, a falta de tradição portuguesa nesse tipo de organização na qual a indefinição dos espaços de poder era regra. Somem-se a isso também as estruturas organizadas pela monarquia espanhola para inserir a monarquia portuguesa no seu Império, com órgãos em Lisboa e em Madri, aguçando os conflitos de interesse entre os que estavam mais próximos e mais distantes do centro de decisão.[116]

Ainda em termos de política ultramarina, antes do início da união peninsular, a monarquia portuguesa já procurava redirecionar sua atuação política devido às pressões decorrentes das contestações práticas e teóricas aos seus direitos sobre as suas conquistas. Até então, os portugueses haviam construído a arquitetura do seu Império por meio do controle — domínio e segurança — sobre os espaços e as rotas marítimas do Atlântico, do Índico e do Pacífico.[117] A descontinuidade dos seus domínios ultramarinos, em parte, impunha essa política. Ao longo do século XVI, as disputas ultramarinas questionaram os fundamentos utilizados pelos portugueses para justificar os seus direitos de posse sobre as regiões descobertas e a sua pretensão e seu controle exclusivo das rotas e dos mares por eles navegados.[118] Conforme indica Subrahmanyam, de "reis-mercadores, vemos os monarcas portugueses alterarem gradualmente o seu papel, cada vez mais semelhante ao dos Habsburgo",[119] priorizando iniciativas de caráter territorialista. No caso da América portuguesa, as constantes ameaças sobre essa conquistas originaram preocupações de domínio territorial que, em parte, explicam o início da colonização brasileira e a criação do governo geral.

Nos domínios asiáticos, o controle do movimento comercial coexistindo com preocupações de natureza territorial demonstra a continuidade das iniciativas adotadas pelos monarcas portugueses pelos governos filipinos. Essa tendência já vinha se manifestando e, como afirma Luiz Felipe Thomaz, "afigura-se-nos que o incremento da territorialidade resulta, fundamentalmente, de um desejo de defesa e compensação para um certo declínio do poder naval português no Índico e sua supremacia sobre os concorrentes".[120] Nessa mesma linha, Subrahmanyam indica que esse período foi "marcado pela crescente influência espanhola sobre Portugal (sobretudo após a união das Coroas portuguesa e espanhola em 1580), somos naturalmente tentados a encarar esse processo como uma crescente hispanização da concepção portuguesa de Império";[121] assim sendo, ainda segundo ele, nos domínios asiáticos de Portugal, atuava "uma nova tendência, com um peso cada vez maior (...) a empresa ultramarina portuguesa mostra-se mais inclinada para as aventuras territoriais do que em épocas anteriores".[122] Como indica Subrahmanyam, entre as mudanças na região asiática temos

> O sistema de contratos sobre o comércio da Rota do Cabo. Um segundo aspecto (...) é a atitude da Coroa perante o comércio interasiático, e o aumento do chamado sistema de concessão de viagens na Ásia. Um terceiro aspecto refere-se às iniciativas de caráter territorial na Ásia (...) e que deram passos decisivos sob o governo de Filipe e do seu filho.[123]

Para a América portuguesa algumas iniciativas ordenadoras e práticas de governação foram adotadas, em parte originárias de um modelo castelhano de governar, pois, apesar dos compromissos acordados em Tomar, já no governo do primeiro Filipe foram realizadas algumas reformas na organização institucional portuguesa, com os Áustria desenvolvendo uma "política de criação institucional, da qual resultou uma série de novos conselhos e juntas de caráter especializado".[124]

A constituição de um tribunal da relação para a Bahia foi uma delas. Seu primeiro regimento era datado de 25 de setembro de 1587, mas como o navio que trazia a maioria dos desembargadores retornou a Portugal com o governador-geral Francisco Giraldes, novos desembargadores foram enviados com a reorganização da Relação, em março de 1609, no governo de D. Diogo de Meneses.[125] Outra decisão, de breve duração, foi a constituição, em 1608, da Repartição Sul, dissolvida em 1612.[126] Tivemos ainda, durante a união peninsular, a criação do Estado do Maranhão, em 23 de março de 1623. De inspiração marcadamente castelhana foi o envio, entre 1591 e 1595, pelo arquiduque-cardeal Alberto, vice-rei de Portugal, da primeira Visitação do Santo Ofício, dirigida pelo licenciado Heitor Furtado de Mendonça, às partes do Brasil, às capitanias da Bahia, de Pernambuco, Itamaracá e da Paraíba. No início do século XVII "teve de novo a Bahia, em 1618, a [visitação] do licenciado Marcos Teixeira, protonotário apostólico, deputado do Santo Officio, inquisidor e visitador do mesmo na cidade do Salvador da Bahia de Todos os Santos, seu Recôncavo (...)".[127]

5. O Estado do Brasil, a União Ibérica e as prática de governação castelhanas

Para o Estado do Brasil, o período filipino foi, em muitos aspectos, um período de mudanças e desenvolvimento. Isso se deveu ao fato de a América portuguesa ter representado o mesmo que "para la Monarquía Católica respecto a sus Indicas Occidentales lo mismo que Portugal respecto a la Península Ibérica: el complemento defensivo perfecto para el despliegue de la estrategia imperialista del Rey Católico",[128] e os dados comprovam essa situação.

Em 1590, Martim de Carvalho que "serviu de provedor da faz^{da} e' em outros careguos"[129] elaborou uma "Lembrança dos engenhos q' há no estado do Brasil"[130] e identificou 140. Segundo ele, "Pernaobuquo tem 70 emgenhos, tamaraqua tem cinco, Haparaiba tem dos, a Bahia tem 33, os Ilheos tem oito, porto Seguro tem quatro o esprito Santo tem oito,o Ryo de Jan° tem quatro, São Vycente tem seis".[131] Esse número de engenhos era mais do que o dobro dos sessenta existentes vinte anos antes e dois terços dos existentes em 1612. Em 1629, o Estado do Brasil possuía cerca de 350 engenhos espalhados por sete capitanias.[132]

O açúcar produzido no Estado do Brasil juntamente com o pau-brasil "que es la mercaduria en que oy se trata en esta Provincia, bienem cargadas todos los años mas de docientas carabelas"[133] dizia um memorial enviado a Filipe III sugerindo mudanças na organização do comércio. Ainda segundo esse documento, "muchas persons ay que an hecho este viagem las quales afirman que son mas de quatrocientas embarcaciones".[134] Apesar de o memorial afirmar que as caravelas "son las embarcaciones mas ordinárias que andan en este comercio",[135] a quantidade indica o volume que o comércio marítimo havia adquirido no início do século XVII.

A América portuguesa, nesse momento restrita às terras ou partes do Brasil,[136] apresentava um desenvolvimento que ainda pode ser medido pela sua população, que "aumentara para 20 mil por volta de 1570 (mais de 60 por cento do total na Bahia e Pernambuco) e, aproximadamente, 30 mil por volta de 1580 (mais de 80 por cento na Bahia e Pernambuco)".[137] O crescimento da população e do número de engenhos estimulou o aumento da entrada de escravos,[138] dados que refletem o crescimento da produção açucareira e da importância do Brasil no contexto das conquistas portuguesas. A produção brasileira, em números estimados, cresceu de seis mil toneladas em 1580 para dez mil toneladas em 1610 e na década de 1620 apresentava uma capacidade produtiva de bem mais de 45 mil toneladas.[139]

Esses sinais de expansão econômica, retratados pelo aumento do número de engenhos e a ampliação das regiões ocupadas e integradas pela produção açucareira, indicam a crescente importância não só do Estado do Brasil, mas das conquistas atlânticas de Portugal. Desde o último quartel do século XVI que Angola serviu como fornecedora prioritária de mão de obra escrava para os engenhos e as fazendas do Brasil. Essas modificações nas prioridades da política ultramarina portuguesa levaram Vitorino Magalhães Godinho a afirmar que "1580 é muito mais um ponto de chegada do que um ponto de partida",[140] ao consolidar as tendências que se manifestavam desde meados do século XVI no governo de D. Sebastião: "O Império, conquanto permaneça oriental, por um lado, torna-se sul-atlântico, por outro (...)."[141]

5.1. Os governadores-gerais do Estado do Brasil no período filipino

O governo-geral do Estado do Brasil durante a União Ibérica foi sucessivamente ocupado por Lourenço da Veiga (1578-81), Manuel Teles Barreto (1583-87),[142] D. Francisco de Souza (1591-02), Diogo Botelho (1602-07), D. Diogo de Menezes (1608-12), Gaspar de Souza (1613-17),[143] D. Luís de Souza (1618-21), Diogo de Mendonça Furtado (1621-24),[144] Matias de Albuquerque (1624-25), D. Francisco de Moura Rolim (1625-26), Diogo Luís de Oliveira (1626-35), Pedro da Silva (1635-38), D. Fernando Mascarenhas (1639) e D. Jorge de Mascarenhas (1640-41).[145]

A carreira e a trajetória social desses servidores da monarquia portuguesa vinculam-se à opção da fidalguia pelo ultramar e pelos cargos elevados vinculados à governação. De acordo com Virginia Rau, esses cargos "foram sempre apetecidos pela melhor nobreza portuguesa, não só porque no seu desempenho se alcançavam honras e mercês públicas, como também se granjeavam, e rapidamente, boas fortunas".[146] Era esse sistema de remuneração de serviços o principal instrumento de estruturação social e institucional não só no centro da monarquia portuguesa, mas também nas suas conquistas ultramarinas[147] e a concessão de mercês, a espinha dorsal do relacionamento da monarquia com a fidalguia,[148] princípio básico de remuneração de serviços prestados à Coroa, instrumento central da valorização e do reconhecimento da nobreza portuguesa, condição para o acrescentamento que trazia um fidalgo para o desempenho de um cargo cimeiro, como era o de governador-geral.

Assim, analisando as trajetórias percorridas por esses 15 governadores-gerais podemos constatar alguns traços comuns. Em primeiro lugar, que o caminho que trouxe esses fidalgos portugueses para o governo geral do Estado do Brasil passou pela prestação de serviços nas conquistas da África e da Ásia. Eram todos de origem fidalga,[149] sendo que seis governadores eram, ou se tornaram, nobres titulados. Com hábito de cavaleiro de ordem militar[150] e comenda ou comendas temos, com certeza, 14 governadores. Segundo Fernanda Olival, as comendas efetivas ocupavam o terceiro lugar na escala de importância das mercês concedidas.[151] Por fim, é importante destacar o exercício de cargos e a ocupação de espaços de influência no interior da monarquia, particularmente a presença no Conselho de Estado, posição desfrutada com comprovação por 12 governadores. A nomeação para o Conselho de Estado[152] era acompanhada de "honrra, acrecentamento e mercê", conforme indicava a carta de nomeação de Gaspar de Sousa,[153] podendo ainda o nomeado desfrutar "de todas as honrras, graças, franquezas, previlegios e liberdades de que gozão e usão os do meu Conselho", como estava posto na de Gaspar de Sousa. Assim, ser membro desse Conselho, mais do que desfrutar de uma posição honorífica, significava também ocupar uma posição de influência e poder. Com recorrência, os conselheiros eram consultados e ouvidos. Temos registros de consultas diversas feitas a Gaspar de Sousa e D. Diogo de Meneses, seu antecessor no governo do Estado do Brasil, com eles sendo ouvidos sobre nomes para o ofício de porteiro/guarda-livros da alfândega da Bahia,[154] sobre nomeação de sargento-mor para o Brasil[155] ou recursos para a Casa de Misericórdia da Bahia.[156]

GOVERNADORES DO ESTADO DO BRASIL (1580-1640)[157]					
Governadores	**Presença na África**	**Presença na Ásia**	**Conselho de Estado**	**Comendas**	**Títulos/fidalguia**
Lourenço da Veiga	X	X	X		Fidalgo
Manuel Teles Barreto	X		X	X	Fidalgo
Francisco Giraldes	X		X	X	Fidalgo
D. Francisco de Souza	X	X	X	X	1° marquês das Minas (o título valeu para seu neto)
Diogo Botelho	X		X	X	Fidalgo
D. Diogo de Menezes	X			X	Fidalgo
Gaspar de Souza	X		X	X	Fidalgo
D. Luís de Souza		X	X	X	2° conde do Prado
Diogo de Mendonça Furtado		X	X	X	Fidalgo
Matias de Albuquerque			X	X	1° conde de Alegrete
D. Francisco de Moura Rolim	X				Fidalgo
Diogo Luís de Oliveira			X	X	Fidalgo
Pedro da Silva		X		X	1° conde de São Lourenço (teve efeito na sua filha)
D. Fernando Mascarenhas	X		X	X	1° conde da Torre
D. Jorge de Mascarenhas (vice-rei)	X		X	X	1° conde de Castelo Novo 1° marquês de Montalvão

Durante esses sessenta anos de união peninsular foram elaborados para o governo das partes e depois do Estado do Brasil três regimentos que retratam as novas condições criadas pelos governos filipinos para o reino de Portugal e suas conquistas ultramarinas. Esses regimentos foram os de Francisco Giraldes (Lisboa, 8 de março de 1588), Gaspar de Sousa (Lisboa, 6 de outubro de 1612) e Diogo de Mendonça Furtado (Lisboa, 16 de janeiro de 1621). Como veremos a seguir, esses três regimentos incorporaram, nas suas diversas instruções, típicos modos de governar espanhol.

5.2. A influência castelhana e a governação do Estado do Brasil

A figura do rei caseiro, rei ausente de uma monarquia composta de dimensões imperiais e mundiais, que uniu as duas principais características dos monarcas Habsburgo — "papelero y el de rey oculto"[158] — origem, de uma monarquia e um Império gerido pelo uso de pena, tinta e papel, "instrumentos com que a Coroa espanhola respondia aos inéditos desafios da distância implícitos na posse de um Império de amplitude mundial",[159] resultou num fluxo regular e permanente dos registros de informações sistematicamente trocadas entre o centro político da monarquia na Península Ibérica e a América portuguesa. Essa orientação foi sendo introduzida gradativamente na governação do Estado do Brasil e com Diogo de Mendonça Furtado tivemos um regimento[160] que sintetiza as preocupações e as alterações do governo dos Áustria espanhóis em relação ao Estado do Brasil. Esse regimento ordenou atribuições, aprofundou os poderes delegados recebidos pelos governadores, estabeleceu as tarefas e diretrizes que permitiram aos governadores-gerais ampliar a sua presença e a sua atuação na conquista americana. Associada a isso, temos uma cobrança aos governadores do envio sistemático e regular de informações.

Nos regimentos de Gaspar de Sousa e Diogo de Mendonça Furtado encontramos diversas instruções que enfatizavam a necessidade do estabelecimento de comunicação regular entre o governo do Estado do

Brasil e o centro do poder em Lisboa/Madri. A primeira instrução dessa natureza é aquela que indicava a elaboração de um registro sistemático, denominado Livro do Estado, acompanhado de um relatório anual atualizador que mapearia a situação das capitanias, os funcionários régios em cada uma delas, as despesas com eles e as rendas da Fazenda régia.[161]

Ainda com o objetivo de garantir o fluxo de informações e recebimento de ordens, esses regimentos também instruíam para que eles controlassem os navios que chegavam ao Estado do Brasil, "se levam despachos meus para vós, e que vo-los entreguem, ou certidão do Secretário das matérias do Estado do dito Conselho, de como as pediram e se lhes não deram".[162] A ordenação apontava os danos causados à governação quando os navios partiam deixando para trás correspondência que deveria ser remetida para o ultramar.

Os regimentos terminavam orientando no sentido de manter o monarca informado de tudo o que acontecia nas terras brasileiras. Segundo esses regimentos, na transcrição de Gaspar de Sousa,

> Hei por escusado dizer-vos e encomendar-vos que sejais mui contínuo em me escrever e avisar de todas as cousas que sucederem, e de que entenderdes convém ser avisado, assim do que a experiência vos mostrar ser necessário para bom govêrno dêle, como do procedimento das pessoas que nêle me servem, o que fareis com todos os navios que partirem das partes e lugares onde vos achardes, sem vir nenhum sem carta vossa, inda que seja repetindo o já escrito.[163]

Os dois regimentos, com palavras iguais, esclarecem que os governadores não deveriam impedir que escrevessem ao rei "as Câmaras, nem mais meus Ministros e Oficiais, ainda que sejam queixas; porque a meu serviço convém haver nisto a liberdade necessária".[164] Completando o parágrafo, e finalizando os regimentos, temos a exigência de que "às informações, se vos pedirem, respondereis com a brevidade que puder ser".[165]

O regimento de Diogo de Mendonça Furtado ordenou com mais precisão o envio de informações para o governo luso-espanhol, indicando, discriminadamente, os órgãos para os quais deveriam ser enviadas as diferentes informações. Segundo ele,

> Das materias de Estado de que me houverdes de dar conta tocantes a vossa obrigação me avizareis por via dos meos Secretários de Estado, que asistem nesta Cidade em a Corte e na Corte de Madrid, das da Fazenda por via do meo Conselho della das da Índia pelo do Desembargo do Paço e dos Ecleziasticos pela Meza da Consciência e Ordens e assim o cumprireis inteiramente tendo particular cuidado de dividir os negócios de maneira que não venhão de lá encaminhados de diferente modo de que neste Capitulo se vos aviza.[166]

Merece nota, quanto a essa ordenação dos despachos envolvendo a conquista americana e o centro da monarquia, que esse procedimento também foi adotado para os despachos em Portugal, a partir do reinado de Filipe III. O processo tinha início no vice-rei, que os enviava ao órgão apropriado, conforme o tema do pedido, eram depois remetidos ao conselho de governo, daí para o Conselho de Portugal e por fim ao valido ou rei.[167]

Essa cultura epistolar, segundo Fernando Bouza Álvares, era importante por três sentidos diferentes e, no meu entendimento, complementares. Segundo ele,

> En primer lugar, vino a ser un medio inexcusable en el desempeño de los empleos a los que pudiera llevarlos el servicio a los monarcas; en segundo, fue un instrumento necesario para la gestión de sus patrimonios señoriales; y, en tercer lugar, les valió tanto para forjar relaciones de grupo como para dar signos de su egregia diferencia estamental.[168]

Assim sendo, do ponto de vista da monarquia castelhana, ao se tornar um conjunto imperial de territórios europeus e ultramarinos, percebeu-se a necessidade não só de governar utilizando em larga escala o papel e a tinta para manter a unidade político-administrativa desses territórios, mas também de fazer circular as ordens e informações essenciais para a efetivação da governação, oriunda do centro político madrileno. Ou seja, "el recurso extremo a la forma escrita aparece, así, vinculado al problema general del ocultamiento de su propia persona que practicó Filipe II y puede ser, consecuentemente, analizado como una parte más de la construcción de la majestad real".[169] Por outro lado, para os servidores da monarquia castelhana, nas suas mais diversas partes, particularmente no ultramar, a "densa red epistolar que le permitía informar a la corte y, al mismo tiempo, recibir las ordenes provenientes de ésta"[170] possibilitava também que essa fidalguia, principalmente aquela distante da corte, tivesse acesso às informações do que lá acontecia, situação estratégica para quem, como esses servidores titulados ou fidalgos, vivia das diversas mercês régias. Assim sendo, "las redes epistolares creadas en las cuatro esquinas de la Monarquía por estos sus servidores servían también para hacer circular noticias e informaciones cuyos beneficiarios no eran otros que ellos mismos".[171]

Esse modo castelhano de governar pode ser constatado na carta enviada por Filipe III a D. Luís de Sousa, em julho de 1617, quando o monarca indica ter recebido carta desse governador "havendo entendido por ellas os termos em que ficão as cousas desse estado, assy nas matterias do governo e guerra como da justiça e fazenda"[172] e reafirma que negócios de tanta importância como esses devem ser tratados "escrevendo em hu'a carta sobre o que toquar a governo e guerra e em outras sobre as matérias de justiça e fazenda".[173]

A influência filipina na governação da monarquia portuguesa e nas suas conquistas ultramarinas pode ser constatada pelo fato de essas orientações também aparecerem nas *Instrucciones*[174] dadas aos vice-reis da Nova Espanha. A preocupação com a comunicação decorre da compreensão de que os vice-reis tinham a "obrigación de dar al Rey cuenta muy especial del estado particular y general de sus gobiernos".[175] Pedia-se ainda que essas informações fossem "circunstanciales y ajustadas".[176] Nas *Instrucciones* entregues ao segundo vice-rei da Nova Espanha, Luís de Velasco, em 1550, a preocupação com a circulação das informações está posta. Nesse documento dizia o rei que as "cédulas se guarden y ejecuten, pues por médio de dichas cartas se sabe para proveer lo que conviene a la buena gobernación de las Indias".[177] Essa fórmula vai se repetir nas instruções dadas a outros vice-reis. O conteúdo, na sua essência, será mantido, por mais que possa ir adquirindo complexidade e envolvendo novos campos e espaços de poder decorrentes do alargamento da colonização e da complexidade da sua governação. Assim, nas *Instrucciones* dadas ao Marques de Cerralbo em 1624, além da orientação anteriormente citada, acrescenta-se que

> Tendrés especial cuidado de entender con toda a puntualidad y verdad cómo se administra y ejecuta la justicia en todas las ciudades de ese distrito y por todos los gobernadores y corregidores de él, informándoos de esto ordinariamente con mucho recato y secreto y de los que hicieren lo que deben y también de los que lo contrario. Y me avisaréis en carta aparte de vuestra propia letra, porque sea el secreto inviolable, para que unos sean premiados y los otros castigados.[178]

O período filipino também deixou para os portugueses o aprendizado sobre como melhor organizar e sistematizar a sua estrutura governativa, seja no centro da monarquia seja nas partes ultramarinas. Não se trata de afirmar tendências centralizadoras do poder real ou dos governadores-gerais, pois estaríamos caindo em enfoques dicotômicos simplificadores que, pelo seu caráter unilateral e limitado, não percebem que na monarquia hispânica ("como se vino a denominar la estructura política de carácter imperial en la que habían quedado englobados los territorios americanos"[179]) do Antigo Regime, inclusive nas suas partes ultramarinas, o poder político estava distribuído numa constelação de polos autônomos (jurisdições) mantidos por uma única cabeça. Dessa maneira, a cabeça desse corpo político, o monarca na Europa, e os governadores-gerais, na conquista americana, não tinham como finalidade

> destruir la autonomía de cada miembro, sino la de, por un lado, representar a la unidad del cuerpo, y, por el otro, la de mantener la armonía entre todos sus miembros, y garantizar a cada cual sus derechos y privilegios o, en una palabra, la de hacer justicia, que se convierte así en el principal fin del poder político.[180]

Assim sendo, podemos constatar no governo do Estado do Brasil, durante o período filipino, um maior protagonismo dos governadores-gerais, acompanhando aquele detido pela realeza castelhana.[181] Também contribuiu para isso o fato de que, na administração da conquista americana,

> é possível perceber que o exercício de determinados cargos administrativos — especialmente o de governador-geral — possibilitou certas permanências que tornaram possível a construção de uma memória ampliada de práticas e estratégias governativas implementadas no Império português.[182]

Essa maneira castelhana de exercer a governação apresentou seus primeiros sinais no regimento de Francisco Giraldes e ganhou forma definitiva nos de Gaspar de Sousa e, particularmente, de Diogo de Mendonça Furtado, nos quais as mudanças estão bem explícitas e têm continuidade pós-União Ibérica.

Nessa organização política, a manutenção do espaço ocupado por cada uma das diversas jurisdições e o respeito a cada uma delas adquiriam importância no exercício da governação pelos governadores-gerais, cabeça do corpo político da conquista americana. Essa preocupação se manifesta com relação ao bispado da Bahia e a orientação de preservar os espaços próprios da jurisdição eclesiástica e régia. A instrução a esse respeito dizia que "vos encomendo e mando, vos não intrometais na sua jurisdição eclesiástica, procurando sempre de conservardes a minha, pelo modo que nisso deveis ter; que praticareis com a Relação".[183] Por sua vez, "em caso que o dito Bispo não proceda muito bem, e se queira intrometer nela (o que não creio dêle), acudireis nisso pelo bom modo, com vossa prudência, não lho consentindo, e me avisareis de tudo",[184] incluindo as sentenças de excomunhão que deveriam ter o seu agravo conhecido pelo Tribunal da Relação.

No âmbito das capitanias, a instrução quanto ao relacionamento com os seus donatários estabelecia

> não deixardes tomar aos Donatários mais Jurisdição da que lhes pertence por suas doações; e terdes nisso muita vigilância e advertência; assim mesmo hei por bem que Vós se lhes não tomeis o seu, nem consintais

> que os meus Oficiais de Justiça lha tomem, nem quebrem seus privilégios e doações; antes, em tudo o que lhes pertence, lhes fareis cumprir e guardar.[185]

Esse poder foi exercido com os governadores-gerais podendo afastar o capitão de qualquer capitania, com parecer do Tribunal da Relação, que violasse ou obstruísse a aplicação das leis ou cometesse extorsão, colocando em seu lugar um substituto de confiança até que a situação fosse esclarecida e tivesse um desfecho.

O funcionamento adequado da administração portuguesa no Estado do Brasil pretendia ser garantido com a orientação para o preenchimento dos cargos e ofícios vagos, inclusive "prover as serventias dos Oficiais que vagarem na Relação, assim por morte, como por qualquer outra via que seja; e da mesma maneira todos os outros da Justiça, Guerra e Fazenda".[186]

O protagonismo ressaltado anteriormente ganha sentido na orientação dada de monitorar — fiscalizando, admoestando e punindo — os oficiais que "fazem o que não devem em seus Ofícios, ou são negligentes no que cumpre a meu serviço ou despacho das partes".[187] Os governadores podiam suspender pelo tempo necessário o funcionário e prover substituto pelo tempo que fosse preciso, tudo isso com acompanhamento do Tribunal da Relação. Com relação a esse tribunal, nos regimentos de Gaspar de Sousa e Diogo de Mendonça Furtado temos instrução que tratava especificamente dos "Letrados Julgadores e pessoas que têm obrigação de administrar Justiça",[188] excluídos os que serviam no Tribunal da Relação e os seus desembargadores. De acordo com os regimentos, se tiverem esses oficiais

> algum descuido por que mereçam suspensão de seus cargos por alguns dias, e que nêles não vençam seus ordenados, os admoestareis, e não se emendando os suspendereis e lhes tirareis os ditos ordenados; e sendo compreendidos em alguns delitos graves, procedereis contra êles, até para os outros autos em final, e assim conclusos, sem se dar nêles sentença, mos enviareis para eu os mandar ver e sentenciar nêste Reino.[189]

A historiografia analisa o governo de Gaspar de Sousa a partir da sua atuação na conquista do Maranhão[190] e das ações de defesa do território e ampliação da colonização e povoamento das terras da região norte. Muito pouco espaço foi deixado para a ação governativa de Gaspar de Sousa, exceção para frei Vicente do Salvador, coadjuvante dessa época,[190] que assinalou a ação de Gaspar de Sousa, afirmando que ele "vigiava sobre todos os ministros e ofícios de justiça e fazenda, da milícia e da república, sem lhe escapar o erro ou descuido do almotacé ou de algum outro, que não emendasse".[192] A pesquisa empírica permite ressaltar o cotidiano da governação realizada por Gaspar de Sousa e descortinar uma gestão que foi muito além das atividades militares, destacando a complexidade das tarefas desempenhadas pelos governadores-gerais do Estado do Brasil. Exemplo disso, relacionado ao que acabamos de tratar nos parágrafos anteriores, é a carta de Filipe III dirigida ao vice-rei de Portugal, em 1614, instruindo Gaspar de Sousa para interferir no Tribunal da Relação em função de assuntos relativos à Fazenda régia. Segundo ela, o rei afirmava: "Hei por bem que a relação daquele estado não entenda nas cousas de minha faz^{a}",[193] determinando que Gaspar de Sousa "ouvira ao desembargador Affonso Goveia Tinoco e a mesma relação nos particulares de que na dita consta se trata, e enviara os autos que se tiverem processado, informando juntamente do que lhe parecer".[194] Concluindo, o monarca dispunha que "emquanto esta deligencia não tiver precedido não vira a esse R^{no} este desembargor",[195] concluindo que "ordenarsea ao dito Gaspar de sousa q' se va logo para a Baja pelo muito que convem fazer elle aly sua assistência E que não esteja mais em Pernambuco".[196]

Em vários outros momentos encontramos o mesmo governador tomando providências quanto à Relação da Bahia. Em parte isso se deve ao papel desempenhado pelo governador-geral como presidente da Relação.[197] Os exemplos são muitos. Em julho de 1612, Gaspar de Sousa foi instruído a interferir nos desentendimentos existentes entre os desembargadores e a Igreja.[198] Em setembro desse mesmo ano temos cartas com ordem para o envio de alçada de desembargadores da Relação à capitania de Pernambuco[199] e para a redistribuição das funções exercidas pelos desembargadores no tribunal devido à morte de um deles.[200] Seguem-se outros exemplos. Em 1613 temos a investigação da conduta do capitão da fortaleza do Rio Grande[201] com ajuda dos desembargadores do Tribunal da Relação. No ano seguinte, temos ordens reais para a prisão do desembargador Pero de Cascaes, acusado de desviar uma carga de pimenta da Fazenda régia e de subtrair os direitos que deveriam ser cobrados sobre ela quando um barco vindo da Índia arribou na Bahia. O governador deveria, através de uma "pessoa de que tenhaes muita confiança",[202] mandar "prender o dito Pero de Cascaes", fazer "embargo e soquestro em toda a fazenda que se lhe achar nesse estado de que fará inventairo", enviando ao rei "o treslado do dito inventairo, parquanto convem muito a meu serviço saber se logo do effeito della".

5.3. Expansão e ocupação do território

Como já vimos, a União Ibérica trouxe para a monarquia portuguesa a experiência espanhola de um Império construído pelo controle territorial. A experiência hispânica vai exercer influência e a construção de vilas e cidades ao longo das terras ocupadas na América e a expansão territorial, particularmente por meio da colonização do restante do Nordeste — Paraíba (1584), Rio Grande do Norte (1599), Ceará (1612), Maranhão (1615) — e do Norte (Pará 1616), além do início de um conhecimento e uma presença mais significativa no Amazonas na segunda década do século XVII.[203] São exemplos dessa mudança de política colonizadora decorrente do período filipino.

Por isso, temos instruções para consolidar uma ligação por terra entre a Bahia e Pernambuco, utilizando a formação de vilarejos indígenas como pontos de apoio ao longo do caminho. Após constatar as dificuldades de comunicação entre Pernambuco e Bahia, devido ao fato de "ser trabalhosa de navegar contra monções"[204] e os problemas que daí decorrem, "não se podendo enviar os avisos com a brevidade que convém",[205] com consequências negativas para os negócios dos colonos e a arrecadação da fazenda, os regimentos declaram a intenção de organizar um eixo de comunicação. Nas aldeias a serem constituídas ao longo do caminho deveriam existir, "em cada uma delas uma pessoa para governar os índios, com obrigação de ter a dita pessoa casa para agasalhar os passageiros, e rede de pescar e curral de vacas e éguas para poder haver cavalgaduras para caminhar e fazer roçarias para mantimentos".[206]

A "colonización española es la forma urbana de asentamiento"[207] e os centros urbanos hispano-americanos possibilitaram o acesso à terra e aos seus recursos. A colonização foi um trabalho de urbanização que, por um povoamento nuclear, consolidou a presença econômica, política e cultural espanhola na América, com as cidades espanholas e os vilarejos e aldeias nativas constituindo uma complexa rede econômica comercial que vinculava as diversas regiões dominadas pelos espanhóis na América, que se estendiam do sul à região centro-americana.[208] Ao longo desse trajeto, a prata estimulava as trocas e o crescimento das especializações regionais. Guardadas as proporções, os objetivos das instruções dadas aos governadores-gerais brasileiros eram: o povoamento, a integração, o crescimento dos negócios e a maior presença da administração e da monarquia.

Esse é o sentido da conquista do Sergipe realizada pelo governador interino Cristóvão de Barros no final de 1590. Além de afastar os franceses da região e iniciar seu povoamento com currais de gado que "dali se provêm de bois e engenhos da Bahia e Pernambuco e os açougues de carne",[209] mas "sobretudo franqueando o caminho de Pernambuco e mais capitanias do Norte pêra esta Bahia e daqui pêra elas, que dantes ninguém caminhava por terra que o não matassem e comessem os gentios".[210] No início do século XVII "podia-se viajar e viajava-se efetivamente por terra da Bahia até Pernambuco sem encontrar resistência séria por parte dos naturais, vencidos ou afugentados".[211]

5.4. A defesa do litoral, a questão indígena e os mamelucos

A integração da monarquia portuguesa à monarquia compósita castelhana trouxe como herança as situações de política internacional vividas pelo governo dos Áustria, ampliando as preocupações com a organização da defesa na América portuguesa, onde a Bahia e Salvador, cabeças do Estado do Brasil, ganhavam destaque.

A formação, o treinamento e o armamento dos moradores de Salvador, juntamente com a inspeção das fortalezas existentes e a desativação daquelas consideradas desnecessárias,[212] pontuaram os regimentos dos governos desse período, assim como a construção de fortalezas em outras partes do Brasil. Diogo de Mendonça Furtado "fortificou a cidade [Salvador], cercando-a pela parte da terra de vala de torrões"; também "começou a fazer a fortaleza do porto em um recife que fica um pouco apartado da praia".[213]

A organização e o treinamento dos moradores da Bahia e das outras capitanias do Brasil, segundo o Regimento Geral das Ordenanças, estavam nas instruções trazidas por Gaspar de Sousa e Diogo de Mendonça Furtado. Além disso, os dois governadores foram instruídos a zelar pela manutenção dos armamentos existentes nas capitanias e proibir a presença de navios estrangeiros nas costas brasileiras.

Nesse sentido, o trato com indígenas e mamelucos ganha importância, seja pela utilização de procedimentos que incorporavam a experiência castelhana na sua parte americana seja pelo emprego de indígenas e mamelucos nas ações de defesa do Estado do Brasil.

Quanto aos indígenas, os governadores foram instruídos a dar atenção à catequese, resguardar os privilégios que foram concedidos aos indígenas e favorecer os eclesiásticos encarregados da conversão dos índios. A partir de Gaspar de Sousa os governadores foram orientados a executar e cumprir a lei sobre a liberdade dos índios.[214] Essas leis garantiam a liberdade dos indígenas, proibiam o seu cativeiro, obrigavam o pagamento dos seus serviços e só autorizavam a guerra por meio de decisão dos poderes constituídos.[215]

No início da colonização da América portuguesa, ocorreu "uma quantidade considerável de uniões entre portugueses e índias, que resultaram em filhos mestiços ou mamelucos".[216] As elites de São Paulo tiveram origem mestiça ou mameluca e por isso, até meados do século XVII, era comum a expressão "filho de branco", que "enfatizava a importância de ter um pai branco".[217] Predomina a compreensão de que essa mestiçagem entre brancos e índios originou os mamelucos, assim chamados em "razão de sua agressividade na caça de escravos".[218] A atenção dada aos mamelucos durante o período filipino decorre do papel desempenhado por eles na colonização portuguesa da América. Devido a sua bagagem cultural híbrida — "Criados por suas mães índias, quer no seio da cultura nativa, quer nos núcleos de colonização, os mamelucos herdaram dos nativos o *savoir faire* necessário às lides do chamado sertão"[219] — eram capazes de enfrentar os perigos naturais e humanos apresentados pelas matas inexploradas do interior da América portuguesa, levando as fronteiras da conquista americana de Portugal além do limite de Tordesilhas e interiorizando a colonização.

Como intérpretes do colonizador e conhecedores das matas, os mamelucos eram elementos de grande importância para a penetração e a defesa do território, daí a atitude condescendente em relação a eles expressa nas instruções dos regimentos do período filipino. De acordo com o Regimento de Diogo de Mendonça Furtado,

> Por ser informado que naquellas partes andão muitos mamalucos ausentes e fugidos por ferimentos e outros insultos, hei por bem que indo, os ditos mamalucos que andão ausentes e que não tiverem culpas graves, nem parte offendida, vão convosco a alguma guerra, mandando-lhe, ou permitindo-lhe vós lhes podereis perdoar em meo nome as culpas que tiverem, com parecer da Relação na forma que pelo Regimento ordeno se passe os perdoens.[220]

Frei Vicente do Salvador, espectador privilegiado desse período, nos fornece diversos exemplos a respeito da participação dos índios e mamelucos na defesa e expansão territorial nesse período. Ao falar da conquista de

Sergipe diz que a expedição montada contava com "cento e cinquenta homens brancos e mamalucos e mil índios".[221] Ao tratar da conquista do Rio Grande do Norte indica que sob o comando do capitão-mor de Pernambuco, Manuel Mascarenhas Homem, foram "cento e setenta e oito homens de pé e de cavalo, fora o nosso gentio, que eram das aldeias de Pernambuco noventa frecheiros e das da Paraíba setecentos e trinta com seus principais que os guiavam".[222] Na conquista do Maranhão e expulsão dos franceses que ali estavam, no governo de Gaspar de Sousa, com Jerônimo de Albuquerque foram "mais de duzentos índios de peleja",[223] pois os soldados brancos, "exceto alguns que por sua vontade se ofereceram a ir, os mais nem com prisões podiam ser trazidos".[224]

6. O fim da União Ibérica

A Restauração ocorrida no final de 1640 levou a família de Bragança ao trono, restabelecendo a independência da monarquia portuguesa, que passa a carregar as influências castelhanas introduzidas durante a união peninsular e mantidas após ela. Do ponto de vista interno, a Restauração foi uma realização nobiliárquica[225] "depois da repressão dos motins populares e a fim de evitar que novas amotinações não degenerem em revolução".[226] Além disso, as iniciativas do que "poderíamos apelidar de refundação do Portugal dos Filipe, por iniciativa do conde-duque de Olivares",[227] criaram dois problemas. Por um lado, a alteração do estatuto da monarquia portuguesa, no interior do Império dos Áustria, violando os princípios acordados em Tomar, em 1581. Por outro, construiu a situação que, de acordo com Rafael Valladares, foi a mais importante para compreender o movimento de 1640. O governo do conde-duque de Olivares,[228] valido de Filipe IV, gerou descontentamentos entre

> los privilegiados menos favorecidos por Madrid o, en ocasiones, incluso perjudicados, decidieron que ellos mismos se ocuparían de defender sus privilegios mediante la instauración de un nuevo régimen en Lisboa que incluiría a un rey salido de las filas de su estamento.[229]

Por outro lado, reinterpretando a precisa colocação de Vitorino Magalhães Godinho de que "1580 é muito mais um ponto de chegada do que um ponto de partida",[230] e à luz das interpretações mais contemporâneas sobre os acontecimentos que antecederam e iniciaram a união peninsular, podemos, a cunho de conclusão, ressaltar, como faz Rafael Valladares, que "la restauración fue muchas cosas pero, desde cierta perspectiva, resulto ser también el final de la guerra civil portuguesa suspendida en 1580 por el triunfo de Filipe II"[231] com a Casa de Bragança podendo "desquitarse de lo sucedido sesenta años atrás".[232]

Para a parte americana da monarquia pluricontinental portuguesa, a Restauração originou atitudes diversas e, algumas vezes dúbias. Para o Rio de Janeiro e São Paulo a separação era desfavorável aos circuitos mercantis desenvolvidos com a área espanhola da América. Em parte essa situação explica os dilemas vividos por Salvador Corrêa de Sá e Benevides quanto à restauração bragantina, que afetou seu patrimônio em terras hispano-americanas. Por outro lado, a crise de Madri e Lisboa podia ser aproveitada "para establecer una relación atlántica más respetuosa con los intereses americanos, algo a lo que por fuerza los gobiernos centrales tuvieron que plegarse".[233] Iniciou-se com a Restauração de 1640 um período tenso e delicado, no qual a negociação, a tolerância e a concessão de mercês pela monarquia bragantina foram a estratégia política geral adotada, visando a e conseguindo manter a conquista americana agregada à monarquia portuguesa.

Notas

1. António Manuel Hespanha, 1989, p.50.
2. Ibidem, p. 51.
3. Ibidem, p. 67.
4. Esse combate, de acordo com a historiografia marroquina, ficou conhecido como a "batalha de Ued El-Makhazen", ressaltando a localização geográfica do conflito. Recebeu ainda o nome de "batalha dos Três Reis", devido à morte dos três soberanos nela envolvidos: Abde Almelique (governante marroquino) faleceu

durante o combate vitimado por doença; Mohâmede Almotavaquil (marroquino aliado dos portugueses) morreu afogado no rio El-Makhazen; e D. Sebastião (rei de Portugal), que faleceu em combate (Carlos Margaça Veiga, 2008, p. 65).

5. Maria Augusta Lima Cruz, 2006, p. 7.
6. Ibidem, p. 9.
7. Joaquim Romero Magalhães, 1997, p. 456.
8. Ibidem, p. 459.
9. Segundo biografia recente, "Personagem de charneira, pedra nuclear no xadrez político português, porque infante da casa real, filho de D. Manuel, irmão do rei Piedoso, regente na menoridade de D. Sebastião e monarca num contexto de profunda crise de consciências; individualidade fulcral na vida religiosa portuguesa, pelos cargos ocupados; figura destacada na vida cultural pela sua atividade de censor, de mecenas e de mentor de numerosas iniciativas e empreendimentos, entre os quais avulta a fundação da Universidade de Évora — o cardeal-infante D. Henrique tece em torno de si uma teia de relações complexas durante cerca de meio século" (Amélia Polónia, 2005, p. 7).
10. Amélia Polónia, 2005, p. 205.
11. Ibidem, p. 251.
12. Ibidem, p. 151.
13. Francisco Bethencourt, 1997, p. 460.
14. Amélia Polónia, 2005, p. 215.
15. Mafalda Soares da Cunha, 1997, p. 467.
16. D. António (1531-95) nasceu em Lisboa e era filho natural de D. Luís (filho de D. Manuel) e de uma mulher do povo. Como bastardo da família real, apesar de legitimado, desde os primeiros anos foi direcionado para a carreira eclesiástica; entretanto, após a morte de seu pai ascendeu ao Priorado do Crato, quebrando "decididamente os vínculos que o ligavam a uma carreira para que não se sentia talhado" (Joaquim Veríssimo Serrão,1992, p. 158). A conduta secular e mundana o separa de seu tio, o cardeal D. Henrique, "sentimento que se transformou em declarada inimizade e, por fim, no ódio que o velho cardeal lhe manifestou durante a crise da independência" (Joaquim Veríssimo Serrão, 1992, p. 158). Durante o reinado de D. Sebastião comandou ações armadas no norte da África e participou de Alcácer-Quibir, onde foi feito prisioneiro. Após a derrota no pleito da sucessão em 1581, com auxílio inglês, voltou em 1589, quando foi novamente derrotado. Morreu em 1595 na França.
17. D. Catarina de Bragança (1540-1614) era filha de D. Duarte (filho de D. Manuel), nasceu em Lisboa e pelo casamento com D. João, duque de Bragança, tornou-se a 6ª duquesa dessa casa. Inicialmente pretendeu guardar seus direitos sucessórios e procurou sustentação jurídica para isso, além de apoio internacional dos reinos

da França e Inglaterra e da Santa Sé, para onde enviou embaixadas (Joaquim Veríssimo Serrão, 1992, p. 23).

18. A lista de pretendentes ao trono, com vínculos de herança oriundos de D. Manuel, era formada por "D. Catarina, duquesa de Bragança; Filipe II, rei de Castela; Manuel Felisberto, duque de Saboia; Rainúncio, príncipe de Parma; Catarina de Médicis, rainha-mãe de França; e o prior do Crato" (Joaquim Veríssimo Serrão, 1992, p. 158).
19. Apesar de concordarem com que a sucessão deveria proceder do direito das gentes, esse argumento servia a fins contraditórios "com Filipe II irradiava o uso da representação; com D. Catarina invalidava qualquer outro regime sucessório 'no direito das gentes não era conhecido outro modo de socessao mais que a haereditaria'" (Mafalda Soares da Cunha, 1997, p. 469). Polêmica que refletia concepções diferentes sobre a natureza da Coroa. Para Filipe II, "a proximidade do parentesco com o último soberano, a primogenitura e a varonia constituíam os requisitos determinantes na seleção do sucessor. E Filipe II preenchia-os sem margem de qualquer dúvida". Se no parentesco tinha idêntica situação com D. Catarina, "o fato de ser varão e mais velho 'de anos' atribuía-lhe superioridade indiscutível" (Mafalda Soares da Cunha, 1997, p. 469).
20. Mafalda Soares da Cunha, 1997, p. 471.
21. Joaquim Romero Magalhães, 1997, p. 474. Os indicados por D. Henrique foram: D. Jorge de Almeida (arcebispo de Lisboa), D. João Mascarenhas (vedor da Fazenda), Francisco de Sá de Meneses (camareiro-mor), Diogo Lopes de Sousa (governador da Casa do Cível) e D. João Telo de Meneses (antigo embaixador em Roma).
22. AGS — Secretarias Provinciales. Legajo 2650, fl. 197.
23. Ibidem.
24. Ibidem.
25. Ibidem.
26. Ibidem.
27. AGS — Secretarias Provinciales. Legajo 2650, fl.197.
28. Mafalda Soares Cunha, 2000, p. 17.
29. Ibidem.
30. "D. Cristóvão foi o verdadeiro condutor da política portuguesa até 1598, tendo sido, também, vice-rei por duas vezes no reinado de D. Filipe II de Portugal. O poder dos Moura (...) não deixou de crescer no tempo do segundo marquês, o qual, durante a transição para o reinado de D. Filipe III de Portugal, gozou de um tal ascendente na corte que muitos chegaram a pensar que Moura poderia vir a ser o valido do novo rei, antes de o conde-duque de Olivares conquistar, a título exclusivo, o favor régio. (Fernando Bouza Alvarez, 2000, p. 203).

31. J. H. Elliott, 1998, p. 295.
32. Rafael Valladares, 2008, p. 33.
33. Fernando Bouza Álvarez, 2000, p. 58. Valladares cita um trecho de Álvares bem significativo: "Tal y como nosotros la presentamos, en la estrategia portuguesa de Filipe II el peso de las negociaciones es mayor que el de las armas, aunque nunca debe olvidarse que son éstas las que, en último término, le consiguen la posesión del reino" (Fernando Bouza Álvarez apud Rafael Valladares, 2008, p. 37).
34. A expressão invasão que está sendo utilizada retrata com fidelidade a ação castelhana em 1580. Essa estratégia está retratada com todas as cores nas ordenanças dadas ao duque de Alba. Segundo Valladares, "en la normativa finalmente aprobada por Filipe II, los portugueses a quienes iban a combatir sus tercios eran nombrados genéricamente como 'enemigos' que además podían agravar su nivel de oposición si optaban por convertirse en 'rebeldes' (...) la violencia verbal, por tanto, dominaba las ordenanzas que iban regir aquel conflicto e inspiró, naturalmente, actos que contribuyeron a mantener una tensión constante entre el invasor y el invadido" (Rafael Valladares, 2008, p. 76).
35. O Requerimento foi um documento elaborado no início do século XVI para legitimar a conquista espanhola da América. Conforme Patrícia Seed, "os espanhóis criavam seus direitos ao Novo Mundo pela conquista e não pelo consentimento" (Patrícia Seed, 1999, p. 102), transformando o Requerimento num "ritual militar e também político" (Patrícia Seed, 1999, p. 103). De inspiração muçulmana, apresentava à comunidade que pretendia submeter, por meio de um mensageiro, escolhas limitadas: submissão ou guerra.
36. Rafael Valladares, 2008, p. 85.
37. Ibidem. Essa ação teve diversas consequências e estimulou diferentes sentimentos. Filipe II interveio e admoestou o duque de Alba, declarando "que a la verdad el exceso fue grande y muy contrario a mi intención". Ese tipo de violencia "cuestionaba su imagen, pero no hay duda del impacto simbólico que cobró el saqueo a los Braganza y la humilliación que supuso (...). Intencionado o no — pues no obedeció a ninguna necesidad militar — aquel grave incidente debió pesar en los duques y sus descendientes" (Rafael Valladares, 2008, p. 85, 86).
38. Filipe II a Alba, 5 de agosto de 1580 (Rafael Valladares, 2008, p. 95).
39. Rafael Valladares, 2008, p. 96.
40. Ibidem, p. 103.
41. Fernando Bouza Álvarez, 1995, p. 1456.
42. Fernando Bouza Álvarez, 1995, p. 1457. Ver também Pedro Cardim, 2001, p. 281.
43. Fernando Bouza Álvarez, 2000, p. 113.
44. Ibidem.

45. J. H. Elliott, 2003, p. 70.
46. Ibidem.
47. Ibidem, p. 71.
48. "Aunque la unión con Castilla fue aceptada muy a disgusto por el pueblo portugués, la aristocracia y el alto clero apoyaron en general las pretensiones de Filipe II. Lo mismo hicieron los jesuitas portugueses (...). Además, parece ser que Filipe II tuvo el apoyo de los comerciantes y hombres de negocios de las ciudades portuguesas, codiciosos de la plata americana (...)" (J. H. Elliott, 1998, p. 296).
49. MESA, 1980, p. 127.
50. Jean Frédéric Schaub, 2001, p. 22.
51. A aceitação das condições de Tomar por Filipe II indica que "el rey no habia dado paso a la solución 'castellana' de los problemas de la monarquia. Posiblemente porque se había visto conmovido por los acontecimientos de los Países Bajos, pero más probablemente debido a la concepción heredada y a su sentido inmato de la mejor relación entre él mismo y sus pueblos, aceptó la union de ambas coronas bajo condiciones que eran esencialmente 'aragonesas' en su espíritu. Portugal fue unido en 1580 a Castilla exactamente del mismo modo como lo había sido la Corona de Aragón cien años antes: conservando sus leyes, sus instituciones y su sistema monetario y unidas sólo por el hecho de que estaban gobernadas por el mismo soberano" (J. H. Elliott, 1998, p. 297).
52. Fernando Bouza Álvarez, 1992, p. 342.
53. Ibidem.
54. José Martínez Millán, 1998, p. 22. Cristóvão de Moura, que foi um personagem fundamental na articulação da união peninsular, foi um exemplo típico de fidalgo português que acompanhou a princesa viúva, exerceu funções e realizou ações políticas relevantes que o tornaram um dos principais conselheiros de Filipe II.
55. José Martínez Millán, 1998, p. 22.
56. Fernando Bouza Álvarez, 2000, p. 76.
57. Ibidem, p. 77.
58. Bernardino Bravo Lira, 2004, p. 375.
59. Fernando Bouza Álvarez, 2000, p. 114.
60. J. H. Elliott, 2003, p. 73.
61. Nesse contexto se explica a importância dos estudos sobre as festas e cerimônias que ocorreram quando da presença em terras portuguesas dos dois Filipe. Esse é o caso do estudo de Pedro Cardim (1998) sobre as cortes portuguesas. Ver também o estudo de Ana Paula Megiani (2004).
62. J. H. Elliott, 2007, p. 185.
63. Ibidem, p. 187.

64. Corte "esta declarada su etimología por la ley 27, tit. 9 de la partida segunda, que dize así: 'Corte es llamado el lugar do es el rey e sus vassallos, e sus oficiales con él, que le han continuamente de aconsejar e de servir, e los omes del reyno que se fallan hi, o por honra dél o por alcançar derecho o por fazer recabdar las otras cosas que han de ver con él. E tomó este nombre de una palabra de latin, que dize cohors, e que muestra tanto como ayuntamiento de compañas, ca allí se allegan todos aquellos que han de honrar e de guardar al rey e al reyno'" (Sebastián de Covarrubias, 2003, p. 363).
65. Essa ordenação se baseou no cerimonial e na etiqueta da corte de Borgonha (José Martínez Millán, 1998, p. 18).
66. Miguel Artola, 1999, p. 285.
67. Fernando Bouza Álvarez, 1998, p. 49.
68. Ibidem, p. 50.
69. Ibidem, p. 51. Filipe II era "una figura solitaria y reservada, que hablaba en voz baja, acariciando su barba puntiaguda, con una tenue sonrisa que cortaba como una espada (...). Muy pocos conseguían atravesar la barrera de su reserva. Recibía con cortesía a embajadores y suplicantes, escuchaba sus peticiones, pero los miraba fijamente hasta desconcertarlos y les contestaba en una voz tan baja que frecuentemente era ininteligible" (John Lynch, 2007, p. 222).
70. "Em Tomar haviam sido estabelecidas duas possibilidades para cobrir um governo delegado na ausência do soberano. Por um lado, esse podia encarregar desse governo uma única pessoa, que atuaria como vice-rei; por outro, podia recorrer à fórmula tradicional de nomeação de vários governadores, como sucedera durante a expedição africana de D. Sebastião (...) (Fernando Bouza Álvarez, 2005, p. 155).
71. José Pedro Paiva, 2000.
72. J. H. Elliott, 2003, p. 73.
73. Fernando Bouza Álvarez, 2005, p. 155.
74. Fernando Bouza Álvarez, 2005, p. 159.
75. Jean Frédéric Schaub, 2001, p. 26.
76. Eduardo D'Oliveira França, 1997, p. 98.
77. Ibidem, p. 102.
78. Fernando Bouza Álvarez, 2000, p. 158-183.
79. Eduardo D'Oliveira França, 1997, p. 100.
80. Ibidem, p. 101.
81. Ibidem, p. 105.
82. Pablo Fernández Albaladejo, 1993, p. 88.
83. Fernanda Olival, 2006, p. 133.
84. Pablo Fernández Albaladejo, 1993, p. 89.

85. António Manuel Hespanha, 1989, p. 51.
86. Em 1591, foi criado por Filipe II o Conselho da Fazenda, substituindo o sistema de vedores até então utilizado em Portugal. A esse conselho cabia tratar de todos os negócios pertencentes à Fazenda Real que até então eram responsabilidades de diferentes tribunais. Nomeou para esse conselho um presidente e quatro conselheiros.
87. "No tocante à fiscalidade, a equipe de D. Filipe I desenvolveu um certo esforço para atenuar a heterogeneidade e a descentralização que eram imperantes, a fim de alcançar um maior controle sobre a administração fiscal" (Pedro Cardim, 2001, p. 28). Em 1578, a Alfândega de Lisboa recebeu seu foral e regimento e em 1591, organizado o Conselho da Fazenda, foi impresso o seu regimento. O início dos reajustes de impostos e a criação de novos, ainda no final do governo de Filipe II, no final do século XVI, deram início às primeiras manifestações de descontentamento.
88. Ver, a esse respeito, os trabalhos de Fernando Bouza Álvarez e Antônio de Oliveira
89. António Manuel Hespanha, 1989, p. 51.
90. Ibidem, p. 58.
91. Ibidem, p. 55.
92. Os concelhos eram uma "comunidade vicinal constituída em território de extensão muito variável, cujos moradores — os vizinhos do concelho — são dotados de maior ou menor autonomia administrativa" (Torquato de Sousa Soares, 1992, p. 221).
93. A Restauração não alijou os concelhos, particularmente o de Lisboa, da função de representação que ele adquiriu durante a União Ibérica e por mais que as cortes tenham sido convocadas em vários momentos dos três primeiros governos bragantinos, as "cortes à antiga, (...) entrarão na sua fase final, conhecendo a sua última reunião ainda antes do final do século" (António Manuel Hespanha, 1989, p. 57).
94. Conforme indicou Schaub, "a supremacia da forma jurisdicional da autoridade permanece no centro dos dispositivos políticos tanto depois de 1580 como após 1640" (Jean Frédéric Schaub, 2001, p. 29).
95. Um conjunto de juntas eventuais foram constituídas no início do século XVII. São exemplos as juntas para reforma do Conselho de Portugal (1606-1607 e 1610), junta para reforma dos assentamentos (1612), junta para redução dos juros (1615), junta para apuramento das dívidas da fazenda e muitas outras (António Manuel Hespanha, 1989, p. 69).
96. BNRJ — SM. Regimentos e Estilos da Casa Real e Secretaria de Estado. I, 14, 3, 21.
97. Ibidem.

98. Ibidem.
99. António Camões Gouveia, 1998, p. 368.
100. Joaquim Romero Magalhães, 1997, p. 479.
101. Vitorino Magalhães Godinho, 1968, p. 269.
102. Rafael Valladares, 1998, p. 20.
103. O comércio com os centros mineradores andinos por Buenos Aires, um verdadeiro porto de Potosí e de Tucumán, possibilitou aos portugueses acesso à prata. Os comerciantes brasílicos e portugueses, exportando escravos, produtos alimentícios (arroz, marmelo, açúcar etc.) e manufaturados, tinham acesso à prata americana. Esse comércio, que drenava metal para fora de seu circuito econômico, não agradava aos espanhóis, que adotaram diversas medidas, inclusive de perseguição religiosa pela Inquisição, para impedi-lo (Alice P. Canabrava, 1984; e Emanuel Soares da Veiga Garcia, p. 1.982).
104. Fernando Bouza Álvarez, 1997, p. 39.
105. J. H. Elliott, 1973, p. 285. Em termos de frota, passaram a dispor de 250.300.000 de toneladas, em contraste com os 232 mil da Holanda, 80 mil da França e 42 mil da Inglaterra.
106. Segundo Valladares, a importância estratégica de Portugal para a monarquia espanhola "se entendía que Portugal y sus conquistas reunían un todo que aportaba a la Monarquía seguridad, riqueza y prestigio a partes iguales. En consecuencia, su pérdida provocaría en el sistema imperial un aumento de vulnerabilidad, le restaría ingresos y lo devaluaría en la escena europea, haciéndolo caer en una espiral de contracción irreversible a manos de sus enemigos" (Rafael Valladares, 1996, p. 528-529).
107. Em 1598, o Tratado de Vervins encerrou o conflito entre a Espanha e a França. Em 1604, foi feita a paz com a Inglaterra através do Tratado de Londres e a Trégua dos Doze Anos (1609), com os holandeses. A paz com a Inglaterra e a Holanda teve um caráter formal e breve.
108. A ascensão de Filipe IV significou mudança de soberano e de governo. Com ele, chegou ao governo o conde-duque de Olivares, que deu início a um período de reformas, das quais nos interessam, particularmente, aquelas que tiveram consequências para Portugal e suas conquistas. O governo do conde-duque preocupou-se em recuperar o prestígio internacional da Espanha e a retomada de uma política belicista trouxe de volta as guerras com as potências europeias, com as suas implicações negativas diversas. Ver a esse respeito J. H. Elliott, e Laurence Brockliss, 2000, e Jaime Contreras, 2001, p. 278-280.
109. Francisco Bethencourt, 1998, p. 326-327.
110. Jaime Cortesão, 1993, p. 188.
111. Sanjay Subrahmanyam, 1995, p. 152.

112. Ibidem, p. 207.
113. Vitorino Magalhães Godinho, 1968, p. 271.
114. A formação e a consulta permanente aos Conselhos "constituyeron los elementos esenciales de la administración de la monarquía de España, esencialmente durante los siglos XVI y XVII" (Jaime Contreras, 2001, p. 197).
115. O Conselho da Fazenda "revelou ser o mais tenaz e persistente opositor do Conselho da Índia, queixando-se, em sucessivas consultas, da intervenção desse Conselho no apresto da armada da Índia e na nomeação para cargos de fazenda no ultramar, acusando-o de se imiscuir naquilo que considerava ser a sua área jurisdicional" (Guida Marques, 2002, p. 16).
116. Atestando mais uma vez a influência filipina na monarquia portuguesa, temos a organização em 1642 do Conselho Ultramarino, que recupera as características do Conselho das Índias, como pode ser visto em Edval de Souza Barros, 2008, particularmente p. 104-128.
117. António Manuel Hespanha, Maria Catarina Santos, 1998, p. 351-364.
118. Patrícia Seed, 1999, p. 145.
119. Sanjay Subrahmanyam, 1995, p. 158.
120. Luís Filipe F. R. Thomaz, 1998, p. 217.
121. Sanjay Subrahmanyam, 1995, p. 152.
122. Ibidem.
123. Ibidem, p. 162.
124. Pedro Cardim, 2002, p. 32-33.
125. Em 1626, o Tribunal foi dissolvido, como indica o despacho régio de março desse ano: "Governadores amigos etc. havendo visto o que vos e o conso d'estado me consultastes sobre se extingir a casa de Relação do brasil; e consideradas todas as razões que para isso mes representastes, e o consellhos d'estado que forão do mesmo parecer; e outras que se propuzerão hei por bem que a Relação se tire daquelle estado e que se applique a consignação della ao sustento dos soldados do Presídio da Bahia de todos os sanctos e que aja hu' ouvidor geral na forma que antes havia com a própria jurisdição escripta em Barcelona a 31 de março de 1626" (AGS — Secretarias Provinciales. Libro 1520, fl. 47 v.).
126. Antes da União Ibérica, em dezembro de 1572 houve um período de separação do sul, sendo nomeado Antônio de Salema para o cargo de governador do sul (Rio de Janeiro, São Vicente e Espírito Santo). Essa divisão foi extinta em 1577. Em 1608, estimulada pela possibilidade de encontrar minas, a monarquia separa novamente o sul, sendo D. Francisco de Sousa nomeado governador-geral da Repartição Sul, extinta quatro anos depois.
127. Annaes da Biblioteca Nacional do Rio de Janeiro, volume 49, 1927, p. 77. Ver ainda Dirce Lorimier Fernandes, 2005.

128. Rafael Valladares, 1993, p. 152.
129. BNL — Coleção Pombalina, PBA 644, fl. 114.
130. BNL — Coleção Pombalina, PBA 644, fl. 113v.
131. Ibidem.
132. Em 1570, existiam engenhos em Pernambuco (23), Bahia (18), Ilhéus (oito), Porto Seguro (cinco), São Vicente (quatro), Itamaracá (um) e Espírito Santo (um). Em 1583, já eram 66 engenhos estabelecidos em Pernambuco, 33 na Bahia, seis no Espírito Santo e em São Vicente, três no Rio de Janeiro e em Ilhéus e um em Porto Seguro (Francisco Bethencourt, 1998, p. 316).
133. AGS — Estado, legajo 437, fl. 161.
134. Ibidem, fl. 161v.
135. Ibidem, fl. 161.
136. O Estado do Maranhão foi constituído mais tarde e a expressão Estado do Brasil passou a ser empregada pela documentação só a partir de 1612. Era essa a forma de tratamento da parte da América portuguesa encabeçada pela cidade de Salvador (Francisco Carlos Cosentino, 2009, p. 220). De acordo com Bluteau, "Estado (...). As terras do senhorio, ou domínio de algum príncipe" (D. Raphael Bluteau: s/d, v. III, p. 302).
137. Maria Luiza Marcílio, 1997, p. 319.
138. "No último quartel do século XVI o Brasil desponta como um atraente mercado para os negreiros. Por volta de 1575 haviam ingressado no Brasil somente 10 mil africanos" (Luiz Felipe de Alencastro, 2000, p. 33). Esse mesmo autor destaca, em tabela sobre desembarques de africanos nas Américas, que entre 1576-1600 chegaram ao Brasil 40 mil africanos e entre 1601 e 1625 foram 150 mil. Com o domínio holandês de Angola diminuiu a chegada de africanos nas terras luso-brasileiras.
139. Stuart B. Schwartz, 1999, p. 347.
140. Vitorino Magalhães Godinho, 1968, p. 257.
141. Ibidem.
142. Seu sucessor, Francisco Giraldes, nomeado em 1588, devido às correntes marítimas, foi parar no Caribe e não assumiu o cargo (Francisco Carlos Cosentino, 2009, p. 139-162).
143. Francisco Carlos Cosentino, 2009, p. 166-179; 316-322.
144. Ibidem, p. 180-189; 322-327.
145 Conde de Campo Bello, 1940. Dessa lista excluímos os diversos governos interinos.
146. Virgínia Rau, 1984, p. 29.
147. Nuno Gonçalo Monteiro, 2003, p. 218.
148. Fernanda Olival, 2001, p. 22.
149. A fidalguia pode ser constatada seja por informação documental que indica essa origem, seja por conclusão devido à posse de comendas ou títulos, seja pelo exer-

cício de funções na monarquia que são exclusivas daqueles que têm essa origem social. Por fim, "À partida, todas as nomeações para postos de governo e de chefia militar do Império deviam ser cometidas a pessoas detentoras do estatuto de fidalguia" (Mafalda Soares da Cunha, 2005, p. 74).

150. Fernanda Olival, 2001, p. 283-286. Ainda sobre mercês durante os Filipe, ver: Ronald Raminelli, 2008, p. 36-47.
151. Fernanda Olival, 2001, p. 140.
152. Francisco Giraldes (ANTT — Chancelaria D. Sebastião. Privilégios. Livro 11, fl.131); Gaspar de Sousa (Cartas: 2001, p. 306); Diogo de Mendonça Furtado (AGS — Secretarias Provinciales. Libro 1517, p. 43 v.).
153. Cartas: 2001, p. 306.
154. AGS — Secretarias Provinciales. Libro 1552, fl. 170.
155. Ibidem, Libro 1474, fls. 280-281.
156. Ibidem, fls. 14-15.
157. Na elaboração desse quadro, utilizamos: Campo Belo (1940), António Caetano de Sousa (1947), Felgueiras Gayo (1940), frei Vicente do Salvador (1975), Gabriel Soares de Souza (1974), Rocha Pitta (1965), Francisco Varnhagen (1975), Pedro Calmon (1959), Joel Serrão (DHP), Bethencout & Chaudhuri (1998), Joaquim Veríssimo Serrão (1968; 1982; 1994; 2000).
158. Fernando Bouza Álvarez, 1998, p. 50.
159. J. H. Elliott, 1997, p. 287.
160. Depois do Regimento de Diogo de Mendonça Furtado (APEB — S.C., estante 1, caixa 146, livro 264), foi elaborado, em 1677, o de Roque da Costa Barreto, utilizado até o início do século XIX, sistematização e simplificação do regimento de Mendonça Furtado, constatando que as mudanças filipinas introduzidas na governação do Estado do Brasil foram mantidas após 1640 (Francisco Carlos Cosentino, 2009, p. 245-269).
161. Regimento de Gaspar Sousa (Marcos Carneiro de Mendonça, 1972, p. 434) e Regimento de Diogo de Mendonça Furtado (APEB, S.C., estante 1, caixa 146, livro 264, p. 112v.-113).
162. Marcos Carneiro de Mendonça, 1972, p. 435, e APEB, S.C., estante 1, caixa 146, livro 264, p. 113v.
163. Marcos Carneiro de Mendonça, 1971, p. 435-436. No regimento de Diogo de Mendonça Furtado, o mesmo está dito (APEB, S.C., estante 1, caixa 146, livro 264, p. 115).
164. Marcos Carneiro de Mendonça, 1971, p. 435-436, e APEB, S.C., estante 1, caixa 146, livro 264, p. 115.
165. Ibidem.
166. APEB, S.C., estante 1, caixa 146, livro 264, p. 114.

167. Fernanda Olival, 2006, p. 137-140.
168. Fernando Bouza Álvarez, 2005, p. 134.
169. Fernando Bouza Álvarez, 1997, p. 83.
170. Fernando Bouza Álvarez, 2005, p. 134.
171. Ibidem.
172. Livro 2º do Governo do Brasil, 2001, p. 62-63.
173. Ibidem, p. 63.
174. "Instrución, la orden que se da a uno para hazer alguna cosa, por la qual se deve regir sin exceder della en quanto le fuere possible" (Sebastián de Covarrubias, 2003, p. 739).
175. José Ignácio Rubio Mañe, 1992, p. 83.
176. Ibidem.
177. Lewis Hanke, 1976, p. 141.
178. Lewis Hanke, 1977, p. 264.
179. Alejandro Cañeque, 2001, p. 11.
180. Ibidem, p. 12-13.
181. Esse protagonismo real se manifestou: "em primeiro lugar, na concentração das faculdades decisórias na pessoa do monarca e do grupo dirigente que o rodeava; depois, no alargamento da esfera de intervenção do poder régio" (Pedro Cardim, 1998, p. 133).
182. Maria de Fátima Gouvêa, 2001, p. 303-304.
183. Marcos Carneiro de Mendonça, 1972, p. 265-266 e 431 e APEB, S.C., estante 1, caixa 146, livro 264.
184. Ibidem.
185. Regimento de Gaspar de Sousa (Marcos Carneiro de Mendonça, 1972, p. 429-430) e regimento de Diogo de Mendonça Furtado (APEB, S.C., estante 1, caixa 146, livro 264, p. 107v.-108).
186. Regimento de Gaspar de Sousa (Marcos Carneiro de Mendonça, 1972, p. 430) e regimento de Diogo de Mendonça Furtado (APEB, S.C., estante 1, caixa 146, livro 264).
187. Apesar de esse trecho ter sido retirado do regimento de Francisco Giraldes (Marcos Carneiro de Mendonça, 1972, p. 275), esse foi o sentido geral da instrução nos três regimentos do período.
188. Marcos Carneiro de Mendonça, 1972, p. 431.
189. APEB, S.C., estante 1, caixa 146, livro 264, fol. 109v.-110.
190. "O seu período de govêrno no Brasil, que se prolonga até 1616, foi consagrado quase por inteiro à posse do Maranhão, para onde se dirigiram várias expedições militares com o objetivo de expulsar os franceses. O seu nome fica, pois, ligado a essa valorosa epopeia da fixação do homem português na parte Norte

do Brasil, contribuindo para que a terra se mantivesse ligada à Coroa e no espírito da unidade que veio a estar na base da vitória" (Joaquim Veríssimo Serrão, 1968, p. 152).

191. "O Governador se embarcou em uma caravela de castelhanos que nesta baía estava invernando pêra no verão ir ao rio da Prata, e esta viagem acertei de ir a Pernambuco com ele, e fomos em poucos dias (...)" (frei Vicente do Salvador, 1975, p. 349).

192. Frei Vicente do Salvador, 1975, p. 348.

193. AGS — Secretarias Provinciales. Libro 1510, fl. 32.

194. Ibidem.

195. Ibidem.

196. Ibidem. Segundo frei Vicente do Salvador, "o primeiro dia que foi presidir na relação fez uma prática aos desembargadores, acerca das queixas que deles tinha ouvido, que não ficaram mui contentes e, se as de ouvido lhes não ficaram no tinteiro, menos lhe ficou depois alguma, se havia, que logo não repreendesse" (frei Vicente do Salvador, 1975, p. 348).

197. Stuart Schwartz, 1979.

198. A Igreja reclamou da ação da Relação libertando acusados pela Igreja e a carta do rei para o governador indicou que "para que eu saiba como nisto se procedeo e se possa responder ao bispo como convem, vos encomendo ordeneis aos ditos dezembargadores vos dem por escrito informação do que passa nos caos de que o dito bispo trata, especificando os e o procedimento que nelles se tem e tanto que vo la derem ma enviareis por vias ao Conselho da Índia e conquistas ultramarinas". Lisboa, 31 de julho de 1612 (Cartas, 2001, p. 88-90).

199. Cartas, 2001, p. 141-143.

200. Ibidem, p. 144-145. Ver Stuart Schwartz, 1979, p. 63-73.

201. Na carta, o rei indicava que com a ajuda de desembargadores da Relação se investigasse a conduta de Lourenço Peixoto Cirne "e achando se pella diligencia que se fizer culpado o dito capitão o tireis logo daquela praça e preso o envieis a esta cidade a bom recado com as culpas que contra elle resultarem" (Cartas, 2001, p. 173-174).

202. Cartas, 2001, p. 244. Ibidem para todas as citações seguintes.

203. No ano de 1623 "mandou Sua majestade o capitão Luís Aranha de Vasconcelos em uma caravela de Lisboa a descobrir e sondar o dito rio [das Amazonas] pelo cabo do Norte" (frei Vicente do Salvador, 1975, p.355). A empresa foi realizada, holandeses foram combatidos e com "estas vitórias e boas informações do grande rio das Amazonas, que sempre o piloto Antônio Vicente foi sondando, se partiu Luís Aranha de Vasconcelos em a sua caravela a dar a nova a El-rei" (frei Vicente do Salvador, 1975, p. 358). Segundo Magalhães, a ocupação foi feita a partir

de 1623 sob o comando de Bento Maciel Parente (Joaquim Romero Magalhães, 1998, p. 47), que frei Vicente do Salvador identifica como capitão da fortaleza do Pará (frei Vicente do Salvador, 1975, p. 356).

204. Gaspar de Sousa (Marcos Carneiro de Mendonça, 1972, p. 433), Mendonça Furtado (APEB, S.C., estante 1, caixa 146, livro 264).
205. Ibidem.
206. Marcos Carneiro de Mendonça, 1972, p. 434.
207. Richard Konetzke, 1988, p. 37-38.
208. Iniciada com a conquista e incorporando caminhos pré-colombianos, essas rotas acabaram estendendo-se "de Potosí a Lima-Callao, passando por La Paz e Cuzco, e daí por mar até a costa do Panamá e Acapulco, e finalmente até a cidade do México" (Murdo Macleod, 1999, p. 258).
209. Frei Vicente do Salvador, 1975, p. 255.
210. Ibidem.
211. Capistrano de Abreu, 2000, p. 84.
212. Os regimentos de Gaspar de Sousa e Diogo de Mendonça Furtado indicavam a necessidade de manter os Fortes de Santo Antônio e Itapagipe, na Bahia.
213. Frei Vicente do Salvador, 1975, p. 359.
214. A primeira lei que estabelecia a liberdade dos indígenas foi elaborada por D. Sebastião em 1570. Com a União Ibérica seguiram-se alvarás e outras leis, como a de 22 de agosto de 1588, que confirmou a lei de D. Sebastião. Seguiram-se outras, com teor assemelhado, em novembro de 1595, e os alvarás de 1605 e 1609; por fim, a lei de outubro de 1611 (Marcos Carneiro de Mendonça, 1972, p. 321-337).
215. Francisco Ribeiro Silva, 2000, p. 15-27.
216. Stuart Schwartz, James Lockhart, 2002, p. 279.
217. Muriel Nazzari, 2000, p. 33.
218. Ronaldo Vainfas, 2000, p. 366.
219. Ronaldo Vainfas, 1995, p. 142-143.
220. APEB, S.C., estante 1, caixa 146, livro 264, p. 111.
221. Frei Vicente do Salvador, 1975, p. 254.
222. Ibidem, p. 267.
223. Ibidem, p. 338.
224. Ibidem, p. 337.
225. O objetivo dos conjurados "no era lograr la independencia del reino sino mantener sus libertades — es decir, sus privilegios —, para lo cual la separación de Madrid representaba antes un medio que un fin. (...) La monarquía Bragança nacía viciada en su origen por su dependencia en relación a la nobleza, responsable de haber hecho caer la corona sobre uno de sus miembros" (Rafael Valladares, 1998, p. 230).

226. Vitorino Magalhães Godinho, 1968, p. 279.
227. Fernando Bouza Álvarez, 2000, p. 154.
228. Sobre os validos, ver I. A. A. Thompson, 1999, p. 28; e a respeito de Olivares e Portugal, J. H. Elliott, 1998, p. 607-658.
229. Rafael Valladares, 2000, p. 40.
230. Vitorino Magalhães Godinho, 1968, p. 257.
231. Rafael Valladares, 2008, p. 281.
232. Ibidem.
233. Idem, 2006, p. 347.

Bibliografia

1. Siglas

AGS: Arquivo General de Simancas
BNL: Biblioteca Nacional de Lisboa
BNRJ: Biblioteca Nacional do Rio de Janeiro
APEB: Arquivo do Estado da Bahia

2. Documentação publicada, dicionários e obras de referência

ABREU, Capistrano. *Capítulos de história colonial.* 7ª ed. Belo Horizonte: Itatiaia/ São Paulo, Publifolha, 2000.

BELLO, Conde de Campo. *Governadores-gerais e vice-reis do Brasil.* Porto: Delegação Executiva do Brasil às Comemorações Centenárias de Portugal, 1940.

BLUTEAU, D. Raphael. *Vocabulario Portuguez e Latino.* Rio de Janeiro: Universidade do Estado do Rio de Janeiro, s/d. CR-ROM.

Cartas para Álvaro de Sousa e Gaspar de Sousa. Comissão Nacional para as Comemorações dos Descobrimentos Portugueses/Centro de História e Documentação Diplomática (MRE), 2001.

CASTRO, João Baptista de. *Mappa de Portugal. Parte II.* Lisboa: Miguel Manescal da Costa, 1746.

COVARRUBIAS, Sebastián de. *Tesoro de la lengua castellana o española.* Barcelona: Editorial Alta Fulla, 2003.

GAYO, Felgueiras. *Nobiliário de famílias de Portugal.* Braga: Oficinas Gráficas Pax, 1939.

HANKE, Lewis (org.). *Los virreyes españoles en America durante el gobierno de la Casa de Austria*, 5 vols. Madri: Ediciones Atlas, 1976-78.

Livro 2° do Governo do Brasil. Lisboa: Comissão Nacional para as Comemorações dos Descobrimentos Portugueses/Museu Paulista, 2001.

MAÑE, José Ignácio Rubio. *El Virreinato. I. Orígenes y jurisdicciones, y dinámica social de los virreyes*. México: Unam/Fondo de Cultura Económica, 1992.

MELO, D. Francisco Manuel de. *Tácito Português (século XVII)*. Lisboa: Livraria Sá da Costa Editora, 1995.

MENDONÇA, Marcos Carneiro de. *Raízes da formação administrativa do Brasil*. Rio de Janeiro: IHGB/Conselho Federal de Cultura, 1972.

PITTA, Rocha. *História da América Portuguesa*. Rio de Janeiro: W.M. Jackson Inc. Editores, 1965.

SALVADOR, frei Vicente do. *História do Brasil*. São Paulo: Edições Melhoramentos, 1975.

SOUSA, Gabriel Soares de. *Notícia do Brasil*. São Paulo: Departamento de Assuntos Culturais do MEC, 1974.

3. Livros e artigos

ALBALADEJO, Pablo Fernández. *Fragmentos de monarquía*. Madri: Alianza Editorial, 1993.

ALENCASTRO, Luiz Felipe de. *O trato dos viventes. Formação do Brasil no Atlântico Sul*. São Paulo: Companhia das Letras, 2000.

ÁLVAREZ, Fernando Bouza. *D. Filipe I*. Lisboa: Círculo de Leitores, 2005.

______. "De un fin de Siglo a outro. Union de coronas Ibéricas entre Don Manuel y Filipe II". VÁRIOS. *El Tratado de Tordesilhas y su Época. Congresso Internacional de História*. Valladolid, 1995.

______. *Del escribano a La Biblioteca*. Madri: Editorial Síntesis, 1997.

______. "La correspondencia del hombre práctico. Los usos epistolares de la nobleza española del Siglo de Oro a través de seis años de cartas del tercer conde de Fernán Núñez (1679-1684)". In: ______(coord.). *Cultura epistolar en la alta Edad Moderna,* Cuadernos de Historia Moderna, Publicaciones Universidad Complutense de Madrid, Anejo IV, 2005, pp. 129-154.

______. "La majestad de Filipe II. Construcción del mito real". In: MILLÁN, José Martínez (dir.). *La Corte de Filipe II*. Madri: Alianza Editorial, 1998.

______. "La relación de la nobleza portuguesa con la monarquía española". In: TORRES, Ana María Carabias (ed.). *Las Relaciones entre Portugal y Castilla en La Época de los descobrimentos y la expansion colonial*. Salamanca: Ediciones Universidad, 1992.

______. "Portugal en la política internacional de Filipe II. Por el suelo el mundo en pedazos". In: VENTURA, Maria da Graça M. (org.). *A União Ibérica e o mundo atlântico*. Lisboa, Edições Colibri, 1997, p. 29-46.

______. *Portugal no tempo dos Filipe. Política, cultura e representações (1580-1668).* Lisboa: Edições Cosmos, 2000.

ANDERSON, Perry. *Linhagens do Estado absolutista.* Porto: Edições Afrontamento, 1984.

ARTOLA, Miguel. *La monarquia de España.* Madri: Alianza Editorial, 1999.

BARROS, Edval de Souza. *Negócios de tanta importância. O Conselho Ultramarino e a disputa pela condução da guerra no Atlântico e no Índico (1643-1661).* Lisboa: Centro de História do Além-Mar (CHAM), 2008.

BETHENCOURT, Francisco. "D. Henrique". In: MAGALHÃES, Joaquim Romero (org.). *História de Portugal,* vol. III. Lisboa: Editorial Estampa, 1997, pp. 460-465.

______. "O Complexo Atlântico". In: BETHENCOURT, Francisco e CHAUDHURI, Kirti. *História da expansão portuguesa.* v. 1. Lisboa: Círculo de Leitores, 1998, p. 315-342.

CANABRAVA, Alice P. *O comércio português no Rio da Prata (1580-1640).* Belo Horizonte: Itatiaia/São Paulo, Edusp, 1984.

CAÑEQUE, Alejandro. "Cultura vicerregia y Estado colonial. Una aproximación critica al estudio de la história política de la Nueva España". *Historia Mexicana,* vol. LI, n° 1, julio-septiembre de 2001, p. 5-57.

CARDIM, Pedro. "A Casa Real e os órgãos centrais de governo no Portugal da segunda metade de Seiscentos". *Tempo,* Rio de Janeiro, 7 Letras, 2002, p. 13-57.

______. "Centralização política e Estado na recente historiografia sobre o Portugal do Antigo Regime. In: *Nação e Defesa,* n° 87, Lisboa: Instituto de Defesa Nacional, 1998, p. 129-158.

______. *Cortes e cultura política no Portugal do Antigo Regime.* Lisboa: Edições Cosmos, 1998.

______. "Política e identidades corporativas no Portugal de D. Filipe I". In: RAMOS, Luís A. de Oliveira, RIBEIRO, Jorge Martins e POLÓNIA, Amélia. *Estudos em homenagem a João Francisco Marques.* vol. 1. Porto: Faculdade de Letras da Universidade do Porto, 2001.

CONTRERAS, Jaime. "Consejos". In: EZQUERRA, Jaime Alvar (coord.). *Diccionario de historia de España.* Madri: Istmo, 2001, p. 197-201.

______. "Filipe IV (1605-1665)". In: EZQUERRA, Jaime Alvar (coord.), op. cit., p. 278-280.

CORTESÃO, Jaime. *História da expansão portuguesa. Obras Completas,* vol. 4. Lisboa: Imprensa Nacional/Casa da Moeda, 1993.

COSENTINO, Francisco Carlos. *Governadores-gerais do Estado do Brasil (séculos XVI-XVII): ofício, regimentos, governação e trajetórias.* São Paulo: Annablume Editora, 2009.

CRUZ, Maria Augusta Lima. *D. Sebastião.* Lisboa: Círculo dos Leitores, 2006.

CUNHA, Mafalda Soares da. *A Casa de Bragança. 1560-1640. Práticas senhoriais e redes clientelares,* Lisboa: Editorial Estampa, 2000.

______. "A questão jurídica na crise sucessória". In: MAGALHÃES, Joaquim Romero (org.). *História de Portugal*, vol. III. Lisboa: Editorial Estampa, 1997, p. 465-472.

______. "Governo e governantes do Império português do Atlântico (século XVII)". In: BICALHO, Maria Fernanda e FERLINI, Vera Lúcia Amaral. *Modos de governar. Ideias e práticas políticas no Império português. Séculos XVI a XIX*. São Paulo: Alameda Editorial, 2005, p. 69-92.

______. *A Casa de Bragança, 1560-1640. Práticas senhoriais e redes clientelares.* Lisboa: Editorial Estampa, 2000.

ELLIOTT, J.H. e BROCKLISS, Laurence. *El mundo de los validos,* 3ª ed. Madri: Taurus, 2000.

ELLIOTT, J.H., "A conquista espanhola e a colonização da América". In: BETHELL, Leslie (org.). *História da América Latina: América Latina Colonial*, vol. 1. São Paulo: Edusp, 1997, p. 135-194.

______. *El conde-duque de Olivares*. Barcelona: Mondadori, 1998.

______. La corte de los Habsburgo españoles: una institución singular?. In: ______. *España y su Mundo (1500-1700)*. Madri: Taurus, 2007, p. 185-207.

______. "La decadencia de España". In: ______. *España y su Mundo (1500-1700).* op. cit., p. 271-298.

______. *La España Imperial, 1469-1716*. Barcelona: Ediciones Vicens-Vives, 1998.

______. *La Europa dividida. 1559-1598*. Madri: Siglo Veintiuno de España Editores, 1973.

______. "Política exterior y crisis interna: España, 1598-1659". In: ______. *España y su Mundo (1500-1700),* op. cit., p. 151-177.

______. "Una Europa de monarquías compuestas". In ______. *España en Europa,* Valência: Universitat de Valência, 2003, p. 65-91.

FERNANDES, Dirce Lorimier, *A Inquisição na América durante a União Ibérica (1580-1640)*. São Paulo: Arké, 2004.

FRANÇA, Eduardo D'Oliveira. *Portugal na época da Restauração*. São Paulo: Hucitec, 1997.

GARCIA, Emanuel Soares da Veiga. *O comércio ultramarino espanhol no Prata*. São Paulo: Perspectiva, 1982.

GODINHO, Vitorino Magalhães. "1580 e a Restauração". In: ______. *Ensaios sobre a História de Portugal*. vol. II. Lisboa: Livraria Sá Costa Editora, 1968, p. 257-291.

GOUVÊA, Maria de Fátima Silva. "Poder político e administração na formação do complexo atlântico português (1645-1808)". In: FRAGOSO, João; BICALHO, Maria Fernanda; GOUVÊA, Maria de Fátima. *O Antigo Regime nos Trópicos: a dinâmica imperial portuguesa (séculos XVI-XVIII)*. Rio de Janeiro: Civilização Brasileira, 2001, p. 285-315.

GOUVEIA, António Camões. "Estratégias de interiorização da disciplina". In: HESPANHA, António Manuel (org.). *História de Portugal*. v. 4. Lisboa: Editorial Estampa, 1998, p. 367-389.

HESPANHA, António Manuel e SANTOS, Maria Catarina. "Os poderes num império oceânico". In: HESPANHA, António Manuel (coord.). *História de Portugal*. v. 4. Lisboa: Editorial Estampa, 1998, p. 351-364.

HESPANHA, António Manuel. "O governo dos Áustria e a 'modernização' da Constituição política portuguesa". *Penélope*, nº 2, fevereiro de 1989, p. 50-73.

KONETZKE, Richard. *América Latina. II. La época colonial*, 20ª ed. México: Siglo Veintiuno Editores, 1988.

LIMA, Francisco Ferreira. *O outro livro das maravilhas*. Rio de Janeiro: Relume-Dumará, 1998.

LIRA, Bernardino Bravo. "Régimen virreinal. Constantes y variantes de la constitución política en Iberoamérica (siglos XVI-XIX)". In: BARRIOS, Feliciano. *El gobierno del mundo: virreinatos y audiencias en la América Hispánica*. Cuenca: Universidad de Castilla/La Mancha, 2004.

LYNCH, John. *Los Austria, 1516-1700*. Barcelona: Crítica, 2007.

MACLEOD, Murdo J. "Aspectos da economia interna da América Espanhola Colonial: Mão de obra, tributação, distribuição e troca. In: BETHELL, Leslie (org.). *História da América Latina: América Latina Colonial*. v. 2. São Paulo: Edusp, 1999, p. 219-268.

MAGALHÃES, Joaquim Romero. "A construção do espaço brasileiro". In: BETHENCOURT, Francisco e CHAUDHURI, Kirti. *História da expansão portuguesa*. v. 2, Lisboa: Círculo de Leitores, 1998, p. 28-64.

______. "D. António". In: ______. *História de Portugal*. v. III. Lisboa: Editorial Estampa, 1997, p. 472-475.

______. "D. Sebastião". In: ______. *História de Portugal*, op. cit., p. 455-460.

______. "Filipe II (I de Portugal)". In: ______. *História de Portugal*, op. cit.

MARCÍLIO, Maria Luiza. "A população do Brasil Colonial". In: BETHELL, Leslie. (org.). *História da América Latina: América Latina Colonial*. v. 1. São Paulo: Edusp, 1997, p. 311-338.

MARQUES, Guida. "O Estado do Brasil na União Ibérica. Dinâmicas políticas no Brasil no tempo de Filipe II de Portugal". *Penélope*, nº 27. Oeiras: Celta Editora, 2002, p. 7-35.

MARTÍNEZ MILLÁN, José. *La Corte de Filipe II*. Madri: Alianza Editorial, 1998.

MEGIANI, Ana Paula Torres. *O rei ausente*. São Paulo: Alameda Editora, 2004.

MIGUEL BERNAL, Antonio. *España, proyecto inacabado*. Madri: Marcial Pons, 2005.

MILLÁN, José Martínez (dir.). *La Corte de Filipe II*. Madri: Alianza Editorial, 1998.

MONTEIRO, Nuno Gonçalo. *O crepúsculo dos grandes. A casa e o património da aristocracia em Portugal (1750-1832)*. Lisboa: Imprensa Nacional/Casa da Moeda, 2003.

NAZZARI, Muriel. "Da escravidão à liberdade: a transição de índio administrado para vassalo independente em São Paulo Colonial". In: SILVA, Maria Beatriz Nizza da. *Brasil. Colonização e escravidão*. Rio de Janeiro: Nova Fronteira, 2000, p. 28-44.

OLIVAL, Fernanda. *D. Filipe II*. Lisboa: Círculo de Leitores, 2006.

OLIVEIRA, António. *Poder e oposição política em Portugal no período filipino (1580-1640)*. Lisboa: Difel, 1991.

PAIVA, José Pedro. "Las fiestas de corte en Portugal en el periodo filipino (1580-1640)", comunicação apresentada nas Jornadas Internacionales la Fiesta en la Época de los Austria, Universidad de Burgos, novembro de 2000 (fotocopiado).

PERES, Damião. "O Império Português na hora da Restauração". In: *A Restauração e o Império Colonial Português*. Lisboa: Comissão Executiva dos Centenários/Seção de Propaganda e Recepção/Agência Central das Colônias, 1940.

POLÓNIA, Amélia. *D. Henrique*. Lisboa: Círculo dos Leitores, 2005.

RAMINELLI, Ronald. *Viagens ultramarinas. Monarcas, vassalos e governo a distância*. São Paulo: Alameda Editorial, 2008.

RAU, Virgínia. *Estudos sobre história económica e social do Antigo Regime*. Lisboa: Editorial Presença, 1984.

RUSSELL-WOOD, A.J.R. "Políticas de fixação e integração". In: BETHENCOURT, Francisco e CHAUDHURI, Kirti. *História da Expansão Portuguesa*. v. 2. Lisboa: Círculo de Leitores, 1998, p. 126-150.

SCHAUB, Jean Frédéric. *Portugal na monarquia hispânica (1580-1640)*. Lisboa: Livros Horizonte, 2001.

SCHWARTZ, Stuart B. e LOCKHART, James. *A América Latina na época colonial*. Rio de Janeiro: Civilização Brasileira, 2002.

______. *Burocracia e sociedade no Brasil*. São Paulo: Perspectiva, 1979.

______. "O Brasil Colonial, c. 1580-1750: as grandes lavouras e as periferias". In: BETHELL, Leslie (org.). *História da América Latina: América Latina Colonial*. v. 2. São Paulo: Edusp, 1999, p. 339-421.

SEED, Patrícia. *Cerimônias de posse na conquista europeia do Novo Mundo (1492-1640)*. São Paulo: Unesp, 1999.

SERRÃO, Joaquim Veríssimo. "Catarina, D., duquesa de Bragança". In:______. *Dicionário de História de Portugal*. v. II, Porto. Livraria Figueirinhas, 1992, p. 23.

______. "D. António, prior do Crato (1531-1595)". In: ______. SERRÃO, Joel. *Dicionário de História de Portugal*. v. I, Porto, Livraria Figueirinhas, 1992, p. 157-159.

______. *Do Brasil filipino ao Brasil de 1640*. São Paulo: Companhia Editora Nacional, 1968.

______. *História de Portugal. Governo dos Reis Espanhóis (1580-1640)*, vol. IV, 2ª ed. Lisboa: Editorial Verbo, 2000.

______. *O tempo dos Filipe em Portugal e no Brasil (1580-1668)*. Lisboa: Colibri, 2004.

SILVA, Francisco Ribeiro. "A legislação seiscentista portuguesa e os índios do Brasil". In: SILVA, Maria Beatriz Nizza da. *Brasil. Colonização e escravidão*. Rio de Janeiro: Nova Fronteira, 2000, p. 15-27.

SOARES, Torquato de Sousa. "Concelho". In: SERRÃO, Joel. *Dicionário de História de Portugal*. v. III, op. cit., p. 221-222.

SUBRAHMANYAM, Sanjay. *O império asiático português, 1500-1700. Uma história política e econômica*. Lisboa: Difel, 1995.

THOMAZ, Luís Filipe F.R. *De Ceuta a Timor*. 2ª ed. Lisboa: Difel, 1998.

THOMPSON, I.A.A. "El contexto institucional de la aparición del ministro-favorito". In: ELLIOTT, John e BROCKLISS, Laurence. *El mundo de los validos*. Madri: Taurus, 1999, p. 25-41.

TORRES, Ruy d'Abreu. "Mercês". In: SERRÃO, Joel. *Dicionário de História de Portugal*. vol. IV, op. cit., p. 276.

VAINFAS, Ronaldo. *A heresia dos índios*. São Paulo: Companhia das Letras, 1995.

______. *Dicionário do Brasil Colonial (1500-1800)*. São Paulo: Objetiva, 2000.

VALLADARES, Rafael. "El Brasil y las Indias españolas durante la sublevación de Portugal (1640-1668)". *Cuadernos de Historia Moderna*, XIV, 1993, p. 151-172.

______. "História atlántica y ruptura ibérica, 1620-1680. Un ensayo bibliográfico". In: PARKER, Geoffrey (coord.). *La crisis de la monarquía de Filipe IV*. Barcelona: Editorial Crítica, 2006.

______. *La conquista de Lisboa. Violência militar y comunidad política en Portugal, 1578-1583*. Madri: Marcial Pons Editores, 2008.

______. *La Rebelión de Portugal. 1640-1680*. Valladolid: Junta de Castilla y Leon/ Consejeria de Educación y Cultura, 1998.

______. "Portugal y el fin de la hegemonia hispánica". *Hispania*, nº 193, 1996, p. 517-539.

______. *Portugal y la monarquía hispánica, 1580-1640*. Madri: Arco/Libros, 2000.

VEIGA, Carlos Margaça. *A perda da independência. De Alcácer-Quibir aos Açores*, Lisboa: Academia Portuguesa de História, 2008.

YUN, Bartolomé (dir.). *Las redes del Imperio*. Madri: Marcial Pons, 2009.

______. *Marte contra Minerva. El precio del Imperio español, c. 1450-1600*. Barcelona: Crítica, 2004.

PARTE II População

CAPÍTULO 3 A sociedade colonial em Pernambuco. A conquista dos sertões de dentro e de fora

*Maria do Socorro Ferraz**

A capitania de Pernambuco, que o rei D. João III fez mercê a Duarte Coelho,[1] tinha sessenta léguas de terra na costa do Brasil. Essa testada de terras começava na foz do rio São Francisco, ao sul do cabo de Santo Agostinho, e terminava no rio Santa Cruz, que cerca toda a ilha de Itamaracá. Na carta de doação,[2] de 10 de março de 1534, está mencionado que o rio São Francisco pertencerá a Pernambuco, a sua margem esquerda, como também as ilhas que estejam no limite da demarcação. A linha divisória deveria "entrar na mesma largura pelo sertão e terra firme adentro tanto quanto puderem entrar e for de minha conquista". Com essa afirmação, o rei D. João III estimulava o donatário a alargar e interiorizar a conquista tanto quanto fosse possível.

O donatário embarcou com sua mulher, D. Beatriz de Albuquerque, seu cunhado Jerônimo de Albuquerque e muitos portugueses, principalmente vianenses. Aportaram no rio Igarassu, a 9 de março de 1535, numa localidade entre a capitania de Itamaracá e a de Pernambuco,

*Professora na Universidade Federal de Pernambuco.

portanto próximo aos *marcos*.[3] Nesse lugar, havia uma feitoria de el-rei para facilitar a exploração e o comércio do pau-brasil e uma fortaleza de madeira. Por informação de frei Vicente do Salvador,[4] Duarte Coelho morou alguns anos lá, onde nasceram seus filhos Duarte de Albuquerque Coelho e Jorge de Albuquerque e uma filha, Inês de Albuquerque, que casou posteriormente com Jerônimo de Moura e com quem teve um filho.

Dos *marcos*, Duarte Coelho ordenou que se iniciasse a povoação de Igarassu, batizada pelos cristãos de vila de São Cosme e São Damião, distando uma légua dos *marcos*.

Nessa primeira povoação, os colonos enfrentaram a fúria dos nativos, que se desentenderam com os portugueses, por se sentirem escravizados, e cercaram a vila por muitos dias. Ameaçados pela fome, os colonos foram salvos pelos que habitavam em Itamaracá.[5] Como Olinda, distante quatro léguas de Igarassu na direção sul, também estivesse em guerra contra os caetés, Duarte Coelho não pôde auxiliar os habitantes de Igarassu, o que foi feito pelos de Itamaracá.

Com os nativos mais apaziguados e afastados da sede de Igarassu, o donatário deixou essa povoação sob o comando de um vianense, Afonso Gonçalves. Procurando se estabelecer em uma região mais alta, mais defensiva, onde instalou a sede do governo, fez funcionar a Câmara e outorgou a 12 de março de 1537 o foral da vila.[6]

Desde o início, a colonização foi marcada por uma reação dos nativos. Os conflitos com os índios se fizeram presentes nos *marcos*, em Igarassu e também em Olinda. Gabriel Soares de Souza, na sua *Notícia do Brasil de 1587,* sobre o assunto, faz a seguinte referência:

> Chegando Duarte Coelho a este porto [de Pernambuco] desembarcou nele e fortificou-se, onde agora está a vila [de Olinda] em um alto livre de padrastos, da melhor maneira que foi possível, onde fez uma torre de pedra e cal, que ainda agora está na praça da vila, onde muitos anos teve muitos trabalhos de guerra com o gentio e franceses, que em sua companhia andavam, dos quais foi cercado muitas vezes, ferido e mui apertado, onde lhe mataram muita gente; mas ele, com a constância de

> seu esforço, não desistiu nunca da sua pretensão e não tão somente se defendeu valorosamente, mas ofendeu e resistiu aos inimigos, de maneira que os fez afastar da povoação e despejar as terras vizinhas aos moradores dela, de onde depois seu filho, do mesmo nome, lhe fez guerra, maltratando e cativando este gentio, que é o que se chama *caité*, que o fez despejar a costa toda, como esta o é hoje em dia, e afastar mais de cinquenta léguas pelo sertão.[7]

Em muitas ocasiões, Igarassu e Olinda foram atacadas pelos caetés com o apoio dos franceses, que já se encontravam no litoral fazendo trocas com os indígenas desde as primeiras expedições exploratórias. O que viria a ser Recife era uma povoação de pescadores. A comunicação entre Olinda e Recife era feita com barcos, por mar e também por terra, por causa do istmo de areia.

Desde logo, Duarte Coelho percebeu a necessidade de alianças com algumas nações indígenas para fazer frente aos franceses e aos gentios que resistiam à presença dos portugueses. Como os caetés se deslocavam muito frequentemente, tanto pela costa como pelo interior, e como eram aliados dos franceses, o governador da capitania decidiu enfrentar os dois inimigos, que se auxiliavam mutuamente. Enfraquecer o poder de ataque dos caetés trazia um outro benefício, que era a possibilidade de aliança com outras tribos indígenas, suas inimigas. Para tanto, organizou uma expedição, que varreu a costa de Pernambuco e se adentrou com suas embarcações pelo rio São Francisco.[8]

As alianças com os indígenas tabajaras[9] deram-se a partir do concubinato entre homens brancos, como Vasco Fernandes de Lucena e Jerônimo de Albuquerque, com as mulheres nativas. Ambos tiveram filhos e descendência com mulheres da tribo tabajara. A nativa com quem Vasco Fernandes de Lucena, almoxarife-mor da capitania de Pernambuco, viveu em concubinato, pois era casado em Lisboa, era filha de um chefe tabajara e a mulher indígena de Jerônimo de Albuquerque também era filha de um morubixaba de uma tribo tabajara de Olinda.[10] Essas relações de concubinato entre brancos e nativos nem sempre possibilitaram alianças permanentes com todas as aldeias de uma mesma tribo. As expedições para o interior possibilitaram aos potentados de Pernambuco prear índios e os levar de suas aldeias, como cativos, para o trabalho nos engenhos. Com a expansão dessas fábricas, a mão de obra indígena foi substituída pelos negros e os nativos passaram a fazer parte de um grupo de reserva para a guerra contra outros grupos indígenas inimigos e outros europeus, considerados invasores. A catequese também possibilitou a utilização desses índios, já com outra formação e outros conceitos, inclusive em relação à propriedade privada. Os indígenas utilizavam suas estratégias de guerra ao lado da arte bélica convencional da época. Eram assaltos rápidos e de surpresa, as armadilhas e o não enfrentamento cara a cara. A formação de um grupo de índios "frecheiros",[11] dentro dos exércitos convencionais, foi uma novidade para os batalhões ibéricos, acostumados com artefatos pesados, incluindo suas próprias roupas. Alguns cronistas afirmam que a subordinação de parte dos nativos aos portugueses se deveu à astúcia desses e ao medo que suas ações, muitas vezes perversas, causavam aos nativos e que esses as tomavam como milagres, ou seja, realizadas por seres muito superiores a eles. Observa-se, pelas informações de padres jesuítas ou mesmo através das crônicas, ou das cartas de Duarte Coelho ao rei, que, no início da colonização, os índios foram escravizados para o trabalho nos engenhos, mas depois, a partir das alianças com os gentios, Duarte Coelho contou com uma retaguarda de guerreiros[12] e ao descer pela costa até o rio São Francisco encontrou muitos franceses que faziam o resgate do pau-brasil; guerreou contra esses, fez acordos de paz com chefes nativos, levando de volta índios que haviam sido escravizados por tribos inimigas. Amedrontados, muitos índios fugiram e lhes deixaram as terras. Duarte Coelho começou o negócio do açúcar — os engenhos — para o qual já havia trazido os contratos de Portugal. Iniciou-se também a troca com os nativos: galinhas, caças, frutas do mato, peixe e mariscos a troco de foices, machados, anzóis, facas; com as rocas, também negociavam homens e mulheres, nativos, que se tornariam escravos para o trabalho ou para a vida sexual dos colonizadores.

Mais ou menos apaziguada a capitania, viaja Duarte Coelho a Lisboa para rever contratos e dar notícias ao rei e provavelmente conseguir financiamentos. Na sua ausência, dirige a capitania sua mulher, D. Beatriz de Albuquerque, assistida por seu irmão Jerônimo de Albuquerque. Na segunda viagem empreendida por Duarte Coelho a Lisboa, o seu intento era requerer ao rei seus serviços, que passavam dos vinte mil cruzados por ano. A capitania rendia anualmente ao rei sessenta mil cruzados, fora os rendimentos do pau-brasil e os direitos do açúcar produzido por dezenas de engenhos. Não teve êxito no seu intento, foi mal recebido pelo rei e já adoentado veio a falecer dias depois desse encontro.

A capitania ficou sob a responsabilidade de D. Beatriz e do seu irmão Jerônimo de Albuquerque. As queixas contra os nativos, que continuavam atacando os portugueses e os seus escravos africanos, eram frequentes, até que Jerônimo de Albuquerque chamou à sua casa representantes da Câmara da Vila de Olinda e da burocracia reinol, formando pela primeira vez em Pernambuco um conselho para decidir o que fazer com esses grupos indígenas de diferentes nações que os atacavam. A maioria dos conselheiros presentes optou pela guerra, mas Vasco Fernandes de Lucena ponderou, mostrando que a guerra indistinta contra várias tribos não ajudaria os colonos. Provavelmente uniria os grupos indígenas, até os que não eram aliados, porque os inocentes pagariam pelos pecadores. Sugeriu, então, Vasco Fernandes que os próprios índios da nação tabajara, mas de tribos diferentes, descobrissem quem estaria causando prejuízos aos brancos. Após embebedá-los, os portugueses assistiram a alguns índios acusando seus próximos e daí surgiu uma luta entre eles.[13] Jerônimo de Albuquerque resolveu castigá-los, colocando na boca de um canhão e espatifando os que foram considerados culpados. Com essa inimizade e essa divisão entre os gentios puderam os portugueses alargar seus engenhos para os lados da várzea do Capibaribe.[14] Frei Vicente do Salvador, ao comentar o êxito da colonização de Pernambuco, coloca como fatores importantes a bondade dos governantes, a paz com os índios, garantida pela miscigenação e pelo aumento da prole. Lamenta que os indígenas não tenham amado os colonos e justifica a guerra e as atrocidades afirmando que somente poderia haver paz se houvesse temor.

A construção socioeconômica da capitania de Pernambuco realizou-se a partir da expansão da área cultivável. Para tanto foi imprescindível a "limpeza étnica", responsável pela expulsão ou dizimação dos que ocupavam as várzeas. O que movia os colonos era a obtenção da terra. As "guerras justas" estiveram como biombos da violência. Duas guerras contra os gentios, principalmente os caetés e os tabajaras, os empurraram para os sertões de dentro; atemorizados, os tabajaras fizeram uma aliança com os luso-brasileiros, bastante duradoura e proveitosa para o colonizador.

Sendo a capitania bastante ambicionada pelas gentes de Portugal e de outras capitanias que queriam fazer seus engenhos e fazendas ali, o capitão Duarte de Albuquerque Coelho, segundo donatário, resolveu atender a essa demanda. Mas seria preciso disponibilizar as terras, que se espraiavam pelo cabo de Santo Agostinho e eram propícias à plantação de cana-de-açúcar; a dificuldade no empreendimento, mais uma vez, era a presença dos indígenas caetés, que as habitavam e não eram seus aliados. A mesma fórmula foi aplicada: organizar uma ação militar, reunindo homens brancos para comandar vários batalhões de indígenas e de negros. Segundo Pereira da Costa,[15] Duarte de Albuquerque Coelho organizou um corpo regular do "exército", que se constituía de seis companheiros, com os capitães e comandantes distritais apoiados pelos colonos e ricos proprietários agrícolas; compunham, também, as forças militares, moradores de suas terras, os escravos de seus engenhos e uma numerosa corte de índios, seus aliados, que prestaram bons serviços. Com muita astúcia e engodo os nativos de diferentes tribos foram jogados uns contra os outros, pois não havia unidade entre os indígenas diante do conquistador branco. A repressão das autoridades portuguesas e dos colonos foi sempre violenta, o que atemorizava grande parte dos índios, que se rendiam e se aliavam ou reagiam, assim como os colonos agiam, de forma violenta. A chegada dos portugueses modifica essa ocupação territorial e o sistema de alianças e de guerras entre os índios. Quando os portugueses celebravam acordos com alguma tribo não significava que esse acordo se estendesse a toda a nação daquele grupo tribal. As tropas (seis companhias) eram, na verdade, um conglomerado de negros e indígenas[16] comandados pelos homens brancos e proprietários da colônia: o batalhão de Igarassu, comandado por Fernão Lourenço; o de Paratibe, por Gonçalo Mendes Leitão; o da várzea do Capibaribe, por Cristóvão Lins; moradores e mercadores, chamados de gente da vila, organizaram três companhias. A primeira sob o comando do capitão dos vianenses, João Paes; a segunda, comandada pelo capitão dos que vinham do Porto, Bento Dias de Santiago, e a terceira pelo capitão dos lisboetas, Gonçalves Mendes d'Élvas, mercador. As seis companhias estavam constituídas por vinte mil negros, a maioria negros da terra, gentios, tabajaras e potiguares contrários aos do Cabo, que eram os caetés. Da ilha de Itamaracá, comandados pelo capitão Pero Lopes Lobo, foram 35 soldados brancos e dois mil índios. Comandava toda a tropa Duarte de Albuquerque Coelho, acompanhado de D. Filipe de Moura e de D. Filipe Cavalcanti, genros de Jerônimo de Albuquerque. A guerra foi exitosa nos seus objetivos; grande parte dos que a fizeram construíram seus engenhos. Um deles, João Paes, que viria a ser o Morgado do Cabo, construiu oito engenhos, um para cada filho. Mas as terras de perto do rio Sirinhaen também eram férteis e estavam ocupadas por indígenas da tribo dos caetés. A guerra os dizimou e causou muito temor aos outros gentios. Diz frei Vicente:

> À fama dessas duas vitórias ficou todo o gentio desta costa até o rio São Francisco tão atemorizado que se deixavam amarrar dos brancos como se fossem seus carneiros e ovelhas. E assim, iam de barcos por esses rios e os traziam carregados deles a vender por dois cruzados ou mil-réis cada um, que é o preço de um carneiro.[17]

As atrocidades foram tantas que o rei D. Sebastião chamou o donatário a Lisboa, após uma denúncia de moradores da própria capitania. O medo que os colonos conseguiram incutir aos nativos, a partir da violência da guerra, possibilitou aos governantes acordos de paz, mas, sobretudo, uma atitude de apatia e de submissão diante de inimigos tão cruéis. Os cronistas que se ocuparam com a aventura da ocupação portuguesa no Nordeste também descreveram a forma valente como os indígenas resistiram à presença da dominação dos lusos. O quase extermínio dos caetés pelos portugueses, auxiliados pelos tabajaras, foi uma determinação da Coroa portuguesa, que declarou guerra a esse grupo indígena para vingar a morte de D. Pero Fernandes Sardinha, primeiro bispo do Brasil, que morreu nas mãos dos caetés. Por maiores perseguições que os caetés tenham sofrido, esse grupo nunca se rendeu nem fez alianças. O Edito Régio de 1557 condenou os caetés à perpétua escravidão. Bartira Ferraz Barbosa chama atenção para o fato de que

> sobre os nativos caetés não foi encontrada nenhuma referência na cartografia portuguesa dos séculos XVI e XVII, o que confirma as informações sobre a agressiva ocupação portuguesa nessa região e comprova a exterminação dos caetés no litoral com a ajuda dos tabajaras.[18]

A política de ocupação das terras, para o cultivo da cana-de-açúcar ou outra atividade lucrativa, sejam as do sertão de dentro ou as do sertão de fora, tornou-se o alvo número um da colonização. Esse objetivo teve seu desdobramento em todos os níveis de ação das partes interessadas. Por exemplo, planejar uma ação contra os caetés significava observá-los, espioná-los, em suas aldeias, e ter, entre índios de outras tribos, indivíduos que soubessem falar a língua dos caetés para introduzi-los nas suas aldeias. Essas informações nos dão a certeza da complexidade da colonização. Além do cultivo da cana-de-açúcar, da importação da mão de obra, da atualização com as novas tecnologias para a produção do açúcar, os senhores de engenho e a burocracia portuguesa deveriam resolver o problema da expansão da área cultivável.

O trato principal do Brasil colonial foi o açúcar, seja em Pernambuco, Bahia ou Itamaracá. Por essa razão, inventavam-se artifícios para melhorar a produção. Surgiram pilões, mós e eixos; os mais usados eram dois eixos, postos um sobre o outro, movidos por uma roda-d'água ou de bois. Além dessa máquina, havia outra de duas ou três gangorras de paus compridos mais grossos do que tonéis. Outro método ensinado por um clérigo espanhol que veio do Peru ao governador D. Diogo de Menezes é bem mais simples e eficiente: três tambores postos por alto, muito justos, dos quais o do meio, com uma roda-d'água ou com uma almanjarra de bois ou cavalos, se move e faz com que os outros se movimentem. A cana, ao passar duas vezes entre eles, larga todo o sumo, sem ter necessidade de gangorras. Essa nova tecnologia foi introduzida no Brasil entre 1608 e 1612. Se os senhores do açúcar eram atentos às novas tecnologias destinadas ao fabrico do açúcar, não tencionavam mudar a forma de cultivar a cana. A base era o sistema escravocrata. A escravidão indígena não foi suficiente. As guerras contra os nativos demonstraram que não podiam depender dessa mão de obra. Essa situação foi mais rápida em Pernambuco e na Bahia do que em outras capitanias, principalmente as do norte. A documentação da época tem mostrado que na resistência que os indígenas ofereceram ao homem branco o negro não foi poupado. Mais tarde, com a formação dos quilombos no interior da capitania, houve um certo apoio, não de tribos indígenas, mas de indivíduos descendentes de índios já dispersos.

A produção de açúcar se expandiu da Capitania de Pernambuco para as Capitanias de Itamaracá e da Paraíba. A liderança na produção esteve com Pernambuco e praticamente o embarque do produto do Nordeste para os portos europeus sempre foi no porto do Recife. Para comparar com outras capitanias que produziam açúcar no século XVI, vejamos os números: em 1590, havia seis engenhos em São Vicente, 36 na Bahia e 66 em Pernambuco.[19] A produção não cessou de aumentar e consequentemente Pernambuco passou por transformações expressas na opulência da sociedade descrita pelos cronistas da época.

Alice Canabrava[20] comenta que a conjuntura econômica do século XVII foi de depressão, enquanto o movimento do açúcar tendeu para a alta. No fim do século XVII, o preço do açúcar começou a baixar. Na colônia, esse movimento pode ser visto pelo fato de que abastados senhores de engenho dobraram suas terras em extensão e equipamentos de produção. Os lavradores, entretanto, preferiram não investir na ampliação de sua mão de obra. Com trinta ou quarenta escravos poderiam obter bons lucros sem ter de se endividar com a compra de equipamentos. Com a queda do preço do açúcar, os proprietários continuaram ampliando o cultivo da cana, dessa vez para aumentar a produção, compensando o prejuízo provocado pela baixa do preço.

Quando Gabriel Soares de Souza escreveu sobre o Brasil, o século XVI ainda não havia terminado, como também a União Ibérica. Em 1587, ele oferta o seu livro *Tratado descritivo do Brasil* a Cristóvão de Moura, em Madri. Entre muitas informações importantes que o livro contém, destacamos as que se referem a Pernambuco nos primeiros decênios, porque podemos compará-las com outras observações feitas por Fernão Cardim e pelo padre António Pires, também do século XVI. Os dois primeiros ressaltam as rendas e as riquezas obtidas pela produção de açúcar nessa capitania.

Na informação do cronista Gabriel Soares de Souza, em 1587 a capitania de Pernambuco já apresentava uma estrutura poderosa em termos de renda:

> Mais de cem homens tinham rendas entre mil e dez mil cruzados. Chegaram a esta terra pobres e se tornaram ricos. Todos os anos saem do porto de Pernambuco quarenta e cinquenta navios carregados de açúcar e pau-brasil. (...) Esta vila de Olinda terá setecentos visinhos pouco mais ou menos, mas tem muito mais no seu termo, porque em cada um d'estes engenhos vivem vinte e trinta visinhos, fora os que vivem nas roças.[21]

Sobre a defesa da capitania, o autor afirma que o donatário podia reunir uns três mil homens de peleja, juntamente com os moradores de Igarassu e uns quatro a cinco mil escravos da Guiné. Ainda na sua escrita, aparece um lembrete às autoridades da metrópole em relação à defesa da capitania, considerada por ele bastante exposta aos corsários.

O padre Fernão Cardim chega a Pernambuco em 14 de julho de 1585, acompanhando o padre Cristóvão de Gouveia, visitador dos jesuítas no Brasil. De sua missão nessa capitania ficaram impressões escritas em forma de carta sobre a sociedade de Pernambuco. Quando retornou ao Colégio da Bahia, em 16 de outubro de 1585, a enviou ao padre provincial da Ordem em Portugal.[22] Os pontos principais tratados por Cardim sobre a capitania de Pernambuco, em seus primeiros decênios, podem ser resumidos e os apresentamos aqui: o religioso descreve minuciosamente a viagem e o comportamento e os hábitos dos seus pares, dentro dos navios e quando se deslocam para a terra, para os conventos onde são instalados. É um observador sagaz sobre a vida dos seus irmãos dentro dos conventos e também sobre a sociedade mundana que se move na capitania. Faz comparações entre a sociedade pernambucana e a sociedade lisboeta, entre os costumes dos indígenas e os hábitos dos portugueses e luso-brasileiros. Percebeu diferenças culturais na alimentação dos indígenas, quando os padres da Companhia visitaram uma aldeia. Os índios ofereceram durante a ceia peixinhos de moqué assados, batatas, cará, mangará e outras frutas da terra. Os padres consideraram essa comida pobre diante da dieta alimentar deles próprios: patos, galinhas, queijos, vinhos, frutas, trigo, carnes bovinas etc.

Essa visitação permaneceu em Pernambuco por três meses. Na opinião do padre Fernão Cardim, não apenas a sociedade de Olinda é faustosa como também há muita fartura, de alimentos e de adornos dentro dos conventos. O autor apresenta observações argutas e transmite uma informação curiosa sobre um rito que se verificou no refeitório dos padres, quando se recitavam orações em homenagem ao padre Ignácio de Azevedo, martirizado juntamente com os seus companheiros. É que uma das orações foi efetuada em língua de Angola, por um irmão de 14 anos e que depois a traduziu para o português. Por essa informação, podemos inferir que jovens, muito jovens, já entravam para a vida conventual e já se deslocavam de um continente ao outro e que havia colégios na África, como o de Olinda, para formar futuros irmãos, que Cardim denominava de “irmãos estudantes”. Diferente dessa formação, havia outro colégio dedicado aos filhos dos brancos, os principais da terra. Eram estudantes de humanidades. Comentando sobre a sociedade livre de Pernambuco, Cardim referiu-se a ela da seguinte maneira:

> A gente da terra é honrada; há homens muito grossos de 40, 50 e 80 mil cruzados de seu; alguns devem muito pelas grandes perdas que têm com a escravaria de Guiné, que lhe morrem muito, e pelas demasias e gastos grandes que teem seu tratamento. (...) vestem-se e as mulheres e filhos de toda sorte de veludos, damascos e outras sedas; e nisto têm grandes excessos. As mulheres são muito senhoras e não muito devotas. São muito dados a festas e banquetes. Os vianezes são senhores de Pernambuco. Tem passante de dois mil vizinhos entre vila e termo, com muita escravaria da Guiné, que serão perto de dois mil escravos; os índios da terra já são poucos. Há 66 engenhos e lavram-se alguns anos duzentas mil arrobas de assucar. Enfim em Pernambuco se acha mais vaidade que em Lisboa.

Trinta e seis anos antes, padres da Companhia de Jesus comentaram sobre a capitania de Pernambuco através de missivas aos seus superiores. Um deles, o padre António Pires,[23] data sua carta aos irmãos do Colégio de Jesus de Coimbra em 2 de agosto de 1551 e relata que permaneceram em Pernambuco pouco mais do que um mês. Nesse período, realizaram muitos serviços apostólicos: propiciaram a paz com os índios; casaram homens que viviam amancebados com índias e com brancas. Há muito tempo as índias forras andavam em pecado com os cristãos e os padres conseguiram torná-las cristãs. Como tal, não deveriam acompanhar seus homens ao sertão. Portanto, obrigaram os colonos, que as tinham, a manterem uma casa, onde deveriam ser recolhidas e esperar algum homem trabalhador que as quisesse para o casamento. Escreve o padre Pires que são muitas mulheres nessa situação. Somente em Olinda são mais de quarenta e a essas se agregam também outras mulheres gentias. Uma delas era tão inteligente que passou a explicar a doutrina às outras e por essa razão eles, os padres, a fizeram *meirinha*. Os senhores de engenho reagiram a casamentos de colonos com escravas, com as quais estavam amigados, com medo de que uma vez casadas conseguissem a sua liberdade. O padre, entretanto, não defende a alforria para as escravas, e sim a salvação das suas almas. Outra informação interessante é a existência de escolas separadas para as crianças brancas e as indígenas.

Da Vila de Olinda, em 14 de setembro de 1551, o padre Manuel da Nóbrega escreveu a el-rei D. João III sobre a sociedade de Pernambuco, alarmado com os maus costumes, desde os praticados pelos eclesiásticos até os que são comuns aos cristãos: sejam colonos, negros ou índios. Comentou que o sertão está cheio de filhos de cristãos "grandes e pequenos, machos e fêmeas" e se criam nos costumes dos gentios. Fez referências aos índios dizendo que se encontravam mais calmos do que em outros lugares, porque receberam terras e o capitão não permite que lhes façam agravos; continuando em suas observações, o padre escreveu que a Justiça e a Igreja eram muito mal dirigidas, na sua opinião. Atribuiu os desmandos da capitania à velhice do donatário, apesar de considerar virtuosos tanto ele quanto sua mulher D. Beatriz de Albuquerque. Sugeriu que a Coroa assumisse maiores prerrogativas na defesa da costa do Brasil. Nas informações sobre os escravos, mostrou claramente que são muitos e deles os colonos colhem muitos frutos. Para terminar, informa ao rei que Tomé de Souza lhe pediu um padre que acompanhasse uma "certa gente" numa entrada, que se fará em busca do ouro. Prometeu que o atenderá, porque também interessa à Companhia a descoberta do ouro para o "Thesouro de Jesus Christo Nosso Senhor".

De simples observadores, quando acompanhavam os visitantes de suas ordens religiosas, os padres acabaram por se transformar em cronistas ou relatores do que viam e ouviam e os seus escritos são fundamentais para os historiadores do período colonial. As ordens religiosas foram se instalando na colônia e participando de atividades econômicas, além do seu mister principal. Com exceção dos franciscanos, que faziam voto de pobreza, as demais, como a dos jesuítas, dos beneditinos e dos carmelitas, eram autossustentáveis. Participavam da economia colonial por meio de estipêndios, empréstimos, propriedades rurais e urbanas.

Em Pernambuco, essas ordens atuaram e investiram na produção de açúcar para exportação, na criação do gado, na compra de escravos e participaram também do mercado financeiro a partir de hipotecas e rendimentos. Apesar de os jesuítas[24] serem considerados os grandes proprietários da América Latina, são os beneditinos os melhores administradores. Já na metade do século XVII possuíam 11 engenhos em todo o Brasil: dois na Bahia, três em Pernambuco, dois na Paraíba e quatro no Rio de Janeiro.

Stuart B. Schwartz[25] estudou a atuação dos beneditinos, enquanto proprietários de engenhos de açúcar, no Brasil e fez um recorte para os três engenhos de Pernambuco: Mussurepe, São Bernardo e Goitá. As terras de Mussurepe foram adquiridas pela Ordem em 1609, mas em 1629 já estava montado o engenho e produzindo cerca de três mil arrobas de açúcar por ano. Dessas, 16 arrobas eram destinadas ao donatário da capitania. O engenho produzia, além de açúcar, aguardente e sua renda era equivalente a metade dos recursos anuais do mosteiro de Olinda. Em 1667, o engenho empregava 83 escravos, plantel de um engenho de médio porte. A fama de bons administradores que tinham os beneditinos parece ser confirmada pelos documentos de contabilidade dos engenhos e dos mosteiros deixados por eles. No século XVIII, após um balanço da situação dos três engenhos de Pernambuco, o açúcar e os subprodutos representavam 2/3 da renda anual da Ordem. A capacidade empresarial dos beneditinos é reconhecida pelas inovações que introduziram na produção e no fabrico do açúcar, assim como na relação com a mão de obra escrava. Parece ter havido incentivo à formação de famílias entre os escravos, como também recompensas pelo aumento da natalidade. Se uma escrava conseguisse manter seis filhos vivos, não faria trabalhos penosos. Aos escravos era permitido ter um dia da semana livre para trabalhar sua própria roça; alguns engenhos dos beneditinos foram administrados por escravos.

A relação das ordens religiosas que intervinham na atividade produtiva da colônia com os outros senhores de engenho e mesmo com a burocracia não era muito cordial. Os religiosos queriam frequentemente dispensa de impostos e outras obrigações com o governo da capitania e com a Coroa. O episódio em que se envolveu o governador-geral do Brasil Diogo Botelho em 1602 é elucidativo: desembarcou em Pernambuco em 1602 e lá permaneceu um pouco mais de um ano. Com ele vieram dois religiosos, agostinianos, para fundarem uma casa da Ordem em Pernambuco; o povo não consentiu, justificando que já tinha muita despesa com os religiosos da Companhia de Jesus (jesuítas), de Nossa Senhora do Carmo (carmelitas), do patriarca São Bento (beneditinos) e de nosso seráfico São Francisco (franciscanos). Os moradores arrecadaram uma polpuda esmola com os senhores de engenho e devolveram os agostinianos a Lisboa.

A sociedade pernambucana colonial teve por base o poder econômico e político dos senhores de engenho até o fim da ocupação holandesa. Os senhores de engenho se situavam no ápice da pirâmide, depois vinham os comerciantes de grande porte, os religiosos, os lavradores de cana e de algodão e a burocracia, os pobres livres, incluindo brancos, índios e negros. Na base da pirâmide, os escravos.

A Coroa portuguesa sempre apoiou os senhores de engenho e até incentivou a criação de uma mentalidade fundamentada na expressão "nobreza da terra". Com o fim da ocupação holandesa em Pernambuco, a metrópole mudou sua política em relação à capitania e aumentou seu domínio na colônia criando tribunais, cargos públicos e administrativos. A reconstrução de Olinda não foi política prioritária nem da Coroa nem dos senhores de engenho "retirados na pobreza de suas fazendas", como disse Francisco Barreto, governador-geral do Brasil. Em 1689, Olinda tinha apenas quinhentos fogos, habitados por gente pobre em casas pequenas, e o governador de Pernambuco enfrentava muitas dificuldades na sua reconstrução.[26] As tentativas foram muitas, desde 1657, quando André Vidal de Negreiros, governador da capitania, resolveu, sem consultar o governo-geral do Brasil, transferir repartições da Guerra, da Justiça e da Fazenda do Recife para Olinda. O objetivo era a reconstrução da vila, das igrejas e dos conventos e erguer uma fortificação em torno da vila. O aumento dos impostos da aguardente seria a solução para a compra do material destinado à construção. A resposta para essa atitude veio tanto de Francisco Barreto, governador-geral do Brasil, quanto do conselheiro do Conselho Ultramarino Salvador Correia de Sá. Os argumentos dessas autoridades eram contrários às justificativas do governador de Pernambuco, tendo em vista que não se podia desmobilizar a defesa do Recife; portanto, ordenava que a infantaria e a alfândega não se transferissem. Outra solução apontada pelas autoridades de Olinda era a transferência da população judaica para aquela vila. Eles deveriam pagar pela sua reconstrução, o que não encontrou apoio entre os judeus habitantes do Recife, até porque eles haviam despendido um milhão de cruzados na reedificação da Vila do Recife e não gastariam mais na reconstrução de Olinda.[27]

Silenciosamente, portugueses de origem modesta foram sendo nomeados para novos e velhos cargos na administração da capitania. Os senhores de engenho, com a produção de açúcar desorganizada pela guerra e atingida pela baixa dos preços, não tinham mais a preferência da Coroa quando dos conflitos com a burguesia nascente. "Em Pernambuco a burguesia em ascensão encontra favor na Coroa e, por isso, a classe senhorial foi levada a recorrer às armas, para conservar seus privilégios."[28]

As câmaras espelhavam essa situação. As várias reclamações que foram feitas por seus oficiais sobre a cobrança do *imposto da finta da rainha e paz d'olanda* é a comprovação de que havia conflitos entre os senhores e a Coroa. Pelo não pagamento do imposto, André Vidal de Negreiros foi executado judicialmente em suas rendas. O Senado da Câmara de Olinda desafiava o governador da capitania. Os oficiais da Câmara, assim como os funcionários da Justiça, Fazenda e Guerra, se dirigiam diretamente ao rei, mesmo que fosse para fazer queixas do governador. A política portuguesa estabeleceu uma relação entre o rei e outros poderes na capitania. Há uma diferença entre o delegado real e a burocracia e a representação das câmaras. No fim da Guerra da Restauração, a capitania e suas anexas sofreram impactos, não somente pela crise econômica, mas pelo aparecimento dos quilombos, principalmente o dos Palmares; pela Guerra dos Bárbaros e pelo aparecimento da primeira epidemia de bexiga (varíola). A mudança na política da Coroa estabeleceu a ocupação do sertão de dentro e posterior distribuição de sesmarias para o interior como também a expansão territorial para o norte.

Desde o início da colonização que o gado, o algodão e o sal apareciam, ao lado do açúcar, como complemento da economia de Pernambuco. À proporção que os gentios foram empurrados para o interior e dizimados pelas "guerra justas", o gado foi ocupando o espaço e outros produtos extrativos, como o sal, foram surgindo como alternativa de algum proveito. Salinas ou "marinhas de sal" já eram citadas na Carta de Doação do rei a Duarte Coelho. Todas as salinas que fossem encontradas em Pernambuco ou igualmente na capitania de Itamaracá ficariam pertencendo ao donatário de *juro* e *herdade*. Duarte Coelho encontrou salinas[29] na região do cabo de Santo Agostinho e concedeu a Tristão de Mendonça a sua exploração.

Durante a ocupação holandesa, Maurício de Nassau recomendou a exploração do salitre. Nesse período foi sustado o envio do sal à metrópole portuguesa, o que somente foi retomado em 1671, quando foi posto em arrematação o imposto do sal, considerado nessa altura *direito real*, o dízimo que cabia aos donatários de Pernambuco. O governo português resolveu que os habitantes da capitania poderiam utilizar o sal produzido aqui, mas não poderiam exportá-lo. O monopólio terminou por prejudicar os que exploravam salinas e o governo de Pernambuco passou a exercer um controle entre os que exploravam o produto em Pernambuco, em Itamaracá e em Açu, no Rio Grande do Norte.[30] Em fins do século XVIII houve notícias de que havia mais de um século que em um lugar denominado Buíque encontravam-se minas de sal; o governo metropolitano estabeleceu, naquelas minas, a criação de *oficinas*, que seriam as fábricas onde trabalhavam índios. Para tanto foram aldeados quarenta casais de diferentes etnias.[31]

A conquista do sertão de dentro

Sertão é uma palavra definidora de muitos conceitos: tem origem latina no verbo *ser/sero*, que quer dizer ligar com fio, tecer, juntar, atar, engajar, encadear. Dessa palavra latina se derivaram outras como *desero, deserni, desertum,* que se traduz na língua portuguesa por destacar-se, soltar-se, desertar.

É sintomático que a palavra na sua origem tenha um conceito e na sua evolução tenha se dirigido para um outro que lhe é oposto: *atar* e *soltar, juntar* e *destacar, encadear* e *desertar.* O sertão é dialeticamente os dois conceitos. É uma região de fronteira entre climas, entre homens, entre tradições, entre a colonização portuguesa e a holandesa, entre o sistema de trabalho escravo organizado, os quilombos e o trabalho livre.

A ocupação das terras do sertão já estava prevista no Regimento dado a Tomé de Souza em 1548. Explicitamente indica que esses movimentos com tropas deveriam se adentrar até atingir o rio São Francisco.

Coube a Duarte Coelho de Albuquerque organizar esse empreendimento a partir de Lisboa, onde se encontrava. Ao chegar a Pernambuco, reuniu-se ao seu irmão Jorge de Albuquerque e em 1560 realizaram a primeira entrada para a conquista dos sertões do São Francisco. A tarefa inicial realizada reforçou algumas povoações existentes e fundou à beira do São Francisco a de Penedo. Nesse primeiro empreendimento, os conquistadores encontraram uma vigorosa reação dos índios caetés; e essa ação "colonizadora" se transformou em ação militar de dominação e quase extermínio dessa nação. Durante cinco anos os batalhões formados por brancos, negros e indígenas aliados aos portugueses percorreram a região sertaneja, desde os seus limites ao sul, pelo rio São Francisco, até o extremo norte.

Várias entradas em Pernambuco alcançaram o rio São Francisco, onde os conquistadores acreditavam haver minas de ouro. Em 1578, uma entrada comandada pelo capitão de um caravelão, Francisco Barbosa da Silva, alcançou o São Francisco, sem que achasse algum metal precioso; essa expedição levou setenta homens por terra, comandados por Diogo de Castro, que falava a língua dos gentios. Foi uma expedição de engodos e traições e tinha como objetivo fazer cativos os índios. Voltaram mais pobres do que foram, na opinião de Pereira da Costa[32] citando frei Vicente do Salvador.

A conquista dos sertões de dentro não se deu de forma homogênea e estável. Até o fim do século XVII havia muita instabilidade na permanência de colonizadores nas terras "conquistadas". As sesmarias concedidas aos homens de certo cabedal eram mantidas sob suas posses com muitas dificuldades. Além da distância dos centros urbanos mais bem aparelhados, havia constantes ameaças, tanto dos indígenas quanto de negros fugidos[33] do quilombo de Palmares.

Capistrano de Abreu, em seu livro *Caminhos antigos e povoamento do Brasil*, escreveu que os pernambucanos se importaram mais com a conquista do Nordeste do que com o seu próprio sertão. Provavelmente Capistrano desconhecia documentos de 1738 indicando três caminhos de penetração para o sertão pernambucano. Esses documentos[34] encontram-se na Coleção Alberto Lamego da Faculdade de Filosofia da Universidade de São Paulo. Dois desses caminhos acompanhavam os vales dos rios Ipojuca e Capibaribe; o que acompanhava o Capibaribe se alongava até a ribeira do Pajeú, cruzava na direção de Cabrobó até chegar ao São Francisco; o caminho de Ipojuca acompanhava o seu próprio vale, alcançava o rio Moxotó e daí atingia o São Francisco; o terceiro roteiro é um caminho antigo, aberto por ordem de Azeredo Coutinho e que comunicava Olinda com o São Francisco. Esses roteiros, que partiam do litoral, chegavam até o extremo limite a sudoeste do território da capitania de Pernambuco, que, no século XVIII, atingia o Carinhanha. Todos se valiam de antigas trilhas dos indígenas; era a oportunidade de o viajante, através do rio São Francisco, alcançar Minas, Bahia, Alagoas, Sergipe, Ceará e Piauí.

A toponímia ibérica encontrada nesses roteiros sugere a presença do homem branco, não como uma ocupação efetiva e numerosa, mas como rastros dos viajantes, provavelmente negociantes de gado ou faiscadores dos rios. Ao descansar nessas paragens, os homens marcavam sua presença para a próxima aventura. Os lugares alcançados por eles já haviam sido batizados pelos nativos. Em muitos casos, predominou a toponímia indígena.

A política da Coroa portuguesa de ocupação de terras no Brasil foi a de outorgar sesmarias, com alguns critérios bem definidos. No Livro 2 de Registro das Sesmarias, do século XVIII, constatam-se exigências, mas também uma certa frouxidão na distribuição das terras, pela forma como as autoridades procediam: o capitão donatário de Pernambuco em 1734, Duarte Sodré Pereira Tibão, ao despachar favoravelmente a concessão de sesmaria de umas "terras despovoadas e desertas entre a Serra da Borborema e o rio do Pajeú para nelas criarem seus gados de toda a casta" ao vigário da Freguesia de Nossa Senhora da Conceição de Rodelas, Francisco Ferreira, e ao Sr. Manuel da Costa Calado, ordenou ao capitão-mor daquele distrito colocar editais públicos nas portas das igrejas, inclusive nas da vizinhança, para que havendo alguma pessoa ocupando essas terras se apresentasse.[35] No mesmo documento é exigido um fiador que garanta o pagamento do *foro* ao governo de Pernambuco. Há inúmeros documentos que confirmam essa prática, também registrada pelo historiador Warren Dean.[36] As petições assinadas, solicitando doações de sesmarias, trazem informações esclarecedoras sobre a legislação vigente. Por elas sabemos que todos os solicitantes deveriam atender a determinadas exigências para aquisição de *datas*. São as seguintes:

a) registrar uma carta petição no Livro da Provedoria e esperar a carta de confirmação da doação para poder se instalar;
b) indicar um fiador para segurança do pagamento anual do foro; os valores eram variáveis, mas a maioria das cartas de confirmação aponta o pagamento do foro no valor de 4$000 (quatro mil-réis) por ano;
c) pagar o dízimo da Ordem de Cristo;
d) utilizar a terra solicitada na agricultura ou criação de gado dentro de um prazo de cinco anos.

No início da colonização, a legislação incentivava a ocupação, mas a partir de 1549, com a instituição do Governo-Geral, isto é, a presença do Estado português, essas exigências foram aumentando. Por exemplo: a exigência do registro na Provedoria é da legislação de 1549, mas a confirmação das cartas pelo rei já é uma exigência do século XVII. A carta régia de 1699 torna obrigatório o pagamento do foro. Com a legislação mais rigorosa sobre os prazos de aproveitamento da terra e a ocupação indiscriminada feita anteriormente à regulamentação, a extensão das terras doadas foi diminuindo, pois, caso a terra não fosse utilizada economicamente dentro do prazo de cinco anos, seria considerada devoluta.[37]

As medições sempre utilizaram limites naturais e/ou propriedades ou posses de outros, o que facilitou a incorporação de grandes quantidades de terras aos domínios dos fazendeiros ou o argumento de que a terra era devoluta, portanto não pertencia nem ao Estado nem a particulares. Em geral, os criadores de gado recebiam sesmarias muito extensas. Um dos mais conhecidos foi Garcia D'Ávila, que através de inúmeras solicitações conseguiu construir um Império fundiário.

A documentação aponta para a ocupação da terra pelos colonos antes da legalização jurídica. É curioso notar que as autoridades não concediam sesmarias a religiosos regulares, e sim aos seculares.

A distribuição de *sesmarias*, que teve continuidade até o século XIX, não impossibilitou a ocupação das terras por meio de *posses*. Muitos proprietários também eram posseiros, como indica a documentação de Registros de Terras Públicas, em Pernambuco, no século XIX. Eles ocupavam terras devolutas ou que não se encontravam em nenhum registro. Após a Lei de Terras de 1850, encontramos inúmeros registros de posses de terra, declaradas por seus posseiros às autoridades imperiais, indicando inclusive a localização delas.[38]

As investidas das autoridades e dos colonos de Pernambuco no sentido de ampliar os domínios da capitania de Pernambuco na região do médio São Francisco chocavam-se com o poderio da Casa da Torre. As vilas, que hoje são conhecidas como Floresta, Itacuruba, Belém de

São Francisco e Cabrobó, que atualmente pertencem a Pernambuco, estiveram integradas aos domínios da família Ávila, da Casa da Torre. Essa sesmaria abrangia tanto a margem direita do rio São Francisco quanto a esquerda. Na impossibilidade de dominar área tão extensa, a redistribuição dessas terras aos posseiros acabou por diminuir o Império dos Garcia D'Ávila, limitando-o às terras baianas.

A administração portuguesa, sob o pretexto de reconstituir os aldeamentos dos indígenas, após as conhecidas "guerras justas", recomendava a presença na região de homens brancos, que deveriam cuidar da sorte dos indígenas; após a expulsão dos holandeses, foram bem aquinhoados com doações de terras. Restabelecer as aldeias[39] e *reduzir os indígenas* àquela circunscrição, que deveria ser dirigida por padres missionários, refletiam uma política de redução das terras dos nativos e ampliação das possibilidades de ocupação do sertão pelos colonos.

Registros históricos, encontrados em arquivos eclesiásticos, da Missão de Nossa Senhora do Ó, na ilha de Zorobabel, em Itacuruba, Pernambuco, informam-nos que a Missão foi fundada pelos jesuítas em 1696 e nesse mesmo ano foram expulsos por causa de conflitos de terras com prepostos dos poderosos Garcia D'Ávila, da Casa da Torre. A demarcação das terras, reservadas para a aldeia, deve ter sido o móvel da questão. Por ordem do governador-geral do Brasil, D. João de Lencastre, que governou o Brasil de 22/5/1694 a 3/7/1702, as terras doadas aos missionários deveriam ser demarcadas em torno de duas ou três léguas para cada aldeia. O provincial da Ordem cumpria as determinações do governador quando foi acusado de invadir as terras de Catarina Fogaça e Leonor Pereira Marinho, esposa e irmã do falecido Francisco Dias D'Ávila. Na realidade, as terras das duas senhoras distavam 150 léguas das aldeias referidas, conforme se pode constatar na defesa que elas fizeram ao ser acusadas de ter participado da expulsão dos indígenas. O governador de Pernambuco, Francisco Martins Mascarenhas de Lencastre, que governou Pernambuco de 5/3/1699 até 13/9/1703, reconhecendo o direito natural dos indígenas às terras, critica a política da Casa da Torre, que a essa altura se estendia a mais de quatrocentas léguas a partir do litoral.

Por meio da correspondência do padre jesuíta Alexandre Gusmão ao seu superior sabe-se que a população indígena nas aldeias do São Francisco localizadas nas terras de Catarina Fogaça e Leonor Pereira Marinho era estimada em duas mil almas em 1696.

Agindo como agente do rei, cuja função era, também, a de moderar conflitos, o governador intercede a favor da política missionária dos jesuítas e em 1700 um alvará real ordena demarcar em uma légua quadrada as terras para instalação das missões nessa região. Entretanto, os jesuítas, sentindo-se ameaçados, justificam o fato de não haver retornado ao trabalho nas missões em carta de 11 de fevereiro de 1710 aos seus superiores. Documentos do período no Arquivo Histórico Ultramarino informam que o bispo e o governador de Pernambuco, Fernão Martins Mascarenhas, enviaram religiosos àquela região sob protestos do arcebispo da Bahia, João Franco de Oliveira. Outros documentos, do citado Arquivo, comprovam a associação de Leonor Pereira Marinho com os interesses da Coroa portuguesa na exploração do salitre no vale do rio São Francisco e na permissão da escravidão indígena para essa atividade. Esse fato provavelmente explica a retirada estratégica dos jesuítas da região. De resto, D. Leonor recebeu como recompensa pelos serviços prestados à Coroa um "foro de fidalgo" para sua filha.

Para atrair missionários, a lei de 1703 confirmou o alvará de 1700 e ampliou, minimamente, o território das missões: além da légua quadrada já concedida, acrescentou-se área para a Igreja, para o adro, para o terreno em torno dos muros e para a horta do vigário; seriam ninharias, que não mudavam a política de ocupação territorial nem o extermínio da população indígena; os colonos, cada vez mais ávidos por terras para o gado, avançavam na direção dos antigos territórios dos nativos. Interpretando as decisões reais, seria do seu interesse resguardar o território dos indígenas, mesmo que limitado, e a partir dessas aldeias fixar a presença da administração do Estado português, ao menos utilizando os missionários como a *mão longa* do Estado. Esse plano, entretanto, se chocava com a ambição dos colonos na ocupação indiscriminada da terra.

Sem a presença dos jesuítas, as autoridades portuguesas oferecem a direção das missões aos franciscanos, que declinam do convite. A preocupação das autoridades se revela em não controlar a população indígena dessa região, já reduzida e, em parte, cristianizada. Sem a liderança dos padres, provavelmente os indígenas seriam alvo fácil dos colonos e se dispersariam. Na intenção de resolver esse problema, o Governo de Pernambuco oferece aos carmelitas de Santa Teresa a direção das missões e eles aceitam a tarefa. A partir de 1702, as três missões do rio São Francisco foram dirigidas por padres carmelitas.

A situação geral da região Nordeste era difícil do ponto de vista de manter a conquista e avançar na ocupação das terras dos sertões e, ainda, tentar se ressarcir dos prejuízos acarretados pela fuga de escravos. Além das revoltas indígenas, que já traziam intranquilidade às autoridades e aos moradores, os negros estavam aquilombados e os senhores se sentiam tocados na sua autoridade e na sua economia. Os colonizadores — que haviam ocupado e controlado as terras do litoral, desenvolvendo ali uma economia sólida havia mais de um século; e que em muitas ocasiões participaram, com finanças, gente e até parentes, das conquistas dos sertões de fora e de dentro — viam-se ameaçados por grupos indígenas e de negros. As alianças com algumas nações indígenas, como os potiguares e os tabajaras, custaram "engenho e arte", admitindo muita estratégia, astúcia e maldade. A resistência indígena, principalmente a dos caetés, à ocupação portuguesa levou os donatários de Pernambuco e colonos a uma corresponsabilidade na defesa dos territórios conquistados pelos portugueses, mesmo em outras capitanias. Nesse momento, os pernambucanos sentiam-se ameaçados dentro de sua capitania pelos escravos fugitivos; portanto, a ordem para a transferência das tropas de Domingos Jorge Velho para reprimir os índios foi suspensa, porque ele tinha um contrato com o governador de Pernambuco, Souto Maior, para que fosse combater o quilombo de Palmares. Em compensação, Pernambuco aumentou o seu efetivo no auxílio às autoridades de Açu, no combate aos "bárbaros". É importante perceber quem pagou essa conta. A proposta inicial seria que a fazenda real financiasse armas e munição, fardamento e duas peças de campanha; a fazenda real do Rio Grande do Norte ficaria responsável pelo fornecimento da farinha e pagamento do frete dos barcos e o sustento desses homens durante seis meses. Todas essas despesas, entretanto, foram financiadas pela Câmara de Olinda e afiançadas por Antonio Lopes Leite.

As "guerras justas" possibilitaram aos colonos a utilização do indígena como mão de obra servil. Embora a contribuição indígena, dentro dessa relação escravista, tenha sido limitada, foi de fundamental importância o desalojamento dessa população para a implantação das fazendas de gado. Empurrando os nativos para o interior ou mudando suas aldeias para regiões menos férteis ou na proximidade de tribos rivais, os campos seriam ocupados com o gado e se evitaria a caça nas fazendas dos colonos.

Esses conflitos com os indígenas pela posse da terra modificaram as relações de trabalho nessa região e pouco a pouco, em número limitado comparado ao litoral, a escravidão de origem africana compôs a paisagem do *sertão*. A necessidade de novos braços, seja para a lavoura de subsistência, seja para a do algodão ou para a cultura da cana-de-açúcar, matéria-prima para o fabrico da rapadura e aguardente e para a atividade pecuária, levou o colono a buscar um plantel de escravos negros de acordo com sua riqueza; desse modo, complementava a mão de obra de origem indígena ou mesmo familiar.

A colonização holandesa também foi responsável pelo adentramento de proprietários portugueses e seus descendentes, os quais procuraram local mais seguro para iniciar uma nova atividade — a criação do gado — e passaram a ter relações comerciais com Salvador, como capital do domínio da União Ibérica. O rio São Francisco passou a ser o limite entre atividades econômicas diferenciadas: a agricultura canavieira e a atividade criatória, conforme oficializou a Coroa portuguesa em Carta Régia de 1701.

Apesar de essa Carta sugerir a extensão do plantio da cana-de-açúcar nessa região, o que se traduz pela presença dessa cultura e pela necessidade do seu limite, todas as povoações tiveram suas origens nas fazendas de gado, vendendo animais (gado vacum, cavalar e cabrum) ou produzindo carne e couro para outras regiões. A cana-de-açúcar se desenvolveu como atividade econômica complementar, produzindo aguardente e rapadura.

A cultura do algodão logo se expandiu, a princípio como matéria-prima para a fabricação de pano grosso na colônia e depois, no século XIX, como matéria-prima, valorizada pelo mercado externo, destinada à indústria. Em fins do século XVIII e começos do século XIX, essa atividade torna-se rentável em virtude de a Revolução Industrial e a Independência dos Estados Unidos terem estimulado o mercado. Pecuária e algodão, os dois esteios da economia do sertão, desenvolveram-se articulados tanto com as regiões exportadoras do açúcar e do tabaco quanto com a atividade aurífera e a indústria do charque, no Piauí.

Essa articulação com o Piauí iniciou-se a partir de expedições e viagens exploratórias que visavam desalojar os franceses do Maranhão e terminaram por estabelecer vias de comunicação: uma com o Maranhão, outra com o Ceará, através da serra do Ibiapava, e duas outras com a Bahia; um caminho alcançava o rio São Francisco, na altura da Fazenda Sobrado, cujo proprietário era Domingos Afonso Mafrense; e o segundo caminho foi aberto na cabeceira do rio Canindé. Conforme informações do padre Miguel Carvalho, nenhum caminho chegou ao rio São Francisco utilizando o rio Gurgueia. Esses roteiros foram, provavelmente, os caminhos traçados pelos índios para suas intercomunicações e também para suas marchas de guerra. Quase todos os caminhos seguiam a direção do interior para o mar. Pelas dificuldades de comunicação, a agricultura de subsistência também se desenvolveu nas fazendas, havendo lavoura de milho, de feijão e de mandioca para a produção de farinha e beiju, tornando praticamente a fazenda autossustentável.

No fim do século XVII, os conquistadores, que eram um conglomerado de guerreiros que viviam em arraiais, vão se transmudar em curraleiros. Irão se adaptar às novas contingências, tendo o gado como móvel da nova era. Se, por um lado, os conquistadores vão anexando mais terras aos seus domínios e ocupando-as com o gado, por outro, se dará o despovoamento com o aniquilamento ou expulsão de milhares de indivíduos que habitavam essas terras. É a substituição das gentes pelo gado.

Durante séculos o gado fora criado à solta nessa região, o que significa dizer que as fazendas não tinham cercas, a água existente era utilizada coletivamente e o vaqueiro poderia ser um homem livre ou um escravo. Devido às dificuldades de sobrevivência, em muitas circunstâncias, estiveram lado a lado o branco e o negro, o cafuzo e o índio. Superficialmente, pode parecer essa sociedade mais democrática do que a da zona da mata; entretanto, quando aprofundamos o olhar podemos perceber as condições reais daquela convivência. Uma carta do governador da capitania do Piauí, João Pereira Caldas, dirigida ao ministro de Ultramar, em 9 de outubro de 1766, é um documento preciso para avaliar o seu conceito sobre os homens dessa capitania: "O costume aqui nesses sertões é que brancos, mulatos e pretos têm a mesma estima e se tratam com recíproca igualdade e quando ocorre o contrário as vidas aqui correm perigo."

Essa observação é válida para o sertão de Pernambuco. Assim como nos sertões do Piauí o indígena não era mencionado, também acontecia em Pernambuco. Essa tolerância racial dos brancos em relação aos negros e mulatos estava na dependência direta de uma aliança que facilitava o extermínio dos nativos ou, na melhor das hipóteses, os afastava de suas terras férteis. Como é sabido, o nativo participou do trabalho compulsório, na primeira fase da colonização, mas depois, como guia, vaqueiro e guerreiro, cooperou no projeto colonizador; as mulheres colaboraram nas fazendas em trabalhos domésticos, principalmente. O governador do Piauí citado acima não elogiava essa circunstância, a convivência "democrática" entre brancos pobres, negros e índios; ao contrário, a criticava, considerando-a reprovável e ridícula.

Entretanto, o trabalho com o gado solto foi sempre uma escapatória para os gentios ou seus descendentes. Durante uma entrevista ao pajé da tribo dos kambiwá, realizada pelo pesquisador Abdias Moura[40], o indígena, ao ser perguntado sobre a importância do boi, respondeu rapidamente: "O criatório é alegria. Bom é trabalhar com alegria. O plantio prende o homem à terra, o criatório é alegria e alegria é liberdade."

A presença dessa suposta liberdade também pode ser percebida através da documentação contida nos Livros de Casamento e nos inventários do século XIX. Neles vemos a formação de algumas famílias de escravos. A pesquisadora Suzana Cavani, ao se debruçar sobre essa documentação, localizou famílias escravas, inclusive legitimadas pelos casamentos religiosos. Ao contrário, na zona da mata, pela forma de exploração e pelas condições de sobrevivência dos escravos nas senzalas, o aparecimento de família escrava não é registrado com frequência na historiografia.

A historiografia que trata da conquista e ocupação dessa região sugere que a abundância das terras incentivou as posses e que essas precederam à concessão, fenômeno, aliás, não específico dessa região. A distribuição de terras em todo o país foi sempre realizada de forma arbitrária. Os destinos das terras públicas estiveram na dependência das províncias durante todo o século XIX. Por ausência de uma política de terras, os títulos de propriedade não foram legalizados, o que acarretou profundas rivalidades entre famílias que viviam da economia agrícola ou da pecuária.

Pela ausência de uma história fundamentada em pesquisa documental, surgiram mitos que precisam ser desvelados. Dados mais recentes, obtidos em pesquisas cartoriais e nos arquivos das igrejas da região do Médio São Francisco, indicam que tanto a grande propriedade quanto a pequena tinham a família como base para a produção e que a grande propriedade incluía vários modos de produção baseados na mão de obra livre e na mão de obra escrava.

Outra questão a ser esclarecida é se a presença de escravos na região indica um modo de produção escravista. Infelizmente há pouquíssimos dados sobre o século XVIII. A documentação encontrada referente à ocupação das terras é do século XIX.[41] Por meio dela conseguimos compreender o funcionamento desses estabelecimentos fundiários que se constituíram ao longo dos séculos. Desde o início do processo de ocupação percebe-se a importância da família, da parentela ou mesmo de agregados que pudessem em conjunto se auxiliar mutuamente e traçar estratégias de sobrevivência.

A atividade agrícola ou pecuária, apoiando-se no grupo familiar, incluindo os agregados, parece também ter procurado otimizar a utilização da mão de obra de que dispunha.

O processo de produção não necessitava de mão de obra numerosa, como na região do açúcar, portanto o grupo familiar poderia ser responsável se o estabelecimento não produzisse em grande escala. Essa relação de trabalho parece ter uma dependência com o patrimônio, seja na perspectiva da herança, seja na possibilidade de agregar riquezas. Não aparece, nos inventários, o trabalho assalariado. O valor da terra não convida a que ela se transforme em moeda. Os escravos e o gado, ou seja, os bens móveis, são os mais valiosos. A terra, como meio de produção, era a parte mais módica e a mais importante por assegurar a permanência do grupo familiar, um certo modo de vida e um sistema de representação.

Nas fazendas, nos sítios e nas roças a família desempenhou um papel fundamental, principalmente nos séculos XVIII e XIX. O século XVII é representado pelos conquistadores, que em sua maioria chegaram para as "guerras justas" contra o gentio e para ocupar as *datas* recebidas como sesmeiros. A terra era um patrimônio familiar com conteúdo ideológico; era também um meio de trabalho, necessário à produção; no sertão não foi objeto de especulação. Não se vendiam e compravam terras com a dinâmica que as mercadorias exigem. Além do apego ao patrimônio, o preço era muito baixo. A terra tinha valor de meio de produção, de lugar de pertencimento, de entrelaçamento com a parentela; portanto, ela é o território patrimonial, no qual agricultores e pecuaristas estão enraizados.

Nessa sociedade sertaneja, mesmo que tenha sido constituída de mais homens livres do que escravos, mas igualmente sem riqueza, em sua maioria, a pobreza e o latifúndio foram fatores predominantes para a concentração de poder nas mãos de poucos; provavelmente a estrutura de poder foi tão fechada quanto na região do açúcar, na zona da mata.

Mesmo que o algodão tenha redefinido, em algumas sub-regiões, a repartição das terras, em outras manteve a integridade da grande propriedade.

Os trabalhos de Caio Prado Jr., Celso Furtado e Alberto Passos Guimarães,[42] nos capítulos referentes ao estudo da mão de obra escrava, se, por um lado, representam um marco fundamental para o avanço da história econômica do Brasil, por outro, mostram-se limitados no que se referem à gênese e ao desenvolvimento do trabalho escravo na atividade agropastoril, no sertão nordestino, no período colonial. Embora todos esses trabalhos tenham assinalado a presença da mão de obra escrava naquela região, deram pouco valor à pesquisa empírica e às informações deixadas, desde o século XVII, por cronistas e viajantes a respeito dos escravos negros nos currais e nas fazendas de algodão no interior do Nordeste.

A maioria dos trabalhos sobre a economia brasileira justifica a não utilização dos escravos, como mão de obra, nas fazendas de gado e de algodão em razão do baixo padrão de capitalização do setor agropastoril, que dificultava aos produtores a aquisição de africanos. Além disso, ao associar a escravidão com a produção em larga escala, esses autores invalidaram a tese da presença do sistema escravista no sertão, ao constatar a predominância da pequena produção no setor algodoeiro e o emprego reduzido de braços na pecuária. Nota-se claramente, nessas análises, certa resistência dos historiadores a admitir o desenvolvimento da escravidão sob padrões diferenciados do padrão dominante da *plantation*, ou seja, fora do contexto da exploração em grande escala, de seus mecanismos de controle social e de reposição do plantel escravo, próprio da economia agroexportadora. No caso da região sertaneja e do período colonial, nem sempre combinavam entre si os três elementos próprios da *plantation*.

Através dos livros de batismo, de óbito, dos inventários, dos livros de tombo das paróquias e da documentação cartorial, podemos compreender essa sociedade sertaneja com mais clareza. Apesar de violenta, fechada em um poder patriarcal, enfrentou muitos desafios, desde as intempéries, as secas periódicas, até a distância dos centros litorâneos e o consequente abandono das autoridades. Por fim, rematou por resolver alguns problemas: para manter a relação vaqueiro e patrão, criou o regime de quarteação, no qual o vaqueiro podia se apropriar de 1/4 da produção do gado; para vender a sua produção e receber mercadorias de outras paragens, utilizou o rio São Francisco como via de acesso a outras capitanias e províncias, surgindo um significativo mercado interno; para atender ao conforto, vestiu seus vaqueiros protegendo-os da vegetação espinhosa, inventando não só o *gibão* de couro como as camas, as mesas, os assentos, objetos para guardar comida sólida e líquida, enfim uma civilização do couro; para preservar a carne e levá-la a grandes distâncias ou mesmo para conservá-la como alimento das populações sertanejas, utilizou o sal e "inventou" a *charqueada*; para solucionar conflitos entre homens, instituiu uma ética própria baseada na fronteira entre homens rudes e místicos, facínoras e heróis, cangaceiros e fanáticos.

A conquista do sertão de fora

Itamaracá, Paraíba e Rio Grande do Norte

Os primeiros cronistas chamavam *sertões de fora* qualquer espaço que estivesse localizado fora do alcance da mão longa do Estado português. Especialmente aqueles que se localizavam mais próximos ao litoral. Eram *sertões* pela distância, mas para atingi-los não era preciso adentrar na direção contrária ao leste. Cristina Pompa[43] entende que "se pode pensar o sertão menos como delimitação geográfica do que como espaço físico que os relatos coloniais transformaram aos poucos em lugar cultural".

A conquista dos *sertões de fora,* na direção norte, deu-se a partir de Pernambuco, no início do século XVII. A partir, sim, mas não somente a serviço dos interesses dessa capitania.

A ocupação portuguesa na América foi realizada, no início do século XVI, mas o espaço-limite do Tratado de Tordesilhas não foi todo utilizado. Até quase a metade do século XVII a extensão que Tordesilhas afiançou politicamente ainda não estava garantida aos portugueses.

A história da conquista das capitanias ao norte de Pernambuco pode ser compreendida a partir de algumas variáveis relacionadas à manutenção do êxito da colonização de Pernambuco e à confirmação do território português na América. Além dos obstáculos naturais, dois fatores estorvavam o desenvolvimento da colonização portuguesa: a presença de franceses e dos *potiguares* ao norte dessa capitania e ao sul os caetés contrários à presença portuguesa no território. Os potiguares eram os mais numerosos no litoral e uma grande parte deles havia se aliado aos franceses, como também os caetés. Além do mais, os colonizadores de Pernambuco queriam assegurar os investimentos que já haviam feito na terra e avançar na expansão da produção do açúcar e de outras atividades, como, por exemplo, a criação de gado e a cultura do algodão. Com suas famílias, seus descendentes legítimos e ilegítimos consubstanciando a parentela e mais os agregados, haviam fundado uma sociedade, que tinha no modelo lusitano o espelho, mas que as condições locais, numa situação colonial em um país tropical, já habitado por uma população indígena, relativamente densa (quando da chegada dos portugueses), possibilitaram o surgimento de uma nova sociedade.

Seja no âmbito da capitania de Pernambuco ou na expansão para o norte, o fracasso ou o êxito da colonização dependeu, em grande parte, da política de alianças com os nativos, como já demonstramos anteriormente. Desde o início, a presença portuguesa na América não se fez pacificamente. Para qualquer conquista, as autoridades organizavam uma operação militar. Primeiro, mostrar poder e força para destruir; segundo, acenar com alguma comunicação no intuito de estabelecer acordos convenientes aos conquistadores. A guerra foi o tom das relações iniciais.

A leitura de documentos da época e de autores coevos[44] dá a certeza de que a dominação dos nativos garantiu exércitos numerosos de três mil homens ou mais, que se deslocavam com suas mulheres e seus filhos, para combater outros nativos e/ou estrangeiros. Faziam parte desse exército grupos de "frecheiros" com pontarias certeiras e que, entre um ataque e outro, poderiam suprir de caça ou pesca os batalhões; o exército luso-brasileiro deslocava-se com milhares de índios, juntamente com suas mulheres, que contribuíam para o êxito da campanha, que na maioria das vezes duravam longos anos. As mulheres cuidavam da alimentação, porque conheciam as raízes e os frutos; detectavam com os índios lugares com água, cuidavam dos feridos com o conhecimento que tinham sobre plantas medicinais; enfim, índios e índias conheciam o meio ambiente onde se moviam e ocuparam o papel da infantaria e da intendência das guerras convencionais.

A colonização trouxe um novo espaço, também para o índio, no sentido em que Cristina Pompa o entende. Já nos referimos, anteriormente, à presença dele como mão de obra diversificada: trabalhador nos engenhos de açúcar, nos teares, nas minas de salitre, na lavoura de subsistência, auxiliar na administração das aldeias indígenas e das missões. Também sua presença é registrada como tradutores (línguas), carpinteiros, pedreiros, meirinhos; no século XVII, escabinos, vereadores, prefeitos, juízes e outros.[45] Podemos inferir que a confiança que os brancos passaram a ter em indivíduos de origem indígena, aceitando que esses exercessem cargos de responsabilidade, facilitadores da dominação, provinha de circunstâncias nas quais a lealdade havia sido provada; a guerra contra outros indígenas ou contra franceses e holandeses talvez tenha sido a maior prova de lealdade. Essas alianças acarretaram modificações em suas sociedades, principalmente no que diz respeito à hierarquia. Indivíduos que não eram descendentes diretos de chefes indígenas poderiam, por causa de seus desempenhos durante campanha militar, receber benesses, como terras, mercês reais, como as patentes militares. O que, de alguma forma, podia levar a alguma situação de conflito no âmbito da aldeia, enquanto se colocasse em oposição às tradições de suas tribos. Os indígenas, aliados dos portugueses, e suas descendências participaram da formação da sociedade nordestina, provavelmente mais como indivíduos do que como grupo étnico.

O que encontramos nos livros de batismo, de casamento e de óbito do século XIX referentes aos indígenas nos permite afirmar que houve uma grande dispersão das tribos indígenas. No século XIX, muitos dos casamentos frequentemente não se realizaram entre indivíduos de uma mesma tribo. Nesse século, a luta pelas terras transferiu muitas aldeias indígenas do seu antigo habitat para perto de índios inimigos entre si, causando lutas intestinas, muita mortandade e muita fuga de indígenas, que se embrenharam pelos sertões de dentro. A documentação do século XIX não atesta recompensas aos índios "frecheiros" ou aos "aldeados" das missões, mas a documentação que trata da guerra de expulsão aos holandeses refere que algumas patentes foram distribuídas tanto pelos portugueses como pelos holandeses aos líderes indígenas, que lutaram em campos opostos.

Ângela Domingues,[46] com base na documentação encontrada no Arquivo Histórico Ultramarino, afirma que "formou-se uma elite indígena que se queria leal". Os "principais" eram interlocutores com as autoridades portuguesas em circunstâncias decisórias: para determinar a mudança do grupo que chefiavam ou para exercer o direito de escolher o novo território destinado à tribo. Segundo a autora, o poder colonial introduziu e acentuou diferenças sociais entre as sociedades ameríndias de duas formas: pela concessão de prestígio social e político aos chefes e às suas famílias e pela introdução de categorias profissionais especializadas com a possibilidade de acumulação de bens e valores. Isso possibilitou uma mobilidade social. Formou-se uma elite indígena com poder político e formação escolar. Por exemplo, os filhos dos principais tinham prioridade na entrada para colégios, em detrimento dos filhos de índios comuns. Alguns índios puderam ser irmãos da Ordem Terceira de São Francisco. Esses privilégios, apesar de não se encontrar explicitados em textos, eram reivindicados pelos índios.

Defende Cristina Pompa[47] a tese de que a conversão ao cristianismo levou os índios a uma submissão não apenas aos ritos da nova religião, mas também a certos conceitos sobre saúde, morte, trabalho e outros. Esse novo homem, formado pelo projeto missionário, estaria apto a pertencer a uma elite nativa fiel aos dominadores.

Não apenas o projeto missionário foi se modificando, mas também o projeto de colonização. Puntoni[48] refere que os povos indígenas foram derrotados. Os que sobraram se refugiaram na região amazônica. A partir da segunda metade do século XVIII os índios viraram vassalos. A substituição da aldeia missionária pelo Diretório dos Índios possibilitou a nova política portuguesa pombalina de delimitação das fronteiras do Brasil. O Tratado de Madri foi coadjuvante para essa nova política: Pombal imaginava assegurar uma população para defender e desenvolver a América portuguesa; portanto, defendia uma política integracionista que substituía a ideia de catequese pela de civilização.

Toda essa movimentação entre brancos e índios, expressa nas alianças ou nas guerras, foi acompanhada de perto por uma política indigenista da Coroa associada à ação dos missionários de diferentes ordens religiosas. Bartira Ferraz Barbosa[49] escreve que desde 1511 o rei havia, por decreto de 22 de fevereiro daquele ano, orientado a tripulação do navio *Bretoa*, de responsabilidade de Fernão de Noronha, a não maltratar os indígenas nem lhes causar prejuízos, sob pena de ser castigada. Desse período até o século XVIII muitos decretos e cartas régias foram assinados por reis portugueses e espanhóis (os Filipe) sobre a fixação dos nativos em aldeamentos, sobre o papel dos missionários junto aos índios, tanto no sentido da catequização quanto no aproveitamento deles como mão de obra. Jesuítas e franciscanos não tinham a mesma estratégia na aplicação da política indigenista e os colonos não aceitavam nem uma política nem a outra. Os colonos utilizaram um argumento com base no princípio fundador do Império português: a obediência, para quem é súdito. Uma vez transformados em súditos, os índios deveriam obedecer ao rei e aos representantes dele na colônia. Estava fundamentada a “guerra justa”. É o caso da lei de 1562 que permitiu a escravidão dos caetés, estivessem eles aldeados ou não.

A invasão holandesa, no Nordeste, destruiu grande parte dos aldeamentos, que só foram reconstituídos a 7 de março de 1680 com a criação das Juntas das Missões. Após a conquista das capitanias ao norte e a Guerra da Restauração, a Junta das Missões, sediada em Pernambuco, passou a superintender os negócios das missões em Alagoas, Itamaracá, Paraíba, Rio Grande do Norte e Ceará. Essas atribuições são demonstrativas da participação de Pernambuco na conquista dos *sertões de fora*.

Em 1603, o governador-geral do Brasil, Diogo Botelho, convocou um conselho na Vila de Olinda, no qual estavam presentes as autoridades da capitania, para se organizar uma expedição com o objetivo de coibir as ações dos índios e de estrangeiros que se apossaram das terras do Maranhão. Uma expedição militar chefiada por Pero Coelho de Souza foi organizada para o descobrimento e a conquista das terras[50] ao norte, com objetivo de chegar ao Maranhão. A expedição se compunha de duzentos portugueses, oitocentos índios "frecheiros", potiguares e tabajaras. Os duzentos portugueses eram todos do sertão: mamelucos, tangos maus e homiziados. No regimento específico para essa expedição constava que essa é uma "gente, mesmo que se arrisque não faz nenhuma falta ao serviço de S. Majestade e ao bem comum". A expedição tocou na Paraíba, no Rio Grande do Norte, Ceará e de lá dirigiu-se à serra da Ibiapaba, porque nessa serra havia uma grande concentração de população indígena. Nesse lugar, a expedição foi praticamente dizimada pelos índios. Esse é um exemplo de como se realizavam expedições financiadas pela Coroa e auxiliadas por Pernambuco.

O fracasso de expedições planejadas para percorrer longas distâncias fez com que as autoridades e os homens de negócios pensassem em uma estratégia mais viável. A partir de um apoio na retaguarda, o projeto era dominar índios e ocupar terras mais próximas aos centros já desenvolvidos. A terra mais próxima da capitania de Pernambuco e que a ameaçava com as constantes invasões de gentios era Itamaracá, cujo donatário, Pero Lopes de Souza, fora agraciado pelo rei D. Manuel II com cinquenta léguas de terras. Não as quis contínuas, preferiu 25 ao norte, em Itamaracá, divisa com Pernambuco, e 25 em São Vicente, que faziam divisa com as terras do seu irmão Martim Afonso de Souza.

Ao chegar a Itamaracá, percebeu que estava infestada de franceses, que tinham uma aliança com os índios locais, os potiguares. Os franceses não tinham uma política de colonização em Itamaracá, mas participavam da venda do pau-brasil com os indígenas, em troca de algumas ferramentas, que representavam tecnologias avançadas, e bugigangas que os índios aceitavam como barganha.

O capitão fez guerra aos franceses, montou um esquema de aliança, bastante tênue, com os nativos e deixou o capitão Francisco de Braga à frente da capitania. Viajou a Lisboa, à Índia, morreu durante essa viagem e a capitania ficou acéfala. Durante muitos anos, a incipiente colonização foi abandonada e a capitania tornou-se refúgio de degredados ou mesmo de colonos fora da lei. O donatário de Pernambuco, em 1546, por correspondência, dirige-se ao rei reclamando a respeito da vinda de foragidos e degredados. A presença dos índios potiguares em guerra aberta contra os poucos colonos que ainda resistiam levou o donatário de Pernambuco, em 1583,[51] a solicitar providências ao governador-geral do Brasil, Manuel Teles Barreto; caso contrário, a solução seria o abandono da capitania de Itamaracá. Isso levaria Pernambuco a grandes prejuízos, pois sua relação com a capitania da Paraíba estaria praticamente cortada. A colonização da Paraíba também não vingaria enquanto permanecesse essa situação em Itamaracá. O governo atendeu e logo organizou a expedição por mar, enviando uma esquadra com sete navios espanhóis e dois portugueses; de Pernambuco, partiu a expedição por terra, com homens e armas: foram arregimentados quase mil homens, incluindo mais de trezentos portugueses, quinhentos índios e cem africanos. Essa expedição aprisionou navios franceses, combateu os potiguares, construiu um forte, o de São Filipe, à margem esquerda do rio Paraíba; mas não foi suficiente para que as costas de Itamaracá e da Paraíba ficassem livres da presença dos franceses. Mais três expedições partindo de Pernambuco socorreram essas primeiras tropas. Além dos inimigos comuns, as tropas se desuniram; portugueses e luso-brasileiros não aceitavam o comando dos espanhóis. Essa divisão atingiu as autoridades sediadas em Pernambuco. A situação piorou quando os índios tabajaras, liderados por Piragibe (Braço de Peixe), resolveram se aliar aos potiguares. A expedição comandada por Martim Leitão foi até certo ponto vitoriosa. Fez acordos com os potiguares, depois de disseminar boatos de que os tabajaras haviam se aliado aos portugueses para a conquista da Paraíba. Os índios lutaram entre si e depois o próprio Braço de Peixe foi pedir socorro aos portugueses, em Olinda. A conquista contou com ódios ancestrais, mentiras, engodos, tudo era válido para varrer os gentios do seu antigo habitat. Os povoadores da Paraíba vieram das capitanias de Pernambuco e Itamaracá. Do território dessa capitania, 23 léguas foram anexadas à da Paraíba.[52] Tanto os cronistas como os historiadores mais recentes têm afirmado que os primeiros colonos que se fixaram na Paraíba eram homens de pouco cabedal e que a proximidade com a próspera capitania de Pernambuco ofuscou um possível desenvolvimento e maior autonomia. Regina Célia Gonçalves[53] reconhece que uma parte desses colonizadores era descendente de antigas famílias fundadoras da capitania de Pernambuco, os Albuquerque, os Holanda e os Cavalcanti. O espólio da conquista incluía terras, cargos, comércio desde o açúcar até a escravidão de índios. E a distribuição foi feita "equitativamente" ao valor social do indivíduo. Participaram parentes de pessoas já reconhecidas no Império, mas também outros que haviam se distinguido nas guerras contra os índios; cristãos-novos, com os seus capitais, além de aventureiros para adquirir fama e fortuna. Os créditos e capitais necessários para a conquista e para o início das plantações da cana-de-açúcar vieram dos comerciantes instalados em Olinda. A ocupação da Paraíba nunca foi completada em sua área total.

Contudo, à proporção que as capitanias de Itamaracá e da Paraíba iam sendo povoadas e cultivadas, os gentios, que haviam sido varridos do terreno a ser utilizado pelos colonos, com o apoio de franceses, se instalavam em núcleos próximos, mais ao norte, onde de lá organizavam incursões à capitania da Paraíba.

Chegando notícias a Lisboa, provenientes de Pernambuco e da Paraíba, sobre as desordens realizadas pelos franceses e potiguares instalados na capitania do Rio Grande do Norte, o rei de Portugal ordenou a Manuel Mascarenhas Homem, capitão-mor de Pernambuco, que fosse àquelas terras levantar uma fortaleza e fazer uma povoação. Segundo a denúncia, os franceses saíam de lá e vinham negociar com os potiguares, daí assaltavam os navios que iam e vinham de Portugal, não só roubando suas fazendas como vendendo pessoas aos índios para que as comessem. O rei escreveu ao governador-geral do Brasil, Francisco de Souza, para que providenciasse toda ajuda possível para o êxito dessa empresa. D. Francisco de Souza providenciou uma armada de seis navios e cinco caravelões. Seria o capitão-mor dessa empreitada Francisco de Barros Rego, acompanhado pelo almirante Antonio da Costa Valente, e João Paes Barreto, Francisco Camelo, Pero Lopes Camelo e Manoel da Costa Calheiros, capitães dos outros navios. Manuel Mascarenhas Homem comandava três companhias que se deslocaram a pé, das quais eram capitães Jerônimo de Albuquerque, Jorge de Albuquerque, seu irmão, e Antonio Leitão Mirim; uma companhia de cavalaria foi capitaneada por Manuel Leitão. Reuniram-se na Paraíba e traçaram a estratégia da conquista: Manuel Mascarenhas comandaria a armada até o Rio Grande do Norte e levaria consigo o padre Gaspar de Samperes, jesuíta, exímio engenheiro e arquiteto, para traçar o projeto da fortaleza; participou dessa conquista o padre Bernardino das Neves, por ser perito na língua brasílica e bastante respeitado pelos potiguares. Feliciano Coelho comandou as tropas que foram de Pernambuco com os respectivos capitães, as quais se juntaram à companhia formada por gente da Paraíba, comandada por Miguel Álvares Lobo, e seguiram por terra. Eram 178 homens a pé e a cavalo, mais 90 "frecheiros" de Pernambuco e 730 da Paraíba, liderados pelos seus principais: Braço de Peixe, Assento de Pássaro, Pedra Verde, Mangue e Cardo Grande.

A marcha para o Rio Grande do Norte iniciou-se a 17 de dezembro de 1597. A guerra se misturou com a peste da bexiga. Os que escaparam dos inimigos foram vitimados pela peste. O governador da Paraíba, Feliciano Coelho, foi forçado a voltar e os capitães pernambucanos voltaram a Pernambuco, no intuito de curar suas gentes. Apenas o capitão Jerônimo de Albuquerque embarcou em um caravelão e foi se encontrar com o capitão-mor Manuel Mascarenhas Homem, que já estava no Rio Grande do Norte. Iniciaram a construção da fortaleza e logo vieram indígenas e franceses desalojá-los. Houve guerra, tentativa de acordos, traições. A ajuda enviada pelo rei se fez na pessoa de Francisco Dias de Paiva, que comandava uma urca com armas, munição e alimentos e mais o socorro vindo da Paraíba: uma companhia de 24 homens a cavalo e duas a pé, com trinta arcabuzeiros cada uma, e 350 indígenas "frecheiros", com os seus principais. Manuel Mascarenhas e os líderes brancos dividiram as tarefas militares e civis do seguinte modo: cada dia uma companhia formada por nativos, liderados por um principal, juntamente com um capitão branco, se encarregaria do trabalho de construção do forte, enquanto as outras tratavam da defesa e de empurrar os indígenas que estivessem alojados por perto. Algumas expedições militares descobriram aldeias bastante povoadas de indígenas e franceses, de que lhes deram cabo. A peste da bexiga grassava também entre os inimigos, situação que ajudou o êxito da expedição. As tropas chefiadas pelos luso-brasileiros e pelos chefes indígenas receberam socorro de alimentos provenientes da Paraíba. Havia uma retaguarda estratégica.

Em 24 de junho de 1598, acabada a construção, o forte dos Reis Magos, situado junto ao porto que servia de entrada para os franceses, foi entregue ao comando de Jerônimo de Albuquerque, que ficou com munição, alimentação, tropa e indígenas. Na volta à Paraíba e a Pernambuco as tropas encontraram muitos potiguares com quem guerrearam e só não perderam mais homens por conta da ajuda do chefe indígena Tavira, aliado dos portugueses. A retirada foi penosa pelos ataques dos potiguares. A guerra foi suspensa, mas era preciso realizar acordos com os nativos. Um deles, que se encontrava preso, conhecido como Ilha Grande, era um dos principais chefes e feiticeiro e foi persuadido por Jerônimo de Albuquerque e pelo jesuíta Gaspar de Samperes a ir ter com os seus pares e convencê-los a fazer as pazes com os portugueses, utilizando os seguintes argumentos:

1) os portugueses estavam em posição de superioridade militar e poderiam acabar com eles a qualquer momento;
2) os franceses não poderiam mais defendê-los, pois o porto estava tomado pela fortaleza;
3) os portugueses ofereciam a paz, o que correspondia a que homens e mulheres pudessem viver em suas casas e cuidar de suas lavouras;
4) os padres ofereciam catequese e quem aceitasse não seria escravizado.

Esses acordos aconteceram na Paraíba com o chefe Braço de Peixe e as autoridades; os tabajaras e os potiguares também deles participaram. Diz frei Vicente do Salvador que, com essas razões e com o incentivo de suas mulheres, que não suportavam mais a guerra, os chefes principais, Pau Seco e Zorobabé, logo acudiram ao chamado e celebraram a paz entre potiguares e luso-brasileiros.

Os colonizadores iniciaram a povoação a uma légua do forte e a cidade foi chamada de Reis. Como a terra não é propícia ao plantio da cana, desenvolveu-se a criação de gado vacum. Não muito longe ficavam as salinas, delas se retiravam grandes quantidades de sal, embarcadas em caravelões para o porto da Paraíba e daí vendidas e exportadas para Portugal.

A presença de um núcleo colonizador não foi suficiente para abater os naturais do lugar. Em 23 de fevereiro de 1687, o Senado da Câmara de Natal dirigiu-se ao governador de Pernambuco, João da Cunha Souto, à Câmara de Olinda, ao capitão-mor da Paraíba, Antônio da Silva Barbosa, e ao governador-geral do Brasil, Matias da Cunha, pedindo socorro urgente para conter a rebelião dos tapuias no sertão de Açu. Informa àquela instituição que os índios já haviam provocado a morte de umas cem pessoas, destruído gados e lavouras e "já não eram eles (os brancos) os senhores daquelas paragens". O governador-geral do Brasil, cientificado da revolta, determinou ao governador de Pernambuco o envio imediato de duas companhias dos terços de Filipe Camarão e Henrique Dias e da praça de Olinda, 25 infantes; o capitão-mor da Paraíba deveria arregimentar o maior número de homens para combater os revoltosos. Do sertão do São Francisco deveriam seguir o capitão-mor do terço dos paulistas, Domingos Jorge Velho, e mais dois capitães-mores da jurisdição de Pernambuco. Esse conflito, que se denominou a Guerra dos Bárbaros,[54] se alastrou por uma área que atualmente abrange os sertões nordestinos desde a Bahia até o Maranhão. A fome de terras para soltar o gado foi o móvel desses conflitos e a ambição de alguns indivíduos de camada social mais baixa que desejavam obter terras.

A Guerra dos Bárbaros, que se iniciou na segunda metade do século XVII e chegou ao século XVIII, foi o mais longo conflito empreendido pelos tapuias e, segundo Maria Idalina da Cruz Pires, isso se deveu à resistência à escravidão e à unidade dessas tribos diante do conquistador.

As diferentes posições dos missionários e colonos em relação ao papel desempenhado pelo índio no Império português foram expostas: "Os primeiros queriam transformá-los, como assinala Schwartz, numa espécie de campesinato. Embora livres juridicamente, permaneceram subordinados à Igreja, ao Estado e aos proprietários de terra. Os últimos desejavam escravizá-los, eliminá-los ou vendê-los como cativos."[55] Esse fenômeno atrasou a conquista do espaço dos sertões e provocou choques entre colonos ávidos por sesmarias. O Estado português mostrou-se, durante o conflito, bastante dúbio: ora permitia as maiores atrocidades ora fazia leis, também duvidosas, que amainavam a brutalidade e tendiam a respeitar o indígena.

Na avaliação de Puntoni,[56] muitas jornadas para o interior assinalaram o combate aos assaltos dos índios contra as fazendas de gado. A contrapartida militar não conseguia acabar completamente com esses assaltos e no ano seguinte repetia-se a situação. Entre 1657 e 1659 a Guerra do Orobó, os ataques dos tapuias ao Recôncavo, na Bahia, é um bom exemplo. Em 1687, houve um levante generalizado dos índios contra colonos na capitania de Pernambuco e suas anexas, Ceará e Rio Grande do Norte, conhecido como Guerra do Açu. Na análise do referido autor, é difícil indicar com segurança as causas dos conflitos; mas lembra que esses vão se dar exatamente após a expulsão dos holandeses e que vários grupos, aliados deles, sentindo-se sem apoio, adentraram-se pelo interior com receio da escravidão a que os portugueses poderiam submetê-los.

A guerra entre os *bárbaros* e os luso-brasileiros durou longos anos. Tropas pernambucanas, paraibanas e paulistas disputaram a hegemonia dos combates. Diferentes interesses ou mesmo semelhantes levaram os luso-brasileiros a pontos divergentes. Várias questões — relacionadas ao cativeiro dos gentios, aos prisioneiros indígenas, se deveriam ser entregues aos jesuítas ou vendidos para outros senhores do Rio de Janeiro ou se os índios da região do Açu deveriam ser completamente dizimados — foram alvo das discussões e decisões das autoridades portuguesas. O fim da guerra aconteceu com a rendição dos tapuias janduís e a assinatura de um tratado de paz entre o chefe Canindé e o rei de Portugal, D. Pedro II.

Maranhão

A presença de navegadores e exploradores na região Norte do Brasil desde as primeiras décadas do século XVI foi registrada por vários cronistas e pela cartografia. A carta de Estevão Froes conta sobre os insucessos de 1514. Há registros em frei Vicente do Salvador de que vários navegadores, como Francisco e Pedro Corso e João Coelho, estiveram na região. Na carta de Alonso Chaves, de 1536, surge registrado o rio do Maranhão, como também na carta de Sebastião Caboto em 1544, na de Diogo Homem em 1558 e na de João Teixeira em 1642.[57] A crônica da história da conquista registra que uma caravela da armada de Martim Afonso de Sousa se separou dessa com o objetivo de descobrir o rio do Maranhão. As crônicas do período estão repletas de notícias de naufrágios nessa região e de desencorajamento de algum processo de colonização. Além das dificuldades naturais da navegação nessa parte do litoral havia a incerteza das terras pertencerem a Portugal. Diogo Ribeiro anotou no seu mapa de 1529 que em toda a costa desde o rio Doce (Amazonas) até o cabo de São Roque não se achou "cousa de proveito". A procura era o ouro.

Quando da distribuição das capitanias, esse litoral foi incluído na donataria de João de Barros. Como era uma imensa área, João de Barros procurou se associar a Aires da Cunha e Fernando Álvares de Andrade para aumentar o capital necessário à empresa. Mais uma vez a iniciativa se apresenta como uma atividade militar: Aires da Cunha comandou dez navios vindos de Lisboa, com uma tripulação de novecentos homens. Foram diretamente para Pernambuco, onde Duarte Coelho os ajudou, oferecendo intérpretes e barcos a remo. Dos dez navios, chegaram nove à ilha da Trindade, posteriormente São Luís. Essa tropa permaneceu nessa região durante três anos, explorando rios e procurando ouro.

Voltaram mais pobres do que foram e sem nenhuma esperança de achar o metal procurado. Perderam três naus e setecentos homens. Após 15 anos dessa derrota, os filhos de João de Barros voltaram ao Maranhão, mas já os franceses haviam encontrado algo de proveito para justificar a permanência nessas terras. A não ser pelas mercês que receberam como descobridores do Maranhão, pouca coisa lhes foi acrescentada: o conhecimento de quinhentas léguas pelo litoral, entrando pelo rio Maranhão. Pelo requerimento dos filhos de João de Barros, essa segunda tentativa deve ter sido feita entre 1550 e 1555.

Até chegar a uma administração especial para essa região, a odisseia da ocupação foi talvez muito mais complexa, com maiores gastos e necessidade de um maior número de participantes do que nas precedentes conquistas. Enquanto nas outras capitanias os franceses se locupletavam do comércio do pau-brasil e outras drogas, no Maranhão instalaram uma colonização, em 1612. Se assim não fosse, não teriam levado 12 religiosos capuchinhos para a catequese.[58] Os franceses, assim como os portugueses, sabiam que qualquer vitória dependia da aliança com índios.

A notícia da "colonização francesa" chega ao rei de Portugal, que ordenou providências para a conquista dessas terras. Jerônimo de Albuquerque, experimentado nessa faina, foi o responsável. Muitas informações eram veiculadas sem provas concretas sobre a presença francesa. Jerônimo de Albuquerque organizou uma viagem pela costa, com cem homens e quatro barcos, para confirmar em que portos estavam os franceses e que estratégia deveria ser utilizada ao atacá-los. Nessa viagem alcançou o litoral acima do Ceará, nas proximidades do Buraco das Tartarugas construiu um arraial e um presídio e determinou ao capitão Martim Soares Moreno que continuasse a conquista pelo litoral até o Maranhão, ficando Jerônimo de Albuquerque na retaguarda. Percebendo o enraizamento dos franceses na região, voltou a Pernambuco para obter maiores apoios, principalmente o dos índios. Sabia falar sua língua e conhecia a maneira de lidar com eles. Após todos esses anos de guerra e paz com os índios, dizem os cronistas que se tornou respeitado pelos potiguares e pelos tabajaras. Com dificuldade de conseguir homens brancos para os comandos, obrigou os homens ricos e afazendados que tinham mais de um filho a lhe entregar um para a guerra. Segundo frei Vicente do Salvador, resultou que nenhum pai mandou o filho sozinho, e sim acompanhado de um criado branco e dois negros. Portanto, sobrou gente. Levou ainda nessa empreitada dois religiosos que falavam a língua brasílica e um arquiteto para construir fortes, fortalezas e outros.

Seguiu com Jerônimo de Albuquerque o soldado Diogo Campos Moreno, experimentado nas guerras com a França e Flandres, um bom estrategista. O embarque se deu em 24 de agosto de 1614: uma caravela, dois patachos e cinco caravelões. Em cada uma das embarcações seguiam mais ou menos cinquenta arcabuzeiros, e nos caravelões, 12 ou 15 homens. Duzentos "homens de peleja" (os índios) embarcaram no Rio Grande do Norte, com suas mulheres. Navegaram até o Buraco das Tartarugas, onde se situava o arraial dos portugueses. Navegando pelo litoral, Jerônimo de Albuquerque resolveu surpreender os franceses na ilha de São Luís com mais de 46 canoas e três mil índios "frecheiros".

Os franceses estavam bem armados e aparelhados e eram comandados pelo calvinista Daniel de la Touche, senhor de la Ravardière. Houve combates violentos. Logo nos primeiros, os franceses perderam setenta homens. Daniel de la Touche tentou acordos por correspondência, mas Jerônimo de Albuquerque respondeu com a guerra, para depois aceitar a trégua, assinada em 27 de novembro de 1615. Pelo acordo, se enviariam aos reis de Portugal e da França emissários para que a decisão se fizesse dentro dos interesses das duas nações.

Jerônimo de Albuquerque mandou avisar ao governador-geral do Brasil, Gaspar de Souza, o que se passava no Maranhão e esse avisou ao rei, que imediatamente enviou reforços. Mais uma aliança com um chefe tabajara local, o Diabo Grande, foi selada e as tropas luso-brasileiras se apresentaram com superioridade para a peleja. Com o reforço enviado por Gaspar de Souza, sob o comando de Francisco Caldeira de Castelo Branco, Jerônimo de Albuquerque explicou a Daniel de la Touche que o Governo-Geral do Brasil não apoiara a trégua. A negociação durou 14 dias; os franceses, em inferioridade, resolveram sair.

O governo tratou de ocupar as terras com gado e plantas. Navios com bandeira espanhola e soldados espanhóis e portugueses se dirigiram para o Maranhão a fim de povoar e cultivar a terra. Dessa empresa foi encarregado Alexandre Moura. Após a morte do capitão-mor Jerônimo de Albuquerque, foi nomeado um governador para o Maranhão, independente do Governo do Brasil, o espanhol D. Diogo de Carcome. Houve tanta demora nos despachos administrativos que a morte o despachou antes de partir de Lisboa. Para substituí-lo foi nomeado Antonio Moniz Barreiros, que logo iniciou o negócio do açúcar. Do Maranhão saíram muitas expedições para exploração da prata, nas minas de Potosí, recorrendo aos capitães de Pernambuco, Mathias de Albuquerque, do Rio Grande do Norte, André Pereira Temudo e, do Maranhão, Antonio Moniz Barreiros. A colonização, entretanto, não estava assegurada. Os holandeses já haviam se instalado no Pará, lavravam o tabaco e já haviam erguido um forte. Ibéricos e holandeses foram ao confronto no Pará e, para espanto das tropas castelhanas e portuguesas, encontraram mais dois fortes, ocupados pelos ingleses.

Para assegurar a conquista e colonizar o norte do Brasil, foi criado o Estado do Maranhão, por Carta Régia de 13 de junho de 1621, abarcando as capitanias do Piauí, do Maranhão, do Grão-Pará e do Rio Negro. Essa área não se manteve intacta, ela foi várias vezes desmembrada. São Luís foi, no século XVII, a capital administrativa.

Ainda nesse século, o Maranhão conheceu dois movimentos de colonização: um que partia de São Luís e ocupava a terra com engenhos de açúcar, próximo ao litoral, e outro, em um movimento inverso, que avançava pelo sertão adentro a partir de Pernambuco e Bahia. Pelo rio Itapecuru se alcançava o Piauí, Pernambuco e a Bahia. Apesar de ser uma área muito extensa, a comunicação era facilitada pelos caminhos da natureza, que são os rios, e pelas picadas, caminhos abertos pelos índios. No século XVIII, a capital passou a ser Belém e o Estado passou a ser chamado de Grão-Pará e Maranhão.[59]

Iniciativas particulares, antes de a Coroa portuguesa tomar a si a tarefa da colonização, como a de Pero Coelho de Souza, em 1603, são exemplares das dificuldades enfrentadas e da falta de continuidade do processo. Desejoso de recuperar perdas que havia sofrido na Paraíba (o rei havia lhe tomado terras que não foram colonizadas), parte com o seu cunhado Frutuoso Barbosa para a conquista de outras terras, mais ao norte. Dirige-se, então, à serra de Boapava, ou Ibiapava, que era a mais povoada pelos indígenas; provavelmente por essa razão esses aventureiros conseguiram permissão, dada pelo Governo-Geral do Brasil, para a expedição. Receberam três barcos com mantimentos, pólvora e munição. A movimentação se iniciou em julho de 1603, com 65 militares, dos quais os principais eram Manuel de Miranda, Simão Nunes, Martim Soares Moreno, João Cide, inclusive um francês, duzentos "frecheiros", cujos principais eram Mandiopuba, Batatam, Caragatim e Garaguinguira, tabajaras e potiguares; iniciando a ação, Pero Coelho de Souza enviou um soldado e setenta índios "a descobrir campo" e encontrou uma aldeia com índios em pé de guerra e que não queriam a paz com os brancos. Depois de receber presentes como facas, foices e machados, não só fizeram acordos como foram com suas mulheres e seus filhos acompanhar os portugueses aonde quer que fossem. Uma aldeia atrás da outra foi apoiando os portugueses e os acompanhando até chegarem ao Ceará, num outeiro já conhecido dos portugueses, pois por ali haviam passado e plantado coqueiros, uns sete ou oito já estavam viçosos. Dali foram à enseada grande do âmbar e à mata do pau de cores — Iburá-Quatiara —, depois ao Camoci, que é a barra da serra de Boapaba ou Ibiapaba, para a qual marcharam no dia seguinte, a 19 de janeiro de 1604. Quando o dia clareou viram os inimigos. A formação militar foi a seguinte: dois esquadrões, a bagagem no meio e outro esquadrão com vinte soldados à parte, para dali lançar "mangas", e mais 16 soldados na retaguarda e nove na vanguarda. Os inimigos os estavam esperando com muitas flechas e sete mosquetes, operados por franceses. A peleja foi violenta, mas os inimigos deixaram o campo com alguns mortos. Pero Coelho de Souza mandou organizar o arraial, com pedras, porque não havia madeira, e logo se percebeu que também não havia água nem comida. Depois de um certo tempo, algumas crianças começaram a morrer de sede e de precariedade. À noite, voltaram os inimigos com flechadas e fundas com pedras, mas de repente veio um aguaceiro muito forte, o que os afastou e fez com que as tropas luso-brasileiras pudessem beber água. De manhã, encontraram uma gruta que guardava uma fonte de água, todos puderam se saciar e os índios cristãos consideraram esse fato um milagre. Havia perto de cinco mil almas, o comandante achou por bem alimentar os soldados e matou um cavalo para tal fim.

Horas depois os da serra começaram a tocar uma corneta bastarda e o francês Tuim-Mirim, que acompanhava os portugueses, respondeu e foram se encontrar, com a permissão de Pero Coelho de Souza. Muitas saudações e a confabulagem com os índios da serra, comandados por Diabo Grande, resultou numa proposta do chefe indígena: queriam paz, desde que lhe entregassem Manuel de Miranda e Pero Cangatá. O pedido dizia respeito a um mulato e a um mameluco, baianos, que tinham sido aliados do Diabo Grande. Pero Coelho não atendeu e a guerra recomeçou. Tomaram várias aldeias, inclusive uma dirigida por Mel Redondo, até que prenderam um chefe muito estimado, Ubaúna. Logo, os outros chefes vieram fazer as pazes em troca da vida de Ubaúna. E assim foi feito. Pero Coelho de Souza marchou até o Punaré e queria chegar ao Maranhão, mas não pôde concretizar sua vontade porque os soldados se amotinaram e quiseram matá-lo. Famintos e quase nus, os soldados se negaram a continuar.[60]

O governador-geral do Brasil, ao tomar conhecimento de que nessas entradas se dizimavam índios e os que eram capturados eram levados como escravos, não mais forneceu ajuda a Pero Coelho de Souza e se pronunciou fazendo opção pela catequese.

Em 1641, Bento Maciel Parente governava o Maranhão quando a armada holandesa se apresentou no porto e ocupou a cidade, prendendo as autoridades e as enviando para diversos portos controlados pelos holandeses. Os engenhos de açúcar foram ocupados, e toda a produção, comercializada pelos holandeses, que impuseram aos maranhenses exações muito elevadas. Alegando que Portugal e Holanda haviam assinado uma trégua, os maranhenses iniciam um movimento de expulsão dos holandeses com a ajuda do Pará.

Pernambuco como centro irradiador da conquista

Diferente de capitania real, onde a administração era exercida por um funcionário da burocracia do Estado português, a capitania hereditária, além de funcionar como uma mercê, presenteada a algum membro da pequena aristocracia, fazia parte da estratégia de captação de recursos privados necessários à colonização. De acordo com Vainfas,[61] no início do século XVII eram capitanias hereditárias, ainda, São Vicente, Santo Amaro, Espírito Santo, Porto Seguro, Ilhéus, Pernambuco e Itamaracá e eram capitanias reais Rio de Janeiro, Bahia, Sergipe, Paraíba, Rio Grande do Norte, Ceará, Maranhão e Pará. Na opinião de Capistrano de Abreu, essas foram as maiores responsáveis pela ocupação do interior do Brasil, pois tinham mais apoio da Coroa para enfrentar os desafios, revelando a precariedade dos recursos privados. A contribuição de Capistrano de Abreu à historiografia brasileira é relevante, mas a pesquisa mais recente tem apontado para diferentes conclusões. Um exemplo é o que acabamos de expor: a capitania de Pernambuco, mesmo quando era privada, contribuiu de forma eficaz, com homens, alimentos, animais e conhecimento sobre o território, para a expansão da colonização. Os recursos privados não foram aplicados em aventuras de expedições para encontrar ouro ou prear índios sem uma certa recompensa; encontraram no açúcar e no algodão investimentos mais lucrativos, possibilitando retorno do capital de forma mais segura, inclusive para financiar algumas campanhas.

No limite do nosso trabalho, que é a colonização de dentro e a de fora, partindo de Pernambuco para o nordeste e norte, vejamos se a tese de Capistrano encontra guarida: no grupo "capitanias hereditárias", estão Pernambuco e Itamaracá; no grupo "capitanias reais", estão Paraíba, Rio Grande do Norte, Ceará, Maranhão e Pará. Itamaracá foi cedida a Pero Lopes de Souza em 1534 e deixou de ser hereditária em 1754, e Pernambuco, em 1716.[62] Inicialmente, o Maranhão foi capitania hereditária e o rei doou dois lotes de terras; o primeiro a João de Barros e Aires da Cunha, e o segundo, a Fernão Álvares de Andrade, em 1535.

O território litorâneo do Piauí estaria incluído na donataria de João de Barros e de seus sócios Aires da Cunha e Álvares de Andrade. Essas terras se situavam entre o rio Camocim e a baía de São José no Maranhão.[63] Em 1536, foi doada a capitania do Ceará a Antonio Cardoso de Barros. Com exceção de Pernambuco, essas capitanias hereditárias não prosperaram e logo passaram ao domínio real. As capitanias reais citadas não tiveram cabedal suficiente para efetuar suas colonizações e necessitaram permanentemente da ajuda da capitania de Pernambuco, inclusive enquanto era hereditária.

No período colonial, a história administrativa não foi linear. Houve mudanças significativas. Entre 1534 e 1563 a estrutura era muito simples, mas o poder era centrado no donatário. Os limites dos direitos e deveres cabiam no Foral e na própria Carta de Doação. Era o representante do rei, exercendo poderes jurisdicionais.

Entre 1563 e 1624 a estrutura administrativa tornou-se mais complexa, tendo em vista o crescimento da economia. Uma nova política limitava os direitos jurisdicionais do donatário e impunha tributos considerados exorbitantes pela população. A ausência dos donatários na administração da capitania possibilitou mais poder às autoridades reais e às câmaras. Entre 1654 e 1716 a Coroa consolidou seu poder na capitania, revertendo em benefício do rei todos os direitos jurisdicionais e rendimentos do capitão-governador sobre a capitania.

A conquista de dentro foi realizada durante o primeiro e o segundo períodos (1534-1624), e a de fora, durante parte do segundo período e parte do terceiro (1654-1716). Portanto, como capitania hereditária ou real, Pernambuco foi o grande centro irradiador dessas conquistas dos *sertões de dentro e de fora*.

Notas

1. A quem Evaldo Cabral de Melo denomina de capitão-mor de armadas no Atlântico.
2. Pereira da Costa, 1950, p. 161-162. Carta de Doação passada em Évora.

3. É a denominação dada ao padrão com as armas de Duarte Coelho, colocado a cinquenta passos da feitoria fundada por Cristóvão Jacques, em 1516, na margem do rio Santa Cruz; era também o marco que separava as capitanias de Pernambuco e Itamaracá, logo após a chegada do donatário a Pernambuco.
4. Frei Vicente do Salvador, 1965, p. 129.
5. Esse episódio é também narrado, em seu livro *Viagem ao Brasil*, por Hans Staden, que estava em Pernambuco na época (1548).
6. O nome é impróprio, uma vez que não tinha tal documento esse tipo de diploma. Mesmo assim, o Foral de Olinda é um documento importante, por ser o mais antigo em relação a esse município e conter dados sobre a colonização de Pernambuco. Comparar com Barbosa, Acioli e Assis, 2006.
7. Citado por José Antonio Gonsalves de Mello. In: Souza, 1979, p. 237-238.
8. Souza, 1979, p. 238.
9. "Tabajara era termo usado para designar inimigos da mesma origem ou o mesmo que inimigos cunhados, aqueles que poderiam ser aprisionados em guerras travadas entre aldeias..." Ferraz Bartira Barbosa, 2007, p. 12. Daí se infere que os tabajaras tinham a mesma origem tupi dos caetés, mas estavam divididos pelas inimizades antigas e/ou novas, provocadas pelos europeus.
10. Comparar com Flávio Guerra, 1970, p. 134.
11. Terminologia usada durante o período colonial para designar indivíduos (índios) com muita habilidade para lidar com arco e flecha como arma nas batalhas.
12. À proporção que os portugueses vão conhecendo as sociedades indígenas, passam a compreender que poderiam utilizá-las em diferentes atividades: como mão de obra para a economia e para os afazeres domésticos; na guerra, em várias especialidades. Os que iam à frente, reconhecendo o terreno, o inimigo, e os que na retaguarda, com suas excelentes pontarias, utilizavam arcos e flechas representavam um grande poder em exércitos com limitações no que se refere à munição de arma de fogo. Esses "frecheiros" (é assim que os cronistas se referem, e não flecheiros) pertenciam a alguns potentados que, por sua vez, eram ligados às autoridades da capitania, como, por exemplo, Jerônimo de Albuquerque. Há uma combinação, desde logo, entre o público e o privado.
13. Ver frei Vicente do Salvador, 1965, p. 136.
14. Comparar com frei Vicente do Salvador, op. cit., p. 136-137.
15. Pereira da Costa, 1958, p. 329.
16. Os negros, escravos dos senhores proprietários, também eram alvo da ira dos índios, quando atacavam os engenhos ou localidades onde moravam brancos e negros. A serviço dos brancos, os negros fizeram fileiras nos exércitos luso-pernambucanos. Os indígenas, ainda no século XVI, formavam uma densa população no litoral de Pernambuco. As seis companhias citadas se constituíram

sob a liderança da "elite" administrativa e financeira da capitania; mantinham os índios seus aliados através de trocas, sejam as dos casamentos, seja a concordância na ocupação de terras mais próximas às ocupadas pelos brancos, com interesses mútuos. Os números são desproporcionais, mas não apenas temos os testemunhos de vários cronistas como a história tem demonstrado que a participação indígena nessa colonização é muito mais complexa e abrangente do que os manuais têm referido. Por outro lado, os castigos eram muito violentos e os brancos tinham uma arma mortal para a coletividade, que eram os canhões. Os índios aliados ocuparam lugares de destaque na sociedade colonial, logo que foram reconhecidos como súditos do rei de Portugal. Na guerra contra "os bárbaros", as autoridades portuguesas autorizaram a formação de vários "terços", chefiados por um mestre de campo, que comandava alguns capitães de infantaria, esses comandavam soldados e uma grande quantidade de índios armados, retirados das aldeias missionárias, negros (escravos) e degredados. Os índios usavam a emboscada como principal tática e os soldados luso-brasileiros não estavam acostumados a essa forma de luta. Nem sempre a arma de fogo foi a mais eficiente. Os índios lutavam com suas armas tradicionais, como o arco e a flecha, o machado de pedra e armas brancas, as facas, e muitas vezes com arma de fogo. Na realidade, os brancos não tinham outra alternativa, pois seus exércitos tinham uma fraca infantaria e os colonos não queriam arriscar suas vidas nessas empreitadas. Ver Maria Idalina da Cruz Pires, 2002, p. 65-66. Ver também Bartira Ferraz Barbosa, 2007, p. 149, com as seguintes informações: na reunião de chefes indígenas na aldeia potiguar de Tapessirica, em 1645, estavam presentes três capitães-mores; 12 adjuntos; quatro tenentes; sete alferes; 10 juízes; 48 adjuntos de juiz. Todos indígenas.

17. Frei Vicente do Salvador, op. cit., p. 198.
18. Bartira Ferraz Barbosa, op. cit., p. 67.
19. Esses números aparecem frequentemente nas observações dos cronistas e estão repetidos em J. F. Normano, 1975, p. 38.
20. Autora da Introdução "João Antonio Andreoni e sua obra". In: João Antonio Andreoni, 1967.
21. Gabriel Soares de Souza, 1851, p. 27-29.
22. Essa carta foi publicada por Pereira da Costa, op. cit., p. 511-513. Há informações sobre os presentes em forma de alimento que os padres receberam. Pães, bolos, aves, ovos, vinhos e outros que, comparados à pauta alimentar do índio, vê-se grande diferença.
23. Manuel da Nóbrega, 1931, p. 118-120.
24. As cinquenta fazendas de gado que pertenciam a Domingos Mafrense no século XIX no Piauí ficaram como herança para os jesuítas, por não ter herdeiros diretos.

25. Stuart B. Schwartz, 1983.
26. Evaldo Cabral de Mello, 1997, p. 248.
27. Maria do Socorro Ferraz Barbosa, 1998, p. 109-110.
28. José Antonio Gonsalves Mello, 1981, p. 117. O autor se refere à Guerra dos Mascates (1710).
29. Das salinas ou marinhas de sal pode-se produzir o sal e o salitre, que é a matéria-prima para o fabrico da pólvora. Daí os governos metropolitanos terem o controle dessas minas.
30. Pereira da Costa, op. cit., v. III, p. 316-317.
31. Virginia M. Almoedo Assis; Vera Lúcia C. Acioli, 2004, p. 60.
32. Pereira da Costa, op. cit., v. I, p. 475.
33. Um exemplo dessa situação é a denúncia que fez António Vieira de Melo, filho de Bernardo Vieira de Melo; ao receber uma sesmaria no sertão de Ararobá, comarca de Pernambuco, iniciando a sua exploração em 1698, teve de combater os índios tapuias, que lá habitavam. O sesmeiro abriu estradas, situou fazendas de gado, levantou casas e construiu uma capela. A fazenda foi atacada várias vezes por índios e por negros do quilombo de Palmares. Citado por Pereira da Costa em op. cit., v. VI, p. 217.
34. José Antonio Gonsalves de Mello, 1966.
35. In: Documentação Histórica Pernambucana, *Sesmarias*, v. 1, 1689-1730.
36. Warren Dean. In: Pelaez; Buescu (coords.), 1976.
37. Conforme podemos observar no documento transcrito. *"Sesmaria de três léguas de terra de cumprido e uma de largo no riacho de Moxotó doada a Alexandre da Silva Carvalho e seus herdeiros morador no sertão de Ararobá nas cabiceiras do Moxotó vertentes do Rio São Francisco pelo Capitão Mor General Luis José Correia de Sá, em 26 de novembro de 1753, não podendo suceder ao suppe por tempo algum Religiões salvo satisfazendo todos os encargos, e sendo obrigado a pagar o foro anual de 4$ a povoar a dita terra no prazo de cinco anos sob pena de lhe ser declarada devoluta e a dar caminhos livres."* Livro de Foros N3 f3, p. 51.
38. Os posseiros deveriam declarar suas posses aos vigários de suas paróquias e esses deveriam remeter os livros de registros de terras (de suas paróquias) ao Ministério de Negócios de Agricultura, Comércio e Obras Públicas, no Rio de Janeiro.
39. Por Carta Régia de 28 de março de 1692 foi ordenado ao marquês de Monte Belo que à proporção que os índios fossem sendo reduzidos às aldeias, essas deveriam ser dirigidas por missionários.
40. Abdias Moura, 1985, p. 17-18.
41. São inventários, livros de registros de terras, livros de tombo das paróquias e livros de notados tabeliães. "A formação social do Médio São Francisco." Pesquisa coordenada por Maria do Socorro Ferraz Barbosa e financiada pelo CNPq.

42. Caio Prado Jr., 1956; Celso Furtado, 1987; Alberto Passos Guimarães, 1977.
43. Cristina Pompa, 2003, p. 190.
44. Cartas régias, contidas na documentação do Arquivo Histórico Ultramarino, cartas de Duarte Coelho ao rei, escritos de frei Vicente do Salvador, escritos de Fernão Cardim, cartas dos jesuítas, de Martinho de Nantes e outros.
45. Bartira Ferraz Barbosa, op. cit., p. 149.
46. Ângela Domingues, 2000, p. 174.
47. Cristina Pompa, op. cit., p. 340, 389.
48. Pedro Puntoni, 2002, p. 286, 287.
49. Bartira Barbosa; Socorro Ferraz, 2004, p. 19-21.
50. Pereira da Costa, op. cit., v. II, p. 204.
51. Regina Célia Gonçalves. In: Carla Oliveira; Ricardo Medeiros (orgs.), 2007, p. 32.
52. "Área situada entre o rio Goiana ao sul e a baía da Traição ao norte." Maximiano Lopes Machado, 1977.
53. Op. cit.
54. Maria Idalina da Cruz Pires, op. cit., p. 59. Segundo a autora, "os Kaeté, os Tobajara, os Amoipira e os Potiguara são exemplos de tribos Tupi-Guarani que entraram em conflito com os europeus na costa brasileira nos séculos XVI e XVII", p. 59.
55. Citado por Idalina Pires, op. cit., p. 136.
56. Op. cit., p. 94-96.
57. Barbosa Lima Sobrinho, 1946.
58. Essas informações estão no livro de frei Vicente do Salvador e foram cotejadas com informações obtidas no Arquivo Histórico Ultramarino.
59. Antonia da Silva Mota. In: Wagner Cabral da Costa (org.), 2004.
60. Essa descrição foi feita por Antonio Pereira da Costa em vários volumes dos *Anais Pernambucanos*: v. I, p. 52; v. II, p. 204-206; v. VII, p. 199.
61. Ronaldo Vainfas (org.), 2001.
62. Há uma discordância sobre a data. Se 1654, como aponta Vainfas, ou 1716, como afirmam Virgínia Assis e Vera Acioli. Segundo as autoras citadas, a história político-administrativa da capitania de Pernambuco vivenciou três fases distintas; a primeira, entre 1534 e 1563, quando o donatário exercia amplos poderes jurisdicionais; a segunda, entre 1563 e 1624, quando houve um estreitamento dos limites da jurisdição donatarial; e a terceira, depois da dominação holandesa, entre 1654 e 1716, que consolidou na capitania o poder da Coroa, revertendo-se em benefício dos soberanos todos os direitos jurisdicionais e os rendimentos do capitão-governador sobre a capitania, embora até o término desse período ela ainda fosse uma capitania hereditária. Comparar com Maria

do Socorro Ferraz Barbosa, Vera Lúcia Costa Acioli, Virgínia Maria Almoêdo de Assis, 2006, p. 43.

63. Barbosa Lima Sobrinho, 1946, p. 255.

Bibliografia

ANDREONI, João Antonio (André João Antonil). *Cultura e opulência do Brasil*. São Paulo: Companhia Editora Nacional, 1967.

ASSIS, Virgínia Maria Almoêdo de; ACIOLI, Vera Lúcia Costa. *Buíque: uma história preservada*. Recife: Poligraf, 2004.

BARBOSA, Bartira; FERRAZ, Socorro. *Sertão. Um espaço construído*. Salamanca: Universidad de Salamanca, 2004.

BARBOSA, Bartira Ferraz; ARRUDA, José Jobson de Andrade; ALMEIDA, Maria Regina Celestino de. *Paranambuco. Herança e poder indígena. Nordeste — Séculos XVI e XVII*. Recife: Editora Universitária da UFPE, 2007.

BARBOSA LIMA SOBRINHO. *O devassamento do Piauí*. São Paulo: Companhia Editora Nacional, 1946.

BARBOSA, Maria do Socorro Ferraz. "O Arquivo Histórico Ultramarino: uma possível revisão historiográfica". *Clio*, v. 1, nº. 17, Recife, 1998.

______ & ACIOLI, Vera Lúcia Costa & ASSIS, Virgínia Maria Almoêdo de (orgs.). *Fontes repatriadas*. Recife: Editora Universitária da UFPE, 2006.

COSTA, Pereira da. *Anais pernambucanos*. Recife: Arquivo Público Estadual, 1950.

DEAN, Warren. "Os latifúndios e a política agrária brasileira no século XIX". In: PELAEZ, Carlos Manoel e BUESCU, Mircea (coords.). *A moderna história econômica*. Rio de Janeiro, Apec, 1976.

DOMINGUES, Ângela. *Quando os índios eram vassalos. Colonização e relações de poder no Norte do Brasil na segunda metade do século XVIII*. Lisboa: Comissão Nacional para as Comemorações dos Descobrimentos Portugueses/Gráfica Maiadouro, 2000.

FURTADO, Celso. *Formação econômica do Brasil*. São Paulo: Companhia Editora Nacional, 1987.

GONÇALVES, Regina Célia. "Guerra e açúcar: a formação da elite política na Capitania da Paraíba". In: OLIVEIRA, Carla; MEDEIROS, Ricardo (orgs.). *Novos olhares sobre as capitanias do Norte do Estado do Brasil*. João Pessoa: UFPB, 2007.

GUIMARÃES, Alberto Passos. *Quatro séculos de latifúndio*. Rio de Janeiro: Paz e Terra, 1977.

MACHADO, Maximiano Lopes. *História da Província da Parahyba*, v. 1. João Pessoa: UFPB, 1977.

MELLO, Evaldo Cabral de. *Rubro veio: o imaginário da restauração pernambucana*. Rio de Janeiro: Topbooks, 1997.

MELLO, José Antonio Gonsalves de. "Nobres e mascates na Câmara do Recife, 1713-1738". In: *Revista do Instituto Arqueológico, Histórico e Geográfico de Pernambuco*, v. LIII. Recife, Fundo Nacional de Desenvolvimento da Educação, 1981.

______. "Dois novos documentos, Gabriel Soares de Souza". In: *Revista do Instituto Arqueológico, Histórico e Geográfico de Pernambuco*, v. II, Recife, 1979.

______. *Três roteiros de penetração do território pernambucano*. Recife: UFPE, 1966.

MOTA, Antônia da Silva. "Família e fortuna no Maranhão setecentista". In: COSTA, Wagner Cabral da (org). *História do Maranhão. Novos Estudos*. São Luís: UFMA, 2004.

MOURA, Abdias. *O sumidouro do São Francisco*. Rio de Janeiro: Tempo Brasileiro, 1985.

NÓBREGA, Manuel da. *Cartas do Brasil 1549-1560*. Rio de Janeiro. Officina Industrial Graphica, 1931.

NORMANO, João Frederico. *Evolução econômica do Brasil*. São Paulo: Companhia Editora Nacional, 1975.

PIRES, Maria Idalina da Cruz. *A Guerra dos Bárbaros. Resistência e conflitos no Nordeste colonial*. Recife: UFPE, 2002.

PRADO JR., Caio. *História econômica do Brasil*. São Paulo: Brasiliense, 1956.

POMPA, Cristina. *Religião como tradução: missionários, tupis e tapuias no Brasil Colonial*. Bauru: Edusc, 2003.

PUNTONI, Pedro. *A Guerra dos Bárbaros: povos indígenas e a colonização do Sertão Nordeste do Brasil, 1650-1720*. São Paulo: Hucitec/Edusp/Fapesp, 2002.

SALVADOR, frei Vicente do. *História do Brasil 1500-1627*. São Paulo: Melhoramentos, 1965.

SCHWARTZ, Stuart B. "Os engenhos beneditinos no Brasil Colonial". In: *Revista do Instituto Arqueológico, Histórico e Geográfico de Pernambuco*, v. LV, Recife, 1983.

SOUZA, Gabriel Soares de. *Tratado descritivo do Brasil em 1587*. Rio de Janeiro: IHGB, 1851.

STADEN, Hans. *Viagem ao Brasil*. São Paulo: Martin Claret, 2006.

CAPÍTULO 4 *Tempo dos flamengos: a experiência colonial holandesa*

*Ronaldo Vainfas**

1. Da guerra contra a Espanha à formação da Companhia das Índias Ocidentais

A Holanda que conquistou o Brasil, nos anos 1620, era a principal dentre as sete Províncias Unidas dos Países Baixos. Liderava uma confederação, que incluía Zelândia, Frísia, Gueldria ou Gelderland, Utrecht, Groningen e Overrijssel, formada em 1579 para combater a Espanha de Filipe II. Tratou-se de uma guerra de independência, pois os Países Baixos pertenciam ao ramo espanhol da dinastia Habsburgo que, sob Filipe II, adotou política contrária aos interesses neerlandeses. O longo conflito, que durou de 1568 até 1648, ficou conhecido como a "Guerra dos 80 anos" e após inúmeras batalhas, entremeadas por breves tréguas, a Espanha acabaria por reconhecer a independência das províncias rebeldes.

Na prática, porém, a soberania das Províncias Unidas dos Países Baixos foi conquistada ainda no século XVI, graças à resistência organizada

*Professor da Universidade Federal Fluminense.

pela Casa de Orange-Nassau, ancorada no poderio econômico e militar da Holanda e da Zelândia. Foram essas províncias, onde o calvinismo se havia espalhado, que desafiaram a crescente intolerância religiosa de Filipe II, rejeitando, ainda, o peso crescente do fisco espanhol. Desde o início do século XVI, tais províncias, sobretudo a Holanda, prosperavam através do comércio marítimo da manufatura, base da riqueza de Amsterdã, principal cidade das províncias do norte.

A ofensiva espanhola comandada pelo duque de Alba, em 1567, precipitou a guerra. A Pacificação de Gand, assinada em 1576, buscou restabelecer a convivência entre províncias católicas e protestantes nos Países Baixos sob a Coroa espanhola, mas não prosperou. Em 1579, confirmou-se a dissidência das províncias calvinistas do norte, por meio da União de Utrecht, ao passo que as dez províncias do sul (correspondentes, *grosso modo*, à atual Bélgica) se mantiveram católicas e fiéis a Filipe II, compondo a União de Arras.

Boa parte da historiografia considera que as Províncias Unidas organizadas na União de Utrecht formavam uma República. Mas, na verdade, tratava-se de uma confederação de províncias na qual cada uma delas gozava de larga autonomia política, com governantes e instituições próprias. Acima da confederação reinava a casa de Orange-Nassau, cujo príncipe ocupava o cargo de *Stahouder*, autoridade máxima da suposta "república". Reinava em sintonia com os Estados Gerais, assembleia de representantes de cada província confederada. Guilherme, o Taciturno (1533-1584), liderou a rebelião contra a Espanha e a fundação da República. O príncipe Maurício de Nassau (1567-1625), padrinho do conde João Maurício de Nassau (que mais tarde governaria o Brasil holandês), consolidou o regime.

À frente das sete províncias, a Holanda firmou com a Espanha em 1609 uma trégua de 12 anos. Apenas uma pausa na guerra que se prolongaria por quase um século. Mas, com ou sem trégua, o destino das colônias de Portugal estava selado desde 1580. A chamada União Ibérica entre Espanha e Portugal (1580-1640) transformou esse último, por extensão, em inimigo dos holandeses.

Logo em 1602 as Províncias Unidas formaram a Companhia das Índias Orientais, que rompeu, na prática, o monopólio de comércio ibérico naquelas partes. Mais tarde, promoveria conquistas espetaculares nas partes do Índico outrora pertencentes ao Império português. No caso do Atlântico, criou-se a Companhia das Índias Ocidentais (*West Indische Compagnie ou WIC*), ideia originalmente proposta por Willem Usselinx (1564-1647), natural de Antuérpia, no Brabante.

Organizada como sociedade por ações, a WIC desafiava, por princípio, os monopólios ultramarinos ibéricos. Seus estatutos autorizavam alianças com os naturais da África e da América, previam a construção de fortalezas, a nomeação de governadores, a militarização das conquistas e a implementação do comércio com aquelas regiões. A WIC foi organizada em cinco câmaras regionais, predominando a câmara de Amsterdã, que possuía 4/9 das ações, seguida da câmara de Middelburg, na Zelândia, com 2/9, a de Maas (em Rotterdam, também holandesa) e mais duas localizadas em cidades da Frísia e Groningen, cada qual com 1/9 do capital. As decisões das câmaras eram submetidas a um conselho diretor sediado em Amsterdã, composto de 19 diretores. Era o chamado Conselho dos Dezenove Senhores — os *Heeren XIX*.

Os capitais holandeses predominavam na empresa, particularmente o dos comerciantes calvinistas de Flandres refugiados em Amsterdã, vindos do Brabante, sobretudo de Antuérpia. Nesse ponto, pelo menos, a confusão vocabular que os portugueses faziam entre *holandeses* e *flamengos* tinha alguma razão de ser.[1] Os judeus portugueses de Amsterdã entraram com apenas 1% dos capitais da WIC, de modo que é inexato supor-se que a expansão holandesa se fez com capital judaico. A colaboração dos judeus portugueses se daria posteriormente e por outros meios.

A WIC se organizou como sociedade acionária com propósitos comerciais articulados a objetivos políticos e militares. Mas o aspecto religioso da expansão não deve ser subestimado. A WIC era uma empresa tipicamente moderna para os padrões da expansão mercantil do século XVII. Os objetivos comerciais eram prioritários, mas não exclusivos.

2. A conquista holandesa de Pernambuco — 1630-1635

Desde o início, o grande objetivo da WIC era conquistar as áreas açucareiras do Nordeste do Brasil, então chamadas de "capitanias do norte". Já no século XVI, holandeses e flamengos atuavam na distribuição do açúcar português na Europa e, no final do século, mantinham contato direto com as áreas produtoras, na Bahia e em Pernambuco, apesar da União Ibérica. Diversos documentos comprovam a presença de urcas holandesas no Recife ou em Salvador na década de 1590. As ambições holandesas eram, porém, maiores, pois incluíam o controle direto das regiões açucareiras luso-espanholas. A monarquia ibérica estava a par dessas intenções, embora tenha feito pouco para fortalecer a defesa do litoral brasílico. Mas há documentos comprobatórios do temor luso-espanhol de uma invasão holandesa desde o início do século XVII, a exemplo da correspondência do governador-geral Diogo Botelho. De todo modo, a expansão da WIC para o Brasil seria o primeiro capítulo de uma novela que Evaldo Cabral de Mello definiu, em livro clássico, como "as guerras do açúcar".[2]

A primeira investida da WIC foi a conquista da Bahia, sede do governo-geral e uma das mais importantes regiões açucareiras do litoral brasileiro. Em dezembro de 1623, partiu da Holanda uma poderosa esquadra de 26 navios, 3.300 homens e 450 bocas de fogo, comandada pelo almirante Jacob Willekens, secundado pelo vice-almirante Peter Heyn, cabendo ao coronel Jan Van Dorth o comando das tropas terrestres. Em maio de 1624, Salvador foi conquistada, vencida a tenaz resistência do governador Diogo de Mendonça Furtado e do bispo D. Marcos Teixeira. Mas a vitória holandesa durou pouco. Filipe IV de Espanha enviou poderosa esquadra composta de 52 navios, 12.566 homens e 1.185 bocas de fogo, comandada por D. Fradique de Toledo Osório. No início de 1625, os holandeses tiveram de se retirar à vista da esquadra de D. Fradique, pois a maioria de seus navios fora enviada a outras partes ou havia regressado à Holanda. Por outro lado, os moradores da Bahia se levantaram contra o conquistador na chamada "Jornada dos

Vassalos". A WIC foi obrigada a adiar a conquista do Brasil açucareiro por alguns anos.

O alvo escolhido foi então Pernambuco, após exame minucioso dos Dezenove Senhores da WIC. Além de mal fortificado, Pernambuco era grande produtor de açúcar e ainda poderia servir de base para outras conquistas no Nordeste, incluindo nova investida contra a Bahia. A decisão da WIC foi ainda favorecida por um fato circunstancial: o ataque do almirante Peter Heyn à frota espanhola carregada de prata, em 1627, ação que rendeu grande lucro à companhia holandesa. O plano para a nova expedição de ataque ao Brasil foi avaliado com prudência, de modo que somente em fins de 1628 a WIC iniciou os preparativos para a invasão. O melhor da oficialidade holandesa ou flamenga foi convocado para a expedição. Confiou-se o comando da esquadra ao almirante Hendrik Cornelioszoon Loncq, cabendo ao coronel Jonckheer Diederick van Waerdenburgh o comando das tropas terrestres. Esse último seria, na prática, o primeiro governador do Brasil holandês.

Em dezembro de 1629, a esquadra se reuniu na altura de Cabo Verde, dispondo de força militar muito superior à empregada no ataque à Bahia, cinco anos antes: 67 navios, sete mil homens e 1.170 bocas de fogo. O movimento de força naval tão poderosa não poderia passar despercebido e a notícia não tardou a chegar a Madri. O conde de Olivares, ministro todo-poderoso de Filipe IV de Espanha, incumbiu Matias de Albuquerque de organizar a resistência, prometendo enviar reforços para Pernambuco tão logo fosse possível.

Matias de Albuquerque partiu de Lisboa, em agosto de 1629, e tratou de entrincheirar a capitania. Reforçou as fortalezas, convocou os senhores da terra e buscou mobilizar os índios aldeados pelos jesuítas. Mas era enorme a desproporção militar entre os beligerantes. Em 15 de fevereiro de 1630 Loncq conduziu sua esquadra para o Recife, enquanto as tropas de Waerdenburgh desembarcavam na baía de Pau-Amarelo. Matias de Albuquerque não viu opção senão abandonar o Recife, em 16 de fevereiro, reorganizando sua linha de defesa na Várzea do Capibaribe. Recife ainda resistiu até o fim do mês. Olinda, no entanto, caiu no próprio dia 16 de fevereiro, sendo saqueada e arrasada.

A conquista de Recife e Olinda não bastou, porém, para garantir aos holandeses o controle da região, sobretudo do interior. Suas tropas ficaram, na prática, encasteladas no litoral, em torno daquelas duas praças. O conselho político da WIC, no Recife, percebeu que sem a conquista da Várzea, bem como das capitanias vizinhas, a empresa corria sério risco de fracassar, seja econômica seja militarmente. De modo que, nos anos seguintes, a WIC tratou de aumentar suas forças no Brasil e buscar, na medida do possível, aliados na terra. A conquista do Nordeste pelos holandeses se prolongaria por anos e só foi consolidada por volta de 1635. A Espanha, por sua vez, reagiu com atraso e ineficiência, atolada em sua própria crise financeira. Madri soube da derrota em abril e Olivares decidiu mandar reforços, comandados pelo general italiano conde de Bagnuolo, nomeado como adjunto de Matias de Albuquerque no comando da resistência. De nada adiantou. A tardança da reação espanhola acabaria sendo decisiva para a conquista holandesa de Pernambuco, mais tarde estendida ao Rio Grande do Norte, a Itamaracá e à Paraíba.[3]

Os conquistadores *framengos* (como lhes chamavam os portugueses) trataram de organizar desde cedo o governo na região, em sintonia com os *Heeren XIX*. Criaram um conselho político, o Conselho do Recife, composto de cinco membros, incumbido de administrar a região, organizar o comércio e traçar a estratégia militar para novas conquistas. O cargo de "governador", um tanto oficioso, foi confiado ao oficial superior das forças terrestres. O coronel Waerdenburgh ocupou o posto até 1633, sucedido pelo coronel alemão Sigismund von Schkoppe, que "governou" até a chegada de Maurício de Nassau, no início de 1637. Somente a partir de Nassau o cargo de governador se tornou oficial.

O avanço holandês prosseguiu, com a conquista de Itamaracá e do Rio Grande do Norte em 1633, mas ainda assim os holandeses se sentiam confinados. O próprio Recife vivia à mercê de incursões-relâmpago, à noite, ordenadas por Matias de Albuquerque, que organizou seu quartel-general no Arraial do Bom Jesus, na Várzea do Capibaribe. Por duas vezes, em março e agosto de 1633, von Schkoppe tentou em vão conquistar o Arraial para desmantelar a resistência. Os holandeses avançavam no litoral, mas não conseguiam submeter o interior (Guararapes, Jaboatão, Muribara, Camaçarim). A situação era preocupante para a WIC, pois a região abrigava cerca de 20% dos engenhos pernambucanos e, segundo a *Memória* de Adriaen Verdonck, produziam "a melhor parte do açúcar".[4]

No início de 1634, os holandeses controlavam boa parte do litoral e desfrutavam de larga vantagem militar. Mas o território dominado era descontínuo e pontilhado por focos de resistência, sem falar nas capitanias irredutíveis. Do litoral sul de Pernambuco ao Rio Grande do Norte, extremo norte das conquistas flamengas, os focos de resistência incluíam Porto Calvo, na divisa com Alagoas, e o Forte Nazaré, no Cabo de Santo Agostinho, ao sul do Recife. No interior de Pernambuco, o Arraial do Bom Jesus permanecia incólume. E, não bastasse isso, a capitania da Paraíba era uma verdadeira cunha no território holandês, entre o Rio Grande do Norte, ao norte, e o eixo Pernambuco-Itamaracá. O alto-comando militar da WIC decidiu, então, concentrar forças para conquistar a Paraíba. Além do seu valor estratégico, a Paraíba possuía 15 engenhos de açúcar, de modo que sua importância econômica era indiscutível.

A decisão de conquistar a Paraíba foi tomada pelo coronel alemão Sigismund von Schkoppe (na documentação aparece por vezes grafado como Schopp, Schoppe, Schcopp, Skup) e pelo coronel polonês Crestofle d'Artischau Artichewski, grafado também de diferentes modos: Artichofski, Artifox, Arcizewski, Arquichofle, Artechocke. O coronel alemão era, como vimos, o comandante supremo das forças terrestres dos holandeses desde setembro de 1634, e o polonês, seu adjunto, embora fosse mais competente do que von Schkoppe. Ambos tinham chegado ao Brasil como capitães, sendo promovidos pela WIC por serviços prestados à conquista do Nordeste. O posto de coronel era, aliás, o mais graduado na hierarquia militar dos flamengos.

Retrato interessante de Artichewski aparece no manuscrito do inglês Cuthbert Pudsey, mercenário que lutou sob o comando do polonês entre

1630 e 1640. Pudsey conta que Artichewski tornou-se uma viga mestra do Conselho, "sendo um homem de experiência tanto em anos quanto como pessoa própria em todas as ocasiões". "Sua palavra era lei para nós", escreveu.[5] Entre os portugueses, porém, Artichewski era temido por sua crueldade e por executar prisioneiros, degolando-os quase sempre. Com degolas ou sem elas, a conquista da Paraíba foi planejada para novembro de 1634, armando-se esquadra de 40 a 50 navios, mais barcaças e lanchas, e uma força de seis mil homens. Von Schkoppe era o comandante geral, Artichewski, o adjunto, e Jan Cornelissen, o comandante da Armada. Ordenou-se, ainda, ao "governador" holandês do Rio Grande do Norte o envio à Paraíba, por terra, de mais soldados e índios tapuias, no caso os tarairius, uma vez que seu chefe, Janduí, aceitara aliar-se aos flamengos para combater os portugueses.

A defesa da Paraíba dependia de dois fortes, o de Cabedelo, ao sul, na entrada da barra, com 27 peças de artilharia, e o de Santo Antônio, ao norte, com 22 canhões. A meia légua (3 km) da capital Filipeia, na linha de frente, uma bateria com sete peças de artilharia e 40 homens ficou encarregada de retardar a investida holandesa contra os fortes paraibanos. A desproporção entre os exércitos era considerável: 800 soldados mal-armados deveriam combater uma força de seis mil homens. Matias de Albuquerque tentou reforçar a defesa paraibana enviando, do Arraial, diversos capitães com seus guerreiros indígenas. Antônio de Albuquerque, governador da Paraíba, ainda recebeu a assessoria do conde de Bagnuolo. Mas as perspectivas de defesa da Paraíba eram sombrias.

Os holandeses desembarcaram em 4 de dezembro de 1634. Destroçaram a bateria da restinga e sitiaram os fortes, movendo um cerco que durou cerca de um mês. Por mais tenaz que tenha sido a defesa dos fortes, a situação se agravava a cada dia. Faltavam mantimentos e munição; as baixas eram diárias. A Espanha enviou D. Fernando de la Riba Aguero com tropa castelhana para socorrer o forte de Cabedelo. Ele desembarcou em 15 de dezembro, mas a tropa sequer conseguiu entrar no forte. Os holandeses lançaram *ultimatum,* recusado heroicamente pelos sitiados. Em 19 de dezembro, porém, negociaram a rendição, pois quase não havia mais alimentos e munição. Somente a soldadesca faminta e esgotada, sem falar nos feridos. O acordo estabelecido com os holandeses foi razoável, pois garantia aos vencidos o embarque, em segurança, para as Índias de Castela e o direito de abandonar o forte com as honras militares. Saíram os capitães engalanados, bandeiras desfraldadas, armas em punho, tambores rufando. Mas a derrota foi acachapante: 83 mortos e 103 feridos. Poucos dias depois rendeu-se o forte de Santo Antônio, adotando-se os mesmos termos do acordo firmado no Cabedelo.

A queda dos baluartes paraibanos foi fatal para a resistência da capitania. O sentimento derrotista se alastrou, muitos desistiram de lutar, senhores de engenho buscavam acordos com os holandeses, em troca de conservar seus bens, como fez Bento do Rego Bezerra, um dos mais grados da capitania. Pouco depois foi a vez de Duarte Gomes da Silveira, homem grisalho e muito respeitado, negociar a rendição com Artichewski, para desespero do governador Antônio de Albuquerque. Esse tentou até o limite resistir no interior, improvisando baluartes nos engenhos. Tudo em vão. Acabou optando pela retirada para o Cabo de Santo Agostinho. Muitos capitães se renderam, outros traíram. Dentre eles, o jesuíta Manuel de Moraes, nomeado capitão do gentio por Matias de Albuquerque no início da guerra. A colaboração desse homem com os flamengos foi valiosa, havendo quem o comparasse ao célebre Domingos Fernandes Calabar, patriarca dos traidores.[6] Comentando as inúmeras traições dessa campanha, escreveu Duarte de Albuquerque Coelho, o conde de Pernambuco, em suas *Memórias*: "Tais efeitos (as deserções), como estes referidos, e outros que referiremos, foram causados pela dilação com que se socorreu o Brasil, e o fazer-se lenta aquela guerra."[7]

3. A traição de Calabar

Domingos Fernandes Calabar tornou-se o emblema da traição nas guerras pernambucanas. No século XIX, os historiadores brasileiros se compraziam em destacar a vileza de Calabar, que, com sua traição, fez desabar a resistência de Matias de Albuquerque. No século XX, relativizou-se a traição de Calabar, havendo quem o tomasse por herói, por ter combatido os lusitanos. Mas tais interpretações contêm mais ideologia do que história. Polêmica à parte, observamos, na crônica de guerra, que a traição de Calabar aparece relatada com detalhes pelos autores luso-brasileiros, ao passo que entre os cronistas holandeses Calabar quase não é mencionado. Quando muito, é registrado como guia de expedições. Eis nosso primeiro mistério: execrado pelos cronistas portugueses, nem por isso Calabar foi celebrado pelos holandeses.

Domingos Fernandes nasceu em Porto Calvo, nas Alagoas, em 1609. A maioria dos cronistas afirma que era mulato, filho natural da *negra* Ângela Álvares, que o teve de um português desconhecido. Há registro, contudo, de que Calabar era mameluco e nesse caso a *negra* Ângela Álvares, sua mãe, era "negra da terra", termo com que, não raro, os portugueses designavam os índios. Em apoio a essa hipótese, vale dizer que Calabar dominava a *língua geral* e conhecia como ninguém a região, as picadas e os atalhos das matas. Francisco Adolpho de Varnhagen, embora o tenha condenado pela traição, reconheceu valor e astúcia em Calabar, nele vendo "o mais prático em toda aquela costa e em terra que o inimigo podia desejar".[8] Calabar se engajou na resistência na primeira hora, tornando-se valioso para Matias de Albuquerque nas emboscadas enviadas do Arraial do Bom Jesus. Chegou a ser ferido, em 14 de março de 1630, defendendo o Arraial de um assalto flamengo. Prestou grandes serviços ao governador até que, em 20 de abril de 1632, passou-se para o inimigo, motivo de grande polêmica até hoje. Frei Manuel Calado, no seu *Valeroso Lucideno,* contou que Calabar fugiu para escapar de castigo por crime que havia cometido no Arraial, no que foi repetido por outros cronistas. Temia ser preso e castigado em razão de furtos graves contra a Fazenda del rei.[9] Versão diferente se pode encontrar no relato do inglês Cuthbert Pudsey, soldado da WIC, para quem Calabar desertou porque tinha estuprado certa mulher em Camaragipe e ainda lhe havia cortado a língua para que não o denunciasse.[10] É difícil acatar essa última versão, considerando que a violação de mulheres era fato corriqueiro nessa guerra, como em outras guerras da época, salvo se a mulher violada fosse de alguma família importante. Tampouco é credível que Matias de Albuquerque autorizasse qualquer castigo contra o valioso capitão Calabar por algum furto cometido no Arraial, se é que isso ocorreu. Aliás, furtos e rapinagens eram corriqueiros no Arraial do Bom Jesus. De modo que a razão pela qual Calabar desertou é outro mistério de sua biografia.

Mas, sem qualquer juízo de valor, Calabar realmente traiu a resistência ao se apresentar ao Alto-Comando holandês. Talvez tenha avaliado que a guerra favorecia os holandeses e, como tantos outros, vendeu-se. Seu talento era boa moeda de troca. Calabar não foi o primeiro, nem o único (longe disso), a se passar para o inimigo nessa guerra, mas sua atuação foi mesmo preciosa para o avanço holandês. Aprendeu logo o holandês e acabou muito prestigiado pelos oficiais da WIC. A crônica da guerra confirma a importância que lhe atribuíam Waerdenburgh, em 1632, e os coronéis Sigismund von Schkoppe e Cristoffel Artichewski, a partir de 1634, mobilizando-o para diversas frentes de combate. Calabar foi decisivo em várias batalhas, atuando como guia, flanqueando o inimigo, combatendo na linha de frente, inclusive em batalhas navais. Calabar é figura destacada na crônica sobre a queda de Itamaracá, em abril de 1633; do Rio Grande do Norte, em dezembro do mesmo ano; da Paraíba, em dezembro de 1634. Além disso, adotou o calvinismo, pois foi na igreja reformada que fez batizar seu filho com Ana Cardoso, em 20 de setembro de 1634, cerimônia presenciada por Servatius Carpentier, um dos principais do Conselho do Recife, e pelos coronéis von Schkoppe e Artichewski.

Calabar caiu prisioneiro de Matias de Albuquerque por mero acaso e tremendo azar. Derrotado no Forte de Nazaré (Cabo de Santo Agostinho), em julho de 1635, Matias de Albuquerque seguiu para Serinhaém, com von Schkoppe no seu encalço. A única saída que encontrou para recobrar as forças foi tentar tomar Porto Calvo, nas Alagoas, contando com os serviços de um certo Sebastião Souto. Esse servia aos holandeses, mas mantinha Matias de Albuquerque informado de tudo. Era um espião duplo. Sebastião convenceu o major holandês Alexander Picard de que a força holandesa era insuficiente para sustentar a praça, do que deu notícia a Matias. O resultado foi uma rápida vitória dos portugueses, que se dispunham a autorizar a retirada em segurança dos vencidos, desde que deixassem as armas no forte. Apenas dois homens foram privados do salvo-conduto: o judeu português Manuel de Castro, almoxarife do forte, e Calabar. O primeiro foi logo enforcado num cajueiro, e Calabar, submetido a julgamento sumário por alta traição. Condenado à morte, foi enforcado e depois esquartejado, espalhando-se suas partes pela vizinhança.

Frei Manuel Calado ministrou a última confissão ao condenado e dele ouviu não apenas a confissão de seus pecados, mas informações sobre vários colaboradores dos holandeses. Segundo frei Calado, Calabar chegou a dizer que "muito sabia e tinha visto naquela matéria, e que não eram os mais abatidos do povo os culpados". Tudo indica que Manuel Calado contou a Matias de Albuquerque "algumas coisas pesadas" que ouvira do condenado, rompendo o sigilo da confissão. Matias respondeu sem hesitar: que não se falasse mais nisso para "não se levantar poeira da qual se originassem muitos desgostos e trabalhos". Calabar foi executado sumariamente. Nem lhe deram a chance de dizer suas últimas palavras. À vista dessas evidências, Evaldo Cabral de Mello não teve dúvida em afirmar que a execução de Calabar foi, em grande parte, o que hoje chamamos de *queima de arquivo*. "A verdade", diz Mello, "é que sua execução não se deveu apenas ao colaboracionismo, mas igualmente ao conhecimento que adquirira dos contatos comprometedores mantidos por pessoas gradas da capitania com as autoridades neerlandesas."[11] Quando Artichewski chegou a Porto Calvo e viu os pedaços e a cabeça de Calabar fincados nos paus, deu ordem para massacrar todos os moradores das redondezas, o que só não ocorreu por mediação de frei Manuel Calado, que fez ver às autoridades holandesas o desatino daquela decisão.

4. Razões da derrota pernambucana

Na altura em que Calabar foi executado, a resistência pernambucana estava em frangalhos. Desde o avanço final contra a Paraíba, a euforia tomou conta da WIC e dos especuladores de Amsterdã. Gonsalves de Mello nos conta que os mais açodados investiam boas somas, apostando em qual dia cairia tal ou qual praça, o Forte de Nazaré, o Arraial Serinhaém, tudo registrado em cartório. As vitórias holandesas viraram motivo de jogatina; a derrota pernambucana, forte por forte, se tornava questão de dias.[12]

O colapso total da resistência foi matéria de reflexão para os contemporâneos, alguns dos quais deixaram por escrito, em crônicas, suas opiniões sobre a derrota. Diogo de Albuquerque, como vimos, atribuiu a derrota e as frequentes traições à demora com que a Espanha enviou reforços aos resistentes.[13] Frei Manuel Calado pôs a culpa nos índios tapuias e potiguaras, neles vendo "a causa e o principal instrumento de os holandeses se apoderarem de toda a capitania de Pernambuco e de a conservarem tanto tempo".[14] Houve mesmo um oficial espanhol, Andrés Marin, citado por Evaldo Cabral de Mello, que atribuiu a derrota à malta de mestiços, "pícaros da terra", talvez inspirado no exemplo de Calabar, mas não somente nele.[15] Alguns acusaram os cristãos-novos de apoiarem os flamengos desde a investida contra a Bahia, em 1624, embora não haja prova documental de qualquer apoio organizado por aquela minoria, por mínima que seja. De todo modo, o apoio cristão-novo ao holandês era uma crença generalizada na época, como sugere o poema de Lope de Vega "El Brasil restituído", louvando a resistência portuguesa na Bahia, em 1625. Nessa peça, um personagem cristão-novo dizia ser "mexor entregarnos a Olandeses que sufrir que portugueses nos traten con tal rigor".[16]

O "quinta-colunismo", na expressão de Evaldo Cabral de Mello, foi bem amplo e abrangeu grupos indígenas, alguns escravos fugidos que lutaram pelo holandês, mamelucos e mestiços, uns poucos cristãos-novos e muitos cristãos-velhos, inclusive "principais da terra". Alguns deles ficaram conhecidos, outros permaneceram ocultos, como os citados na confissão *in extremis* de Calabar, cujos nomes e atos foram silenciados por Matias de Albuquerque. Mas é preciso cuidado na qualificação dessas cumplicidades, porque se muitos foram traidores notórios, bandeando-se para o holandês depois de terem lutado na resistência, outros foram apenas desertores. E muitos somente colaboraram com os holandeses depois da conquista consumada. Houve, pois, diferentes graus de adesão ao vencedor. Calabar não foi o único, como dissemos, a embaralhar as lealdades nas guerras pernambucanas.

5. Tolerância religiosa e "paz açucareira"

Os holandeses perceberam, nos primeiros anos da guerra, que a tessitura de alianças nas capitanias conquistadas era essencial para a estabilidade do governo e dos negócios da WIC. O primeiro passo nesse sentido se deu em 1632, após a conquista de Igarassu, quando os vencedores prometeram aos moradores de Pernambuco, em caso de rendição, respeito à propriedade, liberdade de consciência e redução de impostos. Muito mais sólido foi o acordo feito na Paraíba, em janeiro de 1635, cuja tradução para o português Francisco Adolpho de Varnhagen encontrou apenso a um requerimento feito por Duarte Gomes da Silveira. Segundo Varnhagen, o documento aparece pessimamente redigido, numa "linguagem tão estrangeirada que faz supor que haverá sido mal traduzido do holandês", quem sabe a mando de Duarte Gomes.[17]

O documento proclamava a garantia de paz e justiça contra quaisquer inimigos; assegurava a propriedade e a proteção aos negócios, franqueando salvo-condutos para os que necessitassem viajar por mar ou terra; mantinha os impostos em vigor, sem aumentá-los; isentava os moradores e seus filhos da obrigação de servir em armas "contra forças vindas da metrópole"; garantia o direito de recorrerem aos tribunais do lugar contra os próprios governantes e de terem juiz segundo as leis e ordenações portuguesas; admitia o uso de armas contra salteadores e amotinados; reconhecia a liberdade de consciência e de culto com a devida proteção às imagens e aos sacerdotes.

A liberdade de culto era item essencial para a aliança entre holandeses e luso-brasileiros. Permitiu-se, assim, a permanência de padres seculares e regulares nas capitanias conquistadas, de modo a que não faltasse aos colonos o alimento espiritual a que estavam acostumados. Nada de impor a conversão para o calvinismo, inclusive porque vários soldados recrutados pela WIC eram católicos. Encastelado na Bahia, sede episcopal do Brasil, o bispo D. Pedro da Silva e Sampaio condenou esse acordo com máxima veemência, ordenando que todos os membros do clero abandonassem o "território conquistado pelos hereges". Nosso bispo parecia mancomunado com Matias de Albuquerque, que percebeu muito bem o alcance contemporizador dessa medida, em prejuízo da resistência.[18]

Seja como for, a Mesa da Consciência e Ordens, em Lisboa, desautorizou o bispo, em despacho de 5 de setembro de 1635, e a Coroa confirmou essa decisão em Carta Régia de 17 de outubro do mesmo ano. O clero católico permaneceu, assim, nos domínios flamengos, com a exceção dos jesuítas, sistematicamente deportados, quando caíam prisioneiros, para a Bahia, Portugal, Espanha ou as Índias de Castela, com estágio na Holanda, conforme o caso. Os holandeses não queriam saber de jesuítas nas terras conquistadas, como se a Companhia das Índias e a Companhia de Jesus não pudessem ocupar o mesmo espaço. Também os jesuítas, por sua vez, achavam o mesmo, e condenaram o acordo da Paraíba, logo em maio de 1635, seguindo a linha adotada pelo bispo. O provincial Domingos Coelho deu ordem expressa para que os religiosos da Companhia de Jesus abandonassem o território ocupado, decisão mantida mesmo depois que a Coroa desautorizou o bispo, em outubro do mesmo ano. Militantes da Contrarreforma, recusavam-se os inacianos a compartilhar a vida com hereges. Os que ficaram nos domínios holandeses chegaram mesmo a pegar em armas "contra os hereges", com raras exceções.

A tolerância para com o catolicismo foi um claro sinal de trégua, prenunciando a aproximação que de fato ocorreu entre o governo holandês e os senhores que preferiram ficar na terra conquistada. Os negócios entre a WIC e os senhores do Nordeste só fariam crescer nos anos seguintes, sobretudo os do açúcar. A paz de 1635 poderia, nesse sentido, ser chamada de "paz açucareira".

6. A questão indígena: aliança e missionação

A WIC também percebera, desde o fracasso da conquista da Bahia, em 1625, que o apoio dos índios seria essencial numa futura invasão do Brasil. O acaso contribuiu para a montagem dessa estratégia, quando o almirante Boudewijn Hendrickzoon, num desvio de rota, fundeou sua esquadra na Paraíba, sendo muito bem recebido pelos índios potiguaras. Chegou a construir trincheiras com 600 homens para defender o acampamento onde descansava a tripulação e se recuperavam os doentes. Passados dois meses, veio a notícia de que os portugueses lançariam ofensiva para expulsá-lo e a seu colega, Andries Veron, comandante de uma segunda esquadra.

Os navios holandeses partiram o quanto antes para diversos destinos, um deles para a Holanda. Foi nele que seguiram seis índios potiguaras que, anos depois, desempenhariam importante papel na dominação holandesa de Pernambuco. Entre eles, Pedro Poti, primo de Filipe Camarão, Antônio Paraopaba, 32 anos, e seu pai, Gaspar Paraopaba, de 50 anos. Enquanto isso, centenas de potiguaras eram massacrados pelos portugueses, na Paraíba, em represália à acolhida dada ao holandês em Acajutibiró ou Tibiracaiatuba, chamada pelos lusitanos de Baía da Traição.

Entre os refugiados potiguaras que desembarcaram em Amsterdã, Pedro Poti foi o principal. Aprendeu holandês e teve seu nome registrado diversas vezes nas atas das sessões do Conselho do Recife, tornando-se um dos principais colaboradores dos holandeses, sobretudo depois de 1645. Convertido ao calvinismo, manteve, ainda, importante correspondência com Filipe Camarão, chefe potiguar leal aos portugueses, na qual tentou em vão exortá-lo a mudar de lado, alegando o mal que os portugueses causavam aos índios naquela terra. Mais tarde, caiu prisioneiro dos portugueses na segunda batalha de Guararapes, em 19 de fevereiro de 1649. Preso numa enxovia no Cabo de Santo Agostinho, onde permaneceu por meses a pão e água, recusou-se a abandonar o calvinismo, falecendo no navio em que seguiu, a ferros, para Lisboa, em 1652.

Outro chefe notável do chamado "partido holandês" foi Antônio Paraopaba, guerreiro afamado, responsável por várias vitórias contra os luso-brasileiros durante a Insurreição Pernambucana (1645-1654). Foi um dos chefes dos massacres perpetrados em Cunhaú e Uruaçu, no Rio Grande do Norte, em 1645, respectivamente em julho e outubro, e comandante da retirada dos índios para a serra de Ibiapaba, no Ceará, depois da derrota holandesa de 1654. Chegou a escrever duas memórias ou "remonstrâncias" (do holandês *remonstratien*) em defesa de seu povo, clamando em vão por socorro aos antigos aliados, aos quais chamava de "senhores alimentadores da verdadeira igreja de Deus".

Esses dois exemplos dão bem a medida de como os holandeses conseguiram arregimentar líderes potiguaras em Pernambuco. Mas o projeto era mais ambicioso, pois foram organizadas missões calvinistas nos antigos aldeamentos jesuíticos, além de proibida, terminantemente, a escravização dos nativos.[19] Mais tarde, em março-abril de 1645, meses antes da Insurreição Pernambucana, o governo holandês aprovaria as decisões de uma grande assembleia dos "capitães indígenas" de seu "partido", do que há registro nas *Notulen van Brasilië* depositadas nos arquivos de Haia. A esse grande encontro compareceram cerca de 150 chefias, entre capitães de aldeia, tenentes, alferes, adjuntos e regedores. As atas da assembleia registram importantes privilégios ou direitos concedidos aos índios fiéis, com o aval dos Dezenove Senhores: liberdade dos índios, proibindo-se a escravização deles; manutenção de mestres-escola e pastores nas aldeias para doutrina da "verdadeira religião cristã" (calvinista); organização de três câmaras nas aldeias de Tapecirica, em Pernambuco, Maurícia, na Paraíba, e Orange, no Rio Grande do Norte; provimento de líderes indígenas no governo de cada uma dessas câmaras.[20]

Mas a missionação calvinista foi, desde o início, uma tarefa dificílima. O primeiro grande obstáculo foi a língua. Em holandês não se poderia catequizar ninguém e não faltou controvérsia entre os pregadores sobre se convinha pregar em português ou espanhol. O *predikant* Vicentius Soler foi dos que consideraram necessário pregar nessas línguas, frisando, em carta de 1639, que somente assim a *verdadeira religião cristã* poderia avançar no Brasil. Há notícia de livros calvinistas em língua castelhana ou portuguesa divulgados no Brasil holandês. Foram 29, a começar pela Bíblia. Proibida em vernáculo no mundo católico, salvo com permissão especial, foi distribuída em espanhol, possivelmente o Novo Testamento, na tradução de Cassiodoro de Reina, revista por Cipriano de Valera. O segundo texto mais divulgado foi o *Catecismo de Heidelberg*, na versão espanhola de 1628, seguido do *Católico reformado*, texto anônimo, de que chegou a haver estoque de 203 exemplares no Recife.

Para missionar junto aos índios, os holandeses prepararam tradutores, apoiaram-se em líderes indígenas convertidos, organizaram missões. A estratégia seguida foi, como vimos, a de apoiar-se nos aldeamentos jesuíticos, como sugere, entre outras evidências, uma pintura de Zacharias Wagner retratando um povoado indígena-calvinista: seis casas compridas cobertas de palha, onde cabiam 50 ou 60 pessoas, e no meio delas uma igrejinha com campanário em frente. Para além das motivações doutrinárias, convém não esquecer que a missionação calvinista era essencial para os interesses da WIC, que via nos índios aliados fundamentais nas guerras pernambucanas.

Estratégia similar, embora menos doutrinária, foi adotada com os chamados tapuias. Joannes de Laet, geógrafo e diretor da WIC, contabilizou 76 nações tapuias (!),[21] índios dispersos pelos sertões, entre o Rio Grande do Norte, o Ceará e o São Francisco. Segundo o relato de Nieuhof, viviam nos extremos de Pernambuco os tapuias cariris, com suas várias ramificações, os caririvasus, os carrijous, os taririus.[22] Esses últimos eram os famosos *tarairius* que, desde 1633, se tornaram os "infernais aliados" dos holandeses, nas palavras do historiador Erns van den Boogaart, consumada a conquista do Rio Grande do Norte.

Dessa aliança foi protagonista o chefe Janduí ou Nhanduí, que lutou pelos holandeses, embora recusasse a catequese calvinista.[23] O artífice dessa aliança holandesa-tarairiu foi, do lado holandês, o misterioso Jacob Rabe, alemão natural de Hamburgo, que alguns autores caracterizam como judeu alemão. Rabe chegou a Pernambuco junto com Maurício de Nassau, em 23 de janeiro de 1637, contratado pela WIC, e desde cedo mostrou-se valioso intermediário, casando-se com Domingas, uma das filhas do chefe Janduí, e liderando índios em campanhas, inclusive nos célebres massacres de 1645. Morreu tão misteriosamente como viveu, sendo assassinado por ordens do coronel Joris Gartsman. Escreveu em latim memória importante sobre os costumes indígenas: *De tapuyarum moribus et consuetudinibus*.[24]

Assim como Rabe, Roulox Baro, que há muito conhecia os tapuias, pois vivera entre eles, foi contratado pela WIC como sucessor de Rabe. Atuou como intérprete e embaixador junto aos tarairius, deixando notável relação de sua "viagem ao país dos tapuias" realizada em 1647. Baro foi recrutado para tentar garantir a aliança dos tarairius num contexto difícil, o da Insurreição Pernambucana.[25]

7. Apogeu do domínio holandês: Maurício de Nassau, 1637-1644

O triunfo holandês seria coroado com a chegada do conde Maurício de Nassau-Siegen, alemão, que desembarcou como governador da WIC em 23 de janeiro de 1637. Mal pôs os pés na terra e já se tomou de amores pelo Brasil, dizem alguns. Em sua primeira carta aos Dezenove Senhores, logo no mês seguinte, escreveu, em francês, que o país era "un de plus beaux du monde" (um dos mais belos do mundo). O fato é que Nassau, "príncipe humanista" e militar de excelente currículo, estendeu o domínio holandês ao São Francisco, ainda em fevereiro de 1637, fundando o Forte Maurício nas cercanias de Penedo. Em novembro, conquistou Sergipe del Rei; em dezembro, conquistou o Ceará, rico em sal e âmbar; e, anos depois, em novembro de 1641, conquistaria também o Maranhão. Por pouco não conquistou a Bahia, com uma esquadra de 30 navios, 3.600 soldados e mil índios tapuias. Mas a Bahia resistiu heroicamente. Segundo o padre Antônio Vieira, foi Santo Antônio em pessoa que defendeu a Bahia em sua trincheirinha sagrada.[26]

O negócio do açúcar chegou ao apogeu no chamado período nassoviano, impulsionado pela adoção do "livre comércio", em 1638, que franqueou a todos os comerciantes holandeses, e não somente aos licenciados da WIC, o direito de negociar com os "portos do norte brasiliano". O comércio de açúcar branco, por exemplo, atingiu o auge em 1641, quando foram exportadas 14.542 caixas. O tráfico de escravos africanos, por outro lado, caminhava para o pico, sobretudo após a conquista holandesa de São Jorge da Mina, em 1637, e de Luanda, em Angola, em 1641: 2.378 negros foram vendidos no Brasil em 1642; 4.014 em 1643; 5.465 em 1644.[27]

Nassau governou o Brasil holandês nessa fase de prosperidade. E revelou-se, desde sempre, um hábil negociador e contemporizador das tensões que atravessaram seu mandato. Administrou o conflito entre comerciantes, de um lado, e lavradores e senhores de engenho, de outro, embora tenha alertado a Companhia, nos últimos anos de seu governo, para o perigo de sublevação. Estreitou, por outro lado, as relações com o governo português na Bahia, após a Restauração portuguesa de 1640, em parceria com o governador-geral, o marquês de Montalvão. Recebeu legações africanas do conde do Sonho e do rei do Congo, em 1643, potentados rivais que, no entanto, tinham em comum a hostilidade ao português.[28] Manteve o equilíbrio entre as comunidades católica, calvinista e judaica em Pernambuco, autorizando as procissões, permitindo o livre funcionamento da sinagoga, aquietando a fúria dos *predikants* calvinistas contra judeus e papistas.

Nesse particular, foi muito cobrado pelo Sínodo calvinista que se estabeleceu no Recife, em 1636, ao permitir que a congregação *Kahal Kadosh Zur Israel*, filiada à Talmud Torá de Amsterdã, mantivesse culto público no Recife e os católicos fizessem suas procissões às claras, o que era impensável na Holanda. Tornou-se, por isso, muito benquisto pelos judeus-portugueses, que se empenharam em manter Nassau no Brasil. Chegaram a escrever aos Dezenove Senhores, dizendo que nenhum preço, mesmo que fosse o do próprio sangue, seria demasiado alto para que Nassau permanecesse no Brasil, desde que ele ficasse.[29] O mesmo em relação aos católicos, que, segundo frei Manuel Calado, o chamavam de "o nosso Santo Antoninho".

Foi no tempo de Nassau que se instituíram, a partir de 1637, em substituição às câmaras portuguesas, as *câmaras dos escabinos*, encarregadas de julgar em primeira instância as causas cíveis e criminais e cuidar da administração municipal. A primeira delas foi a de Olinda, ainda em ruínas, transferida em 1639 para Maurícia, cidadela construída por Nassau na ilha de Antônio Vaz, na outra margem do Capibaribe. Foi essa a principal câmara de escabinos, elevada no mesmo ano ao status de Câmara da Cidade Maurícia. O modelo de administração dessas câmaras espelhava a intenção de equilibrar, na medida do possível, a representação de holandeses e luso-brasileiros, daí o escabinato ser composto por nove membros: cinco neerlandeses e quatro luso-brasileiros, escolhidos entre os "principais da terra" a partir de uma lista de eleitores muito restrita. A escolha do *escolteto*, o burgomestre (alcaide) da cidade, era incumbência do Conselho Político do Recife, órgão máximo da administração colonial no Brasil holandês. Havia muita interferência de Nassau na escolha do escolteto e do próprio escabinato, de modo que a autonomia das câmaras no Brasil era escassa. Segundo Mário Neme, o modelo do escabinato foi um retrocesso em relação às câmaras portuguesas da época, cuja margem de poder local sempre foi mais ampla.[30]

Transformado em mito de nossa história seiscentista, Nassau ficaria também celebrizado pelas melhorias urbanas no Recife e pela missão de pintores e naturalistas que financiou no seu governo. No plano urbanístico, foi responsável pela construção da Cidade Maurícia, na ilha de Antônio Vaz; da ponte unindo Maurícia e Recife; do palácio de Vrijburg, com parque e jardim botânico, emblema de seu governo de oito anos no Brasil. No campo das artes e ciências, patrocinou as viagens de Willem Piso, Georg Marcgrave, Frans Post, Albert Eckout, Gaspar Barléus,

Johan Nieuhof e tantos outros que produziram rico acervo iconográfico e documental sobre a região.

Marggraf (1610-44) era naturalista holandês com formação em matemática, história natural, astronomia e medicina. Em 1638, realizou três expedições no Brasil, percorrendo Pernambuco, Paraíba e Rio Grande do Norte. Escreveu no Brasil boa parte do *Historia Naturalis Brasiliae*, publicada depois de sua morte (1644), em Luanda. Willem Piso (1611-78) era médico e naturalista e, chegando ao Brasil, colecionou plantas e animais, estudou doenças tropicais e terapias indígenas. Quanto aos pintores, registraram animais e plantas de ambientes variados, desde as lagunas litorâneas até a caatinga interior. As pinturas de Albert Eckhout (1612-65) são valiosos documentos de história natural e seus retratos de índios oferecem descrição rara de tipo etnográfico, a exemplo das telas representando os casais tupis e tapuias. Frans Post (1612-80) foi, no entanto, o mais renomado componente da missão nassoviana, dedicando-se sobretudo à pintura de paisagens. Post pintou 18 paisagens no Brasil, retratando o contraste entre a natureza tropical e as construções humanas.

Quanto aos escritores, o grande nome é Johannes de Laet (1539-49), diretor da Câmara de Amsterdã da WIC. De Laet nunca esteve no Brasil, mas foi autor da *História ou Annaes dos feitos da Companhia Privilegiada das Indias Occidentais...* (1644). Gaspar Barléus (1584-48) esteve no Brasil e escreveu a *Rerum per Octennium in Brasilia* (História dos feitos recentemente praticados durante oito anos no Brasil), concentrada no período nassoviano, publicada em Amsterdã (1647), talvez o mais importante documento sobre o período 1636-44. Johan Nieuhof (1618-72) escreveu a já citada *Memorável viagem marítima e terrestre ao Brasil* (1682), história do domínio holandês entre 1640 e 1649. A fase final do período holandês foi também o tema de Pierre Moureau em *História das últimas lutas no Brasil entre holandeses e portugueses*, publicada em 1651, na qual fornece detalhes sobre as calamidades, os homicídios e as pilhagens da guerra.

A criação desse verdadeiro tesouro artístico, científico e cultural foi, direta ou indiretamente, estimulada por Maurício de Nassau, que ficaria também afamado pelas festas pomposas que ordenou em Pernambuco.[31] Uma delas foi em comemoração à Restauração portuguesa contra os odiados espanhóis, celebrada em abril de 1641, na qual procurou dar mostras, talvez fingidas, de que desejava a paz na região. Nessa festa não faltaram *cavalhadas*, simulando, espantosamente, um combate entre holandeses e portugueses (!). Pelo visto, o jogo festivo exprimia mais a realidade do que as intenções diplomáticas do conde.

Nassau promoveu outra festa dedicada a provar a robustez de seus aliados tapuias, ordenando que dois deles enfrentassem um touro bravíssimo no terreiro de seu palácio. Diante de grande público, numa arena cercada como praça de touros, os índios derrotaram a fera, picando-a com flechas, depois de várias escaramuças ao redor de uma árvore, sendo que um tapuia chegou a pegar o touro ensanguentado pelos chifres, arrojando-o no chão, para delírio da plateia.

E, a propósito de touros, não pode ficar sem registro a concorridíssima inauguração da ponte Recife—Maurícia, em fevereiro de 1644, na qual Nassau prometeu que voaria um boi. E, de fato, os espectadores viram entrar num sobrado o boi manso de um certo Melchior Álvares que, para espanto de todos, atravessou pelo ar o espaço entre o sobrado e uma casa fronteiriça da rua. O famoso "boi voador" de Nassau era na verdade empalhado, movido pela tração de grossos arames, mas fez bem o seu papel no programa da festa. A renda do espetáculo foi alta: 1.800 florins, soma resultante do pedágio cobrado pela travessia da ponte nesse grande dia.

No balanço de seus oito anos de governo, Nassau conseguiu neutralizar as tensões das capitanias conquistadas, chegando mesmo a firmar uma trégua com o governo da Bahia, em julho de 1641, envolvendo troca de prisioneiros e cessação das incursões portuguesas no Brasil holandês. Mas essa "paz nassoviana" sempre foi precária. O próprio Nassau ordenou, como vimos, as conquistas de Angola e do Maranhão, no mesmo ano de 1641, e não se cansou de alertar a WIC sobre o perigo de uma insurreição geral dos luso-brasileiros contra o domínio holandês. Desse perigo deu prova o levante do Maranhão, em

1642, que resultou na expulsão dos holandeses das terras maranhenses no ano seguinte.

João Maurício de Nassau deixou o Brasil em maio de 1644. A partir de sua demissão, a dominação holandesa entraria em colapso.

8. Brasil holandês: uma Babel religiosa

A colonização holandesa no Nordeste do Brasil era empresa essencialmente comercial, mas não deixou de lado os aspectos espirituais, como vimos a propósto da missionação calvinista. O projeto evangelizador vinha de braços dados com a empresa comercial desde o início do século XVII. Em 1618, o Consistório de Amsterdã aprovou a propagação do Evangelho nas Índias e noutras regiões com as quais os holandeses mantinham comércio, decisão homologada pelo sínodo da Igreja Nacional das Províncias Unidas. O líder dessa corrente foi o já citado Willem Usselinx (1564-1647), brabantino natural de Antuérpia, mentor de um projeto que combinava expansão comercial e proselitismo calvinista.

Diversos textos doutrinários foram publicados a partir desse ideal exortatório, a exemplo de *Gratidão de David*, publicado em 1624, e da *Prova da verdadeira religião*, manual do célebre jurista Hugo Grotius, escrito para os marinheiros e comerciantes da Holanda. O modelo desse espírito proselitista parece ter sido o do reverendo Godfried Udemans, *O leme espiritual do navio mercante*, cujo título já diz tudo. Estudo completo sobre a matéria encontra-se no livro de Frans Leonard Shalkwijk, *Estado e Igreja no Brasil holandês* (1986), baseado nas atas do Sínodo calvinista estabelecido no Recife e na vasta correspondência mantida pelo Sínodo com a Igreja Reformada dos Países Baixos. Shalkwijk reconstrói o quadro da organização eclesial calvinista, o templo, o consistório, o sínodo, a missão. Informa sobre as estratégias dos *predikants* e a biografia dos mais importantes pastores, Vicentius Joahanes Soler, Johannes Eduardus, Thomas Kemp, Dionisio Biscareto, Gilberytus de Vau e muitos outros.

Um dos ramos mais destacados do calvinismo no Recife foi o dos pregadores franceses liderados por Vicentius Soler, responsável pela construção da única igreja protestante do Recife, baseada no culto da Igreja Valã, na qual se utilizava a língua francesa. Mas não foi essa a igreja principal dos calvinistas no Recife, mas a igreja do Corpo Santo, confiscada aos católicos, depois de saqueada e despojada das imagens. Entre os *predikants* franceses, o citado Vicentius Soler, natural da Espanha, mas radicado na França após sua conversão ao calvinismo, destacou-se pelo rigorismo e pelo zelo missionário.

Uma das principais tarefas dos *predikants* era a assistência espiritual aos calvinistas que chegavam cada vez em maior número ao Brasil, em especial os soldados e os comerciantes. Tarefa dificílima, sobretudo em termos de moralidades, a julgar pela indignação dos *predikants* com os desmandos da soldadesca nas tavernas e nos bordéis da cidade. E não era para menos. Recife se transformou num "grande e imenso bordel", nas palavras de Leonardo Dantas Silva, recebendo numerosos "carregamentos de mulheres perdidas". Algumas se tornaram famosas, como Cristianazinha Harmens, Maria Roothaer (Maria Cabelo de Fogo), Sara Douwaerts (a Senhorita Leiden), Elizabeth, a *Admirael*. Até mesmo certa *Chalupa Negra* andou animando as noites do Recife nesse tempo.[32]

Mas os *predikants* não se limitavam a protestar contra a licenciosidade e embriaguez da soldadesca. Após o estabelecimento do Sínodo da Igreja Reformada no Recife, os *predikants* ficariam cada vez mais indignados diante do festival de idolatrias papistas autorizadas pelo escabinato e pelo próprio Nassau. O Sínodo adotou a mesma atitude em face da ostensividade do culto judaico, também tolerado por Nassau.

Da presença luso-sefardita no Pernambuco seiscentista temos hoje até mesmo evidências materiais. A partir das escavações iniciadas em 1999, foi possível reconstituir aquela que foi a primeira sinagoga das Américas, que hoje abriga o Centro Cultural Judaico de Pernambuco. Da antiga sinagoga restou pouco, basicamente a *Mikvê*, lugar destinado ao banho de purificação espiritual. Localizado na rua do Bode, logo chamada de rua dos Judeus, *Jodenstraat*, mais tarde rebatizada como rua do Bom Jesus, o prédio da sinagoga fora construído entre 1640 e 1641, mas a instituição sinagogal funcionou antes, desde a criação, em 1636, da *Kahal Kadosh Zur Israel,* ou Santa Congregação do Rochedo de Israel. Foi ali que se estruturou a comunidade judaica, liderada pelo rabino português Isaac Aboab da Fonseca, assessorado pelo conselho dos judeus mais grados, o *mahamad*, e pelo *gabay*, ou tesoureiro. Tinha jurisdição sobre todos os judeus residentes no Brasil holandês (*yahidim*, isto é, chefes de família), morassem ou não no Recife.

Além da *Zur Israel,* outra congregação judaica foi fundada em Maurícia, em 1637, na ilha de Antônio Vaz, futura Cidade Maurícia, chamada *Kahal Kadosh Magen Abraham.* Seu rabino era o erudito Moisés Raphael d'Aguillar, por sinal mais rigorista do que seu colega da *Zur Israel*, Isaac Aboab. A razão aparente dessa segunda congregação foi a necessidade de erigir-se uma sinagoga na outra banda do rio para celebrar o *Shabbat*, posto que muitos judeus já não encontravam morada na superpovoada Recife. E como não podiam trabalhar no sábado por interdição religiosa, nem mesmo atravessar o rio de barco, pediram autorização ao *mahamad* da *Zur Israel* para fundar nova sinagoga.

As duas sinagogas funcionaram paralelamente até 1648. Não se sabe como conviveram por quase dez anos, mas sabe-se que a fusão foi complicada, resultado da pressão do *mahamad* do Recife contra a resistência dos judeus de Maurícia. Em seu importante livro, Bruno Feitler nos fornece bons indícios desse conflito entre os judeus portugueses de Pernambuco, no qual se combinaram interesses econômicos e divergências de ordem doutrinária.[33] A congregação de Maurícia tanto resistiu à fusão que a *Zur Israel* apelou para a *Talmud Torá* de Amsterdã. Essa enviou *ultimatum*, em carta datada de 29 de janeiro de 1649, no qual ameaçava cortar toda a ajuda financeira aos judeus do Brasil se não houvesse conciliação entre as duas congregações. Ameaça convincente, diante das dificuldades que afligiram os judeus e mais moradores do Pernambuco holandês com a guerra deflagrada em 1645. Datam de 1648 os famosos *askamot*, o regulamento geral da congregação.[34]

Os judeus do Recife se permitiram duelar internamente num tempo difícil. Viviam numa situação em parte favorável, em parte terrível. De um lado, embora os regulamentos da WIC restringissem a prática do judaísmo ao foro doméstico, nenhuma autoridade obstou a fundação de sinagogas, ao contrário. De outro lado, antes mesmo da ameaça de restauração católica e inquisitorial, os judeus sofreram fortes pressões dos *predikants* calvinistas. Em 1636, por exemplo, ministros calvinistas apresentaram queixa contra os judeus ao Conselho Político. O Sínodo da Igreja Reformada, nos anos 1640, hostilizou abertamente os sefarditas, condenando a publicidade de seu culto, o proselitismo de seus dirigentes, a envergadura da migração judaica para o Recife e, sobretudo, a posição que desfrutavam na economia pernambucana.

Fontes fiscais confirmam, sem dúvida, a importância dos judeus do Recife no comércio de grosso trato — açúcar, tabaco, escravos — e também no comércio retalhista. Gonsalves de Mello informa que a participação dos judeus no tráfico africano, como intermediários, alcançou quase 50%, em 1642, e muitos se destacaram na corretagem dos grandes negócios do açúcar ou tabaco.[35] A explicação para a ascensão dos judeus no comércio luso-holandês talvez resida menos na economia do que na cultura. É o que sugere Charles Boxer, apoiado em juízo dos cronistas. Os judeus do Recife falavam holandês e português em terra onde nem os portugueses falavam holandês nem os holandeses falavam português.[36] Maurício de Nassau gaguejava, ao falar português, depois de anos de Brasil.

9. A "Guerra da Liberdade Divina": a Insurreição Pernambucana, 1645-1654

A economia do Brasil holandês vinha dando sinais de desgaste desde o tempo de Nassau. A exportação de açúcar branco, que alcançara 14.542 caixas em 1641, não passou de 10.812 caixas, em 1643, e caiu para 8.587, em 1644. Cairia ainda mais, de forma vertiginosa, nos anos seguintes.[37] O tráfico de escravos africanos, por outro lado, só fez crescer, como vimos, passando de 2.378 negros, em 1642, para 4.014, em 1643 e 5.465, em 1644. O quadro estrutural da crise estava dado: diminuição das exportações de açúcar, entre 1641 e 1644, e aumento do tráfico de escravos no mesmo período. Diminuição dos lucros da WIC, de um lado; aumento das dívidas dos produtores de açúcar, de outro.

A diplomacia luso-holandesa, por sua vez, não avançava na Europa. Os embaixadores portugueses enviados a Haia depois da Restauração, a partir de 1641, não conseguiam arrancar dos Estados Gerais sequer uma vaga promessa de devolução dos territórios conquistados no tempo da União Ibérica. Portugal, em guerra contra a Espanha, não tinha condições de enfrentar a Holanda, principal potência marítima do século XVII. A trégua celebrada em 1641 pelo embaixador Tristão de Mendonça Furtado foi rompida no mesmo ano pelos holandeses, que tomaram Angola e o Maranhão.

A restauração portuguesa no Brasil dependeria, assim, do levante dos próprios colonos, que, nos anos 1642-1643, não pareciam minimamente dispostos a desafiar os holandeses, sobretudo porque contavam, no tempo de Nassau, com largo crédito da WIC. É verdade que o governador-geral do Brasil, Antônio Teles da Silva, que assumiu no lugar do marquês de Montalvão, em agosto de 1642, fez articulações em favor da revolta e não manteve, com Nassau, as relações cordiais que tivera seu antecessor. Mas as condições para deflagrar uma guerra contra os holandeses eram nulas, nessa altura. Tampouco a Coroa portuguesa encorajava esses movimentos, apostando numa saída diplomática em Haia.

O regresso de Maurício de Nassau à Holanda, em 1644, bem como a diminuição dos gastos militares da WIC na defesa do Brasil, mudou completamente o quadro. Tudo agravado pelo desempenho da economia. Quando Nassau deixou o Brasil, os negócios do açúcar estavam em franco declínio, e os lavradores e senhores de engenho da colônia, endividados até o pescoço. A WIC começou a apertar os moradores da colônia. João Fernandes Vieira, futuro chefe da rebelião, devia a espantosa soma de quase meio milhão de florins!

João Fernandes oferece o melhor exemplo de colaborador dos holandeses que, tornando-se insolvente, se transformou em rebelde. O futuro mestre de campo do Terço de Infantaria de Pernambuco e supremo comandante da "guerra da liberdade divina" chegou pobre a Pernambuco, entre 1620 e 1627, vindo da ilha da Madeira. Filho natural do português Francisco de Ornelas com mulher de "condição humilde e talvez de cor" (a "benfeitinha"), nas palavras de seu biógrafo.[38] João Fernandes também foi dos primeiros voluntários na resistência pernambucana, alistando-se nas fileiras de Matias de Albuquerque.

Com a derrota da resistência, João Fernandes foi daqueles que preferiram ficar com os holandeses, ao invés de emigrar. Começou sua nova carreira como feitor do engenho do holandês Jacob Stachouwer, de quem se tornaria sócio e procurador, em 1638. Graças à sua crescente proximidade com Maurício de Nassau, adquiriu terras e engenhos dentre os confiscados aos principais da resistência, leiloados por Nassau. Tornou-se um dos mais ricos senhores de Pernambuco, além de membro da Câmara dos Escabinos da Cidade Maurícia, entre outros privilégios. Sua riqueza alcançou nada menos do que cinco engenhos, imensa escravaria, bois, cavalos, canaviais, joias, tudo graças ao largo crédito que lhe concedeu a WIC. Era o segundo maior devedor da WIC e, para alguns, o primeiro. Um documento apócrifo examinado pelo Conselho Ultramarino português, em janeiro de 1647, cujo título é "Relação verdadeira do alevantamento de Pernambuco e do governo dele", aludiu ao prestígio desfrutado por João Fernandes entre os flamengos e a enorme dívida que com eles havia contraído, sendo essa "a principal causa do seu alevantamento".

A insurreição pernambucana foi, portanto, urdida por devedores insolventes que, de início, contaram com o apoio discreto da Coroa portuguesa, não raro temperado com mensagens de prudência ou desencorajamento. Não por acaso essa "nobreza da terra" alegaria, no futuro, que a restauração de Pernambuco e mais capitanias se dera à custa do "sangue, vida e fazendas" dos moradores.[39]

No seio dos conspiradores, a ideia de insurreição foi crescendo, desde o final de 1644, até transformar-se numa grande causa: a luta contra os holandeses hereges que tiranizavam o Brasil. O "levantamento da terra" não tardaria a se apresentar, ideologicamente, como uma guerra "em nome da liberdade divina". Liberdade divina, restauração católica. Eclodiu em 13 de junho de 1645, dia de Santo Antônio, quando João Fernandes, à frente de 150 homens com o apoio do Terço negro de Henrique Dias e dos índios de Filipe Camarão, lançou o primeiro ataque, na Várzea do Capibaribe.

O Conselho do Recife logo enviou oficial para protestar, junto ao governador Antônio Teles da Silva, contra a violação da trégua firmada em 1641. Foi a vez de o governador português dar o troco, alegando que não tinha nada a ver com aquilo (o que era só meia verdade), lembrando que os mesmos holandeses haviam rompido o acordo de Haia, meses depois de assinado, quando invadiram Angola e o Maranhão. Prometeu, no entanto, chamar à ordem o Terço de Henrique Dias e a milícia potiguar de Filipe Camarão, aliados dos luso-brasileiros desde a década de 1630. Na verdade, Antônio Teles enviou tropas de apoio aos insurretos.

Henrique Dias[40] e Filipe Camarão foram, de fato, expoentes na luta contra os holandeses. Henrique Dias, negro forro, era natural de Pernambuco, nascido possivelmente entre 1575 e início do século XVII, não se sabe se escravo ou livre. Seu nome surgiu nas crônicas a partir de 1633, a propósito de uma disputa travada no engenho São Sebastião, na qual atuou liderando 20 negros. Combateu ao lado de Matias de Albuquerque e permaneceu em Pernambuco mesmo depois da queda do Arraial, em 1635. Em Carta Régia de 21 de junho de 1636, foi nomeado por Filipe III de Portugal (1621-1640) governador dos negros, com a missão de queimar canaviais e fustigar os holandeses. Em resposta à convocação de João Fernandes Vieira, em 1645, Henrique Dias retornou ao campo de batalha e tomou a casa de um flamengo, nos arredores da Cidade Maurícia. O *arraial dos pretos* tornou-se um baluarte que repelia, diariamente, as ofensivas holandesas. Mais tarde, destacou-se nas batalhas de Guararapes, em 1648 e 1649, pelo que lhe foi outorgado o hábito de Cavaleiro da Ordem de Cristo e outros privilégios, embora haja polêmica sobre se recebeu, de fato, o hábito. Henrique Dias morreu em junho de 1662 e se tornaria um dos mitos da restauração pernambucana, celebrizado como símbolo da "raça negra" na brasilidade presente nas guerras pernambucanas, ao lado de Filipe Camarão, símbolo da presença indígena, e André Vidal de Negreiros, emblema dos brancos.

Antônio Filipe Camarão, nascido em Pernambuco por volta de 1601, era o chefe potiguar aliado dos luso-brasileiros. Foi elevado por Varnhagen à categoria de "herói nacional" por ter lutado bravamente contra os holandeses desde os anos 1630, apoiando as tropas de Matias de Albuquerque. Em 1636, salvou as tropas de Matias de uma derrota acachapante. Em 1637 participou da batalha de Porto Calvo ao lado dos terços de Henrique Dias, enfrentando tropas comandadas por Maurício de Nassau. Nessa altura, teve reconhecida sua lealdade pelo rei Filipe III de Portugal, que lhe concedeu o hábito de Cavaleiro da Ordem de Cristo, o direito de usar o título de Dom e brasão de armas, com soldo de capitão-mor dos índios e tença de 40 mil-réis. Mas foi com o início da Insurreição Pernambucana que sua atuação chegou ao apogeu, combatendo ao lado de André Vidal de Negreiros na primeira batalha dos Guararapes, em 1648. Morreu no mesmo ano, em decorrência de ferimentos sofridos na batalha, segundo uns, ou de febre maligna, segundo outros.[41]

O emblema dos brancos no *mito da brasilidade* associado à restauração pernambucana foi, como vimos, André Vidal de Negreiros. Nascido na Paraíba em 1606, filho de senhor de engenho, participou ativamente nas guerras contra os holandeses. Varnhagen nele viu "a alma do plano que foi posto em execução" junto ao governador-geral Antônio Teles da Silva. Em 1642, esteve em Lisboa, onde o rei D. João IV lhe prometeu o governo do Maranhão, depois de restaurada a capitania. Embarcou para o Brasil e logo recebeu a incumbência de negociar com Nassau os destinos de Angola. Mas seu verdadeiro intuito era planejar com João Fernandes Vieira a insurreição em Pernambuco e no Maranhão. Foi nomeado governador do Maranhão em 1643, quando dali foram expulsos os holandeses, e combateu na guerra restauradora, destacando-se nas batalhas dos Guararapes e na tomada do Recife, em

1654. Como recompensa pelos serviços, governou o Maranhão (1655-56), Pernambuco (1657-61), Angola (1661-66) e novamente Pernambuco (1667), falecendo em 1680. A historiografia oitocentista explorou o tema e procurou comprovar seu grande heroísmo, em contraste com João Fernandes, por vezes acusado de lutar por interesses pessoais. Segundo Varnhagen, o verdadeiro condutor da insurreição foi o paraibano André Vidal de Negreiros.

Por outro lado, João Fernandes Vieira, o grande comandante da restauração pernambucana, embora eclipsado na memória por André Vidal, foi governador da Paraíba, entre 1655 e 1658, e depois de Angola, entre 1658 e 1661. De volta ao Brasil, promoveu a imigração de casais dos Açores e Madeira, tornou-se membro do Conselho de Guerra em Lisboa e superintendente das fortificações entre Alagoas e Maranhão, além de receber duas comendas da Ordem de Cristo. Nessa época, era considerado o maior proprietário do Nordeste açucareiro, senhor de 16 engenhos e muitos currais de gado. Morreu em Olinda, em 10 de janeiro de 1681.

As vitórias dos restauradores repercutiram fortemente nas tratativas diplomáticas de Haia. Para os holandeses, a revolta pernambucana era intolerável, a ponto de os Estados Gerais ameaçarem mover guerra contra Portugal, caso não fossem devolvidas as áreas conquistadas pelos insurretos. Evaldo Cabral de Mello analisou esse imbróglio em profundidade, no seu livro *O negócio do Brasil*,[42] destacando o confronto de facções em Portugal em relação às "pazes com a Holanda". Os adeptos da paz com a Holanda chamavam os beligerantes de "valentões", que, por sua vez, devolviam o impropério, chamando aqueles de traidores e vendidos aos holandeses. Dentre os últimos, despontavam o embaixador Francisco de Sousa Coutinho e o padre Antônio Vieira, grande conselheiro do rei D. João IV. Os "valentões" eram, entre outros, o bispo de Elvas, D. Manuel da Cunha, e o procurador da Fazenda, Pedro Fernandes Monteiro, discreta ou abertamente açulados pela facção pró-espanhola da nobreza portuguesa, interessada em sabotar a diplomacia do rei.

O quadro se agravou com a vitória luso-brasileira na primeira batalha de Guararapes, em abril de 1648, cuja notícia só chegou a Haia em fins de junho. No mês seguinte, Sousa Coutinho recebeu dos comissários dos Estados Gerais exigências duríssimas, a exemplo da restituição de todos os territórios que a WIC possuía em 1641 e mais concessões na África. O embaixador cedeu, apoiado em Antônio Vieira. D. João IV preferia perder suas ricas possessões no Atlântico do que arriscar-se a perder a coroa, caso a Holanda declarasse guerra a Portugal. Antônio Vieira regressou a Lisboa no final de 1648 e, logo em novembro, veio a notícia de que Salvador Correia de Sá tinha reconquistado a praça angolana de São Paulo de Luanda. Em fevereiro de 1649, os luso-brasileiros triunfariam na segunda batalha dos Guararapes, reduzindo os holandeses a Olinda e Recife. A restauração pernambucana tornou-se questão de tempo.

Com isso viu-se fortalecida a posição dos "valentões", cuja melhor argumentação oficial foi a do procurador da Fazenda, Pedro Fernandes Monteiro. Refutando a prudência de Vieira, mantida mesmo depois da restauração de Angola, Monteiro defendeu a guerra total. Se os holandeses não queriam vender as capitanias açucareiras do Brasil, "a guerra ultramarina era preferível às concessões territoriais". Vieira replicou no célebre parecer conhecido como *Papel forte,* no início de 1649, insistindo na entrega do Brasil. No entender de Vieira, Portugal não tinha a menor condição de garantir sua soberania em face da Espanha e, ao mesmo tempo, enfrentar a Holanda nos mares. Não tinha homens, não tinha dinheiro, não tinha navios e se escolhesse esse caminho suicida, não teria juízo também. Enquanto se discutia o assunto em Lisboa, a guerra corria solta em Pernambuco.

Mas foram os "valentões" que venceram essa queda de braço política, em Lisboa, graças aos restauradores pernambucanos. Em 1654, os insurretos tomaram o Recife e expulsaram os holandeses do Brasil. A Capitulação da Taborda pôs fim à guerra.

10. De Olanda a Olinda

Nos idos de 1629 o frei dominicano Antônio Rosado, comissário do Santo Ofício, praticamente vaticinou a conquista holandesa em Pernambuco: "De Olinda a Olanda não há mais que a mudança de um *i* em *a*, e esta vila de Olinda se há de mudar em Olanda e há de ser abraçada pelos olandeses antes de muitos dias".

Olinda só foi Olanda ou Nova Holanda por cerca de um quarto de século. Tempo suficiente, porém, para que muitos historiadores, sobretudo a partir do século XIX, sugerissem a superioridade da colonização holandesa sobre a portuguesa, especulando se não teria sido melhor para o Brasil o triunfo dos batavos. Uma espécie de "nostalgia nassoviana", expressa em várias versões, como nos mostra Evaldo Cabral de Mello em livro clássico.[43]

Os holandeses fracassaram no Brasil por diversas razões, que escapam aos objetivos do presente capítulo. Mas vale citar, pelo menos, a explicação oferecida por Sérgio Buarque de Holanda, em *Raízes do Brasil*. Embora sublinhasse o caráter arcaico e deletério da colonização portuguesa, Sérgio Buarque discordou dos que celebravam a superioridade do estilo holandês de colonizar.

> O zelo animador dos holandeses na sua notável empresa colonial só muito dificilmente transpunha os muros das cidades e não podia implantar-se na vida rural de nosso nordeste, sem desnaturá-la e perverter-se. Assim, a Nova Holanda exibia dois mundos distintos, duas zonas agregadas. O esforço dos colonizadores batavos limitou-se a erigir uma grandeza de fachada, que só aos incautos podia mascarar a verdadeira, a dura realidade econômica em que se debatiam.[44]

A essa explicação geral Sérgio Buarque de Holanda acrescentou o obstáculo da língua e o perfil dos calvinistas atuantes no Brasil holandês, homens mais chegados ao "espírito de aventura" do que à ética do trabalho que caracterizou, por exemplo, os colonos puritanos de uma Nova Inglaterra.

Seja como for, a colonização holandesa no Nordeste foi, antes de tudo, comercial, organizada por uma companhia mercantil, a WIC, particularmente centrada no negócio do açúcar, mais tarde entrelaçado com o tráfico de escravos africanos. Enquanto o negócio foi lucrativo, os investimentos e créditos holandeses fluíram para Pernambuco e as capitanias açucareiras, bem como para a defesa militar das conquistas nordestinas. O declínio das exportações de açúcar, a partir de 1643, e a insolvência crescente dos senhores luso-brasileiros tornaram o investimento no Brasil discutível. Durante a guerra de restauração, os Dezenove Senhores diminuíram consideravelmente os gastos militares em Pernambuco, o que favoreceu o avanço dos restauradores. A vitória dos portugueses em Luanda, em 1648, daria um golpe mortal nos projetos atlânticos dos holandeses. Sem Angola, o tráfico de escravos para Pernambuco se via comprometido. Coincidentemente, também em 1649 os restauradores venceram a primeira batalha dos Guararapes, inaugurando a fase final da guerra. A guerra entre Inglaterra e Holanda, deflagrada entre 1652 e 1654, eliminou em definitivo a possibilidade de Amsterdã enviar reforços para a defesa de Pernambuco.

De Olanda a Olinda. O vaticínio de frei Antônio Rosado se inverteu, com nova troca do *a* pelo *i*. Assim germinou o nativismo pernambucano, presente na futura Guerra dos Mascates, em 1710-11, na Revolução de 1817 e na Confederação do Equador, em 1824. "O nativismo pernambucano considerou-se sempre o herdeiro da restauração."[45] Herdeiro da *guerra da liberdade divina*, vitoriosa em 1654.

Notas

1. A documentação portuguesa do século XVII toma holandeses e flamengos como sinônimos, com frequência grafados *olandeses* e *framengos*. Trata-se de uma imprecisão, pois *flamengo* é termo alusivo aos povos e à língua de Flandres, região que, *grosso modo*, corresponde ao norte da atual Bélgica e se confunde com o Brabante, onde se localizam as cidades de Antuérpia e Bruxelas (no sul da Bélgica a língua nativa era o valão). Outra imprecisão das fontes reside em

chamar de holandeses a todos os habitantes das províncias calvinistas dos Países Baixos, que, na verdade, também abrigavam zelandeses, gueldrios, frísios etc. Para contornar essas imprecisões, a bibliografia recente por vezes recorre ao termo *neerlandeses*, no lugar de holandeses, para se referir aos naturais da Neerlândia, isto é, dos Países Baixos, englobando todos, ou ao termo *batavos* para aludir aos naturais da província da Holanda, em particular, pois Batávia era o nome latino da Holanda. Confusões similares aparecem até na documentação "holandesa". O brabantino Joannes de Laet, por exemplo, esse sim um *flamengo* legítimo, refere-se à conquista holandesa no Brasil como "conquista belga" (!), fórmula inusitada do ponto de vista luso-brasileiro, na edição de 1640 de sua *Histoire du Noveau Monde*. Para não multiplicar as confusões, adotei, ao longo do artigo, a sinonímia holandeses/flamengos. Apesar de imprecisa, tem a vantagem de agilizar a narrativa e de ser fiel ao modo luso-brasileiro de pensar esses povos no século XVII. Portanto, somente utilizei (raramente) os termos neerlandês, batavo, zelandês, brabantino em contextos muito específicos.

2. Evaldo Cabral de Mello, 1998, p. 14.
3. Charles Boxer, 1961, caps. 1 e 2, p. 1-93.
4. "Memória oferecida ao Conselho Político do Recife por Adriaen Verdonck em 1630". In: José Antônio Gonsalves Mello, 2004, p. 33-50.
5. Cuthbert Pudsey, 2001, p. 73. O coronel polonês foi biografado por Estanislau Fischlowitz, 1959.
6. Ronaldo Vainfas, 2008.
7. Duarte de Albuquerque Coelho, 2003, p. 21. Utilizei a tradução brasileira do original em castelhano (1654).
8. Francisco Adolpho de Varnhagen, 2002, p. 121-122.
9. Manuel Calado do Salvador, 2004, v. 1, p. 55-63.
10. Cuthbert Pudsey, 2001, p. 69.
11. Evaldo Cabral de Mello, 1998, p. 248-250.
12. José Mello, 1996, p. 217.
13. Duarte de Albuquerque Coelho, 2003, p. 205.
14. Manuel Calado Salvador, 2004, p. 66-67.
15. Apud Evaldo Cabral de Mello, 1998, p. 248.
16. Apud Antônio Gonsalves de Mello, 1996, p. 209.
17. Francisco Adolpho de Varnhagen, 2002, p. 113.
18. Charles Boxer, 1961, p. 79.
19. Frans Leonard Schalkwijk, 2005, p. 101-140.
20. Pedro Souto Maior, 1913, p. 414-426.
21. Joannes de Laet, anexo a Duarte de Albuquerque Coelho, 2003.
22. Joan Nieuhoff, 1981, p. 356-360.

23. Erns van den Boogaart, 1979, p. 519-538.
24. Charles Boxer, 1961, p. 189, 236, 242, 260.
25. Rouloux Baro, 1979.
26. Antônio Vieira, 1997, p. 30-60.
27. Pedro Puntoni, 1999, p. 152.
28. Pedro Puntoni, 1999, p. 128 e 191. Sobre o conflito entre o rei do Congo, Garcia Afonso II, e o conde do Sonho, ver Charles Boxer, 1973, p. 288-191.
29. Sobre a *Kahal Kadosh Zur Israel* e a comunidade judaico-portuguesa no Brasil holandês, ver, por exemplo, José Antônio Gonsalves de Mello, 1996, p. 257-365; Egon Wolff e Frieda Wolff, 1975; Leonardo Dantas Silva, 1999, p. 176-191.
30. Mário Neme, 1971, p. 219-223.
31. Sobre as festas nassovianas, ver Pedro Souto Maior, 1913, p. 311-316.
32. Leonardo Dantas Silva, 2005, p. 153.
33. Bruno Feitler, 2001, p. 141-190.
34. Arnold Wiznitzer, 1954.
35. José Antônio Gonsalves de Mello, 1996, p. 217-255.
36. Charles Boxer, 1961, p. 187-188.
37. Hermann Watjen, 2004, p. 494 e segs.
38. José Antônio Gonsalves de Mello, 2000.
39. Para a crise do domínio holandês no Brasil, ver, entre outros, Charles Boxer, 1961, p. 223-346; Evaldo Cabral de Mello, 1997, p. 105-152; Hermann Watjen, 2004, p. 222-290.
40. José Mello, 1956.
41. José Antônio Gonsalves de Mello, 1954.
42. Evaldo Cabral de Mello, 2003. O estudo clássico é o de Edgar Prestage, 1928.
43. Evaldo Cabral de Mello, 1997, p. 365-408.
44. Sérgio Buarque de Holanda, 1936, p. 33-34.
45. Evaldo Cabral de Mello, 1997, p. 19.

Bibliografia

BARO, Rouloux. *Relação da viagem ao país dos tapuias*. Belo Horizonte: Itatiaia, 1979. Original de 1651.

BOOGAART, Erns van den. "Infernal Allies: the Dutch West India Company and the Tarairiu — 1631-1654". In: SIEGEN, J.M. et al. (orgs.), *A humanist prince in Europe and Brazil*. The Hague: The Government Publishing Office, 1979, p. 519-538.

BOXER, Charles. *Os holandeses no Brasil, 1624-1654*. São Paulo: Companhia Editora Nacional, 1961.

______. *Salvador de Sá e a luta pelo Brasil e Angola, 1602-1886*. São Paulo: Companhia Editora Nacional, 1973, pp. 288-191.

COELHO, Duarte de Albuquerque, *Memórias diárias da Guerra do Brasil*. São Paulo: Beca, 2003 (tradução brasileira do original em castelhano de 1654).

FEITLER, Bruno. *Inquisition, juifs et nouveaux chrétiens dans les capitaneries du nord de l'Etat du Brésil (XVII-XVIII siecles)*. Paris: EHESS, 2001, p. 141-190.

HOLANDA, Sérgio Buarque. *Raízes do Brasil*, 9ª ed. Rio de Janeiro: José Olympio, 1936, p. 33-34.

LAET, Joannes de. *História ou anais dos feitos da Companhia das Índias Ocidentais, desde o começo até o fim do ano de 1636* (original de 1644). CD-ROM anexo a Duarte de Albuquerque Coelho, op. cit.

MELLO, Evaldo Cabral de. *O negócio do Brasil: Portugal, os Países Baixos e o Nordeste, 1641-1669*, 3ª ed. revisada, Rio de Janeiro: Topbooks, 2003.

______. *Rubro veio*: *o imaginário da restauração pernambucana*, 2ª ed. revisada e aumentada. Rio de Janeiro: Topbooks, 1997.

______. *Olinda restaurada: guerra e açúcar no Nordeste, 1630-1654*, 2ª ed. revisada e aumentada. Rio de Janeiro: Topbooks, 1998.

MELLO, José Antônio Gonsalves de. *Gente da Nação: cristãos-novos e judeus em Pernambuco, 1542-1654*, 2ª. ed. Recife: Fundaj/Massangana, 1996.

______. *Dom Antonio Filipe Camarão*. Recife: Imprensa Universitária, 1954.

______. *Henrique Dia*s. Recife: Massangana, 1956.

______. *João Fernandes Vieira: mestre de campo do Terço de Infantaria de Pernambuco* (original de 1956). Lisboa: Centro de Estudos de História do Atlântico/Comissão para as Comemorações dos Descobrimentos portugueses, 2000.

NEME, Mário. *Fórmulas políticas do Brasil holandês*. São Paulo: Difel, 1971, p. 219-223.

NIEUHOFF, Joan. *Memorável viagem marítima e terrestre ao Brasil* (original de 1670). Belo Horizonte: Itatiaia, 1981, p. 356-360.

PRESTAGE, Edgar. *As relações diplomáticas de Portugal com a França, Inglaterra e Holanda de 1640 a 1668*. Coimbra, Imprensa da Universidade, 1928.

PUDSEY, Cuthbert. *Diário de uma estada no Brasil* (manuscrito de 1640). Petrópolis: Index, 2001, p. 69, 73.

FISCHLOWITZ, Estanislau. *Cristóforo Arcisziewski*. Rio de Janeiro: MEC, 1959.

PUNTONI, Pedro. *A mísera sorte: a escravidão africana no Brasil holandês e as guerras no Atlântico Sul*. São Paulo: Hucitec, 1999, p. 152.

SALVADOR, Manuel Calado do. O *Valeroso Lucideno e triunfo da liberdade* (original de 1648), 5ª ed. Recife: Companhia Editora de Pernambuco, 2004, p. 55-63, 66-67, v. 1.

SCHALKWIJK, Frans Leonard. "Índios evangélicos no Brasil holandês". In: GALINDO, Marcos (org.). *Viver e morrer no Brasil holandês*. Recife: Massangana, 2005, p. 101-140.

SILVA, Leonardo Dantas. "Zur Israel". In: HERKENHOOF, Paulo (org.). *O Brasil e os holandeses*. Rio de Janeiro: Sextante Artes, 1999, p. 176-191.

______. "A vida privada no Brasil holandês". In: *Holandeses em Pernambuco, 1630-1654*. Recife: Instituto Ricardo Brennand, 2005, p. 153.

SOUTO MAIOR, Pedro. "Fastos pernambucanos". *Revista do Instituto Histórico e Geográfico Brasileiro*, tomo LXXV, Parte I, 1913, p. 311-316, 414-426.

VAINFAS, Ronaldo. *Traição: um jesuíta a serviço do Brasil holandês processado pela Inquisição*. São Paulo: Companhia das Letras, 2008.

VARNHAGEN, Francisco Adolpho de. *História das lutas com os holandeses no Brasil desde 1624 até 1654* (original de 1871). Rio de Janeiro: Biblioteca do Exército, 2002, p. 121-122.

VIEIRA, Antônio. "Santo Antônio, em nome de todos os santos, protegeu a Bahia". In: ______. *Santo Antônio, luz do mundo*. Petrópolis: Vozes, 1997, p. 30-60.

WATJEN, Hermann. *O domínio colonial holandês no Brasil* (original de 1938). 3ª ed. Recife: Companhia Editora de Pernambuco, 2004, p. 222-290.

WIZNITZER, Arnold. *The Records of the Earliest Jewish Community in the New World*. Nova York: American Jewish Historical Society, 1954.

WOLFF, Egon & WOLFF, Frieda. *A odisseia dos judeus de Recife Colonial*. São Paulo: Centro de Estudos Judaicos, 1975.

CAPÍTULO 5 Conquista do centro-sul: fundação da Colônia de Sacramento e o "achamento" das Minas

Carla Maria Carvalho de Almeida e
*Mônica Ribeiro de Oliveira**

Conta-se que D. João V, que esteve à frente do Império português entre 1706 e 1750, costumava dizer orgulhoso: "Meu avô temia e devia; meu pai devia; eu não temo nem devo."[1] Se tal presunção tinha algo de verdade, isso muito se devia à conjuntura econômica vivida pelo reino ibérico desde a descoberta das minas de ouro no Brasil. Ultrapassando uma longa conjuntura econômica desfavorável que se estendera por grande parte do século XVII, Portugal colheria nos Setecentos os benefícios derivados da extração de ouro e diamantes na América portuguesa.

Até que a revelação da descoberta do ouro chegasse aos ouvidos de D. Pedro II — regente e rei entre 1668 a 1706 —, o Império ultramarino luso percorreu uma extensa e complicada trajetória. A Carreira da Índia, que ligava Lisboa a Goa, bem como as rotas que levavam à China e ao Japão, cedeu lugar ao Atlântico como polo econômico central do Império, levando o historiador Eduardo D'Oliveira França a falar em

*Professoras da Universidade Federal de Juiz de Fora.

"atlantização do Império português".[2] Na América portuguesa ocorreu a expansão da fronteira com o fim de assegurar o estratégico acesso à prata da América espanhola. Nesse sentido, o intenso comércio estabelecido com Buenos Aires e a fundação da Colônia de Sacramento foram etapas decisivas do avanço contínuo pelo sul, a partir de duas principais frentes de colonização — Rio de Janeiro e São Paulo. Articulado a esse movimento e dando-lhe suporte estava a África e, mais especialmente, Angola, a despejar milhares de africanos na América.

O objetivo deste capítulo é traçar um panorama da situação do Império português nas últimas décadas do século XVII e início do XVIII, considerando sua relação com as demais nações europeias, mas principalmente com suas possessões coloniais. Mais especificamente, trataremos da fundação da Colônia de Sacramento no contexto das disputas imperiais entre Portugal e Espanha e a economia colonial; e do significado da conquista de Minas Gerais e do centro-oeste para a Coroa portuguesa e para as elites coloniais.

1. Antecedentes

Durante a União Ibérica (1580-1640), Portugal conseguiu manter o senhorio sobre o comércio e o litoral africanos e, ainda mais, seus negreiros ganharam o controle dos mercados hispano-americanos, assegurando portos e feitorias e obtendo quase todas as licenças para abastecer a América espanhola de "peças das Índias". Lisboa, nas primeiras décadas do século XVII, vivia seu apogeu mercantil, redistribuindo mercadorias de todas as procedências.

Na América portuguesa, desde as últimas décadas do século XVI, Portugal buscava ampliar as fronteiras para além do Tratado de Tordesilhas, ao tentar estabelecer uma rota comercial entre o litoral brasileiro e a região platina. O acesso à prata era essencial para a manutenção do comércio lusitano com a China. Portugal ansiava pelo acesso às preciosas mercadorias, como seda e porcelana, e à possibilidade de trocar ouro chinês pela prata importada do Japão.[3] Pelo mercado oriental, portanto, circulavam metais que não chegavam a alcançar a metrópole portuguesa e seus domínios ultramarinos no Atlântico. Portugal necessitava incrementar as suas bases de exploração de metais preciosos e encontrou no rio da Prata a oportunidade de realização desse negócio. No entanto, suas intenções sofriam restrições dos espanhóis perfilhadas pelos interesses monopolistas de Sevilha. A saída foi o contrabando envolvendo Bahia, Pernambuco, Rio de Janeiro e Buenos Aires.[4] A preponderância portuguesa no Prata viu-se auxiliada por outros fatores: constituía-se em rota afastada das rotas oficiais do Atlântico, o que impedia uma vigilância mais eficiente por parte da Espanha; era uma região próxima à colônia portuguesa, onde existia um mercado consumidor de manufaturados europeus que poderiam chegar, via contrabando, a preços muito mais acessíveis do que aqueles obtidos através do comércio legal. Alice Canabrava ressalta ainda outras razões dessa preponderância — os conhecimentos técnicos de navegação dos portugueses em regiões de pequenas profundidades, a posse de embarcações menores e mais adequadas e, principalmente, o controle das feitorias africanas de fornecimento de escravos.[5]

Mesmo sob protestos da Espanha, desenvolveu-se uma importante atividade comercial entre Buenos Aires e dois importantes centros da América portuguesa: Rio de Janeiro e Bahia. As embarcações seguiam para o Prata conduzindo toneladas de açúcar, tabaco, cereais e manufaturados. Esse lucrativo comércio era apoiado até pelos governadores e dele não estavam ausentes nem mesmo os jesuítas. Possamai chama atenção para o envolvimento desses missionários como agentes contrabandistas no comércio de escravos com o Brasil.[6]

A facilidade com que os portugueses se infiltravam no Prata devia-se ao controle que detinham do abastecimento de africanos em toda a América hispânica. Madri, por volta de 1595, leiloava os *Contratos de Asiento*: a concessão de um monopólio sobre certo ramo de comércio através de um contrato entre a Coroa e um particular ou companhia. O *asiento* controlado por Portugal foi o do aprovisionamento de africanos para a América, o que lhe facultou controlar esse lucrativo ramo de comércio.[7] As terríveis condições de trabalho nas minas consumiam as populações nativas da América espanhola, ao mesmo tempo que a dinâmica da extração exigia reposições regulares de mão de obra. Restava a Portugal, então, atender à demanda desse vasto mercado. Para tanto, carregava suas embarcações nas feitorias africanas, mas também em Sevilha, Cádiz e Lisboa. Registrava seus navios em Sevilha e, em Lisboa, recheava-os de manufaturas europeias de toda espécie, as quais eram despejadas nas colônias.[8]

1.1. A formação das primeiras redes mercantis

Um comércio clandestino se infiltrava em Buenos Aires, por intermédio de agentes estabelecidos em portos do Brasil. Bahia, Rio de Janeiro e Pernambuco exerciam, desde o século XVI, a função de centros reexportadores de produtos manufaturados para a região platina, o que levou, nas primeiras décadas do século XVII, ao surgimento da expressão "peruleiro" — termo cunhado provavelmente por Ambrósio Fernandes Brandão, em 1618, como uma referência àqueles comerciantes que faziam o contrabando das cidades brasileiras com o rio da Prata.[9]

A cidade de Salvador, pelo florescimento da indústria açucareira e pela condição de sede da América portuguesa, constituía-se em grande centro de intercâmbio e redistribuição de mercadorias para outras praças, muitas vezes desempenhando o falso papel de escala, pois muitos navios faziam viagens diretas entre a África e Buenos Aires. Luiz Felipe de Alencastro ressalta a cristalização, também no Rio de Janeiro, de interesses peruleiros, que negociavam no Baixo Peru, apontando para a existência de uma forte comunidade de comerciantes de origem lusitana, muito deles judeus, estabelecidos em Buenos Aires e Tucuman.[10]

Potosí era o centro polarizador das mercadorias que entravam através de Buenos Aires. Não somente de negros, mas também de uma série de artigos manufaturados que seguiam pelo planalto e se espalhavam por toda a zona de mineração dos Andes peruanos e do Chile central, atingindo a orla do Pacífico. Utilizavam-se não somente as vias fluviais, bem como diversas rotas terrestres, abertas para facilitar o fluxo do comércio ilícito. Exportava-se para Buenos Aires arroz, marmelo, gengibre, açúcar, dentre outros, em troca de ouro e, principalmente, prata em lingote, joias, moedas, trigo, carnes salgadas e sebo. Esse vigoroso comércio permite entrever no espaço colonial brasileiro, em pleno século XVI, a formação de redes mercantis internas, controladas por comerciantes e grupos familiares, que, ao se perpetuar na obtenção dos *asientos*, promoviam a expansão das fronteiras e se enraizavam no território colonial.[11]

As redes mercantis espanholas não tinham como impedir a penetração dos grupos portugueses, pois necessitavam de cativos para manter a regularidade da extração. A vantagem lusitana sob o domínio espanhol radicava, sem dúvida, em controlar o tráfico negreiro para a América. Mas os lucros do contrabando, à sombra das licenças e *asientos*, constituíam outro importante objetivo dos negociantes luso-brasileiros. Essa era a face perversa dos *asientos*: além de aumentar o contrabando em todo o território hispânico, ampliava os descaminhos do ouro e da prata, considerados monopólio régio. Ademais, mercadores sevilhanos sentiam-se preteridos em importantes setores mercantis. A tudo isso se somava a expansão do número de cristãos-novos nas áreas coloniais, o que causava inúmeros constrangimentos à Coroa. Zacarias Moutoukias afirma que a prática do comércio ilegal era parte indissociável da sociedade colonial. Para ele, o contrabando foi incorporado pela organização jurídica, econômica e social e não contradizia a autoridade real. Os negócios realizados através de Buenos Aires apresentavam uma trama de relações interpessoais, que supunha competências, recursos, oficiais, bem como crédito em uma extensa rede. Essa interligava proprietários rurais, vendeiros, barqueiros e negociantes nos portos, baseados em laços de fidelidade, favores e honras.[12]

1.2. *Outras nações entram na disputa*

A partir de 1605, os assentistas perderam o seu direito de navegar para Buenos Aires e as malhas da Inquisição enredaram vários comerciantes portugueses, ocasionando prisões e expulsões. A Coroa tentou manter a suspensão dos contratos entre 1609 e 1615. Entretanto, como Madri não tinha como fiscalizar o comércio marítimo sul-americano, o intercâmbio entre o Rio de Janeiro e o rio da Prata se intensificou nas duas primeiras décadas dos Seiscentos. Foi criada uma alfândega em Córdoba em 1623, marcando um novo rumo da política comercial espanhola. A Coroa passou a buscar o efetivo domínio do estuário do Prata e a defender o monopólio da rota oficial Antilhas-Pacífico contra a crescente influência do comércio atlântico. Contudo, as províncias do rio da Prata já estavam inexoravelmente ligadas às rotas atlânticas.

Moutoukias ressalta a importância da "rota Potosí-Buenos Aires" para o surgimento de uma dinâmica atividade portuária em Buenos Aires. Essa atividade representava um vínculo secundário, semiclandestino, alternativo a Lima, entre o conjunto do espaço regional americano e a economia atlântica, uma vez que sua principal exportação era de prata dos centros mineiros.[13] Diferentemente de Alice Canabrava, Moutoukias considera que o comércio naval no rio do Prata não teria se reduzido à mínima expressão a partir da terceira década do século XVII. Os mercados inter-regionais possuíam grande importância, eram bastante integrados e Buenos Aires passou a atuar não apenas como porto, mas como grande local de intercâmbio de produtos agropecuários e escravos. Essa cidade atraía grandes e pequenos comerciantes, portugueses em sua maioria, além de espanhóis, a controlar o tráfico e atuar como intermediários dos negócios entre Potosí, Lima, Bahia, Luanda e Lisboa.[14]

Nas primeiras décadas dos Seiscentos, a Carreira da Índia lusitana viu-se fortemente ameaçada. A expansão portuguesa na Índia foi sofrendo transformações desde que ocorreram as primeiras expedições em 1500. Gradualmente, o Estado começou a se retirar do comércio, concedendo uma prioridade maior ao Extremo Oriente na rede comercial portuguesa da Ásia. Nesse contexto, iniciou-se o domínio Habsburgo na década de 1580, bem como holandeses e ingleses entraram em cena. Ao final do século XVII o Estado da Índia português não conseguiu suportar as ofensivas em diferentes frentes e perdeu consideravelmente a sua dimensão se comparado a sua situação em 1600.[15] No último quartel do século XVII o Estado da Índia constituía-se em um conjunto de nichos territoriais e redes comerciais, dominadas por mercadores autônomos.[16]

Quando os comerciantes ingleses, que antes se especializaram na exportação de tecidos para a Europa do Norte, reorientaram seus negócios para a Ásia em busca do lucrativo comércio de especiarias, os portugueses viram-se obrigados a se retirar. Essa atitude foi reforçada pela entrada da Holanda na disputa. Em 1622, Portugal perdeu Ormuz — parte do Estado da Índia e importante entreposto à entrada do Golfo Pérsico — para os persas com apoio inglês. Em 1639, eles foram expulsos do Japão, onde desenvolviam um importante comércio no qual obtinham a prata que, por sua vez, garantia as transações com a China. Por essa época, sob pressão da Inglaterra e Holanda, Portugal perdeu o controle do comércio das especiarias e, igualmente, de grande parte de suas possessões na Ásia. Na geopolítica do Império, havia outras regiões prósperas cujo comércio podia ser reativado: as Índias de Castela e, como porta de entrada, o rio da Prata.

A Holanda deu início a uma política expansionista mais agressiva, demonstrando que seus interesses não se limitavam ao Índico. O conflito entre a Holanda e a Espanha conheceu uma trégua entre 1609 e 1621, ocasião em que foi fundada a Companhia das Índias Ocidentais, responsável durante 24 anos pelo monopólio do tráfico de escravos, da navegação e do comércio na América e na África. Durante a terceira década do século XVII, a Marinha holandesa interveio no Atlântico Sul, ameaçando a costa da Bahia e os mares da Guiné. Praticava pirataria sobre navios portugueses e castelhanos e em 1624 atacou a Bahia, ensejando a invasão de Pernambuco em 1630, além de Elmina e Luanda, na África.

2. A Restauração e o novo contexto da América portuguesa

Como pôde ser observado, os últimos anos do domínio filipino foram muito difíceis para Portugal, que perdera parte considerável de suas possessões no Oriente. O início da rebelião pela Restauração prejudicou o comércio com Buenos Aires e também com as Filipinas, de onde Lisboa adquiria parte da prata produzida na Nova Espanha.[17] Ao fim da Guerra de Restauração (1640-1668), Portugal encontrava-se em péssima situação financeira e endividado junto às nações que o auxiliaram a garantir a independência.[18]

Os esforços para a consolidação dos Bragança se expressaram na formalização da paz com a Espanha e na retomada do domínio sobre as possessões coloniais, com a expulsão dos holandeses. Diante disso, e do fracasso em arrancar de Portugal o tráfico angolano, os holandeses optaram, a exemplo das Índias Ocidentais francesas e inglesas, por montar seu sistema açucareiro nas Antilhas.

Internamente, a Restauração de 1640 levou a uma nova configuração dos centros de poder, traduzida em diversos mecanismos de estruturação das elites sociais. Nuno Gonçalo Monteiro ressalta a presença de uma esfera bem definida de disputa política em torno da nomeação de pessoas para ofícios superiores e a remuneração de serviços através de mercês, na qual cabia ao rei o papel de árbitro, atenuando conflitos e estabilizando os alinhamentos políticos em torno da dinastia. Em decorrência desse fato, o autor ressalta que a política das mercês sofreu uma inflexão: o número de títulos nobiliárquicos criados entre 1670-1700 correspondeu a menos da metade dos concedidos nos trinta anos anteriores.[19] Ou seja, a elite aristocrática do regime bragantino se cristalizou durante a regência e o reinado de D. Pedro II.

Alencastro argumenta, por outro lado, que a Restauração fechou algumas portas, mas abriu outras, já que membros da alta nobreza e da alta administração fugiram para Madri, franqueando o caminho para novos setores da elite ultramarina.[20] A estabilidade política interna e externa era tamanha que nem as dificuldades financeiras, somente debeladas com o ouro brasileiro, bem como as perturbações geradas pelo Santo Ofício, conseguiram abalá-la. Para Nuno Monteiro, essa nova conjuntura, na qual só os Grandes (condes, marqueses e duques) e seus filhos eclesiásticos detinham privilégios, pode ser identificada como um período de "governo aristocrático".[21]

Se, por um lado, percebe-se uma tendência aristocratizante no governo bragantino em função do reordenamento das elites nobiliárquicas resultante da saída de muitos membros da alta nobreza para Madri, por outro, Portugal recebia diversos negociantes que retornavam ao reino, provocando falências nos portos hispano-americanos e em Sevilha. A dinastia bragantina, ávida por consolidar o seu poder através da rearticulação dos agentes e das atividades econômicas no ultramar, autorizou o prosseguimento de remessas de africanos para a América hispânica, reservando um terço desses para os portos brasileiros. Portugal necessitava dos recursos do comércio platino e temia que o bloqueio do trato angolano incentivasse Madri a ocupar Luanda.[22]

Mas, nesse contexto, o que Portugal de fato mais receava era a perda do trato angolano para os holandeses. Alencastro descreve os receios de governadores, procuradores e negociantes quanto a uma possível falência do lucrativo comércio de negros em Angola, considerado indispensável para a captação da prata peruana. Coube aos interesses estabelecidos no Rio de Janeiro a tarefa da reconquista de Angola, abrindo espaço para uma cogestação luso-brasílica no Atlântico Sul.[23] Destaca-se a vitoriosa atuação de Salvador de Sá e sua extensa parentela ao constituir uma rede de negócios ultramarinos, negreiros, intercoloniais dos fluminenses, estendendo-se sobre o Império e conectando-se ao triângulo Rio-Buenos Aires-Luanda.[24]

No processo de estabilização da dinastia bragantina em uma conjuntura de perdas no Oriente, falta de metais preciosos e endividamento decorrente da Guerra de Restauração, somente o ouro haveria de fazer com que o rei suspirasse aliviado e se gabasse de estar entronizando uma nova era, sem temores e dívidas. O ouro ainda poderia abrir novas carreiras privadas e públicas, verdadeiras alternativas de premiação aos vassalos de Sua Majestade.

No que diz respeito às elites estabelecidas na América portuguesa, Alencastro considera que o Brasil agrário e recessivo do último quartel do século XVII teria ficado pequeno demais para as ambições dos luso-brasileiros. Ocorreu então um reescalonamento do mérito dos combates no ultramar, gerando um novo pacto político entre o centro e a periferia do Império Ultramarino. Para além das trocas de agentes na empreitada colonial entre Angola e Brasil, revezando-se no pleito a cargos e ofícios, criou-se em meados do século XVII uma escala de ascensão entre os candidatos à distinção social. A primazia cabia àqueles que tivessem combatido no período filipino contra os holandeses; a esse grupo sucediam os servidores do Estado da Índia, com a terceira posição ocupada por aqueles cujo mérito se ligava ao Brasil, às bandeiras contra índios bravios. Até meados do século XVII, essa última trajetória poderia, por vezes, motivar a anulação da ascensão do candidato, pois o lugar ocupado pelos bandeirantes era, nesse momento, desqualificado. Tal quadro viria a se modificar na nova conjuntura do último quartel do século XVII, quando ocorreram sensíveis mudanças nas decisões do Conselho Ultramarino, reflexo da virada na geopolítica do Atlântico Sul. O repovoamento colonial da América portuguesa, lastreado no tráfico negreiro angolano, passou a atribuir maior mérito às ações militares contra índios e quilombolas, favorecendo as candidaturas ao Conselho Ultramarino.[25]

No contexto do final do Seiscentos observa-se uma política orientada para o repovoamento, assentada na dizimação dos indígenas e na utilização da mão de obra africana. A queda da população indígena, pelo trabalho forçado e pela atuação bandeirante, associada à ação da Coroa e de missionários, criou obstáculos à plena utilização e manutenção dos nativos enquanto reserva de mão de obra para a extração mineradora em larga escala.[26] Processou-se a expansão da pecuária, o que contribuiu para esse processo na medida em que expulsou comunidades indígenas e estendeu os limites da América portuguesa. Associado a esse contexto, o tráfico negreiro ganhou prioridade ao ensejar um fluxo regular de reposição de trabalhadores — uma atividade altamente lucrativa e articulada a agentes na Europa, África e América.

2.1. Da crise econômica à nova rearticulação geopolítica do Império: a Colônia de Sacramento

Esperava-se que à consolidação política dos Bragança sucedesse uma fase de renascimento e expansão econômica de Portugal e de seu Império. Entretanto, a economia era ainda muito dependente das reexportações de tabaco e açúcar e da necessidade de debelar a crise resultante da concorrência externa. Portugal mantinha a sua tradicional pauta de exportações — sal, vinhos e frutas — e com os recursos auferidos procurava pagar as importações de cereais, tecidos e outros manufaturados, gerando um constante desequilíbrio em sua balança comercial.[27] Esse período é também caracterizado por uma conjuntura de crise da economia açucareira, assolada que estava diante da concorrência da produção das Antilhas. Essa posição viu-se agravada pela depressão econômica geral resultante do declínio das importações anuais da prata oriunda da América espanhola.[28]

Lisboa, interessada em aumentar suas rendas, elevou a taxação sobre o açúcar brasileiro vendido na Europa. Contudo, o preço desse produto estava abaixando significativamente, devido à crescente produção açucareira das Antilhas, gerando mais depressão econômica, além da revolta dos agentes coloniais. Frédéric Mauro, ao analisar os fluxos da economia açucareira durante um século a partir de 1570, destacou como, ao final desse período, houve uma queda no preço internacional do açúcar, em grande parte devido ao aumento da produção antilhana.[29]

Diante dessa difícil situação vivida pelo Império em várias frentes, Lisboa reagiu adotando uma série de medidas internas. Envidou esforços para fomentar a implantação de uma indústria têxtil no país, em moldes colbertistas, por meio do terceiro conde de Ericeira. Essa tentativa buscou concretizar-se no estímulo ao fabrico de lanifícios, protegidos pela publicação de leis que proibiam a circulação de panos estrangeiros, negando-lhes o despacho nas alfândegas. Foram promulgadas também leis que limitavam a importação de produtos de luxo, particularmente dos franceses. Além do incentivo aos estabelecimentos fabris nacionais, tentou-se aperfeiçoar a navegação e o comércio com os territórios ultramarinos, para facilitar o afluxo de matérias-primas e a absorção de produtos manufaturados.

Criou-se uma Casa da Moeda em Salvador (que mais tarde se fixaria no Rio de Janeiro) para cunhar peças de ouro e prata, aumentar seu valor nominal e reduzir sua circulação ao espaço da América portuguesa, possibilitando um melhor controle tributário.[30] Outra medida implantada pela Coroa portuguesa foi o maior incentivo às incursões bandeirantes pelo sertão em busca de ouro, questão essa que será analisada mais adiante.

Na esperança de reativar a corrente da prata de Potosí, foram feitos planos ambiciosos. Planejou-se até uma invasão de Buenos Aires e a construção de uma fortaleza em seus arredores. Surgiu uma segunda alternativa: criação de outra capitania no território em litígio, entre São Vicente e o rio da Prata. O que foi levado a efeito em 1676, sob a regência do príncipe D. Pedro. Mas as pretensões de reabertura do comércio com Buenos Aires continuavam, principalmente pelos interesses dos comerciantes luso-brasileiros instalados na praça do Rio de Janeiro. A própria diocese do Rio de Janeiro estendia-se do Espírito Santo ao rio da Prata, pela costa marítima e pelo sertão, o que servia como justificativa para a expansão dos domínios portugueses sobre a região.[31]

Esses fatores, somados a um período de decadência da Espanha sob o governo do último Habsburgo, Carlos II, considerado desastroso, incentivaram os planos portugueses. Foi então montada uma expedição com apoio principalmente do Rio de Janeiro, de São Vicente e Santa Catarina, que contribuíram com recrutamento de soldados e mantimentos, bem como com material de construção, para fundação da nova povoação. Uma expedição de trezentos oficiais e soldados chegou à ilha de São Gabriel em janeiro de 1680, sob o governo de D. Manuel Lobo, governador do Rio de Janeiro, e fundou a Colônia de Sacramento.[32] Contudo, a reação, formada por espanhóis e milhares de indígenas, já se organizava em Buenos Aires. Logo a fortaleza seria destruída pelos espanhóis.

A resposta de D. Pedro foi veemente e, com apoio da França (mas não da Inglaterra, interessada em equilibrar suas influências em Madri e

Lisboa), a Coroa espanhola foi obrigada a ceder à pressão luso-francesa. A partir de então, recomeçou a consolidação do poder luso no Prata. Venciam as pretensões portuguesas de reabrir o lucrativo comércio com a região para promover, através disso, um auxílio à recuperação econômica do Reino.

A fundação da Colônia de Sacramento na margem setentrional do Prata, em frente a Buenos Aires, representou a materialização do processo de expansão territorial e comercial do Estado lusitano e das elites mercantis luso-brasileiras rumo ao Prata após 1640, abandonando definitivamente os limites do Tratado de Tordesilhas.[33]

A primeira fase de ocupação portuguesa em Sacramento se estendeu até 1705, quando a Guerra de Sucessão na Espanha (1702-14) opôs novamente as monarquias ibéricas e obrigou a rendição da colônia às forças de Buenos Aires. Em que pese esse fato, esse período continuou sendo marcado pelo progressivo controle das rotas do rio da Prata pelo Rio de Janeiro e pela criação de fortes laços de intercâmbio entre os agentes sociais. O restabelecimento da lucrativa rota, desde o início do século XVII, garantia o acesso à prata de Potosí, tão necessária ao equilíbrio econômico de Portugal, assolado por vasta crise e carência de metais, bem como representava o acesso ao lucrativo mercado dos couros bovinos. Os tentáculos do Império português pelo sul da América atendiam não só aos interesses da Coroa, mas também dos grupos locais ali sedimentados. Por trás desses interesses estava a reabertura do comércio atlântico na carreira do rio da Prata—Rio de Janeiro—Luanda.

Prado ressalta que o estabelecimento lusitano na margem setentrional do Prata entre 1680-1705 permitiu aos comerciantes do Rio de Janeiro adquirirem novas experiências e mais informações sobre a região platina, o que contribuiu para nortear a política implementada após 1716. Foi estabelecida uma forte relação comercial entre os agentes de Buenos Aires e os lusos de Sacramento, que comerciavam têxteis e produtos brasileiros, como tabaco, açúcar e aguardente, além de manufaturados europeus, demonstrando ser essa uma empreitada especificamente comercial.[34]

A fundação de Sacramento está associada também ao avanço dos vicentinos pelo sul do Brasil. Esses se expandiram, desde as primeiras décadas dos Seiscentos, pela bacia do rio da Prata e chegaram às missões jesuíticas em busca do apresamento de indígenas. No entanto, as bandeiras recuaram ao enfrentar a resistência jesuítica, voltando com toda a força na nova conjuntura do pós-Restauração, cuja estratégia política de estabilização econômica incluía o avanço da fronteira no sul. Nesse contexto, Laguna foi fundada em 1684 como último porto no caminho entre Sacramento e Rio de Janeiro.

A Guerra de Sucessão na Espanha foi selada pelo Tratado de Utrecht (1715), no qual o governo dos Bourbon, para obter o reconhecimento das demais nações europeias, fez uma série de concessões. A paz com Portugal foi obtida através da devolução de Sacramento em 1715, dando início a uma segunda fase de domínio luso na região. A Coroa portuguesa iniciou uma política de repovoamento e retomou as rotas de contrabando, garantindo grandes remessas de prata e o controle do território através da captura de gado selvagem para a criação de rebanhos.

A expansão rumo ao sul contou com apoio e interesse de grupos particulares, autoridades e diversos grupos familiares. Suas redes de poder baseadas em laços de fidelidade pessoais se estendiam com o fim de garantir as rotas comerciais, acesso aos rebanhos, couros e animais, bem como o ingresso da prata pelo porto do Rio de Janeiro.[35] O rei recorria ao sistema de remuneração de serviços não apenas através de benefícios materiais, mas através de honras, privilégios e mercês. Assim, as ações para conquista ou defesa dos territórios régios, entendidas enquanto favores prestados à monarquia, reforçavam a grandeza dos indivíduos, garantindo-lhes uma proeminência social, através do reconhecimento dos serviços prestados ao rei. João Fragoso acentua que as concessões de privilégios reais esclarecem o modo como se efetivaram as relações entre as partes, uma vez que "o sistema de mercês no reino e nas conquistas produzia súditos para a Coroa, gerava laços de lealdade, porém dava condições para a geração e reprodução de uma elite local com interesses próprios".[36]

Na geopolítica do Império Ultramarino, nas primeiras décadas do século XVIII, a Região Sul possibilitou o escoamento da prata da América espanhola para terras lusas e garantiu os interesses mercantis de vários grupos de comerciantes. Integrou-se como abastecedora de animais à nascente economia mineradora até que essa dispusesse de um cinturão agropastoril que lhe proporcionasse sustentação de sua dinâmica economia. Até o terceiro quartel do século XVIII, quando em 1777 os castelhanos conquistam Sacramento, sucedeu-se uma série de conflitos entre as nações ibéricas em torno do controle do Prata. Controlar Sacramento representava o maior trunfo para a manutenção do contrabando e da expansão pecuarista.

As rotas mercantis abertas através da fundação da Colônia de Sacramento possibilitaram à elite mercantil assentada no Rio de Janeiro a realização de importantes interesses. Antônio C.J. Sampaio acentua como esses homens de negócio possuíam considerável participação nos circuitos mercantis, não só nas ilhas atlânticas, mas em Portugal, na África e na Colônia de Sacramento.[37] Em consonância com Sampaio, F. Prado ressalta que era através do Rio de Janeiro que provinha açúcar, cachaça, tabaco, móveis de jacarandá e parte dos escravos vendidos no mercado hispano-americano. O mesmo autor analisa a trajetória de importantes homens de negócio do Rio de Janeiro, ao realizar contratos em Sacramento, passando por Curitiba, Viamão, Sorocaba e Minas Gerais, em um amplo movimento de expansão de fronteiras e grupos sociais.[38] O enraizamento dos interesses dessa elite composta por empresas e particulares a partir de Rio de Janeiro foi originalmente analisado por João Fragoso, que a caracterizou como uma elite aristocrática, não específica ao Rio de Janeiro, mas própria de uma sociedade de Antigo Regime.[39]

3. Um contrato para o achamento das minas de ouro

Foi como resultado desse amplo movimento de ocupação, de expansão da fronteira no centro-sul e da nova dinâmica do Império luso nos Seiscentos que ocorreu a descoberta do ouro, "(...) numa região remota e sinistra umas 200 milhas para o interior do Rio de Janeiro, que foi a partir de então conhecida pelo nome de Minas Gerais".[40] Tanto a fundação de Sacramento quanto a descoberta das Minas foram, de um lado, um desdobramento das várias tentativas da Coroa portuguesa de sair da crise em que se encontrava e, de outro lado, uma decorrência das ações e dos interesses das elites estabelecidas na América portuguesa.

O fato é que a descoberta de ouro em Minas Gerais não se deu ao acaso. Desde o início da ocupação da América portuguesa pairava a expectativa de que, assim como na América espanhola, os preciosos metais aflorassem nessas terras. Diversos autores fazem referência a expedições custeadas pela Coroa portuguesa com tal finalidade desde o descobrimento.[41] Após um século e meio do início da ocupação sem que houvesse grandes progressos nesse sentido, tais esperanças haviam arrefecido, mas não desaparecido. Foi a difícil situação vivida pelo Império português na segunda metade do século XVII que novamente intensificou o interesse metropolitano pela busca dos metais preciosos.

A região das Minas Gerais[42] situa-se a oeste da grande cordilheira da Serra do Mar, barreira natural a quem desejasse abordá-la pelo lado do oceano. Pelo fato de essa serra ser, na extensão mais próxima a São Paulo, menos alta e mais estreita, o território mineiro foi primeiro abordado por essa via.[43] Embora se tenha notícia de que já em 1573 a região havia sido percorrida por Sebastião Fernandes Tourinho, que subiu o rio Doce, atravessou até o Jequitinhonha e o percorreu descendo,[44] foi somente a partir das últimas décadas do século XVII que a região da futura capitania das Minas Gerais foi de fato continuamente abordada e finalmente ocupada.

Na segunda metade do século XVII intensificaram-se os boatos e as cartas sigilosas, enviadas principalmente de São Paulo por membros da burocracia e por particulares, que chegavam a Lisboa dando conta da existência de metais preciosos (esmeralda, prata e ouro) na América portuguesa. Diante da desfavorável conjuntura econômica em que se encontrava, agravada pela queda dos preços dos produtos coloniais, sobretudo do açúcar, no mercado internacional, uma das ações da Coroa portuguesa para tentar suplantá-la foi retomar os incentivos oficiais para a busca dos metais. Com esse intuito, cartas foram remetidas a algumas autoridades e aos principais sertanistas paulistas ordenando-lhes que se empenhassem na descoberta dos ambicionados metais preciosos.[45] A longa experiência no preamento de indígenas e a conquista do sertão baiano os qualificavam como mais aptos do que quaisquer outros a se embrenharem pelos sertões em busca desse tipo de riqueza. Fernão Dias Paes Leme foi um dos sertanistas a quem a Coroa se reportou. De acordo com as ordens reais, ele deveria se organizar para realizar uma expedição em direção à serra das Esmeraldas. Nesse mesmo ano, a Câmara de São Paulo também ordenava a Francisco de Camargo que penetrasse nos sertões dos Cataguases em busca das minas de ouro.

Fernão Dias Paes Leme era paulista e um dos maiores representantes do que João Fragoso caracterizou como conquistadores, ou seja, uma elite formada nas atividades da conquista e na defesa dos territórios reais.[46] Filho de Pedro Dias Paes Leme com Maria Leite da Silva, filha de Pascoal Leite Furtado, dos Açores, de nobre família, e D. Isabel do Prado. Era reputado como dos principais homens da capitania de São Paulo, "assim por seus avós, como pelos cargos mais honrosos que serviu nesta república".[47] Segundo Carvalho Franco, Fernão Dias "foi o bandeirante que mais largo renome deixou na história da expansão geográfica brasileira, depois de Antônio Raposo Tavares". Organizou várias empreitadas "à custa de sua fazenda" para o apresamento de indígenas, chegando a ter, em 1661, sob sua administração uma aldeia com cerca de quatro mil a cinco mil índios.[48]

Figura emblemática do bandeirantismo paulista, Fernão Dias não estava sozinho nesse tipo de empreitada. Pelo contrário, no tipo de sociedade que se estabeleceu na América portuguesa a busca por constante incorporação de novas terras, índios e riquezas era condição *sine qua non* para a reprodução do próprio sistema agrário que aí se forjou e da estrutura hierárquica dele decorrente. Também não foi o único potentado a estabelecer intensa ligação com a monarquia. Numa monarquia corporativa como a portuguesa, os poderes locais e o autogoverno eram vistos como sustentáculos da governabilidade, o que era referendado por suas próprias bases teórico-filosóficas, sobretudo pelas formulações da Segunda Escolástica e pelas Ordenações do Reino.[49] Nesse sentido, o papel dos potentados locais era fundamental para a efetiva concretização dos interesses monárquicos em suas possessões coloniais. Fernão Dias exemplifica um tipo de hierarquização social encabeçada por potentados locais que confundia exércitos de índios e escravos armados, relações clientelares com tais populações e títulos de fidalguia concedidos pela Coroa. Tudo isso era não só abrigado pela monarquia como utilizado como um de seus sustentáculos.

Depois de se preparar longamente, em 1674, aos 66 anos, Fernão Dias partiu para o sertão em busca da lendária serra das Esmeraldas: o Sabarabuçu. Sua expedição contava com aproximadamente seiscentos homens, sendo quarenta brancos (ou mamelucos) e os demais indígenas.[50] No relato feito por ele às vésperas da partida, dizia: "Tenho quatro tropas minhas com toda a carga de mais importância no serro (...) esperando por mim." Nessa localidade o estariam aguardando "gente escoteira e com pólvora".[51] Dentre os homens brancos que o acompanharam estavam vários parentes seus: Garcia Rodrigues Paes Leme, seu filho, Manuel de Borba Gato (casado com Maria Leite) e Francisco Paes de Oliveira Horta (casado com Mariana Paes Leme), seus genros. Com eles seguiu também Francisco Pires Ribeiro, chamado Francisco Dias da Silva, seu sobrinho, filho de sua irmã Sebastiana Dias Leite e de Bento Pires. Acompanhava-o ainda um mameluco chamado José Dias Paes, seu filho natural.[52]

O que explica a presença nessa expedição de uma marcante estrutura organizativa que conjugava a participação de parentes, índios e amigos é uma concepção de família em um sentido bastante ampliado ou de casa, entendida como a célula básica de exercício do poder político nas sociedades de Antigo Regime. Nessas sociedades, o político não se distinguia das relações econômicas, estando, pelo contrário, inscrito mesmo na sua unidade socioeconômica básica, a casa. Nesse sentido, confundia-se na figura do *pater*, ou chefe, o poder de condução sobre todos os negócios da casa, que incluíam também questões que atualmente designaríamos por políticas.[53] Assim, para Fernão Dias Paes Leme, se, por um lado, levar à frente esse empreendimento significava atender a um chamado da Coroa e, portanto, atuar como um leal súdito do rei, por outro lado era a possibilidade de viabilizar a reprodução da sua casa, ao lhe ser garantido o acrescentamento de bens materiais (terras, índios, minas etc.) e mercês conferidoras de prestígio social ou de alguma nobreza. Por isso, nada mais natural do que envolver filhos, sobrinhos, cunhados e índios flecheiros em empreitadas encomendadas pela Coroa.

Depois de permanecer no sertão entre 1674 e 1681, Fernão Dias morreu de febre às margens do rio das Velhas, ficando Garcia Rodrigues no comando da expedição. Depois da morte de Fernão Dias, seu filho e seus genros continuariam as atividades de conquista iniciadas por ele. Embora as esmeraldas tão almejadas não passassem de turmalinas, essa empreitada renderia a seus descendentes várias mercês régias com as mais altas dignidades possíveis de serem alcançadas pelos habitantes das Américas. Fernão Dias falecera antes de ter tempo de pleitear para si as recompensas que lhe haviam sido prometidas, mas seu filho Garcia Rodrigues faria valer "seus direitos". Depois da morte de Fernão Dias, em 1681, Garcia Rodrigues fora ao reino pleitear as recompensas que eram devidas ao seu pai. Decorrente desse pleito foi instituído no cargo de capitão-mor e administrador da entrada e dos descobrimentos das Minas. Posteriormente, alçou à condição de guarda-mor geral das Minas. Ao longo de sua vida, Garcia Rodrigues fez várias outras solicitações de mercês régias em que foi bem-sucedido, dentre elas o foro de fidalgo da Casa Real e o hábito da Ordem de Cristo. Em todas essas ocasiões, além de seus próprios serviços, relembrava a atuação de seu pai e as promessas reais feitas a ele. Nessas solicitações, Fernão Dias era sempre descrito como um dos mais zelosos servidores da Coroa:

> Pois quanto ao serviço de Sua Alteza, que Deus guarde, é cousa muita o que se mostrou sempre zeloso tanto assim que em muitas ocasiões se lhe ouviu dizer, que todos tinham obrigação de servir a seu Príncipe debaixo do encargo de pecado mortal. E melhor o mostrou com o exemplo em

> todas as ocasiões em que se ofereceram do real serviço em que sempre assistiu sempre tão pontual assim como sua pessoa como com sua fazenda que parece não tinha nascido no mundo para outra cousa mais que para solicitar o aumento da Real Coroa (...).[54]

Ao mesmo tempo que incentivava particulares a buscarem metais preciosos, a Coroa pretendia ter o controle da situação. Para tanto, em 1673, decidiu enviar um representante régio para acompanhar de perto os possíveis novos descobertos. O escolhido para essa função foi o nobre de origem espanhola D. Rodrigo de Castelo Branco. Nesse mesmo ano, D. Rodrigo foi feito fidalgo da Casa Real, justamente em função dos serviços que iria prestar nas minas do Brasil. Sua escolha como enviado real fora motivada pela experiência que adquirira em suas andanças pelas minas de prata em Lipes, na atual Bolívia, e em Cuzco, no Peru.[55] Sua primeira missão era verificar a existência das minas de prata em Itabaiana, no atual Sergipe. Aos que o acompanhassem foram prometidas várias mercês: um hábito da Ordem de Cristo, dois de Avis e dois de Santiago, além de 40$000 de tença.[56] Posteriormente, D. Rodrigo foi encarregado de fazer averiguações em Paranaguá e Sabarabuçu, justamente a área de atuação de Fernão Dias Paes Leme. Foram-lhe concedidos amplos poderes e autonomia e foi ordenado às autoridades locais que lhe fornecessem toda a ajuda necessária.

Entre 1679 e 1680, D. Rodrigo esteve em Curitiba, Paranaguá, Cananeia, Iguape, Jaraguá e Itu. Partiu para São Paulo em 1679, com todas as suas despesas custeadas pelos rendimentos régios. Segundo Maria Verônica Campos, não havia dúvidas quanto ao caráter ordenador das ações de D. Rodrigo.[57] Em 1679, definira um regimento para regular as ações do provedor que deveria substituí-lo nas minas de Curitiba. No ano seguinte estabeleceu um novo regimento para regular a mineração que foi logo despachado para Iguape, Cananeia, Paranaguá, Curitiba e São Paulo. O teor do regimento expressava a preocupação de ordenar, taxar, definir normas mais adequadas à realidade da mineração na

América portuguesa e colocar sob o controle do representante régio todas as ações ligadas aos possíveis descobertos.[58]

D. Rodrigo de Castelo Branco teve um fim trágico. Apesar das divergências existentes entre os dois relatos conhecidos sobre sua morte, parece ser certo que, pouco tempo depois de seguir em direção à região do Sabarabuçu, foi assassinado, possivelmente no Arraial do Sumidouro, fundado por Fernão Dias Paes Leme. Conta um dos textos de época que, ao chegar à região, Fernão Dias já estaria falecido e seu filho lhe passara o comando da expedição sem se opor a sua autoridade de governador e administrador das minas. Garcia Rodrigues lhe entregara também amostras das pedras ali encontradas e todas as roças e mantimentos antes de partir com o corpo do pai embalsamado para São Paulo, onde chegou em 11 de setembro de 1681. Outra versão para o fato é que, antes da chegada de D. Rodrigo, Fernão Dias já retornara a São Paulo acompanhado por seu filho para dar conta do descobrimento das esmeraldas, deixando na região seu cunhado Borba Gato. Não se sabe ao certo quando chegaram a São Paulo as notícias sobre o assassinato de D. Rodrigo, mas os oficiais dali só deram conta do ocorrido à Coroa em novembro de 1682. Por qualquer uma das versões, como já havia partido, Garcia Rodrigues ficara livre de qualquer envolvimento no crime, atribuído a Borba Gato ou a seus pajens.[59] Garcia Rodrigues seguiu para o reino com amostras das pedras encontradas, mas em nenhum momento fez referências à descoberta de ouro.

No entanto, como afirmam diversos autores, várias situações apontam para a extração sigilosa de ouro pelos paulistas a partir da década de 1670 na região das Minas Gerais.[60] Um dos indícios mais contundentes a comprovar tal afirmação é a frequência com que se encontram arrolados em inventários *post mortem* de São Paulo da segunda metade do século XVII instrumentos de trabalho ligados à atividade mineradora.[61] Outro importante indicador são os 6 contos de réis amoedados e as 207 oitavas de ouro arrolados no inventário do comerciante paulista Gonçalo Lopes, datado de 1689, que "poucos anos antes, num atestado passado pela Câmara Municipal de Parnaíba, (...) figurava entre os principais credores de Fernão Dias Pais".[62]

Nessa mesma linha de interpretação, Adriana Romeiro sugere que bem antes dos primeiros relatos oficiais à Coroa portuguesa os paulistas já estavam cientes da presença de ouro abundante nos sertões. No entanto, resistiam a informar tais descobertas, de um lado, pela insatisfação com as promessas de recompensas feitas pela Coroa e, de outro, pelo receio do que significaria a implantação do poder metropolitano em áreas que até então ficavam sob seu controle.[63] Tal afirmação é confirmada pelo relato feito em 1704 por Ambroise Jauffret, grande conhecedor da capitania de São Paulo e Minas do Ouro, enviado ao primeiro-ministro da França, o conde de Pont Chartrein, e que hoje se encontra nos *Archives Nationales* da França:

> Os moradores de Sam Paulo por não serem avexados pelos ministros del Rey e conservarem sua liberdade, não quiserão nunca descobrir minas de prata nem de ouro, e os pais defendião a seus filhos com pena de maldição que as não descobrissem, porque nesse tempo estavão todos abundantes de muitos escravos índios e fazião muita fazenda em trabalharem as terras, tirando dellas muito trigo, algodão, tabaco e toucinhos que carregavão as costas de seus escravos athé a vila de Sanctos (porto de mar dos Paulistas) aonde vendião seus sobreditos fructos ou os embarcavão em sumacas ou navios para o RJ ou para a cidade da Bahia, com que fornecião de todo o necessário para suas famílias; e não querião nada de minas.[64]

Essa "lógica paulista" foi também sutilmente percebida e descrita para a Coroa pelo então governador da Repartição Sul, Antônio Pais de Sande, em um extenso relatório datado de 1693. A partir das observações de Pais de Sande a política de recompensas da Coroa seria modificada, surtindo finalmente os efeitos desejados.

Há muito os paulistas eram reconhecidos como importantes aliados nas lutas coloniais travadas pela Coroa no processo de ocupação e conquista da América portuguesa. Experientes na tarefa de adentrar e sobreviver nos matos onde iam apresar os indígenas que lhes serviam de mão de obra,[65] os paulistas eram também experientes combatentes e, por isso, foram fundamentais para derrotar o resistente quilombo de Palmares e os bárbaros do Açu.[66] Suas técnicas de apresamento e combate já estavam havia tempo adaptadas às difíceis condições dos sertões inóspitos.

Habituados a tais embates, desenvolveram uma cultura que lhes era própria[67] e uma maneira também peculiar de estabelecer negociações para obtenção de mercês junto à Coroa portuguesa. Ao analisar a forma de atuação desses personagens, Adriana Romeiro afirma que os paulistas chegaram a romper com os padrões políticos da sociedade do Antigo Regime.[68] Diversamente dessa autora, entendemos que a forma de atuação desse grupo indica, sim, uma clara percepção e uma consciente utilização da economia da graça, norteadora das relações sociais na sociedade portuguesa de então e de suas possessões imperiais. Na medida em que passaram a oferecer explicitamente seus serviços à Coroa em troca de recompensas previamente negociadas, esses homens paulistas estavam levando às últimas consequências os mecanismos de estabelecimento das relações políticas comuns ao Antigo Regime.

A historiografia mais recente tem lançado mão de noções derivadas da antropologia para o entendimento do tipo de relações que se estabeleceram entre os indivíduos e, particularmente, entre os súditos e o rei nas sociedades de Antigo Regime, nas quais as instâncias política, econômica, social e cultural se encontravam intimamente interligadas. A economia da graça, derivada da noção de *economia do dom* de Marcel Mauss,[69] é uma das vias utilizadas para compreender o sistema de mercês na sociedade portuguesa de Antigo Regime.[70] Ângela B. Xavier e António M. Hespanha afirmam:

> A atividade de dar (a liberdade, a graça) integra uma tríade de obrigações: dar, receber e restituir. Estes actos cimentavam a natureza das relações sociais e, a partir destas, das próprias relações políticas. Deste modo, o dom podia acabar por tornar-se um princípio e epifania do Poder.[71]

O rei tinha todo o poder para dar, mas também para retirar as mercês já concedidas, tanto que era necessária a constante confirmação das doações reais anteriores na mesma pessoa ou em algum parente. No caso do ultramar, era necessária a confirmação das mercês concedidas pelos intermediários reais (principalmente pelos governadores). Era essa a dinâmica que caracterizava a liberalidade régia.

Embora as recompensas jamais tenham deixado de ser concebidas como fruto da magnificência real, é bem verdade que no Império português, como mostram António Manuel Hespanha e Ângela Barreto Xavier, a economia do dom, ao final do Antigo Regime, já apresentava situações em que a retribuição aos serviços prestados era quase uma obrigação real. Na prática, o direito de ser contemplado com graças pelos serviços prestados era tão premente que permitia, inclusive, que o agraciado transferisse a mercê alcançada, chegando, por vezes, a se constituir um verdadeiro "mercado de privilégios". Cimentando todo o sistema de mercês, estava a antidora, o impulso cultural para retribuir a dádiva, tão difundido nas sociedades ibéricas do Antigo Regime.[72]

O que talvez diferenciasse o comportamento dos paulistas era a clara explicitação de uma prática corrente, tornando-a quase uma cláusula contratual, que outros grupos mantinham no nível do simbólico (recebimento de uma graça derivada da magnificência real). Segundo Adriana Romeiro:

> Subvertendo a noção da liberalidade régia, os paulistas construíram modos de negociação assentados na premissa da obrigatoriedade da recompensa, substituindo-a por um contrato entre partes iguais, regido por interesses que se equivaliam juridicamente.[73]

Depois do fracasso de D. Rodrigo Castelo Branco, novos esforços oficiais para dar conta dos descobrimentos só voltariam a ser feitos a partir da década de 1690, novamente sem grande sucesso. Em 1690, o novo governador-geral, Antônio Luís da Câmara Coutinho, foi encarregado de realizar uma expedição para o sertão, mas não cumpriu a ordem. Antônio Paes de Sande, governador do Rio de Janeiro, recebeu ordem de igual teor sem que também a cumprisse, mas, como já mencionamos, elaborou um relatório perspicaz sobre as razões que levavam os paulistas a manterem ocultas as informações sobre as minas.[74] Suas análises conduziriam à mudança de atitude por parte da Coroa.

Paes de Sande alertava à Coroa que a única maneira de tornar as minas conhecidas era encarregar os paulistas de seu descobrimento, concedendo-lhes, em contrapartida, as mesmas mercês e os mesmos privilégios prometidos a D. Rodrigo Castelo Branco. Esse era o único meio de torná-los aliados, já que, além de lhes garantir o enriquecimento com a mineração, só os hábitos e as mercês poderiam permitir-lhes casar suas filhas com fidalgos portugueses,

> (...) honrados e pobres, de que não há poucos no Reino, e que seus descendentes ficarão aparentados com as casas de Portugal e dignos de ocuparem os maiores postos, e a sua republica florente nas qualidades e nas riquezas, e capaz, por este modo, de vir a ser a vila de São Paulo a cabeça do Brasil.[75]

Em uma sociedade na qual só os homens bons poderiam ter acesso aos melhores cargos da República, a mistura étnica com ameríndios, tão característica da sociedade assentada na região de São Paulo, poderia ser facilmente contornada com os enlaces matrimoniais com puros-sangues reinóis, ainda que pobres. Mas para isso necessitavam dos hábitos das ordens militares ou da condição de fidalgo da Casa Real. A tática paulista de ocultação dos descobrimentos, quando todos os boatos já indicavam o contrário, funcionou. Em 1694, a Coroa portuguesa editou uma carta régia concedendo diretamente a todos os descobridores de ouro os mesmos privilégios prometidos anteriormente a D. Rodrigo (foro de fidalgo da Casa Real, hábitos das ordens militares com tença) e também o senhorio das lavras descobertas, com a única obrigação de pagamento do quinto.[76] Era o claro estabelecimento de um contrato entre partes, entre o rei e seus súditos no ultramar, depois de um longo período de negociações nem sempre veladas.[77] A carta régia de 1694 ordenava:

> Se bem que muitas investigações já tenham sido feitas para descobrimento das minas, das quais se diz existirem, que todas, porém não corresponderam às esperanças, principalmente ao tempo do governador d. Afonso Furtado de Mendonça, contudo não deveis negligenciar de prosseguir nessas descobertas, e como as mercês e prêmios sempre animaram os homens a dedicar-se às empresas mais difíceis, prometereis em meu nome carta de nobreza e uma das três ordens militares àquelas pessoas que, de livre vontade, tencionem fazer descobertas de ouro e prata. Os quais, descobrindo uma mina rica, esta pertencerá ao inventor que pagará o quinto ao Real Tesouro, como já foi dito. Sem embargo, me reservo determinar se uma mina é rica e se o inventor merece as recompensas prometidas.[78]

Esse episódio da história dos descobrimentos dos veios auríferos nos permite repensar as concepções que opõem de modo esquemático metrópole versus colônia. Conduz-nos, por outro lado, não a eliminar as tensões existentes entre centro e periferia, mas a perceber esses dois polos e a vida na colônia de outro modo.[79] Demonstra, além disso, que "a lealdade ao rei, expressa não só na ocupação de diversos cargos e ofícios públicos, mas também (e sobretudo) na participação da conquista de novos territórios, era uma importante moeda de troca nas relações entre essa elite que pretendia se alçar à condição de nobreza e a Coroa".[80]

Voltando aos idos de 1694, logo no ano seguinte o primeiro registro oficial da descoberta de ouro foi feito por Carlos Pedroso da Silveira, que, se deslocando para o Espírito Santo, deu notícias ao capitão-mor daquela vila da descoberta feita por Antônio Rodrigues Arzão em 1693, nos sertões do rio Casca.[81] Além dos incentivos ofertados pela Coroa aos descobridores, teria também pesado no cálculo para a manifestação oficial daqueles que já extraíam o ouro de aluvião naquelas paragens a difusão cada vez maior das informações sobre a sua existência e localização. Na sequência, as primeiras descobertas oficializadas foram feitas por paulistas e depois pelos paulistanos.[82]

A partir daí, a ocupação do *país das minas* se faria mais rapidamente do que em qualquer outro ponto da colônia jamais se fez. "A notícia da descoberta do ouro espalhou-se rapidamente. A febre do ouro contaminou milhares de pessoas. O sertão foi tomado de assalto por bandeiras que se sucederam e as descobertas se multiplicaram ininterruptamente (...)".[83]

Em um sistema econômico de tipo antigo, baseado na produção extensiva, a constante incorporação de novas áreas e mão de obra fazia parte da lógica de sua reprodução.[84] Desse modo, tanto para os grupos sociais paulistas e fluminenses ligados a uma economia periférica quanto para os senhores de engenho nordestinos, a expansão territorial era um elemento naturalmente incorporado a sua existência. Além disso, em uma sociedade moldada pelos ideários do Antigo Regime, a esse dado se aliavam os parâmetros de uma hierarquia social extremamente excludente, que na América portuguesa era em grande medida demarcada pela existência da escravidão, mas também pela ocupação dos cargos de mando e pela ostentação de títulos e privilégios. O crescimento da prole dos grupos de elite podia ameaçar seu status local, o que os conduzia à necessidade de um constante deslocamento para novas áreas. Nesse sentido, para garantir sua própria reprodução enquanto tal, as elites coloniais se viam duplamente motivadas para um constante deslocamento no espaço da América portuguesa: de um lado necessitavam expandir suas áreas produtivas, de outro garantiriam a perpetuação de seus descendentes na condição de elite (ocupando os principais cargos de mando criados nas novas localidades).

Assim, além da possibilidade de enriquecimento fácil que enchia os olhos de todos os contemporâneos, a descoberta do ouro significou também a oportunidade de obter ou manter a *qualidade de nobre* para muitos descendentes das elites coloniais. Referindo-se a essas constantes migrações dos grupos de elite ou de seus descendentes, João Fragoso afirma:

> Essas migrações davam margem à formação, nas terras *conquistadas*, de comunidades ceifadas por uma estratificação excludente, à imagem e à semelhança das povoações de que partiam. Os "nobres coloniais"

> chefiavam as incursões e iam com seus flecheiros e cabedais, o que os diferenciava dos imigrantes pobres. Ao mesmo tempo cabia-lhes a organização política das novas áreas.[85]

Como foi lembrado no início deste capítulo, se em meados do século XVII já ocorrera uma virada na política de agraciamento controlada pela Coroa portuguesa em consonância com as alterações na geopolítica do Atlântico Sul,[86] ao final do mesmo século o ouro das Minas Gerais abriria ainda um novo campo de possibilidades de ascensão social para as elites coloniais. Em grande medida, a abertura dessas novas oportunidades de agraciamento surgidas com as atividades de conquista das terras do ouro foi fruto das estratégias bem-sucedidas de homens integrantes das elites paulistas que logo se alçaram à condição de conquistadores e de primeiros descobridores para pleitearem todo tipo de benefícios. Posteriormente, muitos baianos, fluminenses e reinóis pleiteariam essa mesma condição, surgindo daí os primeiros embates intraelites na região das Minas.

Vale lembrar que as promessas de mercês feitas pela Coroa para viabilizar os descobrimentos eram efetivamente inexequíveis e por isso não foram cumpridas. Pelo menos, não para todos os descobridores. Afinal, como afirma Maria Verônica Campos, "os descobridores eram muitos e os ribeiros também". Só aqueles que conseguiram demarcar sua condição de primeiros descobridores e povoadores das terras, principalmente se o tivessem feito *à custa de suas fazendas e vida,* é que de fato conseguiriam ver as promessas reais serem cumpridas a seu favor.

3.1. A ocupação e os primeiros conflitos

Após o primeiro registro oficial da descoberta do ouro na região dos sertões da Casa da Casca em 1695, vários outros logo se sucederam. Diversos nomes de sertanistas de São Paulo podem ser invocados como descobridores do ouro e fundadores dos primeiros arraiais nesses momentos iniciais: Manuel de Camargo, Miguel de Almeida e Cunha, João

Lopes de Camargo, Salvador Fernandes Furtado de Mendonça, Antônio Dias de Oliveira, Manuel de Borba Gato, dentre vários outros.

Também data desses primeiros tempos a fixação de muitos descendentes de Fernão Dias Paes Leme que seguiram para a região acompanhando seu filho, Garcia Rodrigues. Depois de retornar do reino onde estivera pleiteando as recompensas pelos serviços de seu pai, Garcia Rodrigues fizera novas incursões no território mineiro, já instituído na condição de capitão-mor e administrador da entrada e descobrimento das minas.[87] Mais uma vez, como era característico desse tipo de empreendimento, vários parentes o acompanharam em suas novas investidas na região das Minas e logo ali se fixaram.

Nos anos finais do século XVII, a corrida do ouro definitivamente já tivera início. As informações sobre novos achados de grandes proporções situam-se principalmente entre 1697 e 1704. Em 1699 foram enviados para Portugal 725 quilos de ouro, em 1701 seguiram 1.785 e em 1703 já iam 4.350 quilos. Segundo Magalhães Godinho, a quantidade de ouro enviada do Brasil para o reino ainda em 1703 era maior do que todo o ouro conseguido por Portugal na Mina e na Guiné durante todo o século XVI.[88]

Nesses primeiros tempos, o ouro explorado era de aluvião, facilmente encontrado no leito dos rios e córregos. Os depósitos desse ouro eram chamados faisqueiras.[89] Faisqueiro era o termo utilizado para designar o "prospector itinerante ou mineiro de ouro de aluvião". O processo de extração do mineral era primitivo e muito simples, bastava lavar o cascalho e peneirar o ouro:

> O único instrumento necessário era a *bateia*, uma bacia grande e rasa, cônica, feita de madeira ou de metal, que o mineiro segura com ambas as mãos. O subsolo arenoso, misturado ao cascalho que continha as pepitas de ouro, era colocado na bateia com alguma água suficiente para cobri-lo. O mineiro, então, rodava cuidadosamente a bateia num movimento circular ou elíptico, e, de vez em quando, inclinava-a para deitar fora um pouco d'água e do cascalho, cuidando de que o ouro ficasse sempre

> no fundo, até que fosse claramente visível. O cascalho nem sempre era o da areia, terra ou argila. Os poços ou escavações feitas no curso da extração do cascalho eram chamados *catas* e muitos terrenos de Minas Gerais depressa tomavam, por causa deles, o aspecto de favos.[90]

Posteriormente, com a escassez desse tipo de depósito aurífero, os mineiros passaram a ter de empregar métodos mais complexos para a extração do metal. Muitas vezes era necessário desviar o curso das águas para deixar a descoberto o leito do rio que seria explorado. Máquinas hidráulicas, rodas de minerar e rosários também passaram a ser necessários no processo de extração.

O primeiro núcleo de povoamento no território mineiro foi estabelecido no chamado Sertão dos Cataguases, que compreendia as áreas do Ribeirão do Carmo (atual cidade de Mariana) e do Ouro Preto. Sucessiva ou concomitantemente ao surgimento desses primeiros núcleos, outras descobertas de veios auríferos foram dando origem a novas aglomerações nas regiões de Sabará, São João Del Rei, Caeté, Serro, Pitangui. Nesses anos iniciais, tais aglomerados urbanos surgiam espontaneamente, sem planejamento ou ordenação, ao sabor dos novos descobertos. Embora muitos arraiais não passassem de meros acampamentos e fossem logo abandonados, outros recebiam uma população que ia se fixando e se dedicando às atividades necessárias ao pleno funcionamento da mineração.

Ao se espalharem as primeiras notícias sobre a descoberta do ouro, afluíram para a região das Minas Gerais grandes levas de pessoas das mais diversas condições e de todas as partes da colônia e do Reino. É clássica e emblemática a descrição de Antonil sobre esse contexto:

> Cada ano, vêm nas frotas quantidade de portugueses e de estrangeiros, para passarem às Minas. Das cidades, vilas, recôncavos e sertões do Brasil, vão brancos, pardos e pretos, e muitos índios, de que os paulistas se servem. A mistura é de toda a condição de pessoas: homens e mulheres, moços e velhos, pobres e ricos, nobres e plebeus, seculares e clérigos, e religiosos de diversos institutos (...).[91]

Embora sejam imprecisos e controversos os indicadores sobre a migração e a população das Minas nesses primeiros tempos, parece razoável a indicação de Antonil sobre a existência de aproximadamente trinta mil pessoas residindo nas Minas em 1709. Como se vê, se os paulistas foram os primeiros, não foram os únicos nem os últimos a se deslocar para a região. Ainda que, a todo o tempo, fizessem valer sua condição de conquistadores e primeiros descobridores, também da Bahia, do Rio de Janeiro e principalmente da região norte de Portugal vinham milhares de homens todos os anos para as Minas.

Tomado como um todo, o século XVIII português foi marcado por um considerável crescimento demográfico com marcantes especificidades regionais. Segundo José Vicente Serrão, os dados demográficos indicam, "quando comparados com os de outros períodos da história portuguesa, um século XVIII com uma notável pujança demográfica (...)".[92] Baseando-se nos dados de Magalhães Godinho, Serrão argumenta que a emigração também se manteve elevada durante todo o século XVII e o século XVIII, com algumas variações de intensidade. Com a descoberta do ouro no Brasil, esse movimento emigratório foi intensificado, chegando a corresponder "a uma sangria anual de oito mil a dez mil indivíduos".[93] Charles Boxer, mais comedido, calcula uma média de três mil a quatro mil pessoas emigrando anualmente, o que, para um país pequeno como Portugal, era uma taxa considerável.[94] Tal situação levou a Coroa portuguesa a tomar algumas medidas para conter esse movimento. Em 1720, lançou um decreto "limitando drasticamente a emigração para o Brasil, que dali por diante só seria permitida com passaporte fornecido pelo governo".[95]

A Coroa tentou também, sem sucesso, controlar a entrada de escravos na região das Minas, principalmente para evitar os problemas reclamados pelos senhores de engenho da região Nordeste. Em 1702, o rei limitou em duzentos o número de negros vindos de Angola para o Rio de Janeiro que poderiam ser vendidos para os paulistas (leiam-se mineradores). Definiu ainda que os preços de venda para os paulistas deveriam ser os mesmos cobrados na cidade do Rio de Janeiro.[96] Em 1703, nova limitação foi imposta ao tráfico para esse porto, dessa vez fixando em 1.200 o número possível de escravos a serem transacionados entre a região da Costa da Mina e o Rio de Janeiro.[97] Todas as ações feitas nesse sentido permaneceram letra morta. O alto preço que os moradores das Minas pagavam pelos escravos e também o interesse metropolitano no aumento dos rendimentos do quinto do ouro produziram um descumprimento constante daquelas limitações e a sua posterior suspensão.

Mesmo considerando a precariedade dos dados existentes sobre a população das Minas nesse período, certo é que o *boom* aurífero provocou a intensificação do tráfico atlântico de escravos,[98] definindo uma presença marcante dos africanos e seus descendentes na região. O fato é que se até 1698 não havia escravos negros nas Minas Gerais, já nas primeiras décadas do século XVIII a região contava com um grande número de cativos. Russell-Wood calcula que entraram aproximadamente "2.600 escravos por ano em Minas Gerais, entre 1698 e 1717, aumentando para 3.500-4.000 no período de 1717-23 e para 5.700-6.000 de 1723 a 1735".[99] Nesse contexto, o papel do Rio de Janeiro como porta de entrada de africanos para a região ganharia, ao longo do século XVIII, cada vez maior projeção. Segundo Manolo Florentino, entre 1715 e 1727 saíam anualmente do Rio de Janeiro para as Minas cerca de 2.300 cativos. Na década de 1730 aumentara em 40% o volume de escravos africanos importados pelo Rio de Janeiro, grande parte deles direcionados para as Minas. Correspondentemente ao incremento das importações pelo Rio de Janeiro, crescia também a importância da região congo-angolana como principal fornecedora de cativos, suplantando, na década de 1730, a Costa da Mina.[100]

Agrupamos na tabela abaixo alguns dados mais específicos sobre a população escrava existente nas vilas mineiras, apresentados por Diogo de Vasconcelos e por Tarcísio Botelho. Diogo de Vasconcelos baseia-se em mapas estatísticos de origem fiscal existentes no Arquivo Episcopal de Mariana. Tarcísio Botelho utiliza-se das listas elaboradas pelas câmaras das vilas mineiras entre 1721 e 1722 para a cobrança do quinto real.

População escrava em algumas vilas mineiras entre 1716 e 1722

Vila	1716-1717a	1718-1719b	1721-1722b
Vila do Carmo (Mariana)	6.831	10.974	13.326
Vila Rica (Ouro Preto)	6.271	7.110	10.881
Sabará	4.905	5.712	5.972
São João Del Rei	3.051	5.712	11.120
São José Del Rei (Tiradentes)	–	1.393	3.357
Vila Nova da Rainha (Caeté)	3.848	4.347	–
Vila do Príncipe (Serro)	–	2.096	–
Pitangui	–	283	898
Total	27.909	34.197	45.554

Fonte: a) Diogo de Vasconcelos, *História antiga de Minas Gerais*, 4ª. ed., Belo Horizonte, Itatiaia, 1999, p. 343; b) Tarcísio Botelho, "População e escravidão nas Minas Gerais, c. 1720", *Anais do XII Encontro da Associação Brasileira de Estudos de PopulaçãoI,* Caxambu, 2000, p. 14. Disponível em: http://www.abep.nepo.unicamp.br/docs/anais/pdf/2000/Todos/hist15.pdf.

Para além da atividade mineradora, muitos indivíduos foram atraídos para a região visando amealhar ouro por outros meios além da atividade extrativa. Logo depois das crises de fome que se abateram por toda a região nos primeiros anos, muitos se deram conta de que cultivar a terra e criar animais era necessidade primeira para o bom funcionamento da mineração e de que essa podia ser também uma boa via para se chegar ao metal. O que aconteceu no arraial do Ribeirão do Carmo nos dá bem a medida do que foram esses primeiros tempos.

Embora não haja consenso sobre a identidade do primeiro descobridor de ouro nesse ribeirão,[101] parece ter razão Diogo de Vasconcelos, que estabelece 1696 como o ano da primeira descoberta. Rapidamente a região do ribeirão se povoou e surgiu às suas margens o arraial do mesmo nome, sendo que a repartição total das datas ao longo de duas léguas da extensão do rio já se processara em 1700. Um ano depois, o Ribeirão do Carmo contava com vários outros pequenos arraiais ao longo de seu curso.[102]

A abundância e a qualidade do ouro ali existente fizeram o sucesso do novo arraial e muitos enriqueceram "da noite para o dia", sem grandes esforços. No entanto, esses primeiros mineradores se descuidaram de uma questão fundamental: os alimentos necessários à sobrevivência. Diogo de Vasconcelos chega a comparar a fábula do rei Midas com o que ocorreu na região do Carmo e, para esses tempos iniciais, a comparação não nos parece exagerada. Segundo a lenda, o rei Midas, tendo obtido o dom de transformar em ouro tudo o que tocasse, acabou, por isso mesmo, morrendo de fome. O mesmo teria ocorrido com os habitantes do dito arraial. Nos períodos de 1697-98 e 1701-02, houve uma grande dispersão dos mineiros para os matos em função da fome que assolou a região.[103]

Se por um lado essas crises de abastecimento provocaram o despovoamento do Arraial do Ribeirão do Carmo por um breve período, por outro lado foram responsáveis pelo desbravamento do território em torno do rio, pelo surgimento de novos povoados e pelo estabelecimento das primeiras atividades agrícolas na região. Data desses primeiros tempos a criação das mais antigas fazendas do Carmo, do Gualaxo do Norte e do Gualaxo do Sul.[104] Embora as crises de subsistência não tivessem sido eliminadas, os povoadores das Minas Gerais não estavam mais tão desprevenidos e a agricultura se estabeleceu definitivamente ao lado da mineração.

Mas nem tudo podia ser suprido internamente. Ainda bem no início do século XVIII, entre 1701 e 1705, para ali se dirigiram muitos homens com o propósito de mascatear e fornecer tudo de que os mineiros precisavam, almejavam e podiam comprar com o ouro fácil que emergia da simples lavagem das areias e dos cascalhos. Segundo Diogo de Vasconcelos, "José de Góis, Pascoal da Silva [Guimarães], Manuel Nunes [Viana] e outros foram mascates que amanheceram nas Minas",[105] já estando na região nessa ocasião.

Além dos mais diversificados produtos que chegavam pelos portos em que atracavam navios vindos da Europa e de outras partes do Império português, as áreas mineradoras tiveram também importante papel na dinamização das economias de produção agropecuária em outras regiões para abastecer o seu mercado, levando a uma maior integração entre diversas partes da América portuguesa até então desconectadas.[106]

Esse grande afluxo populacional e mercantil, aliado a uma realidade em que o espaço de moradia se confundia com o da própria área a ser trabalhada, deu origem a um peculiar florescimento urbano. Nas demais regiões da América portuguesa, as atividades econômicas desenvolvidas, de caráter essencialmente rural, definiram um tipo de assentamento populacional pouco denso, com baixo crescimento demográfico e com a presença esparsa de poucos núcleos urbanos estrategicamente localizados. Tais núcleos funcionavam como pontos de venda e escoamento da produção e, geralmente, surgiam concomitantemente à instalação da estrutura administrativa e de poder do Estado na região. Já nas Minas, em torno das muitas lavras, logo surgiram capelas, vendas e moradias mais fixas. Em pouco tempo esses acampamentos deram origem a uma série de arraiais que, embora de estrutura precária, eram densamente povoados, fazendo multiplicar todo um complexo mercantil e urbanístico que objetivava viabilizar a vida naqueles sertões onde até então só os gentios habitavam.[107] O urbano aí se firmou antes que o Estado tivesse conseguido fazer o mesmo.

Sem a presença constante de autoridades régias capazes de gerir a vida cotidiana, o bom governo ali se fez pela atuação dos potentados já estabelecidos. Justamente das "pessoas principais" dessas localidades, fixadas desde os tempos iniciais, é que emergiu uma autointitulada "nobreza da terra", por mais de um século reivindicadora de seus direitos de conquistadores, descobridores e primeiros povoadores. Os homens que a integravam tiveram um papel preponderante na definição dos jogos de poder locais e na transmissão das redes que os sustentavam. Se para o descobrimento das Minas a Coroa se valera da ação das elites coloniais, sobretudo dos paulistas, para o estabelecimento da governabilidade na região não seria diferente. A montagem da sociedade das Minas, ou melhor, o estabelecimento da autoridade régia na região foi garantido por esses potentados, seus flecheiros, escravos armados e demais clientes. Para tanto, foi necessário negociar mais uma vez.

Como não dispunha de recursos para levar à frente a ordenação daquela rica e dinâmica sociedade, composta por uma população fortemente diversificada, a Coroa portuguesa, seguindo uma lógica corporativa do autogoverno, contou com famílias como os Paes Leme, os Horta, os Pontes, os Camargo e várias outras para se fazer presente. As primeiras tentativas feitas pela Coroa portuguesa para controlar, organizar e tributar a produção de ouro foram, em grande medida, levadas a cabo por destacados paulistas e seus aparentados, que, instituídos nos cargos de guarda-mor, ficavam incumbidos de distribuir as datas, zelar pela arrecadação dos direitos reais, além de, muitas vezes, atuar nas causas cíveis e criminais.

Nesses anos iniciais houve um intenso embate entre as próprias autoridades coloniais quanto aos limites das capitanias da Bahia e do Rio de Janeiro sobre as áreas mineradoras e, consequentemente, a qual desses governos estaria submetida a região.[108] Apesar de persistirem algumas querelas entre as autoridades, logo ficou claro que o controle administrativo das áreas mineradoras ficaria sob a alçada do governador e capitão-geral do Rio de Janeiro, que tinha jurisdição sobre grande parte da região centro-sul da América portuguesa. A abertura de um caminho que encurtava a ligação das Minas ao Rio de Janeiro concretizou essa situação. Sem recursos para levar à frente a empreitada de abrir o caminho pelas densas e acidentadas matas da Serra do Mar, mais uma vez a Coroa portuguesa lançou mão de seus súditos e fiéis aliados para garantir seus propósitos. Tal tarefa foi entregue a Garcia Rodrigues, que desde 1698 trabalhou na efetivação dessa estrada. Segundo Renato Pinto Venâncio, o percurso do Caminho Novo utilizava-se de trajetos e pontos de assentamentos milenarmente utilizados pelas populações indígenas que habitaram a região.[109] Embora a conclusão final do caminho só acontecesse mais tarde, por volta de 1700 já se encontrava concluída a picada para pedestres, facilitando enormemente a circulação para as Minas.

Em 1700, o governador do Rio de Janeiro, Artur de Sá e Meneses, promulgou um primeiro regimento das minas para a região visando diminuir os impasses que já ocorriam quanto à questão da distribuição das datas minerais. Se por um lado a ideia era controlar a ação dos mais poderosos, que muitas vezes usurpavam as posses dos veios mais ricos, por outro lado essa ação reforçou o papel dos potentados, na medida em que instituiu líderes locais nos cargos administrativos que deveriam ordenar a sociedade e a atividade mineradora. Nesse regimento, o guarda-mor aparecia como a figura-chave da administração. Embora não fosse cargo remunerado, era garantida ao guarda-mor uma data em cada novo descoberto de acordo com o número de escravos que possuísse. O documento destacava as qualidades exigidas por aquele que viesse a ocupar a função. Tal indivíduo deveria ter "imparcialidade, diplomacia e talento para estabelecer a concórdia". Seria ele o responsável pela repartição das datas dos novos veios descobertos, que obedeceria aos seguintes critérios: a primeira data caberia ao descobridor, a segunda ficaria para a Coroa, a terceira também seria do descobridor, e a quarta, do guarda-mor. Depois desses seguiriam os demais interessados, de acordo com o número de escravos que possuíssem. Os brancos pobres que não possuíssem escravos poderiam pleitear um quinhão de cinco braças de terra cada um. O regimento estabelecia que os acompanhantes do descobridor teriam o privilégio de ser contemplados antes dos demais.[110] Cabia também ao guarda-mor levar a leilão a data da Coroa.

Além disso, eram funções do guarda-mor: controlar os descaminhos do ouro, a entrada de pessoas e mercadorias, fazer justiça no caso de descumprimento do regimento das terras minerais e assentar os mineradores e seus escravos nas datas.[111] Como se vê, as atribuições do guarda-mor revelam que se por um lado esse cargo só poderia ser ocupado por homem de reconhecido poder na região e que tivesse grande capacidade de controle sobre os demais, por outro lado aquele que o ocupasse garantiria para si um enorme poder de mando.

Em 1702, esse mesmo regimento, com algumas modificações, foi aceito e fixado pela Coroa para regulamentar a atividade mineradora na região das Minas. Manteve-se o mesmo sistema de distribuição das datas, mas alterou-se a estrutura de cargos. Pelo novo regimento, os governadores do Rio de Janeiro ficavam proibidos de entrar nas Minas e a principal autoridade da burocracia mineira passava a ser o superintendente, e não mais o guarda-mor. Tal modificação visava, de um lado, reduzir a atuação irregular dos governadores na região,[112] e de outro, a controlar os potentados locais que dominavam a região ocupando os cargos de guardas-mores. Por essas novas orientações, o superintendente receberia as principais funções atribuídas ao guarda-mor em 1700, ficando a seu encargo aplacar os conflitos advindos da distribuição das datas minerais, a nomeação de guardas-menores, além de deter jurisdição cível e criminal. Com essa última atribuição a Coroa pretendia introduzir a justiça nas Minas, quebrando a atuação dos potentados. Somente as funções fazendárias ficavam fora do alcance desse enviado régio, instituindo-se para tanto a figura do tesoureiro-geral.[113] No entanto, na prática, a capacidade de ordenação e fiscalização da região continuou por um bom tempo sendo exercida pelo guarda-mor e seus auxiliares, escolhidos entre destacados membros da nascente elite local.

A capacidade de atuação das elites locais nesses primeiros tempos pode ser aferida na rápida passagem do primeiro superintendente nomeado para atuar na região, José Vaz Pinto, que lá permaneceu menos de um ano. José Vaz chegou às Minas em maio de 1703 e enfrentou duas ordens de conflitos: com o governador D. Álvaro da Silveira e com os potentados locais. O governador o acusava de ser desrespeitoso no tratamento que lhe dirigia e de ser pouco cauteloso no que dizia respeito à defesa dos interesses régios. Acusava-o principalmente de ser pouco rigoroso no controle do ouro extraído. Ao chegar às Minas o superintendente se instalou em Sabará, que possuía posição estratégica do ponto de vista comercial, por ser região onde se fazia a fiscalização das entradas pelo caminho da Bahia. Essa área era até então controlada por Manuel de Borba Gato, responsável pela fiscalização e pelos eventuais sequestros dos comboios vindos da Bahia. De acordo com Maria Verônica Campos, nos primeiros tempos nas Minas "as relações de Garcia Rodrigues Paes, José Vaz Pinto e Borba Gato eram próximas às de sócios".[114] Embora os relatos sobre os conflitos envolvendo o superintendente e os poderosos locais sejam divergentes, o fato é que, enquanto esteve em harmonia e aliado com os grupos locais, o superintendente conseguiu se manter, mas ao entrar em aberta divergência com esses teve de sair fugido da região.

Com a "saída" do superintendente das Minas, quem efetivamente assumiu suas funções no rio das Velhas foi Borba Gato, e em Ouro Preto, Baltazar de Godói. Esses dois paulistas, que constavam entre os primeiros descobridores,[115] eram nesses tempos as duas maiores autoridades das Minas. Voltara para as mãos dos poderosos locais o poder de mando da região com uma ampliada alçada sobre questões como: a jurisdição do cível e do criminal, a provedoria dos defuntos e ausentes, a distribuição e o julgamento de conflitos pelas datas minerais, os confiscos de comboios de mercadorias e o registro do ouro extraído.[116]

Esses dois personagens partilhavam com os guardas-mores seu grande poder de mando e de decisão sobre questões centrais para os mineiros. Como convinha a uma sociedade ordenada pelos princípios e valores de Antigo Regime, não poucas vezes os guardas-mores estavam imersos em imbricadas relações de parentesco com esses dois personagens. Um dos primeiros indivíduos providos no cargo de guarda-mor geral das minas foi Garcia Rodrigues, cunhado de Manuel de Borba Gato. Retomando a lógica do *dar, receber, restituir* que orientava as relações sociais na sociedade portuguesa de Antigo Regime, em remuneração aos vários serviços prestados ao rei, Garcia Rodrigues foi nomeado ao cargo por provisão de 19 de abril de 1702, pelo tempo de três anos.[117] Fazendo valer as prerrogativas que lhes foram conferidas, nomeou vários aparentados seus como guardas-mores distritais para o auxiliarem. Pelos menos dois esposos das filhas de sua irmã Mariana Paes Leme com Francisco Paes seriam feitos guardas-mores em Minas. O guarda-mor da freguesia de Guarapiranga,[118] Bernardo Chaves Cabral, era casado com sua sobrinha, Maria Garcia. Além do posto de coronel das Ordenanças de São Paulo, Caetano Álvares Rodrigues, casado com a irmã de Maria Garcia, Francisca Paes de Oliveira, também foi nomeado guarda-mor do distrito de Vila do Carmo. Seu sobrinho Maximiliano de Oliveira Leite, outro filho de Mariana Paes Leme, também atuou como guarda-mor nomeado por ele. Ao controlar e partilhar essa função com seus aparentados, Garcia Rodrigues garantia um enorme poder de mando na região das Minas para a sua rede familiar. Mas não só isso, essa função e os outros serviços que prestou à monarquia lhe conferiram cabedal para solicitar várias outras mercês, quase todas atendidas. Afinal, a garantia do exercício do poder da Coroa portuguesa na região passava pelas mãos desses indivíduos.

A figura de Manuel de Borba Gato, cunhado de Garcia Rodrigues, substituto do superintendente e também atuante guarda-mor da região do rio das Velhas, é emblemática no sentido de expressar o tipo de trama que perpassava as relações entre a monarquia e os potentados locais na América portuguesa. Como já mencionamos, Borba Gato fora acusado de envolvimento no assassinato do enviado real D. Rodrigo Castelo Branco e, por isso, desde os anos 80 do século XVII se encontrava fugitivo, embrenhado pelos sertões da região das Minas. Apesar do envolvimento nesse grave crime, alcançou o perdão régio, por meio de negociações feitas por seus parentes paulistas junto ao governador em troca da revelação das ricas jazidas de ouro que encontrara na região de Sabará. Depois de ser agraciado com o perdão régio, Borba Gato atuou como importante aliado da Coroa portuguesa para manter a ordem na região e teve destacado papel na vida política das Minas nas décadas iniciais do século XVIII. Mais uma vez, ao conceder o perdão a Manuel de Borba Gato, a Coroa lançava mão da lógica corporativa do autogoverno para fazer valer seus interesses. Era necessário aliar-se aos potentados locais para garantir sua soberania naqueles sertões inóspitos, mas de imensa riqueza.

Nos anos iniciais, o grande e desordenado movimento de pessoas em direção às Minas, aliado à incerteza quanto à durabilidade dos veios descobertos, levou a Coroa a estabelecer uma série de ações no sentido de coibir a entrada de forasteiros na região. Várias ordens, leis e ofícios foram enviados a distintas autoridades, tentando, por exemplo, proibir a comunicação entre as capitanias da Bahia e de Pernambuco com as Minas, fechar a picada do Espírito Santo e proibir a entrada de reinóis via Porto de Santos. Nessas circunstâncias, os paulistas se viam beneficiados pela Coroa, já que mantinham afastados os forasteiros, garantiam seus privilégios de primeiros conquistadores e descobridores, que lhes dava a prerrogativa de acesso aos melhores veios e a ocupação dos principais cargos de liderança.[119]

A partir de 1704, essa situação se modificou. Com a descoberta das camadas e dos veeiros da serra do Ouro Preto, ficou claro que as formações eram regulares e de uma fertilidade até então nunca vista, o que assegurava o futuro e o sucesso da atividade. Diante disso, o rei, "atendendo à sua própria inoperância para obstar a expansão do povoamento, resolveu a questão, derrogando as ordens proibitivas e franqueando os caminhos (1705)".[120] Os paulistas se viram, então, lesados naquilo que lhes pareciam ser prerrogativas suas, o que, naturalmente, acarretou a acentuação dos conflitos na região. Também nesse período os governadores se utilizaram de potentados estabelecidos nas regiões dos Currais para tentar avançar sobre o território mineiro, o que forçava um novo reordenamento na distribuição do poder, até então muito concentrado em mãos dos paulistas. Contrariando a política real de preservar o ordenamento local e reconhecer a partilha de posições entre os grupos dominantes, a atuação do governador D. Fernando Martins Mascarenhas procurou fortalecer os forasteiros e diluir o poder dos paulistas, usando para isso disputas em torno dos ganhos comerciais e das propinas advindas do controle de alguns contratos.[121]

Os conflitos entre os grupos que pretendiam ter o controle do mando na região se acentuaram. De um lado, paulistas como Borba Gato defendiam com unhas e dentes prerrogativas até então garantidas pela Coroa portuguesa; de outro lado, forasteiros de diversas localidades procuravam se imiscuir nas redes de poder e de controle de circuitos mercantis. O resultado desse embate foi o primeiro grande enfrentamento intraelites ocorrido nas Minas, amplamente conhecido na historiografia como Guerra dos Emboabas.

Embora esteja fora dos propósitos deste texto uma análise mais aprofundada desse conflito,[122] é interessante perceber que, também nesse caso, a Coroa atuou reconhecendo a autonomia dos povos locais, mas fazendo valer sua função de mediadora e de responsável pela manutenção do bem comum. Sua ação foi muito mais a de apaziguar e buscar aliados locais para tentar conter os conflitos do que propriamente uma atuação acachapante dos revoltosos envolvidos. Longe de uma perspectiva absolutista do poder, a estratégia real de concessão do perdão a ambos os lados envolvidos no conflito reflete uma forma de atuação centrada nos princípios de uma concepção de poder formulada pela Segunda Escolástica predominante em Portugal até meados do século XVII e ainda muito difundida pelo menos até o século XVIII.[123] Nesse tipo de concepção, o Estado era visto como resultado de um pacto social por meio do qual o povo ou a comunidade (e todas as suas instituições ou grupos) transferia para a figura do rei a capacidade de garantir o bem comum. Considerado como a cabeça de um organismo, ao rei cabia reconhecer e gerenciar os diversos corpos (ou grupos) que compunham a comunidade.

Enviado pela Coroa às Minas para restabelecer a ordem, o novo governador do Rio de Janeiro, Antônio de Albuquerque Coelho de Carvalho, atuou no sentido de restabelecer o bem comum e para isso procurou assentar os diversos grupos em embate. Depois de o governador acalmar e assentar as gentes, algumas medidas foram tomadas para tentar conter tal "desgoverno" em uma área de primordial interesse para a Coroa e já densamente povoada. Nesse sentido, as duas principais medidas levadas à frente foram a criação da capitania de São Paulo e Minas do Ouro, separada do Rio de Janeiro, e a criação das primeiras câmaras municipais. Se por um lado tais medidas indicam que a Coroa portuguesa teria a partir de então maior controle sobre a região, também é certo que revelam uma preocupação de canalizar institucionalmente a atuação dos grupos locais sem que fossem eliminados. Afinal, os grupos locais eram reconhecidos como parte fundamental do organismo pelo qual o rei devia zelar. A partir de então as câmaras (criadas inicialmente em Vila Rica, Mariana e Sabará) seriam o canal de comunicação privilegiado entre a Coroa e as elites locais.

Embora a historiografia tenda a enfatizar a expulsão dos paulistas e a ascensão dos emboabas nos postos de comando após o conflito, o fato é que parte considerável dos paulistas envolvidos permaneceu na região, reconfigurando suas forças e suas alianças. A família de Garcia Rodrigues e Manuel de Borba Gato é um bom exemplo disso. Muitos braços desse grupo familiar ali permaneceram, desenvolvendo relações próximas de amizade com as principais autoridades régias, estando sempre representados nas câmaras das localidades onde residiam e se entrelaçando com portugueses vindos diretamente do reino ou com integrantes das elites de outras capitanias. Mantiveram sempre uma intensa relação de auxílio e negociação com a Coroa portuguesa, garantindo para si e seus descendentes diversos benefícios e privilégios, ao mesmo tempo que atuavam para permitir o exercício da governabilidade régia na região.[124]

Ainda assim, e reiterando a lógica de reprodução da economia colonial e dos grupos de elite estabelecidos na América portuguesa, diversos outros membros da elite paulistana e desse grupo familiar permaneceram nas atividades de conquista, abrindo novas picadas em direção à região de Mato Grosso e Goiás e atuando diretamente nas frentes de novos descobrimentos de veios auríferos ali localizados.[125]

4. Novos descobertos e uma nova reiteração das elites coloniais

A necessidade de constante ampliação de novas áreas para alojar os novos membros dos grupos de elite em seus anseios por riquezas, cargos, honrarias e privilégios, aliada aos conflitos ocorridos nas Gerais na Guerra dos Emboabas, conduziu os bandeirantes paulistas a adentrarem mais a oeste da América portuguesa, onde acabaram por descobrir ouro no rio Coxipó Mirim em 1718. O responsável pelas primeiras manifestações oficiais das descobertas auríferas na região do Cuiabá, localizada no atual estado do Mato Grosso, foi Pascoal Moreira Cabral Leme, bandeirante paulista, morador de Sorocaba, já bastante experiente no preamento de indígenas e também na prospecção e mineração de ouro.[126] A área da futura capitania do Mato Grosso (1748) fazia fronteira com os governos de Moxos e Chiquitos, pertencentes aos domínios espanhóis.[127] É possível demarcar com relativa clareza duas fases do processo de descobertas das jazidas mineiras e da ocupação. Numa primeira fase, as descobertas se concentraram em torno das minas do Cuiabá (1718-28). Posteriormente, adentrando ainda mais a oeste em direção à fronteira com as possessões hispânicas, os descobertos se fixaram nas minas do Mato Grosso.

No mês de abril de 1719, o capitão-mor Pascoal Moreira fez o primeiro registro oficial dos seus descobertos, seguindo à risca o que mandava o regimento de 1702 para garantir os privilégios e benefícios cabíveis aos descobridores de ouro. No documento, feito em junta com os demais componentes de sua bandeira, deixava indicado que fizera tais descobrimentos "(...) ele e todos os seus companheiros as suas custas com grandes percas e riscos em serviço de Sua Real Majestade e como de feito tem perdido oito homens brancos, fora negros, e para que todo tempo vá isto a notícia de sua Real Majestade e seus governos para não perderem seus direitos (...)".[128] Nesse mesmo dia e por essa mesma junta, Pascoal foi eleito pelos companheiros como guarda-mor regente, o que o colocava como a maior autoridade da localidade. Ao destacarem as mazelas pelas quais haviam passado para levar à frente sua empreitada e seu serviço ao rei, esses homens reforçavam a ideia do pacto político que orientava as relações entre os súditos e o rei e esperavam receber a retribuição régia, fosse ela em forma de honrarias ou em bens materiais (terras, sobretudo). Mais uma vez se manifestava nas terras da América portuguesa a lógica que regia as ações políticas na sociedade do Antigo Regime baseada na economia da graça e do dom. Em 1722, Pascoal Moreira enviou uma carta ao rei pedindo confirmação no posto de guarda-mor e voltava a destacar suas ações merecedoras de retribuição:

> Como ando há seis anos nesses sertões, ocupado no real serviço de Vossa Majestade em minha companhia 56 homens brancos, fora escravos e servos, sustentando-as a minha custa, conquistando os reinos de gentio e adquirindo muitos deles para o grêmio da Igreja, na diligência de descobrir ouro, prata e pedras preciosas, distante da cidade de São Paulo serra acima quatro meses de viagem, ao depois de perder um filho

> e 15 homens brancos e alguns escravos que os mataram e comeram o gentio, com inúmeros riscos de vida, tanto por rios, como por terra, nas cabeceiras do Cuiabá descobri um ribeiro chamado Coxipó com muitas datas de ouro, no qual Vossa Majestade tem a sua e as mais se repartiram pelos homens que se achavam e ao depois chegaram de povoado, cujo ouro se tem quintado (...) descobriram vários córregos que todos tem boa pinta de ouro.[129]

Em sua tese de doutorado, Nauk Maria de Jesus afirma que, assim como ocorrera na região das Gerais, é muito provável que também no Cuiabá os veios auríferos já fossem conhecidos algum tempo antes das primeiras informações oficiais. Segundo essa autora, Pascoal Moreira Cabral só teria informado oficialmente à Coroa sobre a existência de ouro naquela região após ter feito uma avaliação dos riscos de permanecer minerando na clandestinidade ou de que algum outro bandeirante que por lá andasse fizesse antes dele tal registro, o que colocaria em xeque sua precedência sobre as lavras e o mando na região. Afinal, Pascoal andava pela região do Cuiabá desde 1716, sendo que em 1718 encontrou com a bandeira do também paulista Antônio Pires de Campos, que retornava de sua empreitada de preamento trazendo consigo um grande número de indígenas coxiponés. Segundo a autora, esse encontro pode ter sido fundamental na decisão de Pascoal de oficializar os descobertos antes que outro indivíduo se antecipasse.[130]

Logo nesse primeiro momento da ocupação e descoberta do ouro, além do grupo constituído pelo sorocabano Pascoal Moreira Cabral Leme, composto por 56 homens brancos, pelo menos mais quatro bandeiras também lideradas por paulistas já se encontravam pela região; a do parnaibano Fernão Dias Falcão, que partiu de Sorocaba com quarenta negros, entre os quais havia carpinteiros, alfaiates e ferreiros; a dos Antunes Maciel, que se uniu à de Fernão ainda em São Paulo; a dos ituanos João e Lourenço Leme, cuja data de chegada ao Arraial da Forquilha é imprecisa; e a do paulista Pires de Campos. Embora Pascoal, Fernão, Leme e Pires de Campos fossem ligados por laços de parentesco, as disputas pelo controle do poder nos arraiais foram ferrenhamente travadas e definiram alianças ou rupturas entre os mesmos grupos.

Em 1721, uma nova leva de grupos paulistas chegou à região. Vários de seus líderes tiveram passagem anterior pela região das Gerais. O capitão José Pires de Almeida participara da Guerra dos Emboabas; o capitão-mor Jacinto Barbosa Lopes fora eleito, em 1717, juiz ordinário da Vila do Carmo e estivera presente no motim de Vila Rica, ocorrido entre 1719-20. Pedro Corrêa Godói era casado com a irmã de Manuel Borba Gato e foi um dos descobridores do Ribeirão do Carmo, nas Gerais.[131]

Esses grupos de paulistas, muitos deles tendo antes passado pela região das Gerais, estavam habituados a um comportamento de enfrentamento para garantir suas prerrogativas de mando sobre as áreas das quais se julgavam "primeiros descobridores", "primeiros povoadores" ou ainda "conquistadores". No entanto, a localização das minas do Cuiabá em região de fronteira faria com que a Coroa fosse aí mais cautelosa no tratamento dado aos conquistadores. Era grande a preocupação com que o local não caísse nas mãos dos castelhanos ou fosse abandonado, fragilizando a situação da soberania portuguesa. A estrutura administrativa e as medidas econômicas adotadas para a região foram marcadas por essa condição fronteiriça. A região era efetivamente ameaçada por três frentes: pelos castelhanos, pelos diversos grupos indígenas ali existentes e pelos jesuítas estabelecidos em território hispânico que procuravam expandir suas missões. A preocupação da Coroa portuguesa fica claramente expressa na consulta feita pelo Conselho Ultramarino sobre uma carta do governador de São Paulo:

> Devem ter grande cuidado os governadores em espiar pelos mesmos soldados se na campanha vizinha há algum movimento ou disposição para haverem de ser assaltadas as Minas ou pelos gentios ou pelos castelhanos, tendo este receio o maior fundamento no Cuiabá, por ficar este sítio muito distante de São Paulo e muito vizinha aos Domínios de Castela.[132]

Por outro lado, Nauk destaca que, já tendo aprendido com a situação extremada dos conflitos entre grupos de elite que ocorrera nas Gerais, nas minas do Cuiabá a Coroa procuraria atuar mais precocemente para neutralizar a ação e a formação de possíveis potentados locais em constante disputa por riquezas e precedências. Mesmo assim, as disputas e os eventuais conflitos não estiveram ausentes do processo de ocupação da região, foram vários os "confrontos surdos entre as diferentes parcialidades que se uniam e rompiam, de acordo com os interesses em jogo"[133] ocorridos nesses anos iniciais. No entanto, tais situações foram mais atentamente contornadas na base da cooptação e da prudência. O governador de São Paulo, Rodrigo César de Menezes, ao qual a área estava submetida, parece ter se utilizado das mesmas estratégias adotadas anteriormente pelo conde de Assumar nas Gerais, ou seja, "prometendo recompensas e colocando em prática outras medidas (...), chegando a usar, inclusive, a expressão 'por serem estes os casos em que é preciso fazer do ladrão fiel', muito utilizada por Assumar".[134]

Assim como nas Minas Gerais, a região aurífera do Mato Grosso expandiu-se muito rapidamente. Depois dos primeiros descobertos no Coxipó Mirim, em 1720 abriram-se as minas do Arraial da Forquilha e em 1722 fizeram-se as descobertas das minas do Sutil. Ergueu-se nessa área o arraial que em 1727 foi elevado à condição de primeira vila da região,[135] Vila Real do Senhor Bom Jesus do Cuiabá, permanecendo até a década de 1730 como o ponto mais avançado da fronteira oeste da América portuguesa. Em 1734, abriram-se as minas dos ribeirões de Santana e Brumado, local onde mais tarde se fez câmara à Vila Bela da Santíssima Trindade de Mato Grosso (1752).[136] Em 1739, desvendaram-se as minas do rio Arinos, e em 1745, as de Corumbiara.[137]

Diversas foram as dificuldades enfrentadas nos tempos iniciais da ocupação. Segundo Virgílio Noya Pinto, a repetição do quadro da avalanche humana que se deslocou para as novas áreas mineradoras foi aí marcada por muito maior dramaticidade do que nas Gerais.[138] Os principais problemas enfrentados pelos moradores eram as dificuldades de navegação entre São Paulo e as minas do Mato Grosso,[139] a insalubridade da região e a grande presença de tribos indígenas hostis.

Em seus estudos sobre a região, o engenheiro Luís D'Alincourt destacava a grande umidade que marcava a região, ocasionada pelas chuvas intensas e pelas enchentes dos rios na estação chuvosa, que arrastavam imundícies que apodreciam em águas paradas, tornando o ar contaminado para a saúde humana. Nas regiões auríferas, muitos terrenos que eram revolvidos pelos mineradores eram abandonados sem que se providenciasse escoamento adequado para as largas e fundas escavações, o que fazia proliferar as águas paradas e a consequente poluição dos ares. Segundo Noya Pinto, o problema não era a corrupção dos ares, mas a proliferação dos mosquitos transmissores da malária.[140] São muitas as referências existentes sobre as devastações causadas pela malária na região. Segundo relato de José Barbosa de Sá, em 1737, por exemplo, "todos os dias iam a enterrar dez, doze e às vezes mais".[141]

Outro grave problema enfrentado quase cotidianamente pelos novos desbravadores eram os ataques das tribos indígenas. Baseando-se nos relatos de José Barbosa de Sá, Noya Pinto destaca a grande hostilidade dos guaicurus e dos índios canoeiros, os paiaguás, em relação à presença dos brancos. Em 1725, um comboio que se dirigia para a região teria sido atacado pelos indígenas, deixando mortas 600 pessoas. Também uma frota de canoas que se dirigia para São Paulo em 1730, carregada com 60 arrobas de ouro, foi destroçada e 400 pessoas morreram.[142]

As dificuldades de abastecimento de víveres, também vividas pelos habitantes das Minas Gerais nas primeiras décadas de ocupação do seu território, foram mais intensas no Mato Grosso pela grande dificuldade de comunicação e transportes, demorando muito para que se estabelecesse uma corrente regular de comércio. Segundo Virgílio Noya Pinto, os preços dos artigos básicos para a manutenção da vida eram ali exorbitantes. Se em Minas Gerais uma camisa de linho alcançava três oitavas (4$500) no período de maior alta, em 1736, em Vila Bela, chegava a valer seis oitavas (9$000). Por volta de 1737, o preço de um escravo na Bahia era de 150$000, ao passo que no Mato Grosso podia alcançar 750$000. Esses altos preços estimularam o difícil, mas lucrativo, comércio com São Paulo através das monções.[143]

Na América portuguesa, chamavam-se monções as expedições que utilizavam as vias fluviais, não por causa dos ventos, mas por se submeterem ao regime dos rios, partindo sempre na época das cheias (março e abril), quando os rios eram facilmente navegáveis, tornando a viagem menos difícil e arriscada. As monções partiam das atuais cidades de Porto Feliz e Itu, às margens do rio Tietê, levando em média cinco meses até alcançar as minas de Cuiabá. A viagem não era nada fácil. O grande volume de água dos principais rios e as grandes correntezas implicavam um enorme trabalho para os remereiros, que deveriam ter braços fortes. Vencer as 113 cachoeiras que ficavam no trajeto também não era trabalho fácil. Uma série de outros contratempos se impunha aos monçoeiros: falta de pousos adequados, de água potável, encontro com animais selvagens e peçonhentos, além do perigo sempre presente do ataque dos gentios ao longo do trajeto.[144] Outro flagelo para os integrantes das expedições eram os mosquitos. O conde de Azambuja, durante sua viagem para a região, atribuiu aos mosquitos o seu maior martírio durante a jornada, deixando um minucioso relato do maravilhoso artefato que descobriu para se proteger desse infortúnio, o mosquiteiro.[145] Por tudo isso, o sucesso das expedições nem sempre era garantido. Nenhum cristão que fosse participar de uma dessas expedições embarcava sem antes se confessar.[146]

Ainda assim, todas as dificuldades enfrentadas pelas expedições eram superadas pela certeza do "lucro certo que prometia o comércio com remotos sertões, distanciados de qualquer recurso, onde os preços atingidos por todos os artigos, até mesmo os de uso indispensável, eram destinados a compensar abundantemente todos os riscos da viagem".[147] Depois do lento e penoso processo de aprendizagem das expedições, a rota das monções se fixou, definindo um importante fluxo mercantil entre essas duas áreas e dinamizando a economia das freguesias paulistas envolvidas. Para o pleno êxito desse comércio, o estabelecimento de redes mercantis sólidas e bem estruturadas foi fundamental. Em seu estudo sobre esse mercado, Silvana Godoy afirma que embora Itu não contasse com grandes negociantes como aqueles estabelecidos na cidade do Rio de Janeiro ou em Portugal, os comerciantes intermediários ali residentes foram fundamentais para o funcionamento do comércio das monções e para a consolidação dessas redes mercantis, que perpassavam e articulavam distintas partes da América e do Império Português.[148]

Se por um lado há grandes semelhanças no processo de desbravamento e ocupação das áreas mineradoras da região do Mato Grosso e das Minas Gerais, por outro uma marcante diferença também se impõe às duas situações. Trata-se da questão da mão de obra. No Mato Grosso, a utilização da mão de obra indígena se definiu de modo muito mais importante na atividade mineradora do que nas Gerais. Os relatos de José Barbosa de Sá não deixam dúvidas quanto à escravização indígena na região. Ele informa que em 1727 elementos do Cuiabá "botaramse para o sertão do gentio Bororo, outros para os Parecis que então se descobriram, de onde traziam indivíduos de uma e outra nação que vendiam como escravos".[149] Nauk Maria de Jesus também destaca a existência de escravos indígenas na região. Segundo essa autora, depois dos constantes ataques dos indígenas, que culminaram no ataque dos payaguás, em 1730, que apavorou os moradores da vila, em 1734 se organizou a primeira guerra em que os conquistadores saíram vitoriosos. Nessa dita guerra:

> Foram presos duzentos e seis índios e mortos seiscentos. Dos índios tornados cativos e que foram estabelecidos na Vila Real e seu *termo* pouco se sabe. Em 1736, o ouvidor João Gonçalves Pereira informou ao governador da capitania de São Paulo que, na Vila Real, viviam Bororo, Payaguá, Pareci e Guató. Em 1740, eram mais de dois mil administrados, o que correspondia a 35% da população da vila e seu *termo*.[150]

Para a autora, um dos propósitos dos moradores da Vila Real do Cuiabá ao fazerem guerra contra os indígenas payaguás era sem dúvida conter os seus ataques, vistos como empecilhos para o povoamento e desenvolvimento econômico da região. No entanto, seus interesses nessa empreitada também estavam diretamente relacionados à possibilidade de capturar os indígenas para o cativeiro. Tanto era assim que "desde as primeiras representações dos moradores sobre a aprovação ou não da guerra justa, já se propunha a forma de partilha dos cativos entre os participantes das expedições".[151]

Se a guerra contra os payaguás serviu aos propósitos de incorporar mão de obra indígena ao patrimônio desses colonos, também lhes foi útil para demarcar ou reforçar sua atuação como "conquistadores"; afinal, tudo se fez "à custa do povo sem que visse gasto algum da Real Fazenda, mandando El Rei fazer a sua custa e somente meia arroba de pólvora mandou dar o senado da câmara pelos seus bens".[152] Mais uma vez, a Coroa dependeu dos principais homens daquelas terras para garantir sua soberania; afinal, os castelhanos estavam logo ao lado, prontos para fazer acertos com determinados grupos indígenas.

Os rendimentos das minas de Cuiabá logo no início de seu descobrimento tiveram valores surpreendentes. No entanto, seu declínio também foi rápido. Embora os dados estatísticos existentes sobre os rendimentos sejam controversos, o fato é que, de 1721 a 1728, a tendência foi de crescimento na arrecadação dos quintos.[153] Em 1727, com a chegada do governador Rodrigo César de Meneses à região, a administração colonial começou a se fixar mais efetivamente. Definiram-se novos valores para os direitos das entradas e a capitação passou de quatro para seis oitavas por pessoa. No entanto, nesse mesmo ano as lamentações sobre a penúria e a crise cresceram e os rendimentos do ouro, que em 1727 chegaram a 51.589 oitavas, despencaram para 28.672 oitavas em 1728. De acordo com José Barbosa de Sá em 1728,

> (...) continuando as calamidades relatadas determinaram todos em comum despejarem o país e irem-se para povoado e outro para Goiás, que neste ano chegou a notícia de seu descobrimento (...). Partiram neste ano bastantes gentes para povoado no mês de abril aonde foram melhor de mil pessoas em diversas malocas.[154]

Tal crise nos rendimentos das minas do Cuiabá teria levado a uma dispersão da população pelo território e à descoberta das minas de Mato Grosso. Sua efetiva exploração só se iniciaria em 1734. Como já destacado anteriormente, em torno dos ribeirões de Santana e Brumado surgiram novas povoações que deram origem a Vila Bela. Segundo Noya Pinto, embora alguns autores exagerem na ênfase que dão ao despovoamento da região das minas do Cuiabá e seus distritos, chegando a dizer que teriam ficado desertos, o fato é que nessa ocasião "abria-se a segunda fase da opulência das minas da atual região mato-grossense".[155] Pelo grande afluxo de pessoas que para ali se dirigiram, esse autor estima que "devem ter rendido, com as de Cuiabá, aproximadamente 1.500kg nos cinco primeiros anos". A diminuição da produção de ouro das minas do Mato Grosso não se daria de forma abrupta como no Cuiabá. Seu declínio teria sido mais suave: "Podemos considerar para o período de 1740-59 uma produção de 1.100kg, para 1760-79, 600kg, e para os últimos decênios do século, 400kg."[156]

Com esses novos descobertos, o território, gradativamente, ia sendo alargado e aproximava-se cada vez mais dos domínios hispânicos. No entanto, as formas de comunicação e transporte existentes permaneciam as mesmas e eram vistas como um entrave para o desenvolvimento geral da região. O único caminho existente para a região continuava a ser fluvial. Desde a década de 1720, os paulistas pediam permissão para a abertura de caminho terrestre que ligasse as Minas ao Cuiabá, mas tal solicitação era constantemente negada. Como afirma Nauk:

> Embora as Gerais e o Cuiabá fossem áreas mineiras, temos como particularidade desta última o fato de ela não ter tido caminhos terrestres abertos nos seus primeiros anos de colonização, mesmo após várias tentativas. Isso porque se procurou evitar os descaminhos, assim como ressentimentos nos paulistas que nelas se encontravam. Sem esquecer que por trás dessa proibição existia uma série de interesses assentados nos descaminhos de ouro que possivelmente mobilizaram oficiais no Reino e no ultramar. Em relação ao tratamento dado aos paulistas, tinha-se

> uma tentativa de manutenção do equilíbrio de poder, sendo que a Coroa portuguesa, diferente do que fez nas Gerais, evitou o confronto aberto com esses homens, porque precisava deles para garantir e defender essa zona de mineração localizada em área de fronteira.[157]

As constantes negativas aos pedidos de permissão para abertura das rotas terrestres eram uma tentativa da monarquia, na figura de seu governador, de manter a *política de ilhamento*, visando preservar a região dos descaminhos e melhor controlá-la e defendê-la. No entanto, quem efetivamente conseguia manter a integridade daquelas áreas eram os súditos ali residentes. Por isso mesmo, na década de 1730 a ameaça castelhana e os assustadores ataques dos índios payaguás levaram os moradores de Vila Real do Cuiabá a decidirem pela abertura definitiva do caminho de terra que ligaria as minas cuiabanas a Goiás. Nauk transcreve em seu estudo o auto da junta que fez o Senado da Câmara do Cuiabá, em 18 de abril de 1736, e que revela o receio dos moradores com uma possível aproximação dos espanhóis:

> (...) nas últimas canoas que vieram do povoado havia chegado à notícia de se fazerem grandes preparos, não somente no reino, mas em toda esta América para a guerra que por instantes se esperavam declaradas com a Coroa de Castela e por esta terra poder ser invadida pelos castelhanos em breve tempo, sem ter aonde lhe venha socorro, mais do que pela viagem do rio e este pode estar impedido pelos inimigos e por estas razões e por outras mais (...).[158]

Data também desse período o cerco espanhol à Colônia de Sacramento na fronteira sul da América portuguesa, acirrando as disputas entre as duas monarquias pelo controle dessa região. Em 1736, tropas de diversas capitanias da América portuguesa se dirigiam para o sul para ajudar a defender a região. Foi nesse contexto de temor de uma invasão dos castelhanos que os camaristas de Vila Real decidiram "abrir às próprias custas o caminho terrestre, sem esperar autorização do rei ou do governador de São Paulo para isso".[159] No contexto da década de 1730, a *política de ilhamento* não se mostrava mais eficiente para garantir a segurança da Vila. Foi respaldada pelo discurso de que o caminho terrestre agilizaria o abastecimento, a vinda de reforços militares, o socorro da população e a remessa segura do ouro quintado que a junta da Câmara decidiu pela abertura da nova rota, mesmo ciente da proibição real. Caberia à Câmara, ao ouvidor e ao provedor da Fazenda decidir quem comandaria os trabalhos. Aos moradores foi solicitado que concorressem com o que pudessem para a efetivação da obra. A Câmara deveria também concorrer com suas rendas.

> O capitão Antonio de Pinho Azevedo foi escolhido para comandar os trabalhos. Com ele iriam o capitão Ângelo Preto Nobre, Antonio Pinheiro de Faria, Francisco Leme de Morais, Dionísio de Pontes Ribeiro e João Cardoso, acompanhados de cativos e índios. Todos deveriam se unir para o sucesso da empresa, estando *um por outros, todos por um e um por todos*.[160]

Desse modo, foi mais uma vez com base na atuação das elites locais que se garantiu a defesa do território e se implementou a interligação mercantil entre diversos complexos econômicos. Na primeira metade do século XVIII, a Coroa concedera à Câmara de Vila Real poderes para assegurar o território conquistado e para combater os grupos indígenas e os espanhóis, já que o socorro à localidade não seria imediato e as rendas da Coroa eram insuficientes para tanto. Com base nessas prerrogativas é que os camaristas do Cuiabá tomaram a decisão de levar à frente a abertura daquela rota. Esperavam, em troca, a retribuição do monarca, por meio de mercês, privilégios e acrescentamentos diversos. Qual não foi sua surpresa ao se verem preteridos quando da escolha da sede da capitania.

Mais ou menos concomitantemente às descobertas de ouro nas novas áreas do Mato Grosso descobriu-se ouro em Goiás. Também ali a descoberta do ouro foi consequência direta da ação de alguns indivíduos motivados pelas possíveis concessões régias prometidas aos feitos dos conquistadores e descobridores. Incentivado pelo governador de São Paulo, Rodrigo de César Menezes, em 1722 formou-se a bandeira chefiada por Bartolomeu Bueno da Silva, o Anhanguera. Filho homônimo do desbravador do sertão, o jovem Bartolomeu vagou durante três anos com seus companheiros pelos sertões do Brasil Central sem que dele se tivesse notícia, até que em 1725 retornou a São Paulo com a amostra de oito mil oitavas de ouro descobertos "nos sertões dos Guaiás".[161]

Como também se fizera em outras partes, Bartolomeu Bueno foi contemplado com o posto de capitão-mor regente dos novos descobrimentos, para onde retornou em 1726. Em menos de dois anos vieram de outras capitanias homens que povoaram rapidamente a região. O núcleo inicial formou-se com os arraiais de Barra, Ouro Fino, Ferreiro, Anta, Santa Cruz, Guarinos e Meia Ponte. Na direção da Bahia e do norte de Minas, entre 1734-39 surgiram os núcleos de Natividade, Crixás, Traíras, São José dos Tocantins e São Félix. Por volta de 1740-50 completou-se o quadro das principais minas de Goiás com o aparecimento dos arraiais de Cavalcante, Arraias, Pilar, Conceição, Carmo, Santa Luzia, Cocal e Anicuns. Com essas descobertas abriram-se novas possibilidades para a reprodução e alocação de grupos vindos de São Paulo, Mato Grosso e Minas, principalmente.

Embora em 1733 a Coroa adotasse uma série de medidas repressoras, diferentemente do que ocorrera em Cuiabá e Mato Grosso, em Goiás as ligações com as capitanias de Minas e Bahia tenderam a crescer e se intensificar rapidamente, desafiando todas as proibições metropolitanas. Da Bahia e das Minas chegavam sem grandes esforços gado, mantimentos e fazendas. A proximidade natural da região com aquelas localidades tornava praticamente impossível controlar esse trânsito. A dispersão das minas em Goiás, que estavam disseminadas por uma ampla área, definia um traço distintivo da região quando comparada com as Gerais e Mato Grosso.

Justamente por isso, em 1734 o conde de Sarzedas falava ao rei da dificuldade de tentar enquadrar a região dentro do controle metropolitano:

> (...) por serem aqueles sertões mui dilatados e não haver naquelas minas soldados e só algumas ordenanças compostas dos moradores e mineiros, que fazem a sua maior conveniência em comerciarem com os que introduzem fazendas naquelas minas e extraem o ouro delas sem pagarem quintos.[162]

Goiás foi a região mineradora do período colonial onde a marca da descentralização administrativa mais se fez presente e o controle metropolitano praticamente não conseguiu se instaurar. Ali se evidenciou mais intensamente a necessidade de pactuar, com aqueles que se estabeleceram como os principais da terra, a presença dos representantes régios e a defesa dos interesses da Coroa.

5. Considerações finais

No decorrer deste capítulo, procuramos acompanhar as transformações pelas quais passou o Império português desde as últimas décadas do século XVII às primeiras do século XVIII. Um Império que deixou de ser oriental e tornou-se sul-atlântico a partir da reprodução no espaço e no tempo de variados grupos sociais. Esses grupos, caracterizados por atos de fidelidade pessoal, atuavam através de redes familiares, a realizar negócios mercantis, aproveitando as novas alternativas criadas pela concentração dos interesses portugueses no atlântico, para usufruir benefícios e ascender socialmente.

O processo de expansão da fronteira com a finalidade de assegurar acesso à prata, bem como as intensas relações estabelecidas pelas redes mercantis em Buenos Aires e a fundação da Colônia de Sacramento — todas ações articuladas com a África para introdução de milhares de cativos —, promoveu um alargamento dos limites do Império. Grupos lusos e luso-brasileiros se infiltraram nas matas e levaram ao descobrimento do ouro, conduzindo a novas alternativas de ascensão social através da premiação aos vassalos de Sua Majestade.

Nas primeiras décadas do século XVIII, se estabeleceu uma nova geopolítica no Império português, baseada em um intenso enraizamento de interesses da uma elite aristocrática própria de uma sociedade de Antigo Regime que se estabeleceu nas Américas.

Notas

1. Apud Charles R. Boxer, 1977, p. 162.
2. Eduardo D'Oliveira França, 1997, p. 381.
3. No início do século XVII, os portugueses trocavam com os chineses 5,5 pesos de prata por um peso de ouro, enquanto na Europa e no Japão o peso do ouro valia 12 pesos de prata. Esse, sem dúvida, era um lucrativo comércio para Portugal. Luís Ferrand Almeida, 1957, p. 30-31.
4. Paulo César Possamai, 2004, p. 13.
5. A.P. Canabrava, 1984, p. 167.
6. Paulo César Possamai, 2004, p. 16.
7. Luiz Felipe de Alencastro, 2000, p. 78.
8. Os navios comerciavam escravos e artigos manufaturados europeus e muitas vezes contrabandeavam apenas os manufaturados.
9. Luiz Felipe de Alencastro, 2000, p. 110.
10. A.P. Canabrava, 1984, p. 124-129; Luiz Felipe de Alencastro, 2000, p. 110.
11. Fabrício Prado, 2002.
12. Zacarias Moutoukias, s/d.
13. Idem, 1988, p. 47.
14. Idem, 1988, p. 63.
15. Sanjay Subrahmanyam, 1993, p. 388-89.
16. Subrahmanyam ressalta, no entanto, que desde a década de 1660 navios partidos de Goa faziam escala na Bahia e despejavam seus tecidos grosseiros indianos aproveitando o interesse da crescente população brasileira do período. Acentua ainda que após a descoberta do ouro e do consequente afluxo de metais preciosos, a Carreira da Índia é ressuscitada, não apenas através do comércio de tecidos, mas também torna-se rota do tráfico negreiro, realizando escalas na Bahia e em Moçambique. Sanjay Subrahmanyam, 1993, p. 262.

17. O Vice-Reinado da Nova Espanha se estendia desde o sul dos atuais Estados Unidos, passando pelo México, até a Costa Rica, além do arquipélago das Filipinas, na Ásia.
18. Um importante trabalho sobre Portugal na época da restauração é *A independência de Portugal*: *guerra e restauração,* 2006, de Rafael Valladares.
19. Nuno Gonçalo Monteiro, 2001, p. 206.
20. Luiz Felipe de Alencastro, 2000, p. 103.
21. Nuno Gonçalo Monteiro, 2001, p. 218.
22. Luiz Felipe de Alencastro, 2000, p. 112.
23. Idem, p. 221-231.
24. Em 1652, Salvador de Sá desembarca centenas de escravos de Angola em seus engenhos e suas fazendas de gado no Recôncavo da Guanabara, estendendo cada vez mais os limites da ocupação lusa sobre o território fluminense. Charles R. Boxer, 1973, p. 171-172.
25. Luiz Felipe Alencastro, 2000, p. 302- 305.
26. Para mais detalhes sobre o processo de dizimação indígena no período, ver Pedro Puntoni, 2002; John Monteiro, 1994.
27. Charles R. Boxer, 1973, p. 155.
28. Corcino Medeiros Santos ressalta que houve uma sensível queda nas importações do Peru, reflexo de maiores restrições da Espanha, bem como de uma diminuição de sua extração, o que gerou importantes efeitos em Portugal. Corcino Medeiros dos Santos, 1993, p. 173.
29. O preço do açúcar caiu de 3$800 a arroba em 1654 para 1$300 em 1685. Mauro F., 1977, p. 465.
30. Charles R. Boxer, 1973, p. 158.
31. P. C. Possamal, 2004, p. 19.
32. Há um importante trabalho sobre esse evento a partir de fontes portuguesas e espanholas. Ver Luis Ferrand Almeida, 1973.
33. Fabrício Prado, 2002, p. 75.
34. Idem, p. 40.
35. Ibidem, 2002, p. 36.
36. João Fragoso, 2001, p. 50.
37. Antônio Carlos Jucá Sampaio, 2001, p. 80-81.
38. Fabrício Prado, 2002, p. 149-168.
39. João Fragoso, 2001.
40. Charles R. Boxer, 1977, p. 160.
41. Dentre outros: Capistrano de Abreu, 1998, p. 142-144; Sérgio Buarque de Holanda, 1977, p. 229-257; Almeida Paes Leme, 1980, p. 31-57; Diogo de Vasconcelos, 1999, p. 43.

42. Segundo Maria Efigênia Lage de Resende, a utilização do topônimo Minas Gerais aplicado à capitania só se fixaria por volta de 1732. Até então a expressão era usada para se referir à situação de que em qualquer direção que as pessoas tomassem se encontraria ouro em maior ou menor quantidade ou ainda especificamente para se referir às minas dos Cataguases. Maria Efigênia Lage de Resende, 2007, p. 28.
43. Wilhelm Ludwig von Eschwege, 1979, p. 27.
44. Idem, e Manuel Aires de Casal, 1976, p. 163.
45. Maria Verônica Campos sugere que os paulistas estimulados a se lançar aos descobertos teriam sido justamente aqueles "acusados de explorar o ouro sem manifesto". Maria Verônica Campos, 2002, p. 34-36. Várias dessas cartas com recomendações régias para o empenho no descobrimento dos metais podem ser encontradas em Pedro Taques de Almeida Paes Leme, 1980, p. 50-54.
46. João Fragoso, 2007.
47. Francisco de Assis Carvalho Franco, 1989, p. 283-284.
48. Idem, p. 282.
49. António Manuel Hespanha, 1994, p. 300-301.
50. http://pt.wikipedia.org/wiki/Fern%C3%A3o_Dias_Pais.
51. Francisco de Assis Carvalho Franco, 1989, p. 283.
52. Pedro Taques de Almeida Paes Leme, 1980, t. III, p. 68-69. Segundo esse autor, por ter sido considerado o autor de uma conspiração contra seu pai, José Dias Paes foi enforcado no próprio arraial.
53. António Manuel Hespanha, 1984, p. 33.
54. Certidão passada pelo padre Domingos Dias, reitor do Colégio dos Jesuítas de São Paulo, encontrada em anexo ao requerimento de Garcia Rodrigues solicitando o foro de fidalgo da Casa Real e do hábito da Ordem de Cristo para ele e seus dois filhos. Citado em Francisco de Assis Carvalho Franco, 1989, p. 283.
55. Idem, p. 81.
56. Maria Verônica Campos, 2002, p. 36.
57. Idem, p. 37.
58. O teor dos dois regimentos pode ser encontrado em Pedro Taques de Almeida Paes Leme, 1980, p. 70-79.
59. Maria Verônica Campos, 2002, p. 38-41, em que também se encontra uma análise mais detalhada sobre os dois relatos.
60. Dentre os autores mais recentes que trabalham com essa perspectiva, podemos citar John Monteiro, Maria Verônica Campos, Adriana Romeiro. Tais análises podem ser encontradas, respectivamente, em John Monteiro, 1999, p. 86-99. Maria Verônica Campos, 2002; Adriana Romeiro, 2007.
61. Maria Verônica Campos, 2002, p. 33.

62. John Monteiro, 1999, p. 86-99.
63. Adriana Romeiro, 2007, p. 532.
64. Andrée Mansuy, 1965. Apud Adriana Romeiro, 2007, p. 533.
65. Estudo cuidadoso e inovador sobre o papel dos bandeirantes paulistas como apresadores de indígenas encontra-se em John Monteiro, 1994.
66. Adriana Romeiro, 2007, p. 530.
67. A.J.R. Russel-Wood, 1999, p. 100-108.
68. Adriana Romeiro, 2007.
69. Marcel Mauss, 1974.
70. Para o caso português, o estudo mais conhecido é Ângela Barreto Xavier e António Manuel Hespanha, 1998.
71. Idem, p. 340.
72. Um estudo brilhante sobre esse fenômeno é Bartolomé Clavero, 1991. Fernanda Olival, em seu estudo sobre as ordens militares em Portugal, também recorre a essa noção. Fernanda Olival, 2001.
73. Adriana Romeiro, 2007, p. 531.
74. Maria Verônica Campos, 2002, p. 42.
75. Apud. Idem, p. 43.
76. Ibidem, p. 45.
77. A essa situação aplica-se com pertinência a noção de autoridades negociadas de Jack Greene (1994).
78. Wilhelm Ludwig von Eschwege, 1979, p. 93-94.
79. Para uma discussão sobre a questão de até que ponto as periferias escapavam ao controle do centro, ver A.J. Russel-Wood, 1998, p. 187-250.
80. João Fragoso, Carla Maria Carvalho de Almeida e Antônio Carlos Jucá de Sampaio, 2007, p. 22.
81. Mafalda Zemella, 1951, p. 30-32.
82. Maria Verônica Campos, 2002, p. 46.
83. Idem, p. 32.
84. Economia presente nas sociedades do antigo regime europeu (séculos XVI-XVIII)
85. João Fragoso, 2005, p. 140.
86. Luís Felipe de Alencastro, 2000, p. 302-306.
87. Francisco de Assis Carvalho Franco, 1989, p. 215.
88. Vitorino Magalhães Godinho, 1968.
89. De acordo com Charles Boxer (2000:63), "porque ao sol faiscavam as partículas maiores".
90. Idem.
91. André João Antonil (João Antônio Andreoni), 1982, p. 48.

92. José Vicente Serrão, 1998, p. 47.
93. Idem, p. 61.
94. Charles R. Boxer, 2000, p. 72.
95. Ibidem.
96. Nireu Oliveira Cavalcanti, 2005, p. 22-23.
97. Idem, p. 23.
98. Philip Curtin, 1969.
99. A.J.R. Russel-Wood, 2005, p. 164.
100. Manolo Florentino, 1995, p. 45.
101. Raimundo José da Cunha Matos afirma ter sido Manoel Garcia quem, em 1699, primeiro achou "pintas mui ricas em um regato que entra no Ribeirão do Carmo". Raimundo José da Cunha Matos, 1981, v. 1, p. 101; Augusto de Lima Jr. diz ser João Lopes de Lima o primeiro descobridor. Augusto de Lima Jr., 1966, p. 31; Mafalda Zemella, 1951, p. 32, aponta Salvador Fernandes Furtado.
102. Augusto de Lima Jr., 1962, p. 31.
103. Diogo de Vasconcelos, 1999, p. 198-199.
104. Idem, p. 200.
105. Idem, p. 235.
106. Uma ótima síntese historiográfica sobre os trabalhos que apontam o potencial dinamizador econômico que tiveram as regiões mineradoras sobre outras áreas da América portuguesa pode ser conferida em Silvana Alves de Godoy, 2002.
107. Recentemente, vários trabalhos têm se dedicado a investigar a questão da ocupação urbana em Minas Gerais. Dentre vários outros, destacam-se: Fernanda Borges de Moraes, "De arraiais, vilas e caminhos: a rede urbana das Minas coloniais". In: Maria Efigênia Lage de Resende e Luiz Carlos Villalta (orgs.). *As Minas setecentistas,* Belo Horizonte, Autêntica/Companhia do Tempo, 2007, v. 1; Maria Aparecida de Menezes Borrego, *Códigos e práticas: o processo de constituição urbana em Vila Rica colonial (1702-1748),* São Paulo, Annablume/Fapesp, 2004; Cláudia Damasceno Fonseca, *Dês terres aux villes de l'or:* pouvoirs et territoires urbains au Minas Gerais (Brésil, XVIIIe siècle), Lisboa, Fundação Calouste Gulbenkian, 2003; Sérgio da Matta, *Chão de Deus. Catolicismo popular, espaço e protourbanização em Minas Gerais, Brasil, séculos XVIII-XIX,* Berlim, Wissenschaftlicher Verlag Berlin, 2002; Murillo Marx "Arraiais mineiros: relendo Sylvio de Vasconcelos". *Barroco,* Belo Horizonte, nº. 15, 1992.
108. Sobre este assunto, ver Maria Verônica Campos, 2002, p. 59-64.
109. Renato Pinto Venâncio, 1985, p. 181-189.
110. Idem, p. 56-57.
111. Luciano Figueiredo e Maria Verônica Campos, 1999, v. 1, p. 101-102.

112. A Coroa preocupava-se em impedir o acúmulo de riquezas ilícitas por parte dessas autoridades, como a que ocorrera com Artur de Sá e Meneses.
113. Maria Verônica Campos, 2002, p. 64-65.
114. Idem, p. 70.
115. Francisco de Assis Carvalho Franco, 1989, p. 142 e 264.
116. Maria Verônica Campos, 2002, p. 72.
117. Diogo de Vasconcelos, 1999, p. 183.
118. Freguesia ligada à Vila do Carmo (posteriormente, termo de Mariana).
119. Um bom detalhamento da sucessão de ordens e leis com esse intuito pode ser visto em Diogo de Vasconcelos, 1999, p. 230-232.
120. Idem, p. 232.
121. Maria Verônica Campos, 2002, p. 73.
122. Sobre essa temática existe uma vasta literatura disponível, incluindo desde estudos considerados já clássicos a algumas novas abordagens. Dentre essas últimas, destacamos Maria Verônica Campos, 2002, e Adriana Romeiro, 2007.
123. Luís Reis Torgal, 1981, vol. 1.
124. Carla Maria Carvalho de Almeida, 2007.
125. Nauk Maria de Jesus, 2006.
126. Entre 1697 e 1699, Pascoal Moreira estivera nas Minas do Curitiba. Nauk Maria de Jesus, 2006, p. 50.
127. Idem, 2008. Disponível em: www.cerescaico.ufrn.br/mneme/anais.
128. José Barbosa de Sá, 1975, p. 12.
129. Carta de Pascoal Moreira Cabral ao rei. Minas do Coxipó, 15/7/1722. Apud: Thereza Martha Borges Pressotti, 1996, p. 75.
130. Nauk Maria de Jesus, 2006, p. 51.
131. Idem, 2006, p. 59.
132. Consulta do Conselho Ultramarino sobre a carta do governador de São Paulo Antônio da Silva Caldeira Pimentel, Lisboa, 8/2/1731, Cópias extraídas do Conselho Ultramarino, Arq. 1.2.2, p. 64, IHGB. Apud Nauk Maria de Jesus, 2008, p. 26.
133. Nauk Maria de Jesus, 2006, p. 58.
134. Idem. A autora analisa um dos poucos conflitos mais acirrados do período ocorrido em torno dos irmãos João e Lourenço Leme.
135. Denominada Vila Real do Cuiabá, atual cidade de Cuiabá.
136. Nauk Maria de Jesus, 2006, p. 49. Essa vila tornou-se capital da capitania e o ponto mais próximo da fronteira com os espanhóis.
137. PINTO, 1979, p. 85. A informação sobre a data de criação da câmara de Vila Real foi retirada de JESUS, 2006, p. 252.
138. Virgílio Noya Pinto, 1979, p. 85-86.

139. Descritas no clássico estudo de Sérgio Buarque de Holanda sobre as monções. *Monções*, 3ª ed., São Paulo, Brasiliense, 1990. O comércio entre Itu e o Mato Grosso através das monções também foi tema de um instigante estudo mais recente: Silvana Alves de Godoy, 2002.
140. PINTO, 1979, p. 86.
141. José Barbosa de Sá, 1975, apud Virgílio Noya Pinto, 1979, p. 86.
142. Idem, 1979, p. 87.
143. Ibidem, p. 88-89.
144. Silvana Alves de Godoy, 2002, p. 87.
145. Idem, p. 90-91.
146. Ibidem, p. 84.
147. Sérgio Buarque de Holanda 1990, p. 57.
148. Silvana Alves de Godoy, 2002, p. 8.
149. José Barbosa de Sá, 1975, p. 21, apud Virgílio Noya Pinto, 1979, p. 89.
150. Nauk Maria de Jesus, 2006, p. 151. É longa a discussão sobre a "guerra justa" e não é o objetivo deste capítulo se alongar sobre tal tema. No estudo indicado, há uma interessante análise da questão no capítulo 4.
151. Idem, p. 153-154.
152. Idem, p. 151.
153. Virgílio Noya Pinto (1979:90) apresenta tabela com dados dos rendimentos baseando-se em informações de autores distintos e com grandes divergências entre si.
154. José Barbosa de Sá, 1975, p. 20-21, apud Virgílio Noya Pinto, 1979, p. 91.
155. Virgílio Noya Pinto, 1979, p. 92.
156. Idem, p. 96.
157. Nauk Maria de Jesus, 2006, p. 162-163.
158. Carta do ouvidor João Gonçalves Pereira ao rei D. João V, em que remete a cópia dos autos de junta acerca da conservação ou demolição dos engenhos, o comércio com o gentio payaguá, a guerra com o gentio e a abertura do caminho para Goiás, Vila Real do Cuiabá, outubro de 1736, CD-ROM, 1, rolo 1, doc. 443 (ver anexo doc. 457), AHU, MT. Apud Nauk Maria de Jesus, 2006 ou 2008?, p. 161.
159. Idem, 2006 , p. 167.
160. Idem, 2006, p. 168.
161. Virgílio Noya Pinto, 1979, p. 96.
162. Apud. Idem, p. 99.

Bibliografia

ABREU, Capistrano de. *Capítulos de história colonial* (*1500-1800*), Brasília, Conselho Editorial do Senado Federal, 1998.

ALENCASTRO, Luiz Felipe de. *O trato dos viventes*. Formação do Brasil no Atlântico Sul, São Paulo, Companhia das Letras, 2000.

ALMEIDA, Carla Maria Carvalho de. "Uma nobreza da terra com projeto imperial: Maximiliano de Oliveira Leite e seus aparentados". In: FRAGOSO, João, ALMEIDA, Carla Maria Carvalho de e SAMPAIO, Antônio Carlos Jucá de (orgs.). *Conquistadores e negociantes:* histórias de elites no Antigo Regime nos trópicos. América lusa, séculos XVI a XVIII, Rio de Janeiro, Civilização Brasileira, 2007.

ALMEIDA, Luis Ferrand. *A Colônia de Sacramento na época de sucessão de Espanha,* Coimbra, Universidade de Coimbra, 1973.

______. *A diplomacia portuguesa e os limites meridionais do Brasil*(*1493-1700*). Coimbra: FLUC, 1957.

BORREGO, Maria Aparecida de Menezes. *Códigos e práticas: o processo de constituição urbana em Vila Rica colonial (1702-1748),* São Paulo, Annablume/Fapesp, 2004.

BOTELHO, Tarcísio. "População e escravidão nas Minas Gerais, c. 1720", *Anais do XII Encontro da Associação Brasileira de Estudos de População,* Caxambu, 2000.

BOXER, Charles. *Salvador de Sá e a luta pelo Brasil e Angola. 1602-1686,* São Paulo, Companhia Editora Nacional, 1973.

______. *O império marítimo português. 1415-1825,* Lisboa, Edições 70, 1977.

CAMPOS, Maria Verônica. *Governo de mineiros:* "de como meter as minas numa moenda e beber-lhe o caldo dourado", 1693 a 1737, tese de doutorado, São Paulo, USP, 2002.

CANABRAVA, A.P. *O comércio português no Rio da Prata (1580-1640),* Belo Horizonte, Itatiaia/São Paulo, USP, 1984.

CASAL, Manuel Aires de. *Corografia brasílica ou relação histórico-geográfica do Reino do Brasil*, Belo Horizonte, Itatiaia/São Paulo, USP, 1976.

CAVALCANTI, Nireu Oliveira. "O comércio de escravos novos no Rio setecentista". In: FLORENTINO, Manolo (org.). *Tráfico, cativeiro e liberdade:* Rio de Janeiro, séculos XVII-XIX, Rio de Janeiro, Civilização Brasileira, 2005.

CLAVERO, Bartolomé. *Antidora:* antropologia catolica de la economia moderna, Milão, Giuffrè Editore, 1991.

CURTIN, Philip. *The Atlantic slave trade: a census,* Madison, University of Wisconsin Press, 1969.

ESCHWEGE, Wilhelm Ludwig von. *Pluto brasiliensis*, Belo Horizonte, Itatiaia/São Paulo, Edusp, 1979, v. 1, p. 27.

FIGUEIREDO, Luciano; CAMPOS, Maria Verônica (coords.). *Códice Costa Matoso*. Coleção das notícias dos primeiros descobrimentos das minas na América que fez o doutor Caetano da Costa Matoso sendo ouvidor-geral das do Ouro Preto, de que tomou posse em fevereiro de 1749, & vários papéis, Belo Horizonte, Fundação João Pinheiro, 1999.

FLORENTINO, Manolo. *Em costas negras:* uma história do tráfico atlântico de escravos entre a África e o Rio de Janeiro (séculos XVIII e XIX), Rio de Janeiro, Arquivo Nacional, 1995.

FONSECA, Cláudia Damasceno. *Dês terres aux villes de l'or:* pouvoirs et territoires urbains au Minas Gerais (Brésil, XVIIIe siècle), Lisboa, Fundação Calouste Gulbenkian, 2003.

FRAGOSO, João. "A formação da economia colonial do Rio de Janeiro e de sua primeira elite senhorial (séculos XVI e XVII)". In: FRAGOSO, João, GOUVEIA, M.E. BICALHO, M.F. *O Antigo Regime nos trópicos*: a dinâmica imperial portuguesa (séculos XVI-XVIII), Rio de Janeiro, Civilização Brasileira, 2001.

______. "Conquistadores e arrivistas: uma aristocracia reinventada". In: FRAGOSO, João, ALMEIDA; Carla Maria Carvalho de; SAMPAIO, Antônio Carlos Jucá de (orgs.). *Conquistadores e negociantes:* histórias de elites no Antigo Regime nos trópicos. América lusa, séculos XVI a XVIII, Rio de Janeiro, Civilização Brasileira, 2007.

______. "Potentados coloniais e circuitos imperiais: notas sobre uma nobreza da terra, supracapitanias, no Setecentos". In: MONTEIRO, Nuno Gonçalo; CARDIM, Pedro, e CUNHA, Mafalda Soares da (orgs.). *Optima Pars*: elites ibero-americanas do Antigo Regime, Lisboa: ICS, 2005.

FRANÇA, Eduardo D'Oliveira. *Portugal na época da restauração,* São Paulo, Hucitec, 1997.

FRANCO, Francisco de Assis Carvalho. *Dicionário de bandeirantes e sertanistas do Brasil,* Belo Horizonte, Itatiaia/São Paulo, Edusp, 1989.

GODINHO, Vitorino Magalhães. "Portugal, as frotas do açúcar e as frotas do ouro, 1670-1770". In: *Ensaios II,* Lisboa, Livraria Sá da Costa, 1968.

GODOY, Silvana Alves de, *Itu e Araritaguaba na rota das monções,* dissertação de mestrado, Campinas, Unicamp, 2002.

______. "Rota das monções: negócios e fronteiras na América portuguesa", *Anais do XII Encontro Regional de História (ANPUH-RJ)*, 2006, p. 8.

GREENE, Jack. *Negociated Authorities:* Essays in Colonial Policy and Constitutional History, Charlottesville, University Press of Virginia, 1994.

HESPANHA, António Manuel, *Às vésperas do Leviathan:* instituições e poder político. Portugal — séc. XVII, Coimbra, Livraria Almedina, 1994.

______. "Para uma teoria da história institucional do Antigo Regime". In: HESPANHA, António Manuel (org.), *Poder e instituições na Europa do Antigo Regime,* Lisboa, Fundação Calouste Gulbenkian, 1984.

HOLANDA, Sérgio Buarque de, "A mineração: antecedentes luso-brasileiros". In: HOLANDA, Sérgio Buarque de (dir.), *História geral da civilização brasileira*, T. I., v. 2, São Paulo, Difel, 1977.

JESUS, Nauk Maria de, "Disfarces e cautelas: o governo de Luís de Albuquerque de Mello Pereira e Cáceres e o contrabando na fronteira oeste da América Portuguesa", *Anais do II Encontro Internacional de História Colonial. Mneme — Revista de Humanidades,* UFRN, Caicó, v. 9, n° 24, set./out. 2008, ISSN 1518-3394. Disponível em www.cerescaico.ufrn.br/mneme/anais

______. *Na trama dos conflitos: a administração na fronteira oeste da América portuguesa (1719-1778),* tese de doutorado, Niterói, UFF, 2006.

LEME, Pedro Taques de Almeida Paes, *Nobiliarquia paulistana, histórica e genealógica,* 5ª ed., Belo Horizonte, Itatiaia/São Paulo: USP, 1980.

______. *Notícias das Minas de São Paulo e dos sertões da mesma capitania,* Belo Horizonte, Itatiaia/São Paulo: USP, 1980.

LIMA JR., Augusto de, *Mariana*, Belo Horizonte, Edição do Autor, 1966.

MANSUY, Andrée, "Mémoire inédit d' Ambroise Jauffret sur lê Brésil à l' époque de la découverte dês mines d'or [1704]", *Actas do V Colóquio Internacional de Estudos Luso-Brasileiros,* Coimbra, 1965.

MARX, Murillo, "Arraiais mineiros: relendo Sylvio de Vasconcelos", *Barroco*, Belo Horizonte, n°. 15, 1992.

MATA, Sérgio da, *Chão de Deus. Catolicismo popular, espaço e protourbanização em Minas Gerais, Brasil. Séculos XVIII-XIX,* Berlim, Wissenschaftlicher Verlag Berlin, 2002.

MATOS, Raimundo José da Cunha, *Corografia histórica da província de Minas Gerais,* v. 1, Belo Horizonte, Itatiaia/São Paulo, USP, 1981.

MAURO, F. "Portugal e o Brasil: a estrutura econômica e política do Império, 1580-1750". In: BETHELL, Leslie (org.), *História da América Latina*: a América Latina Colonial I, vol. 1, São Paulo, USP/ Brasília: Fundação Alexandre Gusmão, 1977.

MAUSS, Marcel, *Sociologia e antropologia,* São Paulo, EPU, 1974.

MONTEIRO, John, *Negros da terra.* Índios e bandeirantes nas origens de São Paulo, São Paulo, Companhia das Letras, 1994.

______. "Os caminhos da memória: paulistas no Códice Costa Matoso", *Varia História*, n°. 21, 1999, p. 86-99.

MONTEIRO, Nuno Gonçalo, "A consolidação da dinastia de Bragança e o apogeu do Portugal barroco: centros de poder e trajetórias sociais (1668-1750)". In:

TENGARRINHA, José (org.), *História de Portugal,* 2ª ed., Bauru, Edusc/São Paulo, Unesp/Lisboa, Instituto Camões, 2001.

MORAES, Fernanda Borges de. "De arraiais, vilas e caminhos: a rede urbana das minas coloniais". In: RESENDE, Maria Efigênia Lage de; VILLALTA, Luiz Carlos (orgs.), *As Minas setecentistas,* v. 1. Belo Horizonte, Autêntica/Companhia do Tempo, 2007.

MOUTOUKIAS, Zacarias. *Contrabando y control colonial en el siglo XVII. Buenos Aires, el atlântico y el espacio peruano,* Buenos Aires, Centro Editor de América Latina, 1988.

______. *Institutions, reseaux, sociaux et mediations dans l'articulation commerciale de l'atlantique sud,* Paris, Université Paris 7, Département d'Histoire,. s/d.

OLIVAL, Fernanda. *As ordens militares e o Estado Moderno:* honra, mercê e venalidade em Portugal (1641-1789), Lisboa, Estar, 2001.

POSSAMAI, Paulo César. "A fundação da Colônia de Sacramento", *Mneme: revista de humanidades,* v. 5, nº. 12, 2004. Disponível em http://www.seol.com.br/mneme

PINTO, Virgílio Noya. *O ouro brasileiro e o comércio anglo-português.* Uma contribuição aos estudos da economia atlântica no século XVIII, São Paulo, Companhia Editora Nacional, 1979.

PRADO, Fabrício. *Colônia do Sacramento.* O extremo sul da América portuguesa no século XVIII, Porto Alegre, Edição do Autor, 2002.

PRESSOTTI, Thereza Martha Borges. *O novo descobrimento dos sertões e minas do Cuiabá. A mentalidade da conquista,* dissertação de mestrado, Brasília, UNB, 1996.

PUNTONI, Pedro. *A guerra dos bárbaros.* Povos indígenas e a colonização do sertão nordeste do Brasil, 1650-1720, São Paulo, Hucitec/USP/Fapesp, 2002.

RESENDE, Maria Efigênia Lage de. "Itinerários e interditos na territorialização das Geraes". In: RESENDE, Maria Efigênia Lage de; VILLALTA, Luiz Carlos (orgs.), *As Minas setecentistas,* v. 1, Belo Horizonte, Autêntica/Companhia do Tempo, 2007.

ROMEIRO, Adriana. "A Guerra dos Emboabas: novas abordagens e interpretações". In: RESENDE, Maria Efigênia Lage de; VILLALTA, Luiz Carlos (orgs.), *As Minas setecentistas,* v. 1, Belo Horizonte, Autêntica/Companhia do Tempo, 2007.

RUSSELL-WOOD, A.J.R. Centros e periferias no mundo luso-brasileiro, 1500-1808, *Revista Brasileira de História,* 18, 36, 1998, p. 187-250.

______. "Identidade, etnia e autoridade nas Minas Gerais do século XVIII: leituras do Códice Costa Matoso", *Varia História,* Códice Costa Matoso, Edição Especial, Belo Horizonte, nº. 21, jul. 1999, p. 100-108.

SÁ, José Barbosa de, *Relação das povoações do Cuiabá e Mato Grosso de seus princípios até os presentes tempos,* Cuiabá, UFMT, 1975.

SAMPAIO, Antônio Carlos Jucá de. "Os homens de negócio do Rio de Janeiro e sua atuação nos quadros do Império Português". In: FRAGOSO, João; GOUVEIA, M.E.; BICALHO, M.F. *O Antigo Regime nos trópicos*: a dinâmica imperial portuguesa (séculos XVI-XVIII), Rio de Janeiro, Civilização Brasileira, 2001.

SANTOS, Corcino Medeiros dos. *O Rio de Janeiro e a conjuntura atlântica,* Rio de Janeiro, Expressão e Cultura, 1993.

SERRÃO, José Vicente. “O quadro humano”. In: MATTOSO, José (org.), *História de Portugal;* o antigo regime, Lisboa, Editorial Estampa, 1998.

SUBRAHMANYAM, Sanjay. *O Império Asiático Português, 1500-1700.* Uma história política e econômica, Lisboa, Difel, 1993.

TORGAL, Luís Reis. *Ideologia política e teoria do Estado na Restauração,* Coimbra, Biblioteca Geral da Universidade, 1981.

VALLADARES, Rafael. *A independência de Portugal*: guerra e restauração, Lisboa, A Esfera dos Livros, 2006.

VASCONCELOS, Diogo de. *História antiga de Minas Gerais,* v. 1, 4ª ed., Belo Horizonte, Itatiaia, 1999.

VENÂNCIO, Renato Pinto.“Caminho Novo: a longa duração”, *Varia História,* nº. 21, v. 1, 1985, p. 181-189.

ZEMELLA, Mafalda. O abastecimento da capitania de Minas Gerais no século XVIII, São Paulo, USP, 1990.

PARTE III Economia e sociedade

CAPÍTULO 6 O Nordeste açucareiro no Brasil colonial

*Stuart Schwartz**

Tradução de Clóvis Marques

Na década de 1530, a introdução da cana-de-açúcar e o início de uma indústria açucareira tinham começado a transformar o Brasil, especialmente o litoral nordeste, numa colônia de assentamento na qual os engenhos, por sua própria natureza e por suas populações social e "racialmente" sedimentadas, determinavam boa parte da estrutura da colônia e sua sociedade. Cuthbert Pudsey, um inglês que visitou o Brasil no início do século XVII, capturou bem o caráter social dos engenhos de açúcar, a autoridade política de seus proprietários e a maneira como os próprios engenhos serviam como polos de colonização:

> Todo engenho [tem] uma capela, uma escola, um padre, um barbeiro, um ferreiro, um sapateiro, um carpinteiro, um marceneiro, um oleiro, um alfaiate e todos os demais ofícios necessários. Que todo engenho é uma Comunidade em [si] mesma e o senhor do engenho, promotor e juiz por si mesmo (...)[1] (p. 25)

*Professor da Yale University.

Em sua origem, as propriedades açucareiras contribuíram muito para estruturar a natureza da colônia e determinar sua trajetória social, e a saúde da indústria açucareira estabeleceu os parâmetros do sucesso da colônia.

O açúcar brasileiro no foco atlântico

Entre 1550 e 1670, o Brasil tornou-se o principal produtor de açúcar do mundo atlântico. O litoral brasileiro oferecia excelentes condições para a produção de açúcar. O Recôncavo Baiano e a várzea de Pernambuco tinham os solos adequados, com amplas áreas de massapé, e a vantagem de rios como o Capibaribe, o Ipojuca e o Beberibe em Pernambuco e o Subaé, o Cotegipe e o Sergimirim na Bahia, fornecendo água para os engenhos de força e transporte fácil até o porto. O acesso ao transporte aquático era particularmente importante, pois nos meses de chuva o massapé tornava-se intransitável. O litoral nordeste do Brasil também tinha um regime de chuvas adequado, recebendo entre 1.000 e 2.000 mm por ano. Desse modo, embora houvesse anteriormente boas condições para a produção de açúcar em Madeira ou São Tomé, o Brasil oferecia uma combinação sem equivalente de localização, clima, solos, água, florestas necessárias para lenha e outros suprimentos. A colônia brasileira precisava apenas resolver os problemas de capital e trabalho para tornar-se uma grande produtora.

Embora existam indícios de que o açúcar já era produzido no Brasil na década de 1510 e de que o açúcar brasileiro chegava ao mercado da Antuérpia por essa época, foi sob o regime dos donatários, depois de 1534, que a indústria açucareira começou a florescer. Na década de 1540, colonos portugueses e funcionários governamentais haviam construído engenhos ao longo do litoral. Técnicos e especialistas, alguns deles provavelmente escravos, foram trazidos da Madeira e das Ilhas Canárias para construir e operar os engenhos. O capital foi encontrado inicialmente na Europa, entre investidores tanto aristocráticos quanto mercantes, como o duque de Aveiro, o comerciante italiano Lucas Giraldes (Ilhéus), e um comerciante de Aachen residente na Antuérpia, Erasmo Schetz (São Vicente).[2] Em Pernambuco, o donatário Duarte Coelho assumiu um papel agressivo no lançamento da indústria, trazendo artesãos e especialistas das ilhas do Atlântico, solicitando em 1542 autorização real para importar africanos como escravos e buscando investidores em Portugal. O primeiro engenho, Nossa Senhora da Ajuda, foi construído por seu cunhado, Jerônimo de Albuquerque, mas outros o seriam pelo próprio Duarte Coelho, por homens como Cristóvão Lins, agente dos Fugger, e um deles pelo cristão-novo Diogo Fernandes em parceria com outros "companheiros de Viana gente pobre".[3] Na maioria das capitanias, especialmente Ilhéus, Espírito Santo e Bahia, contudo, os ataques de povos indígenas e os conflitos internos entre donatários e colonos comprometeram o crescimento da indústria. O açúcar só se firmou realmente no Recôncavo, a extensão de excelentes terras ao redor da Baía de Todos os Santos, na capitania da Bahia, após a chegada de Tomé de Sousa como governador-geral em 1549. Seus esforços e as subsequentes campanhas militares de seu sucessor, o terceiro governador, Mem de Sá (1557-72), resultaram na destruição dos povos nativos e na concessão de muitas sesmarias, algumas das quais serviram de base para a construção de engenhos. A indústria açucareira brasileira, concentrada nas capitanias de Bahia e Pernambuco, floresceu depois de 1570. Entre esse período e o meado do século XVII, o açúcar brasileiro dominou o mercado europeu.

Em 1570, havia sessenta engenhos em funcionamento no litoral, concentrando-se a maioria em Pernambuco (23) e na Bahia (18). Juntas, essas duas capitanias contavam mais de dois terços dos engenhos da colônia. Nos vinte anos seguintes, a predominância dessas duas capitanias acentuou-se ainda mais, de tal maneira que, em 1585, quando a colônia tinha 120 engenhos, Pernambuco (66) e Bahia (36) respondiam por 85% do total. Essas capitanias predominaram ao longo do período colonial, mas outras capitanias — Ilhéus, Espírito Santo, São Vicente — também produziam açúcar para exportação. Entretanto, entre 1580 e 1630 Bahia e Pernambuco predominaram no comércio brasileiro. Entre todos os contratos registrados por comerciantes em cartórios de Lisboa e do Porto nesse período, Pernambuco era mencionado em 54%, a Bahia, em 33%, e o Rio de Janeiro em apenas 8%.[4] Uma renda considerável foi gerada nesses anos de expansão. Um funcionário real que visitou Pernambuco em 1591, Domingos Abreu e Brito, informava que 63 engenhos produziam em média na capitania 6 mil arrobas de açúcar cada, num total de 378 mil arrobas. Ao preço médio de 800 réis por arroba, tinha-se como valor total da colheita mais de 30:240$000.[5] Um relatório da primeira década do século XVII sobre o Brasil afirmava: "A mais excelente fruta e droga do açúcar cresce em toda esta província em tal abundância que pode abastecer não só o Reino [Portugal] como todas as províncias da Europa, sabendo-se que rende para o tesouro de Sua Majestade cerca de 500.000 cruzados e uma quantia equivalente para indivíduos privados."[6] Isto indicaria, na colônia como um todo, uma produção açucareira no valor de 400:$000. A estimativa pode ser muito alta, mas pela altura do fim da primeira década do século a renda auferida no Brasil era cerca de 50% mais alta que o custo da colônia para a Coroa.

Dos sessenta engenhos registrados na colônia por Pero de Magalhães de Gandavo, em 1570, verificou-se um considerável aumento para 120 engenhos em 1583 e para os 192 relatados pelo investigador militar Diogo de Campos Moreno em 1612. Em 1629, a colônia tinha 346 engenhos. O índice anual de crescimento fora mais elevado entre 1570 e 1585, quando Pernambuco (8,4%) e Bahia (5,4%) estavam na liderança.

Essa expansão parece ter sido fomentada por preços favoráveis e a crescente demanda na Europa nos últimos anos do século XVI e nas primeiras décadas do século XVII. Os preços locais do açúcar branco no engenho na Bahia aumentaram de aproximadamente 500 réis por arroba em 1570 para quase 1$600 em 1613. As boas colheitas e a paz no Atlântico em decorrência da trégua entre a Espanha e as Províncias Unidas depois de 1609 levaram a um clima geral de prosperidade e expansão. Com sua experiência no Nordeste brasileiro, Joseph Israel da Costa informava à Companhia das Índias Ocidentais holandesa que em 1623 as capitanias de Pernambuco, Paraíba e Itamaracá contavam 137 engenhos "moentes e correntes", produzindo quase 660 mil arrobas, uma média de 4.800 (70 toneladas) por engenho.[7] Essa expansão foi interrompida de forma abrupta, embora temporária, durante a generalizada depressão verificada na região do Atlântico no período de 1619-23, quando os preços do açúcar caíram repentinamente.[8] Embora as condições tivessem melhorado no mercado atlântico em 1623, o início de hostilidades entre a Holanda e a Espanha levou a novos problemas para Portugal e suas colônias, que desde 1581 também eram governadas pelos Habsburgo espanhóis. Os holandeses atacaram Salvador em 1624, controlando a cidade por um ano. Durante os combates, as propriedades açucareiras baianas foram muito danificadas, perdendo-se grande quantidade de açúcar para o invasor e os exércitos de liberação. Na década de 1620, a frota mercante portuguesa envolvida no comércio brasileiro tornou-se alvo privilegiado dos ataques navais holandeses, sendo afundados ou perdidos centenas de navios. A posterior tomada de Pernambuco pelos holandeses em 1630 e a extensão do seu controle à maior parte do Nordeste desequilibraram a indústria açucareira na área, pelo menos em caráter temporário, além de subtrair grande parte da produção açucareira brasileira ao controle português.

Havia variações regionais no padrão de desenvolvimento. No Rio de Janeiro, a indústria crescia a um ritmo algo diferente das economias do Nordeste. Ela se expandiu rapidamente entre 1610-12 e 1629, aumentando o número de engenhos de quatorze para sessenta, a uma taxa de quase 8% de crescimento ao ano. Essa expansão parece ter resultado de uma mudança tecnológica, a adoção do engenho vertical de três rolos, que tornava mais fácil e menos dispendiosa a construção de novos engenhos.[9] Nessa capitania, há indícios de que o desempenho de funções públicas muitas vezes abria caminho para um acúmulo de capital e terras que levava à produção de açúcar.

A indústria açucareira brasileira adaptou a tecnologia das indústrias açucareiras mediterrâneas e do Atlântico às condições locais. Só se usava maquinaria complexa na trituração da cana e na extração do suco.[10] A única grande inovação tecnológica ocorrida no período em questão foi a introdução do engenho vertical de rolos, o "engenho de três paus".[11] Ele eliminava a necessidade de prensas secundárias, tornava mais eficiente a trituração da cana e, aparentemente, menos onerosa a construção de um engenho. Seja como for, a inovação rapidamente se disseminou. Até em São Vicente, inventários feitos já em 1615 relacionavam "engenhos de três palicos".[12] Essa mudança tecnológica afetou a produção de açúcar em todas as capitanias, mas sobretudo no Rio. Ela tornou a construção de engenhos mais barata, em certa medida contornando a necessidade de isenções fiscais para promover a construção e abrindo a possibilidade de que um espectro mais amplo e menos abastado de colonos pudesse ter acesso à propriedade de engenhos. Foi uma inovação que contribuiu para o rápido crescimento da indústria, representando talvez a única grande mudança tecnológica até o fim do século.

No fim do século XVII (c. 1689), o padre jesuíta Andreoni, escrevendo sob o pseudônimo Antonil, informava que 528 engenhos no Brasil produziam cerca de 1.295.000 arrobas, ou 18.500 toneladas. Nessa época, os 146 engenhos da Bahia tinham uma produção de aproximadamente 51 toneladas, ao passo que os 246 engenhos de Pernambuco chegavam, em média, a apenas 26 toneladas. A escala no Rio de Janeiro era ainda menor. A capitania contava 136 engenhos, produzindo em média 38 toneladas por ano.

A produtividade anual variava muito, mas por volta de 1610 o Brasil produzia 10 mil toneladas, e na década de 1620 tinha condições de produzir de 1 a 1,5 milhão de arrobas, ou o equivalente a algo entre 15 mil e 22 mil toneladas por ano, embora raramente o fizesse. Matias de Albuquerque, um governador de Pernambuco, talvez exagerasse ao estimar em 1627 que o Brasil enviava cerca de 75 mil caixas por ano a Portugal, as quais, com dezoito arrobas por caixa, equivaliam a 1.350.000 arrobas, ou aproximadamente 20 mil toneladas. A estimativa posterior de Antonil para o ano de 1710 enquadra-se, assim, numa ordem de grandeza já estabelecida na década de 1620. Essa capacidade não seria muito alterada até meados do século XVIII.

A economia açucareira brasileira era particularmente vulnerável às vicissitudes políticas e econômicas do mundo atlântico. A depressão do início da década de 1620, causada pelo início da Guerra dos Trinta Anos em 1618, o reinício de hostilidades com os holandeses depois de 1621, as manipulações monetárias de vários governos europeus e o excesso de estoques nos mercados europeus afetaram seriamente a economia açucareira brasileira durante uma década. Um observador estimou que só entre 1626 e 1627 20% (60/300) dos navios atuando no comércio brasileiro haviam sido capturados pelos holandeses, com uma perda de mais de 270 mil arrobas ou quase 4 mil toneladas. Em 1630, o problema gerado pelos ataques holandeses e pela instabilidade dos preços diminuíra os lucros dos plantadores baianos para algo entre 30 e 50% dos níveis de 1612, e o dízimo dessa capitania também perdera 30% de seu valor. Frei Vicente do Salvador, o primeiro historiador do Brasil, perguntava em 1627 de que valia produzir açúcar se os lucros não se equiparavam com os custos. Era um refrão constantemente repetido pelos produtores de açúcar.

Naturalmente, não se tratava apenas de um problema de capacidade produtiva, mas também dos preços do açúcar. Quaisquer que fossem os níveis de produtividade, o sucesso da indústria e dos plantadores dependia do preço do açúcar. As avaliações de preços baseadas em valores europeus muitas vezes são enganosas, pois os preços europeus com frequência eram o triplo do preço no engenho no Brasil. Torna-se difícil, assim, estabelecer a lucratividade da indústria e sua capacidade de gerar capital. Embora os indícios sejam escassos, dispomos de observações suficientes para estabelecer uma tendência geral.

A tendência secular dos preços do açúcar brasileiro foi de aumento entre 1550 e aproximadamente 1620. Após esta data, a crise econômica geral (1619-21), o reinício de hostilidades entre os holandeses e os Habsburgos, espanhóis que governavam Portugal e seu Império (1580-1640) e uma generalizada contração do mercado europeu contribuíram para uma queda no preço do açúcar brasileiro. Em termos locais, esses acontecimentos se configuraram no ataque e na captura de Salvador,

Bahia, pelos holandeses (1624-25), na destruição de certo número de engenhos, na interrupção das colheitas na Bahia em 1624-26 e na captura pelos holandeses de muitos navios transportando açúcar brasileiro. Esta situação elevou o preço do açúcar na Europa, mas o baixou no Brasil, onde os plantadores não encontravam quem se dispusesse a transportar o seu produto. Um plantador brasileiro com 3 mil arrobas de açúcar terá sofrido uma perda de 45% do valor de sua colheita em 1611 e em 1623. Esta situação prosseguiu ao longo da década de 1620, e só depois de 1634 os preços do açúcar começaram a subir de novo, estimulados em certa medida pela invasão holandesa de Pernambuco e a escassez causada pelos problemas de funcionamento da indústria na região. Embora os preços voltassem a cair depois de 1640, mantiveram-se bem acima de 1$000 por arroba até as últimas décadas do século. Na década de 1640, contudo, a ascensão de economias açucareiras concorrentes, inicialmente em Barbados e depois no Caribe holandês e francês, assim como a introdução de políticas de exclusão, como as leis inglesas de navegação de 1651, alteraram a relação do açúcar brasileiro com seus mercados tradicionais. Ao passo que em 1630 o açúcar brasileiro abastecia cerca de 80% do mercado londrino, esse total caíra pela metade em 1670. Além disso, no próprio território brasileiro, os combates contra os holandeses nas décadas de 1630 e 1640 destruíram muitos engenhos e plantações de cana, interrompendo a navegação colonial. Para financiar a guerra, o governo português taxava cada vez mais o açúcar, impondo nova sobrecarga às finanças dos plantadores.

O açúcar no Brasil holandês

O exemplo mais óbvio do impacto da política europeia na economia açucareira brasileira será talvez a ocupação holandesa do Nordeste do Brasil durante 25 anos. A conquista de Pernambuco e das capitanias do litoral nordestino pelos holandeses (1630-54) desequilibrou a indústria açucareira na região, exercendo considerável pressão sobre a economia açucareira controlada pelos portugueses no resto do Brasil. Durante o período da invasão, o incêndio de engenhos e plantações de cana, tanto pelos invasores quanto pelos defensores, deixara fora de operação, em 1637, 60 dos 166 engenhos da região. Muitos dos engenhos abandonados por portugueses que entraram para a resistência ou fugiram para a Bahia seriam afinal confiscados pela Companhia das Índias Ocidentais holandesa e vendidos a investidores holandeses ou portugueses, num momento em que a companhia procurava integrar verticalmente a indústria, controlando a produção e a comercialização do açúcar. Embora os holandeses controlassem Pernambuco e as capitanias vizinhas até 1654, a revolta luso-brasileira contra seu domínio, tendo irrompido em 1645, comprometeu seriamente a produção agrícola no período de quase dez anos de duração das hostilidades.

A Companhia das Índias Ocidentais (CIO) voltara-se para o Nordeste brasileiro em virtude da atraente economia açucareira. Os holandeses e outros europeus do norte tradicionalmente transportavam grande parte do açúcar brasileiro para mercados europeus, ressentindo-se particularmente de sua exclusão desse comércio pelos Habsburgo espanhóis depois de 1605. Com o reinício das hostilidades entre espanhóis e holandeses em 1621 e a constituição da Companhia das Índias Ocidentais pelos holandeses nesse ano, o Brasil tornou-se um interessante alvo militar e econômico.

Uma vez no controle de Pernambuco, a CIO procurou ressuscitar e estimular a economia açucareira. Foi parcialmente bem-sucedida, especialmente na administração esclarecida e perspicaz do governador Johan Maurits van Nassau-Siegen (1637-44), que proporcionou aos residentes portugueses tolerância religiosa e participação nas questões locais, para mantê-los empregados na indústria do açúcar. Para estimular a indústria, a CIO concedia créditos aos plantadores, fossem portugueses que haviam permanecido ou holandeses que tinham adquirido engenhos. Essa política teve sucesso apenas moderado. Mesmo nos períodos de paz, a capitania raramente chegava a produzir metade da capacidade estimada de 15-20 mil caixas por ano, e sua participação na produção total caiu para aproximadamente 20% apenas, e às vezes até 10%.[13] Entre 1631 e 1651, o Brasil holandês exportou cerca de 25 mil toneladas de açúcar, ou uma média de aproximadamente 1.200 toneladas por ano. Cerca de dois terços desse açúcar eram exportados por comerciantes, e o restante, pela própria CIO.[14] O que estava muito abaixo da capacidade da região, e embora nos anos de relativa paz (1637-44) as exportações superassem em muito a média, o desempenho global da indústria foi seriamente comprometido pela situação política e militar.

Embora muitos fazendeiros e plantadores portugueses de cana permanecessem em suas propriedades sob o domínio holandês, a política de confisco e revenda dos engenhos abandonados e os lucros esperados da indústria açucareira levaram certo número de holandeses e alguns judeus a entrar no negócio. Em 1637 e 1638, 51 engenhos foram vendidos a mercadores e administradores holandeses, para pagamento em prestações. A região de Itamaracá, no norte de Pernambuco, foi cenário de uma penetração particularmente pesada dos holandeses na indústria. Dos 22 engenhos relacionados, dez tinham proprietários holandeses ou de outras origens estrangeiras, e dos setenta fazendeiros de cana que abasteciam essas propriedades, cerca de um terço eram holandeses ou de outras origens estrangeiras (22/70). Havia outros exemplos dessa penetração. Sete dos oito engenhos na paróquia de Goiana pertenciam a não portugueses.[15] Mas apesar dessas aquisições, costumava-se dizer que os holandeses nunca aprenderam realmente a administrar os engenhos por conta própria, mantendo-se dependentes dos portugueses mais bem especializados.[16]

Estabelecendo-se um *modus vivendi* entre os fazendeiros e plantadores de cana portugueses remanescentes e os holandeses, a Companhia das Índias Ocidentais holandesa procurou estimular a recuperação da indústria através de uma política de créditos e empréstimos que permitiu aos plantadores adquirir equipamentos e escravos necessários, que começaram a ser importados pela CIO do litoral da Guiné e de Angola. As maiores estimativas do total de escravos importados são de 26 mil num período de vinte anos, entre 1631 e 1651, revelando-se o comércio particularmente forte na década transcorrida de 1635 ao início da revolta contra os holandeses em 1645. Esse período de intensa importação de escravos coincidiu com o ponto alto das exportações de açúcar do Brasil holandês, que chegaram ao máximo entre 1639 e 1644, caindo então abruptamente com a retomada dos combates no interior.

A situação política agravou-se com a retirada do conde Maurício de Nassau em 1644 e as novas pressões da Companhia das Índias Ocidentais para forçar a cobrança de impostos dos plantadores em dívida com ela. Alguns dos plantadores portugueses mais endividados com a CIO, especialmente João Fernandes Vieira e André Vidal, estavam entre os principais líderes da revolta. A "Guerra de Divina Libertação" (1645-54), quando residentes portugueses da colônia, de início ajudados secretamente pelo governo local, se insurgiram contra os holandeses provocou destruição ainda maior da indústria açucareira, à medida que os engenhos eram abandonados, destruídos ou confiscados e os escravos se prevaleciam da situação para fugir para Palmares ou outras comunidades de fugitivos. Além disso, a guerra no mar prejudicava o comércio açucareiro português. Cerca de 220 navios do comércio brasileiro foram apreendidos pelos holandeses só entre 1647-48.

Depois de 1645, os holandeses perderam o controle do interior, sendo progressivamente forçados a abandonar as capitanias além de Pernambuco. "Açúcar" não era só a senha dos rebeldes como o objetivo dos campos em confronto. Além disso, a guerra não era só uma disputa em torno do açúcar, mas "também financiada por ele".[17] Em 1648, mais de 80% dos impostos em Pernambuco derivavam da produção e do comércio do açúcar. Mesmo depois da guerra, os impostos sobre o açúcar foram usados para financiar a reconstrução de Recife, e também houve uma longa série de batalhas legais entre os que haviam abandonado seus engenhos e os queriam de volta e os que os haviam comprado aos holandeses. Pouco capital restou para a expansão da indústria açucareira ou outros setores econômicos. Os lucros que acaso tivessem sido possibilitados na indústria açucareira de Pernambuco foram neutralizados por essas condições. A economia açucareira de Pernambuco nunca se recuperou totalmente do interlúdio holandês e seus efeitos. Seria superada pela Bahia, que continuou sendo o principal produtor no Brasil até o século XIX.

Em certa medida, o hiato holandês no Nordeste brasileiro foi não só uma causa mas também um resultado da conjuntura econômica da década de 1630. O preço do açúcar começou a subir novamente depois de 1634. As melhores condições do comércio no Atlântico e o aumento do preço do açúcar e outras mercadorias coloniais deram nova segurança aos comerciantes e senhores de engenho brasileiros, mas essas mesmas condições também criaram um novo e mais sério desafio. Os preços cada vez mais altos do açúcar na década de 1630 e no início da década de 1640 haviam atraído o interesse das pequenas ilhas colonizadas por ingleses, franceses e holandeses no Caribe. Deixando de lado o tabaco e outras colheitas, colonos de Barbados chegaram a buscar orientação técnica em Pernambuco, e em 1643 já havia à venda na Europa açúcar produzido em Barbados. Depois que a Companhia das Índias Ocidentais holandesa deixou Pernambuco em 1654, seu interesse e seus capitais voltaram-se também para o Caribe. Contando cada vez mais com fontes coloniais próprias de abastecimento, a França e a Inglaterra começaram a limitar as importações de açúcar brasileiro. As Leis de Navegação inglesas de 1651, 1660, 1661 e 1673 e as políticas de Colbert na França para estimular um setor açucareiro colonial francês acabaram por expulsar o açúcar brasileiro desses mercados. Na década de 1630, 80% do açúcar vendido em Londres vinha do Brasil, e por volta de 1690 essa proporção caíra para apenas 10%. A perda desses mercados não podia ser recuperada em Portugal, que simplesmente tinha uma população muito pequena.

Outro efeito negativo da concorrência caribenha foi a elevação dos custos do trabalho e uma expansão do comércio de escravos. Os holandeses já haviam tentado garantir fontes próprias de mão de obra escrava para o Brasil holandês, com ataques a El Mina em 1638, território que mantiveram posteriormente, e a captura em 1641 de Luanda, de onde foram expulsos em 1648. As novas economias açucareiras agora também precisavam de mão de obra, e as crescentes demandas e atividades europeias no litoral africano elevaram o preço dos escravos no Brasil.

Na segunda metade do século XVII, a economia açucareira brasileira enfrentava concorrentes que aumentavam a oferta de açúcar no mercado do Atlântico e criavam novas demandas de trabalho escravo. A consequência disso no Brasil foi a queda dos preços do açúcar e a elevação dos custos da mão de obra escrava. Entre 1659 e 1688, o preço do açúcar em Lisboa caiu mais de 40%. O problema do Brasil não era a produção. Mesmo depois da Guerra Holandesa em 1654, o país ainda tinha capacidade de produzir 18-20 mil toneladas, mais que qualquer concorrente. Além disso, ainda desfrutava de vantagens comparativas, mas as condições políticas e econômicas internacionais e seus efeitos nas políticas fiscais de Portugal convergiram na criação de uma situação de crise. Além disso, a natureza não ajudou. Dificuldades periódicas como secas e excesso de chuvas, as irregularidades no sistema de transporte marítimo e várias "calamidades" geraram problemas nas décadas de 1660 e 1670. Mais importante ainda foi o fato de a Guerra da Restauração pela independência em relação à Espanha (1641-68) e os compromissos da política externa de Portugal com seus aliados serem financiados em grande medida pelo aumento dos impostos sobre o açúcar, no exato momento em que a indústria enfrentava menor rentabilidade e custos mais elevados. Várias contribuições "voluntárias" forçadas, como o dote de Catarina de Bragança nas negociações de sua boda com Carlos II da Inglaterra, e outros impostos e privações semelhantes pesaram muito na economia açucareira, levando a constantes queixas nas câmaras municipais do Brasil sobre a "condição miserável" da colônia, mas a Coroa portuguesa não tinha muita escolha senão taxar essa importante fonte de renda para financiar seus compromissos.

Na década de 1680, a economia chegara a um ponto crítico. Como o resto da Europa ocidental, Portugal dependia da receita geral. As exportações de peles e tabaco tornaram-se habituais nas frotas que chegavam do Brasil e a busca de minas aumentou, mas quando João Peixoto Viegas redigiu seu famoso memorando em 1687, a economia açucareira já não parecia mais suscetível de recuperação. Ele queixava-se de que o Brasil contribuíra mais para o Império português do que qualquer província de Portugal, mas a concorrência estrangeira, as políticas do reino e as condições econômicas gerais haviam causado sua ruína. Seu pessimismo apocalíptico era prematuro. As guerras na Europa, em 1689-97 e 1701-13, mais uma vez perturbaram o comércio atlântico e elevaram os preços dos produtos coloniais. As disputas entre Inglaterra e França geralmente eram lucrativas para o Brasil. O açúcar branco vendido por 800 réis na Bahia em 1689 custava 1$440 em 1695. Embora os preços se estabilizassem depois de 1700, as condições para a economia açucareira brasileira permaneceram boas até a década de 1720, embora a demanda concorrente de mão de obra escrava no Caribe começasse a empurrar os preços dos escravos para cima por volta de 1670. Enquanto isso, a descoberta de ouro em Minas Gerais entre 1693 e 1695 também começou a alterar toda a natureza da economia luso-brasileira. O Brasil, afinal, não era uma ilha do Caribe, sendo grande o seu potencial múltiplo e diversificação econômica. O açúcar continuou sendo importante regionalmente, no litoral do Nordeste, e até o século XVIII representaria uma grande proporção das exportações brasileiras, muito depois de o Brasil ter perdido a predominância no mercado europeu do açúcar.

O comércio açucareiro brasileiro

O que antecede deixa clara a importância da integração do Brasil no sistema de mercado europeu.[18] Até a década de 1590, muitas embarcações do norte da Europa transportavam açúcar sob licença portuguesa, principalmente para portos do norte europeu.[19] A Antuérpia era um dos principais portos de destino.[20] Alguns agentes flamengos, em certos casos casados com portuguesas, viviam em diferentes portos brasileiros, trabalhando ativamente no transporte de cargas de açúcar e madeiras para o fabrico de corantes. A predominância da Antuérpia durou até a crise política de 1578-85, e embora o comércio tenha sido retomado após essa data, a Antuérpia progressivamente perderia seu lugar para Amsterdã no comércio açucareiro brasileiro.

Um aspecto importante dessa transição e da economia açucareira brasileira em geral foi o papel desempenhado pelos judeus sefaraditas e os chamados "cristãos-novos", vale dizer, os judeus-espanhóis e portugueses e seus descendentes que voluntariamente se converteram ou foram forçados a se converter. A partir de 1595, membros dessa comunidade estabeleceram-se em Amsterdã, e embora até 1648 desempenhassem apenas um papel secundário na economia holandesa como um todo, rapidamente passaram a predominar no comércio colonial, especialmente com Portugal.

Em Portugal, embora Lisboa fosse o principal destino do açúcar brasileiro, outros portos, como Porto e Viana do Castelo, também desenvolveram um comércio regular com a colônia. Na verdade, o açúcar brasileiro abrira o comércio português, quebrando a barreira do sistema comercial estatal que se desenvolvera no século XVI em torno do comércio de especiarias provenientes do oceano Índico. Esses portos portugueses menores tornam-se então protagonistas ativos no comércio. Viana do Castelo tinha uma ativa comunidade mercante, e na primeira década do século XVII havia cerca de 70 embarcações desse porto mobilizadas no comércio com o Brasil. Tratava-se na maioria dos casos de navios de porte médio, com capacidade entre 80 e 150 toneladas, podendo transportar entre 300 e 450 caixas de açúcar. Esse comércio era vital para a existência do porto, e aproximadamente 85% de suas taxas alfandegárias decorriam nesse período do açúcar brasileiro.[21]

Os riscos eram altos, mas a principal característica do comércio açucareiro brasileiro era seu caráter privado. Comerciantes e plantadores de longe preferiam os riscos desse comércio à mão pesada da intervenção governamental. Embora na década de 1590 fossem cobrados impostos para financiar o custo de uma certa proteção à navegação e por volta de 1605 os comerciantes com cargas destinadas a Lisboa fossem obrigados a contratar seguro, as tentativas da Coroa de impor o uso de navios maiores e as propostas, em 1586 e 1615, de um sistema de comboios enfrentaram firme resistência dos comerciantes de açúcar. Só mesmo as incríveis perdas do transporte marítimo português em 1647-48 é que finalmente abriram caminho para o estabelecimento do sistema de frotas organizado pela Brazil Company, que em troca da proteção proporcionada às duas frotas anuais passou a exercer o controle monopolista sobre as exportações de alimentos para o Brasil. Como se poderia esperar, o preço das importações aumentou na colônia, os plantadores queixaram-se de que os preços do açúcar estavam muito baixos e os comerciantes dos portos portugueses menores, da nova centralização do comércio em Lisboa, destino principal das frotas. Com a partida da primeira frota em 1650, chegava ao fim a época do comércio açucareiro privado e da predominância da caravela.[22] Antes disso, mesmo quando a Companhia das Índias Ocidentais holandesa tentara dominar o comércio partindo do Nordeste brasileiro, ainda eram basicamente comerciantes particulares que transportavam a maior parte do açúcar tanto no Brasil português quanto no holandês.

Finalmente, cabe notar que o papel dos comerciantes de açúcar provavelmente foi crucial para o financiamento dos primeiros estágios da indústria, se pudermos tomar como referência os padrões posteriores. Temos particular dificuldade no estabelecimento desse fato por não dispormos suficientemente de registros notariais do início da história do Brasil, mas na segunda metade do século XVII os comerciantes entravam com cerca de 25% do dinheiro emprestado, podendo ter contribuído com uma percentagem ainda maior até que instituições de crédito como as ordens religiosas, os conventos e a irmandade caritativa da Misericórdia dispusessem de fundos suficientes para fazê-lo. Os comerciantes ofereciam créditos e mantinham ordens de pagamento permanentes para os plantadores de cana-de-açúcar, permitindo-lhes comprar escravos, ferramentas e equipamentos como adiantamento pela produção. Essa disponibilidade de crédito foi um elemento essencial no desenvolvimento inicial da indústria.

A arte de fazer açúcar no Brasil

O complexo e difícil processo da produção de açúcar influenciou sob muitos aspectos a organização social e hierárquica da colônia, além das soluções específicas para os desafios enfrentados na produção de açúcar. A produção de açúcar era uma arte, resultando de uma série de processos integrados: cultivo, moagem, cozimento, depuração e embalagem. Cada um deles apresentava suas exigências específicas em matéria de emprego da mão de obra e era essencial para o bom êxito do engenho. Dizia-se que esses moinhos de açúcar eram chamados "engenhos" por antonomásia, pois eram um "amplo teatro da engenhosidade humana", "máquinas maravilhosas que requerem arte e muita despesa".[23] Com algumas variações regionais, os engenhos do Brasil seguiam um método semelhante de funcionamento, com muito poucas alterações importantes até o fim do século XVIII.

Num espírito festivalesco, a safra tinha início quando os moinhos começavam a funcionar no fim de julho ou início de agosto, após a bênção do próprio engenho e dos trabalhadores e a invocação da proteção dos santos.[24] Durante a safra, a cana era cortada à luz do dia, mas os engenhos começavam a funcionar às 4 horas da tarde e continuavam até aproximadamente 10 horas da manhã seguinte, funcionando assim entre dezoito e vinte horas por dia. O trabalho era feito em turnos. Para os escravos, o ritmo de trabalho logo se tornava exaustivo. Seu "serviço é algo incrível", diria José Israel da Costa. Cuthbert Pudsey observou no século XVII que, "se eventualmente um negro fica aleijado, pois são tratados como animais, é posto para alimentar o moinho ou raspar raízes de mandioca na roda; eles usam os escravos com muito rigor, fazendo-os trabalhar sem fim, e quanto mais os maltratam mais úteis os acham, pois são levados a crer por experiência própria que os bons tratos corrompem seu comportamento".[25] Na Bahia, a safra durava até as fortes chuvas de inverno em maio. Os engenhos funcionavam num período de 270 a 300 dias por ano, embora com as interrupções em feriados religiosos, para consertos e em momentos de escassez de cana ou madeira esses números pudessem ser reduzidos em cerca de um terço. A Igreja exigia que os engenhos parassem de funcionar nos domingos e dias santos, mas muitos senhores de engenho tentavam esquivar-se a essas obrigações religiosas, que respondiam por cerca de três quartos dos dias perdidos. Em 1592, João Remirão declarou diante da Inquisição na Bahia "que no dito seu engenho sempre em todos os domingos e sanctos moendo seu engenho despois do sol posto... que usão e costuma geralmente nesta capitania a todos os senhores e feitores de engenho sem excepção".[26] Os senhores de engenho argumentavam que os moinhos não podiam ser parados para não prejudicar o trabalho dos dias anteriores e posteriores aos de observância religiosa. Esses argumentos em causa própria eram condenados pelos jesuítas e a Igreja em geral, mas a repetição das queixas indica que muitos senhores de engenho ignoravam as diretrizes da Igreja.[27]

A longa duração da safra conferia ao Brasil considerável vantagem sobre os concorrentes caribenhos, cuja temporada de colheita durava em média apenas 120-180 dias. Também tornava a produção açucareira no Brasil particularmente adequada à escravidão, já que entre o ciclo de moagem e o período de plantio praticamente não havia "tempo morto" e os escravos podiam ser utilizados quase continuamente em alguma etapa da produção de açúcar.

A regulagem e gestão da operação no campo e na fábrica exigia habilidade e experiência. Um bom mestre de açúcar capaz de controlar e prever a maneira como as diferentes atividades se coadunariam, dominando pela inteligência e a destreza as diferentes partes do processo, era essencial para o sucesso. Esse trabalho geralmente era bem remunerado, mas mesmo no século XVI encontramos referências a engenhos em que a função já era exercida por escravos, na medida em que os proprietários tentavam diminuir os custos.

Nas plantações, os escravos plantavam a cana manualmente. Os arados raramente eram empregados no cultivo do açúcar no Brasil, provavelmente porque o solo de massapé da Bahia e de Pernambuco dificultava seu uso. Uma vez plantada a cana, grupos de escravos se incumbiam do desagradável trabalho de limpá-la de ervas daninhas pelo menos três vezes. Durante a safra, grupos de 20-40 escravos cortavam a cana. Muitas vezes trabalhavam em pares, um homem para cortar as canas e uma mulher para juntá-las em feixes. A cana cortada era então levada para o engenho em carros de boi ou pequenos barcos.

O engenho era movido a moinhos d'água ou tração animal. Os que se valiam da força da água faziam esta opção porque, apesar de o custo de construção de uma roda, tanques e um aqueduto ou levada ser maior, gerava-se maior capacidade produtiva. Ambrósio Fernandes Brandão, autor dos *Diálogos das grandezas do Brasil* (1618), estimava em 10 mil cruzados (4:$000) o custo de construção de um engenho, sem contar a construção dos prédios nem as despesas operacionais do primeiro ano. Um chamado engenho real podia produzir 10 mil arrobas por ano e até mais, embora fossem poucos os que chegassem a tal. Os engenhos movidos a tração animal, às vezes chamados trapiches ou engenhocas, geralmente eram postos em funcionamento por grupos de bois. Chegavam a uma média de 3-4 mil arrobas por ano, mas sua construção era mais barata.[28] Estimou-se em 1639 que em Pernambuco um trapiche podia processar o carregamento de cerca de 30 carroças de cana e produzir meia tonelada (25-37 arrobas) por dia, ao passo que um engenho real era capaz de moer o conteúdo de 45 carroças e produzir no máximo 1 tonelada por dia (50-75 arrobas).[29]

O sumo extraído da cana era então passado por uma série de caldeiras, nas quais, por um processo de limpeza e evaporação, o líquido ficava isento de impurezas. As caldeiras de ferro e cobre, consideradas num manual de instruções para um feitor-mor em 1663 "a coisa mais importante do engenho", eram uma grande fonte de despesas, constantemente precisando de reparos.[30] O processo de limpeza dependia do calor de enormes fornalhas que ficavam por baixo das caldeiras. Essas "grandes bocas abertas" tragavam uma quantidade descomunal de madeira. Nos engenhos baianos, o custo da madeira representava em geral cerca de 20% das despesas de funcionamento. Até a introdução da cana caiena, mais fibrosa, no fim do século XVIII, os engenhos brasileiros que processavam a cana crioula raramente faziam uso do bagaço (a sobra da cana espremida) como combustível, dependendo para isto dos recursos florestais aparentemente ilimitados da colônia. O resultado disso foi a destruição de vastas extensões da floresta atlântica.[31]

O trabalho nas caldeiras exigia considerável conhecimento e habilidade. Sob a direção do banqueiro, os trabalhadores de cada uma das caldeiras tratavam de limpar o líquido com grandes conchas, até que o fluido purificado e engrossado pudesse ser vertido em grandes formas de argila que eram então levadas para uma construção separada, a casa de purgar, sendo dispostas em longas fileiras. O açúcar que se cristalizava nas formas era periodicamente coberto com argila umedecida. A água da argila era então filtrada pelas formas de açúcar cristalizado, limpando ainda mais as impurezas e gerando uma forma na qual predominava o açúcar branco. O escoamento das formas era reprocessado para gerar um açúcar mais grosseiro e o melado drenado das formas era destilado para fazer cachaça. O padre Antonil, atento ao mesmo tempo à teologia e aos lucros, assinalou que "a lama suja deixava o açúcar branco, exatamente como a lama dos pecados misturada às lágrimas de arrependimento podia lavar nossas almas".[32] A concentração do Brasil na produção desse açúcar branco, "argiloso", deu vantagem à colônia em relação aos concorrentes caribenhos, que tendiam a produzir açúcar mascavo mais escuro e menos apreciado.

O Brasil especializou-se na produção de açúcar branco, mais valorizado que o mascavo, mas que também tendia a eliminar a necessidade de mais refinação. Assim foi que sua metrópole, Portugal, ao contrário da Holanda e da Inglaterra, não desenvolveu uma indústria de refinamento até o século XVIII. Os engenhos brasileiros também produziam açúcares mais grosseiros, e do melado faziam álcool, ou, segundo as diferentes nomenclaturas regionais, cachaça ou geribita. Nos períodos de maior dificuldade, os senhores de engenho brasileiros argumentavam que só conseguiam pagar as despesas na produção de açúcar, dependendo da venda da cachaça para obter lucro. Algumas regiões, como o Rio de Janeiro, acabaram se especializando na produção de geribita, usada no comércio escravagista africano, mas no século XVIII a produção de açúcar branco predominava na colônia.

Finalmente, sob a direção do caixeiro, o dízimo era subtraído, e quando necessário se procedia a uma divisão entre o engenho e os lavradores de cana. O açúcar separado era então empacotado em grandes caixas de madeira que chegavam a pesar no século XVII cerca de 200-300 kg (14-20 arrobas). Cada caixa era então registrada, com a identificação do peso, da qualidade e da propriedade, para ser em seguida transportada em carroça de tração animal ou barco até o porto principal.

Um engenho brasileiro precisava de uma força de trabalho numerosa, em parte dotada de considerável experiência e habilidade. Em média, os engenhos da Bahia e de Pernambuco tinham 60-70 escravos em sua força de trabalho, mas também contavam com a mão de obra dos escravos dos fazendeiros fornecedores de cana, de modo que o número de trabalhadores por engenho podia de fato chegar a cerca de 100-120. Cada engenho também precisava de provimentos adequados de matéria-prima, cana-de-açúcar, muitas cabeças de gado para as carroças e as rodas, grande quantidade de combustível, geralmente madeira, assim como alimentos para a força de trabalho e toda uma série de materiais e equipamentos.

Três elementos principais determinavam a natureza da economia açucareira brasileira e seu sucesso, conferindo-lhe um caráter e uma configuração específicos. Esses elementos, a estrutura de propriedade, o abastecimento de mão de obra e o acesso ao crédito, estão relacionados à falta de capital nas primeiras etapas da indústria, o que contribuiu para padrões de organização e prática que viriam a persistir no Brasil durante séculos.

O primeiro desses elementos encontra-se na estrutura de produção e propriedade. Os engenhos de açúcar brasileiros eram de propriedade do Estado, de diferentes instituições ou de indivíduos em caráter privado. Nos primórdios da indústria, alguns engenhos chegaram a ser construídos com financiamento real, para estimular a colonização e o crescimento econômico. Em 1587, ainda podia ser encontrado um engenho real na

Bahia, em Pirajá, perto da cidade, mas ele seria arrendado a um indivíduo em caráter privado.[33] Mais tarde no século XVI, contudo, a Coroa já se eximia de qualquer participação direta, preferindo estimular a indústria mediante a concessão de terras e isenções fiscais a investidores privados.

Alguns engenhos de açúcar pertenciam a instituições, sendo as mais importantes as ordens religiosas, especialmente os jesuítas, os carmelitas e os beneditinos. Os jesuítas, presentes no Brasil a partir de 1549, foram inicialmente apoiados por subsídios reais e heranças privadas.[34] Apesar de inicialmente relutantes em se engajar na agricultura de plantação, especialmente com emprego de mão de obra escrava, tendo em vista a possível contradição com seus votos de pobreza e caridade cristã, os jesuítas vieram a constatar no início do século XVII que a agricultura e a criação de gado podiam representar uma base econômica para suas atividades missionárias e educativas. Na Bahia, começaram a desenvolver pequenos engenhos na primeira década do século XVII, mas um grande avanço ocorreu quando o Colégio Jesuíta da Bahia e o de Santo Antão, em Lisboa, receberam como legado o Engenho Sergipe na Bahia e o Engenho Santana em Ilhéus, ambos anteriormente pertencentes a Mem de Sá, ex-governador do Brasil. Embora a propriedade desses bens fosse objeto de longo litígio, opondo os dois colégios jesuítas, um ao outro e também a outros reclamantes, esses engenhos, especialmente o Engenho Sergipe, "Rainha do Recôncavo", representavam importantes ativos. Mais tarde, no século XVII, tanto o colégio dos jesuítas de Olinda quanto o do Rio de Janeiro também entraram na posse de propriedades açucareiras.[35]

Outras ordens religiosas também se envolveram na economia açucareira. Na Bahia, franciscanos, carmelitas e beneditinos cultivaram a cana-de-açúcar em diferentes momentos, chegando os beneditinos e carmelitas a ter seus próprios engenhos.[36] Os beneditinos, estabelecidos no Brasil apenas em 1581, tornaram-se proprietários de plantações de cana no Recôncavo Baiano. Chegaram a construir um engenho, São Bento das Lages, em algum momento anterior a 1650. Pelo meado do século XVII, mais de 60% da renda dos beneditinos baianos derivava do açúcar. Em Pernambuco, os beneditinos de Olinda eram proprietários do Engenho Musurepe, que funcionou a partir da segunda década do século XVII, enquanto os beneditinos do Rio de Janeiro dependiam do Engenho Guaguaçu. Os engenhos eclesiásticos eram a exceção. A vasta maioria dos engenhos de açúcar era de propriedade privada. As sociedades não eram de todo desconhecidas, e alguns dos primeiros engenhos foram empreendimentos conjuntos nos quais alguns investidores reuniram seus recursos, mas a propriedade individual era a forma mais comum. Com o tempo, a propriedade de mais de um engenho também se tornou comum, situação gerada em certa medida pelos gargalos tecnológicos provocados pela capacidade limitada dos engenhos e os problemas de transporte da cana a longas distâncias. Assim, a tendência para aumentar a capacidade criando uma nova unidade tornou-se comum, resultando na propriedade de mais de um engenho por parte de indivíduos e famílias. Embora os engenhos de açúcar representassem o alicerce econômico de certo número de famílias aristocráticas de plantadores, que constituíram durante séculos a elite social, o mais comum eram histórias de alta rotatividade e volatilidade da propriedade. Uma das características distintivas da economia açucareira foi essa insegurança e rotatividade, indício das dificuldades da atividade plantadora. Os indivíduos e famílias que encontrassem êxito tinham nas mãos as rédeas do poder e do prestígio locais. Antes de 1650, os conselhos municipais de Olinda, Salvador e Rio de Janeiro, além de prestigiosas irmandades leigas, como a da Misericórdia, eram dominados pelos senhores de engenho. Passaram a considerar-se uma aristocracia digna de respeito e deferência, não obstante o fato de em sua maioria não terem origem nobre, sendo muitos, na verdade, descendentes de cristãos-novos.[37] Na Bahia, por exemplo, representavam mais de 20% dos proprietários de engenhos registrados entre 1587 e 1592.

Os homens (e às vezes mulheres) que não tinham capital nem crédito para construir um engenho voltavam-se para as plantações de cana-de-açúcar. Desde o início, a indústria açucareira brasileira caracterizara-se pela existência desses lavradores de cana, que forneciam a matéria-prima aos engenhos. Até as instruções originais de governo ou regimento recebidas pelo primeiro governador real, Thomé de Sousa, em 1549, reconheciam sua existência, procurando estabelecer regras para o seu relacionamento com os senhores de engenho.[38]

Tudo indica que a experiência portuguesa nas ilhas do Atlântico, especialmente Madeira, fora particularmente importante no estabelecimento da utilidade dos lavradores de cana. No Brasil, eles se tornaram um aspecto regular e essencial da economia açucareira, e sua existência teve profundas implicações na estrutura da economia e no funcionamento da escravatura. Até 1650, os lavradores de cana cultivavam a maior parte da cana-de-açúcar produzida no Brasil.[39] Isto provavelmente indica uma difusão do investimento e das características de risco da primitiva indústria açucareira brasileira.

A explicação da existência e da importância dos lavradores de cana no Brasil é intrigante. Com certeza a tradição dos pequenos produtores estabelecidos na Madeira representou um precedente, assim como a antiga prática portuguesa dos contratos rurais, ou arroteias, mas o principal no Brasil pode ter sido a relativa escassez de capital para a construção de engenhos nas etapas iniciais da colonização e o desejo da Coroa de estimular a colonização, oferecendo oportunidades a possíveis colonos. De certa maneira, os lavradores de cana representam uma prova da escassez de capital na etapa de formação da colônia. A preocupação da Coroa com sua existência e a exigência de que aqueles que recebessem concessões de terras para construir os primeiros engenhos garantissem a proteção e os benefícios dos lavradores de cana deles dependentes representavam um reconhecimento de sua importância para o projeto de colonização e o estabelecimento da indústria açucareira. Já em 1548, registrava-se na correspondência entre o gerente do Engenho São Jorge em São Vicente e o proprietário ausente a presença de lavradores de cana, mas ele também enumerava argumentos explicando por que a moagem de sua cana era onerosa e talvez desnecessária.[40] Esta tensão persistiu na economia açucareira brasileira durante o século XIX, mas até 1650 os lavradores de cana eram a característica mais expressiva dessa economia.

Embora a designação lavrador fosse empregada em relação a qualquer tipo de fazendeiro no Brasil, os lavradores de cana eram na verdade uma elite agrária, em posição social logo abaixo dos senhores de engenho e não raro compartilhando muitas de suas origens sociais, características e aspirações; mas isso também decorria da natureza de sua dependência, muitas vezes em conflito com os proprietários de engenhos. A natureza dessa relação e seu status dependiam da posse da terra e do acesso a ela. Os lavradores de cana que tinham terras em regime de sesmaria ou aquisição eram na verdade pequenos proprietários e se encontravam em posição privilegiada para barganhar com os donos de engenhos. Os que dispunham dessa chamada "cana livre" geralmente dividiam o açúcar produzido com sua cana, metade para o engenho e metade para o lavrador, e podiam negociar outras vantagens, como arrendamento de gado, ajuda no transporte da cana ou preferência na programação de horários do engenho. A maioria dos lavradores de cana não dispunha dessa vantagem. Eles produziam "cana cativa" e detinham um partido de cana para o qual arrendavam terras, devendo então levar a produção ao engenho, pagando 1/3 ou 1/4 de sua metade do açúcar produzido a título de aluguel da terra. Esses acertos e desvantagens contribuíram para a instabilidade dos lavradores de cana como classe. Num período de 18 safras (1622-50) no Engenho Sergipe, na Bahia, 128 indivíduos são registrados como lavradores, mas apenas 41% (53) aparecem em mais de uma safra, e somente 19% (24) em mais de cinco.[41]

A relação entre senhores de engenho e lavradores de cana era complexa por causa da dependência recíproca e também do conflito inerente a esse relacionamento. Um engenho podia dispor de até trinta lavradores para fornecimento de cana numa só colheita, mas a média de lavradores de cana por engenho no Nordeste brasileiro era provavelmente de três ou quatro. Em Pernambuco, em 1639, havia 250 lavradores fornecendo cana a cerca de 166 engenhos. Esta situação proporcionava a muitas pessoas uma entrada relativamente fácil na economia açucareira, muitas vezes na expectativa de mobilidade social. Os custos iniciais de operação para um lavrador de cana representavam aproximadamente um terço dos custos de um proprietário de engenho. Do ponto de vista dos senhores de engenho, a existência dos lavradores de cana era uma maneira de partilhar os riscos e encargos financeiros da produção de açúcar. Na Bahia, cerca de 1/3 dos escravos empregados na produção de açúcar era de propriedade dos lavradores de cana, e não dos engenhos. Os senhores queriam e precisavam de lavradores, mas temiam que ao adquirir suas próprias terras ficassem em condições de negociar melhores acertos para a moagem de sua cana ou acabassem construindo seus próprios engenhos, gerando concorrência pela cana e a madeira. Uma estratégia consistia então em vender terras aos lavradores, mas com restrições que forçassem o comprador a fornecer sua cana ao engenho do vendedor em caráter perpétuo ou a pagar outras penalidades se a cana fosse vendida a outros compradores. Os lavradores reagiram com suas próprias estratégias, não raro vendendo "cana cativa" a outros engenhos, especialmente nos anos de baixa produção, quando a demanda era grande e muitos não tinham como cumprir com suas obrigações.

Esta situação acabou gerando uma crise na Bahia na década de 1660, quando Bernardino Vieira Ravasco, irmão do famoso jesuíta padre Antônio Vieira, senhor de engenho e secretário de Estado do Brasil, liderou um movimento no conselho municipal de Salvador para limitar a construção de novos engenhos. A proposta encontrou séria oposição de muitos senhores de engenho, argumentando que se os lavradores não pudessem ter a expectativa de se tornar senhores de engenho, não mais se disporiam a servir como lavradores de cana. A Coroa acabou promulgando na Bahia, em 1681 e 1684, leis que limitavam a construção de engenhos a 1.500 braças (cerca de 3 quilômetros) de outros já existentes. O efeito disso foi estimular a abertura de novas áreas açucareiras mais distantes do litoral. Leis semelhantes foram promulgadas em outras capitanias. Embora aos senhores de engenho não agradasse a possível concorrência de novos engenhos e a relativa vantagem dos lavradores de cana quando muitos senhores disputavam seu produto, eles também se davam conta de que, sem uma expectativa de mobilidade social, poucos haveriam de aceitar os encargos do plantio de cana. Os lavradores de cana eram um elemento permanente da economia açucareira brasileira e também, em seus primórdios, uma medida de sua condição econômica.

Havia muito capital e muita riqueza entre os lavradores de cana, alguns ligados por laços de sangue ou matrimônio aos senhores de engenho. Havia também um bom número de mulheres, não raro viúvas, participando da economia açucareira. Digno de nota até o fim do século XVIII, contudo, era o fato de os lavradores de cana serem quase invariavelmente brancos. Os negros e mulatos livres simplesmente não dispunham de créditos ou capital para assumir os encargos desse tipo de agricultura. Sua ausência chama a atenção para o status social relativamente alto dos lavradores de cana como plantadores em potencial. Um status que poucos deles de fato alcançavam, mas a possibilidade sempre representava um atrativo. Esta situação perdurou até o século XVIII.

Globalmente, os lavradores de cana e senhores de engenho estavam unidos por seus interesses e pela dependência ao mercado internacional. Juntos, constituíam os "nervos do corpo político", nas palavras de Wenceslao Pereira da Silva em 1738. Antonil advertiu os senhores a tratarem seus lavradores bem, e em 1623 um administrador do Engenho Sergipe informou que precisava tratar os lavradores com cuidado, pois "nesta terra tudo é respeito e cortesia".[42] Mas muitos senhores abusavam de seu poder. Em última análise, os dois lados precisavam um do outro. Os lavradores de cana eram sob muitos aspectos protoplantadores, proprietários de gado, escravos e às vezes terras. Não raro pertenciam aos mesmos estratos sociais que os grandes plantadores, compartilhando com eles muitas atitudes. Cooperavam em conflitos com os comerciantes e na busca de uma moratória das dívidas, concessão que foi alcançada na Bahia em 1663, com uma lei proibindo o arresto de um engenho por dívidas menores que seu valor total, estendida aos lavradores de cana baianos em 1720 e a outras capitanias posteriormente.

Essas aparentes "vitórias" dos devedores podem ter contribuído para as dificuldades que o Brasil viria a enfrentar ao tentar competir com Barbados e, mais tarde, com a Jamaica. As unidades integradas de produção, com numerosa mão de obra escrava sob controle unitário, que passaram a caracterizar a produção caribenha eram de realização difíl na realidade do Brasil, em vista da tradição dos lavradores e da relutância dos credores em fornecer amplos créditos para a mão de obra escrava expandida e necessária para as plantações unificadas. A sobrevivência dos lavradores de cana como classe social era um sintoma da incapacidade do Brasil de transformar sua economia açucareira em conformidade com os novos modelos do século XVIII.[43]

A segunda característica da indústria açucareira brasileira em seus primórdios era a dependência relativamente longa de uma força de trabalho indígena e a gradual passagem para os africanos. Nos primeiros setenta anos aproximadamente, a indústria dependeu da mão de obra indígena. Também isso parece indicar uma falta de capital ou crédito para financiar a importação de trabalhadores africanos como escravos. Os escravos africanos e afro-brasileiros viriam a predominar na economia açucareira, mas esse processo se deu num período prolongado, de mais de meio século.[44]

A transição dos índios para os africanos como trabalhadores foi um elemento-chave da expansão da economia açucareira brasileira no fim do século XVI. Com a intensificação das exigências da agricultura açucareira em meados da década de 1560, o trabalho indígena já não podia ser obtido por escambo. Além disso, as tentativas dos portugueses de se apropriar de trabalhadores nativos pelo resgate de prisioneiros de guerra, para em seguida mantê-los temporariamente como escravos, enfrentou crescente oposição dos jesuítas, alegando que os indígenas das aldeias jesuíticas podiam fornecer mão de obra para os engenhos de maneira mais eficaz e com menos abusos. Em 1600, eles afirmavam ter 50 mil indígenas sob seu controle, à disposição tanto da Coroa quanto dos colonos. Enquanto isso, a Coroa legislava cada vez mais contra a escravização de indígenas, com leis promulgadas em 1570, 1595 e 1609. Nesse período, contudo, os indígenas, fossem escravizados ou livres, representavam a principal força de trabalho na economia açucareira, assim permanecendo até as primeiras décadas do século XVII.

A demografia também foi um fator decisivo na transição. A população indígena foi dizimada por doenças, primeiro a varíola, depois o sarampo, entre 1559 e 1563. Milhares morreram, aldeias inteiras foram abandonadas, muitos fugiram para o interior, disseminando a doença. Os portugueses reagiram mandando novas entradas para o interior, para trazer mais trabalhadores, e transferindo grupos de uma capitania para outra, mas essas políticas eram onerosas e a suscetibilidade dos indígenas às doenças fazia com que os plantadores de cana relutassem em investir na aquisição de mais índios ou no seu treinamento em aspectos técnicos da produção do açúcar.

A transição de uma força de trabalho de indígenas para outra predominantemente de africanos ocorreu lentamente ao longo de um período de cerca de meio século. Já na década de 1540 eram buscados escravos negros, mas eles ainda eram muito poucos na década de 1560. Muitos dos primeiros africanos trazidos para o Brasil eram provavelmente oficiais, vale dizer, trabalhadores qualificados, e alguns indubitavelmente já tinham trabalhado em engenhos na ilha da Madeira ou em São Tomé. No Engenho São Jorge, havia em 1548 apenas sete ou oito africanos, servindo no entanto como capatazes ou encarregados da purificação ou das caldeiras. Em 1580, a força de trabalho açucareira em Pernambuco ainda era aproximadamente 2/3 indígena, mas a transição se processava. Era mais oneroso obter trabalhadores africanos, mas, considerando-se o crescente custo da aquisição de indígenas, sua suscetibilidade às doenças, sua disposição de fugir e a percepção dos portugueses de que os africanos eram trabalhadores mais fortes e capacitados, os africanos passaram a ser cada vez mais procurados. Em 1572, no Engenho Sergipe, na Bahia, um trabalhador africano valia 25$000, enquanto um indígena com capacitação semelhante valia em média apenas 9$000. Os registros do Engenho Sergipe permitem-nos acompanhar essa transição. Em 1574, apenas 7% de sua força de trabalho eram de africanos, mas em 1591 o percentual era de mais de 37%, e em 1638 ela já era totalmente africana ou afro-brasileira.[45] Era mais oneroso obter trabalhadores africanos, mas a longo prazo eles se revelavam um investimento mais lucrativo.

A transição de uma força de trabalho de americanos nativos para outra composta basicamente de africanos e seus descendentes tinha como paralelo uma segunda transição, de trabalhadores brancos qualificados em sua maioria livres para especialistas e artesãos do fabrico de açúcar que eram escravos ou negros livres.[46] Nos primórdios da indústria açucareira brasileira, não raro se viam até vinte brancos trabalhando com um salário anual ou mediante prestação de serviços. Eram solicitados capatazes, supervisores, encarregados de caldeiras, ferreiros, carpinteiros, construtores de barcos, pedreiros. Os trabalhadores eram remunerados de diversas maneiras, em função não só da capacitação mas também da etnia; os brancos sempre eram mais bem remunerados que os negros ou mulatos, sendo os índios os que recebiam menos pelas mesmas tarefas. Com o passar do tempo, verificou-se uma generalizada tendência para substituir os artesãos brancos por escravos ou antigos escravos alforriados, para os quais essas ocupações representavam uma forma de acesso à mobilidade social. A possibilidade de acesso a essas posições servia de incentivo aos escravos do engenho. Os plantadores davam preferência, para ocupar essas posições, aos mulatos e negros nascidos no país (crioulos). Do ponto de vista dos plantadores, o interesse era substituir trabalhadores brancos livres por escravos ou antigos escravos, que podiam receber uma remuneração menor que os brancos.[47] Essa mudança para uma mão de obra qualificada afro-brasileira resultou da intensificação do comércio escravagista no Atlântico e das alterações demográficas por ela geradas, dando aos plantadores a oportunidade de reduzir suas despesas operacionais, passando a recorrer a uma crescente população brasileira de origem mista.

Finalmente, o acesso ao capital e ao crédito e o padrão de lucratividade constituíram fatores-chave para o sucesso da economia açucareira. Em 1618, o cristão-novo Ambrosio Fernandes Brandão afirmava que muitos portugueses que tinham feito fortuna na Índia retornavam a Portugal para gastá-la e levar uma boa vida, mas raramente alguém que tivesse ficado rico no Brasil voltava ao seu país. O motivo era o fato de a riqueza no Brasil expressar-se em terras, não sendo portanto transferível. Apesar dos eventuais comentários sobre o estilo de vida opulento dos grandes plantadores, muitos deles levavam uma vida simples, aplicando suas fortunas na construção de suas propriedades. Os plantadores estavam sempre se queixando das dívidas e dos gastos, mas parece evidente que uma riqueza considerável foi gerada, pelo menos nos setenta primeiros anos do crescimento da indústria.

O cálculo dessa riqueza, contudo, é difícil. Os plantadores simplesmente calculavam a renda anual em cotejo com as despesas, para saber como se saíam. O que muitas vezes lhes dava uma falsa impressão de sua posição econômica. Além disso, o Brasil e sua metrópole, Portugal, sofriam de crônica escassez de moeda em circulação, especialmente no período anterior a 1580. Foi o que o gerente do Engenho São Jorge deixou claro em 1548: "Pois aqui não existe circulação de dinheiro e se deve forçosamente ceder as coisas a crédito por um ano e esperar dois anos para ser reembolsado. Dessa forma, todo proprietário de um engenho aqui paga aos trabalhadores em bens (...)." Esta situação de certa forma se alterou entre 1580 e 1620, quando os portugueses do Brasil tiveram acesso à prata peruana por contrabando, através de Buenos Aires, num volume que a Coroa estimou em 1605 chegar a 500 mil cruzados em moeda e barras por ano.[48] Mas essa porta se fecharia depois de 1621, restabelecendo-se as condições anteriores de escassez.[49]

Nos primeiros anos da indústria, muitos dos moinhos foram construídos com créditos fornecidos por comerciantes de açúcar. Nesse período, as terras muitas vezes eram adquiridas por concessão e a mão de obra, pela captura de indígenas, o que mantinha originalmente baixos os custos fixos de capital, facilitando a formação do capital. Ainda assim, era necessário construir prédios e maquinaria, caldeiras e formas de açúcar precisavam ser compradas ou fabricadas, assim como gado, barcos e carroças, preparando-se ou se arrendando terras para o plantio da cana. Uma das fontes de capital para a indústria açucareira parecem ter sido as funções governamentais. Os estudos recentes de João Fragoso sobre o desenvolvimento da economia açucareira no Rio de Janeiro revelam que a maioria das famílias de plantadores estabelecidas na região antes de 1620 haviam desempenhado funções administrativas aparentemente usadas para abrir portas no acúmulo de riqueza ou na obtenção de outras vantagens que então possibilitaram a chegada à posição de senhor de engenho.[50] Sucessivas gerações eram proprietárias de engenhos de açúcar e habitualmente ocupavam cargos no conselho municipal do Rio de Janeiro, dando continuidade à união entre a função pública e a fortuna. As funções reais, os contratos fiscais e as funções municipais geravam o capital que viria a ser investido na indústria açucareira. Padrões semelhantes parecem ter prevalecido na Bahia e em Pernambuco.

Os que desejavam entrar no negócio da produção de açúcar geralmente constatavam que havia escassez de espécie, de modo que o crédito era essencial para dar início às operações, fosse no caso dos plantadores ou dos fazendeiros — dependendo estes às vezes daqueles para ter acesso ao crédito. Se tomarmos como referência padrões desenvolvidos posteriormente, muitas plantações foram montadas com um desembolso de cerca de um terço do capital necessário, sendo o resto fornecido a crédito. Isso permitia que pessoas de recursos relativamente modestos aspirassem à condição de senhor de engenho, significando que seus lucros eram consideravelmente mais altos que os que poderiam ser depreendidos da proporção entre capital e renda anual.

Os créditos eram obtidos em diferentes fontes, sendo os conventos, irmandades caritativas (misericórdias) e outras instituições religiosas as principais fontes de dinheiro emprestado em condições cômodas de cerca de 6,25% a tomadores de baixo risco ou grande prestígio. Esses empréstimos eram muitas vezes de muito longo prazo. Os tomadores menos privilegiados contratavam empréstimos a taxas muito mais elevadas junto a comerciantes que davam um jeito de contornar as limitações impostas à usura. Muitos senhores montavam engenho contando basicamente com créditos, o que no entanto levava com frequência a conflitos com comerciantes por motivo de atraso. A falta de registros notariais nesse período constitui um sério impedimento no sentido de determinar a natureza dos acertos creditícios. Sabemos que os registros notariais de Amsterdã revelam muitas transações envolvendo cristãos-novos ligados por seus investimentos ao comércio brasileiro e à economia imperial portuguesa, mas praticamente não dispomos de provas de investimentos diretos na produção de açúcar.[51] Há indicações de que o crédito era fornecido quase sempre por comerciantes locais e correspondentes na colônia, e não por fontes europeias.

Durante o rápido crescimento da indústria depois de 1570, alguns observadores falavam da riqueza e opulência dos plantadores de açúcar, de seu gosto pela hospitalidade luxuosa, a vida em alto estilo e os símbolos de um estilo de vida nobre. Na muito citada expressão de Antonil, ser um senhor de engenho no Brasil equivalia a ter um título de nobreza em Portugal. Mas prestígio não era o mesmo que riqueza. Apesar do gosto pelo luxo, os retornos de capital dos plantadores não parecem ter sido tão extraordinariamente altos quanto em certas estimativas modernas, superestimando a produção e subestimando os custos.[52] A mão de obra era um elemento essencial dessas despesas, tanto como custo fixo, na forma de compras, substituições, alimentação e cuidados com os escravos, chegando talvez a cerca de 25% dos gastos anuais, como também na forma de salários pagos a especialistas, artesãos e eventualmente trabalhadores do açúcar, ou o equivalente a 20-30% dos custos anuais. Como vimos, era esta uma área onde os plantadores de açúcar procuravam cortar gastos. No início do século XVII, era possível montar um engenho ao custo de 8-10 mil cruzados (3:600$). Pelo fim do século, o valor médio de um engenho baiano era de aproximadamente 15 mil, sem contar os escravos, e talvez de 18-20 mil cruzados contando com eles. O capital era distribuído entre vários bens (prédios, equipamentos, gado etc.), e a terra constituía invariavelmente o mais valioso, costumando representar metade do valor total do engenho. A força de trabalho escravo geralmente representava algo em torno de 20% do capital. Nesse período, um lucro de 2:000$ a 3:000$ num engenho valendo 20:000$, ou um lucro de 10 a 15%, era considerado muito bom, nem sempre sendo alcançado.

Ao longo do século XVII, um retorno de capital oscilando entre 5 e 10% na indústria como um todo provavelmente era comum, embora fossem possíveis taxas mais elevadas em períodos de expansão. Os lavradores de cana enfrentavam condições ainda mais difíceis. Mas o fluxo de caixa talvez não seja a melhor maneira de avaliar o negócio da produção de açúcar. Boa parte dos ganhos iniciais da indústria podem ter assumido a forma de criação de capital, à medida que o valor dos bens se elevava mais rapidamente que a renda, o que parece dar a entender um alto índice de poupança. Devemos lembrar que muitos dos primeiros engenhos no século anterior adquiriam terras pelo regime de sesmarias e trabalhadores indígenas por simples captura, a um custo monetário relativamente baixo, de tal maneira que o valor do capital crescia rapidamente. A aragem da terra, a construção de capelas, casas e prédios, de aquedutos e moinhos aumentavam o valor do capital, representando a construção de uma riqueza pessoal. Isto por sua vez gerava bens que facultavam uma expansão do crédito. Nesse ponto, a importância dos vínculos familiares e pessoais em geral, tão comum no comércio do início da era moderna, também desempenhou um papel, explicando a participação ativa de cristãos-novos em todos os aspectos da indústria, de formas que associavam os comerciantes a plantadores, gerentes e artesãos.

Para a indústria como um todo, o período entre 1560 e 1620 provavelmente assistiu aos maiores ganhos de riqueza, com considerável arrefecimento posterior, à medida que os preços do açúcar declinavam e, em consequência, aumentavam os custos. A geração fundadora de plantadores adquirira boa parte de suas terras por concessão e a mão de obra por captura ou ainda por contratação, com os jesuítas, de trabalhadores não remunerados ou modestamente remunerados. Seus gastos haviam sido reduzidos por esse processo, e seus ganhos, potencializados. Por volta de 1620, as melhores terras, próximas do litoral, haviam sido ocupadas, de modo que a expansão só podia dar-se em terras mais afastadas, onde seriam mais elevados os custos de transporte. As sesmarias tornaram-se menos comuns e cada vez mais as novas terras eram adquiridas mediante compra. As medidas da Coroa para eliminar a escravidão indígena e a oposição jesuíta por ela enfrentada dificultaram e tornaram mais dispendiosa a aquisição de mão de obra indígena, e só a introdução do engenho de três rolos permitiu a continuidade do processo de expansão, embora já agora a um ritmo reduzido. Com a crise de 1623 e a subsequente queda dos preços do açúcar no mercado atlântico, seguidas da invasão holandesa de 1630, com toda a perturbação que causou, inclusive os índices mais altos de resistência e fuga entre os escravos, a indústria açucareira brasileira entrou numa nova etapa de estabilidade e expansão lenta, na qual as exigências da guerra e da política passaram a desempenhar um papel mais importante que as vantagens e benefícios do clima e do regime de chuvas. No momento em que os novos concorrentes caribenhos em Barbados, Suriname, Jamaica e Martinica desafiavam a posição predominante do Brasil, a indústria do açúcar já enfrentava consideráveis dificuldades causadas por sua organização social interna e as tensões que havia gerado. O açúcar continuou sendo a mercadoria agrícola mais valiosa do Brasil até meados do século XIX, e o plantio do açúcar, um negócio difícil e às vezes lucrativo ao longo do século XVIII. Mas o apogeu do fim do século XVI e do início do século XVII nunca voltaria da mesma maneira, embora a esperança e a lembrança permanecessem no espírito dos que aspiravam ao título de senhor de engenho, assim como à riqueza, ao poder e à autoridade que passara a representar.

O açúcar projetou uma forte sombra sobre a história inicial da colônia. Grandes cidades foram fundadas como portos e centros administrativos para o comércio açucareiro. As cidades secundárias desenvolviam-se com lentidão, pois os engenhos muitas vezes usurpavam suas funções econômicas e religiosas. As colheitas de subsistência, a criação de gado, a guerra contra povos nativos e sua captura e o desmatamento da Floresta Atlântica foram em certa medida resultado das necessidades da economia açucareira no Nordeste. O mesmo ocorreu à importação de cerca de meio milhão de africanos no século XVII. A sociedade brasileira organizou-se hierarquicamente pela cor da pele, ocupando os brancos o topo da hierarquia, os mulatos, mestiços e outros pardos, o meio, e os africanos escravizados, a base. Mas havia outras divisões e hierarquias, em matéria de situação jurídica, etnia, lugar de nascimento, origens religiosas e ocupação. Os engenhos não criaram essas hierarquias, mas suas estruturas internas, com proprietários de origem europeia, trabalhadores coagidos, primeiro indígenas e depois africanos, e uma série de artesãos e outras posições ocupadas por brancos pobres, ex-escravos libertos e povos de origem mista, tendiam a reforçar e expor as estruturas constituintes da sociedade. Neste sentido, os engenhos foram ao mesmo tempo geradores e espelhos da sociedade brasileira durante a grande época açucareira.

Notas

1. Cuthbert Pudsey, 2000. v. 3, pp. 25. A impressão de Pudsey não era singular. Frei Vicente do Salvador, o primeiro historiador do Brasil, observou que no Brasil as coisas eram invertidas, pois a colônia toda não formava uma república, antes parecendo que cada casa era uma república. Ver a discussão em: Fernando A. Novais, 1997-98, I, p. 13-40.
2. Hermann Kelenbenz, 1968, p. 295; Eddy Stols, 1968, p. 405-419.
3. José Antônio Gonsalves de Mello e Cleonir Xavier de Albuquerque (eds.), 1967, p. 71.
4. Christopher Ebert (no prelo).
5. Domingos Abreu e Brito, 1931, p. 58-59.
6. "Província do Brasil", ANTT, Convento da Graça de Lisboa, tomo vi. Este documento é analisado em Artur Teodoro de Matos. "O império colonial português no início do século XVII", *Arquipélago*, v. I, nº 1 (1995), p. 181-223.
7. Memorando de Joseph Israel da Costa, Algemein Rijksarchief, Loketkas 6, Staten Generaal West Indische Compagnie.
8. AHU, Bahia, papéis avulsos, caixa 1, 1º ser. não cat.
9. A respeito da questão ainda não esclarecida da invenção do engenho vertical de três rolos, ver John Damiels e Christian Daniels, 1988, p. 493-535.
10. G. B. Hagelberg, 1996, p. 9-25.
11. ANTT, Cartório dos Jesuítas, maço 13, doc. 4. Na colheita de 1611-12, no Engenho Sergipe, a seguinte anotação foi feita no livro de contabilidade: "a um artesão que ajudou Sebastião Pereira a fazer uma gangorra durante 12 dias a 320rs". (ANTT, Cartório dos Jesuítas, maço 14, doc. 4).
12. Suely Robles Reis de Queiroz, 1967.

13. Para uma discussão dos efeitos dos combates marítimos e terrestres na indústria do açúcar em Pernambuco, ver Evaldo Cabral de Mello, 1998, p. 89-141.
14. Pedro Puntoni, 1999, p. 81-82. Ver também Hermann Watjen, 1938.
15. Van der Dussen, FHBH, I, p. 137-232.
16. RIAGP, 31 (1886); 32 (1887). In: C.R. Boxer, 1957, p. 143. O mesmo ponto de vista é sustentado por José Antonio Gonsalves de Mello, 1978, p. 134-135. Essa afirmação da incapacidade holandesa no fabrico do açúcar era comumente reiterada pelos portugueses, mas contestada por alguns dos holandeses, sustentando que, com orientação de especialistas do Brasil, os ingleses e holandeses acabaram aprendendo suficientemente a fabricação de açúcar para se tornar importantes concorrentes dos portugueses.
17. Evaldo Cabral de Mello, p. 172-218.
18. Os livros essenciais sobre os primórdios do comércio açucareiro são Frédéric Mauro, 1960; Eddy Stols, 1971. Ver também, Christopher Ebert, 2008, contendo uma análise dos primeiros anos, antes de 1630, e Leonor Costa Freire, 2002.
19. José Antônio Gonsalves de Mello, 1993, p. 21-144. Ver também, Manuel António Fernandes Moreira, 1990, contendo o ponto de vista de um pequeno porto português no meado do século XVII.
20. Ver John Everaert, 1991, p. 99-142. Sobre a continuidade do mercado açucareiro de Bruges à Antuérpia, ver W. Brulez, 1970, p. 15-37.
21. Manuel António Fernandes Moreira, *Os mercadores de Viana*, p. 20-27.
22. Na realidade, a caravela foi proibida no comércio brasileiro em 1648. Ver AHU, Codice 14, f. 146v. Faço uma descrição mais completa do fim do comércio privado e do papel da Brazil Company in Schwartz, p. 180-181.
23. Domingos do Loreto Couto, v. 24 (1902), p. 171.
24. Durante a ocupação holandesa de Pernambuco, o costume da bênção do engenho e dos trabalhadores por um padre, no início da colheita, estava tão arraigado que até os proprietários de engenhos holandeses a autorizavam, não obstante as objeções da direção da Igreja Cristã Reformada, contrária a tais "superstições" e ao fato de a safra geralmente começar num domingo. Ver Frans Leonard Schalwijk, RIAHGP, v. 58 (1993), p. 145, 168, 172, 178.
25. Cuthbert Pudsey, p. 31.
26. ANTT, Inq. n. 10, 776.
27. Em investigações efetuadas pela Inquisição na Bahia e em Pernambuco na década de 1590, alguns plantadores foram acusados de não obrigar seus escravos a trabalhar no sábado, suposto sinal de observância judaica por parte desses plantadores. Ver Elias Lipiner, 1969, p. 71.
28. Gabriel Soares de Souza, 1971.
29. Van Dussen, p. 93-96.

30. José Antônio Gonsalves de Mello, v. 2 (1953), p. 80-87.
31. Shawn Miller, 2000.
32. Andre João Antonil; Andree Mansuy, 1968, liv. 2, cap. 12.
33. Gabriel Soares de Souza , p. 146.
34. Dauril Alden (1984), p. 139-170, contém uma análise detalhada das propriedades açucareiras dos jesuítas. Ver também Stuart B. Schwartz, p. 96-97, apresentando certas diferenças de detalhe na questão da produtividade.
35. A complexa história jurídica dessas propriedades é resumida em Stuart B. Schwartz, p. 488-97.
36. Stuart B. Schwartz, V. 39:1, 1982, p. 1-22.
37. A este respeito, ver, no caso da Bahia, Stuart B. Schwartz, p. 264-67; de Pernambuco, Evaldo Cabral de Mello, 1995, p. 128-30; do Rio de Janeiro, João Fragoso, I, 2000, p. 45-122.
38. Escrevi amplamente sobre os lavradores de cana às p. 295-312. Ver também meu artigo anterior "Free Labor in a Slave Economy: The lavradores de cana of Colonial Bahia", 1973, p. 147-97. Um excelente e importante estudo levando em consideração as canções teóricas dos lavradores de cana é Vera Lúcia Amaral Ferlini, 1988.
39. Lúcia Amaral Ferlini, 1988, p. 171.
40. Ver o texto em Eddy Stols, v. 76, 1968, p. 407-420.
41. Mircea Buescu, 1970, p. 110-112.
42. ANTT, CSJ, maço 70, n. 87
43. Ver Russell R. Menard, 2000, p. 154-162. Ver também Jacob M. Price, 1991, p. 293-340.
44. Pude detalhar esse processo em Stuart B. Schwartz 1978, p. 43-79; e num contexto comparativo em Russell R. Menard, e Stuart B. Schwartz, 1993, p. 89-114. Ver também John Monteiro, 1994.
45. Stuar B. Schwartz, p. 67-73. O ritmo era diferente em outras capitanias. No Engenho Guaguaçu, dos beneditinos no Rio de Janeiro, havia em 1652 25 indígenas, num total de 83 escravos adultos, e em 1657 eles eram apenas quatorze entre 86 adultos. Ver Stuart B. Schwartz, 1982, p. 12.
46. Stuart B. Schwartz, p. 313-337.
47. Eddy Stols, "Um dos primeiros", p. 418.
48. O rei ao vice-rei, Dom Pedro de Castilho (26 nov. 1605), BA, 51-VII-8, f. 220-220v. Sobre o comércio ilegal e o contrabando através de Buenos Aires, ver Luís Ferand de Almeida, *A diplomacia portuguesa* (Coimbra, 1957), p. 78-80, 303-306.
49. Uma excelente análise do problema do crédito encontra-se em Jacob Price, 1991, p. 293-339.
50. João Fragoso, 2000, p. 45-122.

51. Ver E. M. Koen et al., 1967-1979; James Boyajian, p. 471-484; e Ernst Pijning, p. 485-500, ambos em Paolo Bedrnardini e Norman Fiering, (eds.), 2001.
52. Celso Furtado, por exemplo, estimou uma produção de 2 milhões de arrobas em 1600, considerando que era possível obter lucros de 80% do capital investido num bom ano, com gastos muito baixos em matéria de salários e outras despesas. Ver seu livro *The Economic Growth of Brazil*, 1965.

Abreviaturas

Arquivos
AGS Archivo General de Simancas
AHU Arquivo Histórico Ultramarino
ANTT Arquivo Nacional da Torre do Tombo
BA Biblioteca da Ajuda
Publicações
ABNR Anais da Biblioteca Nacional do Rio de Janeiro
FHBH Fontes Históricas do Brasil Holandês
RIAHGP Revista do Instituto Arqueológico, Histórico e Geográfico Pernambucano

Bibliografia

"Cartas e pareceres de Gaspar Dias Ferreira" RIAGP, 31 (1886); 32 (1887). In: BOXER, C. R. *The Dutch in Brazil* (Oxford, Oxford University Press, 1957), p. 143.

"Província do Brasil", ANTT, Convento da Graça de Lisboa, tomo vi.

Van der Dussen, "Relatório sobre o Estado das Capitanias conquistadas no Brasil", FHBH, I.

ABREU E BRITO, Domingos. *Um inquérito: a vida administrativa e económica de Angola e do Brasil (1591)*; ALBUQUERQUE FELNER, Alfredo de (ed.) Coimbra: Universidade de Coimbra, 1931, p. 58-59.

AHU, Bahia, papéis avulsos, caixa 1, 1° ser. não cat.

AHU, Codice 14, f. 146v.

ALDEN, Dauril. "Sugar Planters by Necessity, Not Choice: The Role of the Jesuits in the Cane Sugar Industry of Colonial Brazil, 1601-1759", *The Church and Society in Latin America,* COLE, Jeffrey A. (ed.). Nova Orleans: Tulane University (1984), 139-170, contém uma análise detalhada das propriedades açucareiras dos jesuítas.

ANTONIL, Andre João. *Cultura e opulência do Brasil por suas drogas e minas*. Belo Horizonte: Itatiaia/Edusp, 1982.

ANTT, Cartório dos Jesuítas, maço 13, doc. 4. Na colheita de 1611-12 no Engenho Sergipe, a seguinte anotação foi feita no livro de contabilidade: "a um artesão que ajudou Sebastião Pereira a fazer uma gangorra durante 12 dias a 320rs". (ANTT, Cartório dos Jesuítas, maço 14, doc. 4).

ANTT, C.S.J, maço 70, n. 87.

BOYAJIAN, James. "New Christians and Jews in the Sugar Trade, 1550-1750: Two centuries of Development in the Atlantic Economy", p. 471-484.

BRULEZ, W. "Brugge en Antwerpen in de 15e en 16e eeuw: een tegenstelling?" Tijdschrift voor geschiedenis, 83 (1970), 15-37.

BUESCU, Mircea. *História econômica do Brasil. Pesquisas e análises*. Rio de Janeiro: APEC, 1970.

CABRAL DE MELLO, Evaldo. *A fronda dos mazombos. Nobres contra mascates. Pernambuco 1666-1715*. São Paulo: Companhia das Letras, 1995.

______. *Olinda restaurada. Guerra e açúcar no Nordeste, 1630-1654*, 2ª ed. Rio de Janeiro: TopBooks, 1998.

COSTA FREIRE, Leonor. *O transporte no Atlântico e a Companhia Geral do Comércio do Brasil (1580-1663)*, 2 vols. Lisboa: Comissão Nacional para as Comemorações dos Descobrimentos Portugueses, 2002.

DANIELS, John & DANIELS, Christian. "The Origin of the Sugarcane Roller Mill", *Technology and Culture*, 29:3 (1988), p. 493-535.

EBERT, Christopher. *Demand and Profit: Inter-Imperial Organization of the Brazilian Sugar Trade*. Amsterdã: Brill (no prelo).

EVERAERT, John. "Les barons flamands du sucre à Madère". In: *Flandre et Portugal. Au confluent de deux cultures*. EVERAERT, J. e STOLS, E. (eds.). Antuérpia, 1991.

FERLINI, Vera Lúcia Amaral. *Terra, trabalho e poder*. São Paulo: Brasiliense, 1988.

FERNANDES MOREIRA, Manuel Antônio. *Os mercadores de Viana e o comércio do açúcar brasileiro no século XVII*. Viana do Castelo, 1990.

FRAGOSO, João. "A nobreza da República: notas sobre a formação da primeira elite senhorial do Rio de Janeiro (séculos XVI e XVII)", *Topoi. Revista de História*, I (2000), p. 45-122.

FURTADO, Celso. *The Economic Growth of Brazil*. Berkeley: University of California Press, 1965.

GONSALVES DE MELLO, José Antônio; ALBUQUERQUE, Cleonir Xavier de (eds.). *Cartas de Duarte Coelho a El Rei*. Recife: Imprensa Universitária, 1967.

______. "Os livros de saídas das urcas do porto do Recife", RIAHGP, 58 (1993), 21-144.

______. "Um regimento do feitor-mor do engenho de 1663", *Boletim do Instituto Joaquim Nabuco*, v. 2 (1953), p. 80-87.

HAGELBERG, G. B. "Sugar and History: A Global view", Slaves with or Without Sugar. VIEIRA, Alberto (ed.). Funchal: Centro de Estudos Atlânticos, 1996.

KELENBENZ, Hermann. "Relações econômicas entre Antuérpia e o Brasil no século XVII", *Revista de História*, v. 33 (1968).

KOEN, E. *M. et al.* "Notarial Records in Amsterdam relating to the Portuguese Jews in that Town up to 1639", *Studia Rosenthaliana,* séries de 1967-1979.

LIPINER, Elias. *Os judaizantes das capitanias de cima*. São Paulo: Omega, 1969.

LORETO COUTO, Domingos de. "Desagravos do Brasil e glórias de Pernambuco". In: *Anais da Biblioteca Nacional do Rio de Janeiro*, v. 24 (1902), p. 171.

ALMEIDA, Luis Fernand de. *A diplomacia portuguesa*. Coimbra: 1957, p. 78-80, 303-306.

MANSUY, Andree (ed. e trad.). Paris: Institut des Hautes Études des Amériques Latines (1968), liv. 2, cap. 12.

MATOS, Artur Teodoro de. "O império colonial português no início do século XVII", *Arquipélago*, v. I, nº 1 (1995), p. 181-223.

MAURO, Frédéric. *Le Portugal et l'Atlantique au XVIIe siècle* (Paris, SEVPEN, 1960).

MELLO, José Antonio Gonsalves de. *Tempo dos flamengos. Influência da ocupação holandesa na vida e na cultura do norte de Brasil*, 2ª ed., Recife: Secretaria de Cultura, 1978.

Memorando de Joseph Israel da Costa, Algemein Rijksarchief, Loketkas 6, Staten Generaal West Indische Compagnie.

MENARD, Russell R.; SCHWARTZ, Stuart B. "Why African Slavery? Labor Force Transitions in Brazil, Mexico, and the Carolina Lowcountry", *Slavery in the Americas*, BINDER, W. (ed.), Würzburg: Könighausen and Neumann, 1993, p. 89-114.

MENARD, Russell R. "Law, Credit, the Supply of Labour, and the Organization of Sugar Production in the Colonial Greater Caribbean: a Comparison of Brazil and Barbados in the Seventeenth Century". In: *The Early Modern Atlantic Economy.* MCCUSKER, John J.; MORGAN, Kenneth (eds.), Cambridge: Cambridge University Press, 2000, p. 154-162.

MILLER Shawn. *Fruitless Trees. Portugese Conservation and Brazil's Colonial Timber.* Stanford: Stanford University Press, 2000.

MONTEIRO, John. *Negros da terra,* São Paulo: Companhia das Letras, 1994.

NOVAIS, Fernando A. "Condições da privacidade na colônia". *História da vida privada*. In: SOUZA, Laura de Melo e (org.), 4 vols. São Paulo: Companhia das Letras, 1997-98.

Carta do rei ao vice-rei, Dom Pedro de Castilho (26 nov. 1605), BA, 51-VII-8, f. 220-220v.

PIJNING, Ernst. "New Christians as Sugar Cultivators and Traders in the Portuguese Atlantic, 1450-1800", p. 485-500, ambos em BEDRNARDINI, Paolo; FIERING, Norma (eds.). Nova York, Berghan Books, 2001.

PRICE, Jacob M. "Credit in the Slave trade and plantation economies", *Slavery and the Rise of the Atlantic System*. SOLOW, Barbara L. (ed.), Cambridge: Cambridge University Press, 1991.

PUDSEY, Cuthbert. *Journal of a Residence in Brazil*. In: PAPAVERO, Nelson; TEIXEIRA, Dante Martins (eds.), Série Dutch Brazil, 3 vols., Petrópolis: Petrobras, 2000.

PUNTONI, Pedro. *A mísera sorte. A escravidão africana no Brasil holandês e as guerras do tráfico no Atlântico sul, 1621-1648*. São Paulo: HUCITEC, 1999.

REIS DE QUEIROZ, Suely Robles. "Algumas notas sobre a lavoura do açúcar em São Paulo no período colonial". Anais do Museu Paulista, v. 21 (1967).

SCHALWIJK, Frans Leonard. "Atas da Classe". In: *A igreja reformada no Brasil holandês*, RIAHGP, v. 58 (1993), p. 145, 168, 172, 178.

SCHWARTZ, Stuart B. "Free Labor in a Slave Economy: The lavradores de cana of Colonial Bahia". In: *Colonial Roots of Modern Brazil*, ALDEN, Dauril (ed.), Berkeley: University of California Press, 1973, p. 147-97.

______. "The Plantations of St. Benedict: The Benedictine Sugar Mills in Colonial Brazil", *The Americas*, v. 39:1 (1982).

______. "Indian Labor and New World Plantations: European Demands and Indian Responses in Northeastern Brazil", *American Historical Review*, v. 83, nº 3 (1978), p. 43-79.

______. *Segredos*, p. 67-73.

______. Sugar Plantations in the Formation of Brazilian Society Bahia, 1550-1835. Nova York: Cambridge University Press, 1985.

SOUSA, Gabriel Soares de. *Tratado descritivo do Brasil em 1587*, 4ª ed., São Paulo, 1971.

STOLS, Eddy. "Um dos primeiros documentos sobre o Engenho dos Schetz em São Paulo", *Revista de História*, v. 33 (1968), p. 405-419.

______. "Um dos primeiros documentos sobre o engenho dos Schetz em São Vicente", *Revista de História* v. 76 (1968), p. 407-420.

______. *De Spaanse Brabanders of de handelsbetrekkingen der Zuidelijke Nederlanden met de Iberische Wereld, 1589-1648*, 2 vols. Bruxelas: Paleis der Academiën, 1971.

DUSSEN, Van Der. "Relatório sobre o Estado das Capitanias Conquistadas no Brasil", FNBH, I, p. 93-96.

WATJEN, Hermann. *O domínio colonial holandês no Brasil*. São Paulo, Editora Nacional, 1938.

CAPÍTULO 7 Fluxos e refluxos mercantis: centros, periferias e diversidade regional

*Antônio Carlos Jucá de Sampaio**

A viragem Atlântica

No início do século XVII, Brandônio, alter ego de Ambrósio Fernandes Brandão, afirmava que "o Brasil é mais rico e dá mais proveito à fazenda de Sua Majestade, que toda a Índia".[1] Para fazer tal afirmação baseava-se tanto no crescimento da produção açucareira quanto das demais riquezas da América portuguesa, que significavam rendimentos igualmente crescentes das alfândegas do rei. A essa imagem contrapunha, por outro lado, os gastos crescentes que o Estado da Índia representava para a Coroa.

Brandônio não se enganava. É ao longo da segunda metade do século XVI que o Brasil "surge" no contexto do Império português e passa a rivalizar com o Estado da Índia pela atenção da monarquia portuguesa.[2] Com a criação do governo geral a colonização ganha terreno. Ao mesmo tempo aumenta rapidamente a produção açucareira e com ela a produção

*Professor adjunto da UFRJ. Esta pesquisa contou com o apoio do CNPq.

de cativos, tanto pela captura de índios quanto pelo tráfico atlântico. Os colonos, que talvez fossem dois mil na década de 1540, passam a 25 mil por volta de 1583, com uma população escrava de 32 mil. Em 1600, os colonos subiam a 30 mil, e os escravos, a 70 mil. Esse crescimento continuaria no século XVII. Em 1660, a população colonial seria de 184 mil pessoas, das quais 74 mil seriam "brancos e índios livres" e 110 mil seriam escravos.[3]

O número de engenhos de açúcar cresce igualmente rápido. De aproximadamente 60 em 1570, eles passaram a 130 em 1585, 230 em 1610 e 346 em 1629. Uma expansão de mais de 470% em pouco mais de meio século.[4] Além disso, o comércio de Portugal com o Brasil não estava organizado como um monopólio da Coroa, ao contrário do comércio da Índia, o que abria espaço para uma maior participação de mercadores privados, além de significar a ausência de gastos com a manutenção de frota.

Essa expansão tinha reflexo, naturalmente, nas relações com a África. O tráfico de escravos para a América portuguesa cresce de uma média de modestos 222 cativos por ano entre 1531 e 1575 para 1.600 no período 1576-1600, quatro mil na primeira metade do século XVII e 7.200 na segunda metade.[5] Nesse contexto, a fundação de Luanda (1575) significou um autêntico enraizamento dos interesses negreiros lusos no continente, o que converteu Angola, não por acaso, na principal região fornecedora de cativos para a América.

O outro lado da moeda a contribuir para essa viragem era a profunda decadência da Carreira da Índia. De um máximo de 138 navios que saem de Lisboa em direção à Ásia em 1500-09 passa-se a 51 em 1550-59, 16 em 1630-35 e tão somente nove em 1661-66. Essa evolução era afetada tanto pelas enormes perdas da Coroa portuguesa na Ásia nos Seiscentos quanto pela preferência que os próprios portugueses davam ao comércio interno asiático em detrimento da rota do Cabo.[6] Para que se tenha uma ideia, somente de um oitavo a um décimo da produção de especiarias era enviado à Europa.[7] A essa situação somava-se a crescente incapacidade do Estado da Índia de equilibrar suas contas:

> Todos os novos vice-reis, desde o conde de Redondo em 1617, até o conde de Aveiras, em 1640, se queixavam à chegada em Goa, veementemente, de que o tesouro estava vazio e de que não havia fundos para acorrer às necessidades mais prementes do Estado. Frequentemente a administração de Goa era incapaz de satisfazer as despesas de rotina com as receitas locais regulares, assoberbada pelas necessidades de defesa extraordinárias.[8]

A viragem atlântica, ou, se quisermos assim chamar, a atlantização do Império lusitano, foi, portanto, um processo de dupla face: a um crescimento contínuo da América e da África portuguesas correspondeu uma concomitante crise no Estado da Índia, sem que um fato esteja diretamente ligado ao outro.

Mas a análise desse processo não estaria completa se tratássemos aqui somente das relações entre as conquistas de Portugal. As relações entre o Reino e o seu ultramar também se alteram com o passar do tempo e com especial intensidade no século XVII. O mesmo século que assiste à rápida expansão demográfica e econômica do Brasil testemunha igualmente a estagnação reinol. Em termos demográficos, Portugal apresenta um crescimento próximo de zero ao longo de cem anos, com a ocorrência periódica de epidemias que elevavam a mortalidade a níveis alarmantes.[9] Além disso, de 1641 a 1665 há a guerra com a Espanha a ceifar vidas.

Em relação à economia portuguesa, não há dados globais que permitam estabelecer tendências com segurança. Mesmo assim, é possível falar, na melhor das hipóteses, numa clara estagnação. Na agricultura, as fontes quinhentistas e seiscentistas ressaltam com insistência a presença de terrenos incultos na paisagem, sintoma de uma agricultura ainda baseada no pousio.[10] Permanecia também a forte dependência da importação de alimentos para atender às necessidades internas. No caso do Algarve, Joaquim Romero identifica três fases bem marcadas: 1) uma depressão entre 1618 e 1638; 2) um "marasmo" entre 1639-70; e 3) uma ascensão a partir daí, mas que só vai adquirir verdadeiro vigor entre 1690 e 1710.[11]

No que concerne à produção manufatureira, os dados são ainda mais imprecisos, mas não há qualquer evidência que indique crescimento significativo dessa ao longo da centúria. Pelo contrário, o aumento da importação de artigos industriais estrangeiros após a Restauração levou a Coroa portuguesa a promulgar diversas leis pragmáticas visando limitar essas mesmas importações.[12] Toda essa estagnação significava uma dependência cada vez maior do ultramar. E ultramar era cada vez mais sinônimo de Brasil.

Após a Restauração, a importância do Brasil tornou-se ainda maior para a sobrevivência da nova dinastia. Em meados dos Seiscentos, D. João IV referia-se ao Brasil como a "vaca de leite" da Coroa portuguesa, ressaltando, assim, a forte dependência que a própria existência de Portugal como nação independente guardava em relação aos recursos auferidos no comércio com o Brasil.[13] Essa dependência fazia-se ainda maior com o passar do século, por conta do imenso recuo das possessões lusas no Oriente no período 1610-65. A atlantização do Império português não pode ser vista, portanto, somente como uma alteração na importância relativa das suas áreas periféricas. Mais do que isso, ela significa uma redefinição das relações entre o reino e seu ultramar.

Pode-se considerar que o processo se completa quando os fluxos do Atlântico passam a influenciar decisivamente as relações entre o Estado da Índia e o reino de Portugal. Isso se dá sobretudo a partir de 1672, quando a Coroa autoriza o comércio de suas possessões atlânticas com a África Oriental. Na prática, tal concessão significava a liberdade de comércio com os navios da Carreira. Essas embarcações, além de vender na América os produtos orientais que traziam, embarcavam também açúcar para ser levado a Lisboa. O resultado foi uma relativa recuperação da Carreira, com o crescimento tanto do número de navios quanto da tonelagem transportada.[14]

> O porto brasileiro [Salvador] permitiu assim, através do seu movimento, que a navegação ao longo do roteiro do Oriente continuasse, pois seu declínio era crítico, dando a Vieira aquela perplexidade que não lhe consentia rir ou chorar, como nos confessa ao referir-se à debilidade do mesmo comércio.[15]

As conjunturas do açúcar

Durante muito tempo foi consensual a visão do século XVII como marcado, no que tange à América portuguesa, por duas conjunturas econômicas distintas: uma primeira metade de considerável crescimento, com a consolidação da colonização tendo por base a expansão da produção açucareira e do tráfico de escravos, e uma segunda metade marcada por uma crise agrícola, fruto do surgimento da competição antilhana no mercado do açúcar e da consequente baixa dos preços internacionais do produto.[16] Essa visão aparece de forma razoavelmente semelhante em diversos autores, embora com algumas nuances dignas de nota. Para Boxer, por exemplo, a crise agrícola é fundamentalmente uma crise de preços, e não de produção. É ele mesmo quem cita Thomas Maynard, que em 1683 refere-se às "espantosas quantidades" de açúcar brasileiro que chegavam a Lisboa[17] e daí eram reexportadas. Mais ainda, para ele essa crise pode ser localizada nas décadas de 1670 e 1680 e não altera a tendência secular de crescimento demográfico e econômico da América portuguesa.[18]

Para Frédéric Mauro, por sua vez, a crise açucareira teria início ainda depois:

> Até a crise da década de 1680 a tendência secular da produção brasileira de açúcar foi de alta, o que é particularmente notável, já que se exclui o Brasil holandês dessa consideração. Ademais, frente ao modelo geral de depressão do século XVII, a abundância e o crescimento da produção não afetaram o movimento dos preços do açúcar, que também estavam em alta, assim como o preço dos escravos. A crise do século XVII não afetou seriamente o Brasil até por volta dos finais do século.[19]

A crise econômica, que de fato é uma crise açucareira, surge, portanto, como consequência de uma crise europeia seiscentista, mas sem demonstrar nos Seiscentos qualquer grau de dramaticidade. No entanto, na década de 1980 vieram à luz dois trabalhos que tentaram definir as conjunturas da economia açucareira a partir do uso de fontes seriais e que mudaram essa percepção: os de Stuart Schwartz e de Vera Ferlini.

Ao debruçar-se sobre as conjunturas do comércio do açúcar no período entre 1650 e 1750, Schwartz[20] caracterizou-o como um momento de crise para a produção açucareira devido a diversos fatores, notadamente a concorrência antilhana e a queda dos preços no mercado internacional. Na primeira metade do século XVIII, esse quadro seria agravado pelo advento da mineração, que geraria uma disputa predatória (para o açúcar) pela mão de obra cativa, com a consequente elevação dos preços.

O trabalho de Vera Ferlini,[21] por sua vez, é em grande medida tributário do de Schwartz, já que a maior parte dos dados mais globais por ela utilizados é retirada desse autor. Para Ferlini, o período 1650-1750 é marcado por uma *regressão secular* da produção açucareira, havendo na segunda metade do século XVIII, um *renascimento agrícola* (na verdade, trata-se de um renascimento do setor açucareiro). Para a autora, no entanto, mais do que a concorrência antilhana, foi a queda do preço do açúcar a causa principal dessa regressão. Ambos reconhecem a existência de conjunturas favoráveis de curta duração, as quais, no entanto, são vistas como incapazes de alterar a tendência mais geral.

Não seria impreciso afirmar que esses dois autores tendem a pintar com tons fortes um quadro que nos trabalhos anteriores surge com cores bem mais matizadas. Se em Boxer e Mauro a crise é entendida como restrita aos preços, e não como uma crise da atividade açucareira em si, para Schwartz e Ferlini há uma relação estreita entre preço e nível de produção. Tudo se passa como se o simples fato de os preços do açúcar baixarem significasse *necessariamente* uma diminuição da produção. Ilação no mínimo curiosa, já que não há dados sobre produção ou sobre exportação que corroborem o quadro pintado por ambos. No trabalho de Schwartz, por exemplo, encontramos estimativas até 1629-30 e, no parágrafo seguinte, o autor pula para 1702.[22] A razão é a falta de fontes que permitam esse tipo de estimativa para o período.

Ambos acabam por se utilizar de informações esparsas para reforçar o argumento. Um exemplo é a utilização por Ferlini dos dados do engenho Sergipe do Conde (velho fetiche dos historiadores ligados à história do Nordeste colonial) sem apresentar quaisquer justificativas para a extrapolação feita dos dados de um único engenho para o conjunto da economia açucareira colonial.[23] Outra é a utilização das reclamações dos senhores de engenho como indício da crise.[24] Seria necessário provar que tais reclamações estão diretamente ligadas às conjunturas, ou seja, que elas aumentam em certos momentos e diminuem em outros, por exemplo. De fato não é isso o que acontece. O endividamento dos senhores de engenho e a consequente "desfabricação" dos engenhos, sempre tão citados como sintomas dessa crise, são um traço estrutural da economia açucareira. Estão ligados tanto ao ciclo açucareiro (e agrícola em geral) quanto ao caráter altamente mercantilizado da economia colonial.[25]

O caráter cíclico da produção açucareira gerava um descompasso entre as necessidades cotidianas de insumos e alimentos para as unidades produtivas (inclusive escravos) e a capacidade dessas de gerar rendimentos, que estava limitada ao período das safras.[26] Esse descompasso era parcialmente compensado pelo sistema de contas-correntes, em que o comerciante adiantava para o produtor as mercadorias ou mesmo o dinheiro de que esse necessitava, em geral em troca de sua safra futura. Mesmo assim, não impedia uma dependência dos senhores de engenho (e lavradores em geral) frente aos comerciantes. Evidentemente esse quadro gerava tensões entre os dois grupos, mas nada indica que essas tivessem aumentado na segunda metade dos Seiscentos. Por fim, o clamor da açucarocracia por proteção para as suas moendas inseria-se em um contexto muito mais amplo de negociações entre as elites coloniais e a Coroa, como veremos adiante.

Por outro lado, a utilização do preço como índice da evolução econômica é extremamente questionável. Um bom número de preços relativos a um setor pode falar-nos de sua lucratividade, capacidade de acumulação etc., mas não de seu comportamento frente às conjunturas. Para isso, é necessário que cruzemos tais dados com outras variáveis que nos permitam conhecer minimamente o comportamento da produção. É Pierre Vilar quem nos lembra que

> mesmo que estivesse definitivamente resolvido o enigma dos "movimentos gerais dos preços", este *apenas forneceria uma indicação sobre o comportamento provável das outras grandezas econômicas em diversos grupos* [o grifo é nosso].[27]

No caso específico da América portuguesa, é evidente que desconhecemos os "movimentos gerais dos preços", o que demonstra a total impossibilidade de derivarmos, a partir do comportamento de alguns desses valores, as conjunturas econômicas do período.

Além disso, nem todos os preços se comportam como Schwartz e Ferlini esperariam. É curioso notar que a diminuição do preço do açúcar na segunda metade do século XVII não se reflete nos preços dos engenhos. Pelo contrário, eles tendem a subir, o que revela tanto o apreço que essa sociedade colonial tinha por suas moendas (ou, o que quer dizer o mesmo, a importância dessas moendas para a definição das hierarquias sociais) quanto a sua autonomia frente às conjunturas externas. Na Bahia, o preço médio de um engenho com 30 cativos sobe de 20 mil cruzados (8:000$000) para mais de 26 mil cruzados (em números exatos: 10:451$220) entre 1660 e o final do século, uma alta de mais de 30%.[28]

No Rio de Janeiro, essa trajetória é menos brilhante, como podemos ver à frente, mas mesmo assim é contrária ao que se poderia esperar no contexto de uma suposta crise açucareira. Entre 1650 e 1700, o preço médio de um engenho de açúcar aumenta 9,55% na capitania fluminense. A única queda clara é para a década de 1670, a qual pode indicar uma crise de curta duração ou ser apenas o efeito de uma amostra muito reduzida, já que para esse período há apenas cinco vendas de engenho cujos preços foi possível recuperar.

Ou seja, o preço declinante do açúcar não se reflete num preço igualmente declinante das unidades que produziam esse mesmo açúcar.

Loucura dos homens ou sabedoria de Deus? Nem uma coisa nem outra. Essa sociedade simplesmente não se rege pelas leis do mercado. Mais ainda, nela o engenho não é só um bem econômico. É também fator de prestígio e poder político, sinônimo de acesso a escravos. Tudo isso contribuía para que a sociedade colonial não se movesse (ou melhor, fosse movida) pelo preço do açúcar.

É marcante também a importância que as transações de engenhos tiveram durante todo o período no conjunto dos negócios fluminenses. Se olharmos apenas para os negócios rurais, encontramos os engenhos respondendo sempre por pelo menos 70% do valor total transacionado. Se ampliarmos nosso foco para o total dos bens transacionados, veremos que sua participação variou de 30% em 1650-70 para 43% na última década dos Seiscentos, atingindo o incrível índice de 61,5% entre 1671 e 1690.

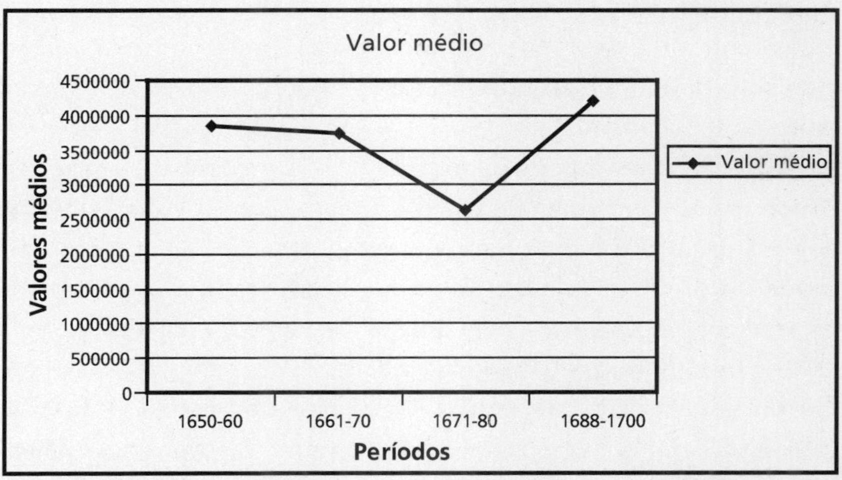

Fonte: Escrituras públicas de compra e venda dos Cartórios do 1° e 2° Ofícios de Notas do Rio de Janeiro (1650-1750).

Por fim, se utilizarmos os esparsos dados disponíveis sobre a produção de açúcar e o número de engenhos no período colonial coligidos pelo próprio Schwartz, veremos como eles se chocam com a interpretação dada pelo autor.[29] Tendo em vista a ideia de uma decadência geral na segunda metade do XVII, poderíamos esperar encontrar uma produção e um número de engenhos bem menores do que os de períodos anteriores. Entretanto, se acompanharmos Antonil, nos deparamos com um quadro muito distinto. A Bahia, por exemplo, que teria talvez 130 engenhos no Recôncavo em 1675, tinha 146 em 1710. O Rio de Janeiro, com 60 engenhos em 1629, tinha 136 oito décadas depois. Pernambuco passaria de 119 engenhos em 1622 para 246 no início do XVIII. Na década de 1660, quando supostamente a crise açucareira já estaria instalada, os senhores de engenho baianos pedem a limitação da construção de novas moendas alegando não uma crise do setor, mas a concorrência crescente pelo fornecimento de cana e pela madeira, matéria-prima essencial para a produção do açúcar. Porém, somente duas décadas depois a Coroa decide limitar não a expansão dos engenhos, mas a distância entre eles, visando reduzir a competição pelos recursos naturais.[30]

Esse conjunto de dados, merecedores sem dúvida de novas pesquisas que aprofundem nosso conhecimento das conjunturas do período, revela, no entanto, uma pujança que permite refutar de vez a ideia de uma decadência seiscentista.

Parte dessa pujança pode ser explicada pela própria organização do setor açucareiro. Essa tinha por centro o engenho, para o qual convergia toda a estrutura produtiva. Isso porque era nele que a cana era transformada no precioso açúcar. No entanto, nem toda a cana utilizada pelos mesmos era cultivada pelo senhor do engenho. Parte dela vinha de outros produtores, vinculados ou não ao engenho.

Em um nível social e produtivo mais elevado situavam-se as fazendas de cana. Essas eram de grande importância, pois forneciam parte considerável da cana-de-açúcar que era moída nos engenhos, diminuindo, assim, os gastos dos proprietários com plantações e escravos e garantindo-lhes fornecimento constante de matéria-prima. Podiam possuir dimensões consideráveis e as maiores fazendas assemelhavam-se a engenhos sem o engenho propriamente dito.[31]

Esses fazendeiros, por serem proprietários das terras em que plantavam, eram independentes em relação aos senhores de engenho, o que lhes permitia escolher onde moeriam sua cana. No entanto, independentemente de qual fosse a escolha, eles eram obrigados a entregar 50% do açúcar daí resultante para o proprietário da moenda.

Abaixo desses fazendeiros estavam os "lavradores de cana obrigada" ou "lavradores de partido". Ao contrário dos primeiros, esses plantavam cana em terras dos engenhos, o que lhes tirava a possibilidade de escolher onde desejavam moê-la (daí a expressão "cana obrigada") e eram em geral proprietários de poucos escravos. Além disso, na Bahia esses agricultores eram obrigados a entregar, além dos 50% do açúcar produzido, mais um terço ou um quarto da metade que lhes cabia,[32] como pagamento pelo uso da terra. A existência de uma verdadeira renda fundiária era possível porque já no início do século XVII toda a área canavieira do recôncavo estava apropriada e a única forma de acesso à terra era a compra ou o arrendamento.[33]

Esse quadro não pode ser, no entanto, generalizado para o restante da América portuguesa. No Rio de Janeiro, as fazendas de cana praticamente inexistiam.[34] Em grande parte porque não era vantajosa a propriedade delas. Ao contrário do que ocorria na Bahia, os lavradores de partido eram aí obrigados a entregar somente 50% do açúcar produzido ao senhor do engenho, sem que houvesse qualquer renda pelo uso da terra. Em outras palavras, o elemento de subordinação dos lavradores de cana em relação ao senhor de engenho na capitania fluminense não era o monopólio da terra, mas sim o das próprias moendas. Isso fica claro no fato de que a terra não gerava, por si só, qualquer rendimento ao seu proprietário. Ela era utilizada como mecanismo de atração para que esse conseguisse lavradores que lhe fornecessem matéria-prima, repartindo, assim, os custos inerentes à produção de um engenho. Nessas condições, não havia qualquer benefício na produção de canas em terras próprias, já que o pagamento feito ao senhor de engenho seria rigorosamente igual ao daqueles que produziam dentro das terras do engenho. Com a vantagem, para o dono de um partido, de ter a garantia de que sua cana seria beneficiada. Essa inexistência de uma renda fundiária ligava-se a uma menor monopolização da terra por parte da elite agrária fluminense.

Diferenças à parte, ambos os casos nos mostram que a hegemonia do engenho no setor açucareiro não só não impedia como até mesmo contribuía para a presença de outros grupos no seu interior. Visava-se, assim, reduzir custos e riscos de uma atividade marcada pela instabilidade. Por outro lado, a separação parcial entre produção de cana e produção de açúcar possibilitava a participação de setores numerosos no complexo açucareiro. As consequências imensas desse fato ligavam-se não só às suas repercussões econômicas como também políticas, gerando um forte consenso social em torno de tudo que se relacionasse ao mesmo. Na sociedade colonial, o açúcar não era, definitivamente, assunto restrito apenas aos mais abonados.

Muito além de açúcar e escravos: o mosaico agrícola da América portuguesa

Se os dados demonstram a grande importância que o açúcar possuía para a economia e a sociedade coloniais, isso não significa dizer que tal sociedade se resumia a açúcar e escravos ou, na expressão consagrada de Caio Prado Júnior, ao trinômio "latifúndio, monocultura e escravidão".[35] Por outro lado, rotular todas as atividades não açucareiras como "subsidiárias", como se dependessem umbilicalmente do "produto-rei" e por isso gravitassem em torno dele, também está longe de resolver a questão.

É evidente que o complexo açucareiro (entendido aqui como o conjunto dos senhores de engenho e plantadores de cana) gerava uma enorme demanda por uma série de produtos, muitos importados (a começar pelo escravo) e outros produzidos localmente (entre os quais os alimentos eram os mais importantes). No entanto, mais do que gerar uma demanda por produção de alimentos, o setor açucareiro pressupunha uma economia interna pujante, capaz de atender às suas necessidades básicas e, com isso, permitir-lhe a especialização. Um exemplo claro do que poderíamos denominar de uma autêntica interdependência pode ser encontrado em um episódio um pouco posterior ao período aqui estudado: trata-se da determinação régia, conhecida como "lei da mandioca", que, em 1703, tentou obrigar os senhores de engenho e lavradores de cana a plantarem 500 covas de mandioca por escravo.[36] Na Bahia, a forte reação dos atingidos demonstrou o quanto o sistema açucareiro era dependente do mercado interno, ou seja, da existência de um setor especializado na produção alimentar que desonerasse tais grupos de atividade tão pouco rentável.[37]

Tal especialização era possível porque havia na capitania diversas freguesias especializadas na produção de alimentos, sendo possível apontar a existência de três "círculos" de produção de farinha de mandioca.[38] O primeiro constituía-se de freguesias próximas a Salvador (Nazaré das Farinhas, Jaguaripe e Itaparica), com um raio de até 200km. O segundo círculo era formado pelas "vilas de baixo", com as freguesias de Cairu, Boipeba, Camamu, Valença e Maraú, com um raio de até 400km. O último era constituído por Ilhéus e a vila do Una, já com um raio de mais de 500km. Esse era um esquema variável ao longo do tempo e a relativa especialização não significava a presença de uma monocultura:

> Embora, e aí sem a menor dúvida, a mandioca fosse em toda a região o gênero dominante, ocorria a produção significativa de outros gêneros. Assim, antes de 1750 o feijão e o milho aparecem com frequência ao lado da farinha de mandioca, enquanto após esta data o arroz surge como uma grande riqueza local.[39]

Em Pernambuco, esse quadro aparentemente se repete, embora não tenhamos para essa capitania um estudo tão minucioso quanto o de Francisco Carlos Teixeira. Mesmo assim, é possível identificar pelo menos duas importantes áreas produtoras de mandioca entre o final dos Seiscentos e início do século seguinte. A primeira, mais longínqua, constituída pelas freguesias de Santo Antão, São Lourenço e Tracunhaem. A segunda, inserida na principal região açucareira da capitania, englobava as freguesias de Ipojuca, Serinhaem, Muribeca e Cabo.[40]

Na capitania do Rio de Janeiro essa produção alimentícia mostra-se ainda mais importante. Nesse sentido, é ilustrativa a reação do então governador fluminense, Álvaro da Silveira e Albuquerque, bem como da Câmara, à "lei da mandioca" citada acima. Para ambos havia "uma notória diferença que vão das terras da Bahia às do Rio de Janeiro".[41] Segundo eles, na capitania fluminense

> (...) é certo que as mandiocas de que se sustentam, e as que lhes bastam, e muitas vezes sobram, todas se plantam no recôncavo desta mesma cidade e pelos rios acima: Aguaçu, Inhomirim, Morobaí, Magé, Sernambetiba, Guapiaçu, Suruí e Macacu, em que se costumam comumente (*sic*) lavrar mandiocas, de cujas terras são possuidores vários donos, e nelas não há engenhos que prejudiquem as suas plantas e delas trazem a esta cidade farinha em tanta quantidade e abundância que sustenta o povo largamente e de fácil provimento as frotas sem demora, nem detrimento, por serem dilatadas as terras desses rios acima citados.[42]

Devemos relativizar a imagem um tanto rósea da produção de mandioca, vinda de uma câmara controlada por senhores de engenho e seus aliados. No entanto, a inexistência de crises de abastecimento severas, que significassem a existência de fomes relativamente endêmicas, está comprovada para o Seiscentos fluminense. Na segunda metade da centúria a capitania atravessou somente duas crises alimentares, sendo apenas uma delas, já em 1697, referente à carência de produtos.[43] Além disso, o fato de que os rios citados acima desaguassem na baía de Guanabara tornava o transporte para a cidade bem menos custoso do que na Bahia, aspecto essencial tanto para a redução dos custos quanto para a segurança do abastecimento.

Também aqui, em que pese a importância da mandioca na dieta alimentar colonial, estamos diante de um sistema agrário diversificado, com uma produção igualmente farta de arroz e milho, além de uma abundância, tanto em quantidade quanto em qualidade, de legumes e frutas.[44] Já em 1583 Fernão Cardim referia-se à disponibilidade e ao baixo custo dos gêneros alimentícios.[45] O cultivo de frutas cítricas parece ter se difundido bastante rapidamente, a ponto de dois viajantes espanhóis as chamarem, em 1618, de "frutas da terra".[46] Em 1649, segundo Richard Flecknoe, o limão, "que cresce por toda parte", era o fruto mais comum, junto com a banana. O poeta inglês apenas suspeitava que laranjas e limões, "abundantes e excelentes", fossem cultivos transplantados para a América.[47] Essa difusão da citricultura estava fortemente relacionada com o abastecimento dos navios que demandavam o porto carioca, tendo em vista a sua importância no combate ao escorbuto. É significativo, nesse sentido, que a única mercadoria entregue à indesejada frota de Olivier Van Noort, que aí aportou em 1599, tenha sido cerca de 50 laranjas.[48]

Essa produção diversificada era garantida, por sua vez, não só pelas propriedades rurais do recôncavo da Guanabara, mas também pelas chácaras que existiam no entorno imediato da cidade e que se voltavam para o abastecimento dessa. As chácaras produziam mandioca, frutas e legumes e se beneficiavam da proximidade do mercado urbano.[49]

Por conta dessa abundância, sempre sublinhada pelos viajantes que estiveram na capitania ao longo dos Seiscentos, ela viu-se por vezes obrigada a abastecer outras regiões, como a própria Bahia, no contexto das guerras contra os holandeses. É assim, por exemplo, em 1639, quando o Rio, junto com São Paulo e Espírito Santo, enviou alimentos e homens para o Nordeste. O mesmo ocorreu quando, em 1648, durante os preparos da expedição de reconquista de Luanda, Salvador Correia de Sá foi instado a enviar gêneros alimentícios ao sul da Bahia.[50] A partir de 1680 a capitania vê-se obrigada a prover de alimentos a Colônia de Sacramento.[51]

Por fim, parte da produção de farinha de mandioca era destinada, na primeira metade do século XVII, ao tráfico de escravos, fato ao qual a historiografia tem dado pouca atenção. Referindo-se à situação da capitania em 1612, frei Vicente do Salvador afirma que "até aqui se tem prestado mais atenção à exportação da farinha [de mandioca] para Angola".[52] Também o marinheiro batavo Dierick Ruiters, que aí esteve em 1618, informa que "na região que vai do Rio de Janeiro até

São Paulo (...) a mandioca é abundante. Muitos navios vêm ao porto do Rio de Janeiro buscá-la para trocar por negros em Angola".[53] Em 1620, a Câmara determinou que aqueles que pretendessem levar a preciosa farinha para trocar por escravos em Angola deveriam deixar fiança, comprometendo-se a trazer escravos para o Rio. Buscava-se evitar, assim, que eles fossem vendidos no Nordeste, onde alcançavam maior preço.[54] Tais fatos apontam para a existência de um circuito mercantil já consolidado, no qual a produção de alimentos tornara-se responsável, em parte, pela própria reprodução do sistema escravista.

Em São Paulo, o sistema agrário, por sua vez, adquiriu feições bastante peculiares. Baseada inicialmente na mandioca e no milho, a produção do planalto de Piratininga desloca-se a partir de 1620 para o trigo.[55] O desenvolvimento desse cultivo é consequência do projeto de D. Francisco de Sousa, que, confiante na descoberta de riquezas minerais na região, pretendia articular mineração, agricultura e manufatura, sustentadas por "uma sólida base de trabalhadores indígenas".[56] Se falhou na busca por metais preciosos, o projeto pode ser considerado bem-sucedido no que concerne ao apresamento de índios e ao desenvolvimento de uma agricultura comercial. Essa produção tritícola abastecia principalmente o Rio de Janeiro, embora houvesse contatos comerciais também com Bahia, Pernambuco e até mesmo Angola.

A sociedade que se formou no planalto de Piratininga em consequência da triticultura mostrou-se profundamente desigual. A posse de escravos indígenas, embora bastante difundida, concentrava-se em poucas mãos. Da mesma forma, a propriedade de moinhos hierarquizava os produtores de trigo. Repetia-se aqui, em escala bem mais modesta, o que acontecia na produção açucareira. Tal concentração tinha, ainda, um caráter claramente familiar. Dos 10% de moradores mais ricos, metade pertencia às famílias Bueno e Camargo.

A partir da década de 1670, a diminuição da oferta de mão de obra indígena e o esgotamento do solo nas áreas de ocupação mais antiga provocaram a decadência da produção de trigo. Tal decadência, no entanto, não teve maiores reflexos na estrutura social paulista. As famílias que, a partir da década de 1690, chefiaram a colonização das recém-descobertas regiões auríferas eram as mesmas que compunham a elite local desde os Quinhentos.

A produção de alimentos apresentava-se, portanto, não como mero apêndice da produção açucareira, mas, pelo contrário, dotada de considerável autonomia em relação a ela. Isso não significa dizer que o setor açucareiro não fosse um importante consumidor de alimentos, mas sim que ele não gerava essa produção. Pelo contrário, a pressupunha. Era exatamente a capacidade dos setores não açucareiros de abastecer moendas e lavradores de cana com o "pão da terra" que permitia a esses a especialização. Além disso, o setor alimentício atendia ao conjunto de uma sociedade colonial que ia muito além do engenho. Populações urbanas, tripulações de navios, a própria população rural (já que produzir alimentos não significa produzir *todos* os alimentos), escravos recém-desembarcados e mesmo populações de outro continente (como no caso da exportação de farinha de mandioca para Angola) eram abastecidos por essa produção.

Por fim, embora os grupos dedicados a essa atividade fossem geralmente dos estratos sociais mais baixos, eles estavam longe de se constituir em um mar de camponeses indolentes, na visão tão cara a Caio Prado Júnior. A diversidade quanto à posição social era considerável e dependia de fatores variados, tanto conjunturais (a qualidade das colheitas e o nível dos preços, por exemplo) quanto estruturais (produto cultivado, distância em relação ao mercado consumidor etc.). Se a elite agrária identificava-se com a propriedade de engenhos, a não propriedade dos mesmos não mergulhava ninguém numa pobreza irremediável.

Além disso, é preciso lembrar que o caráter policultor predominante nas unidades não açucareiras fazia com que frequentemente essa produção fosse combinada com a de artigos não alimentícios. Dentre esses, o caso mais bem conhecido é o do tabaco. Há notícias de sua presença em diversas capitanias, como Pará, Maranhão, Pernambuco e Rio de Janeiro,[57] mas a Bahia foi sem dúvida o centro de sua produção no Brasil colonial. Não se sabe exatamente quando sua produção começou, mas no início do século XVIII Antonil retrocedia tal início a aproximadamente cem anos antes.[58] Os dados dão alguma razão ao jesuíta. Em 1629, o tabaco já era incluído entre os itens de exportação da capitania baiana e sua importância tendeu a crescer a partir daí, transformando-se num item importante de exportação para o reino já em meados da centúria. Em 1657, o governador-geral, conde de Atouguia, exprimia à Câmara de Cairu sua preocupação com a expansão do seu cultivo e ordenava a sua erradicação no termo da vila. Tal ordem seria repetida a partir daí por seus sucessores, sem qualquer sucesso visível. Na década de 1680, a exportação para Portugal já era de aproximadamente 160 mil arrobas por ano.[59]

Mas o tabaco não se destinava somente à Europa. Muito rapidamente seu consumo dissemina-se e seu comércio se torna global. Nos dizeres de Antonil,

> Se o açúcar do Brasil o tem dado a conhecer a todos os reinos e províncias da Europa, o tabaco o tem feito muito mais afamado em todas as quatro partes do mundo, nas quais hoje tanto se deseja, e com tantas diligências e por qualquer via se procura.[60]

O tabaco, portanto, não circulava em um único eixo mercantil. Pelo contrário, era o que podemos denominar de uma mercadoria-chave, cuja circulação no interior de todo o Império português contribuía para fechar certas transações. A partir do último quartel dos Seiscentos o encontramos, por exemplo, nos carregamentos das embarcações da Carreira da Índia que, na ida para o Oriente, paravam em Salvador.[61] Sua utilização permitia a redução do envio de prata para a Ásia e contribuía para que no torna-viagem chegassem à América, a Portugal e mesmo à África produtos do Estado da Índia, notadamente têxteis. O tabaco era também enviado diretamente para a África, onde era trocado por escravos. Embora considerado de pior qualidade do que o enviado para a Europa, o tabaco destinado ao tráfico era muito apreciado pelos africanos, pois o fato de ser banhado em melado dava um sabor adocicado ao produto.

O cultivo do tabaco tinha algumas características que o tornavam atraente não só para os grandes produtores, mas também para os pequenos.[62] O caráter artesanal de sua produção, que começava com o cuidado necessário com cada planta em separado, retirava qualquer vantagem de escala das grandes unidades produtoras. Além disso, como a planta do tabaco demorava somente seis meses para madurar, permitia em boas condições duas colheitas em um mesmo ano. Os custos das benfeitorias também eram muito menores do que os de uma unidade açucareira (em média, uma propriedade tabaqueira custava 5% do valor de um engenho), o que os tornava mais acessíveis. O principal custo de mão de obra era com escravos especializados no beneficiamento do produto ("enroladores" e "pisadores"), que podiam, no entanto, ser alugados. Consequentemente, o setor tabaqueiro vai se caracterizar por um espectro amplo de produtores, que variavam de camponeses sem escravos a fazendeiros com dezenas de cativos.

Embora não tenhamos dados para os Seiscentos, no início do século XVIII havia aproximadamente dois mil plantadores de tabaco no recôncavo, incluindo desde grandes produtores com colheitas de até quatro mil arrobas a indivíduos cuja produção não atingia 100 arrobas. Como a exportação era então de 200 mil a 300 mil arrobas, a média era de 100 a 150 por plantador, o que demonstra que os pequenos produtores constituíam a imensa maioria no setor.

Hierarquicamente, o setor tabaqueiro constituía-se de três grupos distintos. No seu nível mais alto, estavam os grandes plantadores, formados pelos primeiros povoadores da região de Cachoeira (principal área tabaqueira da Bahia) e que, além de dominar a política local, com o controle da Câmara e das ordenanças, mantinham laços estreitos com o setor açucareiro, do qual eram em grande medida originários. As famílias Peixoto Viegas, Adorno e Barbosa Leal, entre outras, eram exemplos desses laços que inseriam a elite local na elite baiana em geral. Nesse grupo era frequente que a propriedade combinasse produção de tabaco e pecuária, já que o estrume animal era essencial para uma produção de melhor qualidade.

O segundo grupo era constituído por lavradores de tabaco, proprietários ou não das terras onde trabalhavam. Tratava-se de um grupo de origem variada, formada por imigrantes portugueses, produtores de alimentos convertidos total ou parcialmente ao cultivo do tabaco e também por comerciantes de Salvador, que viam nesse investimento a possibilidade não só de diversificar investimentos como de produzir um artigo de grande importância, como vimos, em diversas rotas comerciais. Ao contrário do açúcar, cujo elevado nível de investimento só o tornava acessível à elite mercantil, no caso do tabaco o investimento era possível para comerciantes dos mais diversos portes.

Os indivíduos que aparecem na documentação ora como "colonos" ora como "lavradores de roça" constituíam a base do setor. Eram livres ou libertos sem acesso formal à terra, já que não eram proprietários nem arrendatários. Ocupavam, assim, terras de terceiros, geralmente grandes proprietários, que em troca cobravam uma renda nominal ou a entrega de parte da produção. Estavam ligados sobretudo à produção de alimentos e o tabaco surgia como uma alternativa de diversificação mais lucrativa.

Se a produção fumageira se mostrava acessível a um número maior de pessoas do que a açucareira, nem por isso era menos marcada pelas hierarquias sociais. Pelo contrário, essa maior acessibilidade contribuía para uma discrepância ainda mais acentuada entre os seus produtores. Por outro lado, é inegável que o tabaco constituiu-se numa importante alternativa econômica para o conjunto da sociedade baiana na segunda metade dos Seiscentos, o que explica a sua rápida expansão. Em um momento de queda dos preços internacionais do açúcar, a existência de um cultivo rentável e com um mercado consumidor em expansão atendia aos interesses tanto da elite açucareira e dos grandes comerciantes sediados em Salvador quanto de recém-libertos em busca de sua sobrevivência.[63]

A pecuária

A importação e a criação de animais na América portuguesa confundem-se com a própria colonização, sem que seja possível estabelecer um início preciso. Tanto Gabriel Soares de Sousa, em 1587, quanto Ambrósio Brandão, no início do século XVII, apontam a existência de uma pecuária já bastante diversificada, com a presença de bovinos, ovinos, equinos e muares, além de aves domesticadas.[64]

Nessa grande variedade de animais, o gado mais importante era o bovino, por sua utilização como força motriz e meio de transporte. Sua importância era tão grande que, quando nos referimos às grandes regiões pecuaristas da América seiscentista, referimo-nos basicamente à criação desses animais. No início da colonização, os currais instalaram-se em torno das cidades mais importantes, como Salvador e Olinda, visando atender tanto aos engenhos situados na mesma região quanto à população urbana. A conquista de Sergipe, em 1590, levou o gado até o rio São Francisco, onde essa frente de expansão encontrou-se com a pernambucana. O rio tornou-se, assim, nos Seiscentos, um eixo ao longo do qual se desenvolveu a atividade pecuária, havendo nessa região em torno de dois mil currais por volta de 1640. Essa expansão estendeu-se por toda a centúria e só se completou com a conquista do Piauí, já na primeira década do século XVIII.

As consequências desse crescimento constante foram significativas. Em primeiro lugar, houve uma diminuição constante do preço do gado no período, em torno de 50%. Em segundo lugar, na segunda metade do XVII a América portuguesa transforma-se de importadora de animais em exportadora. No início dos Setecentos, a exportação girava em torno de 110 mil peles por ano.[65] Tamanha oferta permitia que os engenhos de açúcar investissem pouco em gado, que raramente ultrapassava 10% do valor total deles.[66]

Em torno dessa atividade, constituíram-se algumas das maiores propriedades do período colonial, como a de Antônio Guedes, com mais de 1.900.000 hectares, ou as do clã Vieira Ravasco, com mais de 2.300.000

hectares.[67] Em grande parte, essas propriedades não eram exploradas diretamente, mas arrendadas como "ranchos" para terceiros, o que se constituía em importante fonte de renda para os seus proprietários.

Na porção meridional da América portuguesa verifica-se também uma importante expansão da pecuária. No Rio de Janeiro, temos a ocupação do atual Norte Fluminense,[68] então parte da abandonada capitania de São Tomé, pelos chamados "sete capitães", expansão essa que se faz sob o signo da pecuária. Também aqui a apropriação prévia da terra pelos seus desbravadores gera um quadro de monopólio fundiário, obrigando os povoadores que vieram em seguida a se submeter ao pagamento de arrendamento.

No que era então o extremo sul da América portuguesa fundam-se na segunda metade do século as vilas de São Francisco e Laguna, voltadas para a criação de gado.

A expansão pecuária desenvolveu-se segundo um claro padrão. Buscou áreas cuja geografia fosse adequada à criação extensiva, ou seja, razoavelmente planas e com uma vegetação pouco densa, constituindo-se em pastos naturais para numerosos rebanhos. Inserem-se nesse padrão tanto a caatinga do Nordeste quanto os campos das capitanias de baixo ("Campos Gerais" e "Campos dos Goitacazes"). A distância entre essas áreas e os centros consumidores não chegava a ser problema, já que o gado podia cobri-la por si mesmo.

Por outro lado, a existência dessas áreas especializadas não significava a inexistência da criação de animais em áreas com vocação nitidamente agrícola. Sobretudo no entorno dos núcleos urbanos sempre existiram propriedades voltadas para o abastecimento local. Não por acaso eram propriedades mistas, que combinavam a produção de alimentos com a pecuária. Mais ainda, a criação de animais de pequeno e médio porte (porcos, cabras, ovelhas, galinhas etc.) era bastante disseminada, inclusive no interior das urbes.

O século XVII caracterizou-se, assim, por uma expansão agrária considerável, marcada tanto por uma maior vinculação com o mercado externo quanto pelo crescimento das relações entre diferentes regiões e setores econômicos internos à América portuguesa. A existência de um pujante mercado interno gerava uma forte autonomia local em relação às conjunturas externas, o que nos permite falar de uma conjuntura oposta à do reino de Portugal no mesmo período, como vimos acima. No entanto, tais articulações explicam apenas em parte essa autonomia. Resta conhecer os mecanismos internos que permitiam a reiteração da estrutura social colonial.

A tropicalização do Antigo Regime: mecanismos de reprodução e ampliação da economia colonial

O primeiro desses mecanismos era, evidentemente, o comércio. Nascida como parte de um vasto Império ultramarino, cujas distantes regiões conectavam-se principalmente pela atividade mercantil, a participação nessa empreitada foi um destino da América portuguesa desde os seus primórdios. Tal participação, no entanto, não se deu somente com a produção de artigos exportáveis, a serem vendidos por um setor mercantil situado fora das colônias. Ao contrário do que afirma Novais, o exclusivo colonial não foi uma reserva de mercado para a "burguesia comercial metropolitana".[69] O exclusivo beneficiou sem dúvida os comerciantes imperiais, não somente os situados no reino, mas também os que estavam nas conquistas de Sua Majestade.

Nosso já conhecido Brandônio, ao listar as seis principais riquezas do Brasil, colocava a mercancia em segundo lugar, logo atrás da produção de açúcar. Já no início dos Seiscentos ele distinguia entre os mercadores "de ida por vinda", que faziam o comércio entre Portugal e a América, e os

> assistentes na terra com loja aberta, colmadas de mercadorias de muito preço, como são toda sorte de louçaria, sedas riquíssimas, panos finíssimos, brocados maravilhosos, que tudo se gasta em grande cópia na terra, com deixar grande proveito aos mercadores que os vendem.

Em que pese o exagero barroco de nosso personagem, fica clara a existência de um setor mercantil já constituído na colônia, responsável, portanto, por reter parte dos ganhos obtidos sobre o conjunto da população colonial. Mais ainda, parte desse grupo mercantil seiscentista investia na atividade agrária os seus rendimentos: "(...) dos que têm suas lojas abertas, há muitos que têm grossas fazendas de engenho e lavoura na própria terra, e estão nela assistentes e alguns casados".[70] Descrição sucinta e precisa da transformação de mercadores em membros da elite agrária, processo esse já bem conhecido da produção historiográfica mais recente.

Na Bahia, parcela considerável da elite açucareira tinha sua origem no comércio. Em uma amostra de 80 senhores de engenho do final do século XVII, 46 (57,5%) eram portugueses ou filhos de portugueses. Dentre esses, a atividade principal antes da aquisição de engenhos era o comércio. Entre os 24 portugueses donos de moendas, nada menos do que 13 tinham atuação pregressa na lida mercantil. Além de apontar para uma renovação considerável dessa elite, esses números mostram o significado do comércio como via de ascensão ao topo da hierarquia colonial.

Uma trajetória que ilustra bem essa estratégia é a de João Peixoto Viegas, um dos maiores comerciantes baianos seiscentistas e, ao mesmo tempo, patriarca de uma família que se destacaria no interior da elite baiana.[71] Chegado a Salvador em 1640, Viegas aparece já em 1641 como negociante, ascendendo rapidamente a partir daí. Em 1648, ele já aparecia como um dos homens mais ricos de Salvador e também nesse ano recebeu o título de familiar do Santo Ofício. Na mesma época, conseguiu entrar para a Irmandade da Santa Casa da Misericórdia (condição *sine qua non* para quem tivesse pretensões de ascensão na sociedade baiana de então) e em 1654 foi eleito tesoureiro.

A carreira de Viegas combinou a atividade mercantil, a participação em instituições de prestígio, como as citadas acima, e a ocupação de cargos públicos típicos de comerciantes, como o de tesoureiro dos novos direitos do açúcar e da Bula da Cruzada. Para consolidar sua ascensão e garantir a entrada definitiva na elite baiana, casou-se em 1650 com

Joana de Sá Peixoto, filha do senhor de engenho Cosme de Sá Peixoto, então um dos homens mais eminentes da capitania. Cosme era também ele um português que, chegado à Bahia no início dos Seiscentos, enriquecera no comércio, casara-se com uma baiana e desde a década de 1620 era dono de um engenho.

A repetição ao longo das gerações mostra um padrão claro, tanto por parte dos reinóis (buscando inserir-se socialmente através do matrimônio) quanto da elite baiana, aberta à renovação através da incorporação constante dos adventícios bem-sucedidos. Não por acaso, no caso de Viegas vemos que o matrimônio coincide com o início de seus investimentos rurais. No entanto, em vez de tornar-se senhor de engenho Viegas optou por adquirir (através de compras e sesmarias) imensos tratos de terra no sertão da Bahia, Paraíba e do Rio Grande do Norte para criação de gado, dando origem, assim, a um dos maiores latifúndios do período colonial, como visto acima. Além disso, dedicou-se também à produção de tabaco.

A trajetória de Viegas ilustra à perfeição como a atividade mercantil na colônia revestia-se de grande significado não só para reprodução da sociedade em seu conjunto, mas também muito particularmente de sua elite social. Mais ainda, mostra que não havia uma distinção clara dentro dessa elite entre um setor mercantil e outro agrário.

Essa indistinção é ainda mais clara na capitania fluminense, onde a própria utilização do termo "homem de negócio" (marca distintiva da elite mercantil) só se generaliza na última década da centúria.[72] As biografias de alguns mercadores de destaque desse período mostram a transformação de todos, sem exceção, em membros da elite agrária local, através da aquisição de engenhos e/ou via casamentos.

Exemplar nesse sentido é a trajetória de José Gomes Silva. Chegado ao Rio de Janeiro no final da década de 1660, já em uma escritura de empréstimo de 1674 ele aparece como "mercador".[73] Por volta de 1692, era dono de uma loja.[74] Além disso, entre 1688 e 1698 aparece em diversos contratos de arrendamento como contratador dos dízimos reais.[75] Paralelamente a essa atividade mercantil, que jamais abandonou, Silva buscou também a inserção na elite açucareira. Para isso, em seus dois casamentos uniu-se a mulheres pertencentes a famílias de senhores de engenho.[76] Além disso, adquiriu por compra pelo menos dois engenhos de açúcar.[77]

João Rodrigues Calaça e José de Souza Barros desenvolverão trajetórias semelhantes à de José Gomes. No caso de Calaça, vemo-lo envolvido com o comércio com Pernambuco e Angola na segunda metade dos Seiscentos, mas ao ser preso pela Inquisição, em 1712, já havia se transformado em senhor de engenho.[78] Souza Barros, por sua vez, foi o principal credor particular da praça na virada do século XVII para o seguinte.[79] Ao falecer, no início dos Setecentos, era dono, entre outras propriedades, de um engenho de açúcar em Iriri.[80]

Os exemplos citados confirmam a indistinção que apontamos anteriormente entre elite agrária e mercantil, mas, sobretudo, sublinham o fato de que o cume da hierarquia social colonial no século XVII, ao menos em termos de prestígio, era a elite agrária. Por isso, aqueles que conseguiam acumular recursos nas atividades mercantis buscavam as mais diversas formas de fazer parte dela. O resultado desse processo era a contínua transferência de recursos acumulados no comércio para o agronegócio, contribuindo, assim, para a contínua revitalização deste.

Mas a mercancia nem de longe esgotava os mecanismos de reprodução colonial. Ao falarmos dos engenhos de açúcar chamamos atenção para o fato de que estavam longe de ser somente objetos econômicos ou, se preferirmos, instrumentos de produção. De fato, nessa sociedade, como em todas as pré-capitalistas, é puro anacronismo tentar analisar a economia de forma estanque, apartada do conjunto da realidade social. Isso porque, como nos mostra Polanyi, a economia encontra-se inserida no conjunto das relações sociais. Por isso, não nos é possível entendê-la a não ser a partir dessa inserção.[81]

Se voltarmos ao exemplo dos engenhos, veremos que, do ponto de vista estritamente econômico, mantê-los podia ser um ato verdadeiramente insano em meados do século XVII, tendo em conta a baixa do preço do açúcar e as dificuldades de um mercado em que a oferta estava em franca expansão, com o início da produção açucareira nas Antilhas. No entanto, a economia açucareira não só se mantém de pé como consegue expandir-se no período. Dizer que isso aconteceu porque o engenho era mais do que um bem econômico nos permite entender o porquê. Resta-nos, porém, entender como essa economia colonial conseguiu forjar uma tal autonomia frente às conjunturas externas. Evidentemente, teremos de ir muito além da própria economia para responder a essa questão. Teremos de nos voltar ao que podemos denominar, com um olhar do século XXI, de "produção política da economia".

Mas afinal, como essa sociedade gerava seus recursos? Se vamos à origem da colonização, a resposta é: guerra. Foi através das guerras aos índios e secundariamente a outros europeus (sobretudo franceses) que os primeiros colonos tiveram acesso a dois fatores fundamentais de produção: terra e mão de obra. Expulsar franceses e conquistar índios significava liberar territórios à ocupação colonial e, ao mesmo tempo, produzir cativos em enorme quantidade. O "gasto de gentes", nas palavras de Anchieta, ou seja, a imensa mortalidade indígena, não esconde o que isso representou em termos de produção de riquezas para essa sociedade em construção. Gastavam-se gentes e terras e o que possibilitava esse "desperdício" era a abundância inicial de ambos.

A repartição desse autêntico "butim" não era, no entanto, nada igualitária. Repetia o padrão observado desde a reconquista:[82] a cada um conforme a sua qualidade, fosse essa qualidade trazida do reino ou adquirida na colônia. Assim, se alguns recebiam enormes tratos de terras como sesmarias, outros tinham acesso somente ao necessário para remediar sua pobreza.[83] Garantia-se, dessa forma, a reprodução de uma hierarquia de Antigo Regime. Um Antigo Regime tropicalizado, naturalmente, já que tendo por base social a escravidão. No século XVII, as lutas contra os índios continuam, apesar do peso crescente da escravidão africana, e são exemplos disso a "guerra dos bárbaros" no Nordeste, as bandeiras paulistas e as lutas contra os guarulhos no norte fluminense.

A guerra estava também na origem do sistema de ordenanças criado (ou recriado) na colônia tendo em vista a defesa da sociedade colonial.

Tal sistema traduzia a incapacidade da Coroa de defender suas vastas possessões ultramarinas e a opção por aliar-se com as elites locais para garanti-las. Para tais elites a participação nas ordenanças representava um duplo benefício. Por um lado, o serviço ao rei em suas conquistas as transformava em importantes credores da monarquia. Por outro, garantia que o acesso aos bens advindos da guerra seria mediatizado pelo posto que cada um ocupava nas tropas, garantindo, assim, a reprodução no tempo da hierarquia social.[84]

A guerra permite, portanto, uma primeira acumulação de riquezas, riquezas essas produzidas externamente à sociedade colonial: pela natureza (no caso das terras) ou por outras sociedades (no caso da escravidão indígena). No entanto, esse primeiro motor colonial só é suficiente para colocar a engrenagem social em funcionamento. Para garantir sua reiteração no tempo seriam necessários outros instrumentos.

Em primeiro lugar, era preciso não só controlar a guerra, mas governar na paz. O controle dos cargos da república foi, por isso, de grande importância para a definição do grupo que iria se constituir na elite colonial. Tais cargos eram de grande importância para o governo dos povos, não só do ponto de vista da população local, mas também da própria monarquia, cuja primeira função era zelar pelo bem comum. Por isso, ocupá-los era prestar serviço ao rei. Além disso, a ocupação desses cargos permitia concentrar a riqueza produzida pelo conjunto da sociedade nas mãos de um grupo restrito. Tratava-se, portanto, não de produzir riquezas, mas de criar elites.

Nesse panorama, a Câmara ocupava um papel primordial. Responsável pelo governo local e, portanto, defensora primeira do bem comum na perspectiva escolástica da época, ela possuía uma atuação decisiva na vida econômica. Regulava, por exemplo, preços de alimentos através dos almotacés, o que interessava tanto à população mais pobre (seja a urbana, consumidora, seja a rural, produtora) quanto aos senhores de escravos. Manter uma oferta abundante e barata (objetivo que nem sempre era atingido) significava reduzir o custo de manutenção dos escravos e garantir, no caso do setor açucareiro, a continuidade da especialização. A preocupação com o abastecimento urbano podia também levar à realização de contratos para produtos específicos. O mais conhecido é o "contrato da carne", que garantia a quem o arrematasse o monopólio do fornecimento de carne verde (fresca) no perímetro urbano por um certo período.

A Câmara era responsável também pela organização espacial da cidade, o que lhe permitia regulamentar a ocupação do solo urbano. Mais ainda, era proprietária de boa parte das melhores áreas urbanas. Daí derivava o poder de decidir quem ocuparia o espaço público e como se daria tal ocupação. Permitia-lhe também criar novos monopólios. É graças a esse poder, por exemplo, que a Câmara carioca dá a Salvador Correia de Sá e Benevides, em 1635, o privilégio de ser proprietário do único trapiche então existente na cidade.[85]

Não menos importantes eram os impostos arrecadados pela municipalidade. Cabe lembrar a difícil conjuntura da monarquia lusitana após a Restauração, que significou na prática a transferência de boa parte do controle sobre a defesa da colônia para as elites locais e, consequentemente, também da capacidade de arrecadação para fazer frente a essas despesas. Como tal arrecadação era feita não diretamente, mas através da arrematação dos contratos por terceiros, o controle sobre eles significava um importante poder político para os edis e uma significativa capacidade de acumulação para os agraciados.

A atuação local da Câmara significava, em termos práticos, a interferência da mesma numa miríade de aspectos da vida cotidiana. Gestava, assim, um mercado profundamente marcado pela política. Nele, a atuação individual não dependia apenas (ou principalmente) do poder econômico de cada um, mas também das alianças que se conseguiam estabelecer. Em nome do bem comum criavam-se monopólios variados, que na prática representavam a canalização de parte do excedente social para um grupo restrito de privilegiados.

A importância da Câmara, no entanto, ultrapassava em muito a esfera local. Ela era também o vínculo por excelência entre a elite colonial e a Coroa, o que lhe dava a possibilidade de atuar junto à monarquia em defesa dos interesses desse grupo.

As formas dessa intervenção eram variadas, mas tinham fundamentalmente um único objetivo: garantir a reprodução da elite colonial. Assim, as câmaras buscavam, por exemplo, garantir aos senhores de engenho e lavradores de cana o privilégio de não serem executados em suas "fábricas", ou seja, não terem seus bens produtivos arrematados em praça pública para pagamento de seus credores.[86] Também participavam das juntas que, a cada frota chegada do reino, estabeleciam os preços dos açúcares. Impasses sobre tais preços podiam ter consequências significativas, como a proibição de saída da frota se o açúcar não fosse comprado.[87] Aqui, pesava a favor dessa elite o seu efetivo poder militar.

A defesa de tais interesses podia atravessar os oceanos. Em 1679, por exemplo, o Senado da Câmara da cidade do Rio de Janeiro escreveu ao rei relatando as dificuldades enfrentadas no tráfico de escravos de Angola para a capitania fluminense. Reclamava, então, dos obstáculos criados pelos governadores locais à sua participação num comércio tão lucrativo quanto estratégico para a colônia.[88]

Temos, portanto, uma quase onipresença camarária na defesa dos interesses da açucarocracia, do fornecimento de mão de obra às condições de venda do produto final. Mas a Câmara, em que pese a sua centralidade, não era o único órgão da república a garantir a reiteração da elite colonial. Havia, sobretudo nas capitanias régias, uma série de cargos cuja ocupação, embora dependente da sanção régia, era essencial para a reprodução desse grupo. Para entender como os interesses de El Rey e dessa elite colonial se combinavam, é preciso analisar o sistema de mercês existente na monarquia lusa.

Esse sistema tem sua origem ainda no período da Reconquista, com as concessões que o rei fazia, principalmente à nobreza, de uma série de benefícios (concessão de terras, isenção de impostos etc.) em troca dos serviços dessa na luta contra os mouros.[89] A reciprocidade era, portanto, a mola mestra do sistema e obrigava o rei a retribuir os serviços prestados por seus súditos. Segundo Ângela Xavier e António Hespanha, "o rei aparece, assim, sujeito aos constrangimentos de contingências impostas pela economia de favores".[90]

Na colônia, a participação primeiro na conquista e depois na administração dos povos era serviço digno da atenção de um rei agradecido. A retribuição vinha com a concessão de sesmarias, como vimos, mas também de cargos públicos. Cargos-chave, como a Alcaidaria-mor, a Provedoria da Fazenda e o Juízo da Alfândega, eram concedidos como propriedades às "melhores famílias da terra".[91] Tais cargos significavam não só proventos consideráveis como um poder político expressivo para seus ocupantes, que podiam, assim, intervir em aspectos diversos do funcionamento da economia. Outros cargos, como os diversos ofícios de escrivão ou tabelião, não possuíam o mesmo poder, mas significavam também acesso a recursos nada desprezíveis. Por isso mesmo, a elite colonial definia-se não só pela propriedade de engenhos, mas também, e sobretudo, pela de ofícios. Era, por isso mesmo, uma "nobreza política" ou "nobreza da terra", nos termos do Antigo Regime português.

Outro mecanismo fulcral para a reprodução da sociedade colonial, como vimos, era o crédito. Controlá-lo, ou melhor, controlar o acesso a ele, era ter uma das chaves que definiam a hierarquia social. Por isso mesmo, é digno de nota que, no século XVII, em duas das principais capitanias açucareiras (Bahia e Rio de Janeiro), as principais fontes de crédito fossem instituições coloniais.

Na Bahia, segundo Rae Flory, a Santa Casa da Misericórdia respondia por mais de um quarto do valor total das transações de crédito na passagem do século XVII para o seguinte. Se a ela somarmos todas as demais instituições, atingimos um percentual de 45,3% do valor total controlado por elas. No sentido oposto, os senhores de engenho e plantadores de cana respondiam, como devedores, por mais de 50% do valor total, sendo que os primeiros absorviam sozinhos mais de um terço de todo o crédito disponível no período.[92] No Rio de Janeiro, por sua vez, o mercado de crédito tinha como principal instituição credora o Juízo de Órfãos. Embora com uma participação variável ao longo da segunda metade dos Seiscentos, essa instituição respondeu por praticamente um terço de todos os recursos emprestados no período.[93]

Apesar de se tratar de instituições bastante distintas, o Juízo de Órfãos e a Santa Casa têm um importante aspecto em comum: em ambos os casos o dinheiro emprestado não tinha origem na acumulação mercantil.

Nas Santas Casas, a origem dos valores emprestados estava, em geral, nas doações *post mortem* feitas por seus irmãos. Em troca de missas por sua almas, esses faziam doações testamentárias de propriedades, dinheiro ou mesmo de dívidas ativas. Como as Misericórdias necessitavam de recursos constantes para fazer frente a suas despesas, transformavam esses bens em dinheiro a ser emprestado a terceiros, para com os juros desses pagar seus compromissos.[94]

No caso do Juízo de Órfãos, o dinheiro destinado a empréstimo era parte da herança dos órfãos, muitas vezes o resultado da arrematação em praça pública de bens deles. Com isso buscava-se simultaneamente evitar as perdas dos bens e garantir recursos para a sua sobrevivência enquanto fossem menores de idade.[95]

Portanto, em ambos os casos era a morte de determinados indivíduos que fazia com que parte dos bens por eles acumulados ao longo da vida fosse transformada em capital e repassada a terceiros. Colocava-se, assim, em circulação uma riqueza que muitas vezes já se encontrava, no todo ou em parte, fora do mercado. Além disso, o fato de instituições coloniais aparecerem como principais credoras nas duas praças aponta para uma relativa autonomia da economia colonial frente aos grupos mercantis metropolitanos.

Por outro lado, a importância das instituições coloniais não esconde o fato de que elas não chegavam a controlar a maior parte da oferta de crédito na colônia. Em outras palavras, havia uma miríade de credores privados participando desse mercado. Do outro lado, havia igualmente uma enorme variedade de indivíduos aparecendo como tomadores de empréstimos, comprovando o que já foi dito sobre a capilaridade do mercado de crédito na colônia. Para a elite colonial, essa capilaridade também era útil, já que significava a multiplicação das fontes de recursos. As instituições eram as grandes fontes de crédito, mas não as únicas. Além disso, pelo menos no caso das Misericórdias, a cobrança dos empréstimos muitas vezes esbarrava no prestígio do devedor. Segundo Russell-Wood, "muitos devedores descobriam que a melhor maneira de ocultar suas deficiências no pagamento de dívidas era serem eleitos para a Mesa".[96] Com isso, eram frequentes não só os atrasos no pagamento de juros, mas também as perdas dos valores totais emprestados. As instituições coloniais, portanto, mesmo quando voltadas para a misericórdia dos homens ou o cuidado dos órfãos, não descuravam da reprodução de suas elites.

As variadas formas de acesso a riquezas através do exercício dos ofícios da república, das quais expusemos aqui apenas uma parte, nos indicam a importância central que esses cargos tinham na criação e reiteração da elite colonial. Mais do que produzir riquezas, o que eles de fato faziam era redistribuí-la, ou melhor, canalizá-la para alguns poucos grupos sociais. Tratava-se, portanto, de uma economia de privilégios, que buscava por todos os meios garantir o sucesso dessa apropriação para, assim, reproduzir e naturalizar as desigualdades sociais. Ao mesmo tempo, garantia a tais privilegiados uma importante autonomia frente aos humores externos. Diminuía, sem eliminar, as incertezas inerentes a um sistema colonial fortemente calcado na atividade mercantil. Sem dúvida está aqui uma das chaves, se não a principal, para se entender as enormes diferenças entre a conjuntura por que passa o reino e aquela de sua colônia americana no século XVII.

Notas

1. Ambrósio Brandão, 1977, p. 118.
2. Sanjay Subrahmanyam, 1995, p. 161.
3. As estimativas são de Contreiras Rodrigues, 1990, p. 30.
4. Frédéric Mauro, 1997, v. 1, p. 257.
5. Herbert Klein, 1990, p. 53-61.
6. Vitorino Magalhães Godinho, 1990, p. 439.
7. Sanjay Subrahmanyam, 1995, p. 139.
8. A. R. Disney, 1981, p. 67-68.

9. Ruggiero Romano, 1993, p. 29-38. Tal tendência geral não significa a inexistência de conjunturas mais curtas. Assim, teríamos, *grosso modo*, um crescimento até 1620, seguido de uma depressão que duraria até aproximadamente 1660, quando se iniciaria um novo período de crescimento demográfico. A esse respeito, ver José Vicente Serrão, 1998, p. 44-48.
10. José Vicente Serrão, 1998, p. 69-82.
11. Joaquim Romero de Magalhães, 1993, p. 161-192.
12. Leis pragmáticas eram "leis antissuntuárias que proibiam o uso de um conjunto de artigos considerados de luxo": José Vicente Serrão, 1998, p. 84.
13. Charles R. Boxer, 1973, p. 190.
14. No século XVIII essa recuperação da Carreira continuaria, impulsionada por um lado pelo ouro do Brasil e por outro pela demanda por têxteis para o trato de cativos. Sanjay Subrahmanyam, 1995, cap. 7; Charles R Boxer,1992, cap. VII.
15. José Roberto do Amaral Lapa, 2000, p. 256.
16. Essa crise agrícola seria secular e se estenderia até meados do século XVIII: Celso Furtado, 1986, p. 47-53.
17. Charles R. Boxer, 1992, p. 157.
18. Charles R. Boxer, 1973, p. 401.
19. Frédéric Mauro, 1990, p. 140.
20. Stuart Schwartz, 1988, p. 157-169; Idem, 1990, p. 191-259.
21. Vera Ferlini, 1988, cap. II.
22. Stuart Schwartz, 1988, p. 147-149.
23. Vera Ferlini, 1988, p. 72. (Ver nota 35.)
24. A crítica a esse procedimento foi feita pioneiramente por J. H. Galloway (1975:21-38), cujas conclusões divergem parcialmente, no entanto, das deste texto.
25. Poderíamos ir ainda mais longe e lembrar a importância primordial do crédito no funcionamento das sociedades de Antigo Regime em geral: Paul Servais, 1994, p. 1.393-1.409.
26. Antonio Carlos Jucá de Sampaio, 2002, p. 31-32.
27. Pierre Vilar, 1982, p. 65.
28. Desagregamos os dados da autora, porque ela trabalha com o período 1684-1725 como um todo: Rae Flory, 1978, p. 64- 65 e Apêndice 1.
29. Stuart Schwartz, 1988, p. 150 e Apêndice C, p. 403.
30. Rae Flory, 1978, p. 24.
31. Idem, p. 31-32.
32. Stuart Schwartz, 1988, p. 249-252; Rae Flory, 1978, p. 33; Vera L. Amaral Ferlini, 1988, p. 171-177.
33. Tal monopólio da terra permitia aos grandes proprietários, inclusive, arrendar parte delas sem obrigação de entrega de cana ao engenho em troca de um pa-

gamento em dinheiro. Segundo Francisco Carlos Teixeira, esse tipo de arrendamento tornou-se uma importante fonte de renda para a elite agrária colonial. Ver Francisco Carlos T. Silva, 1990, cap. 8.

34. Antonio Carlos Jucá de Sampaio, 2003, cap. 2.
35. Caio Prado Jr., 1992.
36. Francisco Carlos Teixeira da Silva, 1990, cap. 9.
37. Segundo Rae Flory (1990:31), as escrituras de venda de engenhos do período 1680-1725 raramente mencionam o cultivo de mandioca.
38. Francisco Carlos Teixeira da Silva, 1990, p. 124-126.
39. Idem, p. 125.
40. Guillermo Palácios, 1998, p. 23-30.
41. AHU-CA, doc. 2672-2673. Consulta do Conselho Ultramarino acerca dos inconvenientes da lei da mandioca, segundo o governador Álvaro da Silveira e Albuquerque (12/9/1703).
42. Idem.
43. Francisco Carlos Teixeira da Silva, 1990, p. 182-188.
44. A melhor descrição ainda é a de François Froger (1698:75-77), viajante francês cujas ricas informações foram de grande utilidade para as invasões francesas de 1710 e 1711.
45. Apud Ciro Cardoso e Paulo H. Araújo, 1992, p. 50-51.
46. Jean Marcel Carvalho França, 1999, p. 32.
47. Idem, p. 37.
48. Por se tratar de navios holandeses, o governador deixou claro que não desejava sua presença na baía de Guanabara. Idem, p. 25.
49. Exemplo desse caráter diversificado da produção chacareira é dado pela venda das benfeitorias de uma chácara, em 1691, por Domingos Pimenta para Fernando Faleiro de Aguirre. Entre as benfeitorias constavam: árvores de espinho (ou seja, de frutas cítricas), roças de mandioca, bananais, dois abacaxizais, e "todos os legumes e plantas que se acharem". ANRJ, CPON, L. 58, f. 98.
50. Luís Felipe de Alencastro, 2000, p. 89; Charles R. Boxer, 1973, p. 267-270.
51. AHU-CA, doc. 2672-2673. Consulta do Conselho Ultramarino acerca dos inconvenientes da lei da mandioca, segundo o governador Álvaro da Silveira e Albuquerque (12/9/1703).
52. Charles R. Boxer, 1973, p. 192.
53. Jean M. C. França, 2000, p. 40.
54. V. Coaracy, 1965, p. 54.
55. O trigo, no entanto, nunca foi uma monocultura. Junto com ele, mas em menores quantidades, exportavam-se feijão e mandioca, por exemplo. Ver: John Monteiro, 1994, cap. 3.

56. John Monteiro, 1994, p. 59.
57. Em relação à capitania fluminense temos apenas o relato de François Froger (1698:75) sobre a proibição desse cultivo no final do século XVII e seu testemunho de ter visto algumas plantações. Na documentação não há referência a tal produção.
58. André João Antonil, 1976, p. 149.
59. Rae Flory, 1978, p. 161.
60. André João Antonil, 1976, p. 149.
61. José Roberto do Amaral Lapa, 2000, p. 254-255.
62. Todos os dados abaixo foram retirados de Rae Flory, 1978, p. 181-206.
63. É provável, portanto, que a expansão do tabaco tenha contribuído para a própria sustentação da economia açucareira em uma conjuntura desfavorável. A confirmação dessa hipótese depende, no entanto, de novas pesquisas que estabeleçam melhor as relações entre as elites tabaqueiras, as açucareiras e os grandes comerciantes.
64. Gabriel Soares de Sousa, 1987, p. 163-165. Ambrósio Brandão, 1977, p. 50.
65. Frédéric Mauro, 1997, v. II, p. 97-101.
66. Stuart Schwartz, 1988, p. 187-188.
67. Francisco Carlos Teixeira da Silva, 1990, p. 336-345.
68. Ciro Cardoso, 1984.
69. Fernando A. Novais, 1986, p. 88.
70. Ambrósio Brandão, 1977, p. 115 e p. 132-137.
71. Todos os dados da trajetória de Viegas são retirados de David Smith, 1975, cap. 8.
72. Antonio Carlos Jucá de Sampaio, 2003, cap. 1.
73. Escritura de empréstimo, ANRJ, CPON, L. 53, f. 114.
74. Carlos Eduardo Calaça Costa Fonseca, 1999, p. 92.
75. Ver, por exemplo, Escritura de arrendamento de contrato, ANRJ, CQON, L. 1, f. 9v (1688).
76. Respectivamente, Maria de Barros e Isabel de Paredes. Na família de Maria havia pelo menos três senhores de engenho, segundo Carlos Fonseca, 1999, p. 91. Já sua segunda esposa era irmã de Manuel de Paredes da Silva, senhor de engenho que, por sinal, era também seu genro: Carlos G. Rheingantz, 1965, vol. II, p. 281-282.
77. Escritura de compra e venda, ANRJ, CPON, L. 1, f. 162v (1690); Escritura de compra e venda, AGCRJ, CPON, Códice 42-4-90, f. 10v (1698).
78. Carlos Eduardo C. C. Fonseca, 1999, p. 72-84.
79. Antonio Carlos Jucá de Sampaio, 2003, p. 37-39.
80. José Vieira Fazenda, 1912, p. 118.
81. Karl Polanyi, 1980.

82. Adeline Rucquoi, 1995.
83. BIBLIOTECA NACIONAL, *Tombo das cartas de sesmarias do Rio de Janeiro*, 1997, Coleção Documentos Históricos, vol. CXI.
84. Embora menos formais na hierarquia militar, nas bandeiras paulistas também se reproduzia a desigualdade na distribuição dos índios escravizados entre os seus participantes: John Monteiro, 1994, cap. 2.
85. É bem verdade que no final do século a mesma câmara briga com os descendentes de Correia de Sá para instalar um novo trapiche na cidade, o que mostra que as conjunturas políticas mudam. Mas o ideal do privilégio permanece: o novo trapiche pertenceria a Francisco de Almeida Jordão e a seu irmão, capitão Manuel Mendes de Almeida. Ver: Antonio Carlos Jucá Sampaio, 2003, p. 78-79.
86. Curiosamente, esse privilégio nunca foi dado de forma definitiva, sendo renovado periodicamente pela Coroa. Aparentemente funcionava como uma espada de Dâmocles sobre a elite colonial, forma de a monarquia garantir o controle sobre ela: idem, p. 123-124.
87. Esse tipo de pressão era mais importante no Rio de Janeiro, onde o açúcar era de pior qualidade e, consequentemente, nem sempre interessava aos comerciantes.
88. AHU-CA, doc. 1.367 — Consulta do Conselho Ultramarino sobre representação dos oficiais da Câmara do Rio de Janeiro sobre a navegação para Angola e o tráfico de escravos para laboração dos engenhos (28/1/1679).
89. Ver nota 82.
90. Ângela B. Xavier e António M. Hespanha, 1998, p. 339-349.
91. Rae Flory, 1978, p. 128-133; Antonio Carlos Jucá de Sampaio, 2003, cap. 6.
92. Rae Flory, 1978, p. 73-77.
93. Antonio Carlos Jucá de Sampaio, 2003, p. 32-35.
94. Russell-Wood, 1981, cap. 5.
95. Por exemplo: ANRJ, CPON, L. 44, f. 104v (1662).
96. A. J. R. Russell-Wood, 1981, p. 82. Não há dados semelhantes sobre irregularidades nos empréstimos do Juízo de Órfãos.

Bibliografia

ALENCASTRO, Luís Felipe de. *O trato dos viventes: formação do Brasil no Atlântico Sul*. São Paulo: Companhia das Letras, 2000.

ANTONIL, André João. *Cultura e opulência do Brasil*. São Paulo/Brasília: Melhoramentos/INL, 1976, 2ª ed.

BIBLIOTECA NACIONAL. *Tombo das cartas de sesmarias do Rio de Janeiro*. Rio de Janeiro: Fundação Biblioteca Nacional, 1997. Coleção Documentos Históricos, vol. CXI.

BOXER, Charles R. *Salvador de Sá e a luta pelo Brasil e Angola, 1602-1686*. São Paulo: Companhia Editora Nacional, 1973.

______. *O Império marítimo português, 1415-1825*. Lisboa: Edições 70, 1992, 2ª ed.

BRANDÃO, Ambrósio F. *Diálogos das grandezas do Brasil*. São Paulo: Melhoramentos, 1977.

CARDOSO, Ciro. "Atlas histórico do Estado do Rio de Janeiro — Da colônia a meados do século XX". Niterói, 1984 (mimeografado).

CARDOSO, Ciro; ARAÚJO, Paulo H. *Rio de Janeiro*, Madri: Editorial Mapfre, 1992.

COARACY, V. *O Rio de Janeiro no século dezessete*. Rio de Janeiro: José Olympio, 1965.

DISNEY, A. R. *A decadência do Império da Pimenta: comércio português na Índia no início do século XVII*. Lisboa: Edições 70, 1981.

FERLINI, Vera. *Terra, trabalho e poder: o mundo dos engenhos no Nordeste colonial*. São Paulo: Brasiliense, 1988.

FLORY, Rae. "Bahian society in the mid-colonial period: the sugar planters, tobacco growers, merchants, and artisans of Salvador and the Recôncavo, 1680-1725". Austin: University of Texas, 1978 (tese de doutorado).

FONSECA, Carlos Eduardo Calaça Costa. "'Cristãos Novos' naturais do reino e moradores na cidade do Rio de Janeiro (1680-1710)". São Paulo: USP, 1999 (dissertação de mestrado).

FRANÇA, Jean Marcel C. (org.). *Visões do Rio de Janeiro colonial: antologia de textos, 1531-1800*. Rio de Janeiro: UERJ/José Olympio, 1999.

______. *Outras visões do Rio de Janeiro colonial: antologia de textos, 1582-1808*. Rio de Janeiro: José Olympio, 2000.

FROGER, François. *Relation du voyage de M. de Gennes ao detroit de Magellan*. Paris: Brunet, 1698.

FURTADO, Celso. *Formação econômica do Brasil*. São Paulo: Companhia Editora Nacional, 1986, 21ª ed.

GALLOWAY, J. H. "Northeast Brazil, 1700-1750: the agricultural crisis reexamined", *Journal of Historical Geography*, 1 (1), (US), 1975, pp. 21-38.

GODINHO, Vitorino Magalhães. *Mito e mercadoria, utopia e prática de navegar, séculos XVI-XVIII*. Lisboa: Difel, 1990.

IBGE. *Estatísticas Históricas do Brasil*. Rio de Janeiro: IBGE, 1990, 2ª ed.

KLEIN, Herbert. "Tráfico de escravos". In: IBGE. *Estatísticas Históricas do Brasil*. Rio de Janeiro: IBGE, 1990, 2ª ed., pp. 53-61.

LAPA, José Roberto do Amaral. *A Bahia e a Carreira da Índia*. São Paulo: Hucitec/Unicamp, 2000.

MAGALHÃES, Joaquim Romero de. *O algarve econômico, 1600-1773*. Lisboa: Editorial Estampa, 1993.

MAURO, Frédéric. "Portugal y Brasil: estructuras políticas y económicas del Imperio, 1580-1750". In: BETHELL, Leslie. *Historia de América Latina 2 (América Latina colonial: Europa y América en los siglos XVI, XVII, XVIII)*. Barcelona: Editorial Crítica, 1990, p. 127-149.

______. *Portugal, o Brasil e o Atlântico, 1570-1670*. Lisboa: Editorial Estampa, 1997, 2 v.

MONTEIRO, John. *Negros da terra: índios e bandeirantes na origem de São Paulo*. São Paulo: Companhia das Letras, 1994.

NOVAIS, Fernando A. *Portugal e Brasil na crise do antigo sistema colonial (1777-1808)*. São Paulo: Hucitec, 1986, 4ª ed.

PALÁCIOS, Guillermo. *Cultivadores libres, Estado y crisis de la esclavitud en Brasil en la época de la revolución industrial*. México: FCE, 1998.

POLANYI, Karl. *A grande transformação*. Rio de Janeiro: Campus, 1980.

PRADO JÚNIOR, Caio. *Formação do Brasil contemporâneo*. São Paulo: Brasiliense, 1992, 22ª. ed.

RHEINGANTZ, Carlos G. *Primeiras famílias do Rio de Janeiro (séculos XVI e XVII)*. Rio de Janeiro: Livraria Brasiliana Editora, 1965, 2v.

ROMANO, Ruggiero. *Coyunturas opuestas. La crisis del siglo XVII en Europa e Hispanoamérica*. México: Fondo de Cultura Económica, 1993.

RUCQUOI, Adeline. *História medieval da Península Ibérica*. Lisboa: Editorial Estampa, 1995.

RUSSELL-WOOD, A.J.R. *Fidalgos e filantropos: a Santa Casa da Misericórdia da Bahia, 1550-1755*. Brasília: UnB, 1981.

SAMPAIO, Antonio Carlos Jucá de. "O mercado carioca de crédito: da acumulação senhorial à acumulação mercantil (1650-1750)". In: *Revista Estudos Históricos*, nº 29, Rio de Janeiro: CPDoc/FGV, 2002, p. 29-49.

______. *Na encruzilhada do Império: hierarquias sociais e conjunturas econômicas no Rio de Janeiro (c. 1650-c. 1750)*. Rio de Janeiro: Arquivo Nacional, 2003.

SCHWARTZ, Stuart. *Segredos internos: engenhos e escravos na sociedade colonial*. São Paulo: Companhia das Letras, 1988.

______. "Brasil colonial: plantaciones y periferias, 1580-1750". In: BETHELL, Leslie (ed.). *Historia de América Latina 3 (América Latina colonial: economia)*. Barcelona: Editorial Crítica, 1990, p. 191-259.

SERRÃO, José Vicente. "O quadro humano". In: HESPANHA, António M. (coord.).*História de Portugal. O Antigo Regime*. Lisboa: Editorial Estampa, 1998, p. 43-63.

______. "O quadro econômico". In: HESPANHA, António M. (coord.). *História de Portugal. O Antigo Regime*. Lisboa: Editorial Estampa, 1998, p. 67-112.

SERVAIS, Paul. "De la rente au crédit hypothecáire en périod de transition industrielle: stratégies familiales en région liégeoise au XVIIIe siècle". In: *Annales: histoire, sciences sociales,* 49e année, nº 6, Paris: Armand Colin, 1994, p. 1.393-1.409.

SILVA, Francisco Carlos T. da. "A morfologia da escassez: crises de subsistência e política econômica no Brasil Colônia (Salvador e Rio de Janeiro, 1680-1790)". Niterói: UFF, 1990 (tese de doutorado).

SMITH, David. "The mercantile class of Portugal and Brazil in the seventeenth century: a socioeconomic study of merchants of Lisbon and Bahia, 1620-1690". Austin: University of Texas, 1975 (tese de doutorado).

SOUSA, Gabriel Soares de. *Tratado descritivo do Brasil em 1587.* São Paulo: Companhia Editora Nacional, 1987.

SUBRAHMANYAM, Sanjay. *O Império Asiático Português, 1500-1700.* Lisboa: Difel, 1995.

VIEIRA FAZENDA, José. "Os provedores da Santa Casa da Misericórdia da Cidade de São Sebastião do Rio de Janeiro." Rio de Janeiro: *Jornal do Commercio*, 1912.

VILAR, Pierre. *Desenvolvimento econômico e análise histórica.* Lisboa: Editorial Presença, 1982.

XAVIER, Ângela B.; HESPANHA, António M. "As redes clientelares". In: HESPANHA, António M. *História de Portugal. O Antigo Regime.* Lisboa: Editorial Estampa, 1998, p. 339-349.

Abreviaturas

AGCRJ — Arquivo Geral da Cidade do Rio de Janeiro
AHU-CA: Arquivo Histórico Ultramarino, Catálogo Castro e Almeida
AN-RJ — Arquivo Nacional, Rio de Janeiro
CPON — Cartório do Primeiro Ofício de Notas
CQON — Cartório do Quarto Ofício de Notas
f. — Folha — Livro

CAPÍTULO 8

Cultura letrada no século do Barroco (1580-1720)

*Diogo Ramada Curto**

Em 1956, o grande historiador que foi Sérgio Buarque de Holanda chegou a anunciar a publicação de uma sua obra, projetada em três volumes, intitulada *A era do barroco no Brasil (Cultura e vida espiritual nos séculos XVII e XVIII)*. Apesar de tal projeto não se ter concretizado, Antonio Candido editou uma parte dos manuscritos que Sérgio chegara a preparar e teceu importantes considerações sobre essa obra inacabada. Eram quatro os principais pontos a que se poderia reduzir o barroco na sua versão brasileira colonial, pelo menos no que dizia respeito à sua expressão literária. Antes de mais nada, havia que contar com o impacto de "uma visão desencatada, nutrida de sentimento religioso", a qual se opunha ao ideal heroico e humano do Renascimento. Depois, seria de reparar na difusão do cultismo, centrado não só no uso do conceito e de um recurso a imagens preciosas, mas também numa série de encenações simbólicas e alegóricas, em parte relacionadas com uma cultura representada pelos livros de emblemas. Em terceiro lugar, era de consi-

*Professor da Universidade Nova de Lisboa.

derar que os atributos próprios do barroco, nomeadamente o gênero de epopeia sacra, manifestaram uma continuidade que não se restringe a um simples período, uma vez que a sua vitalidade se continuou a fazer sentir muito para além do século XVII. Por último, importava situar os textos do barroco que constituem a literatura brasileira da colônia no contexto mais geral das literaturas da Europa. A esse último respeito acrescentava-se que as marcas de nativismo e a atenção dada à natureza tropical na literatura nem por sombras poderiam ser confundidas com um qualquer tipo de nacionalismo embrionário.[1]

A experiência de ensino e investigação de Sérgio na Itália, no início da década de 1950, teria pesado decisivamente no seu interesse pela expressão literária do barroco. De fato, se as histórias da literatura italiana, já por essa altura, repetiam à saciedade a sucessão de um cânone atravessando as três fases sucessivas do renascimento, barroco e arcadismo, seria possível testar esse mesmo modelo no confronto com a experiência brasileira. A criatividade de Sérgio conduziu-o a romper com a ideia, tão em voga na Itália, de um período definido de um modo rígido. Pela mesma altura, alguns historiadores da cultura colonial hispano-americana manifestaram idêntico interesse no estudo do barroco. Porém, as suas fontes de inspiração tinham muito mais a ver com o trabalho previamente desenvolvido por historiadores alemães, espanhóis e sul-americanos dedicados tanto ao domínio das artes quanto ao do teatro, da literatura e da cultura em geral. A obra do historiador americano Irving A. Leonard, *Baroque Times in Old Mexico*, reflete precisamente tais influências cruzadas. Concretizam-se nela alguns temas de uma agenda de investigação que se mantém atual. Primeiro, a noção de barroco, em que pese as suas origens europeias, quando aplicada aos contextos da América colonial não implica necessariamente que a história do Ocidente seja a história do mundo. Conforme notava Leonard, a história da América espanhola, apesar de ser em larga medida uma extensão da história da cultura ocidental, dificilmente se podia reduzir a essa última, devido ao "seu isolamento, aos seus cerca de três séculos de paz, à sua ortodoxia religiosa e à heterogeneidade dos seus habitantes".

Assim sendo, se do ponto de vista europeu os territórios americanos eram vistos como um mero objeto de lutas onde se projetavam rivalidades em curso no continente, para as populações locais existiam muitas outras dinâmicas em curso. Em segundo lugar, interessaria estudar tais dinâmicas, nomeadamente os chamados "processos de hibridização, absorção cultural e crescimento psicológico", cuja influência, segundo o mesmo autor, fazia-se sentir muito depois do período colonial, vindo a influenciar a estruturação do próprio presente. Era, aliás, essa pesada influência que deveria levar a ultrapassar a superficialidade dos aspectos políticos e militares, de que se ocuparia uma história de caráter mais convencional, para penetrar nas dimensões social, cultural e intelectual desde os tempos coloniais, uma vez que essas tinham deixado marcas mais profundas. Em terceiro e último lugar, Leonard apelava para um método que se mostrasse adequado tanto ao estado fragmentário da documentação disponível como aos conhecimentos existentes sobre o barroco na América espanhola, entendido como uma época histórica e um modo de vida. No seu entender, uma síntese de caráter mais globalizante teria de aguardar por informação mais completa. Por isso, o tratamento de alguns aspectos culturais, literários e intelectuais do México barroco revestiria a forma de uma "espécie de mosaico composto de fragmentos e anedotas, bem como de peças maiores de caráter biográfico e de descrições sobre os usos; constituindo-se o próprio exercício numa espécie de projeto barroco". O método de compor um mosaico revelava-se, assim, como adequado à análise da época. Tudo isso considerando que poucos foram os que viveram naquela época e tinham ouvido falar desse mesmo conceito e muito provavelmente ninguém o aplicou para definir o seu próprio tempo.[2]

Este capítulo inspira-se no projeto inacabado de Sérgio Buarque de Holanda sobre o barroco brasileiro e no sugestivo mosaico relativo ao barroco mexicano de Irving A. Leonard. Os cinco casos analisados constituem-se também como um mosaico, sugerindo uma grande heterogeneidade de perspectivas. Uma pequena, mas inédita, descrição histórica do Brasil redigida na transição do século XVI para a centúria seguinte serve de ponto de partida. Através dela, será possível identificar como se articulam diferentes linguagens, nomeadamente de que modo a história e os discursos políticos e morais podem conjugar um ataque cerrado à violência perpetrada sobre os índios e a glorificação de conquistadores e bons capitães. O segundo caso reveste a forma de uma série documental constituída pelos registos notariais dos traficantes de escravos. Contrastando deliberadamente com a definição de uma identidade brasileira associada a um território que se expande da costa para o interior, os registros notariais configuram um espaço concebido à escala do Atlântico, onde os portos brasileiros da Bahia e de Pernambuco fazem parte de uma teia de relações que inclui simultaneamente Lisboa, os portos da Andaluzia, as Canárias, Guiné, Luanda, Buenos Aires, Cartagena e Vera Cruz. As operações econômicas que passam pelos registros escritos notariais são, em boa medida, invisíveis noutros arquivos de caráter mais oficial. De fato, a análise mais próxima dos arquivos oficiais constitui uma terceira linha de pesquisa. Na sequência das lutas contra os holandeses em Pernambuco, os discursos das petições endereçadas ao rei, tendo em vista a obtenção de uma mercê e as obras de história (presas a lógicas do panegírico e diretamente associadas a engrenagens polêmicas), constituem um território fértil para identificar o uso da linguagem das virtudes e as concepções militarizadas do Império. O Maranhão da segunda metade do século XVII, conhecido pelos sermões do padre Antônio Vieira, serve de contexto geográfico ao discurso arbitrista do cavaleiro João de Moura. Trata-se de um tratado inédito, que permaneceu manuscrito, o qual exemplifica bem até onde chegou a intenção de explorar os mecanismos econômicos, a lógica do mercado e os seus principais agentes, na sua autonomia. A partir dele será possível reconstituir as vozes dos colonos que, na sua oposição aos jesuítas, buscavam um suporte da Coroa. Em quinto e último lugar, encontra-se o mais longo dos casos analisado, constituído pelas respostas que permaneceram inéditas aos inquéritos relativos aos escritores e à produção escrita dos padres jesuítas e dos frades capuchos que serviram nas respectivas províncias no Brasil, bem como uma extensa lista de 39 poetas da Bahia. Um exame de tais catálogos de escritores elaborados na década de 1730, ricos em notícias e em critérios classificatórios, nos ajudará a compreender melhor as autorrepresentações da época no que respeita ao mundo das letras. Só assim será possível controlar e limitar o uso de conceitos — como o de barroco — projetados numa época que neles não se revia.

Meio século decorrido desde os projetos de estudo do barroco apresentados por Sérgio importará ter em conta que o nosso projeto, ao mesmo tempo que se inspira nos trabalhos de outros que nos precederam, deles se demarca por pretender dar resposta a novos problemas, que entretanto ganharam espessura. Refiro-me, antes de mais nada, ao esforço vigilante que muitos historiadores das sociedades coloniais têm empreendido para não estetizar — descontextualizando — as próprias sociedades por eles estudadas. Um tal ensinamento afigura-se tanto mais importante quanto a própria natureza dos objetos ditos barrocos e parece implicar uma fixação nas formas, nos conceitos e no culto retórico da palavra. Depois, o jogo dos contrários e a teorização sobre a coexistência de elementos opostos a que nos incitam muitas das análises sobre as estruturas formais do barroco — incluindo a constituição de formas e de tipos híbridos — parecem confundir-se com a atração pós-moderna pelas práticas ambíguas e os processos mais ou menos eufeminizados de elogio da mestiçagem. Ora, também aqui será importante recuperar alguns dos ensinamentos de Irving A. Leonard quando considerava, por um lado, as aspirações de distinção social dos próprios crioulos nascidos na América, que não se queriam ver confundidos com índios, africanos ou outros mestiços das classes proletárias, e, por outro lado, o modo de preservação das formas mais tradicionais de pensamento protagonizadas por uma minoria com aspirações nobiliárquicas e concretizadas no pensamento escolástico (apelando à inspiração divina e aos escritos dos padres da Igreja).[3] Ora, era precisamente o mesmo tipo de patrística que o padre Antônio Vieira sabia de cor, se se tiver em conta a opinião de um dos seus panegiristas a seguir analisada. Por último, será de reparar que os casos que se exploram neste capítulo não correspondem a nenhuma intenção de reproduzir os chamados fragmentos pós-modernos, capazes de diluir qualquer tipo de efeito do real, em nome de um ataque às grandes narrativas teleológicas do progresso. Pelo contrário, ao proceder através de estudos de caso visamos recuperar velhos textos que andam esquecidos, sem os quais o progresso do conhecimento histórico dificilmente poderá ser pensado, e não conseguimos pôr de lado o sentido pelo menos hipotético de conceitos e processos mais gerais. Proceder em pequena escala, aliás, não impede a colocação das grandes questões que caracterizam as práticas culturais da escrita e da palavra no interior de uma sociedade colonial.[4]

1. Descrições e histórias do Brasil

Manuel Correia de Montenegro, português, autointitulado revisor régio das impressões na Universidade de Salamanca, remata o seu *Libro Quinto de los reyes naturales de Portugal* com uma descrição da província do Brasil.[5] Correspondendo a sua data de redação aos primeiros anos do reinado de Filipe III de Espanha, dito II de Portugal, o capítulo denomina-se "Descubrimiento, conquista, y poblacion de la provincia llamada vulgarmente Brasil, en el America, quarta parte del Mundo". De fato, as partes anteriores da sua história deixada em manuscrito tinham sido dedicadas aos feitos de reis e vassalos portugueses cometidos na Europa, África e Ásia. A referência ao Brasil fazia, assim, parte de um plano no qual se projetavam as marcas de uma ideologia na qual reis e monarquias aspiravam ao domínio mundial.

Etimologia, geografia e elogio da fertilidade local constituem o ponto de partida da descrição. A província chamava-se de Santa Cruz, mas era mais vulgarmente conhecida pelo nome de Brasil: "y assi la llamaremos, por ser vocablo mas accomodado, aunque de menos dignidad." Tratava-se de uma grande região marítima, situada entre a linha equinocial e o Trópico de Capricórnio, que se prolongava por mais de 1.200 léguas até o estreito de Magalhães. De um lado, era banhada pelo oceano Atlântico, tendo a oeste duas grandes serranias chamadas Andes, que a dividiam tanto do Peru como da província do Chile, "donde viven los Araucanes, gente en nuestros tiempos, bellicosa y famosa en las armas". As considerações sobre a fertilidade e as produções locais são de dois tipos: por um lado, respeitam as características gerais da terra, "amena y fresca en demasia, y de mui buenos aires"; por outro, elencam-se as produções específicas, incluindo o milho maiz, tido como o pão dos moradores, o pau-brasil, usado na Europa para tingir panos, e a cultura da cana-de-açúcar, introduzida pelos novos descobridores. O fato de não se ter tido, até então, descoberto ouro ou prata, de não lhe ser associada uma grande abundância de mantimentos e da sua propensão para se cobrir de arvoredos que requeriam constante abate e muito trabalho indicia consciência clara de um processo de colonização em curso orientado em função do cultivo e da exploração da terra.

Segue-se uma etnografia sumária dos habitantes, articulada desde logo com um juízo sobre a sua conversão. A identificação física das características corporais precede as considerações sobre o modo de vida: "la gente es lora, de cabelo corredio, rosso, y narizes bollados, pequeños de cuerpo, mui bellicos de fuerças, rudos, y de poco entendimiento, que bien muestra la edad pueril en que viuen". Mas o principal propósito da breve tentativa de compreender os habitantes locais consiste em avaliar a sua aptidão para a crença: não tinham ídolos, nem divindade alguma, não utilizando sequer entre eles um vocábulo para designar Deus. A escolha da palavra "tupaxa", que originalmente significava ruído, fora feita pelos conversores para assim poderem citar o Altíssimo sem cair em qualquer tipo de idolatria, como teria acontecido se a escolha tivesse recaído nas palavras Sol ou Lua. A essas considerações gerais acerca dos habitantes locais o autor irá acrescentar, no decurso da sua narrativa histórica da colonização do Brasil, uma série de referências relativas à questão da conversão dos naturais, aos nomes das diferentes tribos, às suas alianças e práticas guerreiras.

A cronologia dos principais acontecimentos, constituídos sobretudo pela partida das armadas e nomeação dos capitães-donatários e governadores, constitui o principal critério de organização da história segundo Montenegro. A esse respeito, a partida de Lisboa da armada de Pedro Álvares Cabral, em 1500, tem valor de data fundadora. À sua chegada a Porto Seguro, especial valor simbólico era atribuído à missa, celebrada na praia, ao pé de uma enorme árvore. A ela teria acorrido um grande número de naturais da terra, os quais muito juntos se teriam posto de joelhos. Tal gesto significaria a sua disposição inicial para a conversão, "si los nuestros con codicias y aprestos no los tiuessem despues escandalizado, tomandolos sus tierras, y despojandolos de sus aueres, Dios lo juzgue". A contundente crítica ao modelo de colonização seguido pelos portugueses, baseando-se na apropriação sistemática das terras pertença dos naturais, supunha a idealização de um modelo alternativo constituído pela conversão ao catolicismo e a disponibilidade para a crença dos naturais, cuja execução teria ficado limitada a uma espécie de ato fundador da descoberta do Brasil, o da missa celebrada por Cabral. A oposição entre os interesses terrenos dos colonos e os ideais de propagação da fé considerados o primeiro dos direitos, mas também das obrigações, do expansionismo imperial reflete os termos já anteriormente usados por Bartolomé de Las Casas. Esses deveriam ser, aliás, bem conhecidos nos círculos intelectuais de Salamanca, em inícios do século XVII.[6] De igual modo, o nome dado inicialmente de Província de Santa Cruz — correspondendo à grande cruz que Pedro Álvares Cabral veio a erguer por ocasião de uma nova missa celebrada no mês de maio junto da referida árvore — acabou por ser esquecido, tendo acabado por prevalecer o nome de Brasil, segundo o nome do pau do mesmo nome. Do esquecimento do nome de Santa Cruz "se quexa y lastima Ioan de Barros, tomandolo per gran indeuocion y descortesia pero no lo hisieron por esso los que fueron oluidando aquel sanctissimo nombre de Santa Cruz, sino por ser el nombre Brasil mas breue y accomodado, para significar aquella terra llamndolo Brasil, y sus moradores Brasiles".

Montenegro enumera em seguida as armadas enviadas ao Brasil, para reconhecimento da terra, muito em especial das costas, dos portos e rios. No reinado de D. Manuel, Gonçalo Coelho capitaneou uma delas e D.

João III enviou Cristóvão Jaques. Iniciaram-se, então, os combates com os franceses, nomeadamente na Bahia, e D. João III ordenou o repartimento das terras por capitanias, para que se descobrissem e povoassem. Foi, então, Duarte Coelho que, ao solicitar a esse último rei a capitania de Pernambuco, liderou o processo mais consistente de colonização e deu origem à fundação de uma cidade. "Los brasiles", aliados aos franceses, procuraram resistir, mas acabaram por ser vencidos e ter de deixar a costa, refugiando-se no interior. Nas palavras de Manuel Correia de Montenegro,

> los Brasiles, viendo que le tomauan su antigua habitacion, iuntandose con Franceses, que andauan en su compañia, lo fuerõ acercar, y le dieron mucho trabajo, pero el y su hijo llamado tambien Duarte Coello se defendieron y despues saliendo al campo, hizieron tanta guerra a los probres Brasiles, que los forçaron a dexar la costa, y apartarse la tierra adentro mas de cincuenta leguas, que fue principio infeliz, para la conuersiõ de aquellos indios Brasiles, que llaman Gaires.

De fato, Manuel Correia aproveita a referência a essa fuga dos índios para o interior para emitir um outro juízo de valor de acordo com os termos já assinalados, isto é, um tal princípio de colonização fundado na violência e no desapossamento dos naturais impedia a conversão ao catolicismo dos "indios brasiles", uma vez que esses passaram a considerar todos os cristãos cruéis e ladrões da fazenda alheia. O modo como se processou a ocupação das terras — através de uma guerra que só Deus poderia dizer se fora justa, "teniendo antiguos y justos possoedores" — constitui-se, mais uma vez, em objeto de crítica, precisamente por ser contrário ao trabalho de missionação e de conversão dos índios. A história da violência colonial está, assim, diretamente ligada a uma lição moral.

Depois, é a vez de uma referência à capitania do João de Barros. Na alusão a esse último historiador, pressente-se uma crítica velada quando o autor afirma que esse — "deseoso de acreçentar su hazienda, como ja tenia acrescentado su nombre y fama" — pedira ao rei uma capitania. Da armada que fez à sua custa, em companhia de Aires da Cunha e de Fernando Álvares de Andrade, tesoureiro-mor, faziam parte 900 homens a pé e a cavalo. Partiu do reino em 1531, tendo também dela participado dois filhos do historiador. Mas a tamanha ambição e poderio acabou por suceder uma espécie de castigo, uma vez que os filhos de Barros se perderam junto ao rio Maranhão. Idênticos foram na região da Bahia os desaires de Francisco Pereira Coutinho, o qual acabou por ser assassinado pelos tupinambás. Na sequência desse assassinato, D. João III determinou a passagem da Bahia a capital do governo do Brasil, de forma a que a partir dali fosse possível assegurar a defesa das outras capitanias. Manuel Correia assinala que, em 1549, Tomé de Sousa foi escolhido como governador-geral, tendo os seus poderes suplantado todos os que anteriormente tinham sido concedidos aos das outras capitanias. Acompanharam-no o doutor Pedro Borges, como ouvidor-geral, e António Cardoso de Barros, como vedor da Fazenda. A criação da cidade da Bahia surge como equivalente de uma nova ordem: "Fundose la ciudad, con su cerca, y baluartes, la Iglesia mayor, y otras, y las casas para los padres de la compañia. Gastose en polbora, sueldos y ornamentos, mas de trezientos mil ducados."[7] No ano seguinte, D. João III enviou outra armada de socorro, onde foi o bispo D. Pedro Fernandes Sardinha, que acabou morto, na companhia de mais de cem pessoas, por "Los Brasiles Cayres". O relato prossegue com as lutas contra os índios e os franceses, em especial as que foram protagonizadas pelo governador Mem de Sá. Foi esse que venceu os tupinambás e desbaratou os franceses que se haviam fortificado no Rio de Janeiro.

Mais adiante, a história de Montenegro, seguindo um fio narrativo baseado na nomeação de governadores e dos seus feitos militares, conduz à identificação de um inimigo comum constituído pelos franceses aliados aos índios locais. Tal inimigo era tanto mais perigoso e ameaçador quanto veio a contar com um terceiro elemento, constituído pelos filhos mestiços provenientes de uniões quer entre índias e franceses, quer com espanhóis que se perdiam no estreito de Magalhães, e outros que se decidiam a ir viver por aquelas terras. Fora esse contingente de inimigos de origem variada — "assi ellos como los hijos mestiços" — que "causaron a los nuestros muchos trabajos". A observação era válida para o Rio de Janeiro, para a Bahia e também para Pernambuco. Durante os vários governos, de Mem de Sá a Manuel Teles Barreto, desse a Luís de Brito e Lourenço da Veiga, "siempre huuieron que hazer con Franceses y mestiços de la tierra", dos quais "siempre con fauor de Dios alcançaron victorias con grande acrescentamiento y prouecho, que sacan de su trabajo los conquistadores, que no va hombre aquela tierra, que no venga rico, sin se auer en ella aun descubierto minas de oro ni plata, quiça por descuido".

A concluir a sua descrição do Brasil, Manuel Correia de Montenegro considerava

> que si con cuidado y artificio se continuar a cultura desta tierra, y nueua region, con pocas expensas se puede hazer uno de los mayores estados del mundo, y fundarse en el un grande Imperio como el Rey Don Ioan Tercero determinaua y se uiuera diez años mas, lo vuiera effectuado, porque tiene mas de mil leguas de costa, y la tierra de suyo es mas acomodada.

A enumeração das qualidades da terra a explorar incluía a sua aptidão para a produção de todo gênero de frutos, a qualidade das suas águas, os seus portos naturais, capazes de albergar grandes embarcações, a facilidade com que se davam nela gado, açúcar, algodão, sem excluir o trigo, o milho e até o vinho, bem como de novo o fato de nela existirem metais, nomeadamente prata e ouro, e ainda esmeraldas e outras pedras de mil cores. Num discurso escrito em castelhano, o termo de comparação das grandezas do Brasil são as Índias de Castela, relativamente às quais se considerava mesmo a superioridade do Brasil, uma vez que naquelas: "no hay mas, que oro y plata, y perlas, y en esta nuestra tambien hay muchos estimados metales, y sin ellos otras muchas cosas, prouechosas, y saludables a la vida humana." O que urgia fazer, segundo o autor, era povoá-la com cidades e fortalezas de portugueses, podendo então chamar-se-lhe Nova Lusitânia ou Novo Portugal, "que es nombre mas nueuo, y mas insigne, y notorio en el mundo".

A análise da descrição do Brasil feita por Manuel Correia de Montenegro permite retirar algumas conclusões e elaborar novas pistas de trabalho. Em primeiro lugar, importará reconstituir a genealogia de um texto dessa natureza. Em termos de gênero, os grandes modelos de obras desse tipo encontravam-se tanto na *Descrittione di tutta Italia*, de Leandro Alberti (Bolonha, 1550; contando com nove edições venezianas entre 1551 e 1596), como na obra de Giovanni Botero *Relationi Universali* (Roma, 1591, 1.ª parte; 1596, 4.ª parte), ou ainda em Antonio de Herrera, *Descripcion de las Indias Ocidentales* (Madri, Emprenta Real, 1601).[8] Nessa mesma altura, entre as muitas obras relativas às regiões do Novo Mundo, a descrição histórica do Inca Garcilaso ocupa lugar de destaque. [9] No que ao Brasil diz respeito, a série de histórias e descrições datadas de finais do século XVI e de inícios da centúria seguinte é bem conhecida, tendo sido retomada inúmeras vezes por uma historiografia porventura demasiadamente preocupada em encontrar as origens da identidade nacional. O manuscrito intitulado *Tratado da Terra do Brasil*, de Pêro de Magalhães Gandavo, foi redigido entre 1568 e 1569. A sua *História da Província de Santa Cruz*, que abre com uns tercetos de Luís de Camões, foi escrita provavelmente em 1573 e publicada, em Lisboa, em 1576.[10] Por sua vez, a *Notícia do Brasil*, descrição que Gabriel Soares apresentou a Cristóvão de Moura em Madri, em 1587, participa de um contexto em que a troco de um arbítrio se conseguiam mercês.[11] A mesma relação entre descrição, história e projeto colonial, entendido esse muitas vezes como fazendo parte de um debate mais amplo sobre diferentes concepções do Império, encontra-se, já bem entrado o século XVII, em Ambrósio Fernandes Brandão, frei Vicente do Salvador e em muitos outros discursos.[12] Entre eles, o texto de Manuel Correia de Montenegro, bem como as páginas que o arbitrista Duarte Gomes Solis escreveu sobre o Brasil pouca ou nenhuma atenção têm merecido.[13] Trata-se de uma linha de investigação baseada na análise de textos, os quais revelam uma forte atenção à geografia territorial, constituindo-se numa espécie de gênero bem exemplificado, um século depois, num dos capítulos do *Peregrino na América*.[14]

Em segundo lugar, pode dizer-se que a percepção de Correia de Montenegro relativamente às populações ameríndias revela uma grande ambivalência. Por um lado, os índios — em geral, aliados aos franceses e a grupos de mestiços — são vistos como uma ameaça à colonização e investidos de uma grande capacidade para combater os grupos de colonos e seus respectivos capitães. Por outro lado, os maus tratamentos a que eram sujeitos por parte dos mesmos grupos de colonos, impedindo a sua conversão ao cristianismo, são objeto de denúncia e de condenação moral (numa linha que recorda Las Casas e Botero). Com base nessa ambivalência, será possível concluir que a dimensão etnográfica era, na época, inseparável de uma preocupação missionária. Em terceiro e último lugar, será necessário referir que é também ambivalente o retrato que Correia de Montenegro nos dá dos principais agentes da colonização. Por um lado, tais agentes são descritos com base no modelo do grande capitão, que concentra em si uma série de virtudes, e de competências para concretizar, na fundação de cidades e de fortalezas, os projetos imperiais de um passado já longínquo que remontava à época de D. João III. Por outro lado, tais agentes — como acontecia com João de Barros e os seus filhos, a exemplo de muitos outros que permanecem anônimos — são retratados como um espelho de vícios e de ambições desenfreadas, incapazes por isso de levar avante um projeto de colonização e aquilo que, mais tarde, se veio a chamar de missão civilizadora. A descrição e a história dos grandes capitães são, assim, inseparáveis de um juízo moral. Numa linha que recorda os preceitos de Cícero, histórias e descrições eram concebidas sobretudo como um arsenal de lições morais e políticas.

2. O Atlântico mercantil nos registos notariais

> I Portoghesi, per lo bisogno ch'essi hanno di gente, mandano ogni anno le loro caravelle cariche di varie merci a' porti di Ghinea, ivi, in scambio delle mercatanzie loro, pigliano molte migliaia di schiavi, che poi conducono a lavorare i zuccari e a coltivare i terreni nell'isole di S. Tomaso e di Capo Verde e nel Brasile, o li vendono a' Castigliani, che se ne servono poi al medesimo modo nell'isola Spagnuola e in altre parti.[15]

> I popolo della Ghinea vendono quotidianamente, per la povertà loro, i proprii figliuoli per vilissimo prezzo a' Mori, che le conducono in Barbaria, ed a' Portoghesi, che li menano nell'isole loro o li vendano a' Castigliani per lo Mondo Nuovo.[16]

Em finais do século XVI, Giovanni Botero atribuía exclusivamente aos portugueses a responsabilidade pelo transporte anual de milhares de escravos para as ilhas de S. Tomé e Cabo Verde, para o Brasil e para a América espanhola. Simultaneamente, declarava que tal comércio era devido tanto a um interesse dos povos da Guiné pela troca de mercadorias como à pobreza em que viviam esses mesmos povos, os quais eram obrigados a vender por baixíssimos preços os seus próprios filhos, tanto para os mercados do norte de África, quanto para os traficantes portugueses. A formulação de Botero condensa em si alguns dos temas que mais recentemente têm preocupado os historiadores interessados em compreender o comércio de escravos à escala do Atlântico. Primeiro, existe nela a clara noção de que o mercado do trabalho escravo envolvia precisamente um indiferenciado espaço atlântico, onde aos territórios sob jurisdição portuguesa se sucediam os que no Novo Mundo se encontravam debaixo do domínio castelhano. A escravatura, pois, estaria na base de um sistema econômico constituído em torno das plantações de açúcar, servindo para explicar as ligações da África com as ilhas do Atlântico, o Brasil e a América espanhola. Em segundo lugar, os africanos — identificados como povos da Guiné — estavam envolvidos diretamente no tráfico, quer devido aos seus interesses na obtenção de mercadorias provenientes do comécio externo quer em virtude das suas próprias condições de vida, nomeadamente da sua pobreza. Botero parecia antecipar, servindo-se de uma argumentação orientada por propósitos de justificação moral, as discussões contemporâneas relativas às razões do empobrecimento da África atribuído aos europeus, bem como ao modo como os africanos procuraram através do tráfico de escravos corresponder aos seus interesses e maximizar os seus lucros. Finalmente, não parecia haver dúvidas quanto à identidade do grupo que traficava escravos a uma escala do Atlântico. No entender de Botero, tratava-se fundamentalmente de portugueses, que serviam de intermediários entre os portos da Guiné, os territórios sob jurisdição de Portugal e os castelhanos do Novo Mundo. Ora, é precisamente acerca desse grupo de denominados portugueses que operavam à escala do Atlântico, tendo na base das suas atividades o comércio de escravos, que ainda pouco se sabe. As notas de investigação que aqui coligiremos, longe de traduzir os resultados de uma investigação em curso, são apenas um preâmbulo de um longo caminho a percorrer (o qual se encontra dependente da obtenção de fundos destinados a uma recolha arquivística sistemática).

Ao longo do século XX, a historiografia interessada em dar a conhecer o modo como operavam os grupos de mercadores portugueses, muito em especial na América espanhola, adotou uma escala de análise mais propriamente nacional. Sucederam-se, assim, os trabalhos dedicados aos portugueses, sobretudo na primeira metade do século XVII, de Lima a Potosí, de Vera Cruz a Cartagena, de Cuba a Buenos Aires, ou às vias de acesso criadas pelo rio da Prata. Muito recentemente, Daviken Studnicki-Gizbert deu-nos um dos mais brilhantes estudos desse mesmo grupo, centrado em Lima, mas com ramificações por todo o espaço atlântico, incluindo Sevilha, Lisboa e Amsterdã.[17] Entre os temas mais desenvolvidos constam a acusação de criptojudaísmo que incidiu sobre esse mesmo grupo, em larga medida formado por cristãos-novos, que acabaram envolvidos numa espécie de grande conspiração; a perseguição inquisitorial que sobre o mesmo grupo incidiu, muito em especial na década de 1630, à qual se veio a sobrepor uma mais generalizada exclusão por parte das autoridades espanholas após a Restauração de Portugal em 1640; e a sua capacidade econômica de organização a uma escala transnacional ou, melhor dizendo, transimperial, constituindo-se, assim, em exemplo social de uma racionalidade moderna. Se, do ponto de vista da América espanhola, os portugueses têm sido vistos sobretudo na sua capacidade de controlar os circuitos financeiros e o contrabando da prata, uma atenção secundária tem sido concedida ao seu envolvimento no tráfico de escravos. Para o envolvimento dos portugueses com o tráfico de africanos será necessário ter em conta os estudos sobre os grandes contratos celebrados entre a Coroa e os grupos de mercadores, bem como as investigações relacionadas mais diretamente com a história da presença portuguesa na África. Trata-se, aliás, de um número muito restrito de trabalhos nos quais será possível isolar, por um lado, os capitães e governadores investidos da autoridade régia envolvidos no tráfico e, por outro lado, um grupo igualmente constituído por cristãos-novos com uma rede de agentes nas Índias de Castela. São esses últimos que denotam tanto uma enorme capacidade para celebrar os referidos contratos como uma recorrente prática de declarar falência no seu cumprimento. Todas as referidas operações de perseguição inquisitorial, todos os contratos régios e processos de quebra ou falência se inspiram na análise de fontes inquisitoriais e de caráter oficial, prolongando-se essas últimas pela correspondência de governadores. Numa palavra, a história social dos portugueses tem sido feita com base nos arquivos inquisitoriais ou da administração régia. Claro que mesmo essas fontes estão longe de ter sido exploradas convenientemente. Isto é, são vários os processos inquisitoriais que se encontram por explorar respeitantes a cristãos-novos envolvidos no tráfico de escravos; o mesmo se pode dizer em relação à documentação da Coroa respeitante a contratos;[18] e é de notar, na sequência de Studnicki-Gizbert, que existem casos de documentação de caráter privado (correspondência mercantil e livros de razão) apreendida tanto pela Inquisição como pelos conselhos e tribunais da Coroa que lidavam com quebras contratuais. De qualquer modo, as fontes que têm sido utilizadas para estudar os portugueses envolvidos no tráfico negreiro são sobretudo de caráter oficial, pois provêm das relações de um grupo com os poderes civil ou eclesiástico. Por último, os memoriais, alguns deles impressos, como aconteceu com o célebre discurso de Lourenço de Mendonça, nos quais grupos de portugueses fazem apelo à Coroa e aos seus conselhos, são reveladores do mesmo caráter oficial e público.

Numa interessante antologia documental sobre Angola, publicada em Lisboa nos anos 1930, na qual a questão dos *asientistas*, bem como a dos governadores e instituições administrativas ocupam o primeiro plano, quando o seu autor procura "dar uma ideia das transações comerciais da época" confessa que eram escassos os documentos. Uma exceção se encontraria nas duas cartas em castelhano de um tal feitor "Francisco Demax" enviadas de Luanda em 1609 para Juan de Argomedo, um capitalista envolvido no tráfico de africanos.[19] Curiosamente para quem se interessa por relações à escala do Atlântico, as cartas teriam chegado a Lisboa via Bahia ou Pernambuco, mas contendo numerosas alusões ao tráfico de escravos com a América espanhola. Porém, a riqueza do seu conteúdo, no largo estudo introdutório que antecede a sua publicação, ficou por analisar. Numa passagem breve, o seu autor aconselha Argomedo a nomear um letrado com formação jurídica para lidar diretamente com os tribunais, estabelecendo, assim, um claro contraste entre, por um lado, a linguagem dos juristas própria para os circuitos de comunicação oficial e as relações de caráter público e, por outro lado, a torrente de informações, negócios e transações estabelecida entre um negociante e o seu agente. Se a correspondência mercantil capaz de nos ajudar a reconstituir o mundo mais concreto das "transações comerciais" não é abundante, não se pode dizer o mesmo dos registros notariais — que se encontram também eles por explorar de uma forma sistemática. Enriqueta Vila Vilar, sem dúvida a maior conhecedora dos assentistas portugueses envolvidos nos grandes contratos do tráfico de escravos, considera que a sua sondagem no Archivo dos Protocolos de Sevilha produziu poucos ou nenhum resultado. Essa situação contrasta em muito com a pesquisa já iniciada nos arquivos notariais de Lisboa, durante o primeiro quartel do século XVII.

Uma hipótese de sentido descritivo constituída com os resultados das primeiras sondagens relativas às quitações, procurações e escrituras parecia permitir a reconstituição do grupo de avençados, constituindo uma espécie de patamar bem abaixo da hierarquia dos grandes financistas capazes de se envolver nos contratos com a Coroa. A figura do avençado, isto é, aquele que compra ao contratador um certo número de licenças para traficar escravos, encontra-se, aliás, bem referida nos estudos anteriores.[20] Haveria, assim, a hipótese de descrever o mundo dos traficantes de escravos como estando disposto numa hierarquia constituída no topo pelos grandes financistas mancomunados em boa medida com governadores e aqueles que possuíam os altos cargos da administração; para mais abaixo se disporem os avençados com capacidade para negociar apenas um número restrito de escravos. Os primeiros seriam visíveis sobretudo na documentação de caráter oficial e público, por assim dizer, enquanto os segundos seriam revelados pelas transações privadas registradas notarialmente, bem como pela correspondência envolvendo os diferentes tipos de agentes. Devo, no entanto, dizer que essa hipótese relativa à existência de uma braudeliana hierarquia de mercadores de escravos necessita de ser matizada precisamente com base numa análise mais aprofundada e serial dos registros notariais, porventura bastante mais próximos das transações reais do que a documentação de caráter oficial.

Arriscando a apresentação de alguns elementos de caráter provisório, os quais não podem ser tomados por resultados de sólida demonstração, o primeiro aspecto que perturba a constituição de uma hierarquia diz respeito à possibilidade de reconstituir todo um sistema de crédito no qual os financistas que emprestam dinheiro em espécie ou em letras a mestres, capitães de navios e outros pequenos traficantes nada têm a ver com os assentistas. Trata-se de um número bastante restrito de financistas que parece controlar o crédito, com percentagens de lucro no espaço de escassos meses de 70% a 100%, no caso de se tratar de navios destinados a transportar mercadorias para a costa da Guiné ou Angola que adotavam como destino final as Índias de Castela, especialmente os portos de Cartagena ou de Vera Cruz. Quando o destino final era o Brasil, muito em especial Bahia e Pernambuco, os juros eram mais baixos, sem no entanto descer dos 50%. O sistema de crédito existente supõe, ainda, a existência de uma rede de agentes — ou, melhor dizendo, de procuradores, fixos ou móveis — à escala dos diferentes portos do Atlântico capazes de efetuar cobranças nos locais de chegada. Nalguns casos — como acontece com os Gramaxo em Cartagena — trata-se de gente que se encontrava igualmente ao serviço dos grandes assentistas, fato que nos faz pensar no seu papel central na estabilização de um sistema de crédito. De qualquer modo, será difícil de reduzir a uma simples hierarquia os assentistas, os agentes (feitores ou procuradores), os financistas capazes de disponibilizar créditos substanciais e pequenos traficantes (muito em especial mestres de navios).

O caso do já referido Juan Argomedo parece ser um dos que mais baralham algumas das ideias feitas. Os seus financiamentos a governadores de Angola são conhecidos, mas o interessante é perceber também as suas ligações com os grandes financistas madrilenhos de então, a sua disponibilidade para emprestar em Lisboa aos traficantes de escravos de partida para Guiné ou para África, as procurações que passava a agentes espalhados pelos portos do Atlântico e ainda as suas ligações com os poderosos das Canárias. De origem basca, mas solidamente estabelecido com casa em Lisboa, o seu genro veio a servir como tesoureiro do fisco da Inquisição, cargo que ele próprio veio a herdar e para o qual tinha servido inicialmente de fiador. Seria tentador pensar nele como um representante da ortodoxia católica, não portuguesa, que desde o início do século XVII procurava despojar judeus, criptojudeus ou cristãos-novos dos negócios mais lucrativos. Os seus investimentos em quintas, nomeadamente em Xabregas, parecem indiciar uma clara ascensão ou nobilitação do seu estatuto social. Por sua vez, um registro notarial, de bizarro e extravagante conteúdo, no qual Argomedo procura demonstrar que o seu estatuto social tinha suscitado deferência por parte de António Fernandes de Elvas, conhecido assentista de escravos, favorece tal hipótese. Porém as suas ligações com o mundo português dos negócios e a sua constante comunicação com os agentes portugueses, sobretudo das Índias de Castela, impedem-nos de retirar conclusões demasiado rápidas acerca de um grupo de portugueses, e não só que parece relacionar-se, nas suas transações, de um modo extremamente flexível. Flexível, nesse caso, em relação às divisões nacionais, étnicas e religiosas. Os interesses mercantis, isto é, no interior daquilo que parece ser a esfera autônoma do econômico e dos interesses do mercado, impõem uma espécie de cosmopolitismo possível à escala do Atlântico.

Porém a descrição das transações, da rapidez do fluxo das comunicações, da racionalidade do sistema de crédito e do cosmopolitismo fundado na defesa dos interesses econômicos corre o risco de se transformar numa espécie de elogio da modernidade econômica do Atlântico. Os registros notariais nenhuma voz dão às vítimas, nem sequer procuram explicar, como fazia Botero em finais dos Quinhentos, as razões para o envolvimento dos africanos no tráfico de seres humanos. Há, no entanto, um dado novo que importa repensar a partir de todas essas transações que parece apontar para um número ainda maior de vítimas. Refiro-me às listagens de navios e, através delas, ao número de escravos transportados que necessitam igualmente de ser revistos, à luz da informação disponibilizada pelos registros notariais. Sobretudo o registro dos barcos que tinham como destino final o Brasil (e casos há em que os barcos passavam primeiro pelos portos brasileiros, para depois irem carregar escravos em Angola tendo como destino final Cartagena) não parece constar da documentação que permitiu a elaboração de listas e até de estatísticas relativas à escravatura.

Enfim, a concepção de um espaço atlântico tal como resultava das trocas comerciais, sobretudo do tráfico de escravos, da primeira metade do século XVII, por mais autônoma que se afigure à luz dos registros notariais, foi constantemente penetrada por lógicas de dominação imperial e por projetos coloniais.[21] Por exemplo, os projetos holandeses de conquista do Brasil eram indissociáveis da conquista das praças na costa ocidental de África. Conforme se dizia numa tradução castelhana de tais projetos holandeses: "que se aumentaria el trato de los Negros que se llevavan de Guinea, Angola, y Caboverde; suponiẽdo ya que tambien las plaças caerian en sus manos, luego que cayesse alguna de las del Brasil, adõde eran muy necessarios estos Negros, para la labor de los açucares, tabaco, i todo lo demas."[22] Talvez por isso mesmo se tivessem ensaiado, do lado hispânico e português, diversos planos — porventura sempre incompletos — para a militarização (sobretudo fortificação) desse mesmo espaço atlântico.[23]

3. Os feitos gloriosos da guerra de Pernambuco

Com a publicação em 1654, na cidade de Madri, das *Memorias diarias de la Guerra del Brasil por discurso de nueve anos, empeçando desde el de M.DC.XXX* entrava finalmente nos circuitos da comunicação impressa um longo panegírico das virtudes e dos feitos militares de Matias de Albuquerque (1595-1647) na guerra de Pernambuco contra os holandeses. O seu autor, Duarte de Albuquerque Coelho, que continuava a arvorar o título de donatário de Pernambuco e membro do Conselho de Estado em Portugal, tivera de ultrapassar inúmeras resistências para levar aos prelos uma obra dedicada a perpetuar a memória do seu próprio irmão. De fato, Matias encontrava-se em Lisboa, à data da Restauração, pesando sobre ele graves acusações relativamente à sua conduta em Pernambuco. Diogo Soares, sogro de Miguel de Vasconcelos, tinha em boa medida orquestrado contra ele uma série de denúncias. Porém Matias, aproveitando a nova situação política, tinha sido libertado e posto de imediato a sua experiência militar a serviço da nova dinastia. Mas não tardaram a pesar sobre ele novas suspeitas e intrigas relativamente à sua fidelidade ao novo monarca. Logo em 1641 a conspiração do marquês de Vila Real também levantou sobre ele suspeitas junto dos seus inimigos e invejosos, por se tratar de um seu chegado parente, primo-irmão. A vitória portuguesa na batalha do Montijo (1644), que foi em parte mérito seu, valeu-lhe o título de conde de Alegrete. Porém a sua atuação nas campanhas do Alentejo continuou a suscitar dúvidas e desconfianças, nomeadamente no plano militar, até a sua morte, em 1647. Um ano depois, frei Manuel Calado amesquinhou-o, numa obra relativa à guerra de Pernambuco, a qual faz parte das sucessivas engrenagens polêmicas e ajustes de contas em que foram férteis os panfletos publicados após a Restauração.[24] Bastou, para isso, que o representasse ufano em celebrar o nascimento do príncipe Baltazar Carlos em Pernambuco, num momento em que era urgente empregar todas as forças na preparação da defesa contra o iminente ataque dos holandeses em 1630. O empenho de Matias de Albuquerque na guerra saía, assim, ofuscado pela sua dedicação a faustos áulicos e cerimoniais, ainda por cima para celebrar o herdeiro de Filipe IV. O seu irmão Duarte de Albuquerque, tendo optado por se manter fiel a esse último monarca, a exemplo do que sucedeu com muitas famílias nobres divididas entre Madri e Lisboa, pretendia vingar a memória dos feitos do seu irmão e, com ela, da sua família. Lutava, assim, nas suas *Memorias* tanto contra as acusações de inépcia na condução da guerra, que tinham sido movidas, antes de 1640, contra o seu irmão, por parte do Conselho de Portugal em Madri, quanto contra as críticas feitas ao mesmo no quadro da literatura polêmica da Restauração. Simultaneamente, a sua viúva, a condessa de Alegrete, reclamou as mercês a que considerava ter direito pelos serviços prestados pelo marido tanto no Brasil como na guerra do Alentejo.[25]

Para escrever a história da guerra do Brasil, o autor detinha a autoridade de quem fora testemunha ocular. De fato, Duarte de Albuquerque viera-se juntar ao irmão quando esse fora nomeado superintendente da guerra e fortificador das capitanias do norte do Brasil. Mas a escrita das *Memorias* — seguindo o estilo de anais, de relações breves ou de *avvisi* próprio de outras histórias contemporâneas, nas quais se faz sentir uma circulação manuscrita anterior e uma série de operações de corte e reutilização de textos — só adquire toda a sua dimensão se se tiverem em conta três dos contextos acima mencionados. Primeiro, há que considerar o peso das lógicas familiares nas práticas de escrita. Segundo, será necessário ter em conta o quadro polêmico a que correspondem os discursos publicados em Madri, nos anos posteriores à Restauração, que tomam por objeto acontecimentos e personagens relativos a Portugal e ao seu Império. Por último, será preciso identificar a linguagem das virtudes, nomeadamente das virtudes militares e nobiliárquicas, que serve para descrever e idealizar ações.

Tal como se afirmava numa descrição holandesa de Pernambuco redigida em 1640, era no âmbito famíliar que se processava o ensino das letras. A constatação tem valor exemplar, uma vez que, no caso dos Albuquerque Coelho, se trata de compreender não tanto o seu modo de aprendizagem, mas as sucessivas operações em que a escrita serviu de suporte à construção de uma memória familiar. Se as *Memorias diarias* são um panegírico dos feitos gloriosos do falecido irmão do autor, outros discursos — escritos no âmbito de inquéritos ou fazendo parte integrante de petições ao rei e aos seus conselhos para efeitos de obtenção de uma mercê — são igualmente reveladores do modo como era, no mesmo âmbito familiar, que ganhavam sentido muitas das práticas de escrita. Sobre essa mesma relação entre memória da casa e escrita por ouvir dizer ou fundada em documentos, o genealogista António Borges da Fonseca veio a tecer, mais tarde, interessantes considerações, cujo teor se poderá aplicar a um período anterior de mais de um século.[26] Enfim, uma análise dos contextos a partir dos quais ganham sentido as práticas de escrita nobiliárquicas deverá atender às lógicas da família, fazendo com que essa identidade sobressaia em relação a outros condicionamentos discursivos porventura devido à sua menor revelância em contexto colonial: da censura ao mecenato, das diversas formas de sociabilidade intelectual às instituições oficiais de ensino, dos copistas aos tipógrafos.

Entre as centenas de livros e panfletos publicados em Portugal e noutros países europeus que procuraram legitimar a Restauração e as escassas obras, publicadas sobretudo em Castela, que atacaram o movimento que levou ao trono D. João IV, será possível detetar uma série de "engrenagens polêmicas".[27] A atribuição da responsabilidade pelas derrotas sofridas à escala do Império ao mau governo dos Filipe ou à simples integração de Portugal na monarquia católica constitui um dos tópicos de debate. Nos panfletos favoráveis à Restauração, é clara essa denúncia. Por exemplo, a perda de Ormuz no Golfo Pérsico, ocorrida em 1622, com o subsequente inquérito judicial que se lhe seguiu destinado a apurar responsabilidades, foi de novo discutida num conjunto de obras publicadas após a Restauração. Curiosamente, nem sempre o sentido de tais debates seguiu uma clivagem de simples oposição entre portugueses e castelhanos, pois a microconflitualidade que através deles se exprime só marginalmente mobiliza argumentos de caráter nacional ou patriótico. O mesmo parece ter-se passado com as referências e os livros relativos à conquista e ocupação holandesa de Pernambuco. Também aqui os conflitos parecem, em boa medida, centrados na nomeação de personagens, no relato das suas ações e na sua respectiva valoração. A narrativa de feitos gloriosos, capazes de defender a reputação e a honra de indíviduos, das suas casas e parentelas, ocupa nesse tipo de escritos de ação e polêmica um lugar central. Mas se o serviço na guerra e os atos militares constituem os feitos principais dignos de encômio, é porque eles também correspondem a um *ethos* de vida nobiliárquica com diferentes ramificações. A sua análise, no concreto dos acontecimentos que constituem a chamada guerra de Pernambuco, supõe a existência de uma convergência de aspectos que importará ter em conta de forma sistemática.

Ao longo da década de 1630, dois grandes debates de caráter jurídico são reveladores tanto de uma muito difusa concepção militarizada do Império como da continuidade do modelo do grande capitão. O procurador da Coroa e conhecido jurisconsulto Tomé Pinheiro da Veiga tomou parte num desses debates relativo às obrigações na guerra dos capitães donatários.[28] Para ele, uma vez que as cartas dos donatários não explicitavam os deveres deles em situação de guerra (limitando-se a referir os seus deveres na colonização das suas terras, através do povoamento e da criação de vilas), era necessário procurar a sua formulação no direito e costume do reino. O que diziam, então, a esse respeito as *Ordenaçoens, e leis do Reino de Portugal* (Lisboa: Pedro Craesbeeck, 1603), as práticas e decisões compiladas por Jorge Cabedo (*Prima pars Decisionum Senatus Regni Lusitaniae*, Lisboa, Jorge Rodrigues, 1602; *Secunda pars*, Lisboa, Pedro Craesbeeck, 1604) ou o *Regimento das Ordenanças* (1570).[29] Pinheiro da Veiga tinha sobretudo em mente esclarecer as obrigações dos capitães donatários em matéria de prover a defesa das suas capitanias, fortificando-as e assistindo diretamente nelas. A sua posição nesse debate acabou por ser, por assim dizer, moderada, uma vez que propunha uma divisão de funções atendendo aos diversos tipos de agentes envolvidos dispostos segundo uma hierarquia encimada pelo rei, a que se seguiam os capitães e governadores do Brasil com jurisdição, senhorio e emolumento das terras e finalmente o povo. Sendo esse último identificado "com as forças da terra e povo e vassalos de uma capitania". Ao rei como príncipe soberano competia a defesa do Reino, logo o envio das armadas. Aos capitães e governadores cabia, sobretudo, assistir pessoalmente as suas terras — algumas delas com uma dimensão de cerca de metade de Portugal, uma vez que não poderiam simplesmente usufruir das suas rendas permancendo no Reino — e tratar com o povo o modo como se deveria proceder ao financiamento e à organização das fortificações. O povo, representado pelas câmaras, não estava excluído de contribuir e participar nessa concepção profundamente militarizada do Império, a qual tinha nas fortificações um dos seus elementos principais.

Um outro debate jurídico suscitado pela guerra de Pernambuco arrastou-se pelos diversos conselhos, juntas e tribunais de Lisboa e Madri entre 1635 e 1637. O problema em apreço consistia em saber quais as obrigações que recaíam sobre os comendadores e cavaleiros das três ordens militares de Cristo, Avis e Santiago na matéria da guerra de Pernambuco. Uma decisão tomada pela chamada Junta do Desempenho das Tenças desencadeara o debate, ao indicar que todos os cavaleiros da Ordem de Cristo deveriam ir servir na armada da restauração ou dar cada um deles um soldado pago em seu lugar; simultaneamente todos os comendadores das três ordens militares ou iriam servir pessoalmente ou seriam obrigados a contribuir com uma quarta parte dos réditos das suas comendas, no caso de comendas da Ordem de Cristo, ou a sexta parte, caso se tratasse de comendas das outras ordens. A Mesa da Consciência e Ordens repudiou energicamente tal decisão, defendendo a sua alegada jurisdição sobre as três ordens militares e a nulidade de uma decisão tomada por uma simples junta, tida nessa matéria como "tribunal incompetente". Evocou igualmente os privilégios e as liberdades concedidos havia tantas centenas de anos às ordens militares, os quais tinham sido ganhos com o sangue dos seus cavaleiros na guerra contra os infiéis e na defesa da fé católica e sempre defendidos pelos monarcas enquanto mestres e governadores das mesmas ordens. O respeito pelos privilégios das ordens militares fora, tanto mais, jurado por Filipe II nas cortes de Tomar, fato que excluía agora o pagamento de subsídios, pedidos e mais imposições pessoais ou reais. Na defesa dos mesmos privilégios entravam também as confirmações da Santa Sé, a qual nesse caso nem sequer se tinha pronunciado. A tudo isso somavam-se as declarações de isenção no pagamento de subsídios para a guerra, achadas em diversas ocasiões (do reinado de D. Fernando I a D. João III e ao que tinha acontecido em 1613). Por todas essas razões, a Mesa da Consciência considerava não ter sido o rei informado dos privilégios e das isenções das ordens militares. Porém, frente à insistência régia veiculada pela princesa Margarida, vice-rainha de Portugal, a Mesa da Consciência evocou um outro argumento para defender a isenção das ordens em matéria de subsídios, contribuições ou tributos: "As ordens militares são verdadeiras religiões cada uma *per se* e os freires e cavaleiros delas verdadeiros religiosos." Logo os seus cavaleiros e comendadores estavam na jurisdição da Santa Sé Apostólica, não tendo o rei poder para lhes pôr encargos, tributos e subsídios.[30]

As histórias, memórias e os panegíricos orientados para defender a reputação e justificar o pedido de mercês pelos serviços de Matias de Albuquerque só adquirem pleno significado se se tiverem em conta os contextos acabados de analisar, nos quais se cruzam debates de diferente natureza. Antes de mais nada, há que considerar a casa e a família como constituindo uma entidade se não em disputa, pelo menos passível de servir a usos variados, conforme o documentam as tentativas para fazer valer o nome dos Albuquerque por parte de seu irmão em Madri e as da sua viúva junto da nova dinastia dos Bragança. Depois, o modo como a figura de Matias de Albuquerque participa das engrenagens polêmicas em que foi fértil a literatura política posterior à Restauração, mas simultaneamente adquire um estatuto à margem de simples clivagens entre portugueses e castelhanos. Só assim se compreende que o herói da Batalha do Montijo viesse a ser atacado, mais concretamente amesquinhado, em livro publicado em Portugal e celebrado em Madri por seu irmão. Em terceiro lugar, os seus serviços no Brasil poderão ser vistos em estreita ligação com as obrigações que competiam aos capitães donatários, uma vez que ele próprio era irmão do donatário de Pernambuco. Por último, resulta claro que as suas ações correspondem a um certo entendimento das obrigações de serviço militar que competiam aos comendadores da Ordem de Cristo. Claro que se todos esses contextos dão sentido aos atos de Matias de Albuquerque, é porque nos ajudam a compreender melhor o modo como a sua vida aspirava a uma representação do *ethos* nobiliárquico e a uma concepção militarizada do serviço ao rei em Pernambuco e no Alentejo.

Dos seus serviços no Brasil, os rascunhos de petições apresentados pela sua viúva a D. João IV pretendiam dar uma imagem de competência em matéria militar e, em paralelo, exibir o seu *ethos* de guerreiro nobre a serviço da Coroa. Assim se compreendem as referências às grandes despesas que fizera da sua própria fazenda com "os soldados e camaradas" que o acompanharam ao Brasil ou os "extraordinários gastos e despesas de sua fazenda com os soldados", a ponto de ter ficado empenhado. A sua magnanimidade, posta a serviço da Coroa, fora acompanhada de uma boa administração capaz de fazer "aumentar a Fazenda Real, conservar a Justiça, defender as alterações dos eclesiásticos, defender por vezes a Jurisdição Real, conservando os presídios sem diminuição dos soldados", tudo isso sem que tivesse "trato, nem negociação alguma *per se* ou por entreposta pessoa, não tomando nem aceitando coisa alguma, e da mesma maneira procederam seus criados, a que nunca deu ofício, nem praça alguma de V. Magestade". As virtudes nobiliárquicas eram, assim, postas a serviço da Coroa. Por isso, um nobre como Matias de Albuquerque tinha de mostrar desinteresse, magnanimidade, no modo de gastar a sua fazenda, não se envolvendo em tratos e negócios. A natural proteção dispensada a parentes, criados e subordinados deveria ser feita à sua própria custa, mesmo que tal implicasse a contração de dívidas. O estatuto da nobreza, nomeadamente da alta nobreza, representada pelo falecido conde de Alegrete, não admitia misturas com negociantes e mercadores. Por sua vez, a boa administração da justiça, das finanças e do aparelho militar só poderia favorecer a soberania régia. Nesse quadro, a melhor forma de demonstrar uma vida de serviço à Coroa consistia, mais particularmente, em relacionar as ações militares não tanto como atos de bravura individual, mas sobretudo como elementos de uma competência militar. Assim, se compreende a referência central à capacidade de Matias de Albuquerque, enquanto governador de Pernambuco, para "começar logo a entender no governo das coisas da guerra daquela capitania", o que abrangia três aspectos essenciais: reduzir a exercício e forma militar os moradores, paralelamente mobilizar e organizar as companhias de presídio, promover a construção e as obras de fortificação em terra e organizar as frotas e armadas para a defesa naval. A representação do *ethos* nobiliárquico coincidia, assim, mais uma vez, com uma concepção militarizada do Império. Os sucessos nos combates sucedidos tanto em terra como no mar completavam esse quadro sem dúvida idealizado. Mas não se julgue que só contavam os atos cometidos contra o inimigo holandês, uma vez que as lutas contra "índios e negros" — considerados seus potenciais aliados — são também alvo de glorificação.[31]

A análise de uma série de escritos de ação relativos à guerra de Pernambuco permite retirar algumas conclusões. Claro que essas têm um alcance limitado, uma vez que os debates de natureza jurídica e política que procuramos reconstituir, os inventários de feitos gloriosos que caracterizam as petições ao rei tendo em vista a obtenção de mercês e, marginalmente, os escritos que participam das engrenagens polêmicas que se sucedem após a Restauração participam de uma esfera centrada essencialmente na corte, nos conselhos e tribunais da Coroa, em Lisboa ou em Madri. Sobretudo os debates jurídicos e o discurso das petições remetem para um imaginário político muito apartado das realidades pernambucanas. Seria mesmo tentador pensar que, em face dessas últimas, se trataria de um plano de idealização, simultaneamente de um *ethos* nobiliárquico formulado no interior do serviço ao rei e de uma concepção militarizada do Império. Porém seria demasiado fácil postular uma separação entre o plano das realidades locais — impregnado da vida nativa, na qual se misturam as dinâmicas sociais impostas pela presença de largos contingentes de índios e escravos — e um plano de construções idealizadas associado a nobres militarizados e ao rei. Tal como demonstrou exemplarmente Evaldo Cabral de Mello, aquilo que surge associado às realidades locais, pernambucanas, a começar pelo que designa de nativismo nobiliárquico, deve ser igualmente visto como uma tradição inventada.[32]

4. O aumento do Estado do Maranhão

Em 1684, João de Moura, cavaleiro da Ordem de Cristo, dedicava a D. Pedro II uma obra intitulada *Collonia Portugueza*, composta por três tratados.[33] No primeiro, descreveu o Estado do Maranhão e apresentava um projeto para sua expansão. No segundo, expôs uma série de preceitos relativos à cultura de algumas drogas e frutos ajustados ao que denominava de zona tórrida. Afirmando a centralidade da agricultura no "sustento humano", dissertou sobre a qualidade e preparação das terras dedicadas à produção da cana-de-açúcar e do tabaco, os recursos florestais e a cultura de pimenta, cravo, noz-moscada, canela, cardamomo, gengibre, cacau, cochonilha, uruçu, anil etc. No último e mais longo dos tratados, coligiu conhecimentos em matéria de arte militar, nomeadamente no que dizia respeito a fortificações e ao modo de defender e expugnar praças, bem como a questões de artilharia e produção de pólvora. Tudo isso procurando diferenciar a forma de fazer a guerra na Europa e fora dela. A coexistência, na mesma compilação, de uma súmula de conhecimentos relativos à agricultura e às questões da guerra sugere de que modo a reflexão sobre a exploração ou a extração colonial se articulava com uma concepção profundamente militarizada do Império.[34] Porém essas duas dimensões — que assumiram outros contornos noutras regiões do Império e do Brasil — não esgotam o modo como se configurava uma cultura colonial numa das suas versões mais elaboradas. A existência constante de numerosos projetos, cuja natureza diversa sugere a existência de diversos tipos de debate acerca da conquista e do aumento do Império, constitui uma outra dimensão a ter em conta. De tais projetos coloniais, João de Moura ofereceu uma versão bem impregnada de convenções retóricas, seguindo o estilo literário clássico dos diálogos, o qual remonta em português a *O soldado prático*, de Diogo do Couto, e aos *Diálogos*, de Ambrósio Fernandes Brandão. A experiência de uma testemunha ocular é igualmente evocada a partir do artifício de um relato de viagem. De qualquer modo, as convenções próprias ao diálogo e à narrativa de uma *peregrinatio* de instrução não obscurecem uma consciência profunda das realidades locais a ter em conta.

A importância do texto de João de Moura pode igualmente avaliar-se em função da chamada revolta do Beckman, ocorrida nesse mesmo ano de 1684, e que teria conduzido a uma nova expulsão dos jesuítas do Maranhão. A *Collonia portugueza* pode ser lida como uma clara defesa dos interesses dos moradores e da república, constituída pelo Estado do Maranhão. Que tal defesa fazia parte de uma lógica colonial e imperial não levanta dúvidas. Pois, conforme afirma um dos personagens do diálogo a propósito dos projetos para o aumento do Estado do Maranhão,

> porquanto para que este seja uma das mais consideráveis e ricas conquistas de quantas possui o Império Português, lhe não é necessário mais do que deligência e cuidado executado com zelo, *e em quantos mais sujeitos esta obrigação se repartir*, ficará o meio mais fácil e o trabalho mais suave, para que o fim seja o em que cuida um rei católico, e o em que considera um senhor cuidadoso, que é o aumento dos seus vassalos, a riqueza dos seus povos [...].[35]

No entanto, e apesar da defesa clara dos interesses — poderíamos dizer, de um modo exagerado, quase republicanos — dos moradores, importa não exagerar os contrastes e os antagonismos. Isto é, da mesma forma que os moradores, a colônia portuguesa, não representa pura e simplesmente um qualquer tipo de republicanismo, os jesuítas só anacronicamente podem ser considerados os campeões dos direitos e liberdades das populações autóctones.

O projeto de aumento do Maranhão tem na base uma descrição das notícias da terra. É assim que o Maranhão surge simultaneamente como fazendo parte do Brasil, sendo esse delimitado a norte pelo Amazonas e a sul pelo rio da Prata, mas investido de uma autonomia geográfica. Concretamente, o território do Maranhão era constituído por quatrocentas léguas de costa e por um dilatado sertão, rico em muitas drogas, tendo como limites o rio Amazonas e a serra do Ibiapabá. Eram duas as suas cidades coloniais: São Luís do Maranhão e Belém do Pará. Descoberto no reinado de D. Manuel, seu povoamento não foi bem-sucedido, dado o desastre sucedido a Luís de Melo da Silva; nova tentativa para a colonização surgiu no reinado de D. João III, tendo-se de novo perdido a esquadra de embarcações capitaneada por Aires da Cunha e financiada por João de Barros e Fernão Álvares de Andrade. Dois infortúnios seguidos teriam remetido ao silêncio a colonização do Maranhão, a qual acabou por ser empreendida pelos franceses, fundadores da cidade de São Luís e de outras povoações. De Pernambuco, sob o comando de Jerónimo de Albuquerque, logo socorrido em 1615 por Alexandre de Moura, chegaram as forças destinadas a expulsar os franceses. Tendo esse último enviado, a descobrir o Amazonas, o capitão Francisco Caldeira de Castelo Branco, o qual fundou a cidade de Belém do Pará. Foi nesse tempo que também se fundaram outras povoações, tais como Tapecuru, nas margens de um caudaloso rio que deságua em frente da ilha de São Luís, onde logo floresceram 12 ou 14 engenhos. Mas desse esforço colonizador à época em que escrevia João de Moura tudo ia em diminuição: "No princípio de sua conquista, eram mais os povos e maior o número de moradores, as terras em maior número cultivadas, hoje se reduz tudo à cidade de São Luís no Maranhão, e à de Belém do Pará, e ambas com tão poucos moradores que, se não tiveram o título grangeado com a sua fundação, imagino ficariam sem ele."[36]

Quais seriam, então, as causas para tamanha diminuição, desde que os portugueses, havia 68 anos — a contar da expulsão dos franceses — tinham iniciado a colonização do Maranhão? Para responder a essa questão, Moura começa por distinguir entre causas naturais (clima e capacidade agrícola) e as da justiça, mas no desenvolvimento de cada um desses aspectos acaba por conceder particular relevância aos aspectos propriamente econômicos, nos quais incluía razões comerciais e deficiências no sistema de crédito e na organização da produção. Assim, não seria por faltar a fertilidade da terra, determinada tanto pelo clima que se afigurava sadio como pela qualidade dos terrenos, uma vez que nela se poderiam criar açúcar e tabaco tão bons como na Bahia, cacau que não era inferior ao das Índias de Castela e só talvez o cravo de casca poderia sofrer com a concorrência do das Molucas. Mas a falta de qualidade, por exemplo, dos açúcares no Maranhão devia-se: à pouca quantidade da produção, fato que obrigava ao seu armazenamento e à impossibilidade de se proceder rapidamente à sua exportação; à ausência de mestres nos engenhos; e à falta de cabedais para investimento

> porque a fábrica de um engenho é de muito valor, e com limitados cabedais não é possível ter-se toda a necessária, e esta fábrica depende de quantidade de instrumentos, como são caldeiras, formas, e outras muitas ferramentas, e um grande número de servos, porque quando se começa a moêr é necessário que não páre: o que tudo se lhe vende a grandes preços, e como eles não possam haver tudo de que carecem compram só o mais essencial, e tratam de fazer açúcar porque seja bom ou mau, todo vai por um preço.[37]

A caracterização da cultura do tabaco também envolve interessantes comparações e curiosas referências a práticas de consumo. O tabaco do Maranhão não poderia ser considerado tão forte como o da Bahia, onde pelo menos os seus melhores lotes eram produzidos em currais fazendo uso do estrume do gado. Ora, uma vez que esse não existia na Bahia, o produto final poderia ser considerado mais brando. Fato que não poderia ser objeto de menosprezo, pois só em Portugal havia uma procura quase em exclusivo de tabaco mais forte como era o do Brasil. Isso em comparação com o que acontecia nos outros reinos, onde a mistura de outros sabores com o tabaco requeria um tabaco mais suave, tal como era o proveniente da Virgínia. Era precisamente com esse último que se poderia vir a confundir o do Maranhão, desde que mais bem produzido. Quanto ao cacau do Maranhão, também seria possível pensar que viria a rivalizar com o das Índias de Castela desde que fosse cultivado, e não apenas colhido como fruto silvestre. Idêntica comparação se faz entre o cravo de casca do Maranhão e o das Molucas.

Porém uma das comparações mais frequentes diz respeito às potencialidades do Maranhão relativamente à situação em que se encontrava no Brasil. Por exemplo, em termos do seu potencial comercial, constituía um aspecto relevante a navegabilidade dos rios do Maranhão favorecedora de um desenvolvimento do comércio pelo interior, em comparação com os custos do transporte por terra que obrigavam, no Brasil, a uma concentração nos lugares marítimos. A própria navegabilidade do Amazonas tinha ficado demonstrada pelos portugueses desde 1637-1639. A esse potencial acrescia a capacidade de um rio tão caudaloso para fertilizar as terras, a exemplo do que acontecia, desde a Antiguidade, com o Nilo. De tudo isso se poderia sacar "muita e grande utilidade para o comércio".[38] Por sua vez, o estabelecimento de um grande comércio "serviria de crescimento nas Rendas Reais, de aumento na mercancia e de acescentamento na navegação".[39] O Maranhão poderia mesmo aspirar a produzir todas as drogas da Ásia (pimenta, canela, cravo, maça, noz-moscada etc.), podendo pensar-se nas semelhanças entre o Maranhão, as Molucas, Borneo e Ceilão. Bastaria que, para isso, se fizessem conduzir as sementes das drogas orientais, via Bahia, "em uma sumaca por ser de menos custo", até ao Maranhão.[40]

O problema da diminuição do Maranhão não estaria nem no clima, nem na fertilidade do terreno, nem nas condições geográficas, tanto mais que essas últimas se caracterizavam por uma evidente navegabilidade dos rios a ponto de se conseguirem reduzir os custos de produção. A causa principal, isso sim, estaria na "pouca deligência que quem lá está põe em o aumentar e o muito descuido que cada qual tem em se conservar".[41] Tudo isso a começar pelo reduzido número dos seus moradores. Concentrados, na capitania do Maranhão, num número restrito de ilhas, situadas junto à terra firme numa baía onde desaguavam quatro caudalosos rios, porque só essas se encontravam "livres dos assaltos do Gentio", desamparando todas as outras povoações situadas na terra firme e sobretudo as residências dos missionários.[42] Na capitania do Maranhão, os mesmos moradores totalizavam 407 fogos (residências), compreendendo 800 homens e 150 soldados. No Pará, contavam-se 150 fogos e pouco mais de 200 homens para pelejar. Ao número reduzido de moradores, dada a extensão dos territórios em causa, acrescia o fato do seu descuido em relação ao aumento do Estado. Acrescentando-se, num trecho no qual se sente uma clara inspiração de Las Casas, que os moradores do Maranhão:

> de cristãos têm só a aparência, e de vassalos só o nome; chamam bárbaros aos gentios, *sendo eles mais bárbaros que a quem o chamam*, porque é gente sem verdade, cheia de todos os vícios, e sem observância das virtudes morais; infinitas vezes têm escandalizado ao gentio faltando-lhes com a fé pública, tratando-os como a gente vil, por cuja causa se têm inimistado de modo que por não padecerem jugo tão pezado se retiram da suave obediência de Sua Magestade, de que ao Estado resultam grandes inconvenientes e à Coroa considerável detrimento; por quanto que conveniência tem esta em possuir terras sem limite se nelas não tem vassalos; que suposto sejam gentios, o tempo, o geito, e bom modo, e a disposição os fará algum dia bons vassalos; e se os brutos com a indústria se domam, que muito será conseguir-se o mesmo com os que não são. O Império introduzido com a espada bem poderá ser seja mais glorioso, mas não tão firme, e durável como o que se consegue com o amor e brandura, sendo que com uns miseráveis índios despidos, e mal armados que glória, nem que crédito se pode alcançar.[43]

A utilização da linguagem das virtudes para criticar os vícios dos moradores — bem como a sua violência bélica contra os pobres índios, em oposição à brandura e ao amor paternais que esses deveriam suscitar, "sendo eles mais bárbaros que a quem o chamam" — é compatível com um discurso de idealização do serviço ao rei e à Coroa. A falta de cuidado nas fortificações — arruinadas, mal-ordenadas e mal fornecidas de artilharia — pertence a esse mesmo quadro no qual se sentem os ecos de uma concepção militarizada do Império.[44] Porém as causas propriamente ditas que explicavam "porque este Estado se não aumenta tendo a melhor disposição que se pode para dele se esperar um *empório de negócio*" traduziam-se não tanto na linguagem das virtudes capaz de dar conta da falta de justiça e de ordem política do Maranhão, mas nos já referidos aspectos de ordem econômica.[45] Entre as muitas causas que poderiam ser apontadas, duas pareciam impor-se: a primeira dizia respeito ao recrutamento da mão de obra indígena, por via das guerras produtoras de escravos; a segunda à descoberta mais recente no sertão do cacau e do cravo de casca, dois produtos que teriam levado ao abandono da agricultura.

Quanto à questão da mão de obra, isto é, dos escravos ameríndios, tudo teria começado com a aplicação do modelo da plantação transposto para o Maranhão pelos primeiros colonizadores de Pernambuco. Inicialmente, um grande número de escravos para o trabalho nos engenhos era resgatado ao chamado gentio vizinho, com o qual se mantinham relações de amizade. Porém a necessidade de um número cada vez maior de escravos — em boa medida motivada pela ambição — levou à prática de guerras e de violências contra os próprios vizinhos com os quais, de início, se tinha procurado manter relações de amizade. Assim, se em caso de fuga dos escravos resgatados esses não ousavam fugir para os amigos daqueles a quem fugiam, "os que se trovam com a violência da guerra, como eram naturais da terra, sabiam por onde haviam de fugir, e tinham para onde".[46] Leis régias tinham procurado regular guerras e violências perpetradas pelos moradores sobre os ameríndios, nomeadamente interditando a captura dos poucos vizinhos que havia, mas os moradores já estavam desacreditados, ou seja, eram incapazes de contar com a colaboração dos seus vizinhos para resolver o seu problema de mão de obra.

A descoberta no sertão do cacau e do cravo, "que se alcançam sem mais custo que o da condução", teria por sua vez levado ao abandono de plantações e engenhos.[47] A lógica da extração mostrava-se, por isso, contrária à da produção, mesmo que em ambos os casos fosse a lógica de exportação para o mercado atlântico a impor-se. Conforme escreve o autor da *Collonia Portugueza*, o Maranhão "ao presente necessita antes de quem o plante, do que de quem o desfrute".[48] As razões para esse abandono haveria que encontrá-las na estrutural ausência de capital por parte dos moradores, senhores de engenho, que se viam obrigados a recorrer constantemente ao crédito em todas as operações destinadas a apetrechar as suas próprias explorações. No entanto, o constante endividamento em que viviam conduzia-os a prosseguir o trabalho no engenho, uma vez que a ausência de alternativas de rendimento os obrigava a acomodar-se a essa situação e a tratar do aumento do açúcar e do tabaco. Essa situação de endividamento crônico, mas de constante aumento na exploração do tabaco e do açúcar, tinha-se alterado drasticamente com a descoberta dos referidos gêneros. Conforme descreve João de Moura, os moradores "queriam antes ir aos matos do que fabricar roças, e como para haver os gêneros referidos eram necessários os escravos desamparavam os engenhos, porquanto quem maior número mandava ao Sertão mais cravo e cacau lhe cabia".[49]

A procura quase exclusiva das mesmas drogas, por parte dos mercadores envolvidos nas transações de longa distância, também contribuiu para desamparar as referidas roças. Por sua vez, os moradores do Maranhão, destituídos de engenhos e de uma economia fundada na produção e na posse da terra, não ofereciam garantias suficientes — nem do ponto de vista do capital disponível nem tampouco na perspectiva das garantias legais associadas à existência de um sistema de propriedade — para levar os mercadores a fornecer largos contingentes de mão de obra africana. Essa era, aliás, a grande diferença do Maranhão em relação ao que se passava na Bahia, em Pernambuco e no Rio de Janeiro. Assim, na ausência de mercadores interessados em proceder ao abastecimento de escravos africanos, só restava aos moradores do Maranhão "vexarem os naturais da terra".[50] João de Moura vai mais longe na compreensão dos mecanismos de mercado, de crédito e de propriedade que distinguiam o Maranhão do resto do Brasil, empurrando os seus moradores para uma situação em que esses se viam obrigados a escravizar a população indígena. A maioria das transações, tanto no Brasil como no Maranhão, era quase exclusivamente constituída por vendas a crédito, só no Brasil se poderiam encontrar vendas a dinheiro quando se tratava de drogas comestíveis. Porém, enquanto no Brasil a maioria das transações a crédito era feita entre mercadores e moradores constituídos por lavradores, senhores de engenho ou pessoas poderosas, no Maranhão

> muito poucos são os moradores que tenham fazenda de raiz ou esperem novidades dos quais fiem os mercadores o pagamento de suas fazendas, por cuja causa deixam eles de lhas levar, e algumas que lhes levam lhas

> vendem por preços excessivos, por causa da incerteza da satisfação, porque o mercador vende-lhe a fazenda na esperança de que irá ao Sertão e trará com que lhe pague, e quem mais incita ao morador a que vá ao Sertão é o mesmo mercador, sem embargo que para ir lhe fia mais fazenda para seu apresto, o que o mercador faz, não só por cobrar a que lhe tem fiado, mas também para gastar a que tem. E se acaso acontece não ter o morador boa sorte, e tornar sem trazer cravo e cacau, o que algumas vezes sucede, o torna o mercador a aparelhar, porque de outro modo nem venderá a fazenda que leva, nem o morador terá a que lhe tem vendido.[51]

Uma situação composta por moradores descapitalizados — empurrados para uma economia de extração das drogas do sertão e de escravização dos índios, submetidos a uma lógica de mercado fundada num sistema de crédito e numa procura das mesmas drogas — correspondia a uma dominação política fundada numa redistribuição dos recursos já existentes. Isto é, as licenças para efetuar as entradas no sertão surgiam como a principal fonte de acumulação de riqueza por parte dos governadores, fato que em muito contribuía para consolidar uma economia de extração.[52] Os governadores eram, aliás, objeto de duras críticas por se moverem exclusivamente por interesses pessoais. A sua representação idealizada e projetada no futuro, expressa no interior de uma linguagem das virtudes, contrastava com a experiência havida com os anteriores governadores. Assim, iria lhe competir o papel de médico perito na aplicação de remédios para cura do corpo político. A esse mesmo quadro correspondia a ideia segundo a qual, mais do que de presídios e de forças militares para segurar um domínio, a justiça e a urbanidade "são as melhores guarnições com que um Império se estabelece".[53] Um tal programa se concretizaria na assistência pessoal do governador, de modo a que pudesse acudir às necessidades e misérias dos moradores, ensinando-lhes como proceder no governo das suas lavouras, animando-os nas suas aflições, repreendendo-os nos seus descuidos, enfim procurando o "aumento do Estado do Maranhão".[54]

Se a imagem idealizada de um governador virtuoso fazia parte do programa reformador do Estado do Maranhão, esse incluía muitas outras dimensões, sendo algumas delas bem mais relevantes. A divisão em duas jurisdições distintas das capitanias do Maranhão e do Pará, consequência da sua enorme extensão geográfica, afigurava-se como um dos melhores meios para que o rei, através de dois governadores distintos, pudesse assistir e cuidar do aumento dos seus vassalos.[55] Os incentivos à colonização, seguindo explicitamente o exemplo dos romanos, deveriam também proporcionar um aumento do número de moradores, do qual também se poderia aproveitar a metrópole enviando para o Maranhão vagabundos e degredados.[56] No seu essencial, o programa reformador proposto por João de Moura pretendia dar resposta a dois dos debates políticos mais acesos durante a chamada Revolta de Beckman ocorrida no ano em que esse mesmo discurso foi escrito: a conversão dos gentios e o sistema de contratos de monopólio de concessão régia.

No que diz respeito à chamada redução do gentio, João de Moura parece exprimir um ponto de vista bem distinto do que à época os jesuítas, nomeadamente o padre Antônio Vieira, pareciam fazer crer. Ou seja, ultrapassando argumentos fundados na oposição entre a violência perpetrada pelos moradores sobre os indígenas e as virtudes salvíficas e libertadoras dos jesuítas em relação aos índios, o autor da *Collonia Portugueza* apresenta a redução dos índios como sendo de utilidade: para o Estado do Maranhão, que assim ficaria mais seguro; para a Coroa, que veria aumentado o seu número de vassalos; e finalmente ela seria útil para o aumento dos católicos e a propagação da fé. Essa relativização do papel da instituições eclesiásticas e da conversão dos gentios saía reforçada pela ideia de que qualquer processo de redução, logo de conversão, requeria muito tempo. Sendo, para isso, necessário fazer com que os portugueses se introduzissem com os índios em melhor opinião, "tratando-os com boa amizade, não consentido se lhe faça nenhum vexame" e autorizando apenas a presença entre eles de religiosos que "sem os converterem lhe irão fazendo perder a fereza natural com que se criaram, introduzindo-os na civilidade e polícia".[57] Em todas essas propostas parece clara a distância relativamente ao modelo de conversão dos jesuítas fundado nas aldeias sob o seu controle direto. Moura sugere também que, para efeitos de conversão, o território do Maranhão fosse distribuído por diversas ordens religiosas, tal como se tinha feito no Estado da Índia, para se poderem apreciar os resultados do trabalho de cada uma. Finalmente, a principal proposta em termos de redução dos gentios que formula — aproveitando-se de um modelo que faz remontar ao Império Romano e que seria corrente entre os castelhanos — diz respeito à criação de seminários urbanos para a educação dos filhos e das filhas dos índios cristãos. Nesses seminários os jovens seriam não só criados na doutrina cristã, mas também aprenderiam ofícios úteis à república. Educados dessa maneira, "servirão de exemplo, vendo-os bem tratados, a que o Gentio que se reduzir consinta em que também seus filhos se criem na mesma forma, de que resultará outra conveniência que será segurarem-se os pais de que se não vão outra vez para o mato".[58]

Quanto à discussão do célebre contrato que muito possivelmente por influência jesuíta tinha sido concedido pela Coroa em regime de monopólio a um grupo de mercadores, com o intuito de introduzir escravos africanos e outras mercadorias a preço tabelado no Maranhão, João de Moura afigura-se peremptório ao denunciar a sua inutilidade. Um tal contrato não corresponderia à intenção do rei e da Coroa de desenvolver o Estado do Maranhão e de favorecer a utilidade e o bem de seus vassalos, uma vez que só favorecia os interesses dos mercadores. Assim, se o principal propósito do contrato era diponibilizar escravos e ferramentas para que os moradores pudessem fabricar roças e engenhos, os pagamentos que esses últimos poderiam fazer aos mercadores do contrato eram necessariamente lentos. Pelo contrário, as entradas no sertão não só garantiam uma muito maior rapidez nos pagamentos efetuados pelos moradores aos mercadores, mas também ofereciam a esses últimos drogas tais como o cacau e o cravo, mais apetecíveis do ponto de vista comercial do que o tabaco e o açúcar. Em resumo, o contrato de monopólio para o fornecimento dos escravos em nada ajudava a estabelecer o que se considerava ser "os fundamentos de raiz que são os engenhos e as mais lavouras que nele pode haver".[59] Três razões principais faziam do engenho e da lavoura a base de um sistema de colonização que deveria, isso sim, ser completado com a exploração do sertão: primeiro, só os moradores com propriedades de raiz se animavam à defesa do Estado; depois, mesmo para levar a cabo as entradas no sertão era necessário dispor dos índios já reduzidos (também chamados de "gentio manso") que viviam em aldeias junto às povoações dos portugueses (se esses fossem forçados violentamente a participar nas entradas do sertão muito provavelmente fugiriam para os matos e tornariam público os maus-tratos recebidos dos portugueses, ou seja, se continuaria a não conseguir domesticar o gentio); por último, as licenças para as entradas no sertão só eram dadas aos poderosos e ricos, assim só se os pobres se aproveitassem na lavoura dos campos seriam úteis ao Estado, "porque nele se não usa o que em outras partes se estila que é servirem os pobres aos ricos".[60]

Para desenvolver o Maranhão — sem nunca se chegar a pôr em causa que através do contrato se poderiam obter largos contingentes de mão de obra de escravos africanos — seria necessário criar uma companhia de comércio. Essa deveria seguir o modelo das que faziam as nações do norte da Europa, ou seja, deveria contar com a participação de vários acionistas, capazes de mobilizar o capital (panos de algodão, fabricado no Estado, farinhas, facas etc.) para remunerar os índios que participavam nas mesmas entradas. As ações ou, na linguagem de João de Moura, os "quinhões" do capital necessário seriam distribuídos pelos moradores do Estado, cabendo aos eclesiásticos e à nobreza maiores partes. Ajustada a lista de nomes dos acionistas se procederia à eleição anual dos diretores e deputados da companhia, nos quais se incluía o governador, competindo então a esse corpo nomear os oficiais para administração da mesma. Seria a esses que competiria gerir as entradas, distribuindo os lucros, mas continuando sempre a investir em novas incursões. Porém, para associar tais entradas a uma base sólida de colonização e de aumento do Estado, a distribuição dos quinhões só poderia ser feita aos casados na terra, excluindo-se deles todos os que apesar de serem filhos da terra não eram casados. Havendo, também, um sistema de incentivos, tais como a duplicação do quinhão aos que tivessem para cima de um certo número de filhos ou aos que se dedicassem a maiores lavouras. Outros incentivos haveria que estabelecer no regimento de instituição da mesma companhia de modo a que o lucro das entradas no sertão não embaraçasse a lavoura dos campos. Por último, competiria à mesma companhia vigiar o modo como eram tratados os índios, de modo a evitar que se cometesse qualquer insolência contra os gentios do sertão, considerados essenciais no resgate das drogas.[61]

Como já foi referido, o projeto colonial de João de Moura opunha-se — aproveitando-se em pontos específicos — a uma série de discussões em que se tinham previamente envolvido o padre Antônio Vieira e outros jesuítas. Nos seus escritos, Vieira também exprimiu preocupação pelo "aumento" do Maranhão.[62] Porém o seu programa partia da oposição essencial entre moradores portugueses, capazes de protagonizar todo tipo de violência sobre a população nativa e de a escravizar, e jesuítas protetores dos pobres índios e capazes de lhes restituir a sua liberdade, no interior de um programa que supunha o seu controle e a sua doutrinação. De fato, tratava-se de uma oposição considerada essencial, repetida à saciedade e evocada inúmeras vezes, a partir da qual era possível organizar a história da presença dos jesuítas no Maranhão como um esforço constante para estabelecer uma ordem católica. A ela se deveriam submeter todos os portugueses, que viviam regra geral pouco catolicamente, bem como três tipos de índios: os escravos dos portugueses, os considerados livres que viviam nas aldeias sob o controle direto dos padres jesuítas e, por último, os gentios que viviam espalhados pelo sertão. Por ordem católica entende-se o que o próprio Vieira referia a propósito dos sermões, considerados elemento principal de uma doutrina, "todos encaminhados ao conhecimento e horror do pecado e reformação das vidas".[63] Assim, um dos principais objetos da denúncia protagonizada por Vieira era constituído pelos horrores perpetrados sobre as populações ameríndias por parte dos moradores portugueses, que nada tinham de católicos, muito em especial as práticas de violência sistemática que visavam a sua escravização, motivadas sobretudo por um desejo de lucro, cujas manifestações eram evidentes, nomeadamente por parte de quem governava.[64] Ao retrato do mal opunha-se o referido programa de doutrinação jesuíta como via de salvação. A obtenção da proteção régia na prática desse programa de missionação e inculcação doutrinária afigurava-se essencial, uma vez que moradores, poderes municipais e governadores tantas vezes se tinham manifestado abertamente contra os jesuítas. Nesse sentido se compreende que Vieira se tivesse apropriado da memória da resistência contra holandeses e franceses, argumentando que a organização das tropas indígenas tinha sempre ficado a cargo dos jesuítas.[65] Marginalmente, Vieira referia também como modo para desviar a atenção dos moradores sobre os índios — satisfazendo-lhes as necessidades de mão de obra — a importação de escravos de Angola, "gente por sua natureza serviçal, dura e capaz de todo trabalho".[66]

5. Escritores sacros do Brasil e poetas da Bahia

D. Francisco de Almeida e Mascarenhas, filho do conde de Assumar, foi um bibliógrafo e historiador eclesiástico prolixo, conforme testemunham as suas obras impressas.[67] Porém é na vasta coleção de manuscritos que coligiu, bem como na sua correspondência, que melhor se podem reconstituir tanto a sua ambição de assumir um papel central no mundo das letras como a sua vontade de participação numa esfera culta, pelo menos à escala da Península Ibérica. Prova dessa intenção encontra-se nos seus inquéritos, conduzidos a partir de Lisboa, destinados à formação de um catálogo de autores portugueses. Tratava-se de mais uma biblioteca, onde se coligiam notícias dos autores e das suas obras divididas pelas diferentes regiões e províncias do reino e do Império. Das respostas relativas aos Estados do Brasil e Maranhão chegaram até nós cinco inquéritos relativos aos escritores da Companhia de Jesus da província do Brasil; da província Capucha da Imaculada Conceição de Nossa Senhora no Rio de Janeiro de religiosos da mais estreita observância do seráfico padre S. Francisco em o Estado do Brasil; da Companhia de Jesus no Estado do Maranhão; dos escritores da província franciscana do Grão-Pará e Maranhão; e, por último, dos poetas do Brasil. Toda essa informação foi coligida entre 1738 e 1740. A análise dos três primeiros elencos relativos ao Estado do Brasil poderá ajudar a compreender o processo de construção de uma consciência letrada no Brasil e Maranhão.[68]

O inquérito destinado à elaboração do catálogo dos escritores jesuítas do Brasil foi remetido pelo padre Plácido Nunes, do Colégio da Bahia, mas, como ele próprio indica, teria sido feito por um outro jesuíta não identificado.[69] Esse teria seguido o método já observado pelo padre Pedro Ribadeneyra (1527-1611) na sua *Bibliotheca scriptorum Societatis Iesu*, a qual tinha sido acrescentada por Philippe Alegambe até 1642 e por Nathaniel Southwell até 1675, conforme consta da edição romana de 1676. Uma das características desse método consistia numa notícia sucinta, mas sempre edificante, da vida dos escritores jesuítas. Por ordem alfabética, são catalogados vinte padres, escritores de obras impressas ou manuscritas: Alexandre de Gusmão (1629-1724), Ângelo dos Reis (1664-1723), Antonio Maria Bonucci (1651-1728), António de Sá (1627-78), Antônio Vieira (1608-97), Bartolomeu Leão (1641-1715), Domingos Ramos (1653-1728), Eusébio de Matos (1629-92), Francisco de Matos (1636-1720), Giovani Antonio Andreoni (1649-1716), Giorgio Benci (1650-1708), José de Anchieta (1533-1597), Lourenço Craveiro (1622-87), Luís Carvalho (1673-1732), Lodovico Vincenzo Mamiani della Rovere (1652-1730), Mateus de Moura (1639-1728), Pedro Dias (1621-1700), Prudêncio do Amaral (1675-1715), Simão de Vasconcelos (1597-1671) e Valentin Stansel (1621-1705).

As pequenas notas biográficas começam pela referência à nação de origem conferida pelo local de nascimento. A grande maioria dos escritores pertencia à nação portuguesa, incluindo essa os nascidos tanto em Lisboa ou no seu arcebispado (cinco), no Porto (dois) ou no bispado de Viseu (um), como também no Rio de Janeiro (três) ou na Bahia (três). Encontrava-se, nesse último caso, o padre Ângelo dos Reis, nascido no sertão da Bahia, "em um lugar sem nome como são quase todos os do sertão". A clara intenção de integrar na nação portuguesa os padres nascidos no Reino ou no Brasil visava talvez a ultrapassar divisões registradas no interior da Companhia, as quais explicam o fato de as obras publicadas por padres nascidos no Brasil não terem alcançado nem a mesma importância nem a mesma dimensão do que as obras dos nascidos no reino. Do Rio de Janeiro eram naturais os padres António de Sá, Bartolomeu Leão e Prudêncio do Amaral; e da Bahia os padres Ângelo dos Reis, Domingos Ramos e Eusébio de Matos. Os jesuítas de outras nações representavam no elenco 30% — tanto quanto os que tinham nascido no Brasil —, sendo quatro de nação italiana, com a indicação expressa das respectivas cidades de origem (Arezzo, Artimino, Lucca e Pesaro), um de nação alemã (Olmüts, na Morávia) e o padre Anchieta, nascido em Tenerife, nas Canárias. Claro que ao critério de identificação pelo local de nascimento se somavam outros, tais como o número de anos vividos em terras brasileiras, as sucessivas mudanças dentro e fora do Brasil, nomeadamente o serviço enquanto procuradores em Lisboa e Roma, e ainda o local do falecimento. Mas a primeira conclusão que se pode retirar dessa breve análise do grupo de jesuítas escritores associados com a província do Brasil aponta quer para o caráter integrador da sua idealizada identidade portuguesa (excluindo qualquer tipo de centralidade conferida ao escritor jesuíta brasileiro) quer para a presença no seu interior de um apreciável contingente de estrangeiros, nomeadamente italianos.

Depois de resumir os principais elementos da carreira de cada padre a serviço da Companhia de Jesus, as notas biográficas dedicadas a cada escritor jesuíta constituem-se em exemplo virtuoso de vidas de santidade e devoção. Pode, por isso, dizer-se que se centram no caráter religioso e edificante de cada jesuíta — e muito raramente se dedicam exclusivamente à dimensão letrada ou de simples curiosidade pelas letras de cada autor. Assim se compreendem as repetidas referências às marcas de santidade, às privações e aos sofrimentos, bem como aos exemplos de pobreza e vida virtuosa, aos sinais de uma vida devota e de oração, à capacidade para zelosamente converter, pregar e conhecer as Escrituras. Por exemplo, acerca da longa existência do padre jesuíta Alexandre de Gusmão mencionam-se "alguns casos prodigiosos assim em vida como depois da morte", os quais eram contados mas que necessitavam ser examinados rigorosamente, se se quisesse fazer dele um santo. Acrescentando-se o fato de ter sido "singular na observância religiosa, e singularmente na pobreza, que amava como mãe". As suas qualidades de pregador são igualmente alvo de encômio. O mesmo se dizia do padre Ângelo dos Reis, que trabalhou durante alguns anos como amanuense do padre Antônio Vieira, tendo acabado por ser seu discípulo na arte de pregar. Também ao padre Antônio de Sá — que demonstrou ser singular no "zelo das almas" — são atribuídos dotes elevados em matéria de pregação, sendo "muitos de opinião que no seu tempo não teve igual, certamente não teve superior".[70] O mesmo acontecendo com o padre Eusébio de Matos, da Bahia, que passou de jesuíta a carmelita, "um dos mais raros engenhos que produziu a América", sobretudo pelo seu talento na pregação. Ao padre Antônio Vieira são dedicadas várias páginas, enaltecedoras das suas virtudes, a saber, a sua prodigiosa memória dos santos padres e autores que lera em moço, uma vida de privações, em especial quando trocou o serviço na Corte para passar ao Maranhão, onde padeceu numerosos "trabalhos, perseguições e perigos [...] pela salvação das almas e liberdade dos índios". Notando-se que a referência a ter sido o padre Vieira "varão incomparável nas letras" é, de imediato, seguida pelo elogio à sua "consciência tão pura, que conservou ilesa a sua pureza entre tantos perigos, quantos há entre os Brasis contra esta virtude"; ao seu amor pela Companhia de Jesus, que o impediu de aceitar os cargos que lhe propunha D. João IV; e ainda à sua devoção mariana, traduzida na prática diária de rezar pelo rosário durante uma hora. O padre Bartolomeu Leão, natural do Rio, é igualmente considerado "religioso observantíssimo, e tão pobre que no seu cubículo se não via mais alfaia que o breviário e algum livrinho". A par da demonstração de tal virtude, registra-se o fato de ter sido "peritíssimo na língua brasílica". Quanto ao padre Francisco de Matos, registra-se a sua "singular modéstia, recolhimento e pobreza" e o fato de nunca ter sido visto fora do seu cubículo (onde nunca estava ocioso), a não ser na "capela interior orando, ou no confessionário confessionando". Era igualmente devoto da Paixão de Cristo e da Virgem Maria, a quem rezava um rosário de joelhos duas vezes todos os dias. Até no caso do padre Lourenço Craveiro — que entrara uma primeira vez na Companhia, mas acabara expulso "por defeitos que depois expurgou", tendo mais tarde conseguido ser nela readmitido — se refere que pregava "com aceitação, ofício que depois exercitou por toda a vida". O padre Luís Carvalho era considerado devoto da Virgem Maria e, simultaneamente, "um dos melhores engenhos do seu tempo, e muito versado em todo o gênero de estudos, principalmente na História". Sobre o padre Pedro Dias diz-se que fora "varão de uma candura colombina e de singular caridade para com os pobres e pretos, os quais curava nas suas enfermidades com vários remédios que ele mesmo fazia". As suas virtudes valeram-lhe a veneração do governador D. João de Lencastre e de seu filho, bem como a do arcebispo D. João Franco de Oliveira. O duplo elogio do engenho das letras e das virtudes de uma vida devota encontra-se também na notícia relativa ao padre Prudêncio de Amaral: "Foi um dos melhores engenhos do seu tempo, singular na Poesia Latina, de uma erudição rara e recôndita. Foi devotíssimo da Virgem Santíssima a quem dedicava todas as suas obras, e este amor e devoção procurava por mil modos introduzir nos ânimos de todos principalmente da mocidade." Enfim, a descrição da carreira do padre Simão Gonçalves, seguindo o habitual *cursus honorum* de mestre de noviços a reitor do Colégio da Bahia, provincial e procurador em Roma, termina com a habitual menção à sua "singular observância religiosa e prudência no governo".

Entre os portugueses, incluindo nessa categoria os nascidos na América, a notícia do padre Domingos Ramos, natural da Bahia, "varão de estudo incansável e contínuo, e de erudição muito vasta", constitui uma das exceções por ser dedicada exclusivamente ao elogio das "mostras do seu grande engenho e literatura". O mesmo se diga do padre Mateus de Moura, cuja descrição da carreira, dedicada ao ensino da filosofia e da teologia, enquanto secretário da província, provincial e reitor dos colégios do Rio e da Bahia, não inclui nenhuma alusão às suas virtudes propriamente religiosas. Mas as exceções confirmam a regra.

Quanto aos jesuítas estrangeiros, repare-se no fato de que o padre Anchieta, tido como taumaturgo do Brasil, também chamado "o canário", por ser natural de Tenerife, já nos seus estudos em Coimbra mostrara o seu raro engenho "assim nas letras como na virtude". Ficam assim compreendidas, debaixo desse encômio, tanto as suas capacidades para a poesia e oratória como as suas virtudes precoces de consagração à Virgem e de voto de virgindade que respeitou durante toda a sua vida. Nessa sequência incluem-se igualmente os seus trabalhos "na conversão dos Brasis". Sobre "o heroico das suas virtudes, e portentoso de seus milagres, pelos quais se espera vê-lo brevemente colocado nos altares", como santo, tinham já escrito vários autores — fato que confirma o caráter essencialmente edificante da escrita dos jesuítas. Quanto aos padres italianos, mantém-se a mesma preocupação de celebrar as virtudes de uma vida devota. O padre Bonucci é elogiado pelo seu labor enquanto missionário, "ofício que exercitou por alguns anos com grande fruto das almas". Por sua vez, o padre Andreoni é considerado "de singular talento de governo, amantíssimo da observância religiosa, grande estimador das letras e letrados". Mas, simultaneamente, nunca se via ocioso, pois "no confessionário era contínuo, e os que mais acodiam a ele eram os pretos para os quais tinha singular graça para os mover e atrair". A sua morte foi antecedida por 13 dias de intensas dores, que suportou com "invicta paciência". O pequeno inventário das qualidades atribuídas ao padre Benci também inclui a apologia dos seus dotes de erudição, argumentação e os seus conhecimentos de direito, a par da eloquência demonstrada na pregação de sermões "ainda na língua estranha". O padre Luigi Vincenzo Mamiani della Rovere é igualmente apreciado como fundador de uma missão de índios kiriris e pelo seu empenho, como procurador em Roma, do processo de canonização do padre Anchieta. Por último, a respeito do padre Valentin Stansel, alemão, que no Brasil ensinou teologia moral no Colégio da Bahia, diz-se que viveu "até a última velhice sempre com religiosa observância, e candura de pomba".

Quais as obras escritas pelos jesuítas da província do Brasil? Qual a sua periodização e distribuição por formatos e assuntos? As indicações fornecidas no elenco apontam, antes de mais nada, para um aumento na produção de obras da autoria de jesuítas nas últimas décadas do século XVII, o qual se intensifica em torno de 1700. Antes da publicação das obras *in folio* do padre Simão de Vasconcelos (*Vida do P. João de Almeida*, Lisboa, Oficina Craesbeckiana, 1656; *Chronica da Companhia de Jesv da Provincia do Brazil*, Lisboa, Oficina de Henrique Valente, 1663; *Vida do V. P. José de Anchieta*, Lisboa, João da Costa, 1672) ou do primeiro volume *in quarto* dos sermões de Antônio Vieira (Lisboa, João da Costa, 1679), a referência a obras escritas por jesuítas é praticamente inexistente, limitando-se às obras manuscritas redigidas no século XVI pelo padre Anchieta, bem como à sua *Arte da Gramatica da lingoa mais usada na Costa do Brasil*, obra *in oitavo* impressa em Lisboa, mas de que se desconhecia então o editor e o ano. Dessa simples constatação cronológica importa retirar, pelo menos, uma conclusão: na autorrepresentação formulada na década de 1730 das obras escritas por jesuítas, o tempo forte começa na segunda metade dos Seiscentos, intensificando-se com a entrada no século seguinte. Ora, é a essa luz que importa matizar a pretensa imagem de uma cultura letrada brasileira constituída em torno das academias que emergem nas primeiras décadas dos Setecentos. A cultura jesuíta mantinha-se bem viva no dealbar do Século das Luzes. Depois, há que atender ao peso que continuava a ter a produção em manuscrito relativamente à produção impressa. Mais. O peso das obras deixadas em manuscrito parece ser mais significativo no que respeita aos autores nascidos em terras brasileiras, comparativamente com o que acontece aos do reino ou aos estrangeiros. Os mesmos autores nascidos no Brasil concentram-se quase exclusivamente na escrita de sermões, publicando deles um número restrito e deixando em manuscrito a sua maioria: assim acontece com Ângelo dos Reis, que preparava vários sermões para o prelo, mas a morte impediu-o de os publicar, à exceção de quatro; Domingos Ramos deixou manuscrito um curso de filosofia, *in quarto*, várias questões seletas e acerca do debate sobre a opinião provável, um tomo *in quarto*, tendo publicado apenas dois sermões fúnebres em louvor da monarquia; dos sermões de Eusébio de Matos só se refere a impressão de um tomo; e conforme se diz dos muitos sermões de António de Sá "por negligência ou descuido se perderam sendo todos dignos da luz pública", acabando por se imprimir deles apenas um tomo com seis sermões. Ao lado dos sermões, há que considerar as obras catequéticas, como acontece com o *Cathecismo da lingua Brazilica* (Lisboa, Miguel Deslandes, 1686) do padre Bartolomeu Leão, do Rio de Janeiro, única obra impressa por aquele que era considerado "peritíssimo na língua brasílica". Finalmente, há que considerar a produção manuscrita do padre Prudêncio do Amaral, do Rio de Janeiro. Considerado "um dos melhores engenhos do seu tempo", devido a ser versado na poesia latina e possuir "uma erudição rara e recôndita", escreveu "em verso heroico toda a fábrica dos engenhos de açúcar, que se não imprimiu", bem como "um livro de elegias em louvor de Nossa Senhora", *Ars amandi B. Virginem*. Da sua produção escrita só foram impressas as vidas e os elogios dos bispos e arcebispos da Bahia, num apêndice (com numeração própria, páginas 1 a 32) das *Constituições primeiras do Arcebispado da Bahia*, mandadas publicar pelo arcebispo Sebastião Monteiro de Vide (Lisboa, Pascoal da Silva, 1719; reprodução em Coimbra, Real Colégio das Artes, 1720). Trata-se de uma obra *in folio*, formato no qual os anteriores jesuítas nascidos em terras brasileiras nunca imprimiram qualquer tipo de obras (nesse formato só Domingos Ramos teria deixado em manuscrito o já mencionado curso de filosofia).

Nesse sentido, há que considerar a hipótese de uma subalternização dos padres nascidos na Bahia ou no Rio de Janeiro — malgrado o elogio feito à sua prolixidade na prática do gênero de oratória sacra, aos seus conhecimentos das línguas locais ou, em dois casos, ao domínio do latim na reflexão filosófica ou na escrita da poesia.[71] Tal subalternização fica demonstrada em dois pontos principais: na concentração quase em exclusivo nas obras de parenética e no uso de formatos abaixo do *in folio* (à exceção de um caso constituído pelo apêndice a uma obra de direito eclesiástico). Claro que importa não exagerar as capacidades dos restantes jesuítas portugueses dedicados à escrita, uma vez que neles se verifica idêntica preferência por obras de caráter parenético, catequético, biográfico ou hagiográfico, bem como uma preponderância de formatos situados abaixo dos grandes *in folio*. Existem, porém, elementos novos nesse grupo de jesuítas nascidos no Reino que apontam para uma outra diversidade. Por exemplo, o padre Alexandre de Gusmão revela o seu interesse não só na escrita de obras catequéticas inspiradas na vida de Cristo e em situações bíblicas, mas também em obras de caráter mais propriamente educativo (*Arte de crear bem os filhos na idade da puericia: dedicado ao minino de Belém Jesus Nazareno*, Lisboa, Miguel Deslandes, 1685). O padre Antônio Vieira — "incomparável", na expressão do autor anônimo do elenco, do qual se referem os 14 volumes de sermões e a *Historia do Futuro* (Lisboa, António Pedroso Galrão, 1718) — manifesta a sua riqueza e difusão através das várias traduções dos seus sermões para o espanhol e o italiano. No mesmo domínio das traduções, mas dessa feita como competência própria, encontram-se a versão do francês para o português do padre Francisco de Matos do *Guia para tirar as almas do caminho espaçoso da perdição, e dirigilas pelo estreito da salvação* (Lisboa, Domingos Carneiro, 1695), escrito pelo jesuíta Julien Hayneuve, bem como a tradução do latim para o português da obra de um outro jesuíta, Johann Bodler, *Vida do serenissimo principe eleitor D. Felippe Wilhelmo Neoburgico, Conde e Eleitor Palatino do Reno, duque de Baviera... pay da Rainha nossa Senhora D. Maria Sophia Isabella* (Lisboa, Miguel Deslandes, 1692). Também o padre Francisco de Matos se dedicou à escrita de sermões, que veio em parte a publicar, mas conjugou tal atividade com a escrita de duas obras volumosas em formato *in folio* (*Vida chronologica de Sancto Ignacio de Loyola*, Lisboa, Pascoal da Silva, 1718; e, na sequência de *Palavra de Deos desatada em discursos concionatorios*, Lisboa, Valentim da Costa Deslandes, 1709 e 1712, foi publicada a volumosa obra intitulada *Coro mystico de sagrados canticos, entoados na harmonia de assumptos moraes, politicos, concionatorios, e asseticos*, Lisboa, Pascoal da Silva, 1724). O padre Lourenço Craveiro conta, entre as suas três obras impressas, *Summa do apostolado, e sermam do Apostolo S. Bartholomeu* (Lisboa, Oficina de Domingos Carneiro, 1677), acompanhado de uma intrigante referência à sua supressão por parte da censura.[72] O padre Mateus de Moura é autor de uma única obra, que não foge ao espírito catequético, intitulada *Exhortações Domesticas, Moraes e Panegiricas* (Lisboa, António Pedroso Galrão, 1719). O padre Luís Carvalho compôs um livro de epigramas dedicado à Virgem Maria, que permaneceu em manuscrito, sobre o qual não se sabia o tamanho, e imprimiu um sermão de que também não se sabia o argumento nem o editor. Porém a sua escassa produção escrita e a notícia que dela se dispunha contrastam com o juízo geral: "Foi um dos melhores engenhos do seu tempo, e muito versado em todo o gênero de estudos, principalmente na história." A atestar a importância dos grandes formatos encontram-se as já citadas biografias e a história da Companhia do padre Simão de Vasconcelos. Por último, a demonstrar competência no domínio de línguas locais, dessa feita da chamada língua de Angola, encontra-se a obra do padre Pedro Dias, *Arte da lingua de Angola* (Lisboa, Oficina de Miguel Deslandes, 1698).

Sem intenção de constituir uma espécie de sistema hierárquico baseado na autorrepresentação jesuítica da sua própria produção escrita, será de notar que é no grupo de estrangeiros que nos debatemos com a maior diversidade de conteúdos. O padre Anchieta, celebrado como sendo natural das Canárias, em processo de glorificação enquanto taumaturgo do Brasil, é objeto de uma obra de caráter hagiográfico por parte do padre Simão de Vasconcelos (1672), o padre Giovanni Andreoni dedica-lhe a sua *Cultura e opulencia do Brasil* (1711) e o padre Mamiani della Rovere, depois de ter servido no Brasil, atuou como procurador em Roma do seu processo de canonização. O elenco das suas obras quinhentistas remete para uma configuração anterior àquela que se desenha a partir da segunda metade dos Seiscentos. De todos os aspectos, o que mais impressiona é a flexibilidade linguística por elas demonstrada, isto é, um interesse deliberado em passar da língua brasílica (que os jesuítas procuraram fixar) ao português, ao castelhano e ao latim. Claro que as mencionadas obras de Anchieta, a começar pela sua *Arte da Gramatica da lingoa mais usada na Costa do Brasil* (Lisboa, sem editor, sem data) e uma arte de morrer em língua brasílica, essa deixada em manuscrito, indiciam um investimento nesse tipo de obras traduzidas em línguas locais, gênero também praticado por outros padres da Companhia, como sucedeu com o *Cathecismo da lingua Brazilica* (1686), do padre Bartolomeu Leão, a *Arte da lingua de Angola* (1698), do padre Pedro Dias, e a *Arte de gramatica da lingua brasilica* (1699), do padre Mamiani. Depois, há que considerar em Anchieta a coexistência de três tipos de obras, a preencher funções diversas: a "Doutrina Cristã", obra manuscrita de claro sentido catequético; a "Breve Relaçam da vinda dos PP. da Companhia de Jesus ao Brasil e particularmente do P. Manuel de Nóbrega, e alguns outros", relato de fundação edificante da história da Companhia na Província do Brasil; e uma diversidade de poemas, em diferentes línguas, com destaque para os poemas celebratórios da Virgem e do governador Mem de Sá. Aliás, nesse último caso, fica bem documentada a intenção dos jesuítas de associar, desde o início, os seus atos e as suas práticas de escrita com os representantes máximos dos poderes coloniais.

A obra intitulada *Cultura e opulencia do Brasil por suas drogas, e minas, Com varias noticias curiosas do modo de fazer o Assucar; plantar, & beneficiar o Tabaco, tirar Ouro das Minas, e descobrir as da Prata, E dos grandes emolumentos, que esta Conquista da América dá ao Reyno de Portugal com este, e outros generos, & Contratos Reaes* (Lisboa, Oficina Real Desladensiana, 1711) surge explicitamente atribuída ao padre Giovanni Andreoni (debaixo do pseudônimo de André João Antonil), seguindo-se-lhe a indicação de ter sido proibida. A sua contextualização implica a consideração de dois aspectos de diferente natureza. Por um lado, ao nível dos outros interesses expressos pelo seu autor, não se trata de um fato despiciendo Andreoni ter sido o tradutor para o português da obra de um outro jesuíta, o padre Giovanni Pietro Pinamonti, versão publicada postumamente intitulada *Sinagoga desenganada* (Lisboa, Oficina de Música, 1720; 1.ª ed. em italiano, 1694). A esse respeito, o envolvimento de Andreoni na tradição polêmica antijudaica não poderá ser dissociado dos seus interesses em compreender os mecanismos da organização econômica do Brasil colonial, conforme revela na sua obra suprimida. Por outro lado, como se infere da descrição do título no elenco, a obra era “oferecida aos que desejam ver glorificado nos altares ao Venerando P. José de Anchieta da Companhia de Jesus Missionário Apostólico, novo Taumaturgo do Brasil”. Ora, essa dedicatória define um sentido para a obra: o de associar explicitamente a Companhia, através do seu principal fundador no Brasil, à organização econômica da colônia. Esse interesse pela racionalização da exploração colonial fazia, assim, parte de um processo que estava então em curso em Roma, destinado à glorificação de Anchieta. Mas, na tentativa de compreender os mecanismos econômicos da exploração colonial brasileira, a obra de Andreoni fazia parte de um gênero praticado anteriormente por outros jesuítas. Tal como se refere no elenco feito pelo anônimo padre jesuíta, o padre Valentin Stansel (1621-1705) publicara anteriormente a obra intitulada *Mercurio do Brazil, ou oeconomia do Brazil, in quarto*, obra hoje totalmente desconhecida, mas que já então não se sabia onde fora publicada; e o padre Giorgio Benci era autor de uma *Oeconomia Christã. Modo como se hão de haver os senhores com os escravos do Brasil* (Roma, Oficina de Antonio Baosi, 1705). O fato de esse interesse pelos assuntos econômicos associar três jesuítas, um alemão e dois italianos, sugere que a distância de perspectiva, favorecendo uma espécie de descentramento, criava as condições para a prática do gênero. Nesse sentido, os jesuítas estrangeiros pareciam mais habilitados a compreender as especificidades da economia brasileira. Embora a esse respeito se possa contra-argumentar que também o padre Prudêncio do Amaral, natural do Rio de Janeiro, tinha composto “em verso heroico toda a fábrica dos engenhos de açúcar, que se não imprimiu”.

Claro que os jesuítas estrangeiros surgem igualmente como autores de obras que se inserem numa cultura eclesiástica corrente, também praticada por outros jesuítas. Encontram-se, nesse caso, os sermões publicados pelo padre Benci ou as traduções para o italiano dos sermões de Antônio Vieira feitas pelo padre Mamiani. Mas também se situam — na mesma linha de obras correntes de sentido catequético, de biografias de sentido hagiográfico ou de obras de sentido histórico — as três obras da autoria do padre Bonucci, intituladas: *Escola de bem morrer para o exercicio da boa morte* (Lisboa, Miguel Deslandes, 1701); *Vida de S. Rosalia, Virgem Palermitana advogada contra a peste* (Lisboa, Manuel Lopes Ferreira, 1701); e o *Epitome, Genealogico, e Historico ab orbe condito* (Lisboa, António Pedroso Galrão, 1706). De qualquer modo, continuam a ser numerosos os sinais de distinção identificados nas obras dos jesuítas estrangeiros. Bonucci, por exemplo, ainda antes de regressar à Itália, iniciou a publicação, em formato *in folio*, da obra *Ephemerides eucharisticae veritate* (Roma, 1700), reeditada em quatro volumes entre 1715 e 1716. O sentido astrológico, matemático e científico das obras de Valentin Stansel constitui outra prova da diversidade de práticas de escrita assumida pelos jesuítas estrangeiros. É o que acontece, por exemplo, nas obras mencionadas no elenco intituladas *Orbe Affonsino, ou Horoscopio vniuersal* (Évora, Imprensa da Universidade, 1658), no *Uranophilus caelestis peregrinus sive mentis uranicae per mundum sidereum peregrinantis extases* (Gandavi: Herdeiros de Maximiliano Graet, 1685) ou na obra não citada *Legatus uranicus ex orbe novo veterem, hoc est. Observationes Americanae cometarum factae* (Praga, Collegio Societatis Jesu, 1683). Por último, há que considerar o envolvimento direto dos padres Mamiani della Rovere e Benci na discussão filosófica sobre as probabilidades através da publicação de dois grossos volumes, respectivamente *Concordia doctrinae probabilistarum cum doctrina probabilioristarum* (Roma, Giorgio Placho, 1708) e *De vera, et falsa probabilitate opinionum moralium* (Roma, Paulo Komarek, 1713). Aliás, o padre Mamiani della Rovere, enquanto servia em Roma de procurador dos jesuítas no processo de glorificação de Anchieta, também participou ativamente na defesa dos jesuítas da China contra os seguidores do cardeal Tournon.

*

Outra resposta ao mesmo tipo de inquérito lançado por D. Francisco de Almeida foi feita por um anônimo frade capuchinho, com experiência em terras brasileiras, a respeito dos escritores da província Capucha da

Imaculada Conceição de Nossa Senhora do Rio de Janeiro de religiosos da mais estreita observância de nosso seráfico padre S. Francisco em o Estado do Brasil.[73] O seu autor, muito mais do que o informador dos escritores jesuítas, faz sentir a sua própria presença ao longo da minuciosa descrição de uma dúzia de frades, tanto leigos como eclesiásticos, da referida província franciscana. Mas, antes de mais nada, importa esclarecer que um tal inventário de caráter biobliográfico tinha origem num pedido feito por padres fransciscanos e outros membros da Academia Real de História, tendo em vista a organização de uma "Biblioteca Hispana e Lusitana".[74] Compreende-se, assim, que D. Francisco de Almeida terá coligido respostas, chamando a si a informação suscitada por um interesse mais geral da Academia, ao qual Barbosa de Machado acabou por dar forma impressa, na sua *Biblioteca Lusitana*.

Dos 12 frades capuchos, três surgem identificados por terem nascido no Brasil: frei Antônio de Santa Maria, natural do Rio de Janeiro; frei Manuel do Desterro, mais conhecido pelo apelido "Bahia", donde era natural, falecido em 1706; e frei Miguel de S. Francisco, natural do Rio, tido como filho de honrados e virtuosos pais, falecido em 1734. Dois frades escritores são considerados anônimos — categoria que nem sequer consta do elenco de escritores jesuítas. Comparativamente com o mesmo elenco dos escritores da Companhia, não existem estrangeiros que se tenham feito notar enquanto escritores. Com duas únicas exceções — a obra de frei Apolinário da Conceição, *Pequenos na terra, grandes no ceo: memorias historicas dos religiosos da ordem serafica* (5 vols., Lisboa, Oficina de Música, 1732-1754, à época publicados dois volumes, 1732 e 1735, encontrando-se um no prelo) e os dois tomos de filosofia, deixados em manuscrito por frei Manuel do Desterro ou Bahia — não são mencionados no elenco formatos *in folio*. Essa ausência é igualmente acompanhada de um maior peso proporcional das obras manuscritas, bem como de uma maior concentração — logo de uma muito menor diversidade — de áreas temáticas e disciplinares revelada pelos escritos dos frades capuchos. A escrita e publicação de sermões, a celebração pela poesia, sobretudo em latim, integrada em momentos festivos e as obras de caráter histórico relativas à história eclesiástica constituem, porventura por ordem decrescente, as três grandes categorias dos escritos dos frades capuchos. À margem, encontram-se os já referidos tomos de filosofia de frei Manuel Bahia, falecido em 1706, bem como a "História do encoberto", deixada em manuscrito por frei Cristóvão de Jesus Maria, que sendo natural de Torres Vedras chegara ao Rio em 1711.

Existem, porém, dois aspectos que unem as três referidas áreas temáticas. Pelo menos assim o dá a entender o autor do elenço dos frades capuchos. Por um lado, o caráter celebrativo de dedicatória à Virgem ou aos Santos, nomeadamente a S. Antônio, associado às festividades organizadas em torno da própria ordem de franciscanos capuchos e às dissertações histórico-biográficas dos seus membros ou ao inventário dos seus cultos, constitui o testemunho de uma permanente tentativa para reforçar a identidade da própria província capucha brasileira. Assim se compreendem, por exemplo, os três sermões a S. Antônio (1675-90), "glorioso Lusitano", pregados no Rio, publicados em Lisboa, da autoria de frei Agostinho da Conceição (natural de Lamego, falecido em 1693), o "Sermonário de distintas festividades solenizadas na Cidade do Rio de Janeiro", de frei António de Santa Maria, bem como as numerosas elegias, epigramas, em latim, ou romances em vernáculo, destinados a festejar o frei Fernando de S. Antônio, provincial e definidor da Ordem Seráfica, da autoria de frei Agostinho da Trindade Seixas, de um dos frades anônimos, de frei Caetano de Belém e de frei José dos Anjos. A obra "Estatutos municipaes da Província da Imaculada Conceição do Brasil tirado de vários Estatutos da Ordem", de autor anônimo deixada em manuscrito, estaria associada ao labor do mesmo provincial. Mas são as obras de caráter histórico-biográfico ou hagiográfico de frei Apolinário da Conceição — *Pequenos na terra, grandes no ceo*, *cit.* e sobretudo *Primazia Serafica na região da America* (Lisboa, Oficina de António de Sousa da Silva, 1733) — que melhor demonstram o sentido apologético dos frades capuchos em relação à sua mesma ordem. Claro que esse caráter autocelebratório, assinalado ao longo de diversas obras, não poderá fazer esconder que a própria província capucha era atravessada por clivagens, constituindo os irmãos leigos, nos quais se incluía o próprio Apolinário da Conceição, um grupo à parte. Porém, é o caráter de celebração eclesiástica de um dos seus corpos — o da província capucha do Brasil — que se impõe acima de tudo nos escritos daqueles que eram considerados os seus próprios filhos. O mesmo espírito de celebração — e também de controle — dos cultos religiosos está presente no fato de uma das fontes desse largo inventário do culto mariano, o *Santuario Mariano*, cujo tomo 10 era dedicado ao Brasil (Lisboa, 1723), de frei Agostinho de S. Maria, ter como uma das suas fontes o manuscrito de frei Miguel de S. Francisco, "Relação dos Santuários e Imagens de N. Sr.ª de toda a Diocese do Rio de Janeiro (excepto as que pertencem às Minas Gerais)".

Por outro lado, há que considerar a importância assumida pelos personagens a quem as obras são dedicadas. É que se existe uma constante procura de reforçar uma identidade de corpo eclesiástico — à qual frei Apolinário atribuía a "primazia" na América —, uma tal operação supunha um envolvimento das elites e dos poderes locais. Assim se compreende que o já mencionado *Sermão do glorioso Lusitano S. António Pregado no seu mesmo dia, e convento em a Cid.e do Rio de Janeiro a 13 de Junho de 1674* (Lisboa, António Rodrigues de Abreu, 1675), de frei Agostinho da Conceição, seja dedicado ao general João da Silva e Sousa, governador do Rio de Janeiro; que a mencionada *Primazia Serafica na região da America* seja oferecida "ao Sr. Domingos Mártires Brito em a cidade do Rio, primeiro irmão geral da confraternidade das três ordens"; que a segunda parte dos *Pequenos na terra, Grandes no Ceo* (Lisboa, Oficina de Música, 1735) seja dedicada a Paulo Rodrigues Durão, sargento-mor das Ordenanças, guarda-mor das Repartições das Terras Mineraes no distrito das Casas Altas; e que frei Manuel da Encarnação, além das canções em verso heroico dedicadas ao frei Fernando de S. António, tivesse também escrito poemas em vernáculo e em latim para festejar o Senhor D. Lourenço de Almeida, quando governava Minas Geraes, o Senhor D. Luís Bahia Monteiro, governador do Rio de Janeiro, o Senhor Rodrigo César de Meneses, governador de S. Paulo, o

Senhor António da Silva Caldeira Pimentel, governador também de S. Paulo, e o Senhor D. Manuel de S. Catarina, bispo de Angola, estando acometido de perigosa enfermidade. Nesse sentido, identidade de um corpo eclesiástico de franciscanos capuchos e associação clara com os poderes locais, civis e religiosos, representados por membros da elite local, parecem ser dois lados da mesma moeda.

*

"O Catálogo dos Poetas que floresceram na cidade da Bahia" — o único elenco de escritores situados fora de uma ordem ou de uma congregação religiosa do Brasil que chegou até nós e que provavelmente terá sido recolhido por D. Francisco de Almeida — foi feito por um deles e remetido para Lisboa pelo já referido padre Plácido Nunes, S.J. Ao servir de mediador nessa operação de recolha de informação sobre os poetas, competiu a esse jesuíta pronunciar-se sobre o mesmo elenco, uma vez que o seu autor dera "o nome de poeta a muitos que, ao que entendo (conheço os mais deles), apenas saberão fazer um quarteto".[75] Decidiu-se, por isso, a distingui-los. Assim, em caso de aprovação, juntou à margem a letra A e aos que julgou menos dignos atribuiu-lhes a letra R de reprovação. Essa distinção, que dividiu praticamente ao meio os 39 nomes do catálogo, surgia acompanhada de uma advertência: "Que nem a todos os que levam a letra R dou o título de maus poetas, só quero insinuar que se não deve fazer menção deles, uns certamente por ruins, outros por não terem composto coisa que avulte."[76]

O critério seguido pelo padre Plácido Nunes para a reprovação de uma série de nomes parece à primeira vista estar relacionado com uma aversão generalizada aos que participavam de academias.[77] Assim se compreende a reprovação das obras de muitos que tinham participado da Academia de Vasco César de Meneses, tais como o conhecido historiador Sebastião da Rocha Pita, o cônego Francisco Pinheiro Barreto, José de Oliveira Serpa, tido como "filósofo", o padre António de Oliveira, também ele "filósofo e teólogo", Jorge da Silva, mestre em artes, e frei José de Santana, carmelita. Aliás, essa mesma aversão era extensiva a Diogo Pereira da Silva, que "fazia academias em sua casa com sumptuosidade e gasto", bem como a alguns que nela tinham participado, a saber, António Lopes de Ulhoa, provedor da Fazenda Real do Estado do Brasil, e Jerónimo Roiz de Castro. Esse último, além de ter escrito um livro de novelas em prosa e em verso deixado em manuscrito, compusera muitos sonetos, décimas e romances na mesma academia. A desconfiança do jesuíta relativamente aos baianos que tinham integrado as academias do conde de Sabugosa e de Diogo Pereira da Silva, também ele natural da Bahia, parece ser confirmada com a anotação à margem de um outro poeta da Bahia, Luís Canelo de Noronha, donde não está ausente um sentido depreciativo: "É o autor deste catálogo e passa por versificador." Mas a verdade é que também esse, autor de orações fúnebres relativas à mãe do conde de Sabugosa e de outros poemas em louvor da monarquia, surgia como membro da mesma academia erigida pelo conde.

Estaria, assim, o jesuíta Plácido Nunes contra esse novo tipo de sociabilidade representado pelas academias? O fato de também assinalar com um R de reprovação a obra de Nuno Marques Pereira, *Peregrino da América* (Lisboa, 1728, 2.ª ed., 1731), poderá ser igualmente associado a um qualquer tipo de resistência às formas culturais exteriores à cultura dos colégios?[78] Para compreender as razões que levaram o padre Plácido Nunes, S.J., a reprovar uma série de obras e seus autores, será ainda necessário considerar que existem alguns nomes, poucos, de escritores baianos associados às mesmas academias que não suscitaram idêntica reprovação. É o que acontece com o padre Gonçalo Soares da Franca, que também era membro da Academia Real de História, com André de Figueiredo Mascarenhas, tido como "um dos quatro lentes da História do Brasil", com José de Figueiredo Mascarenhas e João de Brito e Lima. Todos eles surgem como tendo participado nos trabalhos da Academia do Conde de Sabugosa, tendo o último chegado mesmo a compor um poema em 1.500 oitavas intitulado "A Cesarea", no qual descreveu a vida e as ações do mesmo conde. Nesse sentido, mais do que uma oposição em bloco entre cultura do colégio e novas sociabilidades acadêmicas, melhor será pensar em clivagens menos radicais, nas quais a existência de pequenos grupos e facções se fazia sentir mesmo no interior das novas academias. Só assim se pode compreender que o referido padre jesuíta reprove Sebastião da Rocha Pita, ao mesmo tempo que aprova as obras de Soares da Franca e de André de Figueiredo Mascarenhas.

Se é difícil compreender a posição do padre Plácido Nunes — intermediário entre o autor do catálogo e D. Francisco de Almeida —, mais complicado se afigura reconstituir os critérios que organizam o próprio catálogo. Antes de mais nada, será de atender que praticamente os 39 poetas ou escritores mencionados pelo autor do catálogo, Luís Canelo de Noronha, são naturais da Bahia, tendo um número reduzido nascido no seu recôncavo ou nos limites do mesmo arcebispado. Frente a esse mundo, o autor não hesita em revelar as suas preferências, dedicando a alguns nomes uma descrição mais longa. É o que acontece pelo menos com sete escritores, entre os quais inclui a si próprio: Luís Canelo de Noronha, nascido em 1689, o seu amigo João de Brito e Lima, nascido em 1671, os dois familiares e clérigos, Gonçalo Soares da Franca e João Álvares Soares, e os três irmãos, padre André, João e José de Figueiredo Mascarenhas. Em todos esses casos, tratava-se de participantes na Academia do Conde de Sabugosa, tidos todos como pessoas nobres, e no caso do padre Álvares Soares com a indicação expressa de lhe ter sido atribuído o foro de fidalgo. O qualificativo de "filósofo e teólogo" é utilizado para qualificar o próprio autor, bem como os padres, em número de três, desse pequeno grupo.

Para além das aparentes preferências do seu autor, que se encontram dispersas pelo elenco, a começar pelo espaço que concede a si próprio e à sua obra, repare-se na composição do grupo, procurando mais uma vez reconstituir os critérios visados pelo autor do catálogo. Não será por acaso que os primeiros autores citados são todos considerados pessoas nobres com o foro de fidalgo: Bernardo Vieira Ravasco, primeiro-secretário do Estado do Brasil, falecido em 1696, tido igualmente como filósofo e teólogo, Manuel Botelho de Oliveira, autor do livro impresso *Música do Parnaso* (Lisboa, Miguel Deslandes, 1705), e Sebastião da Rocha Pita, também acadêmico real, que imprimira *in folio* a *Historia da America Portugueza desde o ano de 1500 do seu Descobrimento ate o de 1724* (Lisboa, José António da Silva, impressor del Rei e da Academia, 1730). Em quarto lugar, seguindo a ordem do catálogo, surge o poeta Gregório de Matos: "Natural da Bahia, bacharel formado, tesoureiro-mor que foi da Sé da Bahia, compôs muitos versos vulgares em todo o metro que se acham ainda manuscritos em toda a pessoa curiosa. Poeta engenhoso e satírico."[79]

Seguindo essa ordem, há que distinguir entre três critérios, a saber, a posição social nobiliárquica, o estatuto intelectual junto com o cargo na hierarquia dos poderes secular e eclesiástico e, finalmente, a natureza da obra e da sua recepção. Por exemplo, a esse último respeito, importa notar que a poesia de Gregório de Matos, apesar de manuscrita, achava-se *em toda a pessoa curiosa*. Porém um quarto critério parece ter pesado na construção do catálogo, isto é, as ligações familiares. Só assim se compreende que entre os dez primeiros escritores citados seja possível pensar nas seguintes relações de parentesco. Bernardo Vieira Ravasco, o primeiro da lista, relaciona-se mais abaixo no elenco com o seu filho, Gonçalo Ravasco Cavalcanty e Albuquerque, falecido em 1725, que o sucedeu no cargo de secretário do Estado e também ele autor de várias obras poéticas em mãos de curiosos, bem como Gabriel Vieira, tido como filósofo e autor de várias obras manuscritas. Logo após a indicação do nome de Gregório de Matos, constam os de Pedro de Matos, "filósofo e teólogo", também ele tido por "homem engenhoso", achando-se os seus escritos igualmente em mãos de curiosos, e do seu irmão mais velho, o já referido frei Eusébio de Matos, o qual fora jesuíta antes de ser carmelita, considerado "engenhoso poeta e famoso pregador", tendo-se dele conservado sermões, versos e sentenças. Também já referidos, há que contar com outros dois parentes, primos ou eventualmente tio e sobrinho, os padres Gonçalo Soares da Franca e João Álvares Soares. O primeiro era acadêmico real (tal como Rocha Pita), escrevera o poema "Brazilica", cujo manuscrito não se sabia já onde parava, autor de muitos sermões também manuscritos e de várias obras vulgares compostas para a Academia do Conde de Sabugosa. O segundo, antes de se ordenar como sacerdote, fora capitão dos estudantes do colégio jesuíta, capitão de infantaria, sendo autor de vários sermões que existiam em manuscrito e de obras vulgares, tais como loas, romances "e outras de toda a variedade com muito gênero de erudição". Ao longo do catálogo, descortinam-se ainda outras relações de parentesco. Por exemplo, o médico Manuel de Matos de Viveiros, autor de vários sonetos, era pai de Diogo Pereira da Silva, também poeta e que reuniu em sua casa uma outra academia. Por último, do Recôncavo da Bahia vinham os três filhos de Manuel de Figueiredo Mascarenhas: o padre André, já referido como um dos quatro lentes da História do Brasil, e autor de sonetos, tercetos e outros versos, já existindo "algumas obras impressas suas laudatórias", e os seus irmãos, João e José, autores de vários sonetos, décimas e romances.

Procure-se agora uma definição social mais precisa, isolando alguns elementos quantitativos, dos 39 poetas que constam do catálogo. No topo, há que considerar dois representantes das famílias mais antigas, com os seus cargos de secretários de Estado: Bernardo Vieira Ravasco e seu filho, Gonçalo Vieira Cavalcanty e Albuquerque. Correspondendo a uma outra hierarquia, reconhecida pela Coroa, encontravam-se os dois acadêmicos da Academia Real de História, Sebastião da Rocha Pita e o padre Gonçalo Soares da Franca. Todos eles eram considerados pessoas nobres e, à exceção do último, possuíam também o foro de fidalgo. Do ponto de vista da hierarquia do Estado, só António Lopes de Ulhoa, provedor-mor da Fazenda Real do Estado do Brasil, poderia almejar a figurar nos cargos de topo da hierarquia do Estado. Porém o autor do catálogo não lhe concede grande importância social, provavelmente por não haver provas para poder chamá-lo de pessoa nobre e muito menos com o foro de fidalgo. De fato, esse último foro era atribuído a um outro, o poeta Manuel Botelho de Oliveira, tido igualmente por filósofo e bacharel formado em leis. Na Vereação da Câmara tinham servido o padre Gonçalo Soares da Franca, o seu irmão, padre João Álvares Soares, e João de Brito e Lima. Os dois últimos também serviram como capitães de infantaria e o mesmo sucedera com Tomé Monteiro de Faria, que nem por isso surge como pessoa nobre. Uma maior misturada de nobres e não nobres surge, de fato, entre os membros da academia criada por iniciativa do conde de Sabugosa. Nela participaram, entre os que constam do catálogo, pelo menos dez escritores: Sebastião da Rocha Pita, padre Gonçalo Soares da Franca, padre Francisco Pinheiro Barreto, João de Brito e Lima, Luís Canelo de Noronha, José de Oliveira, padre António de Oliveira, frei José de S. Ana, Jorge da Silva Pires, padre André de Figueiredo Mascarenhas. À margem das hierarquias estabelecidas pela Coroa, pelos seus representantes máximos, ou pelos poderes locais, mas competindo com elas do ponto de vista do estatuto social, encontrava-se a já referida academia reunida em casa de Diogo Pereira da Silva, filho do doutor Matos de Viveiros, médico de profissão. Isso apesar de nem pai nem filho, tal como aconteceu com alguns que nela participaram, tais como o provedor Lopes de Ulhoa, exibirem o estatuto de pessoa nobre. Aliás, no catálogo esse estatuto é atribuído apenas a sete pessoas, a somar às cinco que eram consideradas pessoas nobres com o foro de fidalgo.

Diga-se de passagem que a dificuldade de quantificar estatisticamente prende-se à sobreposição de muitas categorias no catálogo. Por exemplo, são sete os personagens a quem é atribuído o estatuto honroso de filósofo e teólogo; três são tidos simplesmente como filósofos; e mais três são qualificados de filósofo e bacharel em leis (incluindo Manuel Botelho de Oliveira, o cônego Paulo da Costa Brandão e o vigário João de Almeida Teles); enfim, seis são denominados apenas bacharéis em leis. Nesse último grupo, em que se encontra Gregório de Matos, há que considerar Francisco Pinheiro Barreto, cônego da Sé, e dois sacerdotes do hábito de S. Pedro, João Borges e Manuel Ferreira da Luz. A demonstrar o peso da Igreja na definição dessas mesmas categorias está, ainda, o fato de Gregório de Matos surgir não só como bacharel em leis, mas como tesoureiro da Sé da Bahia (sem que seja referido que, apesar de só ter tido ordens menores, os favores do arcebispo da Bahia, D. Gaspar Barreto, permitiram-lhe usar a murça de cônego). Considere-se, por último, a existência entre os 39 poetas de seis sacerdotes (sendo três deles designados explicitamente como do hábito de S. Pedro); três cônegos da Sé; e quatro frades carmelitas (Eusébio de Matos, Agostinho de Nossa Senhora do Monte do Carmo, José de S. Ana e Henrique de Sousa). Num total de 13 eclesiásticos, isto é, de um terço dos poetas. Porém o peso de uma cultura eclesiástica pode ser facilmente aumentado se se tiverem em conta não só casos como o de Gregório de Matos, mas também o fato de o qualificativo máximo de "filósofo e teólogo" também ser atribuído àqueles que não eram eclesiásticos. Importa, por isso, ler cautelosamente o qualificativo de "filósofo", não exagerando o sentido laico e iluminista que se lhe pode associar.

Desses dados relativos ao perfil sociológico dos poetas da Bahia, algumas conclusões provisórias se impõem. A primeira diz respeito à existência de um grupo com características fundamentalmente nobiliárquico-eclesiásticas. O ideal de nobreza que nele se projeta supõe a existência de hierarquias estatutárias (dos grandes servidores da Coroa e membros da Academia Real, dos nobres com foro de fidalgo aos que eram apenas considerados pessoas nobres, sem esquecer os que tinham servido na Câmara ou em postos militares), bem como de solidariedades familiares. Porém existe nesse mesmo ideal uma concepção de elite alargada, concebida a partir de cima, isto é, da fidelidade ao rei e à monarquia. No seu interior, as academias — sem dúvida um elemento novo — proporcionavam uma permeabilidade nos contatos e nas relações (por exemplo, na Academia do Conde de Sabugosa), permitindo igualmente aos endinheirados reproduzir essas mesmas práticas (era o que acontecia na Academia de Diogo Pereira da Silva, filho de um médico). Paralelamente, a permanência de uma cultura eclesiástica faz-se sentir ao nível do grupo não só por esse ser constituído por um terço de eclesiásticos, representados em partes iguais por sacerdotes, cônegos da Sé e carmelitas, mas também por se associar no estatuto intelectual mais elevado a noção de "filósofo" com a de "teólogo". Será ainda de notar que o autor do catálogo pôs de parte referências a todos os jesuítas e frades capuchos tratados noutros elencos. Trata-se, assim, da expressão de uma cultura nobiliárquico-eclesiástica, na sua dimensão local, ou seja, concebida a partir da cidade da Bahia, do seu recôncavo e do seu arcebispado. A existência no seu interior de uma cultura letrada jurídica, centrada no papel dos magistrados, praticamente não se faz sentir. O mesmo se diga acerca de uma cultura própria de comerciantes ou homens de negócio. De fato, uma alusão ao novo-riquismo praticado pelo filho de um médico, que fazia grandes gastos ao reunir na própria casa uma academia, sugere uma situação em que se assistia à reprodução de hábitos cortesãos e nobiliárquicos de suntuosidade, que nada tinham a ver com a expressão de dinheiro mercantil. Porém não basta reconhecer que o grupo de 39 poetas representava a versão local, baiana, da cultura dominante nobiliárquico-eclesiástica, que se projetava a partir da metrópole e que era em si mesma expressão de uma configuração mais geral extensiva ao sul da Europa católica. Será ainda necessário reconstituir o sentido das obras dos ditos poetas para poder avaliar melhor a mesma configuração cultural.

Entre os 39 nomes referidos no catálogo a grande maioria dedicou-se única e exclusivamente à prática da poesia. São 26 os poetas referidos exclusivamente como autores de obras vulgares ou dos chamados versos da arte menor, isto é, sonetos, tercetos, décimas, romances e, nalguns casos, loas e bailes. Trata-se da grande maioria dos poetas, entre os quais se inclui a figura do "poeta engenhoso e satírico", único a merecer tal designação, Gregório de Matos, cujas obras manuscritas se achavam, como já foi referido, "em toda a pessoa curiosa". Porventura será essa mesma maioria que explica, do ponto de vista de uma sociologia das relações conflituais entre escritores, o meio em que Gregório foi consagrado e julgado maldito. Ainda no interior dessa maioria, três deles participaram na Academia de Diogo Pereira da Silva (contando com o próprio poeta que a erigiu, o procurador António Lopes de Ulhoa e Jerónimo Roiz de Castro) e cinco tiveram entrada na Academia do Conde de Sabugosa (padre Francisco Pinheiro Barreto, padre José de Oliveira Serpa, frei José de S. Ana, Jorge da Silva Pires, João de Figueiredo Mascarenhas). Uma vez que a prática de fazer versos da arte menor estava bem representada entre os membros da academia do vice-rei e do filho do médico rico, ela não pode ser tomada como indício de pertença a um tipo de cultura popular.[80] A esse número de 26 podem acrescentar-se os que, além de poesias vulgares, compuseram sermões: frei Eusébio de Matos, padre João Álvares Soares e padre António de Oliveira. Nesse caso, aumenta ainda mais o peso dos que participaram na Academia do Conde de Sabugosa (só Eusébio de Matos, falecido em 1699, não entra nessa categoria). Então, se poderia pensar que a composição de obras vulgares de poesia e a escrita de sermões — praticada por 29 entre 39 "poetas" da Bahia — constituem a base de uma cultura escrita nobiliárquico-eclesiástica.

Se a grande maioria dos poetas compunha versos da arte menor e, no caso de alguns clérigos, também sermões, a que se dedicavam os restantes dez? Quais os gêneros de escrita que lhes permitiam estabelecer a diferença no mundo das letras? Um caso excepcional é o de Manuel de Medeiros Maia, que, além de uma variedade de versos, era autor de uma comédia em manuscrito, em castelhano, intitulada "La creación del Mundo". Mas para responder às questões formuladas será necessário ter em conta que só a composição de poemas em verso heroico, elegíaco, laudatório ou em estilo de carmen suscita um tratamento distinto. Pelo menos era assim que procedia o autor do catálogo. O padre Soares da Franca (além de poesia vulgar e sermões) tinha composto o poema "Brasílica", que se encontrava perdido; o padre André de Figueiredo Mascarenhas escrevera algumas poesias laudatórias para a *História do Brasil* de Sebastião da Rocha Pita (além de sonetos, tercetos e outra sorte de versos); o cônego João Borges compusera "alguns poemas heroicos" e Francisco Fragoso de Ulhoa era autor de um poema em oitava rima com o título de "Glória do mundo sonhada". Mas, na lógica do autor do catálogo, a maior distinção na composição de poemas recaía sobre si próprio e o seu amigo João de Brito e Lima. Esse, além de ser considerado pessoa nobre pelos seus ascendentes, uma vez que era filho do tenente-general Sebastião de Araújo e Lima e de D. Maria Ana da Silva, sabe-se que nascera em 1671. Aliás, essa é uma das cinco datas mencionadas pelo autor do catálogo, sendo uma outra a do seu próprio nascimento, para além das datas em que faleceram Gonçalo Ravasco, António Lopes de Ulhoa e o padre Pedro Soares da Silva. Ora, Brito e Lima era autor de um carmen, de 130 oitavas, descrevendo as festas para celebrar as bodas dos príncipes de Portugal e Castela, o qual se intitulava *Poema festivo, breve recopilação das solemnes festas que obzequiosa a Bahia tributou em applauso das sempre faustas, regias Vodas dos Serenissimos Principes do Brasil, E das Asturias Com as inclitas Princezas de Portugal e Castella* (Lisboa, Oficina de Música, 1729), mandado imprimir por Sua Majestade; de um outro poema chamado *Applausos natalicios com que a cidade da Bahia celebrou a noticia do felice primogenito do excellentissimo senhor Dom Antonio de Noronha* (Lisboa, Miguel Manescal, 1718), um volume *in quarto* de mais de 150 páginas, relativo às festas pelo nascimento do neto do marquês de Angeja, sendo vice-rei do Estado do Brasil;[81] um poema que circulava manuscrito com 1.500 oitavas denominado "A Cesareia", no qual eram descritas a vida e as ações do conde de Sabugosa; vários carmens; muitas obras para a Academia do Conde de Sabugosa; muitas poesias para o livro organizado pelo autor do catálogo com o título *Pompas Funerais, descrição das Exéquias que se fizeram na Cidade da Bahia e seu Recôncavo à Senhora D. Mariana de Lancastre, mãe do Conde de Sabugosa*; tudo isso, além de mais de cinquenta loas, umas aos anos de Sua Majestade e outras a vários assuntos; e muitos bailes, tanto castelhanos como portugueses, e várias obras de arte menor que existiam "nas mãos dos curiosos". Por sua vez, o autor do catálogo, Luís Canelo de Noronha, compusera, além do referido livro intitulado *Pompas Funerais*, o qual se encontrava na posse do conde de Sabugosa, 86 loas aos anos de Sua Majestade e festas pelos casamentos dos príncipes de Castela e Portugal e ainda quantidade de bailes de toda espécie, obras de vários metros para a Academia do Conde de Sabugosa, sonetos a vários assuntos, achando-se uns impressos e outros manuscritos, finalmente muitos romances, décimas e outras da arte menor.[82] Enfim, as práticas de escrita evocadas no catálogo de Canelo de Noronha têm, assim, como um dos aspectos de maior distinção, os temas relacionados com a celebração da monarquia, os quais se integram em ciclos festivos tais como aniversários régios, casamentos e exéquias. De igual modo, reproduzindo o mesmo modelo de uma cultura áulica e cortesã, encontram-se os encômios, sobretudo no momento de rituais fúnebres, mas também em vida, das figuras mais destacadas, do vice-rei aos mais altos dignitários eclesiásticos, sem esquecer a nobreza local e seus respectivos parentes. O perdido poema "Brasílica", do padre Gonçalo Soares da Franca, integrado nos trabalhos da Academia do Conde de Sabugosa, corresponderia provavelmente ao mesmo tipo de encômios, que o canto épico geralmente reproduzia.

Se a cultura escrita evocada no catálogo enviado da Bahia para Lisboa era predominantemente manuscrita — com casos de autêntico sucesso do ponto de vista da circulação das obras, como o que é atribuído a Gregório de Matos —, alguns casos existem de referência às obras "já impressas". De fato, são 11 os autores a quem são atribuídas obras reproduzidas pela impressão tipográfica. Entre eles, casos existem em que a referência feita pelo autor do catálogo não pôde ser documentada: é o que acontece com o próprio autor do catálogo, que reivindica ter já impresso alguns sonetos; com Tomé Monteiro de Faria, que também teria algumas composições em verso impressas; com o padre André de Figueiredo Mascarenhas, a quem são atribuídas obras laudatórias "já [...] impressas"; e com o padre Manuel Ferreira da Luz, cujos sonetos, décimas e romances estariam também já alguns impressos. Porém existe um exemplo concreto da reunião, em livro publicado, desse mesmo tipo de poesia: a *Musica do Parnaso*, de Manuel Botelho de Oliveira (Lisboa, Miguel Manescal, 1705).[83] Entre os mesmos 11 autores relacionados com a imprensa casos existem em que o autor do catálogo não explicita a existência de obras já impressas. Curiosamente, tal situação envolve sobretudo três autores de sermões: frei Eusébio de Matos, a quem não são poupados elogios;[84] o padre José de Oliveira Serpa, talvez pelo fato de as suas obras impressas terem começado a sair mais tarde;[85] e o padre António de Oliveira, a quem são atribuídas obras já impressas; mas só a partir de 1740 temos notícia segura de terem sido publicados sermões da sua autoria.[86] A difusão pela impressa confirma, em boa medida, uma cultura fundada na escrita de poesias vulgares e nas obras de parenética.

Mas, como já foi referido, a respeito dos poemas impressos em 1719 e 1729 escritos por João de Brito e Lima, também as obras festivas e encomiásticas da monarquia e das figuras gradas de elite, feitas por autores baianos, conhecem a luz da imprensa. Assim acontece com as obras de Sebastião da Rocha Pita, apesar de essas não serem mencionadas no catálogo, relativas às exéquias de D. Pedro II e aclamação de D. João V na Bahia, nas quais se encontra uma glosa aos *Lusíadas* (IV-50) de autoria do padre Soares da Franca (IV-50); e à celebração poética feita na Bahia pela morte de D. Leonor Josefa de Vilhena.[87] Trata-se de um gênero bem representativo de uma cultura nobiliárquico-eclesiástica — capaz de integrar diversas formas de patriotismo monárquico expressas na linguagem das virtudes, no caso de figuras nobres associadas à figura do grande capitão — no qual não estão ausentes lutas e concorrências, nomeadamente entre os encômios a nobres e eclesiásticos.[88] É nesse mesmo quadro de elogios e panegíricos e de academias áulicas que deverá ser entendida a *Historia da America Portuguesa* (Lisboa, Oficina de José António da Silva, 1730), de Rocha Pita. Conforme explicita o autor do catálogo, trata-se do único *in folio* de todo o elenco dos 39 autores — pequeno pormenor revelador da distinção. Mais problemática parece ser a referência ao *Compendio narrativo do peregrino da America* (Lisboa, Oficina de Manuel Fernandes da Costa, 1728), sobre o qual se diz apenas que se tratava de um formato *in quarto*, atribuído a Nuno Marques da Silva (*sic*). De fato, a obra de Nuno Marques Pereira teria já conhecido uma segunda edição, em 1731, e teria sido acrescentada pelo autor de uma segunda parte, que permaneceu manuscrita, em 1733. Única no gênero, pelo menos à luz das obras referidas no catálogo, será que a pouca atenção dedicada à obra poderá ser interpretada como sinal da sua marginalização?[89]

Observados a partir do final da década de 1730, os escritores sacros e os poetas do Brasil parecem constituir três gerações. De forma sintética, poderemos dizer que uma primeira começa a manifestar-se pela escrita em torno de 1650. Existem, claro está, exemplos anteriores, como o do padre Anchieta. Mas os sermões começados a publicar em 1649 do beneditino frei Bernardo de Braga, nascido na metrópole — constando um deles de umas anotações do autor do elenco dos frades capuchos escritores —, constituem um exemplo desse primeiro momento, geralmente evocado a partir dos sermões do padre Antônio Vieira.[90] Uma segunda geração é representada pelos irmãos Matos Guerra, o poeta satírico Gregório e o irmão mais velho, também ele autor de sermões, frei Eusébio. Gregório nasceu em 1633 e morreu em 1696, quando contava 73 anos. À mesma geração pertence Manuel Botelho de Oliveira, nascido em 1636. Uma terceira geração, nascida entre as décadas de 1660 e 1690 (por exemplo, Rocha Pita nasceu em 1660, João de Brito e Lima, em 1671, e Luís Canelo de Noronha, em 1689), integra as primeiras academias da Bahia. Claro que as longas e produtivas vidas, no que à escrita diz respeito, dos jesuítas Alexandre de Gusmão (1629-1724) e Fernando de Matos (1636-1720) põem em causa uma concepção rígida de gerações. Mas o importante é que a simples indicação de três gerações aponta para uma mudança na configuração do mundo das letras, supondo igualmente uma continuidade da referida cultura nobiliárquico-eclesiástica. Mas, a propósito das mudanças, será que o esquema habermasiano de criação de um espaço público se identifica com a criação das academias, deixando para trás um outro tipo de representação pública centrada no culto da monarquia? Estamos a crer que utilizar a interpretação de Habermas como uma chave para analisar o que muda na configuração das letras brasileiras, nomeadamente na Bahia do século XVII ao XVIII, equivale a incorrer no pecado de anacronismo.

Conclusão

Entre os cinco casos analisados neste capítulo será possível estabelecer relações de complementaridade, mas também de oposição. Assim, à identificação de um território chamado Brasil, representado através de descrições, histórias, discursos morais e arbítrios, contrapõem-se as relações comerciais, envolvendo sobretudo o tráfico de escravos, à escala do Atlântico Sul; por sua vez, a imagem gloriosa de nobres cavaleiros e grandes capitães, tal como resulta dos discursos produzidos em torno das guerras contra os holandeses, contrasta com a consciência dos mecanismos de mercado e das lógicas da extração colonial exemplificadas à escala do Maranhão; finalmente, será possível pensar que os investimentos sistemáticos na produção escrita de jesuítas e frades capuchos, prolongados por escritores laicos, sobretudo dedicados à poesia, como acontecia na Bahia, se inserem num quadro cultural mais vasto, exemplificado neste capítulo pelos casos anteriores. Mas serão esses os casos mais representativos da cultura letrada do barroco no Brasil?

A ter em conta as histórias da literatura e da cultura já existentes, será difícil reconhecer a centralidade dos casos analisados. Porém a principal preocupação expressa neste capítulo é não tanto a de fornecer visões do mundo globais associadas a períodos estanques, mas a de procurar explorar novos caminhos, a começar por aqueles que são potenciados pela descoberta de novos arquivos e documentos. Donde o caráter necessariamente incompleto deste mosaico de casos, inspirado na obra inacabada de Sérgio Buarque de Holanda e na composição em fragmentos de Irving A. Leonard. Cumpre, ainda, esclarecer que dos múltiplos aspectos que ficaram por explorar, mesmo à escala do pequeno estudo de caso, encontram-se os diversos modos de apropriação e de uso das letras por parte dos grupos mais desfavorecidos do Brasil Colonial. Ausência grave, que importará colmatar no futuro, pois só um programa de investigação que invista na compreensão dos comportamentos, das atitudes e dos valores dos mais diversos grupos sociais — mesmo os mais subalternos — poderá romper com as imagens reificadas de elitismo letrado que as tradições históricas e as fontes documentais das sociedades coloniais geralmente favorecem.

Notas

1. Antonio Candido, 1991, pp. 7-23, *maxime* p. 16-17, 21-23.
2. Irving Leonard, 1959, p. IX e 28. Leonard foi também o tradutor para o inglês da obra do grande historiador venezuelano Mariano Picón-Salas, a qual inclui diversos capítulos sobre o barroco. Cf. Mariano Picón-Salas, 1962.

3. Irving Leonard, 1959, p. X e 25.
4. Sumit Sarkar, 1997.
5. BNL, cód. 13091: Manuel Correia de Montenegro, fls. 917-920v. Cf. Francisco M. de Sousa Viterbo, 1890.
6. Fray Bartolomé de Las Casas, 2006. Cf. Lewis Hanke, 1949; 1974; Marcel Bataillon, 1965; Anthony Pagden, 1982. Porém a crítica ao comportamento dos senhores relativamente aos seus escravos, nomeadamente à sua falta de interesse em cristianizá-los para que se submetessem melhor, também se encontra em Giovanni Botero, 1596, livro 2, p. 181.
7. Giovanni Botero, 1943, p. 346, na qual se refere à conversão dos índios debaixo de uma ordem civil, como acontecia com os jesuítas.
8. Giancarlo Petrella, 2004; Aldo Albónico, 1990.
9. El Inca Garcilaso, 1988.
10. Pêro de Magalhães Gandavo, 1980, p. 21-65.
11. Gabriel Soares de Sousa, s.d.
12. Ambrósio Fernandes Brandão, 1943; Fr. Vicente do Salvador, 1965; Frédéric Mauro, 1961.
13. Duarte Gomes Solis, 1956, p. 194-202.
14. Nuno Marques Pereira, 1988, capítulo XI: "Do que sucedeu e viu o Peregrino no seguinte dia na praça do território dos deleites, e Palácio da Saúde, e da conversação que teve com o Presidente da Saúde; e o mais que viu, e observou na Torre intelectual, e descobriu pelo óculo do alcance; e o que lhe sucedeu na audiência dos defuntos e ausentes, até sair pela porta do Desembargo", p. 167-186.
15. Giovanni Botero, 1997, Libro Ottavo, cap. XV, p. 172.
16. Giovanni Botero, 1943, p. 404.
17. Daviken Studnicki-Gizbert, 2007.
18. BNL, *Pombalina*, cod. 249.
19. Alfredo de Albuquerque Felner, 1933, p. 303.
20. Enriqueta Vila Vilar, 1977.
21. Luiz Felipe de Alencastro, 2000.
22. Duarte de Albuquerque Coelho, 1654, p. 3.
23. Domingos de Abreu e Brito, 1931.
24. Frei Manuel Calado, 1648. Nessa obra, tal como mais tarde em frei Rafael de Jesus, *O Castrioto Lusitano*, Lisboa, António Craesbeeck de Melo, 1679, João Fernandes Vieira é objeto de um autêntico panegírico, pelas suas ações na luta contra os holandeses. Sobre a literatura impressa relativa às lutas contra os holandeses, cf. Charles Ralph Boxer, 1957, p. 291-301; e José Honório Rodrigues, 1949. Nesse âmbito, duas obras não portuguesas afiguram-se particularmente importantes: Gaspar Barleus, 1647, dedicada a João Maurício de Nassau; e Pierre Moreau, 1651.

25. Belisário Pimenta, 1944, p. 34; BNL, cod. 1555.
26. António José Victoriano Borges da Fonseca, 1935, vol. I, p. 7-8.
27. Sobre a noção de "engrenagem polêmica", cf. Christian Jouhaud, 1985.
28. BNL, cod. 7627, fls. 41-43v: Tomé Pinheiro da Veiga, "Capitanias do Brasil, e obrigação da Residencia dos Capitães. Informação que fis em 1633. Vai pessoalmente".
29. Sobre o *Regimento das Ordenanças*, cf. Jaime Cortesão, 1966, p. 97.
30. BNL, cod. 7636, fls. 1-6, 85v-92.
31. BNL, cod. 1555, numeração dupla, fls. 279-282v/314-317v. Sobre a preocupação de Matias de Albuquerque de fortificar Pernambuco, cf. Duarte de Albuquerque Coelho, 1654, fls. 6-7. Sobre a particular atenção dada pelos holandeses à mesma questão das fortificações, cf. BNL, cod. 1555, fls. 216-217v: "Dos son los funadamentos que tiene el enemigo Rebelde de olanda en las plassas del norte que ocupa nel Brazil. El uno sustentar sus fortificaciones y defenderlas. El otro sacar los fructos de la tierra"; Adriaen van de Drussen, 1947, p. 110-118; Albuquerque Coelho, 1654, fl. 3v.
32. Evaldo Cabral de Mello, 1997.
33. BNL, cod. 585.
34. Estamos, assim, próximos da noção, que foi mais recentemente relançada, de *armed trade* como um dos fatores que constituíram a diferença no processo de diferenciação e industrialização europeu. Cf. Kenneth Pomeranz, 2000.
35. BNL, cod. 585. fl. 28v (destaque nosso).
36. BNL, cod. 585, fls. 4v-5.
37. Idem, fl. 6v.
38. BNL, cod. 585, fl. 7v.
39. Idem, fls. 7v-8.
40. Idem, fl. 12v.
41. BNL, cod. 585, fl. 12v.
42. Idem, fl. 13.
43. Idem, fls. 13v-14 (destaque nosso).
44. BNL, cod. 585, fl. 14.
45. Idem, fl. 14v.
46. Idem, fl. 15.
47. BNL, cod. 585, idem, fl. 15v.
48. Idem, fl. 19.
49. Idem, fl. 16v.
50. BNL, cod. 585, fl. 16v.
51. Idem, fl. 18v.
52. Idem, fls. 18v-19.
53. BNL, cod. 585, fl. 26.

54. Idem, fls. 27-27v.
55. Idem, fls. 27v-28v.
56. Idem, fls. 26-26v.
57. BNL, cod. 585, fl. 25.
58. Idem, fl. 25v.
59. BNL, cod. 585, fl. 20v
60. Idem, fl. 21.
61. BNL, cod. 585, fls. 22-24v.
62. P. Antônio Vieira, 1951, p. 335.
63. Idem, 1951, p. 245.
64. Idem, p. 254-265, 279.
65. Idem, p. 234, 239.
66. Idem, 1951, p. 298.
67. Manuela D. Domingos, 2001-2002, pp. 191-219. Em paralelo com o trabalho empreendido por D. Francisco de Almeida estava em curso de publicação, numa versão em três volumes, Gonzalez Barcia, 1737-1738. Sobre Gonzalez Barcia, cf. Gergorio de Andrés, 1987, p. 811-831; Jorge Cañizares-Esguerra, 2001, p. 155-159, 371.
68. BNL, cod. 908 [todas as citações seguintes são provenientes deste códice].
69. Idem, fls. 148-161.
70. Sobre o padre Antônio de Sá, S.J., natural do Rio de Janeiro, a data de nascimento referida no catálogo é 1627, e não 1620 como habitualmente se diz (por exemplo, em Inocêncio). No catálogo são apenas mencionados os seus seis sermões publicados entre 1673 e 1686, não constando os sermões impressos antes daquela data: SÁ, 1658; 1665; 1669.
71. Nesse sentido, a cultura jesuítica concretizada através da escrita e da impressão de livros, mesmo à escala da Bahia, afigura-se mais problemática do que a simples ideia representada pelo gênio colossal de Vieira, seguido dos seus dois discípulos, Eusébio de Matos e António de Sá, representantes do "gênero da oratória sacra na obra dos jesuítas", tal como afirma Luciana Stegagno-Picchio, 1997, p. 108.
72. Essa obra do padre Lourenço Craveiro foi objeto de uma reedição (Coimbra, Oficina de João Antunes, 1692). Repare-se que também o padre Antônio Vieira dedicou um sermão ao mesmo apóstolo S. Bartolomeu, incluído nos seus *Sermões*, Parte II, Lisboa, Miguel Deslandes, 1682. Resta saber se a censura dessa obra estaria relacionada com a primeira saída de Craveiro da Companhia de Jesus.
73. BNL, cod. 908, fls. 227-244v. Esse catálogo dos capuchos brasileiros foi recolhido por D. Francisco de Almeida, mas pedido ao autor por frei Francisco de S. Teresa, frei Manuel de S. Dâmaso e frei Afonso da Madre de Deus Guerreiro, franciscanos e acadêmicos da Academia Real, o padre José Barbosa, clérigo regular e

acadêmico, e frei Antônio de S. Maria, agostinho descalço, para se agregar à "Biblioteca Hispana e Lusitana", tendo sido concluído em 6 de maio de 1737.

74. BNL, cod. 908, fl. 244v.
75. BNL, cod. 908, fl. 148.
76. Idem.
77. Iris Kantor, 2004, p. 89-103.
78. Permanece uma questão em aberto saber se as considerações sobre a educação própria dos colégios que se encontram no início do *Peregrino* estimularam uma tal oposição. Cf. Nuno Marques Pereira, 1988, p. 39-41.
79. BNL, cod. 908, fl. 233. Sobre Gregório de Matos, cf. João Adolfo Hansen, 1989.
80. "Os exercícios de versificadores da Academia dos Esquecidos [...] em nada diferem contudo de certo gênero de travessuras literárias tão ao gosto do século antecedente e de que há exemplos abundantes na obra de Gregório de Matos e na *Música do Parnaso*. Em uma das sessões, o solene historiador Rocha Pita terçou rimas sobre o seguinte tema: 'Uma dama que sendo formosa não falava para não mostrar a falta que tinha de dentes.' Na mesma reunião, um dos sócios da Academia, o padre Barreto, ganhou as palmas do torneio versando sobre 'Uma moça que metendo na boca umas pérolas e resolvendo-as quebrou alguns dentes.'" Sérgio Buarque de Holanda, 1991, p. 421.
81. Apensa a João de Brito e Lima, *Applausos natalicios com Que A Cidade da Bahia celebrou uma noticia do felice primogênito não. do Excellentissimo Senhor Dom Antonio de Noronha. netto fazer.D. Pedro Antonio de Noronha. ViceRey, e Capitão Geral do Estado da Índia*; ainda a obra de Cândido de Brito Figueiredo, *Diario panegyrico: relaçam das festas que na famosa cidade da Bahia se fizerão em applauso do fausto e feliz natalicio*, 23 páginas.
82. BNL, cod. 908, fls. 334-335.
83. Manuel Botelho de Oliveira, 1953.
84. Padre Eusébio de Matos, 1677; 1681; 1694; 1735; 1999.
85. Padre José de Oliveira Serpa, 1740; 1744; 1746.
86. Padre Antônio de Oliveira, 1740; 1743.
87. Sebastião da Rocha Pita, 1709; cf. Xavier da Cunha, 1896, p. 245-251; 1721.
88. Um exemplo baiano desse tipo de encômios foi objeto de uma cuidada edição por parte de Stuart Schwartz, 1979; cf. Colin M. Maclachlan, 1982, pp. 271-273; cf. também a versão portuguesa da mesma obra por Alcir Pécora e Cristina Rodrigues, 2002. Dessa última edição, cf. Stuart Schwartz, "Introdução", *maxime*, p. 33. Indícios da referida competição, bem como da tentativa eclesiástica, para impor modelos frente a uma generalizada prática de encômios, podem ser exemplificados em três casos diferentes: Padre Alexandre de Gusmão, 1686; Padre Francisco de Matos, 1703; e a edição da volumosa obra — muitos anos depois de decorrida

a sua prática, sugerindo a reivindicação de um precedente no uso desse mesmo gênero de encômios — de padre Eusébio de Matos, 1735. Cf. sobre o gênero de *laudationes funebres*: John Gill, 1729; Theodore Chalon Burgess, 1902, Verdun L. Saulnier, 1948, p. 124-157; Ralph Giesey, 1960; Jacques Hennequin, 1977; John W. O'Malley, 1979; Lina Bolzoni, 1984, p. 1.041-1.074; John M. Mcmanamon, 1989; Laurent Pernot, 1993; D. L. D'Avray, 1994; 1999; Maria Fubini Leuzzi, 2001, p. 217-232; Jean Balsamo, 2002; Jules Mascaron, 2002; Alejandra Bustos Posse, 2005; Carmen Menchini, 2205; Andrea Brady, 2006.

89. Sergio Buarque de Holanda, 1991, p. 63, sugere que o autor do *Peregrino na América* se inspirou em Alexandre de Gusmão, 1682.

90. Frei Bernardo de Braga, 1649; 1649; 1651; 1658; 1658.

Bibliografia

ALBÓNICO, Aldo. *Il mondo americano di Giovanni Botero. Con una selezione dalle* Epistolae *e dalle* Relationi Universali. Roma: Bulzoni Editore, 1990.

ALENCASTRO, Luiz Felipe de. *O trato dos viventes: formação do Brasil no Atlântico Sul, séculos XVI e XVII*. São Paulo: Companhia das Letras, 2000.

ANDRÉS, Gregorio de. "La biblioteca manuscrita del americanista andrès González Barcia (m. 1743) del Consejo y Cámara de Castilla". *Revista de Indias*, vol. 47, 1987.

BALSAMO, Jean (ed.). *Les Funérailles à la Renaissance, XIIe Colloque International de la Société française d'étude du sizième siècle*. Genève: Droz, 2002.

BARLEUS, Gaspar (1584-1648). *Rerum per octennium in Brasilia et alibi nuper gestarum sub praefectura Illustrissimi Comitis I, Mauritii, Nassoviae,* Amsterdã, 1647, obra traduzida para o holandês e editada por S. P. L'Honoré Naber, Haia, 1923.

BATAILLON, Marcel. *Études sur Bartolomé de Las Casas*. Raymond Marcus (ed.). Paris: Presses Universitaires de France, 1965.

BNL, cód. 13091, Manuel Correia de Montenegro, "Libro quinto de los reyes naturales de Portugal", fls. 917-920v.

BNL, cod. 1555, Papéis de Matias de Albuquerque, fls. 326-326v [sobre a perseguição que lhe teria sido movida por Diogo Soares].

BNL, cod. 585, João de Moura, "Collonia Portugueza que conthem tres tratados: no primeyro se descreve o Estado do Maranhão. No segundo se trata a cultura de algumas das drogas, e fructos da zona torrida. O terceiro, e ultimo conthem huma breve noticia Militar" (1684).

BOLZONI, Lina. "Oratoria e prediche". In: A. Asor Rosa (ed.). *Letteratura Italiana*, vol. III, *Le forme del testo*, t. 2 .Turim: Einaudi, 1984.

BOTERO, Giovanni. "Delle cause della grandeza e magnificenza delle città" [Roma, 1588]. In: ______. *Della Ragion di Stato con tre libri Delle cause della grandezza delle città due Aggiunte e un Discorso sulla populazione di Roma.* Luigi Firpo (ed.). Turim: Unione Tipografico-Editrice Torinese, 1943.

______. *Delle Relationi Vniversali*, III parte. Veneza: Giovanni Battista Vssio, 1596, livro 2, p. 181.

______. "Delle cause della grandeza e magnificenza delle città" [Roma, 1588]. In: ______. *Della Ragion di Stato con tre libri Delle cause della grandezza delle città due Aggiunte e un Discorso sulla populazione di Roma.* Luigi Firpo (ed.). Turim: Unione Tipografico-Editrice Torinese, 1943.

______. *Della Ragion di Stato* [Veneza, 1589], Chiara Continisio (ed.). Roma: Donzelli Editore, 1997, Libro Ottavo, cap. XV, p. 172.

BOXER, Charles Ralph. *The Dutch in Brazil 1624-1654.* Oxford: Clarendon Press, 1957.

BRADY, Andrea. *English Funerary Elegy in the Seventeenth Century: Laws in Mourning.* Nova York: Macmillan, 2006.

BRAGA, frei Bernardo de. O.S.B. *Sermão que pregou na Sé da Bahia em a nova publicação da Bulla da Cruzada, a 18 de junho de 1644.* Lisboa: Paulo Craesbeeck, 1649.

______. *Sentimentos publicos de Pernambuco na morte do Serenissimo Infante D. Duarte, na igreja de N. S. Da Nazareth,* Lisboa, Domingos Lopes Rosa, 1651.

______. *Sermão de N. Senhora do Monte do Carmo, no mosteiro do Rio de Janeiro.* Lisboa: António Cresbeeck de Melo, 1658.

______. *Sermão da gloriosa Madre e Virgem Sancta Escholastica, pregado no mosteiro de S. Sebastião da Bahia em 10 de Fevereiro de 1658.* Lisboa: Antônio Craesbeeck de Melo, 1658.

______. *Sermão na festa que fez a N. S. da Nazareth o Mestre de Campo André Vidal de Negreiros na segunda oitava do Natal.* Lisboa: Pedro Cresbeeck, 1649.

BRANDÃO, Ambrósio Fernandes. *Diálogos das grandezas do Brasil.* Rodolfo Garcia e Jaime Cortesão (eds.). Rio de Janeiro: Dois Mundos Editora, 1943.

BRITO, Domingos de Abreu e. "Sumario e descripção do reino de Angola... anno 1591", *apud* Albuquerque Felner, *Um inquérito à vida administrativa e económica de Angola em fins do século XVI.* Coimbra: Imprensa da Universidade, 1931.

BURGESS, Theodore Chalon. *Epideictic Literature.* Chicago: University of Chicago Press, 1902.

BUSTOS POSSE, Alejandra. *Piedad y muerte en Córdoba, siglos XVI y XVII.* Córdoba: Universidad Católica de Córdoba, 2005.

CALADO, frei Manuel. *O Valeroso Lucideno e Triumpho da Liberdade.* Lisboa: Paulo Craesbeeck, 1648.

CAÑIZARES-ESGUERRA, Jorge. *How to Write the History of the New World: Histories, Epistemologies, and Identities in the Eighteenth-Century Atlantic World.* Stanford: Stanford University Press, 2001.

CANDIDO, Antonio. "Introdução". In: Sérgio Buarque de Holanda. *Capítulos de literatura colonial*. São Paulo: Brasiliense, 1991, p. 7-23, *maxime* p. 16-17, 21-23.

COELHO, Duarte de Albuquerque. *Memorias diarias de la Guerra del Brasil por discurso de nueve anos, empeçando desde el de M.DC.XXX*. Madri: Diego Diaz de la Carrera, 1654.

CORTESÃO, Jaime. *Raposo Tavares e a formação territorial do Brasil*, vol. I. Lisboa: Portugália, 1966.

CUNHA, Xavier da. *Impressões Deslandesianas — divagações bibliographicas*. Lisboa: Imprensa Nacional, 1896.

______. *Summario da vida e morte da Excellentissima Senhora, a Senhora Dona Leonor Josepha de Vilhena, e das exequias que na cidade da Bahia consagrou ás suas memorias a Senhora D. Leonor Josepha de Menezes, esposa de Gonçalo Ravasco Cavalcanty & Albuquerque, Fidalgo da Casa de S. Magestade*. Lisboa: Antônio Pedroso Galrão, 1721 (folheto mandado imprimir por dois afilhados de D. Rodrigo da Costa, marido da defunta, governador e capitão-general do Brasil e vice-rei da Índia).

D'AVRAY D.L. *Death and the Prince: memorial preaching before 1350*. Nova York: Oxford University Press, 1994.

DOMINGOS, Manuela D. "Erudição no tempo joanino: a Livraria de D. Francisco de Almeida". *Leituras — Revista da Biblioteca Nacional* [Lisboa], série 3, n°s 9-10 (out. 2001-out. 2002).

DRUSSE, Adriaen van de. *Relação sobre as capitanias conquistadas no Brasil pelos holandeses (1639)*. José Antonio Gonsalves de Mello, neto (trad., ed.). Rio de Janeiro, Instituto do Açúcar e do Álcool, 1947, p. 110-118 ["Fortificações"].

EL INCA GARCILASO. *La Florida*. Carmen de Mora (ed.). Madri: Alianza, 1988.

FELNER, Alfredo de Albuquerque. *Angola. Apontamentos sobre a ocupação e início do estabelecimento dos portugueses no Congo, Angola e Benguela*. Coimbra: Imprensa da Universidade, 1933, p. 303.

FONSECA, António José Victoriano Borges da. *Nobiliarchia Pernambucana*, sep. dos *Annaes da Bibliotheca Nacional*. Rio de Janeiro: Biblioteca Nacional, 1935.

GANDAVO, Pêro de Magalhães. *Tratado da Terra do Brasil. História da Província de Santa Cruz*, Capistrano de Abreu (ed.). Belo Horizonte: Itatiaia, 1980.

GIESEY, Ralph. *The Royal Funerary Ceremony in Renaissance France*. Genève: Droz, 1960.

GILL, John. *An Essay on the Original of Funeral Sermons*. Londres: J. Roberts and H. Whitridge, 1729.

Glorias efimeras: las exequias florentinas por Filipe II y Margarita de Austria. Catálogo de exposição. Valladolid: Sociedad Estatal para la Conmemoración de los Centenarios de Filipe II y Carlos V, 1999.

GONZALEZ BARCIA, Andrès. *Epítome de la bibliotheca oriental, y occidental, náutica y geográfica* [1.ª ed., 1629]. Madri: Francisco Marínez abad, 1737-1738.

GUSMÃO, Alexandre de. *Historia do predestinado peregrino, e de seu irmão Precito: em a qual debaixo de huma misteriosa Parabola se descreve o successo feliz, do que se há de salvar, & a infeliz sorte, do que se ha de condenar dedicada ao peregrino celestial S. Francisco Xavier, Apostolo do Oriente*, Lisboa, Oficina de Miguel Deslandes, 1682; 2.ª ed. Évora: Oficina da Universidade, 1685; 3.ª ed. Lisboa: Oficina de Filipe de Sousa Vilela, 1728.

______. *Sermão que pregou na Cathedral da Bahia de Todos os Santos... nas exequias do Illustrissimo Senhor D. Fr. Joam da Madre de Deos Primeiro Arcebispo da Bahia que falleceo do mal commum que nella ouve neste anno de 1686*, Lisboa: Miguel Manescal, 1686.

HANKE, Lewis. *The Spanish Struggle for Justice in the Connquest of America.* Filadélfia: University of Pennsylvania Press, 1949.

______. *All Mankind is One: A Study of the Disputation between Bartolomé de Las Casas and Juan Ginés de Sepúlveda in 1550 on the Intellectual and Religious Capacity of the American Indians.* Dekalb: Northern Illinois University Press, 1974.

HANSEN, João Adolfo. *A sátira e o engenho — Gregório de Matos e a Bahia do século XVII.* São Paulo: Companhia das Letras, 1989.

HENNEQUIN, Jacques. *Henri IV dans ses oraisons funèbres ou la naissance d'une légende.* Paris: Klincksieck, 1977.

______. *All Mankind is One: A Study of the Disputation between Bartolomé de Las Casas and Juan Ginés de Sepúlveda in 1550 on the Intellectual and Religious Capacity of the American Indians.* Dekalb: Northern Illinois University Press, 1974.

HOLANDA, Sérgio Buarque de. *Capítulos de literatura colonial.* São Paulo: Brasiliense, 1991, p. 7-23.

JESUS, frei Rafael de. *O Castrioto Lusitano.* Lisboa: António Craesbeeck de Melo, 1679.

JOUHAUD, Christian. *Mazarinades: la fronde des mots.* Paris: Aubier, 1985.

KANTOR, Iris. *Esquecidos e Renascidos. Historiografia Acadêmica Luso-Americana (1724-1759)*: São Paulo/Salvador, Hucitec/Centro de Estudos Baianos, 2004, p. 89-103.

LAS CASAS, frei Bartolomé de. *Brevísima relación de la destrucción de las Indias.* José Miguel Martínez Torrejón (ed.). Alicante: Universidad de Alicante, 2006.

LEONARD, Irving A. *Baroque Times in Old Mexico — Seventeenth-Century Persons, Places, and Practices.* Ann Arbor: The University of Michigan Press, 1959.

LEUZZI, Maria Fubini. "Tra biografia ed elogio funebre: le principesse medicee (sec. XVI)", *Mélanges de l'École Française de Rome*, t. 113, 2001.

MACLACHLAN, Colin M. A governor and his image in Baroque Brazil: The funeral Eulogy of Afonso Furtado de Castro de Mendonça by Juan Lopez Sienna: Stuart B. Schwartz; Ruth E. Jones. In: *Luso-Brazilian Review*, vol. 19 (1982), p. 271-273.

MACMANAMON, John M. *Funeral Oratory and the Cultural Ideals of Italian Humanism*. Chapel Hill: University of North Carolina Press, 1989.

MASCARON, Jules. *Les Oraisons funèbres*. Bernard Gallina (ed.). Paris: Presses de l'Université de Paris-Sorbonne, 2002.

MATOS, padre Eusébio. *Ecce Homo. Practicas pregadas no Collegio da Bahia ás sextas feiras a noute, mostrandose em todas o "Ecce Homo"*. Lisboa: João da Costa, 1677.

______. *Oração fúnebre nas exequias do... Senhor D. Estevam dos Santos Bispo do Brasil celebradas na Sé da Bahia a 14 de Julho de 1672*. Lisboa: Miguel Rodrigues, 1735.

______. *Sermões do P. M. Fr. Eusébio de Mattos, religioso de N. S. do Carmo da provincia do Brasil*, parte I. Lisboa: Miguel Manescal, 1694.

______. *Sermão do mandato*. José Américo Miranda & Maria Cecília Boechat (eds.). Belo Horizonte: UFMG, 1999.

______. *Sermão da Soledade e lagrimas de Maria Sanctissima, pregado na Sè da Bahia*. Lisboa: Miguel Manescal, 1681.

MATOS, padre Francisco de. *Dor sem lenitivos dividida em seis discursos concionatorios que por Exequias para honras Funeraes da Augustissima Rainha Senhora D. Maria Sofia Isabel*. Lisboa: Oficina de Valentim da Costa Deslandes, 1703. In: *quarto* [16], 416 pp.

MAURO, Frédéric (ed.). *Le Brésil au XVIIe siècle. Documents inédits relatifs à l'Atlantique portugais*, sep. de *Brasília*. Coimbra, 1961.

MELLO, Evaldo Cabral de. *Rubro Veio: O imaginário da Restauração pernambucana*. Rio de Janeiro: Topbooks, 1997.

MENCHINI, Carmen. *Panegirici e Vite di Cosimo I de' Medic: tra storia e propaganda*. Florença: Leo Olschki, 2005.

MOREAU, Pierre. *Histoire des derniers troubles du Brésil entre les Hollandais et les Portugais*. Paris: Chez Augustin Coube, 1651.

O'MALLEY, John W. *Praise and Blame in Renaissance Rome: Rhetoric, Doctrine, and Reform in the Sacred Orators of the Papal Court, c. 1450-1521*. Durham: Duke University Press, 1979.

OLIVEIRA, Manuel Botelho de. *Música do Parnaso*. Antenor Nascentes (ed.). 2 vols. Rio de Janeiro: MEC, 1953.

OLIVEIRA, padre António de. *Sermão do Santissimo Sacramento pregado na ... festa que a esti misterio consagrão os irmãos do Senhor da Matriz da Conceição da Praia da Cidade da Baia*. Lisboa: Herdeiros de António Pedroso Galrão, 1740.

______. *Sermão em acção de graças à prodigiosa matrona, e gloriosa senhora S.ta Anna, pelo feliz successo com que (depois de notaveis perigos) sahio a salvamento ao mar a Náo Fortaleza, e por invocação Nossa Senhora do Pilar, e senhora de Nazareth*. Lisboa: Herdeiros de António Pedroso Galrão, 1743.

PAGDEN, Anthony. *The Fall of Natural Man. The American Indian and the origins of comparative ethnology*. Cambridge: Cambridge University Press, 1982.

PÉCORA, Alcir & RODRIGUES, Cristina. *As excelências do governador: o panegírico fúnebre a D. Afonso Furtado, de Juan Lopes Sierra (Bahia, 1676)*. São Paulo: Companhia das Letras, 2002.

PEREIRA, Nuno Marques. *Compêndio narrativo do peregrino da América*, 7.ª ed., notas e estudos de Francisco Adolfo de Varnhagen & Leite de Vasconcelos & Afrânio Peixoto & Rodolfo Garcia e Pedro Calmon, t. II. Rio de Janeiro: Academia Brasileira de Letras, 1988.

PERNOT, Laurent. *La Rhétorique de l'éloge dans le monde Greco-romain*. Paris: Institut d'Études Augustiniennes, 1993.

PETRELLA, Giancarlo. *L'officina del geografo. La "Descrittione di tutta Italia" di Leandro alberti e gli studi geografico-antiquari tra Quattro e Cinquecento*. Milão: Vita e Pensiero, 2004.

PICÓN-SALAS, Mariano. *A Cultural History of Spansih America from Conquest to Independence*. Berkeley: University of California Press, 1962 (título original: *De la Conquista a la Independencia. Tres Siglos de Historia Cultural Hispanoamericana*. México: Fondo de Cultura Económica, 1944; 2.ª ed., 1950; 3.ª ed., 1958).

PIMENTA, Belisário. *O "Memorial" de Matias de Albuquerque*, separata do *Boletim da Biblioteca da Universidade de Coimbra*. Coimbra: Biblioteca da Universidade, 1944.

PITA, Sebastião da Rocha. *Breve compendio, e narraçam do funebre espectaculo, que na insigne Cidade da Bahia, cabeça da America portugueza, se vio na morte de ElRey D. Pedro II*. Lisboa: Valentim da Costa Deslandes, 1709.

POMERANZ, Kenneth. *The Great Divergence: China, Europe, and the Making of the Modern World Economy*. Princeton: Princeton University Press, 2000.

RODRIGUES, José Honório. *Historiografia e bibliografia do domínio holandês no Brasil*. Rio de Janeiro: Departamento de Imprensa Nacional, 1949.

SÁ, padre Antônio. *Sermão no dia de Cinza na Capella Real*. Lisboa: João da Costa, 1669.

______. *Sermão que o Padre Antonio de Saa pregou à Justiça na Sancta Sè da Bahia na primeira Oitava do Spiritu Sancto*. Lisboa: Oficina de Henrique Valente de Oliveira, 1658.

______. *Sermão no dia em que sua Magestade fez annos em 21 de Agosto de 1653*. Coimbra: Manuel Carvalho, 1665.

SALVADOR, frei Vicente do. *História do Brasil 1500-1627*, Capistrano de Abreu & Rodolfo Garcia & frei Venâncio Willeke, O.F.M. (eds.). 5.ª ed. São Paulo: Melhoramentos, 1965.

SARKAR, Sumit. *Writing Social History*. Nova Deli: Oxford University Press, 1997.

SAULNIER, Verdun L. "L'oraison funèbre au XVIe siècle". *Bibliothèque d'Humanisme et Renaissance*, vol. X (1948).

SCHWARTZ, Stuart. *A Governor and His Image in Baroque Brazil: The Funeral Eulogy of Afonso Furtado de Castro do Rio de Mendonça by Juan Lopes Sierra*. Ruth E. Jones (trad.). Minneapolis: University of Minnesota Press, 1979.

SERPA, padre José de Oliveira. *Sermão de Nossa Senhora da Porta do Ceo, prégado na egreja de S. Pedro dos Clerigos da Bahia em 1743*. Lisboa: Miguel Manescal, 1744.

______. *Sermão da Conceição da Virgem Maria, prégado na egreja da Lapa, etc. Em 1744*. Lisboa: Miguel Manescal, 1746.

______. *Sermão da Soledade de Nossa Senhora, prégado na Matriz de S. Pedro da Bahia em 27 de Março de 1739*. Lisboa: Miguel Manescal, 1740.

SOLIS, Duarte Gomes. *Alegacion en favor de la Compañia de la India Oriental comercios ultramarinos, que de nuevo se instituyo en el Reyno de Poryugal* [1628]. Moses Bensabat Amzalak (ed.). Lisboa, 1956, pp. 194-202.

SOUZA, Gabriel Soares de. *Notícia do Brasil*. Pirajá da Silva (ed.). 2 ts. São Paulo: Livraria Martins Fontes, s.d.

STEGAGNO-PICCHIO, Luciana. *História da literatura brasileira*. Rio de Janeiro: Nova Aguilar, 1997.

STUDNICKI-GIZBERT, Daviken. *A Nation Upon de Ocean Sea: Portugal's Atlantic Diaspora and the Crisis of the Spanish Empire, 1492-1640I*. Nova York: Oxford University Press, 2007.

VEIGA, Tomé Pinheiro da. "Capitanias do Brasil, e obrigação da Residencia dos Capitães. Informação que fis em 1633. Vai pessoalmente".

VIEIRA, padre Antônio. "Informação que por ordem do Conselho Ultramarino deu sobre as causas do Maranhão ao mesmo Conselho" [1678]. In: ______.*Obras escolhidas*, António Sérgio & Hernâni Cidade (eds.). vol. V. *Obras várias*, t. III, *Em defesa dos índios*. Lisboa: Sá da Costa, 1951, p. 335.

______. "Resposta aos capítulos que deu contra os religiosos da Companhia, em 1662, o procurador do Maranhão Jorge de Sampaio". In: ______. *Obras escolhidas*, vol. V, t. III.

VILA VILAR, Enriqueta. *Hispano-America y el Comercio de Esclavos: Los Asientos Portugueses*.Sevilla: Escuela de Estudios Hispano-Americanos de Sevilla, 1977.

VITERBO, Francisco M. de Sousa. *Manuel Correia de Montenegro: um corrector de Camões*. Coimbra: Imprensa da Universidade de Coimbra, 1890.

CAPÍTULO 9 Da controversa nobilitação de índios e pretos, 1630-1730

*Ronald Raminelli**

Bento Maciel Parente participou ativamente da conquista portuguesa na América. Natural de Viana do Castelo, nasceu por volta de 1584 e já não era moço quando enfrentou os ingleses nos mares de Pernambuco, descobriu salitre na Bahia e ouro em São Paulo. Durante a conquista do Maranhão, exerceu o posto de capitão de mar e guerra em companhia de Alexandre de Moura. Escreveu ao monarca e mencionou seus combates contra piratas e índios rebelados. Para consolidar a posse lusa na foz do rio Amazonas, pelejou contra invasores e mandou construir fortalezas. Em 1625, como recompensa por seus feitos, obteve o hábito da Ordem de Santiago com 500 réis de renda. Por considerar a mercê muito aquém de suas vitórias, pleiteou o hábito da prestigiosa Ordem de Cristo. Ao longo da súplica, mais uma vez, lembrou ao soberano seus valorosos feitos, equiparando-os aos de "Fernando Cortéz" na Nova Espanha. Bento Maciel solicitava, destarte, mercê correspondente "a lo mucho bien que tiene servido", aos 36 anos de atuação no Estado do

*Professor da Universidade Federal Fluminense. CNPq. Faperj.

Brasil, como soldado, capitão, sargento-maior e capitão-mor. Ao fim e ao cabo, sagrou-se cavaleiro e governou o Maranhão entre 1638 e 1641.[1]

Depois do seu falecimento, ocorrido em prisão holandesa no Recife, em 1642, o monarca prometeu ao filho de Bento Maciel um hábito da Ordem de Cristo.[2] Por seus serviços, ele, que herdou o nome do pai, Bento Maciel Parente, conseguiu o perdão do soberano para seus graves defeitos, pois era mameluco, paulista e ilegítimo. Na portaria do padre Gaspar de Faria Severim, de 5 de abril de 1643, constavam a oferta do hábito e as diligências sobre a origem do filho de Bento Maciel. Os avós maternos eram gentios, naturais da capitania de São Paulo; sua mãe, portanto, era índia e não se casara com o seu pai. Os avós paternos, oriundos das vilas de Viana e Caminha, carregavam defeito mecânico. Esses entraves não foram impedimentos para receber promessa de 20 mil-réis "de pensão em uma das comendas, para a ter com o hábito de Cristo, pelos serviços no Brasil, Valverde, Coliceira e Vila Nova".[3] Na habilitação, além do perdão régio para os graves defeitos do filho de Bento Maciel Parente, a Mesa determinava:

> De que se dá conta a V. Majestade como governador da dita Ordem na forma de mandar vir os serviços destes habitantes que estão nas fronteiras, e eles na Secretaria das Mercês para que sendo merecedores de S. Majestade dispensar-vos os defeitos referidos, o passa fazer. Lisboa, 2 de julho de 1644.[4]

Voltando ao teor da portaria, nela se registrou que o filho de Bento Maciel atuou como militar no Brasil e no Reino. Embora solicitasse o posto de capitão da companhia espanhola de Piques[5] e, possivelmente, atuasse entre os dois reinos, a fronteira mencionada na habilitação, a meu ver, é o Maranhão. Aí as investidas neerlandesas eram constantes até o momento da queda de São Luís. Anos depois, em uma Consulta do Conselho Ultramarino, os serviços militares do mameluco receberam, outra vez, grande destaque, marcadamente a sua decisiva atuação para expulsar os batavos do Maranhão. Em vez de receber a Ordem de

Cristo, na consulta de 1651, foi nomeado cavaleiro da Ordem de Avis e lembrado como valoroso guerreiro nas batalhas contra os neerlandeses. Ao levar as boas novas da libertação da capitania, "em que ele teve muita parte", o cavaleiro Bento Maciel foi capturado pelos mouros e levado a Tetuão (Marrocos), "onde padece de cruel cativeiro".[6] Preso por quase dez anos, somente seria libertado mediante o resgate de oito mil pesos. Para tanto, o Conselho Ultramarino avalizava a venda de suas propriedades na capitania.

O perdão e o título de cavaleiro concedido ao mameluco permitem, então, entender a debilidade das forças que uniam as partes do Império e a necessidade de reafirmar as alianças com os súditos de áreas remotas. A mercê sugeria ainda que, longe de Lisboa, o rigor da habilitação era atenuado para premiar a valentia de guerreiros de sangue impuro. Ao indultar esses graves impedimentos, o rei reconhecia a fragilidade das conquistas do Maranhão e do Cabo do Norte, áreas ameaçadas por ataques neerlandeses e espanhóis, em tempo de guerras e da fragilidade advinda com a Restauração. O governo a distância tornava-se factível por meio do reconhecimento e da premiação de serviços, como os apresentados por Bento Maciel Parente. Percebe-se, então, uma interdependência entre súditos e monarcas, entre o centro e a periferia,[7] pois se os conquistadores almejavam títulos e rendas, o rei dependia de leais vassalos para manter as possessões.

A honra e os serviços militares dos Maciel Parente prestaram-se de forma inequívoca para entender o perdão régio dos "defeitos" do bastardo mestiço.[8] De fato, o trecho anterior, concedendo o hábito a um mameluco, tornou-se chave para esclarecer a concessão de diversas mercês régias, contrárias aos estatutos das ordens militares e às diretrizes da Mesa de Consciência e Ordens. A sentença permite perceber como regras tão rígidas, referentes ao defeito mecânico e à limpeza de sangue, eram mitigadas no ultramar, sobretudo nas franjas do Império. A monarquia deveria, então, preservar a lealdade de vassalos radicados em conquistas remotas. Para tanto estava disposta a perdoar seus defeitos e a contrariar a nobreza e o monopólio dos privilégios. Em suma, a sentença do padre Faria Severim nos esclarece que o rigor do estatuto de limpeza era pertinente onde os vassalos disputavam honra, cargos e privilégios. Os momentos de fragilidade política e militar também contribuíam para amolecer os definitórios das ordens. Em paragens remotas, quase despovoadas de vassalos, seria uma temeridade manter tal rigor na conjuntura da Restauração. Era menos importante fazer valer esse princípio nas conquistas distantes do centro e desprotegidas, dependentes do sangue e da fazenda dos leais vassalos de Sua Majestade, mesmo sendo eles humildes e mestiços. Essas concessões eram, por certo, indispensáveis à manutenção das fronteiras imperiais.

A limpeza de sangue não constituía, porém, uma qualidade fundada na pureza biológica da raça, como as teorias racialistas oitocentistas iriam consagrar. A exclusão do sangue impuro respondia a um critério de natureza ideológico-religiosa,[9] responsável por determinar, em grande parte, a hierarquia social do Antigo Regime ibérico. Nas instituições e na sociedade portuguesa, tais mecanismos de exclusão foram tardiamente introduzidos. Somente a partir dos anos 1560 a elite cristã-nova encontrou entraves para manter seus antigos privilégios, conforme demonstra estudo de Fernanda Olival.[10] Mesmo após essa data, os mouros do norte da África, recém-convertidos ao cristianismo, eram condecorados com comendas e hábitos das ordens militares.[11] Seus serviços eram indispensáveis ao monarca e o perdão de seus defeitos era a condição para a Coroa manter aliados nas terras ameaçadas pelos muçulmanos.

Na América portuguesa, os vassalos atuavam tanto nos combates contra os invasores e índios rebelados quanto no controle de tumultos promovidos pelos próprios moradores. Torna-se, então, compreensível a grande recorrência de pedidos de mercê por parte de capitães como Bento Maciel Parente, pois eles almejavam privilégios como reconhecimento de sua lealdade. No entanto, as benesses não eram disputadas apenas pelos portugueses radicados nas capitanias do Brasil, pois índios, mamelucos e pretos também se dirigiam aos monarcas para pleitear recompensas. Entre os moradores do Brasil, os valores de honra e privilégio, próprios da sociedade portuguesa, foram, de alguma forma, incorporados por indivíduos de sangue impuro. Os índios e negros, ao combater os neerlandeses, ansiavam por honras e distinções. Esses guerreiros talvez recorressem a essa estratégia de ascensão social para disputar, com os lusos, honras e postos de prestígio; ou apenas quisessem preservar ou reforçar seus poderes como chefes de tropas indígenas ou pretas.

Nas crônicas e nos documentos administrativos, registraram-se, em meados dos Seiscentos, um número crescente de súplicas e concessões de mercês a guerreiros tupis. Em menor escala, existiam ainda os pedidos e as promessas de hábitos concedidas aos militares do Terço de Henrique Dias. Originalmente, os hábitos e as comendas eram uma honra concedida pela monarquia aos leais vassalos que se destacassem nos serviços militares no norte da África e depois na Índia. Os Seiscentos marcaram o início de uma virada no eixo do Império colonial. Aos poucos, as capitanias da América portuguesa e o Atlântico Sul firmavam-se como áreas estratégicas. A progressiva queda das praças orientais e as guerras de Pernambuco coincidiam com o reconhecimento dos serviços prestados por vassalos de sangue impuro radicados na América portuguesa.

Vassalos tupis e hábitos controversos

A princípio, os cavaleiros das ordens militares defendiam a cristandade e prestavam vassalagem ao papa, mas, lentamente, os hábitos perderam a aura religiosa e vincularam-se aos interesses monárquicos. Como administrador do patrimônio das ordens militares, o rei empregou seus recursos para premiar os feitos dos aliados nos campos de batalha. Assim, recorrendo ao patrimônio dos três mestrados (ordens de Cristo, Santiago e Avis), o soberano fomentou a paz e a centralidade política do reino. Viabilizou ainda a manutenção das conquistas ultramarinas frente às ameaças dos infiéis.

Nesse sentido, ao criar as novas comendas da Ordem de Cristo, D. Manuel pretendia incentivar a expansão cristã no norte da África, medida responsável pelo aumento e pela valorização social dos hábitos das ordens. No reinado de D. Sebastião, essa tendência tornou-se ainda mais nítida com a exigência dos serviços militares individuais como principal critério para a concessão de mercês. Com a bula de Pio V, de 18 de agosto de 1570, o suplicante deveria comprovar três anos de serviços militares no norte da África para obter o hábito de cavaleiro. As comendas somente seriam providas depois de sete ou nove anos de serviços comprovados. A bula permitiu aos reis contar com os antigos cavaleiros das ordens militares para formar exércitos e promover guerras. Na expectativa de receber mercê, antigos e novos guerreiros engajavam-se na expansão no norte da África e na Índia em defesa dos interesses da Coroa e traçavam estratégias de ascensão social pautadas no recebimento de privilégios. Depois de condecorados, os cavaleiros e os comendadores continuavam a se engajar nos empreendimentos expansionistas dos reis, pois esperavam as recompensas oriundas dos novos feitos militares.[12]

Na baía de Guanabara, o chefe temiminó Arariboia, batizado Martim Afonso de Sousa, combateu os franceses ao lado de Mem de Sá. Como recompensa recebeu de D. Sebastião o prestigioso hábito da Ordem de Cristo,[13] além da nomeação de capitão-mor de sua aldeia. O padre Fernão Cardim, porém, denominou-o "Comendador de Cristo",[14] título ainda mais honroso e desfrutado pelos principais vassalos da monarquia com serviços militares contra os infiéis no norte da África. A bula papal de 1570 asseverava que, para alcançar a mercê, o suplicante deveria combater no Mediterrâneo. À época, foram revogadas as dispensas e os direitos a isenções de vassalos que não apresentassem os serviços militares nos lugares estratégicos. Embora o chefe Arariboia tenha participado ativamente da expulsão dos franceses, a baía de Guanabara não era área prioritária para a monarquia lusitana.

Em 1572, pela primeira vez, o novo regimento das três ordens admitia a remuneração de serviços realizados na Índia e nas galés da costa do Algarves. Ocorreram novas alterações na geografia militar portuguesa, em 1577, quando os serviços em armadas de alto bordo no oceano contra turcos, piratas, heréticos e infiéis tornaram-se equivalentes aos feitos realizados na África ou nas galés do Algarves.[15] Assim, o breve papal contemplava uma ampla área, mas a essa data a guerra aos franceses, instalados na baía de Guanabara, perdera o seu ímpeto. Os decretos papais contrariam, por certo, as frequentes notícias da mercê concedida a Arariboia. Dificilmente o chefe tornara-se comendador da Ordem de Cristo, maior honraria concedida pelas ordens militares portuguesas, não raro concedida à alta nobreza, embora reunisse melhores condições para ser cavaleiro. Entre 1561 e 1568, D. Sebastião armou dois cavaleiros, indicados por Mem de Sá, por servirem como pilotos na guerra contra os franceses na baía de Guanabara.[16] Nas cartas régias, porém, não se mencionam as ordens militares. Por isso, talvez, a mercê em questão não envolvesse o foro eclesiástico, apenas a concessão de patente militar. Não era o caso de Arariboia, pois, ao finalizar os combates contra os franceses da baía de Guanabara, reunia honra e privilégios merecidos por um leal aliado português, embora fosse um gentio. Para além da querela em torno da gentilidade, ele recebera patente de capitão-mor de sua aldeia, sesmaria de duas léguas de terras para o sertão e uma sobre a baía, situada à margem oposta da cidade de São Sebastião do Rio de Janeiro. O prestígio do chefe temiminó ganhou registro na narrativa de frei Vicente do Salvador quando o "primeiro e principalíssimo Martim Afonso de Sousa" esteve na audiência que recebeu o novo governador Antônio Salema, por volta de 1574. Na presença de autoridades, o chefe sentou na cadeira e cavalgou, conforme o costume indígena, uma perna sobre a outra. Logo o intérprete o repreendeu pela descortesia, censura que não o intimidou. Em resposta, proferiu, "não sem cólera e arrogância", que:

> Se tu souberas quão cansadas eu tenho as pernas das guerras em que servi el-rei, não estranharas dar-lhe agora este pequeno descanso; mas, já me achas pouco cortesão, eu me vou para minha aldeia, onde nós não curamos desses pontos e não tornarei mais à tua corte.[17]

Sabedor de seu valor para o governo da capitania, Arariboia certamente pleiteou postos militares para seus parentes. Muitos anos depois, no governo de Constantino de Menelau (1614-1617), os aliados temiminós ainda expulsavam os traficantes e os comerciantes estrangeiros de pau-brasil. Em Cabo Frio, o governador mandou construir uma fortaleza e nas bandas de Macaé indicou descendentes do chefe para proteger as aldeias. O primeiro era o leal capitão Manuel de Sousa, neto de Arariboia e principal da aldeia de São Lourenço, em Niterói; o segundo era Amador de Sousa, principal da aldeia de Barnabé, filho do principalíssimo e tio do mencionado capitão.[18] Era, portanto, evidente a manutenção da honra alcançada por Arariboia, pois seus parentes mantiveram, por quase cem anos, privilégios próprios de leais vassalos da monarquia.[19]

Em 1644, Manuel de Sousa foi agraciado pelo rei D. João IV com um hábito de cavaleiro. O último seria condecorado por "ter as qualidades que se requerem como fez certo no meu Tribunal da Mesa da Consciência e Ordens perante o Presidente, deputados, e juiz delas nesta Corte e por haver dispensado com ele e lhe fazer mercê, me praz de o receber a dita ordem".[20] Nessa conjuntura, os soberanos prometeram hábitos das ordens militares, perdoaram os defeitos de dois índios e dois mestiços, Manuel de Sousa, Diogo Pinheiro Camarão, Manuel Gonçalves Dória[21] e Bento Maciel Parente, localizados, curiosamente, em pontos equidistantes da América portuguesa: Rio de Janeiro, Pernambuco, Bahia e Cabo do Norte/Maranhão.

Existem evidências seguras da doação régia de patentes militares aos índios desde o início da colonização. As concedidas à família de Arariboia não contrariaram a regra. Com foro religioso e militar, os títulos de cavaleiro e as comendas das ordens militares eram dádivas mais raras e prestigiosas. Para dispor das insígnias, os agraciados deveriam antes passar pela habilitação empreendida pela Mesa de Consciência e Ordens. Assim, por pressupor limpeza de sangue e viver ao modo da nobreza, o título de cavaleiro era, seguramente, uma dádiva mais honrosa do que as patentes. Além de contrariar os definitórios das ordens militares e as bulas papais, os títulos atribuídos aos índios tornam-se ainda mais interessantes quando se conhece a querela em torno das mercês cedidas aos chefes do Maranhão. Esses registros permitem vislumbrar as estratégias dos colonizadores, particularmente dos governadores, para consolidar as alianças com as chefias nativas sem recorrer às habilitações da Mesa de Consciência e Ordens.

Em uma consulta do Conselho Ultramarino ao rei, datada de 1691, registraram-se os perigos de se conceder aos índios hábitos das ordens militares.[22] O foro privilegiado, militar e eclesiástico, permitia ao cavaleiro usufruir de imunidades franqueadas a muito poucos na sociedade colonial. D. Lázaro Pinto, principal de uma aldeia no Maranhão, era vassalo de Sua Majestade e importante aliado dos padres da Companhia de Jesus. Como reconhecimento de seus feitos nas guerras contra os neerlandeses, tornou-se cavaleiro. Tempos depois, ele empreendeu um massacre a um grupo de índios tremembés, no momento em que os últimos buscavam a paz com o governador da capitania. A investida contrariava, frontalmente, os interesses do poder local e os planos de pacificação do grupo. Ainda que o ouvidor Manoel Nunes Colares ordenasse a prisão de D. Lázaro, o principal logo alcançaria a liberdade, por ser cavaleiro da Ordem de Cristo e, portanto, gozar de foro privilegiado.

De fato, com foro eclesiástico, ele não poderia ser julgado pela justiça comum, nem mesmo pelo juiz dos cavaleiros, pois inexistia esse magistrado no Maranhão. Assim, a sentença não poderia ser cumprida e o réu não seria punido pelas autoridades locais. Desconfiado da honra cedida ao cacique, o ouvidor Colares investigou a tença referente ao título de cavaleiro, mas nada encontrou em seu nome. O Conselho Ultramarino prosseguiu com o inquérito e mandou consultar se o hábito fora concedido pelo rei e por um governador. Os conselheiros perceberam, então, a falta de registro sobre a mercê régia. Assim, D. Lázaro poderia ser sentenciado por não dispor do foro privilegiado. Esse episódio nos remete a dois temas da maior relevância: os privilégios alcançados com a obtenção de um hábito e o controverso poder dos governadores de fazer cavaleiros.

A concessão de hábitos aos índios dotava-os, por lei, de honras indisponíveis a boa parte dos moradores da América portuguesa. Como está evidente no episódio envolvendo D. Lázaro, o hábito promoveria a inversão das hierarquias, a mercê criaria constrangimentos aos governadores e capitães, acirraria disputas locais e dificultaria a ação dos missionários. Entre outros privilégios, os cavaleiros e os comendadores das ordens militares tinham pensões e foro privativo, caso se envolvessem em causas crimes e cíveis, por serem pessoas religiosas.[23] Contando com o foro eclesiástico, eles seriam julgados somente pelos juízes dos cavaleiros e, mesmo assim, ainda podiam apelar à corte de terceira instância. Se recebessem a condenação da Mesa de Consciência e Ordens e do rei, mestre das ordens, eles não seriam punidos em público. Em casos envolvendo crimes graves, perdiam a insígnia antes de receber o castigo. O hábito equiparava, em tese, os privilégios dos chefes tupis aos dos nobres lusitanos.

Recentemente convertidos ao cristianismo, chefes como Arariboia talvez perpetuassem hábitos pouco ortodoxos para um vassalo com foro eclesiástico. A mercê opunha-se, então, a um princípio religioso, pois os cavaleiros deveriam pautar-se nos mais castiços preceitos cristãos e viver sob a regra de regular observância, advertência mencionada na habilitação concedida ao descendente de Arariboia.[24] Por vezes, as chefias envolviam-se em denúncias de poligamia, bebedeiras e ritos contrários aos ensinamentos dos missionários. Assim, ao remunerar o fiel vassalo, criava-se um impasse: o monarca consolidava as alianças com os chefes indígenas, indispensáveis à manutenção dos domínios ultramarinos, mas, ao mesmo tempo, desrespeitava a tradição de negar privilégios a homens com defeito mecânico e sangue gentio.

As mercês contrariavam, sobretudo, os princípios de fidelidade religiosa e de pureza de sangue, preservados pela Mesa de Consciência e Ordens. A condecoração dos chefes nativos constituía, enfim, um paradoxo, razão para o número tão reduzido de índios efetivados como cavaleiros das ordens militares. Para sanar o impasse e procurar satisfazer os vassalos de sangue impuro, um governador e os ministros do Conselho Ultramarino recorreram a uma estratégia arriscada e promoveram a distribuição de hábitos entre vassalos do Maranhão.

Recentemente liberta do jugo batavo, essa capitania estava arruinada e ameaçada por muitos inimigos, mesmo assim lutava arduamente para manter a sua autonomia. Em 1648, o Conselho Ultramarino escreveu ao governador Francisco Coelho Carvalho (1646-48) para atender o seu pedido de reforço militar.[25] Com toda a pressa, solicitava "gente de Artilharia", munição, pólvora, armas e roupas para os soldados. O governador pleiteava ainda alguns hábitos e honras, para remunerar o serviço e a lealdade dos principais. Recorrendo ao socorro de gente e armas, os conselheiros procuraram acudir o Maranhão e satisfazer ao pedido do governador para distribuir, entre seus principais vassalos, "uma dúzia de insígnias do hábito de Santiago e mais uma dúzia de vestidos para eles e outros para suas mulheres".

A princípio, o governador tencionava ampliar suas alianças e presentear os aliados com insígnias e hábitos. Mais tarde, porém, essas dádivas se tornariam suspeitas pelo próprio Conselho Ultramarino, a ponto de esse indagar, à época da querela em torno de D. Lázaro, se o hábito era concedido por um governador ou pelo soberano. Os conselheiros desconfiavam da origem da dádiva, pois, sem a carta de hábito, por certo não era uma mercê régia. Aventaram mesmo a possibilidade de o chefe ter furtado ("tomou para si") a vestimenta. Desconfiavam ainda da estratégia, empreendida pelos governadores, de ofertar hábitos como recompensa por serviços militares, costume muito comum naquelas paragens:

> [...] como se tem visto algumas vezes naquela conquista que nestes termos temos dê cumprimento a resolução de V. Majestade, e ordem que lhe foi para castigar o delito, que tem notícia, que em algumas partes do Brasil e Angola costumam a dar os governadores estes Hábitos, e esta será em menos estimação da ordem, e proibido pelos mesmos definitórios que V. Majestade deve mandar aos governadores se abstenham deste abuso.[26]

Não muito depois da ajuda ao Maranhão, o vice-rei D. Vasco Mascarenhas (1663-67), conde de Óbidos, escreveu, em janeiro de 1664, ao Conselho Ultramarino para pleitear 12 foros de fidalgo e 12 hábitos para ele repartir, no Brasil, entre os sujeitos mais beneméritos, particularmente aqueles que se destacavam na remessa de donativos e nas guerras daquele Estado.[27] Pretendia recompensar o dispêndio de fazenda, a ruína de muitas armadas e a perda de filhos nas pelejas contra os holandeses. Essa era, por certo, a "mercê particular que Sua Majestade" fazia a todos os vice-reis da Índia; embora, no Brasil, denunciava o conde, o governador-geral Antônio Teles da Silva (1642-47) recebesse do rei a mesma preeminência e pudesse fazer fidalgos, dar comendas e hábitos, "e por respeitos particulares a teve em silêncio". A concessão de mercês pelo governador, continuava o conde, atenuava a distância entre a capitania e Lisboa e amenizava a incapacidade dos vassalos de passarem à corte. Uns, ainda que tivessem cabedal, furtavam-se das recompensas para evitar o perigo da jornada; outros evitavam a despesa necessária para pleitear a justa mercê.

Em 10 de junho de 1664, os conselheiros responderam negativamente ao pleito do conde, pois consideravam impróprio um governador conceder tais mercês.[28] Negaram ainda o privilégio supostamente concedido a Teles da Silva. O Conselho considerou ainda o pedido como impraticável e "mui prejudicial exemplo no tempo presente e estado do Reino, e do Brasil". Por certo, o soberano teria de remunerar os vassalos beneméritos para compensar as muitas fazendas despendidas e as vidas findadas nas guerras. Eram, porém, muitos que mereciam prêmios e, ao acatar o pleito do conde, surgiriam justas queixas, ainda que ele distribuísse as mercês entre beneméritos. Injusto era o conde fazer essas mercês no Brasil "e ainda [que] não as levando quando foi governar a Índia".[29]

Ora permitidas ora condenadas, as dádivas falsas dos governadores eram estratégias seguras para animar os índios nas batalhas e na conversão de almas. Não sem razão, alguns chefes tupis pleitearam[30] o reconhecimento régio para seus feitos. Para além dos hábitos, os principais ainda solicitavam a Sua Majestade ornamentos de igreja, sinos e charamelas. Por certo, dispondo das mercês, eles ficavam mais animados a lutar; buscavam, então, melhor armar e luzir o serviço do soberano. Para evitar a mercê do hábito, no entanto, o monarca oferecia-lhes, além dos objetos desejados, medalhas de ouro com a sua efígie e uma cruz. Os governantes ainda os premiavam com vestimentas e símbolos do hábito costurado na lapela.[31]

Nesse sentido, poucos anos depois da preeminência dada ao governador do Maranhão (1648), a Mesa de Consciência e Ordens conclamou seus doutores para analisar o caso do índio Francisco, "principal do Maracanã do distrito da capitania do Grão-Pará". Ele recebera "do governador destes reinos" "um vestido com o hábito de Cristo [...]". O tribunal mandou resgatar o hábito do índio, pois nem como prêmio nem como demonstração dele ele poderia trajar a vestimenta. Mesmo se o índio fosse um católico fervoroso, haveria perdão para a inusitada mercê ou para a falsa mercê. Assim, asseverou o parecer: sem ele "cair em desacerto algum, que fique sendo indecência à Ordem".

Os doutores Luís Delgado de Abreu e Jorge da Silva não consideraram ofensivo o vestido enfeitado com hábito de Cristo; não oferecia incongruência, pois o índio vivia em partes remotas, "onde senão pode saber a forma em que o trás". Usando-o com reverência, como bom cristão, o chefe ficava contente, satisfeito e animado a servir ao soberano "e a seu exemplo, seus parentes, e amigos a fazer o mesmo". Em contrapartida, o doutor Gonçalo Godinho e o "bispo presidente" não toleraram a vestimenta com a insígnia da ordem trajada pelo índio Francisco, pois essa prática contrariava a regra do regimento da Mesa de Consciência e Ordens.

Assim, não convinha satisfazer e contentar o índio, pois a prática era indecente e incerta por ludibriar e fantasiar. Enfim, os doutores lembravam ao soberano a importância do hábito e da insígnia que o rei trazia no peito. Os símbolos da Ordem de Cristo não deveriam ser usados de outra forma, nem com o pretexto diferente das leis da mencionada ordem, "além do que ainda que se então se considerara a esta matéria, como V. M. agora o considera, nem deixaria passar adiante coisa tão digna de se estranhar com esta é".[32] Datado de 8 de outubro de 1655, esse parecer condenava a prática de ludibriar os chefes indígenas com hábitos falsos, com fantasias contrárias aos definitórios das ordens militares e regimentos da Mesa de Consciência e Ordens.

Existiam, porém, outras estratégias para animar os vassalos de sangue impuro. De fato, os governadores não eram os únicos agentes responsáveis por criar expectativas de privilégios e imunidades para os chefes indígenas de Pernambuco e do Maranhão. Em busca de mercês, dezenas de índios e pretos deixaram suas terras para disputar em Lisboa a atenção das autoridades e alcançar as mercês prometidas pelos monarcas. Assim, não restam dúvidas da habilidade e das estratégias traçadas pelas chefias para obter os símbolos de prestígio próprios das sociedades ibéricas do Antigo Regime. No entanto, em uma sociedade estamental, os bens materiais e simbólicos raramente eram franqueados aos súditos de sangue impuro, portadores de defeito mecânico e inclinados a hábitos controversos.

Promessas dos monarcas

Líderes indígenas e negros atravessaram o Atlântico, enfrentaram o frio e a adversidade da corte para suplicar a Sua Alteza um título de cavaleiro ou uma comenda das ordens militares. Durante a viagem, eles se faziam acompanhar por uma pequena comitiva composta por seus principais guerreiros, prova viva de sua liderança sobre as milícias indígenas. Para além da escolta, eles jamais atravessavam o Atlântico sem um guia, sendo conduzidos por governadores ou por homens com prestígio no Conselho Ultramarino. Em fevereiro de 1638, Martim Soares Moreno escreveu a Filipe IV de Espanha e solicitou recursos para manter no reino o sargento-mor Diogo Pinheiro Camarão, três capitães, Pantaleão Maris, Pantaleão Monteiro, Domingos Dias, "e outros mais soldados que são seis".[33] Por serem índios e habituados aos trópicos, necessitavam de mais comodidades no inverno lisboeta. Estavam enfermos e acamados por muitos dias. Com a viagem, o mencionado sargento-mor recebeu, em 1639, a promessa de hábito de Santiago. A dádiva fora concedida em condições excepcionais, sem as provanças exigidas pelos definitórios das ordens militares: "[...] se lhe lance logo nesta Cidade, sem mais provas, e que por este Tribunal se execute assim."[34]

O desrespeito seria censurado, depois da Restauração, pelos deputados da Mesa de Consciência e Ordens. A reação talvez explique a falta de notícia sobre a efetivação da mercê. Na Chancelaria das Ordens, o nome D. Diogo não consta como agraciado com uma carta de hábito; sem obter o documento não se tornava cavaleiro. Na habilitação de Domingos Rodrigues Carneiro,[35] datada de 1688, os conselheiros incluíram a notícia de que a guerra viva não constituía a única condição para premiar a valentia e a lealdade dos vassalos. Em seguida, mencionam Diogo Pinheiro Camarão e Henrique Dias como merecedores apenas de uma medalha, e não da carta de hábito. Em 1672, na habilitação de D. Sebastião Pinheiro Camarão,[36] filho de D. Diogo, a falta de qualidade do pai e a precipitada promessa do rei atuariam contra a súplica do filho. No entanto, se o pai fora habilitado, o filho não teria defeito e estava em condição de receber a mercê. Depois de muita peleja, idas e vindas, o chefe potiguar finalmente tornou-se cavaleiro da Ordem de Santiago, mas somente em 1688.[37]

Com mais de uma dezena de páginas, o processo é prova do embate entre o interesse do monarca em agraciar um importante aliado com título de cavaleiro e a preservação dos definitórios por parte dos doutores da Mesa de Consciência e Ordens, como no trecho a seguir:

> A este Tribunal, parece que posto que estes Índios sejam beneméritos no serviço de V.A., não convém diferir lhe coisa que os Definitórios das Ordens Militares dispõem expressamente se faça, para crédito e autoridade das mesmas ordens, que vem a ser fazerem-lhe as provanças de sua qualidade, limpezas em partes, e algumas destas posto que V.A. possa dispensar em outras é reservado ao Sumo Pontífice.[38]

Nesse episódio, o chefe fora agraciado, mas nem sempre os pedidos resultavam em mercês régias de monta. D. Antônio João Camarão também desembarcou em Lisboa em busca de recompensas pelos anos de serviço no posto de governador dos índios. Pretendia, sobretudo, suplicar o monarca as mercês merecidas por seu pai. D. Antônio João estava em companhia do protetor, o governador-geral e almotacé-mor Antônio Luís Gonçalves da Câmara Coutinho (1690-94). Esse "o tem em sua casa e está sustentando por não ter coisa de que se valha, e que como vinha a despachasse por seus serviços, e os de seu pai D. Antônio Felipe Camarão". O governador dos índios apresentava-se em Lisboa não apenas para obter mercê, mas para recuperar o prestígio perdido depois de graves confrontos com as autoridades da capitania de Pernambuco. Fora destituído de seu posto por mau procedimento e assassinato; estava na miséria, embora fosse filho de um herói das guerras de Pernambuco.

Em 1695, certamente com idade avançada, D. Antônio apelava às autoridades metropolitanas para receber mercê pelos serviços prestados pelo pai. Por não portar os documentos comprobatórios nem o testamento paterno, não poderia solicitar os privilégios suplicados. Sendo o índio pobre e incapaz de financiar a viagem de retorno a Pernambuco, o Conselho concedia "uma ajuda de custo para ele, e seus dois companheiros, e uma ração para eles na *Nau Nossa Senhora da Estrela* que vai para a Bahia para daí passarem a Pernambuco".[39] Em respeito aos serviços prestados por D. Felipe Camarão, seu filho recebeu somente 30 mil-réis de ajuda de custo e recolheu-se a Pernambuco.

O principal Jorge Tajaibuna, do mesmo modo, cruzou os mares, em viagem malfadada à corte. Suplicou ao rei Afonso IV um hábito de Cristo para ele e para seu pai Domingos Ticuna, principal e capitão da sua nação. Ele estava na corte como seu representante e de vários outros guerreiros indígenas. Para tanto, prostrado aos pés do soberano, tencionava embarcar de volta a sua terra e desejava "ir contente, para manifestar, aos seus as honras e mercês que espera receber de V. M., para com isso se animarem cada vez mais a continuarem seu real serviço".[40] O índio Tajaibuna receberia mercês para ficar animado e contente, proteger o território e fazer uma grande conversão: "Assim dos índios da sua nação, que lhes são sujeito e que ainda não houverem abraçado nossa santa fé, como dos vizinhos."[41] Em vez da honrada cruz, pai e filho receberam sino, ornamentos de missa, charamela e duas medalhas de ouro com a efígie do rei. À época, a guerra de restauração de Pernambuco findara e as bulas e os breves papais tornaram-se argumentos para negar a concessão de hábitos.

O mesmo rigor não valera para Antônio Felipe Camarão[42] e Manuel de Sousa no reinado de D. João IV nem para D. Sebastião Pinheiro Camarão no reinado de D. Pedro II. Talvez os serviços do principal Ticuna não fossem considerados relevantes, além da agravante de ele não contar com um antepassado habilitado. Percebe-se, portanto, que a liberalidade régia não era tão graciosa como fora nos primeiros anos após a Restauração portuguesa. A origem gentia e a conjuntura contrária, por certo, explicam também a magra recompensa efetivamente recebida por Henrique Dias e seus companheiros. Em março de 1656, o herói preto da Restauração rumou a Lisboa para requerer a satisfação dos serviços prestados desde o início das guerras de Pernambuco. O governador dos pretos viajou com dois soldados de seu Terço, Pedro Lourenço e João Rodrigues, e pretendia pleitear as mercês prometidas pelos monarcas. Com a morte de D. João IV, porém, o despacho de seus papéis ficou prejudicado e somente no ano seguinte a rainha D. Luísa Gusmão passou-lhe o alvará de mercê de foro de fidalgo.[43] Suas recompensas estavam muito aquém da promessa realizada pelo soberano no calor dos confrontos.

Como a Henrique Dias, os reis relutavam conceder as mencionadas honrarias aos moradores dos domínios implantados na Ásia, África e América. Por vezes, porém, os obstáculos reinóis eram mitigados em favor da manutenção e do incremento do Império ultramarino. Assim, fica evidente que o sangue impuro e os defeitos mecânicos não inviabilizaram, de todo, as mercês prometidas aos fiéis vassalos. Por certo os monarcas prometiam privilégios para animar seus principais aliados a servir aos interesses expansionistas da monarquia, como consta da consulta ao rei referente ao índio Jorge do Maranhão. A promessa, porém, não era efetivação da honra. Se as milícias indígenas e pretas fossem indispensáveis para a manutenção das conquistas, os vassalos de sangue impuro poderiam desfrutar dos privilégios. Ao findar os combates ou contrariar as autoridades locais, eles perdiam as mercês, prometidas, por vezes, de forma a ludibriar os beneméritos tupis, como aconteceu a D. Lázaro.

Logo, a promessa era motor das lealdades. Quando acenavam com títulos, comendas, hábitos e fidalguia aos aliados coloniais, os reis tinham consciência de que essas mercês encontrariam a forte resistência dos deputados da Mesa de Consciência e Ordens. Nem por isso o soberano se furtava a conceder a um negro forro, embora leal vassalo de Pernambuco, as prestigiosas dádivas. Disputada pela alta nobreza lusitana, a comenda dos Moinhos de Soure da Ordem de Cristo foi cedida ao preto Henrique Dias por D. João IV, em decreto de 27 de abril de 1654.[44] Antes recebera a mesma benesse o índio D. Antônio Felipe Camarão. Cerca de quinze anos se passaram sem que a comenda se tornasse parte do patrimônio da família Camarão. Como D. Antônio Felipe falecera em 1648 e seu filho não herdara a mercê, a monarquia portuguesa decidiu premiar Henrique Dias com a recompensa sem dono. Se as dádivas concedidas aos chefes indígenas dificilmente se efetivavam, aos pretos os donativos régios, em poucos anos, transformavam-se em quimera.

Em fevereiro de 1637, Henrique Dias e seus negros enfrentaram, com bravura, os holandeses em Porto Calvo. Como bem destacou frei Calado, era "negro na cor, porém branco nas obras, e no esforço". Durante o embate, recebeu uma "pelourada" no braço esquerdo e perdeu a terça parte dele. As balas eram ervadas com toucinho, contaminando com herpes as feridas. Para livrar-se do mal, Dias mandou o cirurgião cortar a mão e o pulso esquerdos e jurou vingar-se dos inimigos com a mão direita.[45] A valentia do preto rendeu-lhe a patente de cabo e governador dos crioulos, negros e mulatos; mais tarde, recebeu uma carta, com o reconhecimento de seus feitos, assinada pelo novo soberano de Portugal. Em 1644, D. João IV determinava o envio de Henrique Dias "com cem homens de vossa gente" para Angola; tencionava, na ocasião, socorrer aquele reino das investidas batavas. Na banda oriental do Atlântico, ele atuaria como "capitão-mor de toda a guerra preta que nele houver". Embora não fosse deslocado para África, o governador dos pretos obteve a promessa de hábito da Ordem de Cristo, mercê que o destemido vassalo somente colocaria no peito após a restauração de Pernambuco,[46] depois de cumprida a tarefa de libertar a capitania.

As crônicas das guerras de Pernambuco estão repletas de feitos heroicos de índios e pretos. Em princípio, a valentia desses homens promoveria honra e prestígio, nunca maus-tratos e ostracismo. Em 1650, nos últimos anos da guerra, o chefe indígena D. Diogo Pinheiro Camarão relatou em uma carta endereçada ao soberano que se sentia desrespeitado por uma autoridade da capitania, mesmo depois "de vinte anos que sirvo à V. M. e à minha gente com grande zelo e vontade, mostrando em todas as ocasiões a fidelidade de leal vassalo...". Embora reunisse muitas vitórias e contasse com a promessa do título de cavaleiro da Ordem de Santiago, ele era vexado pelo superior militar. E acrescentou: "Hoje sou tratado com pouco respeito, com palavras muito ruins a minha gente." Denunciava, então, o tratamento desrespeitoso que o mestre de campo Francisco Barreto dispensava a ele e a seus aliados.[47] A queixa se repetiu passadas algumas semanas, quando Henrique Dias apelou ao soberano para remediar as faltas cometidas pelo mesmo militar. O preto era abordado com pouca reverência, com palavras indecentes, pois o mestre esbravejava que "nem me conheceu por soldado, e que não sou nada nem venço soldo..."[48] A indiferença dos luso-brasileiros seria igualmente revelada no momento da efetivação das mercês prometidas fartamente pelos soberanos. De todo modo, o monarca buscou contentar o pedido do governador dos pretos e concedeu, por intermédio de Francisco Barreto, terras e aumento de dois escudos em seu soldo.

A Henrique Dias o rei prometera, em 1638, a mercê de um hábito de uma das três ordens militares, uma comenda, 40 escudos de soldo e o foro de fidalgo. Os deputados da Mesa não se deixaram levar pelo entusiasmo do rei e solicitaram, inicialmente, do benemérito o pedido formal de mercê. Em seguida, insistiram que as provanças eram indispensáveis, do contrário a entrega do hábito se faria mediante "o breve apostólico de dispensação".[49] Impedido pela Mesa e isolado pela guerra, Dias não recebeu as mercês prometidas. Somente em 1657 a rainha D. Luísa de Gusmão mandou passar um novo alvará de foro de fidalgo e, no ano seguinte, concedeu-lhe a patente de mestre de campo *ad honorem*.[50] Ele ainda pediu à rainha que a comenda do Moinho de Soure, recentemente concedida, fosse dada ao genro, Pedro de Valdoveço, "pessoa muito nobre", e a "promessa, com a comenda referida no ano de 1638, para quem se casasse com sua filha D. Guiomar". Em Lisboa, seus pedidos não foram aceitos na totalidade, as tenças para os genros foram bastante reduzidas. Muito pobre, o mestre de campo não contava com recursos para as despesas com a Chancelaria. Para tanto recorreu novamente à rainha, solicitou recursos não só para pagar as taxas ("direitos"), mas também para "aviar-se da matalotagem que há mister quando houver de voltar para a dita capitania".[51]

As mercês recebidas por índios e pretos confirmam a liberalidade régia para conceder patentes militares, mas reafirmam os entraves impostos pela Mesa para fazer de vassalos impuros cavaleiros com foro eclesiástico. As súplicas de Henrique Dias e de seus principais aliados no terço também enfrentaram, evidentemente, entraves para obter benesses. Vago com a morte de Dias, o posto de mestre de campo dos pretos seria de Antônio Gonçalves Caldeira, a partir de 1665.[52] Os serviços ainda lhe valeram a promessa de hábito da Ordem de Santiago. Embora recebesse a dispensa de D. Afonso VI, a insígnia não fora efetivada e, mais uma vez, tudo não passou de uma promessa.[53] Explicar esse fracasso por meio do falecimento do rei não se sustenta, pois um número significativo de vassalos, fiéis aos Habsburgo, foi condecorado pelos Bragança. Na verdade, nenhum oficial do terço sagrou-se cavaleiro das ordens militares.

O sargento-mor Domingos Rodrigues Carneiro atuou no terço da gente preta ao lado do mestre de campo Henrique Dias e, para aumentar seu mérito, remeteu a Lisboa as certidões dos serviços militares de dois tios, Manuel Madeira e Fernão de Sousa.[54] Em 1688, Sua Alteza mandou lançar o hábito da Ordem de São Bento de Avis a esse militar, homem preto, filho de pai e mãe vindos de Angola. Nas investigações, os conselheiros da Mesa descobriram que, antes de pelejar, fora escravo, alfaiate e tornara-se liberto para combater. No terço, atuou como soldado, capitão de infantaria, sargento-mor e ainda fez entradas na serra da Barriga, "a destruir os negros levantados". Por seis meses, combateu os quilombolas, queimou-lhes as casas pondo-os em fuga, inclusive "o seu principal Zomby", provocando muitas mortes e feridos.[55]

Os anos de serviço e lealdade não sensibilizaram a Mesa da Consciência e Ordens. Para respaldar a negativa, os deputados consideraram pouco relevantes as guerras contra os negros de Palmares. Esses não eram, por certo, serviços merecedores do hábito. Embora o rei tenha indicado o preto Antônio Caldeira para receber a dádiva, os doutores consideravam seus feitos menores em comparação aos de Henrique Dias e Diogo Pinheiro Camarão. Os últimos atuaram

> nas guerras vivas e mais importantes da restauração de Pernambuco, os não premiou o dito Rei Dom João IV que mais que com uma medalha por não faltar a estimação e decoro, com que se devem trazer os hábitos das ordens, que nunca se viram homens de semelhante nascimento.[56]

Em suma, o pedido de Domingos Rodrigues Carneiro não se sustentava, pois seus feitos se realizaram em Palmares, perseguindo negros alevantados, e não em guerra viva, contra os neerlandeses no Atlântico Sul. A Mesa ainda negava o pedido por parecer injusto uma pessoa, "tão indigna na estimação das gentes como a de um negro", usasse o hábito de São Bento de Avis. Os dois fatores foram fatais para impedir que a mercê régia fosse efetivada. Sabedor dos impedimentos e da pouca importância dos feitos, qual seria a razão de o soberano fazer tal promessa? Se ao mestre de campo de um terço e restaurador de Pernambuco foi negado o hábito, valendo-lhe apenas uma medalha de ouro, o que dizer de um preto, ex-escravo e combatente de quilombos? Domingos permaneceu lutando pelo reconhecimento régio de seus feitos, embora morresse sem receber o hábito.[57] Antes, porém, o soberano o premiou com o posto de mestre de campo, patente datada de 1694.[58]

A súplica de Amaro Cardigo padeceu dos mesmos entraves. Ainda que a rainha tivesse prometido a Henrique Dias que seu genro seria cavaleiro, Cardigo, casado com D. Benta Henriques, teve o requerimento considerado intempestivo.[59] Em Pernambuco, Amaro Cardigo atuou no terço da gente preta por trinta anos, sete meses e vinte dias. Em 1688, participou como cabo de dez homens na campanha do Açu;

fez muitas emboscadas e incorporou-se posteriormente ao governador dos paulistas no arraial das Piranhas, dando continuidade à guerra dos Bárbaros. No ano seguinte, esses índios roubaram e causaram muitas mortes nos sertões do Rio Grande. Para debelar as investidas, Amaro Cardigo participou de ataques responsáveis por mortes e capturas de cento e tantos índios. Como recompensa, suplicou ao soberano para receber as mercês que lhe pertenciam por casar legitimamente com D. Benta Henriques. Reivindicou um hábito de Avis ou Santiago, com 20 mil-réis de pensão efetiva, foro de fidalgo com mil-réis de moradia por mês. Na resolução de 26 de agosto de 1709, Sua Majestade determinava, porém, o lançamento do hábito da Ordem de Santiago com 20 mil-réis de pensão efetiva e 30 mil de tença efetiva no almoxarifado do reino.

Como era processual, a sentença régia necessitava de aprovação da Mesa de Consciência e Ordens. Os deputados, porém, viam a impossibilidade de investigar seus antepassados devido ao desconhecimento do suplicante da localização de seus parentes em Angola. O impedimento da cor preta e a impossibilidade de fazer as provanças provocaram o indeferimento da súplica. Seria ainda refutado pela Mesa o pedido para investigar seus antepassados em pátria comum, ou melhor, em Lisboa. A D. Francisco de Souza e a outros deputados pareceu bem que o soberano não deferisse a súplica, "por não fazer o exemplo de semelhante graça, e se V. M. foi servida concedê-la a algumas pessoas, foi por não haver nas suas Pátrias cavaleiros a que se encarregassem as suas diligências". Em Angola, no entanto, existiam cavaleiros para investigar os pais e avós do suplicante e não era necessário recorrer à pátria comum. Assim, nem Amaro Cardigo, nem Antônio Domingos Rodrigues Carneiro, nem Antônio Gonçalves Caldeira, os principais aliados e herdeiros de Henrique Dias, alcançaram a graça régia, mesmo contando com o ambíguo apoio dos reis. Enfim, se os hábitos eram evitados como mercê lançada a homens pretos e índios, as patentes militares eram distribuídas com maior liberalidade.

No reinado de D. João V, porém, a concessão de hábitos aos chefes indígenas parece ter perdido o rigor. Em apenas três dias, entre 19 e 21 de fevereiro de 1721, o soberano expediu três cartas de hábitos e proveu D. Felipe de Sousa de Castro, D. Sebastião Saraiva Coutinho e D. José de Vasconcelos a cavaleiros da Ordem de Cristo.[60] Datada de 1688, a última carta de hábito, sagrando cavaleiro a D. Sebastião Pinheiro Camarão, resultava de um longo debate entre a Coroa e os doutores da Mesa da Consciência e Ordens. Anos depois, para beneficiar os chefes, o rei não esperou o parecer da Mesa nem seguiu os trâmites estabelecidos nos definitórios das Ordens Militares. As três cartas de hábito a vassalos de sangue impuro, número quase equivalente a todas as concessões anteriores,[61] seriam indícios do enfraquecimento da Mesa, do poder centralizador de D. João V[62] e do declínio do governo polissinodal? Para sustentar essa hipótese, vale mencionar os 115 novos cavaleiros da Ordem de Cristo sagrados entre 1721 e 1730, quase o dobro dos registros referentes aos períodos anteriores.[63]

Se as mercês eram proporcionais aos serviços, esses militares indígenas realizaram feitos notáveis, superiores aos chefes potiguares nas guerras de Pernambuco, nos confrontos em Palmares e no sertão contra bárbaros. Sob o comando do capitão tabajara D. Jacobo de Sousa e Castro, os futuros cavaleiros derrotaram a tribo do chefe tapuia Mandu Ladino, composta de 300 homens armados. Anteriormente reduzidos pelos jesuítas, esses tapuias provocaram grandes massacres entre Piauí e Ceará, além de atacar os criadores de gado no Maranhão. Essa rebelião somente seria controlada depois da morte de Mandu Ladino e da redução de seus aliados de 400 para 66 homens. Datada de 1719, a campanha não contou com reforços de tropas luso-brasileiras, mas com a liderança do capitão D. Jacobo e o apoio de seus principais oficiais.[64] No ano seguinte, esses indígenas escreveram ao rei D. João V para requerer o alargamento de suas terras e "hábitos de alguma ordem militar". Para tanto, relataram a morte, "de cinco flechadas", do capitão Jacobo e enumeraram seus serviços militares, prova da lealdade à Coroa e da instrução da fé católica ensinada pelos padres da Companhia de Jesus. Os feitos militares mencionados pelos índios da serra de Ibiapaba remontavam às guerras de Pernambuco, a eventos, à época, com mais de setenta anos.[65]

A parcimoniosa mercê de D. João IV, ao remunerar os vassalos de sangue impuro, guerreiros da restauração de Pernambuco, da guerra viva, contrasta com a liberalidade de D. João V ao conceder três cartas de hábito da Ordem de Cristo para índios responsáveis por debelar a rebeldia tapuia no sertão do Ceará e Piauí. Os serviços de D. Diogo Pinheiro Camarão e Henrique Dias eram, de fato, muito mais relevantes quando comparados aos feitos militares responsáveis por impedir as investidas de Mandu Ladino. Em suma, devido à desproporção entre feitos e mercês, entre a remuneração diminuta dos chefes potiguares e as benesses recebidas pelos tabajaras, vislumbra-se, nesse episódio, o recuo do poder decisório da Mesa da Consciência e Ordens ou a intervenção monárquica mais evidente sobre a distribuição dos hábitos das ordens militares. De todo modo, a liberalidade régia de tal monta não se repetiu.

Patentes, terras e liberdade

Na crônica das guerras de Pernambuco, D. Antônio Felipe Camarão não era apenas leal vassalo, mas também fiel cristão. Ao escrever a Pedro Poti, ele não deixou dúvidas sobre a sua fé, pois responsabilizou a intervenção divina pelas vitórias lusitanas contra os infiéis: "Se os portugueses têm êxito na guerra é porque, sendo cristão, o Senhor Deus não permite que fujam ou se percam."[66] Em outro momento, próximo ao forte do Cabedelo, os soldados, "brasilianos e tapuias", estavam prontos para marchar, enquanto o governador dos índios orava "diante de uma imagem de Cristo crucificado (a qual sempre trazia consigo) pedindo-lhe favor contra os inimigos de sua santa fé, e assim foi achado prostrado de joelho, e com os olhos banhados em lágrimas".[67] Era, nas palavras de frei Calado, um perfeito herói lusitano, servindo, como os cavaleiros das ordens militares, à monarquia e à Igreja. Suas ações tornavam-no digno de portar o título de dom, o hábito e a cruz da Ordem de Cristo, mercês concedidas pelo soberano de Castela. A essas qualidades, porém, somava-se a capacidade de arregimentar um grande número de guerreiros indígenas para lutar contra o infiel. Nesse sentido, em carta a todos os índios, Felipe Camarão denunciava as artimanhas enganosas dos batavos para convencer os índios a combater pela sua causa e diminuir o número de aliados sob o comando cristão. Em suma, o prestígio e a honra de Felipe Camarão baseavam-se na lealdade ao monarca, no fervor católico e no poder de comandar as milícias indígenas. Sua liderança estava profundamente vinculada às alianças coloniais, pois antes das guerras de Pernambuco não passava de subordinado aos jesuítas.

Na carta régia de maio de 1633, Filipe IV de Espanha reconhecia os serviços prestados pelos índios liderados por Felipe Camarão a partir do atestado enviado a Lisboa pelo general Matias de Albuquerque. Para conservar os índios quietos e obedientes, o soberano enviava algumas mercadorias, como panos de linho, pentes, facas, tesouras, espelhos e velórios e "outras coisas semelhantes com que se obriguem a assistir na guerra". Ao principal, Antônio Felipe Camarão, tido como bom cristão e respeitado por todos os índios da capitania de Pernambuco e das demais até o Ceará, concedia, porém, a mercê do hábito da Ordem de Cristo com 40 mil-réis de renda, um brasão de armas, uma patente de capitão-mor dos índios potiguares com outros 40 mil-réis de soldo pagos no almoxarifado dessa capitania.[68] Dois anos depois, passou a ser chamado de D. Antônio Felipe Camarão e recebeu comenda da Ordem de Cristo.[69] As principais mercês, porém, não foram efetivadas devido à morte do chefe em 1648.

Ao tentar incorporar as mercês régias ao patrimônio de sua linhagem, Felipe Camarão e seus descendentes tiveram de recorrer a estratégias familiares, próprias do Antigo Regime. Ao expressar a fé e os valores cristãos, os chefes reuniam trunfos para manter a aliança com as autoridades coloniais e, ao mesmo tempo, fortalecer seu comando sobre as milícias indígenas. Organizada a família nos moldes cristãos, os chefes podiam transmitir aos herdeiros as patentes, os soldos e a própria liderança. Tradicionalmente entre os tupis, porém, o status de um grande guerreiro não se transmitia de pai para filhos, embora seus parentes, especialmente os descendentes, gozassem de prestígio. Para Florestan

Fernandes, porém, o vínculo familiar com um grande guerreiro traduzia-se em mais obrigações do que regalias, pois aos parentes cabia o dever de manter vivos os feitos dos antepassados.[70]

Na cultura tupi, os homens de prestígio eram os senhores da fala, os promotores da vingança e do canibalismo, qualidades adormecidas pela conversão ao catolicismo. O hábil guerreiro também mantinha várias esposas, prática duramente perseguida pelos missionários. Se antes era sinal de prestígio, entre os convertidos a poligamia dificultava a transmissão de bens simbólicos e materiais aos primogênitos. Aliás, a colonização forjou chefias de outra natureza, embora ainda fosse marcada pela habilidade de fazer vítimas e encantar sua tropa. Por consolidar o poderio no calor das guerras coloniais, os principais teriam de pautar-se em valores muito distintos do guerreiro tupi.

Como recompensa por suas ações guerreiras, os chefes solicitavam, ao rei, patentes militares e, mais tarde, suplicavam pela transferência da mesma para um filho ou para um parente. Essa estratégia permitiu que a família Camarão desfrutasse, por quase cem anos, da patente de governador dos índios das aldeias de Pernambuco.[71] Assim, os chefes potiguares buscavam preservar privilégios sob o domínio de sua linhagem. A sobrevivência da família, a permanência da varonia e a concentração do patrimônio eram elementos centrais da sociedade do Antigo Regime ibérico.[72] Práticas semelhantes, embora não iguais, consolidaram o comando dos chefes potiguares sobre os índios da capitania de Pernambuco. Henrique Dias tratou, igualmente, de consolidar os privilégios entre os parentes. Ao conceder como dote as mercês régias, pretendia preservar a herança material e imaterial[73] sob o controle de seus descendentes.

O destemido preto não pretendia, porém, reunir mercês para garantir apenas a honra e a prosperidade dos parentes. Quando esteve em Lisboa, escreveu ao rei para pedir a liberdade dos pretos do terço. À época, muitos soldados continuavam cativos, qualidade que inviabilizava a manutenção da tropa sob o seu comando. De fato, esses homens foram oferecidos pelos seus senhores para combater em nome do rei e contavam com a alforria para servir com ânimo e vontade. Ao restaurar a capitania, os heróis da guerra viam-se ameaçados pelo retorno à condição servil. Dias suplicava, então, recompensa pela vitória, pois seus soldados se tornaram "beneméritos da liberdade, os que serviram com valor e satisfação". O Conselho Ultramarino concordou com a súplica e asseverou a importância da tropa para afugentar do Brasil as ameaças flamengas. Os pretos eram "muitos sofredores dos trabalhos da Campanha, que enquanto não houver paz firme com a Holanda, convém muito conservar este seu terço".[74] Em suma, sem homens livres não haveria terço dos pretos; a liderança de Henrique Dias estava comprometida com o retorno de seus soldados ao eito.

Nos planos do Conselho Ultramarino, o terço de Henrique Dias salvaguardaria as terras das invasões batavas, mas seria também empregado na captura de escravos fugidos e no combate aos mocambos. A liberdade era, portanto, o prêmio e a condição de permanecerem obedientes e cristãos. Para além da alforria, os principais pretos teriam os postos de honra no terço, mas todos serviriam a Deus e a Sua Majestade. Combateriam ainda os mocambos,

> tão prejudiciais para tudo; E para não fugirem outros Escravos para eles, o faltar-lhe no sertão este abrigo, e amparo, que ali acham os fugidos, do que também resulta manifesta utilidade aos senhores dos Engenhos, e a suas lavouras, e aos mais moradores que tem Escravos.[75]

Aos pretos não bastava a liberdade. Sem terras não teriam alternativa senão o trabalho quase escravo sob a tutela dos senhores, visto que nos terços nem sempre contariam com soldo. O fim da escravidão somente se viabilizaria caso os pretos, soldados do terço, pudessem contar com rendimentos e terras. Para Dias, a rainha doou as casas do flamengo Vanufel, as glebas do cemitério judeu, as olarias de Gaspar Coque e todas as terras anexas às margens do rio Capibaribe até a ilha Santo Antônio. Em abril de 1654, esse patrimônio seria cedido aos milicianos pretos como remuneração pelos serviços, devido à "constância e igualdade de ânimo com que sofreram os trabalhos daquela guerra". As posses foram repartidas pelo mestre de campo general Francisco Barreto e pelos mestres de campo dos terços da infantaria, obedecendo "a justa distribuição proporcionadamente ao merecimento de cada um". Aí se construíram uma igreja e casas, formando um arraial, onde residiam os aliados de Henrique Dias,[76] pois, ao atuar no terço sem soldo, os soldados deveriam se sustentar, pagar o fardamento e as armas.

A liberdade dependia da comprovação dos feitos realizados durante a guerra de Restauração. Nesse sentido, o negro Gonçalo Rebello esteve em Lisboa, em 1659, para suplicar por sua liberdade, pois suas certidões foram criminosamente queimadas. Mesmo servindo com satisfação por 13 anos, sem os papéis arriscava-se a retornar ao cativeiro. O Conselho Ultramarino o declarou livre, conforme a resolução de conservar o terço de Henrique Dias e conceder liberdade aos soldados.[77] De fato, ao atuar no terço, escravos e forros tinham a possibilidade de ascender socialmente, pois, além da liberdade, contavam com terras cedidas pelo rei como prêmio pelos feitos militares. Em princípio, nenhuma milícia era remunerada, exceto em tempos de guerra. Para Kalina V. Silva, porém, existiram "registros de que a Coroa por vezes ordena o pagamento de meio soldo aos henriques mesmo em tempo de paz". Ao institucionalizar as milícias de cor, o soberano concedeu-lhes a possibilidade de ascender socialmente, sem contar, porém, com os mesmos privilégios e honras das tropas regulares portuguesas.[78]

Em comparação com os pretos, os tupis receberam remuneração mais volumosa, embora a mercê se referisse apenas aos principais. Em 1633, D. Antônio Felipe Camarão recebeu a patente de capitão-mor dos potiguares. Mais tarde, ele próprio se intitulou "capitão-mor e governador de todos os índios da costa do Brasil desde o rio São Francisco até o Maranhão".[79] Sob o domínio dos Habsburgo, na Nova Espanha, a mesma patente era atribuída à nobreza mexicana, que, além de desfrutar do comando militar, exercia controle sobre terras e tributos. Lá os caciques e seus parentes consideravam os ditos postos e patentes privativos de sua família.[80] Em Pernambuco não seria muito diferente: após a morte de D. Felipe, seu primo D. Diogo Pinheiro Camarão tornou-se o governador dos índios. O filho do último, D. Sebastião Pinheiro Camarão, recebeu o hábito de cavaleiro da Ordem de Santiago em 1688; antes, em 1672, seu pai recebera a patente de governador dos índios de Pernambuco.[81] De fato, D. Diogo e D. Sebastião Pinheiro Camarão foram os índios potiguares que melhor desfrutaram dos benefícios monárquicos.

Depois de D. Diogo, o titular da patente foi Antônio João Camarão, filho do primeiro governador dos índios. Nomeado em 1677, D. Antônio João seria destituído em 1682 pelo governador de Pernambuco, D. João de Sousa (1682-85). O chefe era acusado de insultar e consentir, em suas aldeias, a ocorrência de assassinatos sem o devido castigo; atuou ainda contra o serviço de Sua Alteza ao matar, de forma escandalosa e tirânica, uma índia a facadas. Por fim, ausentou-se da aldeia, largou o posto e a obediência ao governador da capitania. O incidente provocou uma mudança da linhagem, antes agraciada com o posto de governador dos índios. Assim recebeu a patente um chefe de outra etnia, D. Antônio Pessoa Arco Verde, descendente dos antigos tabajaras,[82] fiéis aliados dos portugueses desde as primeiras lutas pela conquista da Paraíba. Arco Verde serviu como soldado e capitão de infantaria dos índios por 29 anos. Lutou em Palmares, onde teve zelo e valor para fazer consideráveis danos aos inimigos.[83]

Por dez anos a família Camarão perdeu o comando das aldeias indígenas. Antes, o soberano prometera a Arco Verde o título de cavaleiro, em 1674. Depois que assumiu o posto de governador, passou a receber o soldo de 1.500 réis.[84] Na época, o processo de habilitação à ordem militar ainda não havia alcançado bom término, pois Arco Verde fez uma petição à Mesa de Consciência e Ordens em que disse que V. A. mandou lançar o hábito de São Bento de Avis na cidade de Olinda e por descuido de seu procurador nessa cidade não passou as provisões para Chancelaria no termo da lei.[85] Esse incidente, por certo, atrasou o processo e talvez tenha inviabilizado a obtenção de tão prestigiosa mercê, pois ainda não se localizou documento que comprove a sagração do chefe tabajara segundo os ritos das ordens militares.

Com a morte de Arco Verde, o posto de governador dos índios retornaria à família Camarão em março de 1694. Desde então o Registro

Geral das Mercês atribuiu a D. Sebastião Pinheiro Camarão a carta de governador dos índios das aldeias da capitania de Pernambuco.[86] D. Sebastião apresentou uma longa folha de serviços, pois lutara com seu pai nas guerras e participara dos terços indígenas desde a sua juventude. Sua maior façanha, porém, foi aliar-se, nos incidentes da década de 1710, aos comerciantes, em vez de lutar ao lado dos patrícios. O partido da "nobreza da terra" não pôde contar com a liderança potiguar para intimidar os opositores, como ocorrera, outrora, na "guerra da liberdade divina".

Não obstante as incisivas ordens do bispo governador, D. Manuel Álvares da Costa (1710-11), líder mazombo, D. Sebastião rechaçou o apelo para empregar suas tropas nas investidas contra a vila do Recife. Ao perceber a resistência do governador dos índios, o coronel Leonardo Bezerra Cavalcanti lhe prometeu "um engenho e as melhores duas lojas de fazenda que no Recife houvesse para repartir com os seus soldados".[87] Sua recusa, por certo, exprimia sua lealdade ao rei e ao governador deposto, Sebastião de Castro e Caldas (1707-10). Na ocasião, o índio respondeu ao nobre amotinado com as seguintes palavras: "Como caboclo que era não carecia de engenho." No calor dos embates, para explicar o abandono dos tradicionais aliados, corriam rumores do altíssimo prêmio destinado ao chefe potiguar. Ele recebera dos comerciantes 1.200.000 réis de gratificação pelo apoio militar. A "nobreza da terra" não deixou passar em branco a alta traição e ordenou a destruição de sua aldeia de São Miguel de Una e a queima das terras plantadas. A represália provocou a retirada de sua gente para Santo Amaro, nas Alagoas. D. Sebastião faleceu muito tempo depois, em 1721, com idade avançada.[88]

Filho de D. Sebastião, o próximo governador potiguar seria D. Antônio Domingues Camarão Arco Verde, "rebento de índios notáveis", escreveria com razão Pereira da Costa, "pelas elevadas posições a que atingiram, e por seus títulos e valor pelas armas".[89] D. Antônio ainda contava com o sobrenome tabajara, oriundo de seu parente, talvez de seu avô, Antônio Pessoa Arco Verde, governador dos índios antes de seu pai. À época, as estratégias de casamento não eram ignoradas entre os principais. No

Antigo Regime, a nobreza europeia praticou frequentemente o casamento endogâmico. Essa união era em princípio uma tática, uma forma de evitar a evasão do patrimônio. Sem contestar essa teoria, Enrique Soria Mesa considerou que a prática de endogamia atrelava-se, geralmente, ao imaterial, e não apenas à preservação do patrimônio. A "razón básica de su existencia estriba en la búsqueda del reforzamiento continuo de los lazos de solidaridad interna del conjunto familiar".[90] De fato, os chefes indígenas tanto defenderam seus bens materiais (postos, tenças, soldos, terras) quanto lutavam para manter o prestígio dentro da comunidade. Não duvido de que os casamentos entre os filhos de chefes fossem uma manobra política, destinada a preservar as alianças com os colonizadores e manter o controle sobre as milícias.

A patente de governador de D. Antônio Domingues Camarão se amparava não apenas na ascendência ilustre, mas nos feitos realizados como sargento-mor do terço, no zelo de seu mui leal serviço e na imitação do exemplo de seu pai.[91] Seria D. Antônio, entretanto, o último governador das aldeias da capitania de Pernambuco. A honra e o privilégio da família Camarão durariam somente por alguns anos depois de sua posse. Em 13 de abril de 1722, ele escreveu uma carta ao soberano D. João V e relatou a grave crise que acometia sua autoridade. Na missiva, solicitava o apoio do monarca para impedir o desmantelamento da tropa, pois muitos índios, soldados do terço, dispersaram-se pelas capitanias de Pernambuco e Paraíba. Eram desobedientes, criminosos e malprocedidos:

> e como pela distância me é mui dificultoso sossegá-los, me parece que somente mandando V. Majestade ao governador de Pernambuco e Paraíba que publiquem Bandos por todas as freguesias de sua jurisdição a fim de que seus capitães-mores tenham vigilância e não consentirem índios do meu terço [...] em suas freguesias por mais de oito dias.[92]

O chefe solicitava ao monarca apoio para impedir que os capitães incorporassem aos terços seus índios errantes. Em particular, os terços dos paulistas promoviam acentuadas baixas ao chamá-los para "assentarem praça". Desde o início do governo dos índios, D. Antônio preocupou-se em organizar as aldeias e reunir gente vagabunda encontrada no sertão, segundo ele distante do serviço militar e dos exercícios cristãos. Na tentativa de recompor sua milícia, molestava os moradores, particularmente quando a captura de índios reduzia o número de braços nas propriedades. Ao mandar reunir alguns índios que estavam dispersos na capitania da Paraíba, seus correligionários se depararam com o capitão-mor Antônio Ferreira de Meneses, escoltado por cinquenta homens armados, a cavalo ou a pé. A ambição do capitão-mor dificultava a autoridade do chefe indígena e contribuía, segundo a carta de D. Antônio, para manter os índios fora "do grêmio da Igreja, de seus missionários, e da obediência do serviço de V. Majestade".[93]

Embora contasse, inicialmente, com a ajuda do soberano, D. Antônio enfrentou duas provisões régias, entre junho e julho de 1731, nas quais estavam expostas, de início, as controvérsias com missionários e, em seguida, a recusa a seguir a ordem régia que empossava outro índio no posto de capitão-mor de uma aldeia. A provisão de julho ordenava também a prisão de D. Antônio Domingos Camarão, "não somente pelas grandes culpas e excessos de que é arguido, mas também pelo receio de que possa fazer alguma sublevação nessas capitanias com seu desordenado procedimento".[94] Desde a resolução, cada aldeia seria governada por um capitão dos índios, subordinado ao capitão-mor do distrito.

O episódio levou o governador da capitania, Duarte Sodré Pereira Tibau (1727-37), a solicitar ao rei a extinção dos postos de governador dos índios, mestre de campo e sargento-mor dos terços de pretos e mulatos, contrariando, segundo o documento, a nomeação do governador D. Fernando Mascarenhas [de Lencastre] (1699-1703). Datado de janeiro de 1731, o pedido considerava os terços separados muito prejudiciais ao serviço da Coroa. Por isso, aos poucos, ele extinguia os postos de mestre, governador e sargento-mor e dissolvia os soldados pretos e pardos nas companhias de brancos; enfim, não dava continuidade aos terços: "Por onde estavam misturados, porque estes assim separados, nem na paz, nem na guerra podem fazer certo contra o serviço de V. M."

O governador ainda considerava injurioso que um preto, sem merecimento, recebesse uma patente de mestre de campo ou de sargento-mor. Por isso, os negros forros seriam alistados em companhias sujeitas aos capitães-mores das freguesias ou aos coronéis das ordenanças. Por fim, o governador atacou o governador e os índios foram denominados de insolentes, bárbaros e pouco confiáveis: "Os inimigos da Europa poderiam facilmente comprá-los." A extinção dos postos e a mistura dos soldados seriam ainda mais benéficas aos serviços do soberano por poupar recursos antes investidos nos líderes indígenas e pretos: "Há ocasião que V. M. haver por extinto este lugar que tem de soldo da fazenda real perto de cem mil-réis."[95] Em 1732, o Conselho Ultramarino concordou com o governador e aprovou o aniquilamento paulatino dos terços.

Enfim, a trajetória dos governadores dos índios está amplamente imbricada com as conjunturas políticas da monarquia lusitana. De D. Felipe, em 1633, a D. Antônio, em 1732, Portugal esteve submetido tanto aos sobressaltos provocados pelas guerras de Restauração como viveu o esplendor do reinado de D. João V. A patente em questão surgiu durante os primeiros embates contra os neerlandeses e se fortaleceu nas vitórias obtidas pela "guerra da liberdade divina". Inicialmente, a carta patente era acompanhada pelo hábito e pela comenda da Ordem de Cristo. Depois da restauração de Pernambuco, os valorosos guerreiros indígenas ganharam somente o hábito, quando não recebiam uma veste apenas ou somente a promessa régia de hábito. A sagração a cavaleiro dos três índios da serra de Ibiapaba contraria, porém, essa tendência. De todo modo, o fenômeno é isolado, pois, a princípio, não se repetiu.

Por um século, os chefes potiguares tentaram aproximar-se da monarquia e da Igreja. Para tanto, abandonaram o nomadismo, a poligamia, o canibalismo e pouco a pouco se passaram a comportar como cristãos, como nobres em busca de honra e privilégios régios. A incorporação[96] de hábitos cristãos era uma estratégia destinada a assegurar a aliança com os portugueses, laços vitais para a manutenção do controle sobre os grupos indígenas, para perpetuar as patentes de governador e garantir a transmissão dos bens imateriais. Os casamentos cristãos tinham como finalidade assegurar a legitimidade dos filhos e a possibilidade de receber as honras e os privilégios de seu pai. Essas práticas não foram, entretanto, capazes de manter, nos primeiros anos do século XVIII, a patente militar e o prestígio da família Camarão.

Por certo "a guerra dos bárbaros"[97] restringiu a captura de almas no sertão e provocou a consequente escassez de braços indígenas nas capitanias da Paraíba e de Pernambuco. Assim, o comando dos governadores dos índios estava francamente debilitado e encontrava-se em rota de colisão contra os potentados locais. O temor de D. Antônio Camarão Arco Verde se erigia em torno da certeza de que seus subordinados fugiam do controle. Os chefes militares sem soldados perdiam não somente sua capacidade de comando, mas sua competência para negociar e forjar alianças com seus superiores. Assim, a míngua dos terços era a míngua do comandante. A confrontação entre o capitão-mor e o "último dos Camarão" permite entrever que os chefes indígenas enfrentavam dificuldades frente ao alargamento e à manutenção das áreas sob o controle dos capitães luso-brasileiros. Portanto, não seria prudente que o soberano os incentivasse com patentes militares.

O crepúsculo político da família Camarão originou-se no fortalecimento das tropas comandadas pelos paulistas e pelos demais luso-americanos. Embora formalmente extintos, os terços de pretos e mulatos não tiveram o mesmo destino dos índios. No terreno das hipóteses, considero que o aumento do número de escravos e de quilombos talvez fortalecesse a demanda dos terços de pretos, visto ser o combate aos escravos fugitivos sua principal atribuição. Meus estudos, ainda preliminares, apontam para a sobrevivência e a difusão dos terços de Henrique Dias em várias capitanias. Em contrapartida, depois do governador D. Antônio Camarão Arco Verde, na capitania de Pernambuco, as tropas não mais seriam lideradas por governadores nem por sargentos-mores indígenas. Quiçá a assimilação e o desaparecimento das comunidades tupis e tapuias, somados à expansão do tráfico escravista, ao aumento dos plantéis de cativos e à ameaça dos quilombos, expliquem a debilidade crescente das milícias indígenas e a resistência dos terços pretos que chegaram, com prestígio, ao século XIX.

Notas

1. Bento Maciel Parente, 1981, v. 1, t. 2, p. 218-219; v. 3, t. 5, p. 269. Parente recebera o título de cavaleiro da Ordem de Cristo em 8 de junho de 1630. Francis Dutra, 1999, p. 102-103.
2. José Honório Rodrigues, 1979, p. 82-83.
3. *Inventários dos livros das portarias do Reino,* 1909, v. 1, p. 94.
4. IANTT, Habilitações à Ordem de Cristo (HOC), maço 12, nº. 85.
5. AHU, Maranhão, doc. 113. Requerimento do capitão da infantaria Bento Maciel Parente... ant. 6 de junho de 1637.
6. AHU, Maranhão, doc. 296. Consulta do Conselho Ultramarino..., Lisboa, 11 de setembro de 1651.
7. Norbert Elias, 1983, v. 2, p. 103; Edward Shils, 1975; Jack P. Greene, 2002, p. 267-282.
8. Ronald Raminelli, 2008, p. 47-55.
9. Fernanda Olival, 2004, p. 152; Albert Sicroff, 1979.
10. Idem, 2002, p. 17.
11. Idem, 2004, p. 158.
12. Idem, 2001, p. 53; 2004, p. 3 e 12.
13. Francis Dutra localizou a carta de hábito da Ordem de Cristo concedida a Martim Afonso de Sousa, datada de 30 de novembro de 1571: IANTT, Chancelaria da Ordem de Cristo (COC), livro 02, fol. 84 v.
14. Fernão Cardim, 1997, p. 265.
15. Fernanda Olival, 2005, p. 782-785.
16. Francisco C.C. Cosentino, 2005, p. 170-176.
17. Frei Vicente do Salvador, 1982, p. 187. Ver também M.R.C. de Almeida, 2003, p. 151.
18. Nota de Rodolfo Garcia. In: F. A. Varnhagen, 1981, v. 1, t. II, nº 74, p. 158.
19. A sesmaria, doada em 1568 a Arariboia, seria confirmada em 1684. Ver: Arquivo Nacional, Sesmarias — Inventários — BI 15.2822; Os índios da aldeia de Berbané — alvará de 26 de outubro de 1684. In: *Publicação do Arquivo Nacional,* 27, 1931, p. 80.
20. IANTT — Chancelaria da Ordem de Santiago (COS), liv. 15, fols. 136v-137, 141-141v. Agradeço a Fernanda Olival por confirmar essa informação.
21. Não abordei o caso de Dória devido à limitação de páginas do presente capítulo. Seus serviços se iniciaram antes da invasão a Pernambuco. Para sua habilitação, ver: IANTT, Habilitação da Ordem de Santiago (HOS), letra M, maço 4, nº. 42.
22. AHU, Maranhão, doc. 802. Consulta do Conselho Ultramarino ao rei D. Pedro II, Lisboa, 5 de junho de 1691.

23. Francis Dutra, 1970, p. 18-19.
24. IANTT, COS, liv. 15, fols. 141-141v.
25. AHU, Maranhão, doc. 236. Consulta do Conselho Ultramarino a D. João IV, Lisboa, 15 de janeiro de 1648.
26. AHU, Maranhão, doc. 835. Consulta do Conselho Ultramarino ao rei D. Pedro II, Lisboa, 5 de junho de 1691.
27. AHU, Bahia (Luísa da Fonseca), doc. 1990. Carta do vice-rei conde de Óbidos para Sua Majestade, Bahia, 31 de janeiro de 1664.
28. Em outra conjuntura, esse tema foi tratado por Maria Fernanda Bicalho, 2007, p. 47-48.
29. AHU, Bahia (Luísa da Fonseca), doc. 2023. Consulta do Conselho Ultramarino sobre o vice-rei conde de Óbidos, Lisboa, 10 de junho de 1664.
30. AHU, Maranhão, doc. 268. Consulta do Conselho Ultramarino ao rei D. João IV, Lisboa, 3 de outubro de 1648.
31. Almir D. de Júnior Carvalho, 2005, p. 218-223.
32. IANTT, HOS, letra S, maço 1, doc. 14.
33. AHU, Pernambuco, doc. 273. Carta de Martim Soares Moreno ao rei, Lisboa, 8 de fevereiro de 1638.
34. IANTT, HOS, letra D, maço 2, nº. 26 (1639).
35. IANTT, HOA, letra D, maço 1, nº. 1 (1688).
36. IANTT, HOS, letra S, maço 1, doc. 14 (1672).
37. IANTT, COS, liv. 19, fols. 326v-327v (1688). Agradeço a Francis Dutra essa indicação.
38. IANTT, HOS, letra S, maço 1, doc. 14 (1672).
39. AHU, Pernambuco, cx. 17, doc. 1675. Consulta do Conselho Ultramarino ao rei D. Pedro II, Lisboa, 14 de março de 1695.
40. AHU, Maranhão, doc. 418. Consulta do Conselho Ultramarino ao rei Afonso VI, Lisboa, 1º de agosto de 1659.
41. AHU, Maranhão, doc. 418. Consulta do Conselho Ultramarino ao rei Afonso VI, Lisboa, 1º de agosto de 1659.
42. IANTT, COC, liv. 36, fols. 10-10v.
43. Sobre Henrique Dias, ver: J. A. Gonsalves de Mello, 1967, p. 44; Hebe Mattos, 2006.
44. J. A. Gonsalves de Mello, 1967, p. 42.
45. Frei Manuel Calado, 1987, p. 81-83.
46. J. A. Gonsalves de Mello, 1967, p. 27 e 30.
47. AHU, Pernambuco, doc. 404. Carta do capitão D. Diogo P. Camarão, Recife, 24 de junho de 1650.
48. AHU, Pernambuco, doc. 406. Carta de Henrique Dias, Recife, 1º de agosto de 1650.
49. J. A. Gonsalves de Mello, 1967, p. 17-18 e 43.

50. Frazão de Vasconcelos, 1940, p. 35.
51. Idem, p. 24-26.
52. IANTT, Registro Geral das Mercês (RGM), D. Afonso VI, liv. 19, fls. 216-217.
53. IANTT, HOS, letra A, maço 6, nº. 59.
54. Antônio J. de Mello, 1858, t. II, p. 239-241.
55. IANTT, Habilitação da Ordem de Avis (HOA), letra D, maço 1, nº. 1.
56. Idem.
57. Francis Dutra, 1979, p. 29 e 30.
58. IANTT, RGM, D. Pedro II, liv. 5, fl. 145v. (12/1/1694).
59. IANTT, HOS, letra A, maço 6, nº. 10.
60. IANTT, COS, liv. 27 p. 78-81 e 89-90v. Encontrei as cartas de hábito a partir de Francis A. Dutra, 2002, p. 245.
61. Cartas de hábitos: Martim Afonso de Sousa (1571), Manuel de Sousa (1644), Antônio Arco Verde (1679), Sebastião Camarão (1688). Não se tem notícia da carta de Felipe Camarão, apenas a promessa de uma comenda (1641).
62. Maria Fernanda Bicalho, 2007.
63. Fernanda Olival, 2001, p. 172.
64. John Hemming, 1978, p. 372-373.
65. AHU, Ceará, doc. 65. Requerimento dos índios da Serra da Ibiapaba ao rei D. João V, ant. 12 de outubro de 1720.
66. Pedro Souto Maior, 1913, p. 403.
67. Frei Manuel Calado, 1987, p. 189.
68. Registro de uma carta de Sua Majestade. *Documentos Históricos*, 16: 466-467, 1930.
69. Duarte. de A. Coelho, 2003, p. 249 e 335.
70. F. Fernandes, 1989, p. 268.
71. Para a atuação dos potiguares (potiguara), ver Fátima. M. Lopes, 2003.
72. Enrique Soria Mesa, 2007, p. 124.
73. Giovanni Levi, 2000.
74. Frazão Vasconcelos, 1948, p. 29.
75. Idem, 1948, p. 31.
76. AHU, Pernambuco, doc. 3041. Requerimento do sargento-mor, capitães... [ant. 1º de abril de 1726].
77. AHU, Pernambuco, doc. 609. Consulta do Conselho Ultramarino à rainha... Lisboa, 9 de julho de 1659.
78. Kalina V. Silva, 2002.
79. J. A. Gonsalves de Mello, 1967, p. 20-21.
80. No espaço deste capítulo não será possível comparar os vários pontos em comum entre os casos da América portuguesa e da Nova Espanha. Para o último, consultei a excelente coletânea de Menegus Bornemann & R.A. Salvador, 2005, p. 46.

81. IANTT, RGM, D. Afonso VI, liv. 19, fl. 464.
82. F. A. Pereira da Costa, 1983, v. 3, p. 45.
83. IANTT, Chancelaria de D. Pedro II, liv. 51, fl. 126.
84. IANTT, RGM, Ordens, liv. 9, fl. 279v (20/1/1674); RGM, liv. 3, fl. 31v (9/4/1683).
85. IANTT, COA, Livro 17, folio 367v (20/11/1679). IANTT, Mesa da Consciência e Ordens, consultas COM 179 (26/3/1683).
86. IANTT, RGM, D. Pedro II, liv. 4, fls. 247-249v.
87. Manuel dos Santos, 1986, p. 96.
88. F.A. Pereira Costa, 1983, v. 4, p. 407-409.
89. Idem, v. 5, p. 329.
90. Enrique Soria Mesa, 2007, p. 135.
91. IANTT, Chancelaria de D. João V, liv. 56, fl. 151v.
92. F. A. Pereira da Costa, 1983, v. 5, p. 328.
93. Idem, p. 28.
94. Idem, p. 331.
95. AHU, Pernambuco, doc. 3797. Carta de Duarte Pereira Tibão a D. João V, Recife, 10 de março de 1732.
96. Não disponho de informações seguras para delimitação uma nova identidade indígena nem entender o processo de etnogênese em questão. Prefiro, portanto, indicar uma incorporação. Nesse caso, a simplicidade é uma estratégia para evitar os delírios. Para um excelente balanço sobre o conceito de etnogênese, ver: J. Monteiro, 2001, p. 53-78; G. Boccara, 1998.
97. Maria I. Pires, 1990. Sobre as guerras no Império, ver: M. T. Barata & N.S. Teixeira, 2004, v. 2, p. 282-300; Pedro Puntoni, 1998.

Bibliografia

ALMEIDA, M.R.C. de. *Metamorfoses indígenas*. Rio de Janeiro: Arquivo Nacional, 2003.

BARATA, M.T. & TEIXEIRA, N.S. (dirs.). *Nova história militar de Portugal*. Lisboa: Círculo de Leitores, 2004, v. 2, p. 282-300.

BICALHO, Maria Fernanda. "Inflexões na política imperial no reinado de D. João V". *Anais de História de Além-mar,* vol. VIII, 2007.

BOCCARA, G. *Guerre et Ethnogenèse mapuche dans le Chili Colonial*. Paris: L'Harmattan, 1998.

CALADO, frei Manuel. *O valeroso Lucideno*. São Paulo/Belo Horizonte: Edusp/Itatiaia, 1987, p. 81-83.

CARDIM, Fernão. *Tratados da terra e gente do Brasil*. Lisboa: CNCDP, 1997, p. 265.

CARVALHO JÚNIOR, Almir D. de. *Índios cristãos — A conversão dos gentios na Amazônia Portuguesa (1653-1769)*. Tese de doutorado. Campinas: Unicamp, 2005.

COELHO, Duarte de A. *Memórias diárias da Guerra do Brasil*. São Paulo: Beca, 2003, p. 249 e 335.

CONSENTINO, Francisco C.C. *Governadores-gerais do Estado do Brasil (séculos XVI e XVII)*, tese de doutorado. Niterói: UFF, 2005, p. 170-176.

COSTA, F.A. Pereira da. *Anais Pernambucanos*. Recife: Fundarpe, 1983, v. 3, p. 45.

DUTRA, Francis. "Membership in the Order of Christ in the seventeenth century". *The Americas*, 27: 3-25, 1970.

______. "A hard-fought struggle for recognition". *The Americas*, 56:91-113, 1999, p. 102-103.

ELIAS, Norbert. *O processo civilizador*. Rio de Janeiro: Jorge Zahar Editor, 1983.

FERNANDES, F. *A organização social dos tupinambás*. São Paulo/Brasília: Hucitec/UnB, 1989.

GREENE, Jack P. "Transatlantic Colonisation and the Redefinition of Empire in the Early Modern Era. In: ______. *Negociated Empires*. Londres: Routledge, 2002.

HEMMING, John. *Red Gold*. Londres: Macmillan, 1978, pp. 372-373.

Inventários dos livros das portarias do Reino. Lisboa: Imprensa Nacional, 1909, v. 1, p. 94.

LEVI, Giovanni. *A herança imaterial*. Rio de Janeiro: Civilização Brasileira, 2000.

LOPES, Fátima M. *Índios, colonos e missionários*. Mossoró: Fundação Guimarães Duque, 2003.

MATTOS, Hebe. "Henrique Dias: expansão e limites da justiça distributiva no Império Português". In: Ronaldo Vainfas et al. (org.). *Retratos do Império*. Niterói: Eduff, 2006.

MELLO, Antônio J. de. *Biografias de alguns poetas e homens ilustres*. Recife: Typographia Universal, 1858, t. II, p. 239-241.

MELLO, J.A. Gonsalves de. "D. Antônio Felipe Camarão". In: *Restauradores de Pernambuco*, Recife, Imprensa Universitária, 1967.

______. "Henrique Dias". In: *Restauradores de Pernambuco*. Recife: Imprensa Universitária, 1967.

MENEGUS BORNEMANN, M. & SALVADOR, R. A. (coords.). *El cacicazgo en Nueva Espana y Filipinas*. México: Universidad Nacional Autônoma de México, 2005, p. 46.

MONTEIRO, J. *Tupis, tapuias e historiadores*, tese de livre docência. Campinas: Unicamp, 2001.

OLIVAL, Fernanda. *As ordens militares e o Estado moderno*. Lisboa: Estar, 2001.

______. "Juristas e mercadores à conquista das honras". *Revista de História Económica e Social*, 4, 2002, p. 17.

______. "Norte de África ou Índia? Ordens militares e serviços (século XVI). In: *As Ordens militares e as ordens de cavalaria na construção do mundo ocidental* — Actas do IV Encontro sobre Ordens Militares. Lisboa: Edições Colibri/Câmara Municipal de Palmela, 2005.

______. "Rigor e interesses: os estatutos de limpeza de sangue em Portugal". *Revista de Estudos Sefarditas*, 4:151-182, 2004.

______. *Structural changes within 16th-century Portuguese Military Orders, E-JPH*, 2, 2004.

PARENTE, Bento Maciel. "Memorial". In: F.A. Varnhagen. *História geral do Brasil*. São Paulo: Edusp, 1981, v. 1, t. 2, p. 218-219; v. 3, t. 5, p. 269.

PIRES, Maria I. *Guerra dos bárbaros*. Recife: Fundarp/Cepe, 1990.

PUNTONI, Pedro. *A guerra dos bárbaros*. São Paulo: Hucitec, 1998.

RAMINELLI, Ronald. *Viagens ultramarinas*. São Paulo: Alameda, 2008, pp. 47-55.

RODRIGUES, José Honório. *História da história do Brasil; 1ª parte: Historiografia colonial*. São Paulo: Companhia Editora Nacional, 1979, p. 82-83.

SALVADOR, frei Vicente do. *História do Brasil; 1500-1627*. Belo Horizonte/São Paulo: Itatiaia/Edusp, 1982, p. 187.

SANTOS, Manuel dos. *Calamidades de Pernambuco*. Recife: Fundarp, 1986, p. 96.

SHILS, Edward. *Center and Peripheries*. Chicago: The University of Chicago Press, 1975.

SICROFF, Albert. *Los estatutos de limpieza de sangre*. Madri: Taurus, 1979.

SILVA, Kalina V. "Os Henriques nas vilas açucareiras do Estado do Brasil". *Estudos de História*. Franca, v. 9, nº 2, 2002.

SORIA MESA, Enrique. *La nobleza en la España moderna*. Madri: Marcial Pons, 2007.

SOUTO MAIOR, Pedro. "Fastos pernambucanos". *Revista do Instituto Histórico Brasileiro*. Rio de Janeiro, 75, 1ª parte, 1913.

VARNHAGEN, F.A. de. *História geral do Brasil*. São Paulo: Edusp, 1981, v. 1, t. II, nº 74, p. 158. VASCONCELOS, Frazão de. *Henrique Dias; herói da Restauração de Pernambuco*. Lisboa: Agência Geral das Colônias, 1940, p. 35.

PARTE IV Cultura e organização político-administrativa

CAPÍTULO 10 Guerras na Europa e reordenação político-administrativa

*Marília Nogueira dos Santos,*Maria Fernanda Bicalho e Maria de Fátima Gouvêa***

Península Ibérica, 1° de dezembro de 1640. Portugal recuperava frente à Espanha sua autonomia e aclamava D. João IV seu novo rei, o primeiro da dinastia dos Bragança. Seguiram-se 25 anos de guerra. Três anos depois de vencida a última batalha, a independência de Portugal foi reconhecida e ratificada em 1668.

As tramas institucionais e jurisdicionais que teceram a política monárquica e imperial portuguesa sob a égide dos Bragança basearam-se em distintos modos de resolver e despachar os negócios. Por um lado, o regime conciliar ou governo dos conselhos e tribunais, hegemônico até o final do século XVII. Por outro, a partir de inícios da centúria seguinte, embora não se excluísse inteiramente a consulta aos conselhos, procedeu-se a uma mudança dos centros de decisão política, destacando-se, no arbítrio de negócios mais importantes, as

*Professora da Universidade Federal do Rio de Janeiro.
**Professoras da Universidade Federal Fluminense.

secretarias de Estado e diversas juntas, apontando para um governo de caráter ministerial.[1]

Pedro Cardim, referindo-se à historicidade dos termos "governo" e "administração" no Antigo Regime, afirma que o que designamos por Coroa não era algo unitário, e sim um agregado de órgãos e de interesses, conferindo ao governo monárquico uma experiência política que, apesar da centralidade do rei, não se restringia a um único núcleo decisório. Em outras palavras, o termo Coroa implicava uma pluralidade de espaços de decisão, conselhos, secretarias e tribunais que configuravam o exercício de um poder partilhado.[2]

Embora não se possa falar de uma típica hierarquia entre os tribunais régios, nos moldes do que atualmente designamos por hierarquia administrativa, o Conselho de Estado assumiu, ao longo dos séculos XVI e XVII, uma posição de destaque. Também conhecido como Conselho do Rei, por desempenhar funções consultivas e decisórias junto ao monarca, era composto por um número restrito de conselheiros, provenientes das principais famílias aristocráticas do reino.[3]

Vários outros tribunais com funções mais especializadas partilhavam o processo consultivo e decisório na monarquia portuguesa.[4] Entre eles o Conselho Ultramarino, órgão que arbitrava junto ao rei matérias relacionadas aos seus domínios na América, na África e no Estado da Índia. Criado em 1642, em meio aos conflitos decorrentes da Restauração, sua primeira reunião ocorreu em dezembro de 1643. A conjuntura política na qual foi criado, as disputas de jurisdição com o Conselho da Fazenda, o Desembargo do Paço e a Mesa de Consciência e Ordens, assim como a política tecida por seus membros durante todo o período de guerra — quando o Império, tanto no Atlântico quanto no Índico, correu o risco de ser fracionado — foram analisadas por Edval de Souza Barros.[5] As opções traçadas por seus ministros — uma vez que não houve um projeto colonial sistemático — constam das consultas dirigidas ao rei. Essas se constituíram na caixa de ressonância de solicitações, problemas e inquietações que povoaram os domínios ultramarinos, eram respostas às demandas dos vassalos e aos conflitos surgidos no ultramar, fruto das negociações entre diversas personagens e diferentes instâncias da sociedade e da administração imperial. Não se pode, no entanto, descartar que a política no Antigo Regime dependia, além da consulta a órgãos colegiados, dos recursos e das alianças constituídas por redes de interesses, amizade, parentesco e clientela entre os agentes comerciais, políticos e administrativos, tanto no reino quanto no ultramar.[6]

Guerras e corsários no Atlântico: África, América e Oriente

Com os Bragança no poder, não só o reino, conflagrado por disputas, conflitos e guerras, passou por mudanças. Também no ultramar essas se fizeram sentir. Antes mesmo da Restauração, ainda sob a união das duas coroas, o Estado da Índia vinha sofrendo constantes ataques holandeses, perdendo grande parte de suas fortalezas e amargando momentos de crise. Com o fim, em 1621, da trégua dos Doze Anos entre os Países Baixos e Castela, a ação da Companhia das Índias Orientais (VOC) incidiu sobre as possessões e as redes comerciais controladas pelos portugueses. Após nova trégua (1641-51), dessa vez entre Países Baixos e Portugal, as hostilidades luso-holandesas recrudesceram entre 1652 e 1661, quando o Estado da Índia se viu mais intensamente atacado e subtraído pelas investidas da VOC.

No Oriente, o maior golpe sofrido constituiu-se na conquista de Malaca pelos holandeses em 1641,[7] dezenove anos depois de Portugal ter perdido sua mais rentável fortaleza, Ormuz, além das praças de Ugulim e ilhas Maluco, em 1622.[8] No entanto, esse não seria o único período conturbado vivido nos Seiscentos pelo Estado da Índia. A década de 1650 também assistiria a grave crise. A presença lusitana no Ceilão, que havia muito vinha sendo posta em xeque, desapareceu por completo entre 1656 e 1658, com a perda das fortalezas de Columbo e Jafanapatão.

Os cenários de guerra desdobraram-se pelo Atlântico, envolvendo portugueses, espanhóis e holandeses. Esses ocuparam o nordeste do Brasil em 1630 e em 1641 instalaram-se em Angola. Havia muito que os holandeses disputavam a soberania territorial e a supremacia das redes mercantis que ligavam a América à África. Em maio de 1624, a Bahia tornou-se alvo da investida da Companhia das Índias Ocidentais (WIC), criada em 1621. Embora chegasse a controlar a cidade e parte do recôncavo, o contra-ataque ibérico não tardou. Uma grandiosa operação militar, conhecida como "jornada dos vassalos", composta por 52 navios, transportando 12.566 homens e 1.158 canhões, sob o comando de D. Fradique Toledo e de D. Manuel de Meneses, com uma representativa participação da nobreza portuguesa, partiu de Cabo Verde em fevereiro de 1625, chegando à Bahia em finais de março. Após um mês de cerco, os holandeses se renderam.[9]

Várias outras escaramuças se sucederam. Salvador Correia de Sá e Benevides, que navegava do Rio de Janeiro em socorro da Bahia, com homens, armas, munição e mantimentos, foi surpreendido por quatro navios holandeses em março de 1625, na altura do Espírito Santo. Comandada por Piet Heyn, a expedição, que zarpara da Baía de Todos os Santos, rumava para Luanda, com o objetivo de conquistá-la. O ataque às forças luso-brasileiras comandadas por Salvador de Sá foi desastroso e Piet Heyn perdeu ali duas vezes mais homens do que no anterior cerco à Bahia. Para C.R. Boxer, isso se deveu à "destreza dos índios arqueiros que Salvador de Sá trouxera consigo dos aldeamentos fundados pelos jesuítas nas capitanias do Rio de Janeiro e São Vicente".[10]

Piet Heyn voltaria a atacar a Bahia em março e em junho de 1627, apresando dezenas de embarcações, amealhando importante butim de cerca de três mil caixas de açúcar. Sua carreira de corso foi coroada em 1628, com a captura da frota de prata proveniente da Nova Espanha, na baía de Matanzas, em Cuba. Ainda de acordo com Boxer, os proventos amealhados levaram a Companhia das Índias Ocidentais a se sentir encorajada a deflagrar outra invasão ao Brasil, conquistando, em 1630, Pernambuco e as capitanias adjacentes.[11]

Os holandeses não se descuravam do outro lado do Atlântico. O litoral africano — desde a altura de Cabo Verde até Benguela — foi alvo, em 1625, de incursões corsárias sob o comando de Philips van Zuylen. Em outubro do mesmo ano, uma esquadra composta por 19 embarcações capitaneadas por Jan Dirckszoon Lam rumou para a fortaleza de São Jorge da Mina, com o objetivo de apossar-se do mais antigo entreposto europeu de escravos na África ocidental. Naquela altura os invasores foram destroçados por lusos e africanos. Somente em 1637 o entreposto de São Jorge da Mina seria conquistado pela Companhia, que levantou feitorias em Pinda, Soyo e Loango, no Congo. Iniciava-se, então, o envolvimento regular dos holandeses no tráfico negreiro, reforçado, a partir de 1641, pela conquista de Luanda e de Benguela e dos portos satélites de São Tomé e Ano Bom.[12] Como afirma Luiz Felipe de Alencastro, "na estratégia holandesa, os portos comerciais do Atlântico português se apresentavam como alvos conjugados".[13]

No continente europeu, o Tratado de Tréguas luso-holandês, assinado por dez anos, em 1641, congelava os confrontos. No contexto da Guerra dos Trinta Anos, aguçado por conflitos entre Castela e Países Baixos, esses passaram a enviar reforços e armamentos a Lisboa, em ajuda à nova dinastia contra retaliações de Madri. Desde 1635, a França, principal inimiga dos Habsburgo, surgia como aliada natural de Portugal, ao apoiar a causa bragantina. Incentivava a trégua luso-holandesa, a fim de que os Estados Gerais concentrassem, na Europa, seus esforços contra Castela. A tática ofensiva de D. João IV no continente inseria-se numa estratégia comum contra os Habsburgo na península, uma vez que tropas francesas atuavam na Catalunha. A vitória portuguesa em Montijo (26 de maio de 1644), um dos episódios mais celebrados em crônicas e memórias da guerra, teve repercussão internacional, servindo tanto para "demonstrar empenho na estratégia do aliado francês como para ocupar as tipografias do reino e da Europa".[14]

Em relação ao Atlântico e à presença holandesa em Pernambuco e em Angola, D. João IV achava-se com mãos atadas. Caso a combatesse diretamente, rompendo a trégua, arriscava perder o apoio dos Países Baixos e quiçá da França contra o inimigo comum, expondo as feitorias da Índia às represálias da VOC.[15] As primeiras negociações que levariam à Paz de Westfália iniciaram-se em Münster e Osnabrück, em 1644. De acordo com Luiz Felipe de Alencastro,

> à medida que se esboça o quadro das pazes na Europa, dois campos se formam na Corte. De um lado se postavam os "diplomatas", do outro os "belicistas". Dentre os primeiros, sobressaíam o padre Antônio Vieira, Sousa Coutinho, embaixador em Haia, e alguns fidalgos de escol. Todos favoráveis à guerra defensiva, de fronteira, contra a Espanha e à paz negociada com a Holanda. Mesmo se o preço a pagar fosse a entrega de Pernambuco e de Angola à WIC. Mercadores operando na Ásia também se juntaram a esse campo, temerosos de que as batalhas do Atlântico suscitassem ataques da VOC no que restava do Estado da Índia. Em face, se situavam os "belicistas", persuadidos de que Portugal conseguiria, sozinho, se livrar de seus dois poderosos rivais.[16]

No entanto, independentemente das posições da corte lisboeta e desdenhando as discussões nos fóruns diplomáticos europeus, os pernambucanos se "alevantaram" "à custa de seu sangue, vidas e fazendas, até que conseguiram, por suas próprias mãos e com seu invencível valor, a expulsão de seus inimigos".[17] Antes mesmo de o conseguirem, a notícia da reconquista de Angola pela esquadra luso-fluminense comandada por Salvador de Sá provocaria uma verdadeira revolução no rumo das negociações: "Apoiando até então o tratado de paz com os Estados Gerais, a maioria dos conselheiros régios troca de partido, passando a achar que Portugal podia, agora sim, arrostar holandeses e espanhóis."[18] Enfim, ganhava concretude nas opções estratégicas dos diferentes agentes do Império português — sobretudo no Atlântico — a máxima tantas vezes reafirmada: "Porque sem Angola não se pode sustentar o Brasil, e menos Portugal sem aquele Estado."[19] A reconquista de Angola fora decisiva para os rumos seguidos pela guerra na Europa e no ultramar, assim como para a afirmação da monarquia portuguesa restaurada, cada vez mais dependente dos rendimentos das alfândegas no Atlântico Sul.

O primeiro tratado de Haia, assinado em agosto de 1661, reconheceu a restauração portuguesa no Nordeste, em troca de vultosa indenização. Porém, apenas em 1669, com a assinatura do segundo tratado, os conflitos luso-holandeses no ultramar tiveram fim. No Oriente, a VOC conquistara Cochim e Cananor. Em 1669, a Coroa portuguesa abriu mão tacitamente dessas duas praças no Índico como garantia do pagamento da indenização à WIC no Atlântico. Empenhou 500 mil cruzados em sal de Setúbal. Segundo Evaldo Cabral de Mello, o acordo acarretava a cessão, por vinte anos, de importante fonte de receita, pois o sal constituía o segundo produto da pauta de exportação de Portugal. No entanto, salvaguardavam-se o Brasil e Angola, ou seja, a espinha dorsal do Império português a partir da segunda metade do século XVII.[20]

A paz com a Espanha, colocando fim à Guerra da Restauração, fora assinada em fevereiro de 1668. Ao mesmo tempo, renovava-se a antiga aliança luso-britânica, embora com feição moderna, que iria perdurar por todo o século XVIII: a troca de proteção política, sobretudo no que dizia respeito aos territórios ultramarinos, por apoio nos conflitos continentais e vantagens econômicas no reino e no Império.[21] Ao primeiro tratado, firmado com Carlos I, em 1642, seguiu-se o de 1654, para enfim consolidar-se em 1661 uma duradoura aliança, dessa vez selada com o casamento de D. Catarina de Bragança com Carlos II da Inglaterra. Os anos que se seguiram à Restauração portuguesa foram movimentados tanto na península como, e principalmente, nas conquistas. Em 1665, Portugal vencia a batalha de Montes Claros e punha fim à guerra com a Espanha.

De D. Afonso VI a D. Pedro II: equilíbrios internos e desafios externos

Com a morte de D. João IV — antecedida em três anos pela de seu herdeiro, o príncipe D. Teodósio — D. Afonso tornava-se candidato natural ao trono. Em novembro de 1656, pouco mais de uma semana de luto pelo falecimento de seu pai, celebrou-se a cerimônia de “levantamento e juramento” de D. Afonso VI, início oficial de seu reinado e primeira transmissão do poder na dinastia de Bragança. Como o jovem rei não havia ainda completado 14 anos, sua mãe, D. Luísa de Gusmão, assumiu a regência. Tanto a regência de D. Luísa (1656-62) quanto o curto reinado de D. Afonso VI (1662-68) foram tempos conturbados pela guerra e por disputas políticas no interior da corte entre diferentes facções da nobreza. Tais disputas, assim como a fragilidade física e, como se dizia, mental do jovem rei, levaram a que, em 1668, os três braços do reino reunidos em cortes deliberassem ser D. Afonso incapaz de governar. Seu irmão, D. Pedro, foi então legitimado herdeiro do trono, exercendo a regência de Portugal até 1683, quando, após a morte de D. Afonso VI, assumiu plenamente o governo do reino como D. Pedro II.[22]

Guerra vencida, novo rei entronizado, Portugal parecia poder voltar mais detidamente sua atenção para o ultramar. A segunda metade do século XVII testemunhou um conjunto de mudanças no eixo dinâmico do Império português. Com a "viragem atlântica",[23] as possessões orientais assumiram um plano secundário. Redefinia-se o poderio das monarquias europeias nos âmbitos continental e ultramarino. Portugal e Castela, dominantes durante a *era* dos Descobrimentos, perdiam a dianteira para novas potências que se lançaram à conquista de entrepostos e mercados coloniais. A concorrência nos mares e nos longínquos territórios passou a se entrelaçar cada vez mais com as questões que pontuavam a disputa pela hegemonia no interior da Europa. Equilíbrio europeu e concorrência colonial tornaram-se os dois lados de uma mesma moeda, marcando a política e a diplomacia portuguesas durante toda a centúria seguinte.[24]

Já na década de 1670 podem-se perceber alguns indícios dessa mudança. Na parte oriental do "Império marítimo português", assistiu-se ao que Charles Boxer denominou de "estagnação e retração", com duração de quase um século, de 1663 a 1750.[25] Outros historiadores relativizam, no entanto, o argumento da decadência. Sanjay Subrahmanyam afirma que o "Império português na Ásia e na África oriental" não é objeto de uma produção historiográfica especializada. Se os estudos sobre a Ásia no século XVII subestimam a presença lusa no continente, os historiadores que se dedicam ao tema da expansão nos Seiscentos preferem centrar sua atenção no Atlântico, com especial destaque para o Brasil. Contrariando essa tendência, Subrahmanyam se detém sobre essa conjuntura particular a fim de analisar a permanência portuguesa no Oriente entre 1665 e 1700. Privilegia alguns eixos espaciais, como a rota do Cabo e o comércio da Bahia, demonstrando como Índico e Atlântico se ligavam estreitamente durante todo o período. Voltando-se para Moçambique, analisa a relação entre o Monomotapa e a criação dos prazos, o que conferiu aos prazeiros uma grande autonomia. Autonomia também partilhada pelos portugueses do golfo de Bengala, o que possibilitou, em parte, a sobrevivência de Macau e de Timor no Extremo Oriente. Compara a atuação comercial de portugueses, holandeses e ingleses e afirma que se Portugal perdera espaço na rota do Cabo para batavos e britânicos, as tão bem-sucedidas companhias holandesas e inglesas, diferentemente do que se supunha, tiveram inspiração no modelo e reproduziram as tramas do comércio português no Oriente. Conclui que a permanência portuguesa naquelas paragens deveu-se, em grande parte, a dois fatores: o considerável grau de autonomia de alguns de seus territórios e agentes e a crescente dependência do comércio oriental em relação ao Atlântico em geral e à Bahia em particular.[26]

Francisco Bethencourt defende, ao contrário, que em finais do século XVII os territórios portugueses do Estado da Índia reduziam-se praticamente a Goa, Província do Norte, Macau, Solor, Timor, Moçambique e ao vale do Zambeze. A seu ver, o sistema de fortalezas, que teve seu ápice em 1630, havia sido totalmente destruído décadas depois, em meio à primeira conjuntura de crise:

> O Império do Oriente resistiu aos concorrentes europeus e aos poderes emergentes da Ásia durante cerca de 60 anos, revelando uma certa capacidade de resposta e de busca de alternativas para a perda de soberania nos mares, tanto a nível estatal quanto privado. As perdas em massa de meados do século resultam de uma concentração de forças de pressão que se tornam insustentáveis para uma estrutura cuja erosão se tinha iniciado de forma visível nas últimas décadas do século XVI.[27]

Já para Boxer, "se em 1700 o Brasil era de longe a joia mais lucrativa da Coroa portuguesa, a Índia era ainda a [conquista] mais prestigiosa". Havia muito que o centro econômico do Império se deslocara de Goa para Salvador, embora a pequena nobreza da Índia se autorreferisse como "a única verdadeira nobreza com classe e garbo", jactando-se de que, "comparativamente, a de Portugal era mera sombra".[28]

As décadas de 1680 e 1690: achamento do ouro e comércio de escravos

Uma das características da regência e do reinado de D. Pedro II consistiu numa política que visava a melhor enraizar a administração portuguesa no Estado do Brasil por meio de duas principais frentes de ação. Nos anos de 1675-76, foram criados os bispados de Olinda e do Rio de Janeiro e o da Bahia foi alçado à condição de arcebispado. Já em fins da década de 1670, D. Pedro outorgou capitanias na parte meridional da América, concedendo terras até a embocadura do rio da Prata. Essas medidas culminaram na criação, em 1680, da Nova Colônia de Sacramento.[29] Ambos os processos parecem evidenciar um maior entrosamento da política portuguesa em relação a seus territórios banhados pelo Atlântico.

Coincidentemente, o período fez-se também importante pela expansão do tráfico ultramarino de escravos. Enquanto Portugal selava na Europa o fim da união dinástica, na África fazia valer sua força frente às tropas congolesas, ao vencer a batalha de Ambuíla.[30] Após essa vitória, grupos que outrora haviam se aliado aos portugueses e que, progressivamente, passaram a rivalizar no controle das rotas do tráfico no continente africano foram eliminados, abrindo caminho para a consolidação da presença portuguesa em Angola, que veio a se constituir no principal entreposto negreiro d'África.

Já na América, a descoberta do ouro introduziu um novo elemento a reforçar seu papel de destaque no interior do Império, em decorrência e na contramão do progressivo declínio da influência dos portugueses no comércio do Oriente. As perdas de territórios no Índico e a queda de receitas na rota do Cabo se conjugaram com a ampliação do raio de ação de grupos comerciais rivais, especialmente após o fim da União Ibérica.[31]

Destaca-se nesse contexto a criação de novos cargos administrativos no ultramar, dentre eles o ofício de secretário de Estado dos governos de Angola e das capitanias do Rio de Janeiro e do Maranhão em 1688.[32] Em 1696, foi criado o cargo de juiz de fora na Bahia, no Rio de Janeiro e em Pernambuco,[33] medida encarada não raro pela historiografia como um claro reforço do poder régio no ultramar.[34] Não há, no entanto, consenso em torno dessa visão, uma vez que esses oficiais nem sempre estiveram alheios a um conjunto de interesses locais, aos quais muitas vezes se aliavam.

A reflexão aqui desenvolvida parte também de um ponto de vista que considera a ação da Coroa uma das várias agências que compunham e integravam a cadeia dos poderes relacionais. Em termos do objeto considerado, as relações travadas entre os diversos espaços imperiais e suas sedes metropolitanas podem e devem ser consideradas a partir de uma perspectiva relacional do poder, bem como de uma estratégia que vincule poder e saber. Esse aspecto é de grande importância, na medida em que possibilita perceber o importante papel desempenhado pela ocupação sequencial de diferentes cargos por um mesmo oficial régio, o que incidia no acúmulo de informações e experiências em um único indivíduo, por meio de sua movimentação por diferentes instâncias administrativas e espaciais no interior do complexo imperial português.[35]

Em fins da década de 1680, a Coroa — através do próprio D. Pedro II — passou a interferir mais diretamente no processo de seleção de governadores de certas áreas no ultramar, situação bem exemplificada pelo caso da administração da capitania de Pernambuco. Essa era uma região-chave na América portuguesa. Por um lado, devido à importância da economia açucareira com base no uso da mão de obra escrava africana;[36] por outro, em função de a Restauração portuguesa ter vivido ali, quando da expulsão dos holandeses, um dos mais importantes cenários das lutas que acabaram por consolidá-la. Fato que concorreu para o significativo fortalecimento do poder dos grupos locais da região em relação ao Atlântico Sul.

Redes governativas: trajetórias individuais, tráfico negreiro e Companhia de Comércio da Índia

Não foi sem razão que D. Pedro II resolveu nomear "sem consulta, nem decreto" o almotacé-mor do reino, Antônio Luís Gonçalves Câmara Coutinho, governador da capitania de Pernambuco em 1689.[37] Seu estatuto social era o instrumento através do qual seria possível restaurar o "respeito desejável" e o "temor do súdito" na capitania, como bem destacou seu ajudante de ordens, o oficial da guarda Gregório Varela de Berredo Pereira, natural de Pernambuco.[38] Câmara Coutinho buscou explicitar de modo enfático sua condição de representante direto da pessoa régia.

Na Bahia, a instabilidade administrativa aumentava em face do desastroso governo de Antônio de Sousa (1682-84),[39] gerando uma situação política tensa, acentuada pela epidemia que a assolou no final da década e pela instauração de uma junta governativa após a morte do governador-geral Matias da Cunha, em 1688. Adicione-se ainda o motim das tropas portuguesas estacionadas no recôncavo. Em razão dessa instabilidade política, Câmara Coutinho acabou nomeado para o cargo de governador-geral do Estado do Brasil, em 1690, um ano após ter iniciado seu governo em Pernambuco. Nesse ínterim, foram também nomeados para os governos do reino de Angola e da capitania do Rio de Janeiro João de Lencastre (1688-1691) e Luís César de Meneses (1690-1693). Ambos ocupariam posteriormente o posto de governador-geral do Estado do Brasil. Lencastre entre 1694 e 1702 e Meneses entre 1705 e 1710. Esses três oficiais régios, intimamente associados e investidos quase que consecutivamente nos principais cargos administrativos no Atlântico Sul, formavam uma espécie de tríade governativa.

Câmara Coutinho era primo[40] de João de Lencastre, cuja irmã, Mariana de Lencastre, era esposa de Luís César de Meneses. Esse casamento fazia dos dois governadores cunhados e resultou no nascimento de mais dois homens que também prestaram serviços aos monarcas portugueses: Rodrigo César de Meneses, primeiro governador da capitania de São Paulo (1721-27) após sua separação da capitania de Minas Gerais e, posteriormente, governador do reino de Angola (1733-38);[41] e Vasco Fernandes César de Meneses, que governou o Estado da Índia (1712-17), alcançando mais tarde o posto de vice-rei do Estado do Brasil (1720-35).[42]

Não eram apenas as relações de parentesco que conectavam esses homens.[43] Entrelaçavam-nos de modo muito particular interesses econômicos e políticos. Relacionavam-se com figuras de grande destaque e eminência social no cenário político da corte de Lisboa, como o conde de Val de Reis, presidente do Conselho Ultramarino, Mendo de Foyos Pereira, secretário de Estado em Lisboa; Roque Monteiro Paim, secretário de Estado das mercês; e o desembargador José de Freitas Serrão, membro do Conselho Ultramarino.[44]

Bahia, Rio de Janeiro e Angola eram pontos nevrálgicos tanto das rotas mercantis quanto das redes pelas quais a governação portuguesa se movimentava. A presença desses oficiais marcou um momento particular na história do Atlântico Sul, na medida em que juntos procuraram estabelecer melhores condições para expansão do tráfico de escravos de Angola para o Brasil. Isso também favoreceu a ação da Coroa frente à atuação de grupos mercantis situados no Rio de Janeiro, que há tempos vinham contrabandeando alimentos com a região do rio da Prata. Vale dizer que essa conexão mercantil escapava às tentativas de controle da Coroa, a despeito do recente estabelecimento da Colônia de Sacramento.

Em 1692, João de Lencastre viajou de regresso a Portugal, após ter terminado seu governo em Angola. Hospedou-se com o seu primo Câmara Coutinho, então governador-geral do Brasil, na Bahia, onde permaneceu por cerca de quatro meses.[45] Essa estada constituiu-se em momento importante para que estabelecesse contatos com figuras e grupos de peso político no recôncavo. Dentre outros, lá estavam o já citado almotacé-mor do reino e governador-geral do Brasil, Luís Gonçalves Câmara Coutinho, além do padre Antônio Vieira. Ambos escreveram missivas recomendando ao rei, de modo muito especial, a pessoa de João de Lencastre.

A ampla movimentação política, tanto por parte de eclesiásticos quanto de homens-bons de Salvador, em torno da sugestão da nomeação de Lencastre para o governo-geral do Brasil parece revelar a existência de uma sofisticada engenharia política em prol do bom governo da América portuguesa. Engenharia que confiava na possibilidade de determinados grupos participarem e intervirem no processo de escolha daqueles que viriam a ocupar alguns dos mais altos postos governativos na América. Lencastre foi enfim nomeado para o governo-geral em 1694 e sua administração foi celebrizada pelo avanço da expansão territorial — e a consequente descoberta das minas de ouro nas Gerais — bem como do tráfico de escravos africanos. Esse oficial régio havia enraizado sólidos interesses negreiros desde sua administração em Angola. Sua atuação nesses dois campos revela um aprofundamento da governabilidade portuguesa no Atlântico.

Concomitantemente ao governo de Lencastre na América portuguesa (1694-1702), Luís César de Meneses foi designado para o governo de Angola (1697-1701) e Câmara Coutinho para o do Estado da Índia (1698-1702). Não parece ter sido à toa que o tráfico negreiro tenha se avolumado nesse período. Segundo Roquinaldo Ferreira, à época em que governava Angola, Luís César de Meneses era responsável por 20% do tráfico de escravos, ou seja, 20% de todo o tráfico era feito diretamente pelo governador.[46] Não são raras as menções a Lencastre em sua correspondência comercial, assim como constantes são os pedidos a seus procuradores para que enviassem da Índia tecidos indispensáveis à realização daquele comércio.[47]

Ferreira destaca que, nessa dinâmica, a aguardente, ou geribita, como era chamada à época, possuía importante papel: era uma das principais moedas de troca dos negociantes luso-americanos no tráfico atlântico. No entanto, em 1679, a Coroa proíbe por dez anos o comércio da bebida sob a alegação de que "estava dizimando as tropas portuguesas". Porém, ao que tudo indica, a medida foi muito mais uma tentativa de protecionismo, uma vez que seu comércio quebrava o monopólio dos negociantes metropolitanos.[48] Foi então que Lencastre, inicialmente, e

Câmara Coutinho, depois, tiveram importante papel. Lembre-se que Lencastre governou Angola entre 1688 e 1691. Curiosamente, em 1689, findos os dez anos da proibição régia, o comércio da geribita foi liberado. E nessa liberação Lencastre, com o apoio de Câmara Coutinho no Brasil, teve papel preponderante.[49]

Segundo Luiz Felipe de Alencastro, o posicionamento de Lencastre é bem ilustrativo de como interesses pessoais e de grupos a eles associados estavam em jogo e interferiam na administração ultramarina.[50] Além de administradores de pontos-chave do Atlântico português, os homens aqui em questão também possuíam interesses ligados ao comércio negreiro. Em 1695, quando Lencastre já governava o Estado do Brasil, o comércio da geribita deixava, de fato, de ser proibido.[51] Cabe ainda destacar que, justamente nesse período, os navios da Carreira das Índias passaram a parar com mais frequência em Salvador, possibilitando o estabelecimento da rota comercial Oriente-América-África.[52] Nunca é demais reafirmar que, naquele momento, os três ministros régios aqui privilegiados ocupavam os mais altos postos da administração ultramarina.

As relações entre a Índia e a América portuguesa nem sempre são privilegiadas pela historiografia. A exceção que confirma essa regra é o estudo pioneiro e solitário de José Roberto do Amaral Lapa, *A Bahia e a Carreira da Índia*. Porém a rede governativa que estamos aqui privilegiando possibilita um olhar mais atento sobre essas relações. Dois eventos merecem destaque: a criação da Companhia de Comércio da Índia e a tentativa de resgate de Mombaça, no litoral oriental do continente africano.

Quatro anos após deixar o Estado do Brasil, em 1698, Câmara Coutinho assumiu o vice-reinado do Estado da Índia. Desde seu governo na Bahia, questões relativas ao Oriente povoavam seu cotidiano administrativo. A partir da década de 1680, os holandeses assumiam cada vez mais o controle de Canara e da costa de Malabar, o que gerou uma séria crise de abastecimento em Goa, principalmente de arroz. Na disputa Marata-Mogol,[53] Portugal seguiu uma política de aliança com ambas as partes, no sentido de conter o avanço naval dos maratas e o terrestre dos mogóis.

Em poucas palavras, "neste quadro sombrio vivido no Estado da Índia", de acordo com Luís Frederico Dias Antunes, o porto de Diu, a fortaleza de Mombaça e os rios de Cuama em Moçambique eram provavelmente as únicas zonas economicamente viáveis para Portugal no Índico.[54]

Nesse contexto D. Pedro II propôs-se a criar a Companhia de Comércio das Índias, que já havia sido aventada em ocasiões anteriores, como em 1575, em 1628 e na década de 1680.[55] A carta régia sobre o projeto de sua criação chegou ao Brasil em 1691. Nela D. Pedro ordenava a Câmara Coutinho que reunisse homens ricos em cabedais e negociantes da Bahia para que colaborassem na sua formação. Em resposta, o governador-geral informava que mandara chamar à sua presença todos os homens capazes de contribuir, embora não acreditasse ser possível arrecadar um montante considerável, uma vez que a carta régia chegara à Bahia ao mesmo tempo "que se abaixava a moeda". Mesmo pequena, e exatamente por isso, a disposição dos naturais e homens de negócio da Bahia de disponibilizar seus capitais para a formação da Companhia poderia vir a ser, do ponto de vista de Câmara Coutinho, uma maneira de demonstrar ao rei o estado de miséria em que se encontrava a capitania com a baixa da moeda.[56]

Finalmente, em 1693, simultaneamente à troca de cartas entre o rei e o governador-geral do Brasil sobre o projeto da Companhia, chegavam a Goa seus estatutos. Segundo Dias Antunes, ela teria a exclusividade do comércio da Índia, de Mombaça, de Moçambique e do pau de sândalo de Timor. Seis anos após sua criação, em 1699, quando Câmara Coutinho já havia assumido o cargo de vice-rei do Estado da Índia, seus acionistas decidiram dissolvê-la. O principal motivo foi a perda de Mombaça e, por conseguinte, a perda do comércio do marfim. No entanto, foi igualmente alegado que os lucros auferidos eram menores do que os planejados e a oposição dos Baneanes, mercadores indianos de Diu em Moçambique. Esses reclamavam que a compra do marfim pela Companhia realizava-se por meio de coerção e a preços muito baixos, sendo-lhe reservada a exclusividade do comércio dos bens mais valiosos, como, além do marfim, as tartarugas e o âmbar. A eles restava somente o comércio de bens de difícil acesso, como ouro, prata e escravos, ou dos menos rentáveis, como mantimentos.[57]

A perda de Mombaça foi um dos motivos alegados para o fim da Companhia. E uma vez mais a América se viu atrelada ao Oriente. Mombaça era uma fortaleza que servia antes de mais nada para assegurar a defesa e a presença comercial portuguesa na costa oriental da África, litoral do atual Quênia. Economicamente, era uma praça importante. Em 1594, uma alfândega foi ali criada, visando canalizar virtualmente todo o comércio da região. Cobravam-se 6% de imposto sobre tudo aquilo que era importado, mais 1% para financiamento da construção da fortaleza de Jesus, iniciada em 1593. Os navios que navegavam entre a costa Suaíli e a Índia paravam em Mombaça para que os direitos fossem pagos.[58] A fortaleza servia como uma espécie de placa giratória, ao fazer a integração entre o interior da África oriental e o litoral. Suas atividades giravam em torno, basicamente, do comércio de marfim, âmbar, tartaruga e escravos trocados por panos provenientes de Cambaia.

Corria o ano de 1694 e Câmara Coutinho se preparava para voltar ao reino depois de um governo no Brasil sem maiores sobressaltos, apesar da falta de moeda. Do outro lado do Império português, em Goa, Pedro de Noronha, então 2º conde de Vila Verde, futuro marquês de Angeja, recebia a notícia de que Pemba, também na costa oriental africana, havia sido recuperada pelos omanitas, que em 1650 haviam tomado Mascate dos portugueses. No entanto, alertava o governador de Mombaça que o "inimigo arábio" — como os omanitas eram referidos na documentação — certamente faria uma nova investida na região. Pedia que o vice-rei enviasse reforços a fim de fazer frente a essa ameaça. O vice-rei, por sua vez, decidiu enviar somente uma galeota, informando que pretendia mandar uma poderosa expedição ao golfo Pérsico, bem como uma embaixada à Pérsia. De acordo com o conde de Vila Verde, isso desviaria as atenções dos omanitas, que se concentrariam na defesa do golfo e desistiriam de atacar a África oriental.[59]

No entanto, em 1696, os árabes cercaram Mombaça. Tinha início o que Charles Boxer qualificou como "um dos mais notáveis cercos em toda a história".[60] Não só por sua duração, dois anos, mas também pela lealdade sem precedentes dos muçulmanos, principalmente do príncipe de Faza, a um rei cristão, D. Pedro II, que nunca chegaram a ver. Assim, ao longo de dois anos, os omanitas cercaram a fortaleza de Jesus, sem que nenhum socorro mais contundente fosse enviado por parte de Goa, que ao longo de todo esse tempo esteve sob o governo do conde de Vila Verde.

Em janeiro de 1698, temendo o pior, os afro-asiáticos aliados dos portugueses decidiram abandonar a fortaleza à própria sorte e partiram para Goa. Em setembro do mesmo ano, Câmara Coutinho tomou posse do vice-reinado do Estado da Índia e não tardou a agir. A 21 de novembro de 1698 zarpava do porto de Goa uma expedição composta por quatro naus e uma galeota e mais de 1.200 homens em socorro a Mombaça. Novamente, segundo Boxer, "pela primeira vez o comandante levava ordens categóricas não só para aliviar a Fortaleza de Jesus, mas também para entrar no porto de Quelindine [o que até então não tinha sido feito], destruir quaisquer navios árabes que ali encontrasse e afugentar os sitiantes[...] qualquer que fosse o risco".[61] Tarde demais! Vinte e quatro dias depois de partir de Goa, a armada avistou Mombaça, mas a bandeira vermelha de Oman já tremulava no alto da fortaleza. Diante do fracasso de sua iniciativa, Câmara Coutinho escreveu a D. Pedro II dando-lhe a triste notícia. Segundo o vice-rei da Índia, dos 1.200 homens, mil haviam morrido.

No mesmo ano de 1698, uma armada sob as ordens de Henrique Jacques de Magalhães zarpou de Lisboa em socorro de Mombaça. A perda e a necessidade de recuperação da praça africana passaram a constar de vários documentos, como um papel escrito por Antônio Coelho Guerreiro, secretário de Estado da Índia. Nele, Guerreiro invocava o argumento do bem comum, embora demonstrasse saber que a luta pela praça requereria o dispêndio de grossos cabedais. Mombaça não era importante apenas para a Índia e para Portugal, mas também para o Brasil e Angola. Nada mais justo que todos os interessados colaborassem com sua defesa e restauração. Segundo o secretário de Estado, uma vez reconquistada Mombaça aos árabes, um inimigo da fé, todo o Império seria beneficiado. A paz voltaria a reinar na Índia e o comércio floresceria, engrossando os cabedais dos súditos e do Estado. Além disso, as despesas com a empresa de reconquista seriam totalmente recompensadas por Deus.[62]

O documento foi escrito em 20 de dezembro de 1698, no entanto, em novembro já se sabia na Bahia que as forças portuguesas no litoral oriental da África necessitavam de ajuda, que não tardou em ser obtida. Segundo Amaral Lapa, a expedição que se montou na Bahia para socorrer Mombaça entrou para os anais daquela capitania pelas circunstâncias em que se deu. A sede do governo geral do Brasil passava por grandes dificuldades. Os armazéns encontravam-se vazios e o período anterior ao envio da expedição não havia sido nada bom para a lavoura. Nos relatos de época, principalmente na *História militar* de D. José Mirales, a ação do então governador-geral João de Lencastre, primo de Câmara Coutinho, foi muito destacada.[63]

Para estimular a adesão da população à causa imperial o governador mandou que seu filho Rodrigo de Lencastre assentasse praça de soldado. Parece que a iniciativa deu certo, pois "diante do inusitado exemplo dado pela autoridade, ninguém mais titubeou em partir para a luta".[64] Foi possível, com a adesão voluntária da população, arregimentar uma "luzida infantaria dos dois terços da governação desta Praça e de outros muitos moradores que voluntariamente se ofereceram, especialmente várias pessoas de conhecida nobreza", segundo Mirales.[65] O Senado da Câmara também se mobilizou para socorrer a parte oriental do Império e se ofereceu para financiar duas das companhias enviadas. As restantes ficaram a cargo de particulares, o que evitou muitos gastos à Fazenda Real.

O socorro partiu de Salvador a 27 de novembro de 1700 com duas embarcações: a nau *Nossa Senhora de Bitancor* e a fragata *Santa Escolástica*. Levavam a bordo 400 homens, distribuídos em seis companhias, gente útil à mareação, além de oficiais maiores e menores. A partida em novembro se deveu ao fato de ser a época da monção favorável à navegação para Moçambique e dali até Goa. Segundo Amaral Lapa, a expedição levava todo o necessário à longa travessia, "como se a terra estivera abundante de todos os gêneros, e mantimentos, de que se necessitava para semelhante viagem".[66] Zarparam, de acordo com Mirales, "cheios todos de prazer desejosos de mostrar o seu valor no Estado da Índia".[67] Porém, assim que atravessou a barra da Baía de Todos os Santos, o navio *Santa Escolática* virou, matando a tripulação, sem que a outra embarcação nada pudesse fazer, a não ser assistir de longe ao funesto espetáculo.

Naquele contexto não nos parece absurdo o esforço feito pelos moradores da Bahia para tentar recuperar Mombaça. Além das razões políticas, da fidelidade ao rei, contaram sem dúvida para a empreitada as relações comerciais entre as partes oriental e atlântica do Império português. No entanto, apesar dos esforços empreendidos pelas principais regiões do Império português, a iniciativa de se retomar Mombaça não foi bem-sucedida.

Conflitos na Europa

O século XVIII inaugurou-se sob a rivalidade franco-britânica. A Inglaterra conquistava passo a passo maior preponderância nos mares, enquanto a França presenciava um sensível declínio de seu poderio continental, uma vez que os interesses ultramarinos pesavam cada vez mais na balança do poderio e da influência das grandes potências. Os conflitos e a paz entre as duas monarquias marcarão por um lado a instabilidade e por outro a sobrevivência de seus aliados menores e, consequentemente, de seus domínios no ultramar. Para Portugal, a persistência da aliança inglesa e a preservação da integridade territorial do reino e de seus domínios, sobretudo no Atlântico, seriam a *marca registrada* dos Setecentos.

A partir de 1701, a Europa seria convulsionada pela Guerra de Sucessão da Espanha. Embora Portugal tentasse manter uma posição de neutralidade, o posicionamento da diplomacia de D. Pedro II era inevitável. Qualquer decisão a respeito da Espanha teria reflexos imediatos em sua política peninsular e ultramarina. A segurança das rotas marítimas e comerciais no Atlântico — e, sobretudo, a preservação do Brasil — foi decisiva para a política externa portuguesa. Aliando-se à Grã-Bretanha, teria inevitavelmente que enfrentar França e Espanha e colocar em risco o próprio reino. Aderir à causa francesa significava abandonar seus domínios no Atlântico à retaliação de poderosas armadas, como a britânica e a holandesa. O fantasma das invasões a Bahia, a Pernambuco e Angola ainda assombrava a corte de Lisboa. Por isso, a decisão de Portugal e sua adesão à *Grande Aliança* visavam a favorecer seus interesses marítimos e imperiais. Inserem-se nesse contexto os dois tratados assinados em Methuen em 1703.[68]

A Guerra de Sucessão fez também recrudescer uma antiga disputa territorial e comercial entre Portugal e Castela. Desde a fundação da Colônia do Sacramento, a cidadela portuguesa no estuário do rio da Prata tornou-se alvo de intenso conflito entre as monarquias ibéricas, pontuado por ações militares e negociações diplomáticas. Uma série de tratados, assinados entre 1701 e 1703 e, já depois da guerra, em 1715, atribuiu legitimidade às pretensões lusas. Em 1701, o pretendente francês ao trono espanhol ofereceu a Portugal, em troca de sua neutralidade, a posse incontestável da colônia. Em 1703, quando da adesão portuguesa à Grande Aliança, numa das cláusulas do Tratado de Methuen constava o compromisso da Inglaterra de assegurá-la sob o domínio de seu aliado.

Em virtude do posicionamento do rei de Portugal na guerra, os espanhóis travaram batalhas não só na península, mas mobilizaram tropas e investiram contra as possessões inimigas na região platina, invadindo e ocupando Sacramento em 1705. Dez anos mais tarde, compelido pelo Tratado de Utrecht (1713-15), o novo rei de Espanha, já então um Bourbon, fora obrigado a reconhecer o direito de soberania portuguesa sobre o entreposto platino. A Colônia do Sacramento voltou a ser ocupada por forças lusas em 1716.[69]

Como decorrência da adesão de Portugal à coligação contra a França, seus domínios ultramarinos foram sistematicamente assediados pela guerra de corso promovida por aquela nação. Corsários franceses queimaram Benguela em 1705, saquearam a ilha do Príncipe em 1706, São Tomé em 1709 e Santiago de Cabo Verde em 1712. Porém, nenhum desses empreendimentos foi tão lucrativo quanto o saque à cidade do Rio de Janeiro em 1711 pela esquadra de René Duguay-Trouin.[70]

Um ano antes a cidade havia sofrido uma primeira tentativa frustrada de invasão. Em 17 de agosto de 1710, uma esquadra composta por seis navios comandados pelo corsário francês Jean François Duclerc surgiu ao largo da baía de Guanabara. Hostilizado por disparos provenientes das fortalezas da barra, Duclerc resolveu navegar em direção a ilha Grande. Impedido de aí desembarcar, rumou um pouco para o norte, chegando à praia de Guaratiba, onde, sem maiores dificuldades, fizera descer em terra cerca de 1.200 homens no dia 11 de setembro. De lá seguiram a pé por matos, pântanos e serras, alcançando, a 18 de setembro, o engenho dos jesuítas. Na manhã seguinte atingiram finalmente a cidade, na altura da Igreja de Nossa Senhora do Rosário dos Pretos, onde as forças de defesa os esperavam. Os moradores, seguidos por seus escravos armados de pedras e paus, participaram no combate, que durou pouco. Na mesma tarde os invasores foram derrotados. Muitos foram mortos, e o restante, aprisionado.

Aproximadamente um ano após a primeira invasão, a 12 de setembro de 1711, num lance cinematográfico a expedição de corso sob as ordens de Duguat-Trouin, composta de 18 embarcações, fez uma das entradas mais espetaculares na baía de Guanabara. Encobertos por intenso nevoeiro matinal, em poucas horas os invasores estavam diante da cidade e dos olhares perplexos de seus moradores. Alguns dias depois cerca de três mil franceses desciam na ilha das Cobras. No dia 19, enviaram mensagem para que a cidade se rendesse, caso contrário, a bombardeariam.

Ao anoitecer do dia 21, os regimentos e as milícias que a defendiam começaram a desertar. Ao cair da noite, o governador ordenou o abandono das trincheiras e a total evacuação do território urbano.[71] Os franceses se senhorearam da cidade, de seus prédios, mosteiros, suas igrejas e fortalezas. Avisado, o então governador das Minas, Antônio de Albuquerque Coelho de Carvalho, marchou em direção ao Rio com os homens que conseguiu recrutar. Nesse ínterim, Duguay-Trouin lançou um derradeiro ultimato, exigindo o pagamento imediato do resgate sob ameaça de deixar tudo em cinzas. Sem esperar pelos reforços o governador do Rio de Janeiro, Francisco Castro Morais, negociou com o comandante francês 610 mil cruzados em ouro, 100 caixas de açúcar e 200 cabeças de gado. Entre os moradores, inúmeras foram as manifestações de descontentamento com o desenlace das negociações e principalmente com o fato de Castro Morais não ter esperado o socorro que já descia das Minas, preferindo antes, e sem consultar a Câmara, acordar um resgate tão prejudicial aos negócios e bens, tanto individuais quanto da Fazenda Real.[72]

Encadeavam-se, na frágil conjuntura do início do século XVIII, marcada pela guerra na Europa e pelo corso no Atlântico, medo e tensão, sentimento de insegurança e desordem, ameaças externas ligadas a prenúncios de inquietação dos vassalos. Ou, como sintetizaria, um ano mais tarde, o conselheiro Antônio Rodrigues da Costa, em consulta do Conselho Ultramarino: "As conquistas deste Reino se acham em manifesto perigo [...] pela grande inquietação dos ânimos dos seus habitadores, que contra a devida obediência e contra o sossego público multiplicam os motins e as rebeliões, que são os princípios por onde caminham as Monarquias para a sua ruína."[73]

D. João V: inflexão no modo de governar o reino e o Império

É possível perceber em Portugal, já na segunda metade do século XVII, uma convivência entre duas concepções distintas da sociedade e da própria ordem política. Segundo Ângela B. Xavier e Pedro Cardim, a primeira evocava valores de uma tradição católica, baseando-se no paradigma corporativo. No entanto, alguns dos homens mais destacados do reinado de D. Afonso VI propugnavam "uma maior rapidez na decisão política, o envolvimento de cada vez menor número de agentes nesses processos, o prevalecer da *necessitas* sobre a *iustitia*. Em suma, o recurso à razão de Estado, sempre que necessário".[74] Embora conjuntural no século XVII, esse novo modo de fazer política iria ganhar terreno nas concepções e nas práticas da monarquia portuguesa no século seguinte.

Recentes estudos têm defendido que, entre finais do século XVII e início do XVIII, o poder monárquico em Portugal sofreu um lento, porém crescente, processo de centralização. Em relação aos fatores internos que o teriam motivado, Luís Ferrand de Almeida identifica a decisão por parte de D. João V de não convocar as cortes, além do ostracismo do Conselho do Estado, substituído no aconselhamento do rei por um círculo restrito de pessoas e juntas de composição variável. Quanto às determinantes geradas no seio do Império, cita a remessa em doses maciças do ouro do Brasil que teriam possibilitado uma ação mais independente da Coroa nos planos financeiro e político. Em 1736, após a morte do secretário de Estado Diogo de Mendonça Corte Real, D. João V criou mais três secretarias: a do Reino, a dos Negócios Estrangeiros e Guerra e a da Marinha e Negócios Ultramarinos, que viriam a concentrar mais eficazmente as diferentes matérias até então consultadas nos conselhos.[75]

Em seus trabalhos sobre a política do período joanino, Nuno Monteiro também identifica importantes descontinuidades no modo de governar. A "monarquia barroca" representou, para o autor, uma nova evolução da configuração do poder central, um novo padrão de relacionamento entre esse e os poderes periféricos, um novo estilo de governação, a emergência de uma nova cultura política, que provocou uma maior concentração da capacidade decisória e uma restrição do grupo dirigente.[76] A "mutação silenciosa" então experimentada pela administração da Coroa delineou uma esfera central da política, da disputa política e da decisão política: "Essa esfera, que propriamente podemos identificar com a da 'grande política', pode resumir-se aos seguintes tópicos: os alinhamentos políticos externos (incluindo a guerra) e a política ultramarina, no fundo as dimensões mais programáticas da decisão política."[77] No que diz respeito ao processo de seleção e nomeação dos governadores coloniais, o autor afirma que:

> Pelo que se conhece, a escolha dos vice-reis e governadores-gerais da Índia e do Brasil não era antecedida de consulta ao Conselho Ultramarino. Matéria por excelência da "alta política", passava por demoradas conversações e diretamente por consulta apresentada pelo secretário de Estado aos membros do Conselho de Estado, nos períodos (até ao primeiro quartel de Setecentos) em que este ainda se reunia.[78]

Se fugia ao Conselho Ultramarino a prerrogativa de indicar os governadores das principais capitanias da América portuguesa, ele foi fundamental na tessitura da política colonial e no reordenamento do Império atlântico.[79] Particularmente importante foi sua atuação durante a sensível conjuntura de início do século, marcada por perigos externos e internos, relacionada à Guerra de Sucessão e aos inúmeros levantes e motins coloniais.[80]

Em 1711, enquanto o Rio de Janeiro era invadido e saqueado pelos franceses e Pernambuco se envolvia numa espécie de guerra civil,[81] em Salvador o povo se amotinou diante da tentativa de imposição de novos tributos, como a dízima da alfândega, seis mil-réis em cada escravo vendido nas Minas, além do aumento do preço do sal e da madeira. Dias depois, ao receber a notícia da invasão francesa do Rio, os moradores de Salvador tornaram a se alterar com o intento de armar um navio para expulsar os invasores e restaurar a cidade. Discorrendo sobre ambos os levantes, por serem sucessos da mesma qualidade e natureza, ainda que tivessem diversas causas, aos conselheiros ultramarinos pareceu que pelo fato de terem se prontificado a socorrer o Rio de Janeiro à sua custa, com muito maior razão os moradores da Bahia deveriam acatar os novos tributos destinados à sua própria defesa.

No entanto, Pedro de Vasconcellos, recém-empossado no governo geral, não mostrara discernimento no lidar com suas diferentes causas. No primeiro motim, os revoltosos faltaram ao respeito e à obediência devida ao monarca, colocando em questão a cobrança dos tributos. Apesar de merecerem castigo exemplar, o governador lhes perdoara. No segundo, embora com tumulto e pouco comedimento, o povo de

Salvador oferecera-se para defender o Rio de Janeiro, demonstrando empenho e zelo em servir o rei. As contradições do mando no ultramar, ou pela falta de castigo ou pelo rigor da punição, aliadas ao perigo externo representado pela cobiça das nações europeias, colocavam em risco o bom governo das conquistas, os interesses do reino e a soberania do rei de Portugal.[82]

Discutiam-se, nas entrelinhas das consultas do Conselho Ultramarino, a representação da justiça e do poder real e a forma de seu exercício nos longínquos domínios. A concessão do perdão cabia exclusivamente ao rei, e não ao governador, e Pedro de Vasconcelos havia falhado duplamente: por não conseguir impor o tributo e por ora castigar injustamente ora perdoar os vassalos amotinados. O alvitre dos conselheiros era que D. João V enviasse novo governador à Bahia, "em quem concorram os requisitos ponderados de autoridade, prudência e indústria e que possa ser agradável àqueles povos, para que pelos meios da suavidade e brandura e com as razões da sua própria conveniência e conservação os persuada a aceitarem os novos impostos".[83] Afinal, pelos pasquins que haviam circulado em Salvador, os revoltosos ameaçavam reconhecer vassalagem a outro senhor se não se suspendessem os novos tributos. Nesse caso, o governador deveria agir com brandura e persuasão, sendo a força e o castigo reservados para ocasião de mais sossego. Pois, como já haviam alertado o rei, "o mais impenetrável muro que defende as povoações dos assaltos inimigos é a união dos moradores não só entre si, mas muito mais entre eles e quem os governa".[84]

Por força das crescentes ameaças de invasões estrangeiras e de rebelião dos vassalos nas distantes conquistas — seja pelas violências e vexações perpetradas pelos maus governantes, seja pela insuportável carga fiscal metropolitana, seja ainda pela dificuldade de recurso ao rei[85] — impunha-se que a política imperial fosse revista. E ela acabou por sofrer sensível reformulação na primeira metade do século XVIII, com o envio de experientes governantes a partir das décadas de 1720 e 1730.

O início de uma nova geração de administradores régios

Porém o decênio anterior já enunciava esse processo. A 13 de junho de 1714 tomava posse do governo na Bahia, em substituição a Pedro de Vasconcelos e com patente de vice-rei e capitão-general de mar e terra, D. Pedro Antônio de Noronha, 2° conde de Vila Verde, que, depois de ter exercido o cargo de vice-rei na Índia, foi nomeado para o mesmo posto no Brasil. Entrementes, teria seu status acrescentado com o título de 1° marquês de Angeja.[86]

Embora não haja notícia de nenhum alvará que tenha elevado o Estado do Brasil à condição de vice-reinado, a atribuição do título de vice-rei aos sucessivamente nomeados a partir de 1720 demonstra, por um lado, uma significativa alteração no perfil dos homens que passaram a ocupar o cargo, sistematicamente arregimentados no interior da nobreza titulada, e, por outro, o reconhecimento da importância econômica e política que o Estado do Brasil conquistou, desde meados do século XVII, no conjunto da monarquia e do Império português.[87]

Se não é possível por enquanto reconstituir os interesses e as alianças políticas do marquês de Angeja, quer na Bahia quer no reino, o vice-rei seguinte, Vasco Fernandes César de Meneses, que governou entre 1720 e 1735, possuía uma vasta rede de negócios e de poder que atravessava os dois lados do Atlântico. Vasco Fernandes, futuro conde de Sabugosa, era filho de Luís César de Meneses e irmão de Rodrigo César de Meneses. Pertencia, como se viu, a uma linhagem de homens havia muito envolvidos com o governo do Brasil e de Angola e com o tráfico de escravos. No século XVIII, nota-se a permanência ou o reavivamento dessa rede imperial num raio de abrangência muito maior, uma vez que a descoberta do ouro conectou a região mineradora ao eixo atlântico e negreiro. A crescente demanda por escravos, o recrudescimento da guerra na África Ocidental, o surto de epidemias em Angola e as rivalidades entre comerciantes reinóis e sediados na Bahia pelo controle do tráfico levaram ao incremento do comércio com a Costa da Mina. A fortaleza de São Jorge era, desde meados do século XVII, controlada por holandeses. Isso talvez tenha motivado o projeto de estabelecimento, em 1721, de um forte português em Ajudá, fruto do investimento de comerciantes baianos. Em 1731, a Coroa proibiu o tráfico com a Costa da Mina, desenvolvendo-se, a partir de então, uma extensa rede de comércio ilegal. Denúncias de descaminho do ouro e de tráfico ilícito com holandeses, ingleses e franceses na África levariam à abertura de uma devassa pelos governadores do Rio Luís Vahia Monteiro e Gomes Freire de Andrade.[88]

Um ex-aliado do vice-rei Vasco Fernandes César de Meneses declarava, em 1732, que o contrabando do ouro em troca de negros da Costa da Mina era controlado por poderosos da Bahia. A proximidade do vice-rei com grandes negociantes de Salvador avaliza a hipótese de que ele próprio, se não participava, ao menos dava cobertura a essa rede imperial. É de se reparar o caráter ambíguo que marcou o governo de Vasco César Fernandes de Meneses, "por um lado demonstrando grande preocupação no sentido de imprimir maior profissionalização à administração portuguesa na América, mas, por outro, mantendo-se omisso para com os negócios ilícitos de seu irmão, Rodrigo César de Meneses".[89] Note-se ainda a intensa correspondência entre o vice-rei e o Conselho Ultramarino, especialmente com o conselheiro Antônio Rodrigues da Costa, o que reafirma a intercessão entre redes governativas e comerciais num Império constituído com base na cultura política de Antigo Regime.

A década de 1720 inaugurou-se também com a criação, por D. João V, da Academia Real de História, instituição diretamente ligada à monarquia, cuja produção historiográfica, imagética e cerimonial reafirmava a supremacia do centro político. Segundo Isabel da Mota,

> os modos de implantação da Academia são também, e paralelamente, modos de implantação do poder do rei. (...) a Academia é uma fonte produtora de representações do rei em dispositivos multiplicados — retratos, medalhas, panegíricos, narrativas históricas — que simbolizam o poder do monarca e que devem produzir, sem recurso a qualquer tipo de violência, a submissão.[90]

A academia veio atualizar em Portugal os princípios básicos da "república das letras", criando as regras de um novo discurso historiográfico em articulação com o advento das ciências documentais. No decreto de sua criação, lido em sua primeira sessão, escrever "a História Eclesiástica destes Reinos, e depois, tudo o que pertencer a toda a História deles, e de suas conquistas" constituía sua principal finalidade.[91] Para tanto, todas as instituições e todos os arquivos do reino — e de seus domínios ultramarinos — deveriam enviar cópias de seus catálogos e documentos, tornando-se a academia responsável pela sistematização das notícias, pela produção da memória e pela conservação dos monumentos antigos das cidades e vilas reinóis e ultramarinas.

Íris Kantor argumenta ser provável que, no âmbito das formações acadêmicas europeias, a instituição da Academia Real de História apresente-se como um modelo único em seu tempo ao inaugurar uma vertente de conhecimento erudito sobre a história ultramarina na primeira metade do século XVIII. Impunha-se em Portugal uma visão de conjunto sobre a geografia[92] e a história portuguesas, uma vez que o recentramento atlântico do Império, a descoberta do ouro e a necessidade de preservação das rotas comerciais no Atlântico e no Índico levariam a uma ação mais articulada da Coroa na defesa de sua soberania. Nesse sentido,

> a Academia Real de História Portuguesa dava impulso à construção e publicização da memória histórica imperial, promovendo o conhecimento do território e das populações ultramarinas, mas, principalmente, promovendo a afirmação da soberania interna e externa em suas conquistas americanas. Reunidas na Academia Real de História Portuguesa, as elites dirigentes eclesiásticas e seculares enfrentaram o desafio de construir um discurso estatal de defesa da nacionalidade portuguesa perante os demais Estados europeus. Os historiadores da Academia Real transformaram-se em artífices de um novo discurso sobre o espaço imperial, renovando as concepções vigentes até então.[93]

Representantes notáveis desse contexto de mudanças e redesenho do Império, tanto na Academia Real de História quanto no Conselho Ultramarino, foram Antônio Rodrigues da Costa[94] — a quem foi destinada a tarefa de fomentar um projeto historiográfico ultramarino — e Alexandre de Gusmão. É da autoria desse último a proposta de um novo método de cobrar os tributos sobre o ouro: o sistema de capitação, adotado em 1735. Ainda na década de 1730 (13 de maio de 1736), o Regimento das Minas, elaborado em 1702, foi modificado. O sistema de capitação, assim como as instruções passadas a Martinho de Mendonça de Pina e Proença — também acadêmico — e sua presença nas Minas são indicativos de profundas mudanças administrativas não só naquela região, mas em toda a América portuguesa.

O projeto elaborado por Gusmão foi consultado no Conselho Ultramarino, percorrendo o processo burocrático usual, por se tratar de matéria relativa ao governo do ultramar. Recebeu pareceres dos procuradores da Coroa e da Fazenda e de cinco conselheiros. Mas foi igualmente submetido a uma espécie de discussão *ad hoc*, circulando e sendo comentado por um conjunto de nobres e letrados da corte, cujas ponderações foram acompanhadas de perto pelo rei e por seu secretário, a quem coube respondê-las. Destacaram-se, entre os que emitiram parecer, homens com experiência no governo das Minas, como o conde de Assumar e D. Lourenço de Almeida, o secretário de Estado, Diogo de Mendonça Corte Real, Martinho de Mendonça de Pina e Proença, Manoel Caetano Lopes de Lavre, secretário do Conselho Ultramarino, três padres da Companhia de Jesus, entre outros.[95] De acordo com André da Silva Costa, a análise desses pareceres permite "surpreender as tensões entre culturas fiscais diversas", lançando luzes sobre a forma como o "processo de decisão política influenciou o alargamento das matérias de 'Estado'; como reagiram as diversas parcialidades da Corte perante esse alargamento; mas também como a dinâmica do conflito entre parcialidades se relacionou [...] com o exercício do governo régio". Conclui entrever, nos pareceres que apoiaram o projeto redigido por Gusmão, "a defesa de um governo mais ativo e quantitativo", além de uma "cultura fiscal menos acorrentada pela tradição jurídica e mais informada por uma dimensão crescentemente 'estadualista', de cunho centralista e pouco consultiva".[96]

São argumentos interessantes para se pensar a inflexão ocorrida no governo de D. João V, tanto em relação aos circuitos de tomada de decisão quanto no que diz respeito à formulação de políticas e ao envio de um novo perfil de governadores e ministros para o ultramar. Segundo Jaime Cortesão, a década de 1730 seria marcada pela nomeação de "uma plêiade de funcionários excelentes" para o Brasil, dentre eles o conde de Galvêas, para o governo de Minas; o conde de Sarzedas, para o de São Paulo; Gomes Freire de Andrade, para o do Rio de Janeiro; Rafael Pires Pardinho, para a Intendência do Serro do Frio, e Martinho de Mendonça de Pina e Proença, para acompanhar o processo de implementação da capitação.[97]

Como afirmam João Fragoso e Maria de Fátima Silva Gouvêa,

> de certa forma, era como que se chegasse ao final uma era marcada pela ambiguidade, que vinha caracterizando a atuação de certos oficiais régios (...). Uma ambiguidade no sentido de que tanto a correspondência e as consultas que tramitaram pelo Conselho Ultramarino quanto o testamento político deixado por Rodrigues da Costa expressavam uma avaliação bastante crítica da forma de ser da administração ultramarina portuguesa, coisa que contrastava com o próprio fato de que eram homens enredados nas malhas de interesses que os impediam de alterar, de modo mais profundo e coerente, a própria forma de ser daquela administração.[98]

Referem-se ao reordenamento, nesse período, dos eixos e das redes de clientelas, de negócios e de governação que conectavam o reino e as conquistas e essas entre si. E demonstram, além das novas estratégias e mudanças, uma recorrência fundamental: a eficácia de qualquer política só era possível com o apoio de segmentos sociais importantes nas diferentes capitanias. O mesmo se pode dizer no que se refere à implementação da capitação. Embora o projeto de Gusmão tenha passado por vários canais de discussão e de decisão política em Portugal e tenha contado com o alvitre de antigos governadores das Minas e de novos ministros enviados especialmente para a região, sua implantação, apesar de toda a resistência, não desconheceu os fóruns tradicionais de negociação nas conquistas, entre eles as câmaras. O que não contradiz a percepção de que as três primeiras décadas do reinado de D. João V tenham sido marcadas por inflexões e mudanças no modo de governar, não só o reino, mas também o Império.

Uma monarquia pluricontinental

Chegada ao fim esta reflexão, mais do que conclusões, cabe aqui destacar alguns pontos importantes. Comecemos pela noção de monarquia pluricontinental, termo cunhado inicialmente pelos historiadores Nuno Gonçalo Monteiro e Mafalda Soares da Cunha.[99] Desenvolvido em outros trabalhos, esse conceito vem ganhando espaço na historiografia dedicada ao estudo das relações entre Portugal e suas conquistas ultramarinas.[100] Diferentemente da já clássica noção de monarquia compósita, na qual coexistiam vários reinos, cada qual com seus foros, suas leis e jurisdições,[101] a monarquia pluricontinental portuguesa possuía um só reino, embora esse não pudesse sobreviver na época moderna sem seus domínios ultramarinos. Dessa forma, os elementos que vinculavam não somente centro e periferias, mas as várias periferias entre si passaram a ser mais valorizados.

Percebe-se igualmente, e cada vez mais, a importância dos indivíduos no processo histórico, uma vez que na esteira dessa valorização — dos elos entre reino e ultramar e entre as diferentes regiões ultramarinas — homens e mulheres que interferiram na dinâmica imperial, conferindo-lhe sentido, surgem com maior protagonismo. Ao analisar trajetórias individuais, não podemos deixar de levar em conta as incertezas com as quais esses atores sociais, principalmente aqueles que serviam ao rei no ultramar, tiveram de lidar. Sujeitos que partiam do reino sem saber se resistiriam às longas viagens, se sobreviveriam a climas tão diversos e se retornariam com vida. Agiram em busca de um objetivo maior: a devida remuneração por seus serviços e a consequente ascensão na hierarquia social.

O terceiro ponto a ser destacado diz respeito à valorização de importantes noções do Antigo Regime português, tais como a de pacto político — e o papel ativo dos atores sociais na negociação necessária para o estabelecimento e a manutenção do mesmo — bem como a importância da religião para a sustentação da monarquia e para a conexão do seu Império.

Chega-se então ao quarto e último ponto: o surgimento de uma nova noção de Império. Ao valorizarmos a noção de monarquia pluricontinental, o conceito de Império surge com novo conteúdo. Deixa de ser predominantemente o Império das câmaras e das misericórdias e passa a ser o Império dos homens, dos grupos e dos seus interesses que circulavam pelos quatro cantos do mundo, mormente a serviço do rei e do centro político. Império das redes tecidas no vaivém dos indivíduos, no interior dos navios, ao longo de infindáveis viagens. Redes que uniam as mais longínquas partes do ultramar.

Império que tinha suas bases no pacto político, sustentado em várias das suas partes pela escravidão, prática social em que se baseavam os princípios hierárquicos da sociedade portuguesa de Antigo Regime.[102] Império da conexão entre as esferas da religião, da política e da economia. Mais ainda, Império que não era somente um mero apêndice da monarquia pluricontinental, e sim elemento fundamental para sua manutenção.

Notas

1. Pedro Cardim, 2002, p. 34. Sobre as Secretarias de Estado, cf. Antônio Caetano de Sousa, 1749, t. VII, p. 202; A. H de Oliveira Marques, 1995, p. 261; André da Silva Costa, 2008.

2. Cf. Pedro Cardim, 2005, p. 45-68. Sobre o paradigma jurisdicionalista e a estrutura polissinodal de governo em sociedades de matriz corporativa, cf. António Manuel Hespanha, 1994.
3. Pedro Cardim, 2002, p. 29-30.
4. Para uma visão de conjunto sobre os conselhos e tribunais régios, cf. José Subtil, 2002, p. 206-207.
5. Edval de Souza Barros, 2008. Para a composição do Conselho Ultramarino durante todo o período de sua existência, cf. Marcelo Caetano, 1967. Cf., também, Erik Lars Myrup, 2006.
6. João Fragoso & Maria de Fátima S. Gouvêa, 2006, p. 25-72.
7. Segundo Sanjay Subrahmanyam, as análises produzidas pela historiografia europeia do conflito luso-holandês, que se prolongou de finais do século XVI até a celebração do Tratado de Haia, em 1669, desdenham, em geral, o contexto político-social na Ásia, América ou África. No que diz respeito à luta travada entre os portugueses e a VOC na costa do Coromandel, a sueste da Índia, entre 1610 e 1640, assim como nas demais praças e territórios ultramarinos em momentos posteriores, há que ter em conta o modo como o contexto local determinou a forma e os resultados dos conflitos. Cf. Sanjay Subrahmanyam, 1994, p. 201-225.
8. Francisco Bethencourt, 1998, p. 292.
9. Cf. C.R. Boxer, 1973, p. 55-82; Stuart Schwartz, 1991.
10. C.R. Boxer, 1973, p. 74.
11. Idem, p. 80-81.
12. C.R. Boxer, 1973, p. 253-283; Luiz Felipe Alencastro, 2000, p. 209-238.
13. Luiz Felipe Alencastro, 2000, p. 209 e segs.
14. Leonor F. Costa & Mafalda S. da Cunha, 2006, p. 175.
15. Segundo Alencastro, "de par com as contradições estratégicas, complexidades institucionais tornavam ainda mais difícil administrar as tréguas luso-holandesas. República federativa, o governo das Províncias Unidas refletia as relações de força entre as corporações e as unidades políticas que compunham os Estados Gerais. Resta que a VOC e a WIC constituíam companhias semiprivadas. Daí o casuísmo de que os holandeses usaram e abusaram. Quando alguma cláusula das tréguas era desrespeitada em seu benefício no Índico ou no Atlântico, os Estados pretextavam se tratar de ato isolado de funcionários de uma ou outra das companhias. Seguindo o mesmo álibi, os comandantes da WIC alegavam obedecer aos diretores da Compagnie e não receber ordem dos Estados Gerais". Luiz Felipe Alencastro, 2000, p. 220.
16. Idem, p. 230. Sobre as negociações diplomáticas entre Portugal e Holanda entre 1646 e 1648 e os projetos de compra do Nordeste por D. João VI ou de sua restituição aos holandeses, cf. Evaldo Cabral de Mello, 2007, p. 360-362.

17. Sobre a constelação de interesses no reino, na Bahia e em Pernambuco que esteve na origem da insurreição pernambucana de 1645, cf. Evaldo Cabral de Mello, 2007, p. 335-343.
18. Luiz Felipe Alencastro, 2000, p. 231.
19. Consulta do Conselho de Guerra, citada por Luiz Felipe Alencastro, 2000, p. 223.
20. Evaldo Cabral de Mello, 2007, p. 364.
21. Ainda no século XVII, em 1642, Portugal concedera àquele país amplas regalias comerciais e, no que tange às possessões ultramarinas, a condição de "nação mais favorecida", com o que os mercadores ingleses passaram a ter fácil acesso às colônias lusas. Nos anos posteriores, ampliaram-se essas vantagens com a permissão aos ingleses de negociar, por conta própria, de Portugal para o Brasil e vice-versa (exceção feita a azeite, vinho, farinha e bacalhau e pau-brasil). Fernando Novais, 1979, p. 20 e 22.
22. Sobre as disputas internas na Corte portuguesa no período em questão, cf. Ângela B. Xavier & Pedro Cardim, 2006; e Rodrigo Bentes Monteiro, 2002.
23. Vitorino Magalhães Godinho, 1975, p. 258-280.
24. Fernando Novais, 1979, p. 32-43.
25. Charles Boxer, 2002, p. 141-162.
26. Sanjay Subrahmanyam, 1995, p. 257-303.
27. Francisco Bethencourt, 1998, p. 294.
28. Charles Boxer, 2002, p. 162.
29. Sérgio Buarque de Holanda, 1985, p. 322-363. Ver também Pedro Calmon, 1958, p. 787-788.
30. Batalha ocorrida em 1665, na vila de mesmo nome, na província de Uíge, em Angola, na qual tropas portuguesas derrotaram o rei do Congo. Cf. Luiz Felipe de Alencastro, 2000.
31. Vitorino Magalhães Godinho, 1978, p. 262-64; Sanjay Subrahmanyam, 1995, p. 205-206.
32. Arquivo Histórico Ultramarino (daqui em diante AHU), Angola, 1ª seção, Caixa 13, Documento 59. Criação do cargo de secretário de Estado de Angola, do Rio de Janeiro e do Maranhão em 28 de fevereiro de 1688.
33. Maria Fernanda Bicalho, 2003, p. 350.
34. Luciano Raposo de Almeida Figueiredo, 2001, p. 197-254.
35. Maria de Fátima Silva Gouvêa & Gabriel Almeida Frazão & Marilia Nogueira dos Santos, 2004, p. 96-137; Maria de Fátima Silva Gouvêa, 2005, p. 179-197.
36. Segundo Luiz Felipe de Alencastro, o uso do trabalho escravo africano no Brasil se tornou "irreversível" na década de 1670. Luiz Felipe de Alencastro, 2000, p. 40.

37. José A. G. Mello, 1979.
38. Idem; Evaldo C. de Mello, 1995, p. 56-58.
39. Antônio de Sousa, também conhecido como *braço de prata*, governou o Estado do Brasil entre 1682 e 1684. Seu governo foi marcado entre outras coisas pelo assassinato do alcaide-mor, crime que envolveu a família do padre Antônio Vieira. Cf. Pedro Calmon, 2002. Ver também Gabriel Almeida Frazão, 2006.
40. Pode-se considerar Câmara Coutinho primo de João de Lencastre na medida em que sua esposa, D. Costança de Portugal, era prima natural desse; parentesco, portanto, forjado pelo casamento.
41. Washington Luís, 1918; Laura de Mello e Souza, 2006, p. 284-326.
42. Sobre o vice-reinado de Vasco Fernandes César de Meneses na Índia, cf. Zélia Maria Cordeiro Silvestre Sampaio, 2004.
43. Marília Nogueira dos Santos, 2006.
44. Idem, 2007.
45. "Livro de cartas que escreveu o Senhor Antônio Luiz Gonçalves da Câmara Coutinho", *Revista do Instituto Histórico Geográfico e Brasileiro*, tomo 71, parte 1, Rio de Janeiro, Imprensa Nacional, 1909, p. 57-59.
46. Roquinaldo Ferreira, 2003.
47. Intituto Histórico e Geográfico Brasileiro (daqui por diante IHGB), Lata 72, Pasta 8.
48. Roquinaldo Ferreira, 2003, p. 349.
49. Maria de Fátima Silva Gouvêa & Gabriel Almeida Frazão & Marília Nogueira dos Santos, 2004, p. 96-137.
50. Alencastro afirma que, entre 1682 e 1686, Câmara Coutinho governara Moçambique e "nessa época a Coroa buscou abrir o trato negreiro entre o Brasil e Moçambique, mas a iniciativa falhou porque, ao inverso do que ocorria na conexão Brasil-Angola, não existia intercâmbio mercantil da América portuguesa com a África Oriental". No entanto, não se encontra na documentação por nós analisada nenhuma menção à passagem de Câmara Coutinho por Moçambique. Mais ainda: no período destacado pelo autor, Moçambique pertencia ao Estado da Índia e não possuía um governador. Como Alencastro se equivoca em relação ao período do vice-reinado de Câmara Coutinho na Índia, afirmando ter sido entre 1702 e 1707, e não entre 1698 e 1702, provavelmente tenha se equivocado também em relação à sua passagem por Moçambique. Luiz Felipe Alencastro, 2000, p. 319.
51. Idem, p. 319-322.
52. José Roberto do Amaral Lapa, 2000.
53. O início da década de 1690 foi marcado pelo começo da decadência do Império mogol, cujo poderio militar terrestre sempre foi grande e sempre representou ameaça ao Estado português da Índia. Por outro lado, os maratas cresciam,

principalmente em termos navais, e iniciavam uma disputa com os mogóis pela hegemonia da região. Em 1667, após a primeira invasão marata de Goa, a melhor possibilidade que se colocou foi a de se fazer uma política de duplicidade. De um lado o apoio marata dificultaria o avanço militar terrestre dos mogóis e por outro o apoio dos mogóis dificultaria, da mesma forma, o avanço naval marata. Luís Frederico Dias Antunes, 1995, p. 19-20.

54. Idem, p. 20.
55. Luís Frederico Dias Antunes, 1995; cf. também Sanjay Subrahmanyam, 1995, p. 230-231.
56. A moeda sofria alterações desde 1640, com grande variação no preço da pataca de prata espanhola. Nas cortes de 1668, buscando a redução da quantidade de ouro necessária para o pagamento dos mercenários franceses e ingleses que lutaram no lado português na guerra de Restauração, a moeda de ouro foi desvalorizada em 20% no reino. Dessa forma, a moeda com valor facial, isto é, extrínseco, aumentado, diminuía em um quinto a quantidade de moeda que saía de Portugal. Em 4 de agosto de 1688, um alvará régio ordenou que se levantasse em 20% o valor facial das moedas de ouro e de prata na América portuguesa. Com isso, ela passou a ser cotada com um valor inferior em Portugal, gerando grande evasão e uma falta crônica de moeda na América. Como era de esperar, a lei desagradou a todos no ultramar e esse processo ficou conhecido como a "baixa da moeda". Cf. Pedro Calmon, 1959, p. 879; Carl A. Hanson, 1986, p. 167-170. Ver também: Grasiela Fragoso, 2006.
57. Luís Frederico Dias Antunes, 1995, p. 22-23.
58. Charles R. Boxer & Carlos de Azevedo, 1960.
59. Idem, p. 53 e 65.
60. Idem, p. 53-54.
61. Idem, p. 62.
62. B.A — 54-XIII-15 (11) — Papel de Antônio Coelho Guerreiro para El Rei [D. Pedro II].
63. Versão digitalizada da *História militar do Brasil*, de José Mirales, no site http://objdigital.bn.br/acervo_digital/anais/anais_022_1900.pdf (Biblioteca Nacional do Rio de Janeiro).
64. José Roberto do Amaral Lapa, 2000, p. 206.
65. MIRALES, op. cit., p. 225.
66. José Roberto do Amaral Lapa, 2000, p. 206.
67. MIRALES, op. cit., p. 226.
68. Cf. José Luís Cardoso, 2003.
69. Sobre a Colônia de Sacramento e sua disputa na guerra, cf. Dauril Alden, 1968; Luís Almeida, 1957; Paulo C. Possamai, 2006; Fabrício Prado, 2002.

70. Sobre as duas invasões francesas ao Rio de Janeiro, cf. Maria Fernanda Bicalho, 2003.
71. "Segunda Memória perpetuada em carta particular de Manoel de Vasconcellos Velho a Domingos José da Silveira, assistente em Lisboa [...]", transcrita por J. S.A. Pizarro e Araújo, 1820, p. 67 e 65.
72. Para uma análise mais detalhada da invasão de Duguay Trouin, cf. Maria Fernanda Bicalho, 2003.
73. AHU, Rio de Janeiro, Documentos Avulsos, Caixa 9, documento 62. Consulta do Conselho Ultramarino de 14 de outubro de 1712.
74. Ângela B. Xavier & Pedro Cardim, 2006, p. 115.
75. Luís Ferrand de Almeida, 1995, p. 183-207.
76. Nuno Gonçalo F. Monteiro, 2001b, p. 967; Nuno Gonçalo F. Monteiro, 2001a, p. 127-148.
77. Idem, 2006, p. 36.
78. Idem, 2001, p. 257.
79. Cf. Laura de M. e Souza & Maria Fernanda Bicalho, 2000.
80. Para um inventário dos perigos externos e internos, cf. "Consulta do Conselho Ultramarino a S.M., no ano de 1732, feita pelo conselheiro Antônio Rodrigues da Costa". *Revista do Instituto Histórico e Geográfico Brasileiro*, vol. 7, p. 498-506. Para a análise da "conjuntura insurgente" por que passou a América portuguesa no início do século XVIII, cf. Laura de Mello e Souza, 2000, p. 459-473; 2006, p. 78-108. Cf., também, Luciano R. de A. Figueiredo, 2001, p. 197-254.
81. Cf. Evaldo Cabral de Mello, 1995.
82. Consulta do Conselho Ultramarino, de 27 de março de 1713. In: Documentos Históricos da Biblioteca Nacional (DH/BNRJ), vol. 96, Rio de Janeiro, Biblioteca Nacional, 1952, p. 51. Cf. Luciano R. de A. Figueiredo, 1996.
83. Consulta do Conselho Ultramarino, de 27 de março de 1713, p. 49.
84. Consulta do Conselho Ultramarino, de 27 de julho de 1712, DH/BNRJ, vol. 96, 1952, p. 49-52.
85. Cf. "Consulta do Conselho Ultramarino a S.M., no ano de 1732, feita pelo conselheiro Antônio Rodrigues da Costa", p. 498-506.
86. O primeiro oficial régio na América portuguesa que recebeu o título de vice-rei e capitão-general de mar e guerra e da restauração do Brasil foi D. Jorge de Mascarenhas, marquês de Montalvão (1640-41), que desempenhou importante papel no juramento de fidelidade por parte dos vassalos americanos à Casa de Bragança. O segundo vice-rei, D. Vasco Mascarenhas, conde de Óbidos, governou entre 1663 e 1667. O terceiro, D. Pedro de Noronha, marquês de Angeja, assumiu o governo em 1714, permanecendo até 1718. Os quatro primeiros vice-reis do Brasil haviam anteriormente governado a Índia. Somente em 1720, com a nomeação

de Vasco Fernandes Cesar de Meneses, conde de Sabugosa, que desempenhou o ofício até 1735, o título de vice-rei foi concedido, ininterruptamente, até 1808, aos que governaram o Estado do Brasil.

87. Cf. Maria de Fátima S. Gouvêa, 2001, p. 303. Comparados aos vice-reis do Estado da Índia, investidos do conjunto de *regalia maiora* ou de direitos majestáticos considerados inseparáveis do rei — como o exercício da graça, a concessão de mercês, a atribuição de ofícios, a outorga de rendas, o perdão de crimes —, os vice-reis do Brasil possuíam uma jurisdição bem mais limitada. Sobre a jurisdição dos vice-reis do Estado da Índia, cf. Catarina Madeira dos Santos, 1999, p. 51-62. Sobre a jurisdição do marquês de Angeja na Bahia e sua correspondência e seus conflitos com o Conselho Ultramarino, cf. Maria Fernanda Bicalho, 2007, p. 37-56.
88. Cf. João Fragoso & Maria de Fátima S. Gouvêa, 2006, p. 36-37.
89. Idem, p. 40-41.
90. Isabel F. da Mota, 2003, p. 100.
91. Idem, p. 38.
92. Cf. André Ferrand de Almeida, 2001.
93. Íris Kantor, 2005, p. 276; 2004.
94. Sobre Antônio Rodrigues da Costa e sua atuação no Conselho Ultramarino, cf. C.R. Boxer, 1963, p. 322-323; Evaldo Cabral de Mello, 1995, p. 316-317. Acerca, mais especificamente, da mencionada consulta, cf. Jaime Cortesão, 1952, parte I, t. I. Para uma análise mais recente e aprofundada sobre o conselheiro, cf. Luciano R. de A. Figueiredo, 2006, p. 187-203.
95. Cf. Jaime Cortesão, 1952, Parte I, t. I.
96. Argumenta, no entanto, que o circuito dos papéis submetidos aos pareceres, tanto do Conselho Ultramarino quanto de influentes cortesãos, nega o "funcionamento institucional de uma arquitectura de poder neutra", ou de um "governo técnico". Há que buscar nas parcialidades, nas afinidades pessoais, nas relações familiares e na evolução do *cursus honorum* dos diferentes pareceristas os determinantes últimos dos alinhamentos políticos. André da S. Costa (inédito).
97. Jaime Cortesão, 1952, p. 349. Em 1735, o conde de Galvêas passa à Bahia com patente de vice-rei do Brasil e Gomes Freire de Andrade acumula o governo do Rio de Janeiro e das Minas.
98. João Fragoso & Maria de Fátima S. Gouvêa, 2006, p. 57.
99. Mafalda Soares da Cunha & Nuno Gonçalo F. Monteiro, 2005, p. 191-252.
100. Ver no terceiro volume desta coleção o capítulo 2 de Nuno G. Monteiro, *As reformas na monarquia pluricontinental portuguesa: de Pombal a D. Rodrigo de Souza Coutinho.*
101. John Elliott, 2002, p. 65-91.
102. Cf. Hebe Mattos, 2001, p. 143-162.

Bibliografia

ALDEN, Dauril. *Royal Government in Colonial Brazil*. Berkeley e Los Angeles: University of California Press, 1968.

ALENCASTRO, Luiz Felipe de. *O trato dos viventes. Formação do Brasil no Atlântico Sul*. São Paulo: Companhia das Letras, 2000.

ALMEIDA, André Ferrand de. *A formação do espaço brasileiro e o projecto do Novo Atlas da América Portuguesa (1713-1748)*. Lisboa: CNCDP, 2001.

ALMEIDA, Luís Ferrand de. *A diplomacia portuguesa e os limites meridionais do Brasil (1493-1700)*. Coimbra: Faculdade de Letras da Universidade de Combra, 1957.

______. "O absolutismo de D. João V". In: *Páginas dispersas. Estudos de história moderna de Portugal*. Coimbra: Faculdade de Letras da Universidade de Coimbra, 1995.

ANTUNES, Luís Frederico Dias. "A crise no Estado da Índia do final do Século XVII e a criação das Companhias de Comércio das Índias Orientais e dos Baneanes de Diu", *Mare Liberum*, nº 9. Lisboa: CNPCDP, julho de 1995.

ARAÚJO, J.S.A. Pizarro e. *Memórias históricas do Rio de Janeiro*, t. I. Rio de Janeiro: Impressão Régia, 1820.

BARROS, Edval de Souza. *"Negócios de tanta importância": o Conselho Ultramarino e a disputa pela condução da guerra no Atlântico e no Índico (1643-1661)*. Lisboa: Centro de História do Além-Mar, 2008.

BETHENCOURT, Francisco. "O Estado da Índia". In: BETHENCOURT, Francisco & CHAUDHURI, Kirt (orgs.). *História da expansão portuguesa*, vol. 2. Lisboa: Círculo dos Leitores, 1998.

BICALHO, Maria Fernanda. *A cidade e o império. O Rio de Janeiro no século XVIII*. Rio de Janeiro: Civilização Brasileira, 2003.

______. "Inflexões na política imperial no reinado de D. João V". *Anais de História do Além-Mar*, vol. VIII, 2007, p. 37-56.

BOXER, C.R. & AZEVEDO, Carlos de. *A fortaleza de Jesus e os portugueses em Mombaça (1593-1729)*. Lisboa: Centro de Estudos Históricos Ultramarinos, 1960.

BOXER, C.R. *A idade de ouro do Brasil*. São Paulo: Companhia Editora Nacional, 1963, p. 322-323.

______. *Salvador de Sá e a luta pelo Brasil e Angola, 1602-1686*. São Paulo: Companhia Editora Nacional/Edusp, 1973, p. 55-82.

______. *O império marítimo português, 1415-1825*. São Paulo: Companhia das Letras, 2002.

CAETANO, Marcelo. *O Conselho Ultramarino. Esboço de sua história*. Lisboa: Agência Geral do Ultramar, 1967.

CALMON, Pedro. *História do Brasil*, vol. 3. Rio de Janeiro: José Olympio, 1959.

______. *O crime de António Vieira*. Salvador: Arquivo Público do Estado da Bahia, 2002.

CARDIM, Pedro. "A Casa Real e os órgãos centrais do governo de Portugal da segunda metade de Seiscentos", *Tempo*, v. 7, nº 13, julho 2002, p. 34.

______. "'Administração', 'governo' e 'política'. Uma reflexão sobre o vocabulário do Antigo Regime". In: BICALHO, Maria Fernanda & FERLINI, Vera L. do Amaral. *Modos de governar. Ideias e práticas políticas no Império português*. São Paulo: Alameda Editorial, 2005.

CARDOSO, José Luís et al. *O Tratado de Methuen (1703). Diplomacia, guerra, política e economia*. Lisboa: Livros Horizonte, 2003.

Consulta do Conselho Ultramarino, de 27 de julho de 1712, Documentos Históricos da Biblioteca Nacional (DH/BNRJ), vol. 96, 1952.

Consulta do Conselho Ultramarino, de 27 de março de 1713, DH/BNRJ, vol. 96, 1952.

CORTESÃO, Jaime. *Alexandre de Gusmão e o Tratado de Madrid*. Rio de Janeiro: Ministério das Relações Exteriores, 1952, Parte I, t. I.

COSTA, André da Silva. "Direitos reais, tributação, governo. Os 'papéis' sobre a capitação do ouro na dinâmica política da Corte (1731-1750)", projeto Nas Franjas dos Impérios: Dinâmicas de Expansão e Ocupação Territorial na Região Platina, 1580-1808, financiado pela Fundação para Ciência e Tecnologia e coordenado por Nuno Gonçalo F. Monteiro (inédito).

______. *Os secretários e o Estado do rei: luta de Corte e poder político. Séculos XVI-XVII*, dissertação de mestrado. Lisboa: Universidade Nova de Lisboa, 2008.

COSTA, Leonor F. e CUNHA, Mafalda S. da. *D. João IV*. Lisboa: Círculo dos Leitores, 2006.

ELLIOTT, John. "Una Europa de monarquías compuestas". In: ______. *España en Europa. Estudios de historia comparada*. Valência: Universidade de Valência, 2002.

FERREIRA, Roquinaldo. *Transforming Atlantic Slaving: Trade, Warfare and Territorial Control in Angola, 1650-1800*, tese de doutorado (inédita). Califórnia: University of California, 2003.

FIGUEIREDO, Luciano R. de A. "Antônio Rodrigues da Costa e os muitos perigos de vassalos aborrecidos (notas a respeito de um parecer do Conselho Ultramarino, 1732)". In: VAINFAS, Ronaldo, SANTOS, Georgina S. dos & NEVES, Guilherme P. das (orgs.). *Retratos do Império. Trajetórias individuais no mundo português nos séculos XVI a XIX*. Niterói: Eduff, 2006.

______. "O Império em apuros. Notas para o estudo das alterações ultramarinas e das práticas políticas no Império colonial português, séculos XVII e XVIII". In: FURTADO, Júnia F. (org.). *Diálogos oceânicos. Minas Gerais e as novas abordagens para uma história do império ultramarino português*, Belo Horizonte: UFMG, 2001.

______. *Revoltas, fiscalidade e identidade colonial na América Portuguesa. Rio de Janeiro, Bahia, Minas Gerais, 1640-1761*, tese de doutorado (inédita). São Paulo: USP, 1996.

______. "O império em apuros. Notas para o estudo das alterações ultramarinas e das práticas políticas no império colonial português, séculos XVII e XVIII". In: FURTADO, Júnia F. (org). Op. cit.

FRAGOSO, Grasiela. *A Casa da Moeda do Rio de Janeiro: a instituição e seus membros, c. 1694 a c. 1750,* dissertação de mestrado (inédita). Rio de Janeiro: UFRJ, 2006.

FRAGOSO, João & GOUVÊA, Maria de Fátima S. "Nas rotas da governação portuguesa: Rio de Janeiro e Costa da Mina, séculos XVII e XVIII". In: FRAGOSO, João & FLORENTINO, Manolo & SAMPAIO, A.C. Jucá de & CAMPOS, Adriana P. (orgs.). *Nas rotas do império: eixos mercantis, tráfico e relações sociais no mundo português*. Vitória: Edufes, 2006.

FRAZÃO, Gabriel Almeida. *Amizade no papel: Antônio Vieira e o assassinato do alcaide-mor da Bahia (1682-1692),* dissertação de mestrado (inédita). Niterói: UFF, 2006.

GODINHO, Vitorino Magalhães, *Ensaios II*. Lisboa: Sá da Costa, 1978, p. 262-64.

______. *Estrutura da antiga sociedade portuguesa*. Lisboa: Arcádia, 1975, p. 258-280.

GOUVÊA, Maria de Fátima S. & FRAZÃO, G.A. & SANTOS, M.N. "Redes de poder e conhecimento na governação do império português, 1688-1735", *Topoi*. Rio de Janeiro: UFRJ/7Letras, 2004, vol. 5, nº. 8 (jan.-jun. 2004).

GOUVÊA, Maria de Fátima S. "Poder político e administração na formação do complexo atlântico português (1645-1808)". In: FRAGOSO, J. & BICALHO, M. F. & GOUVÊA, M.F.S. (orgs.). *O Antigo Regime nos Trópicos. A dinâmica imperial portuguesa (séculos XVII a XVIII)*. Rio de Janeiro: Civilização Brasileira, 2001, p. 303.

______. "Conexões imperiais: oficiais régios no Brasil e Angola (c. 1680-1730)". In: BICALHO, Maria Fernanda & FERLINI, Vera Lúcia Amaral (orgs.). *Modos de governar. Ideias e práticas políticas no Império português, séculos XVI a XIX*. São Paulo: Alameda, 2005.

______. & FRAZÃO, Gabriel Almeida & SANTOS, Marília Nogueira dos. "Redes de poder e conhecimento na governação do império português, 1688-1735", *Topoi*. Rio de Janeiro: UFRJ, vol. 5, nº 8, jan.-jun. 2004.

HANSON, Carl A. *Economia e sociedade no Portugal barroco, 1668-1703*. Lisboa: Publicações Dom Quixote, 1986.

HESPANHA, António Manuel. *As vésperas do Leviathan. Instituições e poder político. Portugal. Século XVII*. Coimbra: Livraria Almedina, 1994.

HOLANDA, Sérgio B. de. "A Colônia do Sacramento e a expansão do extremo sul". In: ______ (org.). *História geral da civilização brasileira*, vol. 1. São Paulo: Difel, 1985, p. 322-363.

IHGB, "Livro de cartas que escreveu o Senhor Antônio Luiz Gonçalves da Câmara Coutinho". *Revista do Instituto Histórico Geográfico e Brasileiro*, t. 71, parte 1. Rio de Janeiro: Imprensa Nacional, 1909.

KANTOR, Íris. "A Academia Real de História Portuguesa e a defesa do patrimônio ultramarino: da paz de Westfália ao Tratado de Madri (1648-1750)". In: BICALHO, Maria Fernanda & FERLINI, Vera L. do Amaral (orgs.). Op. cit.

______. *Esquecidos e renascidos. Historiografia acadêmica luso-americana (1724-1759)*. São Paulo/Salvador: Hucitec/UFBA, 2004.

LAPA, José Roberto do Amaral. *A Bahia e a Carreira da Índia*. São Paulo: Hucitec, 2000.

MATTOS, Hebe. "A escravidão moderna nos quadros do império português: o Antigo Regime em perspectiva atlântica". In: FRAGOSO, J. & BICALHO, M.F. & GOUVÊA, M.F.S., op. cit.

MELLO, Evaldo Cabral de. *A Fronda dos Mazombos. Nobres contra mascates. Pernambuco, 1666-1715*. São Paulo: Companhia das Letras, 1995.

______. *Olinda restaurada. Guerra e açúcar no Nordeste, 1630-1654*, 3ª ed. São Paulo: Editora 34, 2007, p. 360-362.

MELLO, José A.G. "Pernambuco ao tempo do governo de Câmara Coutinho (1689-1690)", *Revista do Instituto Arqueológico, Histórico e Geográfico Pernambucano*, Recife, vol. LI, 1979.

MONTEIRO, Rodrigo Bentes. *O rei no espelho. A monarquia portuguesa e a colonização da América, 1640-1720*. São Paulo: Hucitec, 2002.

MONTEIRO, Nuno G. *D. José*. Lisboa: Círculo dos Leitores, 2006.

______. "Trajetórias sociais e governo das conquistas: Notas preliminares sobre os vice-reis e governadores-gerais do Brasil e da Índia nos séculos XVII e XVIII". In: FRAGOSO, J. & BICALHO, M.F. & GOUVÊA, M. F. S. (orgs.). *O Antigo Regime nos trópicos. A dinâmica imperial portuguesa (séculos XVI-XVIII)*. Rio de Janeiro: Civilização Brasileira, 2001.

______. "A consolidação da dinastia de Bragança e o apogeu do Portugal Barroco: centros de poder e trajetórias sociais (1688-1750)". In: TENGARRINHA, José (org.). *História de Portugal*. São Paulo: Unesp, 2001a.

______. "Identificação da política setecentista. Notas sobre Portugal no início do período joanino", *Análise Social*, vol. XXXV (157), 2001b.

MOTA, Isabel F. da. *A Academia Real de História: os intelectuais, o poder cultural e o poder monárquico no século XVIII*. Coimbra: Minerva, 2003, p. 100.

MYRUP, Erik Lars. *To Rule from Afar: The Overseas Council and the Making of Brazilian West, 1642-1807*, tese de doutorado. Yale: Yale University, 2006.

NOVAIS, Fernando. *Portugal e Brasil na crise do antigo sistema colonial (1777-1808)*. São Paulo: Hucitec, 1979.

OLIVEIRA MARQUES, A.H de. *Breve história de Portugal*. Lisboa: Editorial Presença, 1995.

POSSAMAI, Paulo C. *A vida quotidiana na Colônia do Sacramento*. Lisboa: Livros do Brasil, 2006.

PRADO, Fabrício. *Colônia do Sacramento. O extremo-sul da América portuguesa*. Porto Alegre: Edição do Autor, 2002.

SAMPAIO, Zélia Maria Cordeiro Silvestre. *Política, diplomacia e mentalidade na Ásia portuguesa de setecentos: a governação do vice-rei Vasco Fernandes César de Meneses no Estado da Índia (1712-1717)*, dissertação de mestrado (inédita). Lisboa: Universidade de Lisboa, 2004.

SANTOS, Catarina Madeira dos. *"Goa é a chave de toda a Índia". Perfil político da capital do Estado da Índia (1505-1570)*. Lisboa: CNCDP, 1999, p. 51-62.

SANTOS, Marília Nogueira dos. "Parentes-clientes ou somente parente? Notas para uma reflexão sobre parentesco e redes clientelares no Atlântico sul português, séculos XVII e XVIII". *Anais do I Congresso de Genealogia do Rio de Janeiro*. Rio de Janeiro: Colégio Brasileiro de Genealogia, 2006.

______. *Escrevendo cartas, governando o império. A correspondência de Antônio Luís Gonçalves da Câmara Coutinho no governo do Estado do Brasil*, dissertação de mestrado (inédita). Niterói: UFF, 2007.

SCHWARTZ, Stuart. "The Voyage of the Vassals: Royal power, noble obligations, and merchant capital before the portuguese restoration of independence, 1624-1640". *American Historical Review*, jun. 1991.

SOUSA, António Caetano de. *História genealógica da Casa Real portugueza e dos documentos*. Lisboa: Regia Officina Sylviana e Academia Real, 1749, t. VII.

SOUZA, Laura de M. & BICALHO, Maria Fernanda. *1680-1720. O império deste mundo*. São Paulo: Companhia das Letras, 2000.

SOUZA, Laura de Mello. "A conjuntura crítica no mundo luso-brasileiro de inícios do século XVIII". In: ______. *O sol e a sombra*. São Paulo: Companhia das Letras, 2006.

______. "Motines, revueltas y revoluciones en la América Portuguesa de los siglos XVII y XVIII". In: TANDETER, Enrique & LEHUEDÉ, Jorge K. (coords.). *Historia general de América Latina*, vol. IV, s.l., Unesco/Editorial Trotta, 2000.

SUBRAHMANYAM, Sanjay. *O império asiático português, 1500-1700*. Lisboa: Difel, 1995.

______. "A 'Empresa Paleacate': o conflito luso-holandês no sueste da Índia, 1610-1640". In: ______. *Comércio e conflito. A presença portuguesa no golfo de Bengala, 1500-1700*. Lisboa: Edições 70, 1994.

SUBTIL, José. "Os poderes do centro". In: MATTOSO, José (dir.). *História de Portugal. O Antigo Regime*, vol. VII (coord. de António Manuel Hespanha). Lisboa: Lexicultural, 2002, p. 206-207.

Versão digitalizada da *História Militar do Brasil* de José Mirales, no site http://objdigital.bn.br/acervo_digital/anais/anais_022_1900.pdf (Biblioteca Nacional do Rio de Janeiro).

WASHINGTON LUÍS. *Capitania de São Paulo. Governo de Rodrigo César de Menezes*: São Paulo, Typographia Casa Garrauz, 1918.

XAVIER, Ângela B. & CARDIM, Pedro. *D. Afonso VI*. Lisboa: Círculo dos Leitores, 2006.

O texto deste livro foi composto em Sabon, desenho tipográfico de Jan Tschichold de 1964 baseado nos estudos de Claude Garamond e Jacques Sabon no século XVI, em corpo 11/15,5. Para títulos e destaques, foi utilizada a tipografia Frutiger, desenhada por Adrian Frutiger em 1975.

A impressão se deu sobre papel off-white pelo Sistema Digital Instant Duplex da Divisão Gráfica da Distribuidora Record.